千華數位文化
Chien Hua Learning Resources Network

考前充分準備　臨場沉穩作答

公務人員
「高等考試三級」應試類科及科目表

高普考專業輔考小組◎整理

完整考試資訊

http://goo.gl/LaOCq4

⭐普通科目

1. 國文◎（作文80%、測驗20%）
2. 法學知識與英文※（中華民國憲法30%、法學緒論30%、英文40%）

⭐專業科目

類科	科目		
一般行政	一、行政法◎　　　二、行政學◎　　　三、政治學 四、公共政策		
一般民政	一、行政法◎　　　二、行政學◎　　　三、政治學 四、地方政府與政治		
社會行政	一、行政法◎　　　二、社會福利服務　　三、社會學 四、社會政策與社會立法　五、社會研究法　　六、社會工作		
人事行政	一、行政法◎　　　二、行政學◎　　　三、現行考銓制度 四、公共人力資源管理		
勞工行政	一、行政法◎　　　二、勞資關係　　　三、就業安全制度 四、勞工行政與勞工立法		
戶　政	一、行政法◎ 二、國籍與戶政法規（包括國籍法、戶籍法、姓名條例及涉外民事法律適用法） 三、民法總則、親屬與繼承編 四、人口政策與人口統計		
教育行政	一、行政法◎　　　二、教育行政學　　三、教育心理學 四、教育哲學　　　五、比較教育　　　六、教育測驗與統計		
財稅行政	一、財政學◎　　　二、會計學◎　　　三、稅務法規◎ 四、民法◎		
金融保險	一、會計學◎　　　二、經濟學◎　　　三、貨幣銀行學 四、保險學　　　　五、財務管理與投資學		
統　計	一、統計學　　　二、經濟學◎　　　三、資料處理 四、抽樣方法與迴歸分析		
會　計	一、財政學◎　　　二、會計審計法規◎　　三、中級會計學◎ 四、政府會計◎		

法　制	一、民法◎　　　　二、立法程序與技術　　　　三、行政法◎ 四、刑法　　　　五、民事訴訟法與刑事訴訟法
法律廉政	一、行政法◎　　二、行政學◎ 三、公務員法（包括任用、服務、保障、考績、懲戒、交代、行政中立、利益衝突迴避與財產申報） 四、刑法與刑事訴訟法
財經廉政	一、行政法◎　　二、經濟學與財政學概論◎ 三、公務員法（包括任用、服務、保障、考績、懲戒、交代、行政中立、利益衝突迴避與財產申報） 四、心理學
交通行政	一、運輸規劃學　　二、運輸學　　　　　　三、運輸經濟學 四、交通政策與交通行政
土木工程	一、材料力學　　　二、土壤力學　　　　　三、測量學 四、結構學　　　　五、鋼筋混凝土學與設計 六、營建管理與工程材料
水利工程	一、流體力學　　　二、水文學　　　　　　三、渠道水力學 四、水利工程　　　五、土壤力學
水土保持 工程	一、坡地保育規劃與設計（包括沖蝕原理） 二、集水區經營與水文學 三、水土保持工程（包括植生工法） 四、坡地穩定與崩塌地治理工程
文化行政	一、文化行政與文化法規　　　　　　　　二、本國文學概論 三、藝術概論 四、文化人類學
機械工程	一、熱力學　　　　二、流體力學與工程力學　　三、機械設計 四、機械製造學

註：應試科目後加註◎者採申論式與測驗式之混合式試題(占分比重各占50%)，應試科目後加註※者採測驗式試題，其餘採申論式試題。

各項考試資訊，以考選部正式公告為準。

 千華數位文化股份有限公司

新北市中和區中山路三段136巷10弄17號

TEL: 02-22289070　FAX: 02-22289076

公務人員
「普通考試」應試類科及科目表

高普考專業輔考小組◎整理

完整考試資訊

http://goo.gl/7X4ebR

★普通科目
1. 國文◎（作文80%、測驗20%）
2. 法學知識與英文※（中華民國憲法30%、法學緒論30%、英文40%）

★專業科目

一般行政	一、行政法概要※ 三、政治學概要◎	二、行政學概要※
一般民政	一、行政法概要※ 三、地方自治概要◎	二、行政學概要※
教育行政	一、行政法概要※ 三、教育行政學概要	二、教育概要
社會行政	一、行政法概要※ 三、社會政策與社會立法概要◎	二、社會工作概要◎
人事行政	一、行政法概要※ 三、公共人力資源管理	二、行政學概要※
戶　政	一、行政法概要※ 二、國籍與戶政法規概要◎（包括國籍法、戶籍法、姓名條例及涉外民事法律適用法） 三、民法總則、親屬與繼承編概要	
財稅行政	一、財政學概要◎ 三、民法概要◎	二、稅務法規概要◎
會　計	一、會計學概要◎ 三、政府會計概要◎	二、會計法規概要◎
交通行政	一、運輸經濟學概要 三、交通政策與行政概要	二、運輸學概要
土木工程	一、材料力學概要 三、土木施工學概要 四、結構學概要與鋼筋混凝土學概要	二、測量學概要

水利工程	一、水文學概要　　　　　　二、流體力學概要 三、水利工程概要
水土保持 工程	一、水土保持（包括植生工法）概要 二、集水區經營與水文學概要 三、坡地保育（包括沖蝕原理）概要
文化行政	一、本國文學概要　　　　　　二、文化行政概要 三、藝術概要
機械工程	一、機械力學概要　　　　　　二、機械設計概要 三、機械製造學概要
法律廉政	一、行政法概要※ 二、公務員法概要（包括任用、服務、保障、考績、懲戒、交代、行政中立、利 　　益衝突迴避與財產申報） 三、刑法與刑事訴訟法概要
財經廉政	一、行政法概要※ 二、公務員法概要（包括任用、服務、保障、考績、懲戒、交代、行政中立、利 　　益衝突迴避與財產申報） 三、財政學與經濟學概要

註：應試科目後加註◎者採申論式與測驗式之混合式試題(占分比重各占50%)，應
　　試科目後加註※者採測驗式試題，其餘採申論式試題。

各項考試資訊，以考選部正式公告為準。

千華數位文化股份有限公司
新北市中和區中山路三段136巷10弄17號
TEL: 02-22289070　FAX: 02-22289076

注意！考科大變革！

112年起
高普考等各類考試刪除列考公文

考試院院會於**110**年起陸續通過，高普考等各類考試國文刪除列考公文。自**112年考試開始適用**。

考試院說明，考量現行初任公務人員基礎訓練已有安排公文寫作課程，各機關實務訓練階段，亦會配合業務辦理公文實作訓練，故不再列考。

等別	類組	變動	新規定	原規定
高考三級、地方特考三等、司法等各類特考三等	各類組	科目刪減、配分修改	各類科普通科目均為：國文（作文與測驗）。其占分比重，分別為**作文占80%，測驗占20%**，考試時間二小時。	各類科普通科目均為：國文（作文、公文與測驗）。其占分比重，分別為作文占60%，公文20%，測驗占20%，考試時間二小時。
普考、地方特考四等、司法等各類特考四等				
初等考試、地方特考五等		科目刪減	各類科普通科目均為：**國文刪除公文格式用語**，考試時間一小時。	各類科普通科目均為：國文（包括公文格式用語），採測驗式試題，考試時間一小時。

參考資料來源：考選部

～以上資訊請以正式簡章公告為準～

千華數位文化股份有限公司
新北市中和區中山路三段136巷10弄17號
TEL: 02-22289070　FAX: 02-22289076

目 次

第一篇 教育行政初探

第1章 教育行政導論

第2章 學校行政與經營

第3章 計畫與決定

第二篇 教育行政歷程

第4章 組織與管理

第三篇 教育行政實務

第四篇 教育行政發展

第11章 教育行政新興議題

第12章 教育行政的趨勢與展望

第五篇 近年試題及解析

編輯特色

「教育行政學」一科是國家考試教育行政類組高考、地方政府特考、原住民特考、身心障礙特考的關鍵科目，考試的難度有愈來愈深的趨勢，加上教育行政學包羅萬象，舉凡最新教育政策、制度、法規、學校行政與經營、教育人力資源管理、教育行政歷程與運作、教育行政趨勢與發展、各國教育行政制度比較等，都是教育行政的命題範圍，尤其自民國101年起，教育行政考科命題大綱略有修正，特別增加了過去沒有的「學生事務行政」（詳見本書第二章），讓本科考試範圍的涵蓋面更廣，準備難度升高。

基於上述，本書優先納入「學生事務行政」等最新命題大綱的考試重點，以目前教育體系最新最重要的資料與議題，採全方位設計編寫，兼顧教育相關科系的加深加廣，以及非教育相關科系者能從頭學起且紮穩實力。為此，本書統計過去題目出處並配合考題趨勢，在每一章節前列出本章「出題頻率」、「重要考點」與「新近趨勢」，幫助了解該章的過去與未來及其重要性；並輔以「學習架構」、「名師導讀」、「考點提示」，熟悉各章考題類型與方向，每章之後搭配「歷屆考題集錦」，並編入「本章答題範例」，通古貫今，熟能生巧。

本書有鑑於準備此科的難度與需要，特別以初學者的角度編撰本書，只要依序精讀學習本書的內容與方向，定能讓你由淺入深、循序漸進地厚植應考能力，高分上榜。本書的特點如下：

一、內容多元豐富：本書內容涵蓋所有出題重點，各類考題無一疏漏。並隨時
　　參酌命題委員最新研究方向與議題，編入本書內容。

二、圖表精美完備：本書突破篇幅限制，繪製各種圖表，全書達三百餘幅，並
　　輔以文字說明，可深化學習成效。

三、概念完整掃描：本書各章精編「學習架構」，勾勒章節常考概念之輪廓；
　　彙整「本章考題集錦」，瞭解本章過去考題型態；提供「名師導讀」與
　　「考點提示」，說明本章研讀要領與重要考點。

四、例題重點呈現：本書每章精編答題範例，題題詳解，可從中印證章節內容與概念，並從舒老師的答題架構與技巧中，厚實答題能力。

五、點明考題出處：本書於內文中遇過去考題出處時，隨時以括弧標示出題年度，方便你瞭解考題分布概況，優先研讀熟悉。

六、資料新穎詳盡：本書內容涵蓋最新教育行政重要法規、議題與發展趨勢，囊括近年（2013年後）各校教育系或教育行政相關研究所最新研究主題與方向。

七、出題頻率分析：本書每章之前編列出題頻率命題排行榜，可清楚瞭解該章的重要性與過去的出題軌跡。

八、未來趨勢提醒：本書於每章之前編有「重要考點」與「新近趨勢」，前者是過去至今的考題落點，後者則是未來該章內容的必考焦點。

九、最新考題詳解：本書書末針對110～112年最新考題，提供題題詳解與解題觀念分析，並提供未來準備相關概念的建議。

十、未來命題先探：本書書末匯集整理各大學教育系所（政大、師大、交大、成大、彰師大、高師大、北教大、中教大……）教授出的當年度最新研究所考題重點，各校教育界舉足輕重的學者教授，往往都是國家考試御用的命題委員，因此，從該年度教育系所的出題軌跡，必可嗅出下一年度國家考試的命題方向。

本書雖是編者嘔心瀝血之作，但疏漏之處在所難免，敬祈各方先進不吝指正，並希望能帶給你最大的幫助與收穫。

舒懷　謹誌

2023年10月

「教育行政學」
試題分析與未來準備之道

準備國家考試，特別是教育行政學一科，由於試題範圍既廣且深，因此必須先從過去的考題類型與重點入手。所謂「知己知彼，百戰百勝」，要戰勝國家考試的關鍵科目，必須先對考題內容與章節分布加以分析，才能快速掌握考題重點與方向，理出準備的頭緒。

除此之外，針對最新的時事題，更是不能忽略，例如：112年紅透半邊天的人工智慧（Artificial intelligence）與ChatGPT、112年《校園霸凌防制準則》修正草案有關不強調「持續性」與增訂「網暴」、民國112年6月21日修正通過的《國民教育法》，還有111年6月29日修正之《幼兒教育及照顧法》、112年11月6日修正的《國民中小學教學支援工作人員聘任辦法》……等，以及近兩年逐漸出現《公共政策與教育》、《管理學》、《組織行為學》、《教育財政管理》、《教育經濟學》、《教育人類學》、《教育倫理學》等內容，相信都是未來考試的重點方向。因此，本科的準備之道，必須兼顧理論、實務、時事與相關學科的重要內容，著實重要。

壹、近年教育行政試題出處與本書章節分配

依據近年（108～112年）高考、地方政府特考（截稿前112年尚未舉辦）、原住民特考、身心障礙特考，以及各項升等考試有關教育行政學的考題，並配合本書的章節內容加以整理，如下表1：

表1　近年教育教育行政學試題出處、出題數與本書章節分配

篇名	章名	108年	109年	110年	111年	112年	合計
第一篇 教育行政初探	第1章 教育行政導論	1					1
	第2章 學校行政與經營			1	1	1	3
第二篇 教育行政歷程	第3章 計畫與決定	1	1		1	1	4
	第4章 組織與管理	1	3		3	2	9
	第5章 領導與激勵	2	3	3	2	1	11
	第6章 衝突與溝通	1		3		2	6
	第7章 評鑑與興革				3		3
第三篇 教育行政實務	第8章 教育行政運作	3				2	5
	第9章 教育法規、制度與政策	3	3	2	1	2	11
	第10章 教育人力資源管理			2			2
第四篇 教育行政發展	第11章 教育行政新興議題		1	1	5	1	8
	第12章 教育行政的趨勢與展望		1				1

註：本表112年度僅計算高考三級、身心障礙特考三等與原住民特考三等試題，至截稿為止（112年9月），其他考試尚未登場。

由上表可知，近年考題分布的重要章節，依出題數的多寡排名前五名，分別為5、9、4、11、6、8等五個章節，可見，近三年考題趨勢慢慢傾向於「領導與激勵」、「組織與管理」、「政策法規與制度」與「教育行政的新興議題」，其原因應可歸納為近年教育趨勢日新月異，加上教育組織面臨前所未有的衝擊與改革浪潮，領導與管理理論百家爭鳴，組織的領導與管理愈形困難，以及新的教育政策、議題與法規風起雲湧，如雨後春筍不斷出現等，都對未來教育行政領域的發展與改變，產生深遠的影響，必須持續注意。

綜觀近年來的考題，大致集中在第二篇第3、4、5、6、7章，第三篇的8、9章，以及第四篇第11章，若準備時間較為不足，前述這8個章節，千萬不能遺漏，必須好好用心準備。此外，對於最新的教育政策、法規、議題、組織領導與變革、教育行政的展望與趨勢，有增加命題的趨勢，斷不能錯過。

貳、教育行政學準備之道

111年度與112年度的考題題型相當靈活，且有愈來愈難的趨勢，許多題目看似容易，但概念卻不容易掌握發揮，非教育本科系者不易解答。因此，只要熟讀本書精編的概念解說與內容，並不斷仔細演練相關例題與考題，相信不僅可以輕鬆通過考試，甚至還能穩拿高分。以下是準備考試的衷心建議：

一、準備心態

古書有云：「涉淺水者見蝦，其頗深者察魚鱉，其尤甚者觀蛟龍。」讀書的層次不同，心得也相異。書讀愈多，見識愈廣，體會愈深，思想的層面自然與眾不同。這也就是為什麼同樣一篇文章，有人用字淺顯但情感深刻，有人寫出來卻艱澀難懂且無病呻吟。

下筆為文的基本要求是行文流暢、語句優美、架構平穩，尋常人不難做到，但若要內容言之有物，論述具獨到觀點，就得靠「多讀、多寫、多體會」。書讀萬卷，下筆有神，讀書是基本條件；另外，生活處處是文章，生命時時有顏色，能用心體會，才能寫得深刻有情；最後，當然是熟能生巧，尤其在國家考試的筆試現場，在緊張壓迫的氣氛中，又必須在短時間內完成一道問題的論述，實在有賴一次又一次的紮實訓練才能做到。因此，有心公職考試一途的各位先進們，答題是決定勝負的關鍵，希望你以不同凡響的思維深度

與人生閱歷，寫出「有內涵、有觀點、能感動、能關懷」的好答案，創造考試的好成績。

準備的第一步，就是先確定考試科目所涵蓋的領域——即可能出題的範圍。瀏覽與考試科目同名的書籍，再加上考古的工夫，就是確立科目涵蓋領域的最佳捷徑。至於研讀時，一定要為自己建立「前導組體」，也就是說先要掌握課程的綱要架構，然後「漸進分化」，再「統整融合」，最後發抒自己的「評論心得」。

二、準備心法

(一) 平時準備心態

1. **上課聽講**：不論是學校旁聽或上補習班，上課做筆記是認識教育行政學最快的捷徑。

2. **組成合作小組**：除了分工蒐集資訊和考古題之外，還可相互砥礪。

3. **知己知彼**：每個月利用兩三天進駐圖書館和社資中心，瀏覽相關領域的專業期刊（如：教育研究與發展、教育行政研究、教育研究月刊、教育政策論壇、教育科學研究期刊、各教育相關系所學報⋯⋯等），了解教授研究興趣與動態。

4. **注意新近重大的教育議題**：諸如：人工智慧（Artificial intelligence）與ChatGPT、《校園霸凌防制準則》修正草案，以及《國民教育法》、《幼兒教育及照顧法》、《國民中小學教學支援工作人員聘任辦法》、《高級中等學校學生申訴及再申訴評議委員會組織及運作辦法》、《高級中等學校課程規劃及實施要點》、《教師請假規則》、《學校訂定教師輔導與管教學生辦法注意事項》、《性別平等教育法》等法案的訂定與修正。

(二) 應考必備書籍

書不在多，精讀即可。建議精讀下列兩本書，尤其是筆者所著教育行政學一書，內容詳盡，百分之百命中每年考題，值得你擁有。

1. 舒懷（2023）。名師壓箱秘笈－教育行政學精析。台北：千華。

2. 謝文全（2015）。教育行政學（五版）。台北：高等教育。

三、應試策略

等待許久決戰的日子終於來臨，養兵千日用在今朝，書讀萬卷就看此役。筆者以過往在考場上的經驗分享，在你模擬作答或模擬考時，可以照著一樣練習看看，練習久了，自然變成答題習慣，在考試現場就能運用自如。

(一) 解釋名詞作答技巧

解釋名詞相當於小型問答題，其作答技巧在於只呈現主要的概念結構，不作鋪陳。基本元素為：定義型或操作型定義、功能、種類、特色、原則、應用方向等，可用另一個相反的名詞來對照會更清楚。人名或專有名詞的原文，必須有十分的把握才寫，否則在專業的學者面前，原文寫錯是無所遁形且會暴露缺點，要是因此被扣分，就得不償失囉！

(二) 申論題作答技巧

1. 掌握時間，均勻分配

拿到試題紙，先看題目有幾題及答題說明，每題要答幾分鐘。筆試時間除以筆試題數就是每題完成的時間，建議你將每題視為同等重要，因此時間的分配最好相等。可以從最熟悉或占分最重的題目下手。

2. 仔細審題，構思擬稿

動筆之前對題意進行認真研究與領會的過程，就叫審題。此時要針對考題內容，初步圈出問題主要概念或關鍵字，進行破題，答題架構要完整，思考範圍要全面。

3. 慎選用筆，下筆有神

挑一組好筆，最好粗細都有（線上閱卷專用筆使用0.5～0.7mm黑色原子筆或鋼筆作答），在考前30天開始練寫，挑出最能寫出速度和字體的筆型。目前考選部正推動試務e化改革，自101年正式啟用國家考試線上閱卷作業，未來是個趨勢。

4. 提前到場，人筆合一

考試當天要提早到場的目的在熱身，將筆練順、將手練熱。如果你能進去你的考試座位上練，那是最理想，如果進不去（有些縣市考前無法進考場），你一定要找一張跟你的考試桌椅接近的桌椅坐下練習，通常考試地點都在學校，要找到並不困難。

5. 熟悉架構，切忌八股

教育類的問題，大致的架構都是前言、定義、問題分析、具體做法、結

語，雖然不能說錯，但如果每個人都這樣做，其實創意就顯不足。尤其架構是死的，人是活的，雖然前述的架構包含起承轉合、有頭有尾，較易取得他人信服，但若能加些不同於他人的獨特想法，而又不會格格不入甚或有為改而改的怪異之處，也不失為一種創新，且有加分效果。

6. 針對題意，言之有物

答題千萬不能離題，所以審題的步驟非常重要。評分教授要看幾千份卷子，如果千篇一律，難分軒輊，大家的分數一定不高，但若能看到一份言之有物、見解獨到且架構鮮明的答卷，那必定印象深刻，得分必高。另外，如果遇到不熟悉的題目，這時千萬不要空白！繳白卷等於宣布投降。不要慌，一樣先審題，抓出關鍵字，然後發揮你的想像力，盡量望文生義，多補充你會的相關知識，「字海戰術」有時也能多些分數。

7. 層層佈局，前後呼應

前言破題後，要像剝洋蔥一般，一層一層進入問題核心，讓評分委員的眼睛捨不得離開你的答卷，因為，處處有驚奇，字字是珠璣。這些佈局方式可以包括：前言、法令、意義、內涵、功能、基本概念、學說理論、現況分析、關鍵能力、具體策略、條件限制、優缺點、改善之道、國內外比較、啟示與發展、建議、結語……等。

8. 圖文並茂，一目了然

有很多教育專業理論是可以圖像化的，對圖像的瞭解能力比文字快是人類共通的天賦，尤其評分委員要看不少試卷，你能將理論、實務作法或概念比較題，整理成圖表，一方面清晰了然，另一方面，也有強迫評分教授優先看到的目的。

9. 專業導向，標題清楚

評分委員看試卷的速度很快，他們第一個掌握的就是架構，因此，標題要認真下，最好切中評分教授的胃口。下標題，教育專業名詞要多用，例如：教學績效不如寫成「教學效能」，學習成果不如寫成「學習成就」。

10.策略獨到，創新作為

理論與實務作法兼具之後，實際策略與作為要屢有創新之舉。例如：「建立校園危機診斷系統」、「加強危機處理防護訓練」……等。也就是說，雖然是一樣的做法，但是在你的筆下，卻彷彿換了新衣，欣賞之後，會發現巧妙真有不同。

四、本書運用技巧

(一) 複習重點概念

本書涵括教育行政學歷年出題範圍的所有重點概念，每個概念均有重點解說。建議將重點概念錄成聲音檔，騎車、開車或搭乘公車也能充分利用時間複習，而且反覆聆聽的學習效果，是熟能生巧的不二法門。

(二) 演練精選範例

只有概念清楚是不夠的，本書各章皆編有「本章答題範例」，每個範例皆清楚寫出解題所需的概念，可以讓你充分印證章節內容所學的概念，並落實概念的應用與深化，且每題範例均有編者親自解析的詳解，可供參考。

(三) 練習歷屆考題

範例是概念的練習，而考題演練卻可幫助掌握考題方向與重點，不可不練。本書各章節之後均編有過去考題集錦，取材廣泛，涵括歷屆考試題目。

(四) 圈點迷思概念

在進行範例或考題演練的過程中，遇到過去出現而目前仍然存在的迷思概念，必須加以圈點註記，最好用紅筆寫下心得與注意事項，如此做法可以提醒自己，未來遇到相類似的題目，不能再犯第二次錯誤。對迷思概念的導正與重新建構，幫助甚大。

(五) 標記解題技巧

在進行範例或考題演練的過程中，遇到較不熟悉的題目，要謹慎地將相關的概念寫下，並標記其重要的解題技巧。解題策略的好壞與重心配置，往往只是一念之差，只要標記解題技巧的功夫下得深，鐵杵終能磨成繡花針，可以快速提升解題的速度、正確性與得分。

(六) 整理易錯題型

除了標記解題技巧外，建議將容易出錯的單元概念，自行整理於可以隨身攜帶的筆記本中，利用工作的空檔或閒暇拿出來翻閱，多看、多想、多寫幾遍，自然能內化成自己的認知概念與思維邏輯。

(七) 反覆練習弱處

將本書題目都已寫過一遍之後，距離考試的時間必然不多。因此，必須逐步地縮小研讀範圍，尤其每次針對自己較弱的章節概念，必須反覆練習，如此一次比一次範圍都小，到了考前，說不定要讀的只剩下幾頁而已。

綜合以上，對於想換跑道、領高薪、享終身俸、工作穩定，但卻工作繁重、家事繁忙、沒錢補習、沒時間念書、非本科系的應考者們……請注意！千萬別再找理由！你和我一樣平凡，在短時間內準備考試的致勝之道，只有「用巧勁K書」「找對方法與書本」一條路。

本書在整體內容的編排上，架構清晰完整，可以幫助培養最堅強的應試實力。希望本書的出版可以嘉惠莘莘考者，讓各位在準備教育行政學之餘，還能體會「學習之美與好」，這就是編者所深切期盼的！

　　　最後，謹以亞洲首富李嘉誠的名言，與你共勉：

人生重要的不是所站的位置，而是所朝的方向。
尤其逆風的方向，更適合飛翔，我不怕千萬人阻擋，
只怕自己投降。

敬祝

鷹擊天風壯　鵬飛海浪春

著者　舒懷　謹誌

2023年10月

第一篇 教育行政初探

頻出度B：依出題頻率分為：A頻率高、B頻率中、C頻率低

第1章 教育行政導論

【重要考點】教育行政意義與功能、教育行政理論、教育行政研究與典範
【新近趨勢】整合典範、教育行政行動研究、混合研究、教育行政發展、混沌理論

 名師導讀

教育行政學係研究教育制度、政策、法規、制度，以及教育系統中人員與事務的領導與管理。本章先就教育行政的涵義與功能、研究典範與方法，以及教育行政學的相關理論，進行概論性地說明。其中，教育行政的意義、教育行政行動研究、各種理論的觀點與應用，都是你必須掌握的重點。

學習架構

第一節　教育行政的涵義與功能

| 考點提示 | (1)教育行政的涵義；(2)教育行政的歷程與作為；(3)教育行政的目的與功能，是本節重要的考試焦點。 |

「教育行政學」（educational administration）起源於二十世紀初年，歷經科學管理、人際關係、行為科學、系統理論、多元論述等五個時期的演變，**教育行政學係研究教育制度、政策、法規，以及教育系統中人員與事務的領導與管理**。亦可說是教育人員在上級與部屬的階層組織中，透過計劃、組織、領導、溝通、決定、視導和評鑑等歷程，貢獻智慧，群策群力，為圖教育的進步所表現的種種行為。

壹、教育行政的涵義【101身三；103身三】

所謂行政是與他人（或經由他人）共同合作，有效地達成組織目標的過程。教育行政的意義就是把行政的理念應用到教育領域。許多專家學者也對教育行政下了定義：

黃昆輝、張德銳（2000）認為，教育行政是教育行政人員為解決教育問題所表現出來的行為型式。從程序的觀點來說，教育行政即是計畫、組織、溝通、協調及評鑑等繼續不斷的過程，如就其中心功能來說，則教育行政即是以作決定為中心的過程，亦即是以訂定計畫為中心的歷程。

謝文全（2005）主張，教育行政是一教育事務的管理，以求有效而經濟的達成教育的目標。這一定義包括四項要點：

1. 教育行政的管理對象是「教育事務」。
2. 教育行政是對教育事務的「管理」。
3. 教育行政的目的在「達成教育的目標」。
4. 教育行政應「兼顧有效及經濟」。

秦夢群等（2007）：教育行政乃是一利用有限資源，在教育參與者的互動下，經由計畫、協調、執行、評鑑等步驟，以管理教育事業，並達成有效解決教育問題為目標的連續過程。

綜合言之，**教育行政是政府為辦理教育而對教育人員與事務所做的領導與管理行為，其目的在有效地達成教育目標。狹義的教育行政專指由政府教育行政機關所實施的行政；廣義的教育行政尚包括學校與社教機構所實施的行政（謝文全，2005）**。教育行政的目的在「管理教育事務」，在運作上有嚴謹的歷程，其功能在善用資源並有效能地解決教育問題。如圖1-1所示。

圖1-1 教育行政的概念示意圖

一、教育行政的基本概念

教育行政的基本概念至少包括四項內涵：(1)教育行政是一個包含計畫、組織、溝通、協調、評鑑的連續性歷程；(2)教育行政組織係一強調階層關係的社會系統；(3)教育行政的績效受教育行政人員行為表現的影響；(4)教育行政的目的在達成教育目標。四項內涵如下：（黃昆輝、張德銳，2000）

(一) **教育行政是計畫、組織、溝通、協調、評鑑的歷程：**
　　教育行政乃是一種連續不斷的程序，其中包括下列必經的步驟：
1. **計畫**：指以審慎的態度和方法，預先籌謀並決定做何事及如何做，以求經
濟而有效地達成預定目標。此一步驟可分為：
(1)對於應行採取的措施作一原則性的決定。
(2)規劃執行上述原則性決定的實施方案。
(3)將實施方案進一步加以發展，使之轉化為具體的行動設計。
2. **組織**：為實現計畫，必須建立組織，始能結合人力，運用物力。此「組
織」階段共包括四項工作：
(1)建立組織的結構。　　　　　　　(2)明定各部門、各職位的權責。
(3)依據職責遴選人員。　　　　　　(4)分配物質資源。
3. **溝通**：組織一旦建立之後，教育行政主管即應與僚屬進行溝通，其目的至
少有二：
(1)建立對計畫要旨有共同的看法與了解。
(2)研討確定執行的要領。
4. **協調**：各單位及各成員共同執行計畫時，在消極方面，應儘量避免彼此間
之衝突，否則容易相互抵消力量；在積極方面，應促成單位成員間的相互
合作，彼此密切配合，這就有賴協調的實施。
5. **評鑑**：教育行政工作經計畫及執行之後，即應進行評鑑，以了解其得失，
做為改進及革新的依據，教育行政工作唯有在不斷的評鑑之下，才能日新
月新，不斷進步發展。
(二) **教育行政組織係一強調階層關係的社會系統**：社會系統論者把教育行政組
織看作是一種社會系統（social system），而社會系統是一群具有固定範
圍而又彼此交互作用的元素（次級系統）與活動，經此交互作用所組成的
一個獨特社會實體。依據葛爾佐斯（J. W. Getzels）與顧巴（E. G. Cuba）
等社會系統論者的觀點，可從三個角度觀察教育行政。第一，從結構上
看，教育行政即是社會系統中之上司、同僚、下屬的階層關係組織。第
二，從功能上看，教育行政是透過這種階層組織，以統整角色與物力，達
成組織目的並適應外在環境。第三，從運作上看，教育行政的運作，務必
掌握教育行政組織內外的全盤關係，注意組織成員的交互作用和互助合
作，並且力求「機構的角色期望」和「個人的人格需要」二者的統合，才
會圓滿有效。

(三) **教育行政的績效受教育行政人員所表現行為的影響**：除了從行政程序和社會系統的觀點來了解教育行政之外，亦可從行政行為的角度來探討教育行政。而行政行為的探討，則注重教育行政主管的領導行為，認為行政主管應設法影響組織成員，避免受人消極性影響，唯有如此，才能提升行政績效。教育行政主管影響別人的行為，又稱為行動倡導者的行為。至於行政主管影響部屬常用的行動策略，計有訓練、告知、支持、指導、介入、激勵、命令、設計等。此外，教育行政主管接受別人影響的行為，又稱為行動接受者的行為。此類行為可以分為自我選擇的、違反意志的、無知的三種。當然，做為一位賢明的教育行政主管，應盡量設法自我選擇的接受，而避免無知的接受和違反意志的接受等兩種行為。

(四) **教育行政的目的在達成教育目標**：教育行政本身是一種手段，而不是目的，如果一定要說有目的，也僅是一種中介目的而已。亦即藉行政的力量，促進教育事業的健全發展，以謀國家建設的不斷進步。從微觀言，教育行政旨在協調並結合人力物力，以增進教與學的效果；從鉅觀言，教育行政旨在藉支援教學，提升教學績效，以實現國家教育政策，促進教育事業的不斷發展，從而培育健全的國民。

二、教育行政的內容與任務

教育行政的內容包括組織與業務，教育行政組織包括各級政府的教育行政組織、各級學校行政組織、社會教育行政組織。教育行政業務包括人事行政業務、財政行政業務（總務、會計）、事務行政業務（教務、訓輔、公關）等，詳述如下並簡示如圖1-2：

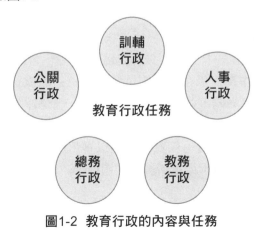

圖1-2 教育行政的內容與任務

(一) **訓輔行政**（或稱**學生事務**）：針對學生的輔導、管理、訓育事務的管理，如學生的安全維護、行為輔導、社團管理、常規訓練等。

(二) **人事行政**（或稱**員工人事**）：對教育人員的管理與服務，包含教育行政機關和學校教師、職員的甄選任用、考核升遷、調職退休、在職訓練等。

(三) **教務行政**（或稱**組織與教學**）：主要是針對課程與教學事項研擬政策並加以執行，如課程大綱的制定、教科書的編寫與審查、學生編班、學籍管理等。

(四) **總務行政**（或稱**財務與事務**）：對教育機關或組織內的物質設施、財務及事務進行管理，如經費籌措、出納會計、文書建檔、建築與設備的購置維修等。

(五) **公關行政**（或稱**學校與社會關係**）：尋求社會大眾的支持與合作，如學校與社區關係（維基百科，2015）。

三、教育行政的歷程與作為【87高考三級】

教育行政的範圍與歷程至少包括：計畫、決定、組織、溝通、領導、評鑑與興革，是教育行政運作的流程與方式，也是教育行政的作為，更是教育行政理論與實務共同實踐的概念架構。

(一) **計畫（plan）作為**：對將要做的事項預先規劃，以便執行時能按計畫有系統的進行，期能順利而有效率地完成任務。

(二) **決定（decide）作為**：在面臨問題時，研擬及選擇各種可行的解決方案，以解決問題並順利達成預定目標的歷程。

(三) **組織（organize）作為**：將組織成員及工作做適當的分工與組合，使人人的職權與責任明確，而且關係清楚，發揮分工合作的功能，完成預定的任務。

(四) **溝通（communicate）作為**：係個人或團體相互間交換訊息的歷程，藉以建立共識協調行動、集思廣益或滿足需求，進而達成預定的目標。

(五) **領導（lead）作為**：係在團體的情境裡，透過與成員的互動來發揮影響力，以導引團體方向，並糾合群力激發士氣，使其同心協力齊赴團體目標的歷程。

(六) **評鑑（evaluate）作為**：係對事務加以審慎的評析，以評定其得失與原因，據以決定如何改進或重新計畫的過程。

(七) **興革（change）作為**：係組織為適應內、外在環境變遷，對組成元素進行調整，提昇自我更新能力，發揮「以變應變」維持組織的平衡，進而達到組織的持續生存與進步發展的過程。

四、教育行政與其他行政的異同

教育行政屬於一般行政的一種，乃將一般行政的部分作為應用於教育上，因此有其相同處，亦有其相異處。

黃昆輝、張德銳（2000）認為：教育行政與其他行政相同之處有：(一)同具科層體制的色彩；(二)均兼顧非正式組織的功能；(三)均重視溝通歷程的運用；(四)均注重決定歷程的作用；(五)皆利用科學方法與技術；(六)均強調領導功能的發揮。

而教育行政與其他行政的相異之處則是：(一)教育對社會具有重要性；(二)大眾對教育的注目與敏感；(三)教育功能比較具有複雜性；(四)教育與其他部門關係的密切性；(五)教育專業化程度的提高；(六)教育評鑑的困難程度較高。因此，無法完全將教育行政等同於一般行政。也因為如此，教育行政人員需要學習教育行政學，無法將一般行政的作法，直接類推運用到教育行政的事務上（梁福鎮，2013）。

貳、教育行政的特徵與功能

一、教育行政的特徵

教育行政與其他行政工作最大的相同處，就是都屬於一種服務性的工作。其目的在服務國家教育系統，履行社會的根本功能。由於教育行政較具有學術化的性質，因此運作績效難以評鑑，且顯明度高而易遭批評。其特徵如下：

(一) **教育行政在實踐國家政策**：教育行政活動和其他行政活動一樣，在履行職責時必須重視國家理念、意志和願望的體現，貫徹國家的政策和法規，並在國家法律許可的範圍內，行使教育管理權。

(二) **教育行政重公益而不營利**：教育管理與企業經營明顯不同，教育事業用的是納稅人的錢，屬社會公共事業的一部分。因此管理教育，也必須像管理其他公共事業一樣，應以維護公共利益為宗旨，而非如一般企業以營利為目的。

(三) **教育行政著重組織管理績效**：教育行政作為一種管理活動，具備了一般管理的基本特徵，如：組織目標、權力分配關係等，其過程有分工、計劃、決策、交流、協調、衝突，通過各種管理手段的運用，來實現組織目標。正因如此，管理的一般原理，對於教育行政管理工作也具有非常重要的指導意義。

(四) **教育行政人員的表現影響組織成效**：與其他行政人員一樣，教育行政人員的素質、能力、領導風格等對行政成效具有舉足輕重的影響。因此，現代社會歷來都重視行政人員能力、素質的培養。

(五) **教育行政科學化是當前的趨勢**：行政工作科學化是當前的一種趨勢，教育行政也不例外。許多原本在其他領域運用的科學手段，如今在教育行政領域也得到了普遍的運用，如統計手段、預測技術、成本核算、資料處理等（智庫百科，2015）。

二、 教育行政的目的與功能

教育行政的目的在於保障全體公民的教育權利，促進社會教育事業的發展。具體來說主要有兩個目標：(一)增強民族凝聚力；(二)推動社會經濟發展。

至於教育行政的功能，分列如下：

(一) **領導功能**：教育行政人員要代表政府對教育事業實施領導，洞悉並影響教育目標與政策的發展，引導並增進教育計畫的實施，以實現教育目標與政策。緊緊圍繞國家意志和社會需要來制訂教育目標和規劃，使教育子系統與整個教育系統的目標相一致，使教育系統的目標與社會發展的總目標一致。

(二) **服務功能**：行政工作就是服務工作。教育行政是服務教與學的，是支援教與學的，是引導教與學的。沒有教師的教學與學生的學習，教育行政就沒有存在的必要。它本身是一種手段，教與學的改進才是目的。教育行政就是為教育事業與教育工作而服務，為教師的教與學生的學習而服務，為學校工作與學校事務而服務。

(三) **監督功能**：教育行政工作必須建立並協調組織，以有效訂定並執行教育發展計畫。教育行政工作者還要及時進行評鑑視導，聯結教育目標與學校工作，對教師、學生和學校進行考核和監督（智庫百科，2015）。

(四) **支援功能**：教育行政即在協調並結合人力、物力，以增進教與學的效果。爭取並運用資源、經費及物質，以支援組織及其發展計畫。藉支援並提升教與學的績效，以實現國家教育政策，促進教育事業的不斷發展，從而培育健全的國民（黃昆輝、張德銳，2000）。

三、優質教育行政人員的條件【93高考三級】

優質的教育行政人員懂得善用領導的策略、領導的風格以及領導的效率等，在符合行政倫理的情況下，能將教育行政事務圓滿處理並提升教育成效。其條件如下並簡示如圖1-3：

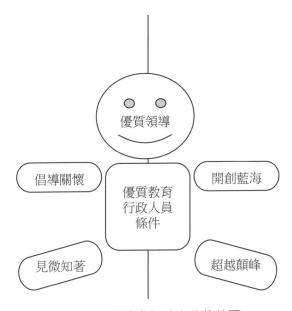

圖1-3 優質教育行政人員條件圖

(一) **優質領導**：領導就是「帶人做事」，因此，所謂的優質領導的指標就是教育行政人員如何帶領同仁做事、做些什麼事、能否將事做好。優質領導者帶領同仁做事必須事事周全、切莫疏漏。優質領導者必須扮演多元角色，而且能發揮以學習社群為基礎的整合領導。

(二) **開創藍海**：好的領導策略是為組織開創出文化新價值，利用組織學習成長，除弊興利，消除組織發展的不利因素之外，更要積極經營組織價值與利基，提升組織專業發展動能。

(三) **超越顛峰**：好的教育行政人員必須塑造組織追求第一的精神，全心投入，追求卓越的共識，好還要更好，做到超越顧客期待。並且要著力創造優質品牌，使組織人員以組織績效為榮，願意犧牲個人利益成就組織願景。

(四) **見微知著**：好的教育行政人員必須重視「蝴蝶效應」（the butterfly effect），瞭解一個壞的微小機制，如果不加以及時引導、調節，滾雪球的結果，會給組織帶來非常大的危害；同樣的，一個好的微小機制，只要正確指引，經過一段時間的努力，將會產生轟動效應，甚至小變動足以成就大格局。

(五) **倡導關懷**：除了蝴蝶效應之外，好的教育行政人員也必須重視「霍桑效應」（hawthorne effect），瞭解組織成員受到額外的關注時，會引起努力或績效上升的情況，這就是高倡導高關懷的組織動力來源。優質的領導者懂得以人文關懷，達到組織成員的良性互動。

參、教育行政與教學系統

一、教育行政運作的基本原則

依據＜教育基本法＞的立法精神與宗旨，教育行政工作運行的過程，必須把握下列基本原則：

(一) 教育行政運作必須保障人民學習及受教育之權利，確立教育基本方針，健全教育體制。

(二) 教育行政運作必須以人民為教育權之主體。

(三) 教育行政的目的以培養人民健全人格、民主素養、法治觀念、人文涵養、愛國教育、鄉土關懷、資訊知能、強健體魄及思考、判斷與創造能力，並促進其對基本人權之尊重、生態環境之保護及對不同國家、族群、性別、宗教、文化之瞭解與關懷，使其成為具有國家意識與國際視野之現代化國民。

(四) 教育行政應本有教無類、因材施教之原則，以人文精神及科學方法，尊重人性價值，致力開發個人潛能，培養群性，協助個人追求自我實現。

(五) 教育行政應本人民無分性別、年齡、能力、地域、族群、宗教信仰、政治理念、社經地位及其他條件，接受教育之機會一律平等的理念，對於原住民、身心障礙者及其他弱勢族群之教育，應考慮其自主性及特殊性，依法令予以特別保障，並扶助其發展。

(六) 各級政府應寬列教育經費，保障專款專用，並合理分配及運用教育資源。對偏遠及特殊地區之教育，應優先予以補助。

(七) 教育行政應本中立原則，不得為特定政治、宗教團體從事宣傳或活動，私立學校辦理符合其設立宗旨或辦學屬性之特定宗教活動，應尊重學校行政人員、教師及學生參加之意願。

(八) 教育行政肯定人民有依教育目的興學之自由；對於私人及民間團體興辦教育事業，應依法令提供必要之協助或經費補助，並依法進行財務監督。其著有貢獻者，應予獎勵。

(九) 教育行政應保障學生之學習權、受教育權、身體自主權及人格發展權，並使學生不受任何體罰及霸凌行為，造成身心之侵害。

(十) 教育行政單位應努力建立現代化之教育制度，力求學校及各類教育機構之普及，並應注重學校教育、家庭教育及社會教育之結合與平衡發展，推動終身教育，以滿足國民及社會需要。

(十一) 教育行政單位應保障教師專業自主權及學生學習權、受教育權、身體自主權及人格發展權不會遭受學校或主管教育行政機關不當或違法之侵害。

(十二) 教育行政單位得視需要進行教育實驗，並應加強教育研究及評鑑工作，以提昇教育品質，促進教育發展。

(十三) 直轄市及縣（市）政府應設立教育審議委員會，定期召開會議，負責主管教育事務之審議、諮詢、協調及評鑑等事宜。

二、教育行政與教學系統的關係

在我國各級學校其實教師兼任行政工作是普遍的現象，行政應該是教學的後勤與支援，但教學也必須執行與推動行政計畫。

(一) 教育行政與教師教學

在學校的工作任務中，老師直接面對學生、進行教學工作與學生輔導，而行政是在推行學校各項工作與給予老師所需要的支援，所以其實不管在那個職務上，都是以團隊的方式工作，每個人所扮演的角色與擁有的特質能力都不同，因此找對地方發揮所長，結合學生的有效學習、教師的成功教學、課程的合理設計、設備的充分購置、環境的安全美化、行政的強力支援，才能獲致教學成效的充分展現，如圖1-4所示。

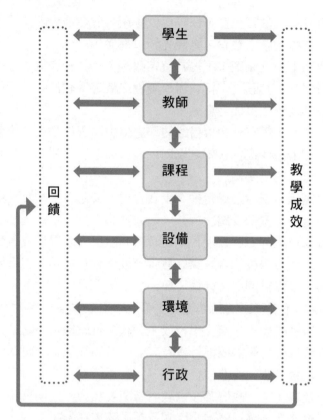

圖1-4　教育行政與教學系統關係圖

(二) 教育行政與班級經營

教育行政對班級經營策略的影響，至少有以下幾項：（蕭金土，2015）

1. **安排教室學習環境**：包括能審慎安排教室空間，進行一般教室佈置及單元教學佈置。

2. **建立和諧溝通管道**：包括教師能深度傾聽學生說話，有效進行接收技巧和傳送技巧。

3. **監督學生活動安全**：包括教師能運用人際距離、手勢信號、及暫停技巧等，順利掌握班級情況。

4. **建立教室運作規則**：包括教師能建立教室常規，導正學生的目標。

5. **善用獎懲增強原則**：包括教師能善用獎懲增強策略，使學生循規蹈矩。

6. **處理偏差不良行為**：包括教師能處理學生個別問題、學生間問題。

三、學校行政

學校行政乃是學校依據教育行政之原理原則及有關法令規定，運用有效及經濟的方法，將學校組織中的有限資源，使其發揮最大的功能。學校行政是一計畫、組織、溝通、協調及評鑑的歷程，其目的是在達成教學目標，提高教學效率。

(一) **學校行政與教育行政的差別**

行政是手段，行政是服務，需要以最經濟有效的方法，結合組織內的人、事、財、物等有限資源，以達成既定教育目標。

教育行政乃是對中央政府、地方政府與學校在（憲法規定或文化規範的）教育制度下，對所有與教育相關的議題所進行的論述及處置進行探討與發展的學問，是政府在教育範疇中的行政思考、法規、命令與行為之學問。學校行政則是以學校為研究對象，其空間範圍限定在社區，而非地方，也非全國。學校行政與教育行政有重疊之處，但是對校長與四大處室的研究，卻是學校行政所獨有的。

(二) **學校行政的內涵**

學校行政人員包括校長、主任、組長、老師、幹事、校護、工友，其任務在管理學校各項教學、訓輔、活動、設備與公共關係。以國民中學為例，其運作機制在校長之下大致分成教務、學務（訓導）、總務、輔導、人事、會計六個單位，各單位的任務與角色如下，組織圖如圖1-5所示（另圖1-6和圖1-7分別為高級中學與大學的學校行政組織編制圖供參考）：

圖1-5 國民中學學校行政組織圖

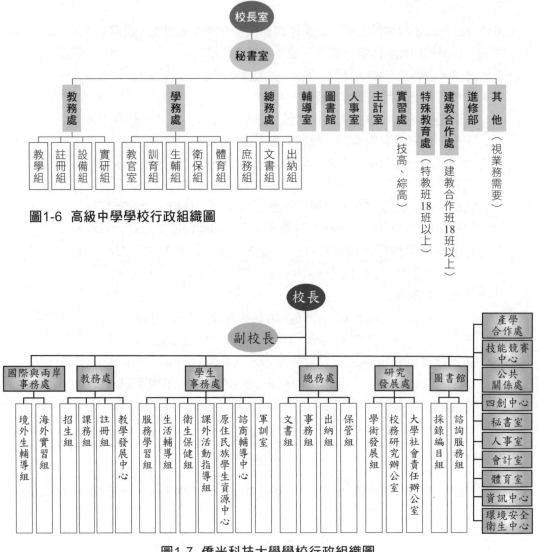

圖1-6　高級中學學校行政組織圖

圖1-7　僑光科技大學學校行政組織圖

1. 校長的任務與角色

(1) **校務計畫者**：擬訂校務發展計畫，包括方針及目標，分短、中、長期計畫，以作為辦學的依據。

(2) **行政決定者**：校長要兼顧法、理、情，不做衝動的決定，不做情緒的決定，不做無關的決定，不做不成熟的決定，不做無效的決定及不做別人的決定。

  (3)**教學領導者**：校長是教學領導人，應花費大部分時間來協助教師改進教學，必須經常進修、研究、巡堂、參觀教師教學及參加教學研究會。

  (4)**教育革新者**：校長是學校革新工作的重要人物，沒有強有力的推動者，革新工作便不易成功。

  (5)**輔導工作者**：校長的職責是協助教師建立正確的輔導觀念，培養教師對輔導工作積極而負責的態度。

 2. **主任的任務與角色**

  (1)**單位主管的角色**：處室主任必須領導各組組長執行各項行政業務，並對校長負責。

  (2)**代理校長的角色**：依教務、學務、總務、人事、會計的順序，擔任校長的職務代理人。

  (3)**幕僚輔助的角色**：各處室主任負有提供興革意見給校長做參考與裁決的使命。

  (4)**計畫執行的角色**：各處室主任負責校內外各項計畫與活動的執行與督導。

  (5)**溝通協調的角色**：各處室主任負責校內外各項計畫與活動的推動過程所需的溝通協調工作。

第二節　教育行政的研究典範與方法

> **考點提示**　(1)教育行政四大研究典範的意義與比較；(2)教育行政的各種研究方法，是本節重要的考試焦點。

「研究典範」（research paradigm）指採用典範概念（paradigm concept）從事研究或分析問題與文獻。典範（paradigm）一詞源自希臘字paradeigma，含有模式（model）與範例（example）之意。近代典範（paradigm）一詞的出現始於1962年孔恩（T. S. Kuhn，1922～1996）出版的《科學革命的結構》（The Structure of Scientific Revolutions）。

孔恩所稱之典範，係指一套建構科學理論的信念模式，植基於本體論、知識論與方法論的預設。人類的科學即是典範不斷修補取替的發展歷程。廖春文（1994）認為，**「典範」的意義為學術社群所共享的一種信仰系統、思維方式、行動規準、研究方法、分析原型、詮釋參考架構或理解真實世界的方式**。

壹、教育行政的研究典範

教育行政學的研究深受下列四個典範影響較深，詳述如下並建立比較如表1-1所示：

一、理性典範（rationalistic paradigm）

理性典範是本著理性主義（rationalism）而來的研究典範，透過理性與客觀，可以發現真相及因果關係，強調量化研究的結果，並可將發現推論到研究樣本以外的群體，為一種邏輯實證論（logical-positivism）的觀點。研究的目的在於尋找現象的通則，帶有演繹色彩，強調類似性，以利預測與控制。

二、自然典範（naturalistic paradigm）

自然典範本著自然主義與系統理論的看法，認為世界萬事萬物都是靜態的，各組成部分是相互關聯而不可分割的，所欲研究的事件與現象不可能從其母群體分割出來。因現象僅有存在其所屬的情境裡才有意義與價值，其研究目的在了解現象主體的意義，強調個別性的深入。因此，研究者必須親自進入研究變項所處的情境中去瞭解其背景，才能認知真象。

三、批判典範（critical paradigm）

批判典範係基於批判理論（critical theory），強調透過批判反省的方式，來檢討社會現象的正當合理性，除了了解現象外，並針對其背後的價值體系或意識形態進行批判反省以求改進。如此可以揭露妨礙個體與團體充分發展的不當因素，以便加以改正，使個人與組織能從被不當宰制中獲得解放。批判典範的研究強調雙環學習的歷程，而非單環學習模式。

四、整合典範（integrative paradigm）

整合典範的基礎是系統理論（system theory），強調以綜合途徑（holistic approach）來瞭解事實的真相。整合典範重視系統中的子系統或各個層面，系統中的任何子系統都需相輔相成，任何子系統或層面都需兼顧與研究，系統才能生存發展。且認為研究並無唯一最佳的途徑，各典範應是兼容並蓄，研究結果亦可相輔相成。基於系統理論，強調綜觀整合以探求事實的真相。理性、自然、批判三個典範的比較如下表1-1，整合典範則是為前三個典範的混合體。

表1-1 理性、自然、批判三典範之比較

典範類型 比較項目	理性典範	自然典範	批判典範
研究特質	控制	理解	批判
認知方法	實證分析	觀察釋義	價值批判
價值變數	嚴格排斥	順其自然	予以批判
研究目的	尋找現象之通則，強調類似性	瞭解現象主體的意義，強調個別性	揭露現象背後的價值觀與意識型態，強調批判性

資料來源：秦夢群（2008），教育行政—理論部分，五南。

貳、研究方法的典範與轉移

一、研究方法的典範

（一）量化研究（quantitative research）

量化研究又稱為量的研究，量化研究典範係採取自然科學的研究模式，對研究問題進行觀察瞭解後提出研究假設，以問卷、量表、測驗或實驗儀器等作為研究工具，廣泛蒐集研究對象對問題的反應數據，此數據屬於具有數量屬性的資料，經由資料處理與統計分析之後，提出研究結論，藉以解答研究問題或假設的方法。

1. 優點

   (1)適合大樣本研究。

   (2)可以在短時間內，蒐集一大群受試者的反應資料，有利於分析。

   (3)容易進行結構化、標準化的研究程序與結果解釋。

2. 缺點

   (1)樣本的抽取必須具代表性，否則推論性不足。

   (2)研究樣本大都由母群體抽樣而來，因此將研究結果推論到母群體時，有其限制。

   (3)對於個案的差異性研究較難深入。

3. **研究程序**

理論引導→資料蒐集→資料分析→結果推論。

4. **主要研究方法**

調查法、相關研究法、準實驗研究法、實驗研究法等。

(二) **質性研究**（qualitative research）

質性研究又稱為質的研究，是研究者為了深入探討某個問題或深入研究個案的內在心理歷程，在自然情境下，以觀察、深入訪談、文件分析、臨床分析等方法，透過錄音機、錄影機、攝影機等工具的使用，廣泛蒐集與記錄資料，用以分析受試者的內心世界與價值觀等的研究方法。

1. **優點**

(1)研究者親身進入實際情境，與受試者長期接觸、觀察，較能深入剖析研究問題。

(2)研究者融入研究情境，既是研究者也是參與者，較易瞭解研究對象真實的語言與行為。

(3)研究者將資料加以整理、歸納、分析，進而以文字說明研究發現的事實，可以詳細又真實地記錄研究的歷程與結果。

2. **缺點**

(1)僅適用於小樣本，研究過程曠日費時，研究團隊必須極有耐心與毅力。

(2)研究者需受過專業訓練，資料分析與解釋比較主觀，實施程序與結果解釋不易結構化與標準化。

3. **研究程序**

確定研究問題→選擇研究場所和對象→進入現場→蒐集與檢核資料→提出假設→資料的分析與詮釋→獲得結論。

4. **主要研究方法**

觀察研究、俗民誌研究、事後回溯、內容分析、個案研究等。

(三) **混合研究**（mixed- method research）

混合研究是指質、量典範並重，統計與敘述並行的研究方式。依國外教育研究法學者Snyder（2006）所發表的最新研究法概念，稱為混合法研究設計（mixed-method research design）。過去質、量兩大典範研究法由於哲學思想的不同，是否可以於同一個研究中合用的爭論，至今仍然難休，Snyder提出混合法的研究設計旨在以研究者和參與者的角度而言，不須拘

泥於何種典範，只要是能讓問題獲得更好的解決，**此種研究方法就是最好的研究方法，此理論儼然將成為教育研究除了質、量之外的「第三大典範」**。

Snyder所提出的混合法研究設計，其實都是在同一個研究當中同時使用質性與量化的研究方法。其內容約可分成三類：

1. **探索性研究設計**（exploratory design）：採用先質後量，但以質性為主的研究方式。
2. **解釋性研究設計**（explanatory design）：採用先量後質，但以量化為主的研究方式。
3. **三角驗證性研究設計**（triangulation design）：質量同時並進、同時呈現，兩者比重相當。

混合研究兼具質、量典範的優點，既可推論也能就個案深入探討，是同時兼顧廣度與深度的研究典範，近年的教育研究有偏向混合研究典範的傾向。

二、典範轉移（paradigm shift）

典範轉移是一種習慣的改變、觀念的突破、價值觀的移轉，也是一種長期形成的思維軌跡及思考模式的轉變。在學術界中，常可見到因典範的不同，對於研究應如何執行以及如何判定研究品質，持有不同的看法。然而，個人所持的典範並非一成不變，近百年隨著蜂擁而現的社會思潮，社會科學研究典範已由過去的獨尊實證主義，歷經後實證主義、批判理論、結構主義等流變，演變至今日的多元典範並陳。在社會研究典範的轉移過程中，研究的決策權已由研究者轉變為研究者與參與者共同主導。**社會研究典範轉移的發展，促使過去習於量化研究的研究者，有機會將原本視為理所當然的世界觀，重新加以檢視，並透過典範轉換面對改變，帶來更多的機會**。

參、教育行政學研究方法與設計

教育行政學的研究設計與研究方法，是教育行政學研究最重要的一環。以研究設計的時間分類，可分成橫斷式研究、縱貫式研究與序列式研究三類；以研究方法與工具分類，可分成屬於量化研究的調查研究法、相關研究法、準實驗研

究法、實驗研究法，以及質性研究的觀察研究法、俗民誌研究、事後回溯、內容分析、個案研究、歷史研究、臨床法與臨界試探法等，如圖1-8所示。

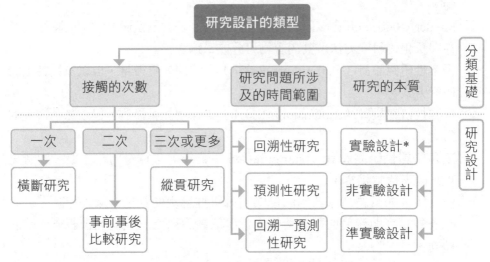

圖1-8　研究設計的類型

資料來源：王文科（2004），教育研究法。

一、研究設計的時間類型

(一) **橫斷研究法（cross-sectional study）**：在某一特定時間內針對不同年齡層的對象，進行某一特定行為的調查。

　1. **優點**

　　(1)省時、省力、省金錢。

　　(2)可收集各年齡層中某一特定行為的典型特徵。

　2. **缺點**

　　(1)無法解釋同一年齡層內某一特定行為的個別差異。

　　(2)無法解釋時間因素（例如：年齡）對研究結果的影響。

(二) **縱貫研究法（longitudinal study）**：不同的時間內對某一特定行為進行多次的調查，長時間追蹤研究。

　1. **優點**

　　(1)可以解釋同一年齡層內的個別差異。

　　(2)可以解釋時間因素（例如：年齡）對研究結果的影響，據以繪製成長曲線圖。

2. **缺點**
　　(1)費時耗日，經費龐大且難以獨力完成。
　　(2)研究時間過長，樣本容易流失。
　　(3)累積之研究資料龐雜，處理分析不易。
(三) **序列研究法**（sequential study）：又稱為「後續擴充研究法」或「橫斷後續研究法」，係先以橫斷法為主，收集不同年齡組的資料後，再改以縱貫法，針對原研究對象再進行長時間數次重複式的測量，每次均加入新的研究對象，藉以比較不同時間因素對相同對象的影響。其優點為兼顧橫斷法與縱貫法的優勢，並可截長補短。

二、教育行政學的研究方法

(一) 量化研究取向

　　量化研究對於變項的定義大都採用「操作型定義」，而不僅只有「概念型定義」。所謂概念型定義（conceptual definition），是對某一概念採抽象文字性的描述，例如：「智力」的概念性定義可界定為「抽象思考的能力」；而操作型定義（operational definition），則是在定義中包含有可操作的測量方法與程序，也就是如何評量方可得到資料。量化研究常用的研究方法如下：

1. **調查研究法**（survey research）：分成問卷調查與訪問調查兩種，係事先針對研究問題設計題目，蒐集受試者的反應類型與心理趨向。其中問卷調查係將所欲研究的教育行政問題，設計成問卷或調查表，藉由郵寄或交給被調查者填答者（普查或樣本調查），將所得的資料加以統計分析而獲得研究結論的方法。訪問調查係將所欲研究的教育行政問題，設計成問卷或調查表，由研究人員或派人訪問，或藉由電話訪問受調查者，聽取他們的陳述或意見。
　　(1)**優點**：獲得較豐富的資料；資料易於處理；省時、省力、省經費；題目易標準化；匿名填答較真實；沒有時空的限制。
　　(2)**缺點**：樣本代表性易不足；受試者反應心向難掌控；問卷回收率常偏低。
2. **相關研究法**（correlational research）：以統計分析的相關係數（correlation coefficient），求出自變項與依變項的線性關係與相關程度。
　　(1)**優點**：可快速收集大量資料；可操控多個變項；可透過迴歸分析或結構方程模式，分析變項間的預測力與影響效果。
　　(2)**缺點**：無法確認變項間的因果關係。

3. **實驗研究法**（experimental research）： 在自然科學的研究，幾乎全應用實驗研究法。物理、化學的研究常在特別設計的實驗室裡面，刻意操弄（manipulate）自變項（independent variable），同時注意觀察並測量依變項的結果，以釐清自變項與依變項間的因果關係。實驗研究法的研究對象取樣方法是隨機分派（random assignment），與實驗無關的變項會加以控制。教育行政涉及的不可控因素較多，在教育行政的實驗設計中，多採用準實驗設計。
   (1)**優點**：可控制無關變項；可確認因果關係；可重複驗證；研究結果較準確。
   (2)**缺點**：研究情境不易掌控；僅限單向（自變項對依變項）因果關係的推論。
4. **準實驗研究法**（quasi-experimental research）：即研究者在研究中，採用隨機取樣方法分派受試者或控制實驗情境確有困難時，使得實驗組與控制組無法完全相同，此時所使用的實驗設計即稱為準實驗研究設計。社會科學的研究對象大部分是人，較難以隨機分配，因此社會科學的實驗研究大部分屬於準實驗研究。其優缺點與實驗研究法相同。

(二) **質性研究取向**

1. **觀察研究法**（observational research）：研究者根據研究探討的問題，在自然或控制的情境下，針對現象或個體的行為做有計畫、有系統的觀察並記錄，從而分析各變項間的關係，最後進行客觀性的解釋。
   (1)**種類**：包括在自然情境中的直接觀察，稱為「自然觀察」或「田野觀察」；在人為控制的情境下觀察，稱為「控制觀察」或「實驗觀察」；有明確的研究目的、程序與工具下觀察，稱為「結構性觀察」；在沒有明確的研究目的、程序與工具下觀察，研究過程較具彈性，稱為「非結構性觀察」；觀察者融入被觀察者的活動或生活情境中，成為該團體的一員，稱為「參與觀察」；觀察者純粹扮演觀察者的角色，不介入該團體及其任何的活動，稱為「非參與觀察」。
   (2)**優點**：自然情境觀察，較不易有反彈作用；可獲得完整、深入的資料；可獲得自然、真實的表現。
   (3)**缺點**：費時、費力；只適合小樣本，推論不易；隱私易暴露，觀察對象會產生防衛與反抗；研究結果不具普遍性。

2. **俗民誌研究**（ethnography research）：又稱為人種誌、種族誌、民族誌研究，是研究受試者日常生活如何進行推理思考、尋求意義的學問，以局內人的觀點了解文化脈絡，以局外人觀點，客觀分析它們蒐集的資料。經由田野中長時間的參與觀察、記錄、訪談，探索受試者對生活世界的了解與世界觀。

   (1)**研究過程**：包括聚焦研究現象、確定研究主題、形成與修正假設、蒐集資料、驗證資料、綜合分析資料及形成結論，如圖1-9所示。

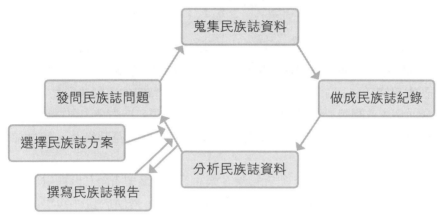

圖1-9 俗民誌的研究過程

資料來源：王文科（1995），教育研究法。

   (2)**優點**：長時間縱貫研究，一對一訪談，可深入問題；根據自然蒐集的資料，建立的假設切合實際。

   (3)**缺點**：費力費時；研究者必須經過完整訓練，具備觀察與記錄能力；資料需要三角檢核，研究者需具備相關知能；觀察者的偏見易影響研究結果；研究結果的解釋不易。

3. **事後回溯**（expost facto research）：又稱為「因果比較研究」（causal comparative research），是指事實發生過後從事探討與此一事實有關的先在因素的一種研究。當研究變項無法操控或違背研究倫理時，採用事後回溯法以補實驗研究法的不足。

   (1)**優點**：可適用於變項難以操控的實驗研究；統計分析的結果較具可靠性。

   (2)**缺點**：無法隨機取樣，研究結果難以推論；變項間的因果關係解釋困難。

4. **歷史研究**（history research）：與事後回溯一樣，屬於回溯性的研究。係以系統收集與客觀評鑑往昔事實的資料，以考驗有關事件的因、果或趨勢，俾能提出準確的描述與解釋，進而解釋現況以及預測未來的一種歷程（王文科，2000）。

   (1)**研究步驟**：界定研究問題、蒐集與評鑑資料、綜合資料、分析解釋及形成結論。

   (2)**資料來源**：包括主要史料與次要史料。主要史料包括官方文件與記錄、遺跡或遺物；次要史料包括事件參與者或目擊者的口頭或文字報告等。

   (3)**優點**：經由研究的證據，建立普遍原則；不會產生干擾效應。

   (4)**缺點**：收集的資料難以證明其真確性；難以控制過去各種影響的因素。

5. **個案研究**（case study）：在自然情境中針對特定的事實或現象，對研究對象（個人或團體）做深入的分析與探討，並重視研究對象的內在心理觀點。

   (1)**優點**：較能深入發現問題的焦點；研究歷程可隨時修改，較具彈性；成本較低。

   (2)**缺點**：適合小樣本，研究結果客觀性不足；參與者隱私問題處理不易。

6. **臨床法**（clinical method）：與實驗法相對，是屬於自然觀察的一種方式。臨床法的主要特點是對個人的行為進行觀察、訪談或實務操作的系統性綜合分析，對個體做詳盡描述，以達完整瞭解，無比較標準。

   (1)**優點**：透過詳盡的分析，有利於形成假說；可透過臨床研究，印證理論。

   (2)**缺點**：個人主觀偏見較難排除；推論性不足。

7. **臨界試探法**（method of critical exploration）：延伸臨床法的觀察與訪談，並應用皮亞傑（Piaget）的觀察法，讓受試者自由表述己見，試探自己想法的臨界點，期待產生無限可能多的方法去瞭解某個主題，此即為瞭解個體所發展的臨界試探想法（critical exploration of ideas）。

   (1)**優點**：自由發想，可以發現無限的可能；研究者採積極傾聽的方式，參與者感覺受重視。

   (2)**缺點**：研究的情境較難掌控，容易離題。

8. **焦點團體座談法**（focus group）

   係邀請專家學者、實務工作者出席，就研究的教育行政問題發表其研究或工作心得，並透過相互討論與激盪，以尋求答案。

9. **德懷術**（delphi technique）

乃藉由一連串問卷調查的方式，以獲取學者專家對問題共識看法的研究方法。此研究方法兼具問卷調查法的隱密性，並具有座談法或訪問法的相互激盪性；缺點則是費時費力，且易引起填答者的厭煩而不願意填答。

10. **比較研究法**（comparative method）

係將兩個地區以上的教育行政制度或問題，經由描述、詮釋、併排、比較等步驟加以分析，發現其異同優劣，歸納出趨勢和原則，以作為參考，不過在對照分析時，也應留意其間不同的背景與差異性，不宜全盤參照而應因地制宜。

11. **經驗總結法**（experience summary method）

教育行政研究起源於中、小學的校長或者是教育行政部門的負責人對教育行政實踐的總結反思。

(三) **質量並重取向**

1. **內容分析**（content analysis）：係將蒐集與研究相關的教育行政資料，包含出版或未出版的資料，加以研讀、分析，藉以從中獲得答案。又稱為文獻分析（documentary analysis or literature review）或資訊分析（informational analysis），是透過量化的技巧及質的分析，對特定時間、特定現象，以客觀及系統的態度，對文件內容進行研究與分析，藉以推論產生該文件內容的環境背景、意義及其結果的一種研究方法。與歷史研究不同，歷史研究較著眼於過去的紀錄。教育行政研究要注重收集教育生活中有價值的文獻。

(1)**優點**：省時成本低；不會受到測量行動或被觀察者本身的干擾；經常採用較大的樣本；適合研究對象已無法接觸或長期間研究的縱貫式研究分析；可綜觀整合各論點。

(2)**缺點**：費力費時；缺少非語文的行為；易產生抽樣偏差；資料容易隨時間流失；易加入個人主觀偏見。

2. **後設分析法**（meta analysis）：亦即「後設分析」或「統合分析」，為對具有相同目的的多個研究結果進行定量綜合分析，亦即對過去相關主題的研究，以高度的統計技巧重新作系統化分析。因此，後設分析又可稱之為「分析的再分析」。

(1)**優點**：綜合研究的結果，提出的觀點更有說服力；以統計方法分析，可節省人力。

(2)**缺點**：只針對研究結果做結論，無法得到每個研究的原始記錄。

3. **行動研究**（action research）【103身三】：

是由實務工作情境中的研究者，針對情境中遭遇的問題，進行系統性的研究行動與反思。其研究步驟為：發現問題、界定並分析問題、草擬計畫、閱覽文獻、修正計畫、實施研究、檢討、修正、再實施、結論與報告。

(1)**優點**：能幫助實務工作者確定問題及其解決之道；不斷地研究與反思，可精進研究者的實務工作能力與經驗。

(2)**缺點**：不易兼顧研究者和工作者的角色，易產生角色混淆；研究過程的分工與協調不易。

第三節　教育行政的理論與知識

<table>
<tr><td>考點
提示</td><td>(1)科學管理時期、行為科學時期、系統理論時期、新興理論時期的比較；(2)理性系統模式、自然系統模式、開放系統模式、非均衡系統模式的比較；(3)教育行政理論的發展趨勢，是本節重要的考試焦點。</td></tr>
</table>

教育行政的理論研究主要受到公共行政及工業管理二種理論的影響，使教育行政理論觀點歷經多種不同理論觀的演進。歐美教育行政學理論的演變歷程約可分為四個時期：科學管理時期、行為科學時期、系統理論時期、新興理論時期。茲將各個時期代表及理論演變的歷程作一詳述。

壹、教育行政的理論基礎與發展【98地三；97原三；96地三】

1900至1990年代，由於對組織的定義與看法的不同，教育行政的發展與演進主要受到四個理論模式的影響，包括：理性系統模式（rational system model）、自然系統模式（natural system model）、開放系統模式（open system model）、非均衡系統模式（non-equilibrium system model）。分述如下並如圖1-10所示：

教育行政理論模式與時期

科學管理時期 （理性系統）	行為科學時期 （自然系統）	系統理論時期 （開放系統）	新興理論時期 （非均衡系統）
1. 科層結構學派 （M. Weber）	1. 人際關係理論 （E. Mayo）	1. 一般系統理論 （L.von Bertanlanffy）	1. 批判理論 （J. Habermas）
2. 科學管理學派 （F.W. Taylor）	2. 動態平衡理論 （C. Barnard）	2. Z理論 （J. Megely）	2. 後現代主義 （M. Foucault）
3. 管理程序學派 （H. Fayol）	3. 需求層次理論 （A.H. Maslow）	3. 權變理論 （F.E. Fiedler）	3. 混沌理論 （J. Gleick）
4. 動態管理學派 （M.P. Follett）	4. 激勵保健理論 （F. Herzberg）		4. 全面品質管理 （W.E. Deming）
5. 行政行為學派 （H.A. Simon）	5. XY理論 （D. McGregor）		5. 知識管理 （P.F. Drucker）
6. 不證自明理論 （J. Hage）	6. 社會系統模式 （T.Parsons）		
	7. 社會科技系統理論 （H.J. Leavitt）		

圖1-10 教育行政重要理論圖例

一、科學管理時期（理性系統模式）【102高考三級】

1900至1930年代，科學管理時期重視理性系統模式，形成了古典或科層的概念，特別注重嚴格的、確立目標的，並以技術為基礎的管理原則。組織被認為是正式化且具有階層、邏輯的及系統合理的結構。組織是封閉的系統，組織的成員被視為被動的工具，主張「人性本惡」，因此常依法令規定執行工作並接受命令，但無法主動施為，產生影響。此時期強調以理性的方式以及運用科學化、系統化的方法，提昇工作效率及組織的效能，又稱為「傳統理論時期」。代表人物與理論如下：

（一）科層結構學派（hierarchical structure school）或科層體制學派（bureaucratic model school）【96身三；92薦升；92原三；91原三】

　　1. **代表人物**：韋伯（M. Weber，1864～1920）

　　2. **理論內容**：

　　　(1)**職位分層**，權限劃分清楚並依專長分類（容易產生倦怠感）。

　　　(2)**權力階層與從屬關係嚴格**，下級接受上級指揮，亦有申訴權力（溝通管道阻塞）。

(3)**法定責任制**，訂定權利義務的完善法規，一切依法行事（沒人負責）。

(4)**建立資料與紀錄檔案**（當用人取材標準）。

(5)建立理性關係，**用人唯才**，公正無私（無人情味）。

(6)**聘僱制度與薪水制度**，依照員工對專業的貢獻或年資，給予薪資上的獎勵（制度僵化）。

(7)**權力的類型來自於法定的權威**。

(二) **科學管理學派**（scientific management school）

1. **代表人物**：泰勒（F. W. Taylor，1856～1915）

2. **理論內容**：

(1)六項原則：科學方法工作原則（有效率）、時間設定原則（計算時間）、按件計酬原則（薪水）、計畫與生產分離原則、功能管理原則（依專長分類）、管理人員控制原則（員工被動）。

(2)重視由下往上，注重基層人員工作方法的研究。

(3)採用科學方法管理、訓練人員。

(4)提供標準化的工作環境和設備。

(5)管理員與工作員要適度分工，去除權責不清的弊病，前者負責計畫；後者負責執行。

(6)將複雜的工作分析為數項簡單、明確的工作，將工作程序科學化，再分別交由不同人員擔任，員工只需要照章行事。

(7)尋求客觀的績效標準，提高組織成員的工作效率。

增廣見聞

X理論和Y理論（Theory X and Theory Y）

由美國心理學家麥克雷格（D. McGregor）1960年在其所著《企業中人的方面》一書中提出來的有關人們工作動力來源的組織管理學理論。

這是一對完全相反假設的理論，X理論認為人們有消極的工作原動力，抱持人性本惡的觀點，主張專制領導；而Y理論則認為人們有積極的工作原動力，抱持人性本善的觀點，主張民主領導。

(三) **管理程序學派**（management process school）

　1. **代表人物**：費堯（H. Fayol，1841～1925）、葛力克（L.Gulick，1860～1945）等。

　2. **費堯的理論內容**：主張管理工作必須遵循一定的原理原則，亦即管理者於從事管理工作時都應遵循一套辦事程序。

　　(1)**管理五要素（或稱五項行政歷程）**：計畫（planing）、組織（organizing）、命令（commanding）、協調（coordinating）、控制（controlling），簡稱POCCC。

　　(2)**十四條管理原則**：專業分工、權責相稱、紀律嚴明、命令單一、目標統一、組織至上、報酬合理、適度集權、層級節制、人事相適、公平原則、工作任期安定、自動自發、團隊士氣。

　　(3)**注重由上而下的的歷程與管理，偏重管理人員管理方法研究。**

　　(4)**被稱為行政歷程之父。**

　3. **葛立克的理論內容**：

　　(1)1937年葛立克（L. Gulick）擴充費堯學說，將五項行政歷程擴展為計畫（planing）、組織（organizing）、人事（staffing）、指導（directing）、協調（coordinating）、報告（reporting）與預算（budgeting），簡稱POSDCORB。

　　(2)重視行政歷程的進行。

　　(3)實施部門分工，分工時應注意人事、權責相符合。

　　(4)實施層級節制，並注意控制幅度的適當與命令統一，每位成員只接受一位上司的命令。

　　(5)設置幕僚人員輔助業務人員。

　　(6)保障成員任期，給予適當報酬。

　　(7)組織利益應先於個人利益。

(四) **動態管理**（dynamic management）**學派**

　1. **代表人物**：傅勒特（M. P. Follett，1868～1933）

　2. **理論內容**：

　　(1)著重人類行為的心理因素和集體工作時的情感反應作用，是注意行政的心理因素的少數論點之一。

　　(2)以協調（coordination）、情勢法則（law of Situation）、職能合作（functional cooperation）、額外價值（plus value）等觀念勾勒出管理理論的精義。

(3)企業在經營管理過程中，可以通過外部環境的預測、內部數據分析，對經營策略、管理手段進行適時調整和對計畫進行修改和補充。

(五) **行政行為學派**（administrative behavior school）

1. **代表人物**：賽蒙（H. A. Simon，1916～2001）

2. **理論內容**：

(1)行政組織中作決定過程之研究，更是行政學上開始研究動態歷程確具里程碑的學派。

(2)由上而下設定目標，形成「手段-結果」的相互關係。

(3)目標設定與決策行為要緊密配合。

(4)決策是理性的。

(5)決策是循序漸進的。

(六) **不證自明理論**（axiomatic theory）

1. **代表人物**：海格（J. Hage）

2. **理論內容**：

(1)認為要研究一個複雜的組織，必須同時探討組織的「結構」與組織的「功能」。

(2)形成組織手段的四個結構性變因，乃是組織中人際關係的層面，分別為複雜化（complexity）、集中化（centralization）、正式化（formalization）及階層化（stratification）。

(3)形成組織目的的四個功能性變因，分別為適應力（adaptiveness）、生產力（productivity）、效率（efficiency）以及工作滿意（job satisfaction）。

(4)由此理論推論出七項：集中化愈高，生產力愈高；正式化愈高，效率愈高；集中化愈高，正式化愈高；階層化愈高，工作滿意度愈低；階層化愈高，生產力愈高；階層化愈高，適應性愈低；複雜化愈高，集中化愈低，乃無須證明即可得知，因此稱為不證自明理論。

二、行為科學時期（自然系統模式）

1930年代至1950年代，行為科學時期研究重點為人類行為及工作動機，此時期為補救傳統理論的缺失，以價值中立的態度研究人類行為。行為科學時期的理論核心是強調人，個人的動機興趣及發展才是行政管理的核心。

(一) **人際關係理論**（human relations theory）

　1. **代表人物**：梅堯（E. Mayo，1880～1949）

　2. **理論內容**：

　　(1)實驗學派，透過在霍桑工廠的實地研究驗證，結果顯示心理、社會因素會影響公司管理工人的工作績效，稱為「霍桑實驗」（Hawthome experiment）。

　　(2)霍桑實驗開啟了人群關係的心理研究，在1930年經濟大恐慌後，許多關注重點開始放置於員工心理因素上。

　　(2)注重成員的動機和滿足感（心理因素）；重視非正式組織；激發組織相關個人的研究層面。

　　(3)任何組織系統，都應被視為一個整體，應該透過溝通及協調，建立良好的人際關係，並創造和諧組織氣氛，使成員能發揮工作的最大潛能。

> **增廣見聞**
>
> ## 霍桑實驗（Hawthorne experiments）
>
> 代表學者梅堯（E.Mayo）、狄克遜（W.J.Dickson）、羅斯柏格（F.J. Roethlisberger）等，研究團隊於1927年至1932年間，進駐美國西屋電器公司的霍桑工廠，他們試圖改變各種工作環境及條件，希望能找到提高生產力的重要因素。 在實驗過程中，他們不斷改變照明亮度、薪資福利、休息時間、午餐品質、環境狀況等，結果發現，不論他們改變什麼外在條件，參與實驗的作業員生產力都持續上升。這些出乎眾人意料之外的結果，讓研究團隊十分困惑。後來經過長期探討，他們得到一個重要的結論。這個結論是：**作業員生產力的提升並非來自於外在工作環境及條件的改變，而是來自於周遭額外的關心，管理人員的人際關係將影響領導成效。**

(二) **動態平衡理論**（dynamic balance theory）**或合作系統理論**（cooperation system）

　1. **代表人物**：巴納德（C. Barnard，1886-1961）

　2. **理論內容**：

　　(1)強調團體期望與個人需求彼此必須平衡滿足。Barnard試圖融合組織目標與個人需求二者，主張團體期望與個人需求獲得平衡才能締造佳績。

(2)組織是互動的成員組成，除有共同目標外，貢獻己力的動機不可少。

(3)溝通可使正式與非正式組織達成協調。

(4)除了物質滿足更要心理滿足。

(5)效能代表團體；效率代表個人。

(三) **需求層次理論**（need hierarchy theory）

　1. **代表人物**：馬斯洛（A. H. Maslow，1908～1970）

　2. **理論內容**：

　　(1)人有八種需求：生理、安全、社會需求（愛與隸屬）、尊重、認知瞭解、美感、自我實現、超我實現。（如圖1-11所示）

　　(2)人除了生理需求之外，還有社會及心理的需求，因此，要激勵士氣，必須兼顧生理和心理。

　　(3)瞭解成員需求層次的滿足情形，滿足成員尚未滿足的需求。

　　(4)激勵方式應該因人而異。

　　(5)尊重與自我實現很難完全滿足，這兩種需求可同時運用。

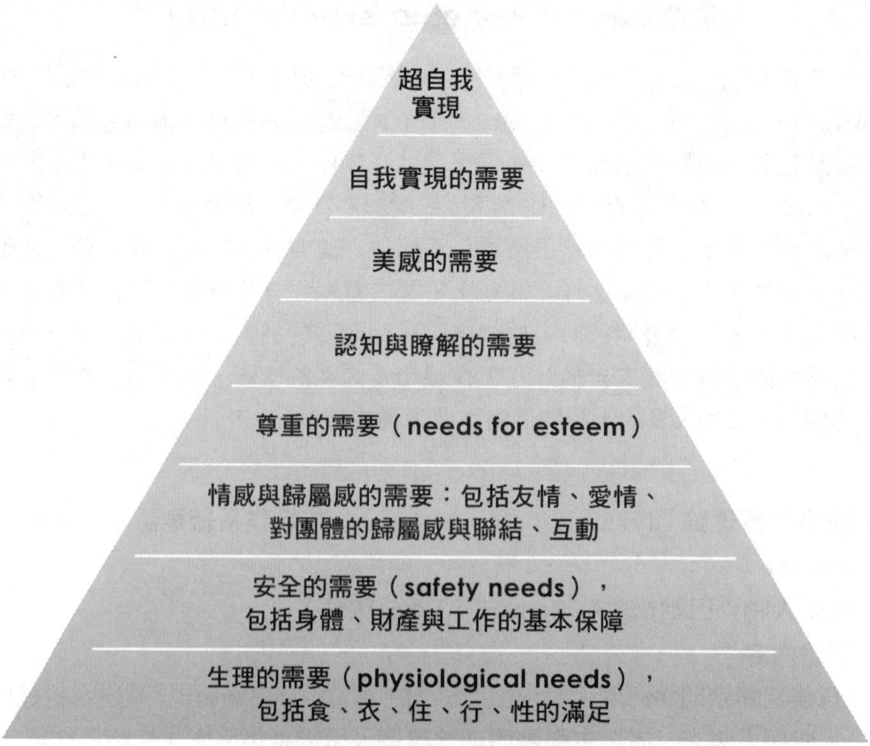

超自我
實現

自我實現的需要

美感的需要

認知與瞭解的需要

尊重的需要（needs for esteem）

情感與歸屬感的需要：包括友情、愛情、
對團體的歸屬感與聯結、互動

安全的需要（safety needs），
包括身體、財產與工作的基本保障

生理的需要（physiological needs），
包括食、衣、住、行、性的滿足

圖1-11　Maslow需求層次理論圖

(四) **激勵保健理論（motivators-hygiene factors theory）或雙因子理論（two factors theory）**

1. **代表人物**：賀滋柏（F. Herzberg，1923-2000）
2. **理論內容**：
   (1) **激勵因素**（又稱滿意因素或內在因素）：包括成就感、受賞識感、工作本身、責任感、升遷，若激勵因素存在，能使人們感到滿足，若不存在，並不一定會使人們感到不滿足。
   (2) **保健因素**（又稱為不滿足因素或外在因素）：包括組織的政策與管理、視導技巧、薪資、人際關係、工作環境，這些因素若不存在，會讓人們感到工作不滿意。
   (3) 要提高成員的滿足感，需從激勵因素下手；要消除成員的不滿足感，需改善保健因素，若兩者能同時進行，則一方面能感到滿足，又能消除不滿足感。

(五) **XY理論（XY theory）【95地三】**

1. **代表人物**：麥克雷格（D. McGregor，1906～1964）
2. **理論內容**：
   (1) **X理論**
       人性假設：人性偏惡，生性懶惰，自私自利，喜歡安定，愚笨無知，容易受人煽動；管理方式：嚴格專制，不讓成員有參與的機會，強調獎懲和控制。
   (2) **Y理論**
       人性假設：人並非天生不愛工作，只要能提供快樂的工作環境即可；且人能自律完成應承擔的任務，也希望從中獲得成就感和自我實現；一般人也會主動尋求更多責任，並能運用智慧解決組織的問題，但現在一般人並沒有充分利用自己所具備的潛在能力。管理方式：民主式的管理，將權力下放給成員，讓成員擔負較大責任並參與決策過程，並讓成員設定自我工作目標，並考核自我工作績效。

(六) **社會系統模式**（social system theory）【95原三】

　1. **代表人物**：帕森斯（T. Parsons，1902～1979）

　2. **理論內容**：

　　(1)主張組織的結構與功能是分不開的。

　　(2)於《行動理論》一書中提出「功能」的概念乃一般行動的核心。而行動概念主要有四個必要條件，分別為：目標、維持模式、統整與調適，從所強調的社會體系與一般行動對於今日組織革新實有重要的理念指引。

　　(3)社會體系中的四種條件：此四種功能即著名的**AGIL模式**。

　　　A. 有機行為體系→**適應**（adaptation，簡稱A）

　　　B. 人格體系→**目的之達成**（goal attainment，簡稱G）

　　　C. 社會體系→**整合**（integration，簡稱I）

　　　D. 文化體系→**模式之維護**（latency，pattern maintenance，簡稱L）

(七) **社會科技系統理論**（social technology system theory）

　1. **代表人物**：李維特（H. J. Leavitt，1896～1973）

　2. **理論內容**：

　　(1)組織之所以存在，其目的是完成某些任務。社會科技系統將社會系統分為四個子系統：任務、結構、科技、人員。

　　(2)每一組織任務不同，結構也不同，但是都需要「科技資源」的輔助達成任務。科技資源分為：硬體、創新思想、特殊作法。

　　(3)任務－結構－科技－人員彼此間呈現高度相關，互相牽引，一個動其餘都會跟著動，以適應情況。

三、 系統理論時期（開放系統模式）【102高考三級；101原三；99身三；92高考二級】

1970年代至1990年代，系統理論擷取了傳統科學管理時期及行為科學時期的優點並融入新的觀念，其主要觀點包括：主張激勵與處罰兼用、生理心理需求並重……等。系統理論時期視組織為個體，考量組織在環境的行為，故探討論點包括：重整體性和科際性、未來導向、重計畫和系統性、成果導向、因時制宜、重回饋和調適。

(一) **一般系統理論**（general system theory）

　　1. **代表人物**：柏塔蘭非（L.von Bertalanffy，1901～1972）

　　2. **理論內容**：

　　　　(1)以生物學者的觀點指出，任何有機體均由細胞內的分子組成，彼此間應熟悉相關規則，和諧融為一整體。在社會組織上就是指各相互依賴的結構和功能的整合。

　　　　(2)提出「邊界」（boundary）的觀點。邊界森嚴，是封閉系統，邊界開放，就是開放系統。

　　　　(3)強調「上層系統」和「次級系統」的存在。

　　　　(4)負熵效應（negative entropy）：按照熱力學的第二定律，任何系統都會走向衰亡，不但能源殆盡，內部也會解組崩潰。開放系統則主張藉由外在環境所吸收的能源，系統不但不會敗亡，甚至會再生。

(二) **Z理論**（theory Z）【95地三】

　　1. **代表人物**：麥格里（J.Megely）

　　2. **理論內容**：

　　　　(1)針對X理論和Y理論的偏失所提出，麥格里認為Y理論是良好的管理哲學，但是X理論的價值亦不可完全否定。因此，主張綜合XY理論，提出兼容並蓄且權變因應的Z理論，認為制度與人員、激勵與懲罰、生理與心理、靜態與動態、組織和生態都要兼顧。

　　　　(2)五大論點：

　　　　　　A. **制度與人要兼顧**。

　　　　　　B. **懲罰與激勵要兼用**。

　　　　　　C. **生理與心理需要宜並重**。

　　　　　　D. **靜態與心態組織宜兼顧**。

　　　　　　E. **靜態、動態及生態組織宜並重**。

　　　　(3)X、Y、Z理論與Maslow的需求層次圖可相互對照，如圖1-12。

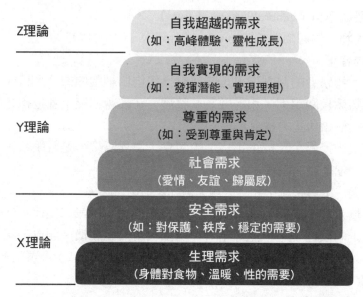

圖1-12　X、Y、Z理論與Maslow的需求層次論對照圖

(三) **權變理論**（contingency theory）

1. **代表人物**：費德勒（F. E.Fiedler，1922～）

2. **理論內容**：

　(1)任何組織不能遺世獨立，必須與所屬環境互相依賴彼此影響。注重團
　　　體實際上的運作。

　(2)領導是否有效，端視領導型式與情境是否配合而定。不同的組織情境
　　　需配以不同的領導型式，才能產生良好的組織績效。

　(3)內部特性能夠吻合環境需求者，其成果必然最大（注重外在環境）。

　(4)領導型式可分為「工作導向」與「關係導向」。

　(5)領導情境是動態的，領導者應留意其變化，做必要調整。

四、 新興理論時期（非均衡系統模式）

1990年代以後，新興理論時期對組織生活提供另類的選擇，認為系統本身是混
亂而無規則，其中充滿許多未可知的事件，基本上呈現渾沌的本質。這個時期
的理論尚未完整成形，因此缺乏完整的論述。本時期的論點主要係針對系統理
論時期的觀點加以批判、補充和深化。

(一) 批判理論（critical theory）

批判理論主張秉持批判的精神，對有關理論進行批判並提出改善論點，以達成合理性與社會正義。

1. **代表人物**：哈伯馬斯（J. Habermas，1929～）

2. **理論內容**：「批判理論」乃是對既有的方法論或論點的反省，如對技術性的宰制、社會霸權的複製、教育機會的不平等、領導權力的專制、男性主義等的批判，進而提出道德倫理、社會正義、授權賦能、女性主義等新興議題（梁福鎮，2013）。

(二) 後現代主義（postmodernism）

1. **代表人物**：福科（M. Foucault，1926～1984）

2. **理論內容**：

(1)福科以其《規訓與懲罰》一書為中心，對現代社會的權力壓迫機制進行深刻歷史研究和理論透析，他展開其社會理論的獨特視角是對現代社會壓迫機制的揭示。

(2)「後現代主義」是對「現代主義」（modernism）的一種反思，認為知識無通則，重視個別差異與強調多元，解決問題應視情境不同而有不同作法。

(3)後現代主義強調反決定論、反權威，主張解構（desconstruction）、多元（pluralism）與差異（difference）等（黃乃熒，2000；梁福鎮，2013）。

(三) 混沌理論（chaos theory）【104身三】

<u>強調系統的不確定性、隨機性、以及不可預測性，對於週遭事物極細微的變遷必須抱持高度的靈敏度與反應力，而不能視而不見或視之為當然。</u>

1. **代表人物**：葛烈克（J. Gleick，1954～）

2. **理論內容**：

(1)**耗散結構（dissipation structure）**：柏里哥星（Prigogine）、尼克里斯（Nicolis）認為，系統從穩定到暫時失衡，再到回復平衡的過程中，系統是非線性的、不穩定的，隨著內部能量的消長，系統在消耗能量後，必須與外在環境交互作用，吸收外界能量，產生新型態的循環對稱，才能維持穩定。

(2)**蝴蝶效應（butterfly effect）**：葛烈克（Gleick）認為，巴西之蝴蝶展翅，德州就可能吹颶風。任何微小現象的發生，均蘊含某種意義，不可隨便忽略，細微之處可能有巨大影響。

(3) **奇特吸引子**（strange attractor）：海斯（Hayles）認為，在渾沌系統中存在性質極不穩定，或簡單或複雜，難以捉摸的奇特吸引子，會產生巨大能量，左右系統。奇特吸引子指的是組織內在的影響力，但奇特吸引子的性質並不穩定，有時複雜，有時簡單，但對組織有一定的影響。

(4) **回饋機制**（feedback mechanism）：柏里哥星（Prigogine）、史坦基（Stengers）認為，系統的產出，可經由回饋機制，再度成為新的輸入，但有時候新的輸入並無法控制或預測。也就是說，系統產生的結果會再次注入系統中，產生和原結構不同的新結構，具有不可逆性。

(四) **全面品質管理**（total quality management, TQM）

1. **代表人物**：戴明（W. E. Deming，1900～1993）

2. **理論內容**：管理循環圖如1-13。

(1)事先預防：以主動的事先防範，取代消極的事後補救。

(2)持續改善：不斷在產品上持續改進。

(3)顧客至上：產品的輸出必須尊重消費者的反應與需求。

(4)品質保證：必須建立高品質的形象，以獲取消費者的信任。

(5)全面改善：每位組織成員必須參與品質提升的過程，並全力投入。

下圖1-14所示乃我國淡江大學運用全面品質管理於校務經營管理的示例。

圖1-13　Deming的全面品質管理PDCA循環圖

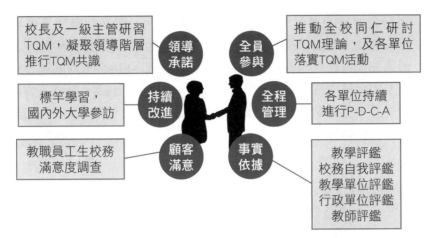

圖1-14　全面品質管理應用於大學校務經營圖

(五) **知識管理**（knowledge management, KM）

知識管理係人們為了達成任務之需要，運用資訊科技將知識紀錄、整理、流通、分享、加值、創造的過程。

1. **代表人物**：杜拉克（P. F. Drucker，1909～2005）

2. **理論內容**：

(1) 建置共用之知識平台及資料庫。

(2) 形成組織知識發展的良性循環。

(3) 知識管理的三項重要工作：知識的累積與創造係經由「知識紀錄、整理」、「知識流通、分享」與「知識加值、創造」三項重要工作來完成。

(4) 被譽為「**現代管理學之父**」。

(5) **隱性與顯性知識**。

知識管理理論將知識區分為隱性與顯性知識。隱性知識係指直覺、未清楚敘明的心智模式（mental model）、具體的技術、工藝和技巧，例如典範、觀點、信仰、工藝、技術能力等。顯性知識係指使用包含數字或圖形的清晰語言，來敘明意義之整組資訊，是一種具體的、系統性的知識，例如書面文字、資料庫、文件或媒體。

(6) **知識螺旋**

知識螺旋是知識管理理論有關知識創造與產生的核心概念。組織知識的創造與產生是透過共同化、外化、組合、內化四種知識轉換方式所形成之知識螺旋所促成。共同化是由隱性到隱性，藉由分享經驗而達

到創造知識的過程；外化是由隱性到顯性，隱性知識透過隱喻、類比、觀念、假設或模式表現出來；組合是由顯性知識到顯性知識，將觀念加以系統化形成知識體系的過程，牽涉到組合不同的顯性知識體系；內化是由顯性到隱性，以語言、故事傳達知識，或將其製作成文件手冊，均有助於將顯性知識轉換成隱性知識。圖1-15即為知識管理在學校行政的應用舉例。

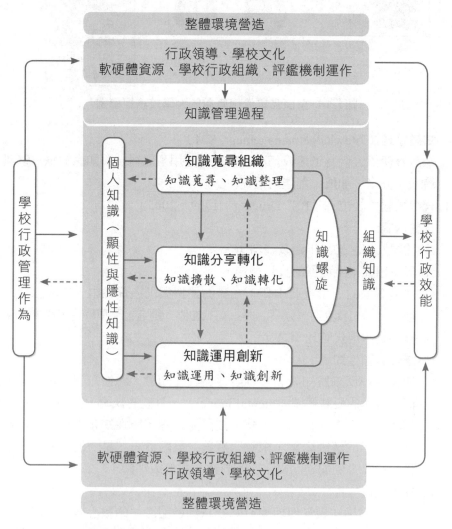

圖1-15　知識管理在國民小學學校行政應用架構圖

資料來源：曾家樓（2015），知識管理理論在國民小學學校行政之應用。

教育行政理論「科學管理」、「行為科學」與「系統理論」、「新興理論」四個時期，各有所不同的立論觀點，茲將上述理論重點及其相異之處列表1-2比較如下：

表1-2 教育行政理論四個時期的相異比較

時期比較	1900～1930 科學管理	1930～1970 行為科學	1970～1990 系統理論	1990以後 新興理論
人性觀	偏惡、 專制領導	偏善、 民主領導	有善有惡、 權變領導	有善有惡
生態觀	封閉系統觀	封閉或 半開放系統	開放系統觀	非均衡系統
研究典範	理性典範	自然典範	批判與 整合典範	批判與 整合典範
目標觀	偏組織目標 之達成	偏成員需要 之滿足	兼顧組織與 成員目標	重視蝴蝶效應 的全面性 行政目標
研究重心	靜態結構層面	動態行為層面	兼顧靜態與 動態層面	重視非線性、 批判性的研究 取向
激勵觀	物質與 生理性獎懲	精神與 心理性獎懲	兼顧物質性與 精神性	動態多元取向

貳、四種模式對教育行政上的影響

基於上述，教育行政四種理論模式與時期各有其特色與研究重點。理性系統模式重視組織結構，忽略組織成員行為及人性尊嚴；偏重正式組織研究，忽視非正式組織探討；偏重物質性獎懲，忽略心理性獎懲；認為人性偏惡，主張嚴格監督；偏重達成組織目標，忽略滿足成員需求；將組織視為封閉系統。

自然系統模式重視成員行為及心理研究，不強調正式組織結構探討；重視非正式組織的影響及研究，忽略正式組織；強調心理上獎懲，忽略物質性獎懲；認為人性偏善，強調民主領導；強調滿足成員需求，較少研究如何達成組織目標；未注意到組織與環境的關係，將組織視為封閉系統。

至於開放系統模式則和前兩種模式有極大的不同，望能捨棄古典理論太重視組織，而行為科學理論又太重視個人的缺點，又可兼顧兩理論的優點，希望對前兩種模式進行調和。開放系統模式對組織結構及成員行為同樣重視；對正式組織與非正式組織同樣重視；對成員的激勵與懲罰，物質與精神並重；主張權變式領導；兼顧組織目標的達成與成員需求的滿足；將組織視為開放系統，重視組織與外在環境的交互作用。

而非均衡系統模式則處於一種渾沌複雜的狀態，其特色包括：非線性、複雜型態、耗散結構、循環對稱、對初始狀態具高敏感度、奇特吸引子、蝴蝶效應、回饋機制。下表1-3就對組織之定義、主張之組織運作策略、在教育行政上的應用、教育行政者扮演之角色四方面，來探討四理論模式的基本主張對教育行政的影響。

表1-3 四模式的基本主張對教育行政上的影響

模式	對組織之定義	主張之組織運作策略	在教育行政上的應用	教育行政者扮演之角色
一、理性系統模式	組織是訂有正式目標的理性系統	正式化 階層化	教育組織應訂有明確的目標，成員應依其角色確實執行業務並創造高效率	執行家

模式	對組織之定義	主張之組織運作策略	在教育行政上的應用	教育行政者扮演之角色
二、自然系統模式	組織如同有機體是一自然系統,有正式之規範也有非正式之結構	雙向溝通,以使個人扮演之角色與其需求盡量配合	教育人員應具有溝通與協調的能力,必要時可循非正式管道處理問題	談判家
三、開放系統模式	組織是一與環境相互依賴與交會的系統	視情境之不同來設計適當的權變策略	教育人員應對所處環境極其敏感,並視其變化而制訂適當的權變策略	權變家
四、非均衡系統模式	組織是混亂與非均衡的,是一不斷進行重組的有機體	配合組織起始效果敏感與耗散結構的特性設計策略	教育人員應隨時警醒,對於看似枝微末節之小事也不應該歧視放棄	戰略家

資料來源:秦夢群(2008),教育行政—理論部分,五南。

參、教育行政的知識面向與發展

一、教育行政的知識基礎

教育行政知識基礎的三大傳統包括:邏輯實證論、詮釋學、批判理論。

(一) 邏輯實證論(logical positivism)

由於邏輯實證論強調邏輯與經驗,故又稱之為邏輯經驗論(logical empiricism)。邏輯實證論植基於功能的觀點,教育行政組織理論為處理效率及效能的問題。強調知識會轉換成理論。理論是客觀的存在,可以描述普遍的事實並經由客觀事實資料加以考驗。

(二) **詮釋學**（hermeneutik）

詮釋學是一種「解釋」與「經驗分析」的科學，著重在因果關係的「說明」（explanation），強調主觀的內在動機，否認有客觀實在，因此研究者的先前理解會影響其對資料的解釋與選取。主張理論是共同建構的，理論的建立並非只是從下而上，而是在對話的過程中研究者和研究對象共同建構而成。

(三) **批判理論**（critical theory）

提倡「溝通有效條件」、「理想說話情境」、「反覆辯證的互談歷程」以及「真理共識」等角度，檢驗知識形成的特質，避免其受權威操控或成為扭曲溝通的產物。提倡透過生活經驗、行動研究、比較與批判反省的方式，覺察所持認知信念的矛盾之處，以突破意識型態的歷史性宰制現象。

二、三大知識基礎優缺點

教育行政知識基礎的三大傳統邏輯實證論、詮釋學、批判理論，各有優缺、各擅勝場，茲列表比較如下表1-4。

表1-4　教育行政三大知識基礎的優缺點比較

知識基礎	優點	缺點
邏輯 實證論	強調功能的觀點，開發專門性知識，提昇組織效能。	權力不對稱，犧牲部屬成就目標，產生倫理性不足問題。
詮釋學	強調文化的觀點，經由文化動機理解歷程，提昇成員組織生活的意義感。	忽略文化實體常是權力操控結果，人們生活方式係錯誤意識產物。
批判理論	強調反組織理論的觀點，打破社會階級的藩籬。	易導致行政運作的缺乏穩定性。

肆、教育行政理論的發展趨勢【101高考三級】

教育行政理論的未來發展趨勢，包括教育行政理論整合化、導向市場化、資訊公開化、組織有機化、過程科學化、領導民主化、權力均衡化、人員專業化……等，茲就以下四點論述之。

一、教育行政民主多元

教育行政學理論發展由傳統的科層體制（bureaucracy）邁向同僚及民主體制，從過去以組織為重的X理論到以個人為重的Y理論，再到兼容並蓄且權變因應的Z理論，以及近年各種專業學習社群及各政府部分的審議委員會均可看出其趨勢。

二、教育改革市場導向

近年來，教育行政隨著新自由主義思潮的興起，透過解除管制、消除壟斷、私有化、顧客導向、重視行銷等途徑進行市場化。從家長與學生的自由選校、教育券（voucher）、高等教育的招生與課程提供的開放、在家教育（homeschooling）、教育選擇權（school choice）、學校的公辦民營等方面的變革，都可看出市場化的改革導向。

三、教育領導權變人性

人是複雜的動物，要受多種內外因素的交互影響。因而，人在勞動中的動機特性和勞動態度，總要隨其自身的心理需要和工作條件而定。教育行政領導方式由專制→民主→權變，領導理論也從傳統的特質論、行為論，逐漸發展至權變論、新型領導、功能性領導，領導理論順應情境，具有權變及多元性，例如：權變理論、多元領導架構、競值理論……等。

四、教育環境渾沌複雜

渾沌理論的「蝴蝶效應」、「耗散結構」，主張組織是非線性的、不穩定的，必須與外在環境交互作用，才能維持穩定，且重視任何微小現象的巨大影響。

而複雜理論的「複雜調適系統」（CAS）、「渾沌邊緣」等，即是一種介於混沌與秩序之間的狀態，是一種「混沌邊緣」，一種動態平衡，在此混沌與秩序的交界，雖然離散震盪、狂亂騷動，卻也潛力無限、生機盎然。藉此隱喻，教育組織的複雜程度。

複雜理論的代表人物是Moor，在1996年出版了其代表作《競爭的衰亡：商業生態系統時代的領導和戰略》複雜理論連結混沌理論，除了強調事件的不可預測性和非線性發展態勢之外，更重視彼此調適、共同演化、互動關係以及自我組織之特性。複雜理論中的複雜即是一種介於混沌與秩序之間的狀態，是一種「混沌邊緣」，一種動態平衡，在此混沌與秩序的交界，雖然離散震盪、狂亂騷動，卻也潛力無限、生機盎然。藉此隱喻，在相當程度上，教育組織亦恰如複雜體驗系，其內充斥瀰漫著矛盾和緊張的弔詭，而同時卻也潛藏著變革與整合的契機。【108身三】。

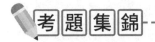
考題集錦

心理學與教育心理學

1. 1990年代之後，教育行政的發展與演進受到「非均衡系統模式」（non-equilibrium system model）的影響，最引人矚目的複雜理論（complexity theory）成為研究組織變革的一股新興勢力。試述複雜理論的基本主張，並說明在教育組織上如何應用？【108身三】

2. 系統理論（systems theory）興起於1960年以後，在教育行政上有一定的影響力，請問系統的特性為何？並請提出系統理論的主要論點及其在教育行政上的意涵。【106身三】

3. 教育行政學中的「行政」，必須隨著時代需求，賦予更具價值的意涵，行政包含「管理」與「經營」。請依自己的觀點，說明「行政」、「管理」、「經營」三者的內涵與異同。【105地三】

4. 何謂混沌理論（chaos theory）？其主要論點為何？這些論點如何應用在教育行政？試分述之。【104身三】

5. 請說明教育行政（educational administration）的意義。【103身三】

6. 解釋名詞：教育行政行動研究（action research）。【103身三】

7. 試以教育行政的觀點，分析開放系統理論與封閉系統理論在假設及實施上有何差異？【102高考三級】

8. 解釋名詞：教育行政（educational administration）【101身三】

9. 論述及評析近年來教育行政理論發展的趨勢。【101高考三級】

10. 開放系統理論（open system theory）之出現，對於傳統主張學校為封閉系統有極大衝擊。請說明開放系統理論的主要主張為何？學校在實務運作上，須有那些應變措施？【101原三】

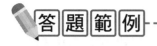答題範例-----------------------------------

一、論述及評析近年來教育行政理論發展的趨勢。【101高考三級】

【破題分析】　本題考的是教育行政理論的未來發展趨勢，考生可以從很多方向發揮，包括教育行政理論整合化、導向市場化、資訊公開化、組織有機化、過程科學化、領導民主化、權力均衡化、人員專業化……等，不過由於答題時間有限，建議挑選自己較有把握的三～四個論點詳細説明，較易掌握得分要義。

解析

教育行政理論的未來發展趨勢，包括教育行政理論整合化、導向市場化、資訊公開化、組織有機化、過程科學化、領導民主化、權力均衡化、人員專業化……等，茲就以下四點論述之。

(一) 民主多元化：教育行政學理論發展由傳統的科層體制（bureaucracy）邁向同僚及民主體制，從過去以組織為重的X理論到以個人為重的Y理論，再到兼容並蓄且權變因應的Z理論，以及近年各種專業學習社群及各政府部分的審議委員會均可看出其趨勢。

(二) 趨勢市場化：近年來，教育行政隨著新自由主義思潮的興起，透過解除管制、消除壟斷、私有化、顧客導向、重視行銷等途徑進行市場化。從家長與學生的自由選校、教育券（voucher）、高等教育的招生與課程提供的開放、在家教育（homeschooling）、教育選擇權（school choice）、學校的公辦民營等方面的變革，都可看出市場化的改革導向。

(三) 權變人性化：認為人是複雜的，要受多種內外因素的交互影響。因而，人在勞動中的動機特性和勞動態度，總要隨其自身的心理需要和工作條件而定。教育行政領導方式由專制→民主→權變，領導理論也從傳統的特質論、行為論，逐漸發展至權變論、新型領導、功能性領導，領導理論順應情境，具有權變及多元性，例如：權變理論、多元領導架構、競值理論……等。

(四) 渾沌複雜化：教育行政理論在1990年代後進入非均衡系統時期，組織充滿著渾沌、非線性、難以預測及複雜之特質。教育行政理論上產生「渾沌理論」及「複雜理論」；其中渾沌理論的「蝴蝶效應」、「耗散結構」，主張組織是非線性的、不穩定的，必須與外在環境交互作用，才能維持穩定，且重視任何微小現象的巨大影響。

而複雜理論的「複雜調適系統」（CAS）、「渾沌邊緣」等，即是一種介於混沌與秩序之間的狀態，是一種「混沌邊緣」，一種動態平衡，在此混沌與秩序的交界，雖然離散震盪、狂亂騷動，卻也潛力無限、生機盎然。複雜理論連結混沌理論，強調事件的不可預測性和非線性發展態勢之外，更重視彼此調適、共同演化、互動關係以及自我組織之特性。藉此隱喻，在相當程度上，教育組織亦恰如複雜體系，其內充斥瀰漫著矛盾和緊張的弔詭，而同時卻也潛藏著變革與整合的契機，對組織的論述有別於過往。

二、教育行政學中的「行政」，必須隨著時代需求，賦予更具價值的意涵，行政包含「管理」與「經營」。請依自己的觀點，說明「行政」、「管理」、「經營」三者的內涵與異同。【105地三】

【破題分析】 本題屬於教育行政的基本觀念題，考生只要列表比較「行政」、「管理」、「經營」三者的內涵與異同，即可得到不錯的分數。

解析

(一)「行政」、「管理」、「經營」三者的內涵
 1. 行政：所謂行政是與他人（或經由他人）共同合作，有效地達成組織目標的過程。
 2. 管理：是在特定的環境下，對組織所擁有的資源進行有效的計劃、組織、領導和控制，以便達成既定的組織目標的過程。
 3. 經營：含有籌劃、謀劃、計劃、規劃、組織、治理、管理等含義。
(二)「行政」、「管理」、「經營」三者的異同
 教育行政是政府為辦理教育而對教育人員與事務所做的領導、經營與管理行為，其目的在有效地達成教育目標。「行政」、「管理」、「經營」三者有其異同，列表比較如下：

	行政	管理	經營
相同點	行政、管理、經營都是處理組織事務所面臨的人、事、物，因情境的不同而採用不同的方法與領導方式，其目的都在使組織更好。		
相異點	處理組織共同的事物與活動	使組織正常合理運轉	動態性謀劃與發展

頻出度C：依出題頻率分為：A頻率高、B頻率中、C頻率低

第**2**章 學校行政與經營

【**重要考點**】學校本位經營、提升教育品質、學校本位管理
【**新近趨勢**】學生事務工作、正向管教、性別平等教育、友善校園

 名師導讀

此處內容乃因應101年後命題大綱的修正，教育行政學科的考試增加「學生事務行政」的相關內容而編撰。坊間參考書多年未修訂，有關學生事務行政的內容幾乎闕如，此乃本書特色與新增章節，主要介紹教育行政中有關學校行政的部分，包括學校行政的基本概念與學校經營管理，尤其以學生事務工作為重點，詳細說明其工作目標與策略，以及正向管教、人權教育、性別平等教育……等，這些當前學務工作的重要議題，都是各位必須掌握的重點。

學習架構

第一節 學校行政概論
壹、學校行政的意義與範圍
　　一、學校行政的定義
　　二、學校行政的範圍
　　三、績優學校行政與優質學校的特徵
貳、學校行政的功能與目的
　　一、學校行政在教學與學習上的功能
　　二、學校行政在其他方面上的功能
　　三、學校行政的目的
參、學校行政的原則與發展趨勢
　　一、學校行政的原則
　　二、學校行政的發展趨勢

第二節 學生事務行政的概念與運作
壹、學務工作於學校行政中的功能與目標
　　一、學務工作的功能定位
　　二、學務工作的具體目標與策略
貳、學生事務行政的組織與運作

第三節 學生事務行政的重要議題
　　一、教訓輔三合一
　　二、生命教育
　　三、法治教育
　　四、正向管教
　　五、其他重大議題分段能力指標

第一節 學校行政概論

> 考點
> 提示
> (1)學校行政的意義；(2)學校行政的功能；(3)學校行政的發展趨勢，是本節重要的考試焦點。

從第一章我們知道教育方面的行政工作，就是辦理教育事業的行政，可分為教育行政與學校行政。教育行政指政府各級教育行政機關之教育行政人員，行使其教育行政職權的歷程。而學校行政就是指學校機關依據教育原理，運用有效和科學的方法，對於學校內人、事、財、物等業務作最妥善而適當的處理，以促進教育進步，達成教育目標的一種歷程。

壹、學校行政的意義與範圍

學校是一個正式的教育組織，學校行政是學校組織運作的重要手段與策略，透過學校行政的運作，達成學校的教育目標，所以學校行政對學校教育而言，具有深刻的影響。我國學者對於學校行政的定義整理如下：

一、學校行政的定義

「學校行政」簡單而言，即學校所處理的一切事物，舉凡人、事、財、物等，各方面都包括在內（吳清山，1993）。這種說法簡明扼要，卻未能完全掌握學校行政精義所在。許多教育學者對學校行政的意義，論說不一，有的由廣義言

之，學校行政即包含學校所有事物；有的則由狹義而言，學校行政乃指教學以外的學校事務。以下即歸納1990～2000年國內學者對學校行政的看法：

吳清山（1991）認為學校行政簡單而言為學校處理的一切事務，舉凡人、事、財、物等各方面都包括在內。嚴謹來說，學校行政乃是：學校機關依據教育原則，運用有效和科學的方法，對於學校內人、事、財、物等業務，做最妥善而適當的處理，以促進教育進步，達成教育目標的一種歷程。

柯進雄（1997）認為學校行政即是學校的各項業務作系統的管理，追求經濟而有效地達成教育目標。它包含四項內涵：學校行政所處理的是學校的各項業務、學校行政是對學校事務作系統化與科學化管理、學校行政應注重經濟及有效、學校行政的目的在達成教育目標。

林新發（1998）認為學校行政即是對學校教學以外的事務作管理，追求經濟有效的達成學校教育的目標，所以學校行政是促使學校教育事業發展的手段和動力。唯有透過有效的行政歷程和作為，充分發揮計劃、組織、領導、溝通、決定、評鑑等功能，才能增進組織的效能和效率，帶動教育的革新和進步。

吳清基（1999）認為學校行政本身只是一種手段，而不是一種目的，任何學校行政的運作都在支援教學需要而行政運作的。

陳寶山（1999）認為學校行政是要整合校內各項寶貴的教學人力、物力資源，以及校外豐富的可開發不可依賴的社會資源，有計劃、有組織的投注到學習者一連串的學習活動中，以培養出一個「完整的人」。

林文律（2000）認為學校行政是規劃及執行與學生有效學習目標之活動與工作的整個過程。

2000年以後的學校行政受後現代主義的影響，定義更加多元豐富而完備，整理如表2-1所示。

表2-1 國內各學者2000年以後對學校行政定義的看法

2001 吳清基	學校行政是一所學校，依據教育原理及政令，有效經營管理學校各種事務，充分支援教學，提升教育績效，達成教育目標的一種歷程。

2002	**張瑞村**	學校行政是基於教育目的，在學校組織情境中，有效的應用行政理論與科學方法，妥善處理學校教務、訓導（學務）、總務、學生輔導、人事、會計、公共關係和研究發展等業務，並有效導引、支援及服務教師與學生之教學活動，以達成學校教育目標的歷程。
2003	**鄭彩鳳**	學校行政乃是學校依據教育之原理原則及有關法令規定，運用有效及經濟的方法，對於學校組織相關的人、事、物、財等要素，作系統化的經營管理，藉以促進教育進步，進而達成學校教育目標的一種歷程。
2004	**吳清山**	學校行政乃是學校所處理的一切事務，舉凡人、事、財、物等各方面都包含在內；更嚴屬改革的說法，學校行政乃是學校機關依據教育原則，運用有效和科學的方法，對於學校內的人、事、財、物等業務，做最妥善而適當的處理，以促進教育進步，達成教育目標的一種歷程。內容包括學校教務、學務、總務、輔導、人事、會計和研究發展等業務。
2004	**謝文全**	是一種領導行為，是一種管事理人的行為，所領導與管理的是教育人員與事務，旨在實現教育的目標，教育行政所做的領導與管理只是手段，是由政府或其授權者負責實施。
2007	**秦夢群**	學校行政之推動必須秉承教育目標與依法行政之精神，將行政與管理之理論運用於學校組織中，有其一定之專業性，有其一定之既定目標，其績效必須接受評鑑，並非只是片斷活動的組合，而是動態與連續的歷程。

綜合言之，**學校行政是對學校教學以外的事務作系統化的管理，以求有效而經濟地達成教育的目標**。由上述學校行政的定義，可以發現學校行政至少包括以下幾個要點：

(一) 學校行政的管理對象是「學校教學以外的事務」—教務、訓導、總務、人事及公共關係。

(二) 學校行政是對學校事務的「管理」—計畫、組織、領導、溝通、協調、評鑑。學校行政的目的在「達成學校教育目標」、「滿足成員個人需求」。

(三) 學校行政應「兼顧經濟及有效」。

(四) 學校行政是一種服務。

(五) 學校行政是一種計畫、執行、考核的歷程。

二、學校行政的範圍

學校行政的範圍一般依學校行政組織及校務職掌分成：教務行政、訓導行政、輔導行政、總務行政、人事行政、會計行政、學校公共關係與研究發展等。但2000年以後，我國學者對學校行政的範圍的定義係從不同的角度切入，因此有著不同的看法，整理如表2-2。

表2-2 2000年以後國內學者對學校行政範圍的不同定義

2001 江文雄	一、 學校行政的理論 　　包括學校行政的基本概念、學校行政的觀念發展、學校行政的發展趨勢等。 二、 學校行政的組織 　　包括學校行政的組織理論、組織結構、組織動態及組織發展等。 三、 學校行政的內容 　　包括教務行政、學生事務行政、總務行政、輔導行政、實習行政、公共關係等。 四、 學校行政的人員 　　包括學校校長、主任、組長、教師、職員、學生等。 五、 學校行政的歷程 　　包括決策、計畫、組織、領導、溝通、協調、評鑑等。 六、 學校行政的資源 　　包括法規、經費、財物、科技、資訊、社會資源等。 七、 學校行政的目的 　　包括學校效能、學校行政革新、學校行政發展。
2003 鄭彩鳳	從管理學的觀點觀之： 一、 是管理什麼　　　　　二、 是怎麼管理 三、 是誰來管理　　　　　四、 是為何管理 管理什麼，是管理內容的問題，包括教務、學生事務、總務、輔導與公共關係，亦包括人、事、時、地、物之管理。怎麼管理，是管理手段與策略的問題，包括計畫、組織、領導、溝通與評鑑。誰來管理，涉及人員，亦即領導角色問題。至於為何管理，是管理目的之問題，主要在提升學校效能，達成學校之教育目標。

2004

謝文全

學校行政是對學校教學以外的事務作系統化的管理，以求有效而經濟地達成教育的目標。學校行政的事務可大約分為兩大類，一為教學，一為行政。行政是教學以外的其他工作或活動，旨在支援教學活動，故是間接達成教育目標的事務。學校教學以外的行政事務一般可分為五大項，即教務、訓導、總務、人事及公共關係。另外學校行政係指一種系統化的歷程，這一歷程各專家學者有大同小異的看法，一般可分為以下五項作為或步驟：計畫或決定、組織、溝通或協調、領導或激勵、評鑑或革新。

2007

秦夢群

以「部門」、「任務」及「歷程」三種觀點來分類並剖析學校行政的範圍。
一、以部門來分
　　學校行政所經營的事務必須設立相關部門加以掌理。實務上，設立之部門包括教務、訓導、總務、會計、人事及公共關係等。
二、以任務來分
　　(一)校長領導；(二)行政管理；(三)課程與教學；(四)學生學習與事務；(五)校園營造；(六)家長與社區關係。
三、由歷程來分
　　行政可被視為是達成目的之歷程，在其中可包含不同的步驟或程序。因此，在界定學校行政範圍時，也可依歷程的觀點加以分析。茲分述為 (一)計畫；(二)決策；(三)組織；(四)溝通；(五)領導；(六)評鑑；(七)興革。

三、績優學校行政與優質學校的特徵

學校行政必須努力創造有利學習的環境，使學生獲得身心健康，工作有效率與有責任感，而其行為亦能為社會所接納。學校教學與非教學人員必須有團隊精神，為學生提供良好示範，使學校中每一成員發展個人才能，方有助於學校的進步。

良好的學校行政需要教師、學生參與規劃與決策。教師會議、學生自治會等均應適時舉行。學校行政應適當授權，學校行政應鼓勵並提供教師專業成長，以改進教師的績效。學校行政的決定須與學校目標一致，因為學校所有的決定，都在為達成學校的目標。

另外，學校校長與教職員必須經常向教育行政機關以及一般民眾，報告學校政策、計畫、成功與失敗之處。學校有責任把學校事務向與學校直接有責任的人士經常報告。綜合上述，優質的行政與學校應具有以下幾個特徵：

(一) 校長能為維護政策與計畫，抗拒外界的干擾。

(二) 校長具有教育理念的領導，高關懷與高倡導。

(三) 校內教師人事安定，調動頻率低。

(四) 學校細心管理課程，並不斷進行評鑑、檢討與改進。

(五) 教師重視在職進修，學校持鼓勵支持態度。

(六) 家長組織健全，家長對校務的參與與支持度高。

(七) 全校教職同仁都注重學生在學習方面的成就。

(八) 學生學習時間較長，學校亦重視學生的學習效能。

(九) 學校受到學區家長與社會人士的支持。

(十) 學習課程由教師團體合作規劃，教師同僚情誼融洽。

(十一) 學校全體教職員工榮辱與共，有生命共同體之感。

(十二) 學校具有明確的目標與願景，教師對學生抱持很高的期許。

(十三) 學校秩序與紀律嚴謹，學生生活教育良好。

貳、學校行政的功能與目的

學校行政是達成教育目標的必要手段之一。因此，它必須提供師生最佳的教學與學習環境，方能發揮教學效果。

吳清山（1990）認為學校行政組織的功能，包括提供學生接受適當的教育、協助教師教學活動的進行、增進學生學習活動的興趣、協助政府各種政令的推動。

謝文全（1995）認為「教學雖是教育行政的核心，但是學校教學人員在執行教學任務過程中，必須有行政人員的領導與支援方能竟全功。」可知，學校行政支援教學的重要功能。

黃昆輝（1995）從教育行政的的觀點，指出教育行政是一種手段，教與學的改進才是目的；沒有教師的教學與學生的學習，教育行政就沒有存在的必要。是以教育行政的功能包括「服務教與學」、「支援教與學」、以及「導引教與學」。

一、學校行政在教學與學習上的功能

吳清山（2004）將學校行政在教學與學習上的功能歸納為表2-3：

表2-3 學校行政在教學與學習上的功能

提供學生接受適當的教育	學校各種行政措施，如課程編排、教學實施、生活管理、團體活動、安全教育等，其最主要的功能亦在使學生能夠接受最適當的教育。
協助教師教學活動的進行	學校行政本身是一種服務性、支援性的工作，而學校教育的主體，一是施教者（如教師）另一是受教者（如學生）。施教者為使教學活動順利進行，除了依賴自己的專業知識與技能外，學校行政的支援是不可或缺的要件。
增進學生學習活動的興趣	學校行政應該能配合教師教學活動的進行，提供學生最佳的學習環境，使學生能夠快快樂樂的學習，則學生的學習興趣自然提高。

二、學校行政在其他方面上的功能

吳清山（2004）除了提出前述三點學校行政在教學與學習上的功能之外，他還提出第四點：協助政府社會教育的推動，是學校行政在非教學層面上的功能。因此，學校行政除了協助教學活動外，對於政府各種政令的宣導，要盡量予以協助與配合，使得政府各種政令的宣導能夠真正落實，讓師生和民眾都能了解到施政的方針和重點。除此之外，學校行政在其他方面的功能尚有：

(一) 寬籌經費，編列預算。
(二) 建立合理的組織，各自發揮所長。
(三) 施行影響力量，導以正確方向。
(四) 明智地抉擇學校發展的方向。
(五) 配置適當的人員，在對的位置做對的事，並且把事做對。
(六) 週詳的規劃，使教育活動順利進行。
(七) 成果的評鑑，發現缺失，謀求改進。
(八) 溝通師生意見，調解組織衝突。
(九) 與有關機關和人員進行協調，以爭取支持。

(十) 學生人事服務輔導計畫：諮商服務、學生紀錄與資訊服務、教育與職業安置；追蹤研究。

(十一) 學生交通服務；學生健康服務、學生食物服務。

(十二) 學校設備的規劃與維護。

另外，美國學校行政人員協會（The American Association of School Administration, AASA）則指出學校行政功能為：

(一) **訂定計畫**：對於未來採取的行動之種種可能的結果，作審慎的預估，俾作各種決定，以控制未來達成理想目標的方向。

(二) **籌配資源**：為了執行既定計畫，達成組織目標，必須設法籌措並有效分配人力及物質資源。

(三) **激發熱忱**：為了獲致顯著的成效，須激發組織成員的服務精神，強化其工作動機，使人人具有積極的工作態度。

(四) **協調**：將各部門的人員協和一致，集中意志，投向獲致目標的統整型態之中。

(五) **評鑑**：不斷檢查各種活動所產生的影響。

綜合上述，茲將學校行政應具有的功能整理如下表2-4：

表2-4 學校行政的功能彙整

規劃校務運作，凝聚學校願景	學校運作的規劃有賴行政人員的整合運作，透過行政規劃引導教師積極參與學校校務，進而共同塑造學校發展願景。
規劃多元活動，提昇教學品質	學校的學習不應僅止於教室內或是學校內，許多綜合性活動是學習不可或缺的重要元素與素材；學校行政必須勇於任事，規劃整體綜合性活動，如運動會、校外教學、參觀、旅遊等活動，以提昇學生學習的效果。
維護教學專業，提昇教師地位	學校行政有義務維護教師教學專業自主，以提昇教師專業地位，並獲致社會大眾的認同。
整合行政力量，支援教學活動	學校教育的主軸是教學，學校必須透過行政力量，整合校內外資源，提供教學的支援任務，使全體師生成為最大的受益者。
發揮溝通協調，塑造學校文化	學校行政必須發揮溝通協調的機制，凝聚全體員工的共識，達到理性溝通、和諧運作的目標，以塑造出學校優質的組織文化。

建構公共關係，導入社會資源	學校是公開的正式組織，受到社會公眾的關注，也受到社會的監督，有必要結合社會的力量來強化學校經營效果。
引導多元參與，永續經營學校	學校運作必須是全員參與，才能讓校內同仁對於學校有歸屬感，透過行政的引導讓教師參與學校校務的決策與執行工作，有助於提升教師對學校的認同。

資料來源：參考林素品（2014），教育服務役役男對學校行政運作之效益評估。

三、學校行政的目的

張添洲（2003）認為學校行政工作以服務教師的「教」和學生的「學」為主，行政只是一種手段，達成教育目標才是最終的目的，行政的原則與方法，不能違背教育的目的。學校行政是支援教學、服務師生、達成教育目標的重要手段，其主要目的說明如下（江文雄，2001），簡記如圖2-1：

(一) **促使教育目標的達成**：學校行政人員應有「辦教育」而非「辦行政」的觀念，教學是在「教人」而非「教書」。

(二) **提高行政效率及效能**：學校行政即是運用各種方法及程序，以提高效率及效能，進而達成學校的使命。

(三) **有效運用有限的資源**：學校行政的重要目的之一，即是如何運用周延綿密的思考，確立科學治事的原理原則，並力求人力、物力、財力來達成學校經營管理的任務。

(四) **促使學校組織有系統的正常運作**：學校行政本身是一種服務性及支援性的工作，必須講求制度化、專業化及民主化，提供學生接受適當的教育，協助教師教學活動的進行，增進學生學習活動的興趣，協助政府社會教育的推動，使學校組織正常運作，日新又新，不斷發展。

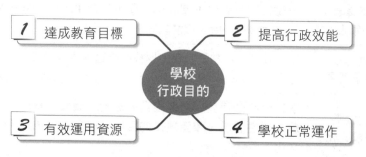

圖2-1　學校行政的目的

參、學校行政的原則與發展趨勢

一、學校行政的原則

吳清山（1996）從組織運作必須兼顧效能與效率的觀點，提出發揮組織功效的學校行政原則為：專業化原則、科學化原則、學術化原則、民主化原則、整體化原則、彈性原則、績效原則。

張銀富（2002）認為學校行政之主要目的在於達成學校教育目標，學校行政工作雖在處理學校教學以外的事務，但旨在支援教學活動。學校行政的服務對象則是學校全體師生，學校行政不但要求效率，尤應重視效能。因此，在複雜的學校行政的運作過程中，宜依據相關行政管理理論，著重系統研究，以建立原則，藉以在學校行政實務上，提供行政人員參考應用。張銀富（2002）認為學校行政應把握下列原則：

(一) **專業化**：學校行政人員必須具有專業知能與素養，才能提供師生最有效的服務，因此，學校行政人員除應具備任用資格外，更應定期接受在職專業訓練，並賦予相當的工作自主權，以培養其優秀的專業能力，俾有效執行其所負之行政工作。

(二) **制度化**：行政人員處理校務必須遵循的原則是依法行政。工作有明確的規定，應依規定處理；若無明確的規定，則由主管裁量，亦可研擬辦法或計畫據以實施。

(三) **統整化**：學校行政的推動，必須從整體著眼，因此學校各單位宜捐棄本位主義，彼此相互協調，密切合作，謀求學校整體發展，才能實現教育目標。

(四) **民主化**：學校行政的推動，必須群策群力，集思廣益，方能收到最大效果，而民主程序與廣泛參與，將可提高行政效果。

(五) **科學化**：學校行政工作經緯萬端，甚為複雜，必須採用科學方法，方能化繁為簡，提高績效。

(六) **人性化**：學校行政人員要以人性化的理念，塑造學校的凝聚力。

(七) **學術化**：學校行政在處理各項業務時，經常發現存在諸多問題，為有效解決這些問題，學校行政人員宜進行研究，將研究結果提供做為改進學校行政之參考。

(八) **彈性化**：學校事務管理必須保持充分的彈性，才能適應學校環境可能的變化和發展。

(九) **績效化**：學校行政績效化的原則，不僅是追求經濟效益，更重要的是追求教育效益和社會效益，以培養出社會有用的人才。

(十) **社區化**：學校與社區的關係至為密切，學校教育應與社區密切結合，學校行政人員應致力於與社區人士維持良好的互動關係，彼此分享學校資源與社區資源。

綜合上述，茲將學校行政組織運作的原則，整理如表2-5：

表2-5　學校行政組織運作的原則

團隊原則	學校行政必須建立團隊的共識，以團隊運作、團隊績效為核心，建立生命共同體理念，落實學校行政的本質價值。
分工原則	學校行政內容龐雜，臨時突發事務又多，必須採取分工進行、分頭並進的方式，化整為零，透過分工的方式，提昇行政績效。
願景原則	學校行政要有目標性，塑造未來會更好的願景，並成為學校人員共同認同的價值。
科技原則	行政人員應善用資訊科技，提昇工作績效，建立資料檔案，使行政效能不斷提昇，學校行政運作更加順暢。
支援原則	學校行政工作繁瑣，各處室人員必須要有互相支援的觀念，彼此配合、互相提攜，建立行政一體的理念，以發揮整體力量。
授權原則	學校行政必須掌握時效、尊重專業，因此，必須注重授權的理念，將權力下放，使業務管理單位能專職專責、全力施展。
統合原則	學校行政運作的目標必須一致，各處室行政運作必須採取統合的觀念，使得整體性、完整性、全校性獲致最大的重視。

二、學校行政的發展趨勢

我國中小學學校行政組織的發展，隨著教育改革的浪潮改變，已經從科層體制朝向學校行政部門、教師及家長會多元共治的組織架構，傳統學校組織運作方式將隨之調整與改變。綜觀各國學校行政改革及學校行政理論的發展，可將學校行政的發展趨勢歸納如下（秦夢群，2007）：

(一) **依法行政的自主管理**：過往學校文化多強調倫理道德，而較忽視法治觀念，以至空談理想而遊走於法律的邊緣。今後應努力的方向為：1.強調法治觀念。2.踐行正當法律程序。3.提供申訴救濟制度。

(二) **學校本位的參與決策**：學校本位管理是一種權力下放的學校管理，藉由學校行政人員、教師、家長、社區人士及學生共同做決定的權力，理論上不僅能提高學校校務參與層面，亦可增進學校行政效能。

(三) **創新經營的組織再造**：近年來，為因應學校教師會、教師工會的成立、教評會的設置、家長會功能的提升等，學校行政者須改變行政的運作型態，進而促進學校組織再造，以順應社會變遷及創造卓越的行政績效。

(四) **資訊科技的知識管理**：在學校組織中，網路科技在行政與教學的運用方面，已有日趨普遍的現象。例如校務行政系統、各學科網路教學資料庫、非同步教學系統的建置與應用等，使整體學校行政效能及教學成效，得以大幅提升。

(五) **多元分享的公共關係**：從社會系統觀點來看，學校是一個典型的「開放系統」，受外在環境的影響，且與外部環境相互依賴，因而「學校社區化、社區學校化」之概念已成為未來學校行政革新的趨勢。

張明輝（2009）將近年來學校行政的相關發展趨勢，整理歸納如下表2-6：

表2-6　學校行政的發展趨勢

行政運作的自主	包括建立大學校長遴選制度、鼓勵大學自籌校務運作基金、中小學課程增加校定科目及選修科目、中小學教科書由各校自行選用等。
課程與教學的自主	各級學校在課程方面，特別是選修課程的開設增加彈性自主空間。在教學方面，教師獲得更多教學事務的自主權。另外，在教學評量及學生作業方式，也強調教師的自主決定。
選擇與管理學生的自主	各級學校的入學方式有許多新的措施，均是強調增加學校在遴選學生過程中的自主性。另外，對於學生的服裝儀容與生活管理，有愈加自由民主並尊重學校個別差異的自主權。

第二節　學生事務行政的概念與運作

第一章與前一節我們曾經概略介紹學校行政組織，其中**學務處的工作，就是負責學生事務的處理，稱為學生事務行政工作，是學校行政非常重要的一環**。近年來在「教訓輔三合一」與「友善校園學生事務與輔導工作」於校園中積極推行，使得學生事務的處理與負責單位，不再侷限於學務處而已，擴大學生事務的服務層面。

學校行政針對學生層面應有的作為，包括：積極維護學生受教權、導引學生健全人格、導引學生從參與中學習獨立自主、重視學生的救濟管道……等，都與學生事務工作息息相關。

壹、學務工作於學校行政中的功能與目標

學務工作主要運用心理、社會、輔導、教育、危機與行政管理等知識，從事學生事務與校園安全工作之創新。配合學校整體之轉型發展，提供一個強有力的支撐，以期提昇學校辦學績效與學校競爭力。

一、學務工作的功能定位

(一) 轉化人權法治教育及品德教育之內涵與教學活動，親師生人權法治及品德觀念及行動實踐，以奠定民主社會現代公民的基礎。

(二) 提供學務人員經驗交流的機會，強化專業知能，落實人權法治教育、品德教育與校園生活結合。

(三) 提升學生對人權法治教育、品德教育實踐的知能、促進師生良好的互動、營造人文與友善的校園。

二、學務工作的具體目標與策略

學務工作發展的願景，應朝向效率創新與資源整合的方向發展，對學生的「輔導」、「安全」與「服務」將提供更優質更美好的學習環境。其工作任務、具體目標與策略，整理如表2-7所示。

表2-7 **學務工作的工作任務、具體目標與策略**

工作任務	具體目標	具體策略
(一) 建構核心價值 與校園文化	**目標1**：建立校園之核心價值(定時、定量、定規、定份) **目標2**：塑造具有特色之校園文化	1. 確立、倡導與釐定中等教育人才培育的核心價值。 2. 配合學校整體發展與學生特質，以建立具有特色的校園文化。
(二) 強化學務工作 組織與績效	**目標3**：統整學校資源及健全學務工作組織 **目標4**：建立e化學習之學務工作及學習型組織 **目標5**：落實評鑑制度及提昇工作效能	3. 結合學校辦學理念，發展各校學務工作特色，健全學務工作組織與制度。 4. 統整學務工作資源，提供師生多元參與管道，建立學務工作支援體系(社服團體、民間社團、警察、司法機關)。 5. 訂定推動學務工作所需人員、設施及經費之標準，並穩定來源。
(三) 營造優質學習 與生活環境	**目標6**：結合資源增進學生學習與生活品質 **目標7**：建構安全、健康、適性之溫馨校園	6. 充實學務專業知識，建構e化的學務工作環境，以強化服務效能（校務行政系統、選社團、德行評量……）。 7. 建立標竿學習模式，加強學務工作觀摩與交流，並發展成為學習型組織（與友校進行行政觀摩研習）。 8. 落實學務工作績效評鑑制度與指標，以持續改進學務工作。 9. 與校內外各單位、社區、家庭等相關機構合作，並加強課內與課外學習活動之關係，以發揮整體教育功能。 10. 建立具安全、健康、適性及正義、紀律、關懷與尊重等精神的溫馨校園，以使學校成為具有生命共同體情感的社群。
(四) 促進全人發展 與社會公民	**目標8**：建立多元文化校園及促進學生全人發展 **目標9**：培育熱愛鄉土及具有世界觀之社會公民	11. 建立多元文化校園，並為不同特質學生提供合適的參與、學習及成功機會。 12. 結合各種輔導與生涯發展理論，設計各項活動與輔導方案，以促進學生全人發展與生涯成功。 13. 與鄰近社區互動及透過國際交流，以促進學生對社區關懷與鄉土文化之情感，並開拓國際視野，建立地球村觀念。

貳、學生事務行政的組織與運作

學生事務處在大學階段設置有課外活動指導組、生活輔導組、衛生保健組、學生輔導中心、服務學習中心及學生職涯發展中心；在高中及國中階段，大致上包括生活教育組、訓育組、衛生組、體育組及各班導師，由於高中職與大學階段，學生生活教育皆由教官負責，因此，本文就訓育組、衛生組、體育組及各班導師在學務處扮演的角色與任務進行介紹，如下表2-8。

表2-8　學生事務處的組織運作與職務

一般業務	1. 擬訂或修訂學務各項章則。	2. 擬訂或修訂學務工作計畫。
	3. 導師之遴聘、考核。	4. 督導考核學務人員勤惰狀況。
	5. 學務人員工作分配及考核。	6. 召開學務工作有關會議。
	7. 執行學務會議決議事項。	8. 辦理學生重大偶發事件。
	9. 各項學務會議紀錄。	10. 導師手冊之核閱。
	11. 協辦招生事宜。	12. 策劃並輔導班級活動。
	13. 教育旅行推動。	14. 性別平等教育推動。
訓育組	1. 擬定訓育章則實施計畫。	2. 擬定訓育章則及學生生活公約。
	3. 擬定新生始業輔導計畫。	4. 擬定導師責任制實施要點。
	5. 規劃親師座談會。	6. 擬定學生自治指導辦法。
	7. 加強社會教育，推行全民精神建設。	
	8. 擬定社會服務計畫。	9. 規劃教室佈置要點。
	10. 編印學生手冊。	11. 推動導師責任制實施。
	12. 會同總務處實施學校環境佈置。	13. 加強推行民主法治教育。
	14. 調查及統計學生各種活動狀況。	15. 檢查及指導學生參加社會服務。
	16. 調查及指導學生團體組織。	17. 舉辦各項比賽或測驗等事宜。
	18. 調閱學生生活週記。	
	19. 輔導學生選舉班級幹部及班會組織。	
	20. 辦理選舉模範生及優秀青年選拔。	
	21. 規劃綜合活動課程安排。	
	22. 週會專題演講人員之聘請及排定。	
	23. 推動校長與班級、社團有約活動。	
	24. 辦理新生始業輔導。	25. 輔導編印校刊及畢業紀念冊。
	26. 指導學生自治會（班聯會）運作。	
	27. 處理學生生活週記反映意見。	28. 策畫學生校外參觀教學活動。

訓育組	29. 核閱學生班會記錄簿。　　30. 審查學生出版刊物及壁報。 31.辦理校慶活動。　　　　　　32. 辦理機關團體委辦相關事項。 33. 工讀生申請審查。 34. 社團活動計畫擬訂、事務推動、考核評鑑。 35. 推動人權教育、智慧財產權、公民教育活動。
衛生組	1. 擬訂衛生保健實施計畫。　　　2. 擬訂衛生各項章則。 3. 擬訂衛生設備計畫。　　　　　4. 實施傳染病預防接種。 5. 舉辦健康檢查與統計分析。　　6. 指導學生健康要領矯治缺點。 7. 衛生教育宣導。　　　　　　　8. 學生平安保險。 9. 管理衛生器材及設備。　　　　10. 擬定視力保健計畫與實施。 11. 擬訂學校環境保護教育計畫。 12. 訂定垃圾分類資源回收實施計畫與執行。 13. 推行社會各種衛生活動（消除髒亂、家庭計畫）。 14. 擬訂整潔競賽實施要點。 15. 班級打掃環境區域規畫與督導。 16. 流行疾病宣導與防範。 17. 辦理廢乾電池回收、CPR推展、學生意外傷害處理。 18. 其他有關衛生事項。
體育組	1. 擬訂體育實施計畫。　　　　　2. 擬訂各種運動競賽辦法。 3. 選編體育正課及早操教材。　　4. 體育器材之設置處理。 5. 調配運動場地。　　　　　　　6. 舉辦全校運動會。 7. 考查學生體育成績。　　　　　8. 紀錄及統計學生各種運動成績。 9. 統計學生體育成績。　　　　　10. 學生參加校外各種競賽。 11. 推動師生體適能。　　　　　　12. 推動水上運動游泳教學活動。 13. 學生運動代表隊推動。
導師	1. 培養本班學生愛國情操。　　　2. 協助政府傳達及推行政令。 3. 協助學校發展校務。　　　　　4. 督導班級幹部推行班務。 5. 出席各種會議並執行各種有關之決議案。 6. 協助編排本班學生各種幹部席次。 7. 協助輔導本班學生之服裝儀容，安全檢查。 8. 週班會升旗、自習課及各種集合結隊之點名。 9. 掌理教室及環境區之整潔檢查及秩序維持等事項。 10. 領導本班學生校外參觀及勞動服務。 11. 指導本班學生之德行、學業及身心健康等。

導師	12. 指導本班學生各項活動及社會服務。 13. 召集本班學生談話並隨時舉行個別談話。 14. 批閱本班學生生活週記及課外讀物。 15. 瞭解本班學生家庭狀況、實施家庭訪問或聯繫事宜。 16. 本班學生之請假管制。 17. 擔任導師輪值並處理有關事務。 18. 處理本班學生問題及其他偶發事項。 19. 評量本班學生德行。 20. 輔導本班校外住宿學生生活。 21. 其他有關導師應辦事項。

第三節　學生事務行政的重要議題

> 考點提示　(1)教訓輔三合一；(2)友善校園；(3)生命教育；(4)性別平等教育，都是考試的焦點。

教育部於2005年研定出「友善校園總體營造計畫」（教育部，2008），該計畫包含了五大目標及三十三項整體策略，如表2-9。**「友善校園」強調任何教育活動以及輔導管教措施，均可建立在友善校園上發展，其主要內涵包括學生輔導、關懷中輟學生、性別平等教育、生命教育、人權、法治、品德及公民教育實踐等，建立系統輔導機制管道，和諧校園文化**（教育部，2008）。

「友善校園」主要是以建立輔導新體制為核心，加入對中輟生受教權的關懷、生命的尊重、反性別歧視等議題，同時更重視品格教育的培養以及人權、法治精神的發揮。以上所提都是近年學生事務的重要議題，以下逐一詳述。

表2-9　友善校園總體營造計畫的目標與策略

體現生命價值的安全校園	(一)推動生命教育，(二)落實執行校園建築安全與健康環境檢查工作，(三)推動永續校園計畫，(四)定期演練危機處理小組與輔導網絡運作，(五)鼓勵師生共同參與生命體驗營活動，(六)建置生命教育學習網。

建立多元開放的平等校園	(一)推動性別平等教育，(二)強化弱勢跨國婚姻子女輔導與選替性教育，(三)推行學校一人一樂器，一校一藝團；一人一運動，一校一團隊，(四)推動高中職多元入學方案，(五)開放學校運動場所設施。
建構和諧關懷的溫馨校園	(一)持續推動學生輔導體系，(二)研議各種弱勢族群學生教育輔導措施，(三)研訂社區志工、退休教師、專業人才參與輔助弱勢學生辦法，(四)推動大專院校社團落實、推展服務學習，(五)強化中輟學生輔導與選替性教育措施，(六)鼓勵學校規劃人際安全創意空間，(七)加強學校實施認輔制度及輔導網絡運作，(八)鼓勵學校教師交互支援教學及教育活動，(九)推動高中職社區化。
營造尊重人權的法治校園	(一)推動人權教育，(二)定期調查弱勢族群學生，(三)推動校園正向管教，(四)扶助高中職以上弱勢學生就學，(五)輔助國中小弱勢學生學習，(六)加強品德教育，(七)強化公民意識。
創造普世價值的學習環境	(一)教師在職教育納入性別平等教育、人權教育、生命教育等主題；(二)辦理社區教育種子教師培訓；(三)高中職以下各級學校辦理家庭教育活動；(四)辦理高中以下學校家庭種子教師培訓；(五)各級學校提供重大違規事件或特殊行為學生家長家庭教育課程；(六)營造大專院校國際化雙語校園環境。

資料來源：教育部(2008)。友善校園總體營造計畫。教育部97年度友善校園工作手冊。台北市：教育部。

一、教訓輔三合一

教育部於1998年8月21日頒布的「建立學生輔導新體制—教學、訓導、輔導三合一整合實驗方案」（教育部，1998），其目的是要落實一般教師全面參與輔導工作、善盡教師輔導學生之責，將正確的輔導理念精神融入教學歷程中，提昇教學品質。

(一) 意義

教育部目前所推動的「教、訓、輔三合一方案」就是希望透過教師、訓導人員及輔導人員，在觀念上溝通、經驗上共享、策略上整合，利用三級預防的機制，結合社區支援與資源，發展全面性的輔導網路，將力量匯集於

滿足學生的需求和解決學生的問題上（唐璽惠，1999）。

(二) 目標

鄭崇趁（2000）認為推動教訓輔三合一方案之目標有四：(一)帶好每位學生－實現帶好每位學生的教改願景；(二)整合教訓輔功能－結合社區資源發揮學校教訓輔功能；(三)孕育最佳互動模式－建構師生最佳互動模式與內涵；(四)闡揚教師大愛－激勵教師善盡教師輔導職責。其整體推動教訓輔三合一方案的目標，如圖2-2。

蔡培村（2001）則認為建構輔導新體制，促進學生的全人發展，應達成五項目標：(一)適性發展；(二)健全人格；(三)多元智慧；(四)社會適應；(五)珍惜生命。簡言之，在教訓輔合作的過程中，透過「輔導組織、機能活化」「融入課程、適性教學」「資源整合、建構網路」「輔導諮詢、專業分工」等四個項度的工作推展，重新整合學校的輔導工作，使學校成為一個有機體，進而團隊合作，發展出一套合理的理論及系統，達成全人發展的目標。

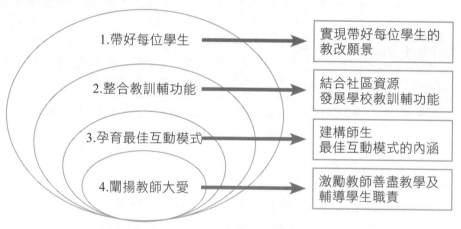

圖2-2　推動教訓輔三合一目標圖

資料來源：修改自鄭崇趁(2000)。教訓輔三合一的主要精神與實施策略。學生輔導通訊，66，25。

(三) 策略與方法

教訓輔三合一方案共包含五個策略、十七個方法，彼此環環相扣，藉各個策略之引導及各種方法之執行，以期能有效達到方案之目標。茲列表如2-10。

表2-10 建立學生輔導新體制—教學、訓導、輔導三合一整合實驗方案結構表

目標：建立各級學校教學、訓導、輔導三合一最佳互動模式與內涵，培養教師具有教訓輔統整理念與能力，有效結合學校及社區資源，逐步建立學生輔導新體制。

策略	方法
（一） 成立規劃 執行組織	1. 成立「建立學生輔導新體制規劃委員會」。 2. 擬定實驗學校實驗計畫。 3. 辦理學生輔導新體制實驗績效評估。
（二） 落實教師輔導 學生職責	4. 落實教師在教學歷程中輔導學生之責任。 5. 培養全體教師皆具有輔導理念與能力。 6. 實施每位教師皆負導師職責。 7. 鼓勵每位教師參與認輔工作。
（三） 提升教師 有效教學	8. 策勵教師實施高效能的教學，幫助學生獲得人性化及滿意的學習。 9. 強化各科教學研究會功能，將輔導理念融入教學歷程，提升教學品質。 10. 實施教學視導及教師評鑑。
（四） 調整訓輔 行政組織	11. 調整學校訓導處之行政組織及人員編制，兼具輔導學生之初級預防服務功能。 12. 調整學校輔導室（學生輔導中心）之行政組織及人員編制，加強各級心理輔導及諮詢服務工作。 13. 調整學校行政組織及人員編制。
（五） 建構學校 輔導網路	14. 建立學校輔導網路，結合社區資源，協助辦理學生輔導工作。 15. 運用社區人力資源，協助學校推動教育工作。 16. 研訂學校教師輔導工作手冊。 17. 辦理學校教師、行政人員、義工及家長研習活動。

資料來源：鄭崇趁(1999)。整合導向評估模式之運用—以教育輔導工作六年計畫為例(頁91)。國立政治大學教育學系博士論文，臺北市。

二、生命教育

教育部於2000年成立生命教育委員會，並將2001年訂為生命教育年，將生命教育的理念逐步納入由小學至大學十六年學校教育體系中，使生命教育獲得一貫化、完整化、全程化的體現。

(一) 意義

生命教育是教育學生認識生命、引導學生欣賞生命、期許學生尊重生命、鼓勵學生愛惜生命的教育。也是讓學生了解人生的意義、價值、進而珍愛生命，尊重自己、他人、環境及自然，並使自我潛能充分發展，貢獻人群，以過積極而有意義的人生（吳武雄，2002）

(二) 策略指標

學校中推動生命教育，應該從「環境設施」、「課程教學」、「教師素養」以及「學生文化」四方面著力，其策略指標概述如圖2-3。此四個策略指標所發展出的重點措施如下：

1. **在環境設施方面**：除了設立生命教育中心學校、建置多元資料、訂定倡導計畫之外，還包括學校應擁有充足安全、便利的無障礙空間，以及確保校內各項設備與器材的使用安全。

2. **在課程教學方面**：除了可將生命教育融入各領域教學、或規劃生命主題統整課程及實施體驗活動、使師生更懂得珍惜自我生命、勇敢面對死亡課題之外，還可設置專屬網站，讓師生共同分享生命的奇蹟與感動。

3. **在教師素養方面**：除了要加強教師生命教育的人文素養及輔導知能以外，更應熱愛學生，將學生視如己出。

4. **在學生文化方面**：學生除了能懂得珍愛生命之外，更有能力去規畫自己、實踐生命，開展真、善、美的人生，達到自我實現的理想（鄭崇趁，2001）。

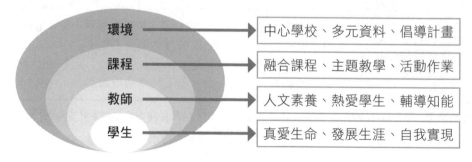

圖2-3　生命教育策略指標圖示

資料來源：修改自鄭崇趁(2001)。生命教育的目標與策略。
載於何福田(主編)，生命教育論叢。台北市：心理。

三、法治教育

我國法治教育的推展始於1979年，當時教育部和法務部制定了「加強推展青少年公民教育計畫」、「防制青少年犯罪方案」，希望藉此來遏止青少年犯罪行為的發生。教育部和法務部於1997年又共同推動了「加強學校法治教育計畫」，將法治教育列為國家施政的重點之一。教育部訓委會在1999年提出「推動中小學民主法治教育工作指標暨檢核表」，以檢核學校法治教育的目標是否達成。

(一) **意義**：法治教育是一種透過有組織的學習經驗，增進學生及教育人員的認知、理解、技能、態度和判斷力，以面對複雜多變社會的法律和司法問題的歷程。

(二) **實施策略**：教育部為厚植各級學校法治教育，培育學校師生具法治素養，涵育法治教育文化，以建立法治之社會，特訂定了「各級學校法治教育實施要點」。以下就本要點各級學校應配合辦理之事項，歸納如下表2-11。

表2-11 各級學校為推展法治教育應配合辦理事項

成立法治教育推廣小組	依學校實際需要，訂定年度重要工作計畫，落實推動學校法治教育工作。
加強法治觀念之宣導	1. 利用導師時間、學校朝（週）會及相關課程等，協調法治教育服務團、警察治安機關、律師公會等，到校實施法律知識宣講與法治宣導。 2. 對於較常發生之校園事件或社會重大案件，學校（或老師）應實施隨機教育。
融入各科教學活動中	1. 教師應依實際需要，融入法治教育於各科教學活動中。 2. 採動態式的教學方法（如價值澄清、角色扮演、觀摩或參觀等），提高學生學習興趣。
建立學校輔導管教、獎懲、申訴制度	邀集學生（或代表）共同制定學校校規與班級生活公約，並建立學校輔導管教、獎懲、申訴制度等；將其印成手冊，促請家長與學生共同了解遵守。

設立學生相關 自治組織	1. 輔導學生學習解決衝突與糾紛。 2. 加強學生對法治生活的思考與討論。
辦理以法律 知識為主題 之課外活動	如有獎徵答、演講、作文、書法比賽及法律劇場等。
安排參觀並 辦理座談會 或討論會	1. 安排參觀法院、少年輔育院、鄉鎮市區公所等相關 機構。 2. 辦理座談會或討論會，以作教育性指導。
嚴格取締 考試作弊	建立學生正確法治觀念，落實法治精神。

資料來源：教育部(1999)。各級學校法治教育實施要點。台北市：教育部。

四、正向管教

許多文獻指出，體罰可以暫時壓抑兒童的不良行為或導致短暫的服從，但卻會帶來更多的壞處。我國於2006年12月27日明令禁止體罰。因此，教育人員應學習了解學生各種偏差行為的成因，以及如何管理情緒，並採用正向管教的方式，以杜絕體罰和其他違法與不當管教所造成的負面影響（教育部，2008）。

(一) **意義**：正向管教的概念為彼此尊重，讓學生能夠了解行為背後的信念及意義，達成有效的溝通。正向管教培養學生問題解決的技巧，包括所要教導的紀律，既不放縱也不苛責，最終目的在於使青少年變得更有責任感、受尊敬，並自己去發掘自我的長處。

(二) **推動策略**：要推動正向管教，就必須先具備有零體罰之觀念，因正向管教乃零體罰觀念之延伸。而教育部推動校園正向管教工作計畫（教育部，2008）中明白指出：

中小學學校應擬定推動三級預防工作計畫，據以執行並定期檢討修正。茲將學校執行正向管教初級預防、二級預防、三級預防工作之目標及策略列表如2-12。

表2-12 中小學推動正向管教三級預防工作之目標及策略

預防階段	工作目標	工作策略
初級預防	透過專業成長教育，增加教師對體罰影響之認知與對學生偏差行為之類型、成因及合理有效處置措施之知能，並加強教師班級經營及情緒管理之能力。	發展多元專業輔導管教措施，提升教師心理衛生及輔導知能。
二級預防	確實了解各教師輔導與管理學生之現況，針對使用違法或不當管教方式之教師，提供繼續教育與輔導，協助其採取正向管教方法。	建立教室高關懷群檔案，透過團隊支援與輔導，早期介入與協助。
三級預防	學校在教師違法處罰學生之事件發生後，進行通報與處置，以預防體罰之再發生。	建立教師嚴重違法處罰學生之危機處理與善後處置標準作業流程。

資料來源：教育部(2008)。教部推動校園正向管教工作計畫。教育部97年度友善校園工作手冊(90-99)。台北市：教育部。

五、其他重大議題分段能力指標

學生事務工作重大議題尚包括：**性別平等教育、環境教育、資訊教育、家政教育、人權教育、生涯發展教育、海洋教育**。各議題分段能力指標編號說明如下：下列「a-b-c」的編號中，a代表課程核心內容序號，b代表階段序號，c代表流水號。第一階段為國小一至二年級，第二階段為國小三至四年級，第三階段為國小五至六年級，第四階段為國中一至三年級。

(一) 性別平等教育

核心課程內容	分段能力指標
1. 性別的自我瞭解	1-4-1 尊重青春期不同性別者的身心發展與差異。 1-4-2 分析媒體所建構的身體意象。 1-4-3 瞭解自己的性取向。 1-4-4 辨識性別特質的刻板化對個人的影響。 1-4-5 接納自己的性別特質。 1-4-6 探求不同性別者追求成就的歷程。 1-4-7 瞭解生涯規劃可以突破性別的限制。
2. 性別的人我關係	2-4-1 分析現今社會問題與刻板的性別角色關係。 2-4-2 思考傳統性別角色對個人學習與發展的影響。 2-4-3 分析性別平等的分工方式對於個人發展的影響。 2-4-4 解析人際互動中的性別偏見與歧視。 2-4-5 去除性別刻板的情緒表達,促進不同性別者的和諧相處。 2-4-6 習得性別間合宜的情感表達方式。 2-4-7 釐清情感關係中的性別刻板模式。 2-4-8 學習處理與不同性別者的情感關係。 2-4-9 善用各種資源與方法,維護自己的身體自主權。 2-4-10 認識安全性行為並保護自己。 2-4-11 破除對不同性別者性行為的雙重標準。 2-4-12 探究性騷擾與性侵害相關議題。 2-4-13 釐清婚姻中的性別權力關係。 2-4-14 尊重不同文化中的家庭型態。 2-4-15 習得家庭暴力的防治之道。 2-4-16 認識性別權益相關的資源與法律。
3. 性別的自我突破	3-4-1 運用各種資訊、科技與媒體資源解決問題,不受性別的限制。 3-4-2 檢視校園資源分配中對性別的不平等,並提出改善策略。 3-4-3 運用校園各種資源,突破性別限制。 3-4-4 參與公共事務,不受性別的限制。 3-4-5 探究社會建構下,性別歧視與偏見所造成的困境。 3-4-6 反思社會環境中,性別關係的權力結構。 3-4-7 探究多元文化社會中的性別歧視,並尋求改善策略。

(二) 環境教育

核心課程內容	分段能力指標
1. 資訊科技概念的認知	1-2-1 能瞭解資訊科技在日常生活之應用。 1-2-2 能瞭解操作電腦的姿勢及規劃使用電腦時間。 1-2-3 能正確操作及保養電腦硬體。 1-2-4 能正確更新與維護常用的軟體。 1-2-5 能瞭解資料安全的維護並能定期備份資料。 1-3-1 能認識電腦病毒的特性。
2. 資訊科技的使用	2-2-1 能遵守電腦教室（或公用電腦）的使用規範。 2-2-2 能操作視窗環境的軟體。 2-2-3 能正確使用儲存設備。 2-2-4 能有系統的管理電腦檔案。 2-2-5 能正確操作鍵盤。 2-2-6 能熟練中英文輸入。 2-3-1 能認識電腦硬體的主要元件。 2-3-2 能操作及應用電腦多媒體設備。 2-4-1 能認識程式語言基本概念及其功能。
3. 資料的處理與分析	3-2-1 能使用編輯器進行文稿之編修。 3-2-2 能操作印表機輸出資料。 3-2-3 能操作常用之繪圖軟體。 3-3-1 能操作掃瞄器及數位相機等工具。 3-3-2 能利用簡報軟體編輯並播放簡報。 3-3-3 能使用多媒體編輯軟體進行影音資料的製作。 3-4-1 能利用軟體工具分析簡單的數據資料。 3-4-2 能利用軟體工具製作圖與表。 3-4-3 能認識資料庫的基本概念。 3-4-4 能建立及管理簡易資料庫。 3-4-5 能針對問題提出可行的解決方法。 3-4-6 能規劃出問題解決的程序。 3-4-7 能評估問題解決方案的適切性。 3-4-8 能瞭解電腦解決問題的範圍與限制。 3-4-9 能判斷資訊的適用性及精確度。

核心課程內容	分段能力指標
4. 網際網路的認識與應用	4-2-1 能操作常用瀏覽器的基本功能。 4-3-1 能應用網路的資訊解決問題。 4-3-2 能瞭解電腦網路之基本概念及其功能。 4-3-3 能遵守區域網路環境的使用規範。 4-3-4 能認識網路資料的安全防護。 4-3-5 能利用搜尋引擎及搜尋技巧尋找合適的網路資源。 4-3-6 能利用網路工具分享學習資源與心得。
5. 資訊科技與人類社會	5-2-1 能遵守網路使用規範。 5-3-1 能瞭解網路的虛擬特性。 5-3-2 能瞭解與實踐資訊倫理。 5-3-3 能認識網路智慧財產權相關法律。 5-3-4 能認識正確引述網路資源的方式。 5-3-5 能認識網路資源的合理使用原則。 5-4-1 能區分自由軟體、共享軟體與商業軟體的異同。 5-4-2 能善盡使用科技應負之責任。 5-4-3 能遵守智慧財產權之法律規定。 5-4-4 能認識網路犯罪類型。 5-4-5 能應用資訊及網路科技，培養合作與主動學習的能力。 5-4-6 能建立科技為增進整體人類福祉的正確觀念，善用資訊科技做為關心他人。

(三) **家政教育**

核心課程內容	分段能力指標
1. 飲食	1-1-1 察覺食物與健康的關係。 1-1-2 察覺飲食衛生的重要性。 1-1-3 願意與他人分享自己所喜歡的食物。 1-2-1 認識飲食對個人健康與生長發育的影響。 1-2-2 察覺自己的飲食習慣與喜好。 1-2-3 選用有益自己身體健康的食物。 1-2-4 察覺食物在烹調、貯存及加工等情況下的變化。 1-2-5 製作簡易餐點。 1-2-6 瞭解均衡的飲食並應用於生活中。 1-3-1 比較不同的個人飲食習慣。

核心課程內容	分段能力指標
1. 飲食	1-3-2 瞭解飲食與人際互動的關係。 1-3-3 接納他人所喜歡的食物。 1-3-4 瞭解食物在烹調、貯存及加工等情況下的變化。 1-3-5 選擇符合營養且安全衛生的食物。 1-3-6 運用烹調方法，製作簡易餐點。 1-3-7 認識傳統節慶食物與臺灣本土飲食文化。 1-4-1 瞭解個人的營養需求，設計並規劃合宜的飲食。 1-4-2 選購及製作衛生、安全、營養且符合環保的餐點。 1-4-3 表現良好的飲食行為。 1-4-4 瞭解並接納異國的飲食文化。
2. 衣著	2-1-1 關心自己的衣著。 2-1-2 願意分享自己所喜歡的服飾用品。 2-2-1 認識常見的織品。 2-2-2 認識衣著對個人的重要性。 2-2-3 瞭解自己的穿著習慣與喜好。 2-2-4 養成收拾衣物的習慣。 2-3-1 瞭解織品與生活的關係。 2-3-2 瞭解穿著與人際溝通的關係。 2-3-3 表現合宜的穿著。 2-3-4 運用基本手縫技巧，製作簡易生活用品。 2-3-5 瞭解衣物管理的重要性。 2-4-1 瞭解織品的基本構成與特性。 2-4-2 具備簡易修補衣物的能力。 2-4-3 結合環保概念管理衣物。 2-4-4 設計、選購及製作簡易生活用品。 2-4-5 欣賞服飾之美。
3. 生活管理	3-1-1 瞭解自己所擁有的物品並願意與他人分享。 3-1-2 察覺自己的生活禮儀與習慣。 3-1-3 察覺個人的消費行為。 3-1-4 察覺周遭美化生活的物品。 3-1-5 認識日常生活的用具。 3-2-1 認識我們社會的生活習俗。 3-2-2 察覺自己家庭的生活習慣。 3-2-3 養成良好的生活習慣。 3-2-4 表現合宜的生活禮儀。

核心課程內容	分段能力指標
3. 生活管理	3-2-5 認識基本的消費者權利與義務。 3-2-6 認識個人生活中可回收的資源。 3-2-7 製作簡易創意生活用品。 3-2-8 認識生活中的美化活動。 3-3-1 認識臺灣多元族群的傳統與文化。 3-3-2 運用環境保護與資源回收並於生活中實踐。 3-3-3 從事與欣賞美化生活的藝術造型活動。 3-3-4 認識並能運用社區資源。 3-3-5 運用消費知能選購合適的物品。 3-3-6 利用科技蒐集生活相關資訊。 3-4-1 運用生活相關知能，肯定自我與表現自我。 3-4-2 展現合宜的禮儀以建立良好的人際關係。 3-4-3 建立合宜的生活價值觀。 3-4-4 運用資源分析、研判與整合家庭消費資訊，以解決生活問題。 3-4-5 瞭解有效的資源管理，並應用於生活中。 3-4-6 欣賞多元的生活文化，激發創意、美化生活。 3-4-7 瞭解並尊重不同國家及族群的生活禮儀。
4. 家庭	4-1-1 認識家庭的組成分子與稱謂。 4-1-2 察覺自己與家人的溝通方式。 4-2-1 瞭解個人具有不同的特質。 4-2-2 認識自己與家人在家庭中的角色。 4-2-3 適當地向家人表達自己的需求與情感。 4-2-4 察覺家庭生活與家人關係。 4-2-5 瞭解參與家庭活動的重要性。 4-3-1 瞭解家人角色意義及其責任。 4-3-2 運用溝通技巧與家人分享彼此的想法與感受。 4-3-3 探索家庭生活問題及其對個人的影響。 4-3-4 參與家庭活動、家庭共學，增進家人感情。 4-3-5 瞭解不同的家庭文化。 4-4-1 肯定自己，尊重他人。 4-4-2 運用溝通技巧，促進家庭和諧。 4-4-3 調適個人的家庭角色與其他角色間的衝突。 4-4-4 主動探索家庭與生活中的相關問題，研擬解決問題的可行方案。

核心課程內容	分段能力指標
4. 家庭	4-4-5 參與策劃家人共同參與的活動，增進家人感情。 4-4-6 運用學習型家庭概念於日常生活中。 4-4-7 尊重並接納多元的家庭生活方式與文化。

(四) 人權教育

核心課程內容	分段能力指標
1. 人權的 價值與實踐	1-1-1 舉例說明自己所享有的權利，並知道人權是與生俱有的。 1-1-2 瞭解、遵守團體的規則，並實踐民主法治的精神。 1-1-3 討論、分享生活中不公平、不合理、違反規則、健康受到傷害等經驗，並知道如何尋求救助的管道。 1-1-4 說出自己對一個美好世界的想法。 1-2-1 欣賞、包容個別差異並尊重自己與他人的權利。 1-2-2 知道人權是普遍的、不容剝奪的，並能關心弱勢。 1-2-3 說出權利與個人責任的關係，並在日常生活中實踐。 1-2-4 舉例說明生活上違反人權的事件，並討論發生的原因。 1-2-5 察覺並避免個人偏見與歧視態度或行為的產生。 1-3-1 表達個人的基本權利，並瞭解人權與社會責任的關係。 1-3-2 理解規則之制定並實踐民主法治的精神。 1-3-3 瞭解平等、正義的原則，並能在生活中實踐。 1-3-4 瞭解世界上不同的群體、文化和國家，能尊重欣賞其差異。 1-3-5 搜尋保障權利及救援系統之資訊，維護並爭取基本人權。 1-4-1 探討違反人權的事件對個人、社區（部落）、社會的影響，並提出改善策略、行動方案。 1-4-2 瞭解關懷弱勢者行動之規劃、組織與執行，表現關懷、寬容、和平與博愛的情懷，並尊重與關懷生命。 1-4-3 瞭解法律、制度對人權保障的意義。 1-4-4 探索各種權利可能發生的衝突，並瞭解如何運用民主方式及合法的程序，加以評估與取捨。 1-4-5 討論世界公民的責任，並提出一個富有公平、正義永續發展的社會藍圖。

核心課程內容	分段能力指標
2. 人權的內容	2-1-1 瞭解兒童對遊戲權利的需求並促進身心健康與發展。 2-2-1 認識生存權、身分權與個人尊嚴的關係。 2-2-2 認識休閒權與日常生活的關係。 2-3-1 瞭解人身自由權並具有自我保護的知能。 2-3-2 瞭解兒童權利宣言的內涵及兒童權利公約對兒童基本需求的維護與支持。 2-3-3 瞭解人權與民主法治的密切關係。 2-3-4 理解貧窮、階級剝削的相互關係。 2-3-5 理解戰爭、和平對人類生活的影響。 2-3-6 認識教育權、工作權與個人生涯發展的關係。 2-4-1 瞭解文化權並能欣賞、包容文化差異。 2-4-2 認識各種人權與日常生活的關係。 2-4-3 瞭解人權的起源與歷史發展對人權維護的意義。 2-4-4 瞭解世界人權宣言對人權的維護與保障。 2-4-5 認識聯合國及其他人權相關組織對人權保障的功能。 2-4-6 運用資訊網絡瞭解人權相關組織與活動。 2-4-7 探討人權議題對個人、社會及全球的影響。

(五) 生涯發展教育

核心課程內容	分段能力指標
1. 自我覺察	1-1-1 養成良好的個人習慣與態度。 1-1-2 認識自己的長處及優點。 1-2-1 培養自己的興趣、能力。 1-3-1 探索自己的興趣、性向、價值觀及人格特質。
2. 生涯覺察	2-1-1 培養互助合作的生活態度。 2-2-1 培養良好的人際互動能力。 2-2-2 激發對工作世界的好奇心。 2-2-3 認識不同類型工作內容。 2-2-4 瞭解工作對個人的意義及社會的重要性。 2-2-5 培養對不同類型工作的態度。 2-3-1 認識工作世界的類型及其內涵。 2-3-2 瞭解自己的興趣、性向、價值觀及人格特質所適合發展的方向。 2-3-3 瞭解社會發展階段與工作間的關係。

核心課程內容	分段能力指標
3. 生涯探索與進路選擇	3-2-1 培養規劃及運用時間的能力。 3-2-2 學習如何解決問題及做決定。 3-3-1 培養正確工作態度及價值觀。 3-3-2 學習如何尋找並運用工作世界的資料。 3-3-3 培養解決生涯問題及做決定的能力。 3-3-4 瞭解教育及進路選擇與工作間的關係。 3-3-5 發展規劃生涯的能力。

(六) 海洋教育

核心課程內容	分段能力指標
1. 海洋休閒	1-1-1 願意並喜歡參與親水活動。 1-1-2 說明親水活動要注意的安全事項。 1-2-1 分享家鄉或鄰近地區的親水活動。 1-2-2 覺察親水活動中的危險情境,並能預防與處理。 1-2-3 學會游泳基本技能(如韻律呼吸、水母漂、打水等)。 1-2-4 描述臨海或溪流附近地區居民的生活方式。 1-2-5 瞭解家鄉或鄰近沿海或河岸景觀的特色。 1-3-1 說明臺灣地區知名的親水活動。 1-3-2 體驗親水活動,如游泳、浮潛、帆船等,分享參與的樂趣或心得。 1-3-3 衡量身體狀況,在安全情境下選擇適性的親水活動。 1-3-4 學會至少一種游泳方式(如捷式、蛙式、仰式等) 1-3-5 瞭解漁村的生活環境,分享漁民生活特色。 1-3-6 瞭解漁村景觀、飲食文化與生態旅遊的關係。 1-3-7 透過訪問、調查或蒐集資訊,探討漁村過去、現在與未來的發展。 1-3-8 說明社會發展與漁村生活型態、自然環境的關係。 1-4-1 參與一種以上水域休閒活動,體驗親水的樂趣。 1-4-2 學習從事水域休閒運動的知識與技能,具備安全自救的能力。 1-4-3 能以正確姿勢換氣游泳。 1-4-4 瞭解海岸型觀光資源,拓展自己可參與親海休閒活動。 1-4-5 規劃自己可行之親海休閒活動,並樂於分享其經驗。 1-4-6 參與水域生態旅遊活動,體會地方人文風情。 1-4-7 參與水域生態旅遊,學習環境保護與休閒活動平衡共存的解決方式。

核心課程內容	分段能力指標
2. 海洋社會	2-2-1 瞭解水產買賣活動。 2-3-1 分享水產相關職業（如養殖業、漁撈業等）工作內容與生活型態。 2-3-2 瞭解水產業加工製造過程及銷售方式。 2-3-3 瞭解臺灣國土（領土）地理位置的特色及重要性。 2-3-4 瞭解臺灣具備海洋國家發展的條件及優勢。 2-4-1 認識臺灣漁業轉型與發展的現況和未來，如海洋科技產業對漁業影響。 2-4-2 瞭解航運與經濟發展的關係。 2-4-3 瞭解海洋各級產業結構的現況，探索海洋經濟活動帶來的影響。 2-4-4 認識國內水產或海洋產業經濟活動的運作概況。 2-4-5 認識水污染防治法、海洋污染防治法、聯合國海洋公約等相關法規的基本精神。 2-4-6 瞭解我國領海主權與經濟海域權利的內涵。 2-4-7 瞭解臺灣海洋主權與經濟發展、國防、政治主權的關係。
3. 海洋文化	3-1-1 分享聆聽海洋故事的心得。 3-1-2 分享閱讀海洋故事的心得。 3-1-3 能以肢體動作表現出不同的水中生物。 3-1-4 分享自己最喜歡的水中生物。 3-1-5 分享與水有關的歌曲。 3-2-1 認識家鄉或鄰近的水域環境變遷。 3-2-2 說明家鄉或鄰近的水域環境變遷對生活的影響。 3-2-3 感受海洋文學作品中的意涵。 3-2-4 表達對海洋的想像與感受。 3-2-5 激發想像力，以個人或小組的方式編創與水有關的故事。 3-2-6 在寫作中藉由觀察欣賞海洋的變化，激發想像力及創造力。 3-2-7 透過肢體、聲音、圖像及道具等，進行以海洋為主題之藝術表現。 3-2-8 瞭解海洋民俗活動、宗教信仰的故事與緣由。 3-2-9 瞭解海洋民俗活動、宗教信仰與生活的關係。

核心課程內容	分段能力指標
3. 海洋文化	3-3-1 瞭解臺灣先民（如平埔族、原住民或其他族群）海洋拓展的歷程。 3-3-2 說明臺灣先民海洋拓展史對臺灣開發的影響。 3-3-3 說明臺灣不同時期的海洋文化，並能尊重不同族群。 3-3-4 發現臺灣海洋環境的特色，瞭解其海洋環境與人文歷史。 3-3-5 廣泛閱讀以海洋為素材之文學作品。 3-3-6 蒐集並分享海洋探險家的事蹟。 3-3-7 透過藝術創作的方式，表現對海洋的尊重與關懷。 3-3-8 說明臺灣地區不同海洋民俗活動、宗教信仰的特色。 3-3-9 比較臺灣地區不同海洋民俗活動、宗教信仰的差異。 3-4-1 瞭解臺灣地理位置在航運史上的重要性。 3-4-2 分析臺灣海洋拓展史之演進與未來發展 3-4-3 聆聽、閱讀、欣賞各式以海洋為主題之文學作品，瞭解臺灣海洋文學的內涵與特色。 3-4-4 嘗試以海洋為素材，並利用寫作技巧，從事文學創作以表達自己對海洋的感受。 3-4-5 分析臺灣海洋藝術的內涵與精神。 3-4-6 能運用音樂、視覺藝術、表演藝術等形式，鑑賞與創作海洋為主題的藝術。 3-4-7 瞭解海洋民俗信仰及傳統祭典與當地社會發展之關連。 3-4-8 能藉由認識海洋民俗信仰，體認人與大自然互生共存的關係。
4. 海洋科學	4-1-1 察覺水與生物生長的關係。 4-1-2 辨別冷熱、晴雨等天氣的變化。 4-1-3 覺察天氣變化，並適切因應。 4-2-1 認識水的性質與其重要性。 4-2-2 說明水與日常生活的關係及其重要性。 4-2-3 認識臺灣不同季節的天氣變化。 4-2-4 探討颱風對生活的影響。 4-2-5 說明並做好基本的防颱措施。

核心課程內容	分段能力指標
4. 海洋科學	4-2-6 運用適切材質，製作簡易的水上漂浮器具。 4-3-1 觀察河水或海水的波動現象。 4-3-2 瞭解海嘯形成的原因、影響及應變方法。 4-3-3 說明潮汐現象的變化及其與生活的關係。 4-3-4 認識臺灣的主要河流與港口。 4-3-5 簡單分析氣象圖並解讀其與天氣變化的關係。 4-3-6 說明海洋與雨量、風向、溫度等的相關性。 4-3-7 辨別各種船舶的種類與外形。 4-3-8 分享漁船、貨船、軍用船舶及港口的功能。 4-4-1 瞭解水循環的過程。 4-4-2 認識海水的化學成分。 4-4-3 認識海水的物理性質（如密度、比熱、浮力、壓力等）與作用（如波浪、潮汐、洋流等），及其對海洋生物分布的影響。 4-4-4 認識海洋在地球上的分布、比例及種類。 4-4-5 瞭解板塊運動與海底地形（如大陸棚、中洋脊、海溝等）的關係。 4-4-6 瞭解臺灣海岸地形的種類與海岸災害（如海嘯、地層下陷、海水倒灌）的成因，並提出永續利用的方法。 4-4-7 認識氣溫與氣壓的交互關係（如風和雲的形成原因）。 4-4-8 認識臺灣的氣候型態（如春雨、梅雨、颱風等）與海洋的關係。 4-4-9 認識海水淡化及其應用。 4-4-10 認識潮汐、風力等發電方法對經濟發展與環境的重要。
5. 海洋資源	5-1-1 願意分享品嚐水產食品的經驗。 5-1-2 瞭解人類不當的行為對河流或海洋環境及其他生物的危害。 5-2-1 認識生活中常見的水產食物。 5-2-2 瞭解生活中水產食物對身體的影響。 5-2-3 應用網路或其他資源，蒐集臺灣沿海各地的飲食特色。 5-2-4 認識水中生物及其外型特徵。

核心課程內容	分段能力指標
5. 海洋資源	5-2-5 說明水中生物的運動方式。 5-2-6 瞭解海水含有鹽。 5-2-7 關懷河流或海洋生物與環境，養成愛護生物、尊重生命、珍惜自然的態度。 5-2-8 參與河流或海洋環境的維護，如淨灘、淨溪等。 5-3-1 探討水產產業與居民飲食文化之關係。 5-3-2 說明海洋生物種類及其生活型態、棲地。 5-3-3 瞭解海洋生物食物鏈。 5-3-4 覺察海洋生物與人類生活的關係。 5-3-5 瞭解海洋常見的能源、礦物資源。 5-3-6 蒐集海洋環境議題之相關新聞事件（如海洋污染、海岸線後退、海洋生態的破壞），瞭解海洋遭受的危機與人類生存的關係。 5-3-7 探討河流或海洋生態保育與生活的關係。 5-4-1 瞭解日常生活中水產的來源與製作過程。 5-4-2 瞭解水產可用食品特性與營養價值。 5-4-3 瞭解水域或海洋生態系的特性，物種之間相互依存的關係，以及能量流動與物質循環的特性。 5-4-4 瞭解人工養殖的現況，並積極維護環境。 5-4-5 認識海洋再生資源及其在生活中的運用。 5-4-6 認識常見的環境污染指標生物與生物累積作用，察覺人類活動對生物與自己的影響。 5-4-7 察覺海面活動、海岸工程及陸地廢棄物排放對生物生存所造成的阻力，並提出可行的防治方法。 5-4-8 瞭解科技發展與海洋資源永續發展的關係。

第四節 學校經營與效能

(1)學校本位經營；(2)學校本位評鑑；(3)學校本位視導；(4)策略
規劃；(5)自我評鑑；(6)標竿學習；(7)社會資本；(8)學校效能，
都是考試焦點。

關於學校經營與管理，學者的看法大同小異。**Robbins與Alvy（2003）認為學校經營乃是學校領導者發揮專業經營的功能，在學校組織中有效地運用科學化及人性化的管理策略並付諸行動，並營造學習型的組織文化，提昇學校組織效能的歷程。**

蘇芳儀（2007）認為學校經營乃是指推動及執行學校事務運作的相關人員，在校長發揮專業領導的管理之下，以學校願景及教育目標為依據，透過有計畫、有組織、有效率的方式，秉持科學化及人性化的管理知能，整合運用學校內外各項資源，對學校進行營運的過程。李佩芳（2010）將國內學者關於學校經營的意涵整理如表2-13。

表2-13 學校經營之意涵

1991	吳清山	認為學校經營是學校機關依據教育原則，採行有效的科學方法，對於學校業務做最妥善的處理，來達成促進教育進步與教育目標的歷程。
1996	江文雄	認為學校經營是經營者領導全校師生，在一定準則的遵循下，適當有效地處理學校中的各項業務，以達成教育目標的歷程。
1999	張慶勳	認為學校經營意指學校經營者為因應社會變遷與學校需求，採用管理學的知識與技術，聚合學校成員的人力，透過行政程序，適切運用各種資源與策略，來達成學校教育目標，並促進學校組織的變革與發展，且為達學校需求與目標，協調組織成員彼此互助合作，創造學校的價值與效能。
2006	吳淑芬	以學校特色為出發點，認為「學校經營」是學校領導者運用企業管理精神，在教育法令規範下使用創新管理策略－學校本位管理、建立團隊型組織、學校行銷等，結合學校現有軟硬體設施、教師專業知能與社區資源共同經營學校特色，使之成為具有效能的特色學校。

2001	王永順	「學校經營」乃是學校領導者以「不斷創新」的理念，轉化實踐於學校行政、教學、服務、績效以及學生學習成效的一種過程，進而建立學校特色、提升組織效能與達成教育目標。
2009	邱慧珠	學校經營的意涵主要是透過各種管理的方法、策略、手段，依據學校的教育目標，結合學校相關人員的智能，增進學校行政效率，強化學校教學效能，達成學校教育目標，促進學校與社區之間的溝通、合作，鼓勵教師專業成長，發展學校本位管理，使學校能順應社會發展的脈動，掌握創造與革新的契機。

資料來源：李佩芳（2010），企業管理理論在學校經營的應用—以台南市S小學為例。

由上述與表2-13的定義不難發現，學校經營必須透過學校本位經營模式詳細規劃，善用經營策略，不斷提升學校教育品質，其過程重視標竿學習、整合社會資本，並隨時進行自我評鑑與反省，去惡揚善，方能達到學校效能的充分展現。這當中涉及學校本位經營（school-based management）、策略規劃（strategic planning）、自我評鑑（self-study）、標竿學習（benchmarking）、社會成本（social capital）、學校效能（school effectiveness），以及如何提升學校教育品質等課題，以下將詳述之。

壹、學校本位經營【96高考三級；94高考二級；92身三】

學校本位經營是以學校決策為最基本單位，教育行政機關尊重教師專業，充分授權擴大參與，除了增加學校的自主性外，相對也強調績效責任。身為校長必須掌握學校發展趨勢，擬定配套措施與策略以因應之。

一、學校本位經營的涵義

學校本位經營是一種讓學校人員高度參與的經營（high-involvement management）制度，透過學校管理權的下放到學校，讓學校利害關係人參與校務的經營並負起績效責任，使得學校的決策與措施能適應學校的需要，成為高效能表現的教育組織。學校本位經營包括下列四項內涵（謝文全，2004），並簡述整理如圖2-4：

(一) **決策權力分權下放**：尊重地方及學校教育自主權，充分授權。

(二) **授權學校核心事項**：學校自主決定預算、人事、課程及教學。

(三) **決策過程參與分享**：擴大參與層面，行政、教師、家長、學生共同參與分享。

(四) **學校承擔績效責任**：目標為追求卓越、提升效能的績效責任制。

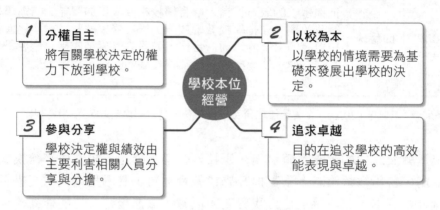

圖2-4　學校本位經營的內涵

二、學校本位經營策略與作法

學校本位管理係指政府將學校的經營權下放給學校，讓學校實施自主管理及自我領導，其經營策略與具體作法如表2-14所示。

表2-14　學校本位經營策略與具體作法

溝通同仁觀念，凝聚學校本位管理之共識	1. 善用校務會議、教師會議等與教職員工溝通觀念，建立共識。 2. 運用班親會、家長會、親子教育日，親師生溝通，建立共識。
實施參與管理，擴大民主參與決策	1. 提供多元參與管道，廣納意見，共同決定。 2. 落實校務會議功能，擴展教育影響的層面。
推展目標管理，建立目標意識，落實績效責任制	1. 確定學校發展目標，強調自我控制，以落實績效責任。 2. 推行計畫評核術，激勵全體教職員工自我達成目標。

落實學校本位進修，提昇教師專業形象	1. 建立學習型行政組織，提供符合個人與學校發展進修課程。 2. 設計誘因以激勵教師參與改革過程，提昇教師專業形象。
尊重教師專業自主，提供專業發展空間	1. 尊重教師對教法、評量、輔導管教學生等方面之專業自主。 2. 給予教師課程設計、資源分配、教師組織等參與分享決定。
定期檢視績效，適時調整，因應社會變遷	1. 成立校務發展諮詢小組，定期檢視績效，適時修正。 2. 因應社會變遷，發展學校特色如鄉土母語、資訊等教育。
注重學生個別差異，實施多元評量教學策略	1. 給予學生不同的教育期待，讓每一位學生都有成功的機會。 2. 落實個別化精神，照顧到弱勢族群學生。
落實學校自主，提升管理效率，承擔績效責任	1. 鼓勵社區家長參與決策，協助教學，提供資源支援。 2. 健全目標管理、危機管理、全面品質管理，提升管理效率。 3. 推動CIPP、PDCA模式評鑑，承擔績效責任。
主動出擊，誠心請益，落實後設評鑑	1. 邀請專家學者、實務前輩、社區耆老，提供改進意見。 2. 進行學校本位經營方案評鑑，以明得失，持續改進。

三、校本經營中校長與教師扮演的角色

(一) 校長的角色

學校本位經營，校長的角色應從上級命令的執行者，變成一位主動積極的領導者。校長領導權力運用的方式與策略可分為控制、誘發與分享等三種。其中權力控制（power over）係領導者以職位及資源來控制成員；權力誘發（power through）則由領導者靠激勵來驅動成員；權力分享（power with）係由領導者與成員共同作決定。

　　學校實施校本經營時校長的權力運用，應採權力分享策略為主，權力誘發策略為次，權力控制策略少用。權力分享的策略，包括對成員表現尊重、鼓勵並傾聽成員意見、適度授權、發展共治結構、實施團體決策、鼓勵成員自主、主動提供支援等。因此，校長的角色扮演如下：

1. 主動積極的領導者（proactive leader）
2. 發展學校的策略性計畫（strategic plan for school）
3. 進行合作式計畫歷程（collaborative planning process）
4. 領導發展多樣化課程（diverse curriculum）
5. 領導學生學習成果的評鑑（evaluation based on student outcomes）
6. 領導教職員專業發展活動（needs assessment for staff development）
7. 權力的分享者（power sharer）

(二) 教師的角色

　　學校本位經營中，教師的角色必須由被動的參與者，調整為主動的研發者，由事實或知識的提供者，轉變為學習系統的管理者。教師必須能針對每位學生的特性與需要，為學生設計出一套個別化教育方案（individual education plan），以適應學生的學習型態（learning style）。因此，教師扮演的角色如下（Candoli，1995）：

1. 診斷者（as diagnostician）
2. 合作學習的領導者（as cooperative learning leader）
3. 計畫者與願景者（as planner and visionary）
4. 評量者（as evaluator）
5. 專業發展者（staff development）
6. 校本領導團隊成員（as member of site-based leadership team）

四、學校本位視導與評鑑

(一) 學校本位視導

　　學校本位視導（school-based supervision）的意義係以學校人員做為主要的視導人員，來進行學校教學的視導工作。下表2-15從學校本位視導的人員組織、視導的功能、進行的方式、視導的目的，加以分析。

表2-15 學校本位視導的人員組織、功能、方式與目的

視導人員組織	1. 以美國為例，學校本位視導人員包括校長、助理校長或處室主任、教學領導教師（instructional lead teachers）、科主任（department heads）、師傅教師（master teachers）、教師、學程主任（program directors），以及教育行政機關的顧問與協調人員（consultants and coordinators）、局長、副局長、助理局長或科長等。 2. 在國內，視導人員通常是指督學而言，目前的視導工作大多由主管教育行政機關來擔任，不只不符學校本位的精神，而且因人力有限而流於形式，有待調整。
視導的功能	1. 自主管理：符合校內事、校內管的學校本位管理精神。 2. 省力省時：就近視導可以做得較省力而深入。 3. 提供充足人力：可以補救教育行政機關視導人力之不足。
視導的 進行方式	1. **發展性視導**（developmental supervision）：認為視導人員應該針對學校的動機、能力、特性等不同的發展階段，採用不同的視導方式。 2. **臨床視導**（clinical supervision）：視導者與學校合作，以互動的形式，共同觀察學校的辦學歷程，診斷缺失並提出改進之道。強調第一手的觀察，目的在產生立即回饋，提供學校改進。 3. **同僚視導**（peer supervision or collegial supervision）：用於教學視導，充分利用教師專長，在過程中以合作的形式，結合兩位以上的教師，觀察彼此的教學活動，提供回饋與批評，達到專業上的成長。 4. **區分型視導**（differentiated supervision）：又稱「分化型視導」，指的是學校不應全部接受相同的一種視導，應授權學校有限度的權力去決定較適合自己的視導方式。
視導的目的	1. 輔導教師改進教學能力，讓教師不斷進步成長。 2. 協助學校發現辦學困難與問題，提供學校因應對策與改進策略的參考。

(二) 學校本位評鑑

學校本位評鑑的意義係學校基於本位經營的理念與精神,所做的自我評鑑(又稱為內部評鑑)與外部評鑑,稱為學校本位評鑑。兩者的比較如下表2-16:

表2-16　學校本位評鑑的種類—自我評鑑與外部評鑑

評鑑種類	意義	實施程序與原則
內部評鑑 (自我評鑑) 【97地三】	1. 學校自我評鑑(self-evaluation)是一種分權分責的評鑑,可以落實學校相對的自主權,可以落實民主促進自律,透過擴大參與不斷精進。 2. 須重視評鑑的實在性、脈絡性、參與性、學習性、常駐性、與對話性。 3. 評鑑的參與者必須不斷學習評鑑的知能,主動持續的實施,並與外部評鑑進行有意義的對話。	自我評鑑的基本程序與步驟如下(Macbeath,1999): 1. 建立高階的哲學觀(overarching philosophy) 2. 訂定自我評鑑的程序指南(procedural guidelines) 3. 建立自我評鑑標準 4. 設計自我評鑑工具 5. 實施評鑑及進行改進
外部評鑑	1. 外部評鑑,指的就是進行評鑑的人,是學校以外的人士。 2. 希望經由外部評鑑的轉化,達成學校評鑑內部化的目標。	1. 外部評鑑的執行與重點,應與學校進行討論與磋商。 2. 外部評鑑的標準應符合專業觀點,且應經學校人員瞭解與同意。 3. 外部評鑑人員應多樣化,除有對學校熟悉的人員外,尚可包括對學校毫無所知的人,以收旁觀者清的效用。 4. 外部評鑑團隊應對其評鑑的品質,向學校負起責任。 5. 評鑑的責任由有關的內部與外部人員負責,採取合作的策略。 6. 外部評鑑的重心應放在學校自我品質的改進上面。 7. 在評鑑進行前,外部評鑑團隊應設法瞭解學校及其社區的狀況。

五、學校本位經營的困境與突破

(一) 學校本位經營的困境

1. 學校相關人員專業知能不足。　　2. 學校相關人員負荷過重。

3. 造成行政效率低落。　　4. 缺乏團體負責機制。

5. 政治不當介入校園。　　6. 易陷入故步自封。

7. 各自為政，造成不相容或難適應等問題。

8. 遭遇其他矛盾兩難問題：

  (1)愈成功愈會受到其他學校批評。

  (2)學校愈擁有權力後，責任也跟著加重，愈不敢行動。

  (3)校務對話愈多，造成衝突愈多。越強調集體合作，越容易忽略個別差異的存在，也越容易形成團體迷思（groupthink）與團體偏移（groupshift）的現象。

(二) 解決困境的途徑

1. 培育與善用人才，並重視職前導入與在職進修。

2. 謹慎開始推動。

3. 盡量遵行上述的原則。

4. 擴大參與圈並建構共同願景。

5. 加強外界的關係與溝通，打破本位主義做法。

6. 建立相關資料庫及管理資訊系統。

7. 上級主管機關應發揮協調、協助與監督的功能。

8. 存著有批評才有進步的心態，勇於接受批評。

貳、學校經營策略

一、策略規劃【97地三】

策略規劃（strategic planning）**就是一個組織計畫採取某種行動方式，運用組織獨特實力使顧客需求得到更好之滿足，並有效擴大本身與競爭對手間之差異的一種科學和藝術**（黃宏義譯，1987）。郭全益（1995）進一步指出策略規劃可使組織專注於關鍵性問題與抉擇，建立策略性思考架構以獲致長期競爭優勢，並提高組織營運績效。戰寶華（2007）認為學校經營策略之規劃分析與形塑應用，運用整合性策略規劃模式和全方位策略抉擇模式，以有效建構符應學校發展需求之最適經營策略面向。

二、策略分析

策略分析（strategic analysis）係策略規劃人以策略思維模式分析企業內部環境與外部環境各項因素，分析環境的資源、組織的資源、文化與核心價值，以深刻瞭解組織的定位（許長田，2005）。策略分析有許多方法，著名和常用的有Porter的五力分析、價值鏈分析、平衡計分卡、盲點分析、SWOT 分析和藍海策略等（湯志民，2009）。限於篇幅，本章以SWOT分析與藍海策略為例，其餘留待後面章節再續。

(一) SWOT分析：SWOT分析又稱TOWS分析法、道斯矩陣、態勢分析法，SWOT分別是優勢（strengths）、劣勢（weakness）、機會（opportunities）和威脅（threats）。藉由SWOT分析，組織可瞭解目前或未來的機會、威脅、優勢與劣勢，進而掌握與維持組織的競爭優勢。20世紀80年代初由美國舊金山大學的管理學教授韋里克（Weihrich，1982）提出，他以SWOT矩陣作為情境分析工具，將S、W、O、T四項因素進行配對，而得到2×2項矩陣型態（如圖2-5）：

1. SO策略（maxi-maxi）：此種策略在於強化組織，結合組織內外部的環境及機會，充分利用資源，取得利潤並擴充發展。

2. ST策略（maxi-mini）：此種策略是在組織面對威脅時，利用本身的優勢來克服。

3. WO策略（mini-maxi）：此種策略是組織利用外部機會來改進本身的劣勢。

4. WT策略（mini-mini）：此種策略是使組織的劣勢與威脅降低到最小。

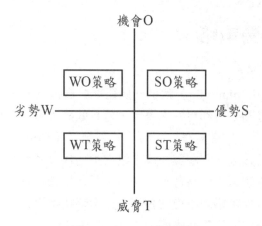

圖2-5 SWOT分析圖

資料來源：引自Weihrich, H.（1982）

(二) **藍海策略**

藍海策略（blue ocean strategy）是由學者金偉燦（W. C. Kim）和莫博涅（R. Mauborgne）於1995年提出。他們發現真正持久的勝利不在競爭求勝，而是創造「藍海」（blue oceans），並指出**唯有強調價值的重塑和創新，找出產品獨特價值，追求差異化和低成本，才能創造出屬於自己的藍海市場**（黃秀媛譯，2005）。他們並認為「價值創新」（value innovation）是藍海策略的基石，也是藍海策略的精髓所在。

1. **藍海策略的行動原則**

藍海策略的擬定，可以從六個途徑下手，此套嚴謹的藍海策略架構，告訴企業如何同時追求高價值和低成本：

(1) **改造市場疆界**：超越紅海競爭，創造沒有競爭的新市場藍海。

(2) **專注於大局而非數字**：這就是「聚焦於願景」的重要。主張策略形成的原則，是「聚焦願景，數字擺一邊」。

(3) **超越現有需求**：強調不能只想到現有顧客，要擴展藍海邊界，探索非顧客群。

(4) **策略次序要正確**：強調將買方效益擺第一，再根據策略定價來研擬目標成本，最後構思解決策略方法。

(5) **克服重要組織障礙**：啟動引爆點領導（tipping point leadership），以迎接認知慣性、資源有限、缺乏動機、政治問題四大挑戰。

(6) **把執行納入策略**：把執行納入策略，使策略符合公平程序（fair process），建立成員的信任和使命感，使其自動自發地合作執行策略。

2. **藍海策略行動架構**

藍海策略一再強調的全新商場勝出邏輯，經營者不應該把競爭當做標竿，而是要超越競爭，開創自己的藍海商機。企業應該經常用下面四個問題自我檢驗，這四個問題能協助企業釐清自己的新價值曲線（new value curve），如圖2-6。

(1) **消除（eliminate）**：在自己的行業要成功考量的因素中，有哪些已不適用而應消除。

(2) **減少（reduce）**：有哪些因素應該減少到遠低於行業中的標準規定。

(3) **提昇（raise）**：有哪些因素應該提昇到遠高於行業中的標準規定。

(4) **創造（created）**：有哪些因素應該在行業中被創造出來。

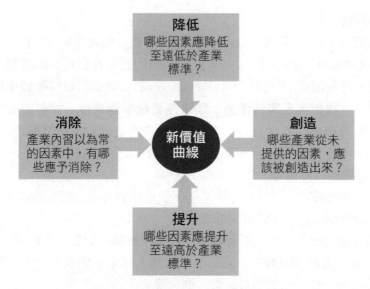

圖2-6 藍海策略的四個行動架構

資料來源：引自黃秀媛譯（2005：51）

三、綜合策略

戰寶華（2007）認為擴大學校經營策略之綜合考量，將可因結合多元關鍵思維而顯現加倍的成效，他認為不論從學校生存利基、資源配置、競爭優勢或營運模式之觀點層面詮釋，學校經營策略皆必須與發展機會、願景目標、營運範疇、核心資源、事業網絡、以及組織條件等構面相結合，詳述如下，並繪出其關係如圖2-7：

(一) **界定發展機會**：有效分析市場供給、需求情勢與資源組合，隨時因應環境變化而評估與修正，發揮綜合考量具備之決策效益。

(二) **形塑願景目標**：完整連結學校願景、發展目標，有效建構長久之競爭利基。

(三) **釐清營運範疇**：找出學校可具體發展的特色，使資源運用更形符合邊際效益。

(四) **核心資源運用**：包括資產、學校與個人能力三項層面，必須兼顧與持續累積以建立不墜之競爭優勢。

(五) **建構事業網絡**：與社區建構合作互補關係，形成學校生存之事業共同體，強化整合網絡支援模式。

(六) **組織條件定位**：呈現關鍵元素、競爭位階等優勢，對學校未來發展方向與
顯現。

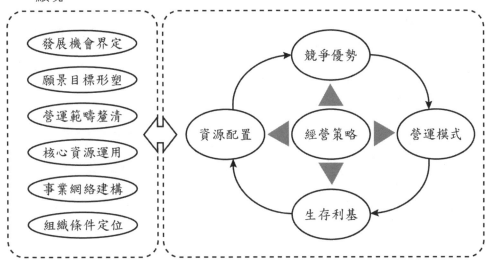

圖2-7 學校經營策略綜合考量圖

資料來源：出自戰寶華（2007：13）

四、企業理論與學校經營

現代化有效能的學校經營和過去的運作方式大不相同，學校所面臨的變革與挑
戰更為複雜與艱鉅，需要援引企業的經營理念和發展策略，以因應社會變遷的
需求。以下提出願景管理、核心價值、行銷管理、資訊科技、知識管理與人力
資源管理等企業理論，如表2-17供學校經營的參考。

表2-17 企業理論在學校經營的運用

企業 理論	意涵	在學校經營的應用
願景 管理	1. 願景管理就是組織中的領導 者為所屬組織建構其共同信 念、價值，並積極追求落實 願景，以達成組織目標及成 長。	1.「願景」（vision）能夠創造一個「心靈 社群」（community of mind），建立學校 成員行為規範，凝聚團體共識，促進組 織的進步與發展。

企業理論	意涵	在學校經營的應用
願景管理	2. 願景管理不僅能傳遞及落實組織的願景，並能有效設定組織成員的工作信念，增進其凝聚力，進而提高其工作滿意度。	2. 善用第五級領導之飛輪效應（flywheel effect），開創新的行進路徑，凝聚組織成員向心力，讓成員願為形塑新願景奉獻心力。
核心價值	1. 企業要先有自己的核心價值觀，以此價值觀為基礎，明確組織的願景與使命，接著再據以制訂目標、策略與計劃進而執行之。 2. 一旦核心價值觀訂定後則不輕易改變，倘若當客觀環境發生變化，也要做出相應的調整，畢竟不同時期有不同的核心價值觀。	1. 核心價值是組織發展的基石。學校扮演為國育才的角色，必須有一套核心價值來驅動與支撐學校組織的運作。 2. 台北市優質學校經營的核心價值： (1) 人文：是優質學校經營的思維引導。 (2) 適性與均等：是優質學校穩健前進的步伐。 (3) 優質與卓越：是優質學校創新歷程與努力成果。
行銷管理	1. 美國行銷協會（American Marketing Association，AAA）1963年曾定義：「行銷為引導物品及勞務從生產者流向使用者之企業活動。」 2. 行銷管理指的是企業活動把計劃、執行、控制等管理功能應用到行銷活動上之現象。	1. 學校行銷是將行銷管理的觀念運用在學校上，藉由學校組織的規劃、整合、執行的工作，讓學校運作完整。 2. 學校行銷可以有效建立學校優良形象，創造口碑，增加知名度；增進對學校顧客的了解與敏感度，創造更多的招生機會。
資訊科技	1. 在資訊發達知識經濟的時代下，資訊科技已成為企業界溝通的重要橋樑。 2. Lal（2002）認為企業電子化主要運用網際網路進行企業運作與資訊交換，以執行前端與後端的企業操作流程，並且使企業能夠整合在供應鏈上商業夥伴的關鍵因素。	1. 邁向資訊化的社會，學校必須建立資訊網絡，便於知識管理與應用。 2. 例如：利用網站設計、規劃與資料電子化技術的使用來建構一套可協助科系確實獲悉系友的行為模式及習慣。

企業理論	意涵	在學校經營的應用
知識管理	1. 在資訊爆炸的時代，張明輝（2002）認為將組織中不同成員所擁有的「隱性知識」，加以整理、轉移及整合，使其轉化為「顯性知識」，才能成為組織的「智慧資本」。 2. 知識管理是企業文化資本累積的重要歷程與工具。	優質學校知識管理系統之建立方式如下： 1. 妥善保存處理各項學校行政業務的文件、流程及相關資料。 2. 建立學校行政人員工作檔案資料，將處理相關業務的經驗加以記錄。 3. 舉辦新進人員業務講習，並由資深同仁擔任指導人員。 4. 設置學校行政資料庫，依授權情況提供同仁參考。 5. 利用電腦儲存重要業務及活動之資料，並備份或製作成光碟加以保存。 6. 運用電腦網路將學校行政相關資訊上網，提供每位同仁隨時查閱。 7. 對負責文書處理之相關人員，定期實施有關知識管理方面的專業成長活動。 8. 指定專責人員（文書組長或適當人員）負責學校行政知識管理的業務，定期更新學校行政之知識儲存、分類、應用等相關事項。
人力資源管理	1. 一般企業界均將人力資源視為組織的重要資本，企業需要更多具生產力優秀的人才，創造更多的優勢，所以善用人力資源，來提昇組織效能。 2. 人力資源管理的目的，係將組織內之所有人力資源作為最適當的確保、開發、維持和活用。其內容則是人力資源之規劃、執行和統治的過程，也就是說以科學方法，使組織的人和事做最適當的配合，發揮最有效的人力資源運用，促進企業的發展，簡言之即是人與事配合，事得其人，人盡其才。	范熾文（2004）學校人力資源管理的內涵可歸納如下： 1. 學校人力資源分析：組織外在、內在環境分析。 2. 學校人力資源規劃：評估現存組織人力在質與量方面之適當與否。 3. 學校人力資源取得：透過各種媒介，吸引及甄選優秀教師。 4. 學校人力資源發展：透過訓練學校機制，提昇人力素質。 5. 學校人力資源報酬：建立績效導向之薪資、福利制度。 6. 學校人力資源維護：以激勵、溝通、領導來建立和諧人際關係。 7. 學校人力資源的未來：學校人力資源的國際化。

五、學校經營的發展趨勢

學校經營意指學校經營者採用管理的理論或技術為基礎，因應學校的需求，協調學校組織成員間的互助與合作，以創造學校的價值與效能。然而，受到世界教育改革的風潮、家長意識覺醒及教育鬆綁等影響，學校營運模式已由傳統科層體制轉為創新經營。綜合各家學者所言，其發展趨勢如下表2-18（何福田，2005；蔡進雄，2005）：

表2-18 學校經營的發展趨勢分析

實施學校本位管理 【91高考三級】	學校本位管理（school-based management，SBM）代表教育權力下放，學校擁有高度自治與決策的權力。學校本位管理意指學校的管理工作，是依據學校的特徵和需求而設計，學校的成員則包括董事會、校長、教師、學生和家長等，在學校的資源運用及學校相關問題的處理方面，擁有更多的自主性及責任，以便可以有效進行教學活動並促進學校教育的長期發展（張明輝，1999）。
提升學校品牌度	以市場化的角度而言，品牌代表了某種程度上的品質保證，而學校行銷就是提升學校品牌度的最佳策略。張茂源（2004）認為學校行銷係學校透過良好的課程、師資、設備、學習資源的規劃，將學校特色與辦學理念，藉由適當的宣傳方式，使社區、家長了解並支持，進而提升學校競爭力，以滿足社區、家長需求與需要的社會管理過程。
重視社會資本	社會資本是個人或組織所有的社會關係，而這些社會關係有助於個人或組織的發展。對於個人或組織而言，擁有了愈多的社會資本就是擁有愈多的無形資產（蔡進雄，2005）。現今學校社區相關人士與家長的參與度提高，相對影響學校營運層面也愈廣泛，唯有重視社會資本才有助於學校發展。
推動學習型組織	Senge（1990）認為學習型組織中的成員都能不斷突破自己能力的上限，創造真心嚮往的結果，培養全心、前瞻而開闊的思考方式，全力實現共同的抱負，以及不斷一起學習如何共同學習。在知識經濟時代下，培養、教導未來國家主人翁的學校，更應該要積極吸收新知、創新教學，發展學生的多元能力。

六、學校經營的重要議題

(一) 社會資本【97高考三級；96薦升】

布爾迪厄（Pierre Bourdieu，1930-2002）曾提出四種不同形式的資本：經濟資本（economic capital）、文化資本（cultural capital）、社會資本（social capital）與象徵資本（symbolic capital）。其中社會資本（social capital）指的是社會關係及人際網路的資產。以個人而言，社會資本意指一個人所能獲取的各項資源，如果可以妥善的運用各項資源，就可以使自己原本處在弱勢的地位的情形有所改變。

一個人的成功不是來自於學歷的高低，而是自己的能力和本身的人際關係。社會資本是基於有彈性的信賴關係組合而成，個人之名聲、學歷、所屬俱樂部皆為可用之資源，社會資本是不平均分布的，就結果而言，個人可因運用社會資本此私有財而直接獲利。

因此，社會資本是由社會關係所構成，個人或群體因有相對穩定且一定程度上的制度化互動關係網絡，逐漸累積而形成的資源總和。所以社會資本就是指人際關係。在某種條件下，這種資本亦可以轉換成經濟資本，而且可以高度認同的形式予以制度化。至於社會資本的構成要素、管理方式，以及組織社會資本的優缺點，整理如表2-19：

表2-19　社會資本構成要素、管理方式與優缺點

社會資本的 構成要素	1. 連結能力：連結能力（associability）是指組織成員忽視個人目標，而發揮聯合行動去完成組織目標的意願及能力。 2. 真誠信賴：是指組織與其成員間基於較強及多種的關係而連結的信任，此種信賴是根植於經驗及道德觀而非可計算的利益。
社會資本的 管理方法	1. 維持組織成員的穩定關係：以較高的薪資來降低流動率，及設計能增加個人向心力的獎酬制度，透過穩定的人際關係使組織的人事穩定而增加信賴感及關聯性。 2. 建立組織互惠的規範：強調團隊合作，使得成員能分享學習經驗而達到提高組織績效。其方法包括選擇符合組織目標的人選，及適當的晉升策略。 3. 利用科層組織及特定的角色：利用組織規則及程序來規範組織的社會結構，即以職位而非個人來維持穩定的社會關係。

組織 社會資本的 優缺點	1.組織社會資本帶來的優點： 　(1) 使個人較重視團體利益。　(2) 使工作組織較有彈性。 　(3) 使集體行動較有效率。　(4) 能幫助發展組織智能。 2.組織社會資本帶來的缺點： 　(1) 需要付出較高的維護成本。　(2) 組織容易放棄創新機會。 　(3) 容易造成機構化的權力中心。

(二) **標竿學習**（benchmarking）【97地三】

  1. **標竿學習的意義**：美國生產力與品質中心（American Productivity & Quality Center）定義：所謂的標竿指的是同儕中最好（best-in-class）的成就，而這樣的成就會成為其他擁有相似作業流程的企業做為參考學習的典範。

  2. **標竿學習的類型**：史班德里尼（Spendolini，1992）將標竿學習的類型，分成內部標竿學習、競爭標竿學習、功能標竿學習、通用標竿學習，並比較如表2-20。

表2-20　標竿學習的類型

類型	內部標竿學習	競爭標竿學習	功能標竿學習	通用標竿學習
定義	向屬於同企業，而於不同部門或作業單位學習	向屬於同產業、有相同客戶群、彼此屬於競爭關係的企業學習	向屬於具有相同特定功能的產業與技術領域的非競爭者學習	向屬於不同產業的典範企業學習
對象	組織內部	組織外部競爭	組織外部非競爭	不特定
目的	內部績效資訊	競爭對手資訊	最佳運作資訊	通用實務資訊
優點	1. 較易取得對方的協助。 2. 彼此同文同種，學習障礙低。	1. 作業模式類似，作法、技術、財務資訊等可於相同立足點量化比較。 2. 可藉此激起同仁們口徑一致對外的鬥志。	1. 容易獲得非競爭對象在某項組織功能上成功經驗的標竿學習型式。 2. 可以促成典範移轉對企業產生變革。	1. 屬不同產業,故不會有涉及到商業機密的敏感問題,較容易取得對方之資訊及協助。 2. 係不同產業,故常會有創新性的思維。

資料來源：陳維東、顧光中、周世凱(2003)。以標竿學習提昇顧客服務品質之探討，2003知識與價格管理學術研討會。

3. **標竿學習的流程**：史班德里尼（Spendolini）提出標竿學習五階段，認為五階段流程是一個循環再生並持續不斷改善的過程，因此標竿學習是動態的，會隨著時間而改變。五個階段包括：學什麼、組團隊、選夥伴、篩資訊、採行動。詳如圖2-8所示。

圖2-8 Spendolini的標竿學習五階段流程圖

參、學校效能

早期有關學校效能（school effectiveness）的研究通常只用單一標準作為學校效能指標（通常為學生成就表現），但因開始重視實務評鑑問題後，即從單一標準逐漸演變成多變項的標準去符應時下社會多元的發展。總之，學校效能的概念已經逐漸走向廣義效能的詮釋，有關學校效能的定義各家看法不一致，整理如表2-21。

表2-21 國內學者對學校效能之定義

1992 吳清山	學校效能是指一所學校在各方面均有良好的績效，它包括學生學業成就、校長的領導、學校的氣氛、學習技巧和策略、學校文化和價值，以及教職員發展等，因而能夠達成學校所預定的目標。

1994 沈翠蓮	學校效能是指學校中校長、老師、家長、學生都能夠為完成教育目標及為達到學校所預定的目標而努力，而使學校獲致良好績效。它包括學校的教學領導、參與溝通、課程與教學設計、學生的行為表現以及學業表現等。
1996 鄭燕祥	學校效能是能夠適應內在與外在的限制，並於最後能達成不同群體所要求的多重目標的程度。
2003 王明政	學校效能係指學校在各方面具有良好的特質績效，能滿足成員需求與社會期望，並達成學校教育目標。

一、學校效能的涵義

學校經營效能為學校整體效能重要的一環，強調的是學校經營策略與效能評鑑的結合與應用，就靜態觀點，強調學校組織目標的達成，進一步探究目標預期達成的程度；就動態觀點，考量學校組織內外部資源的流動互通，視為投入-過程-產出的完整循環歷程；就心態觀點，重視學校組織成員的需求滿足，提昇其成就感與滿足感為組織目標；就生態觀點，視學校組織為開放性系統，靈活的運用策略化解組織內的運作困境，追求永續卓越發展。

曾榮祥（2006）曾就靜態、動態、心態、生態四個觀點分析學校經營效能如表2-22所示。

表2-22　學校經營效能涵義之靜態、動態、心態、生態四個觀點分析

靜態	學校經營效能是組織達成目標的程度。1938年巴納德（Chester I. Barnard）主張個人在組織中之行為能夠達成組織的目標，即為具有效能；若組織的目標同時亦可滿足個人的動機，則亦兼具有效率。而組織要生存就必須兼顧效能與效率。此觀點有兩項基本假定：1.組織中一群有理性的決策者，在他們心中有一想要追求的目標；2.目標必須能具體界定且是可實行的，使參與者能瞭解並逐步達成。此將組織效能界定為目標的達成是最傳統且應用最普遍的一種認知。

動態	動態觀點將學校經營效能界定為組織在環境中得到有利的談判地位，藉此有利地位去交涉得到必要的資源。有了這種能力，組織才能生存並維持均衡，這種組織效能的定義注重持續的、永不止息的行為交換過程，以爭取稀少且有價值的資源。此觀點的兩項基本假定：1.學校組織是一個利用環境的開放系統；2.學校組織在達到任何程度的規模前，面臨的需求變得更加複雜，因此不能用少數幾個項目來界定有意義的組織目標為何。此種效能觀，考慮的組織內外部的環境互動，即投入-過程-產出的循環系統，以此組織效能的意義更為擴展。
心態	學校經營效能是滿足組織成員或參與者的需求及利益程度。因此，有效能的組織必須符合其組成份子的需求。此觀點的基本假定在於靜態觀點的使組織達成目標並不能使組織發揮到最高成效，必須同時對人的方面也要有所注重。因為組織是人的集合體，是人在作決策，所以應該以成員需求的滿足作為組織目標。此種效能觀的重心是組織的人性面。
生態	學校經營效能是在考慮時間層面，不同的組織結構、多樣性的組織成員或多樣化標準等因素下，組織發揮目標達成、適應及其功能的程度。此觀點的基本假定為組織為一開放性系統，具有目標導向的特性但並非靜態的，而是隨著時間、不同組織、成員的改變而有所改變。組織需要不同的成員，所以組織目標必須同時考慮各種成員的需求並試圖滿足。此種效能觀藉由制宜的觀點，統整了上述的三項定義，其效能觀點也說明了學校組織是具有矛盾弔詭性質的組織。

資料來源：蔡進雄(2006)。從組織多元分析架構論學校組織再造。研習資訊，23(2)，頁83-88。

二、提升學校效能與教育品質【101身三；100地三】

優質學校指的是學校的課程設計、教學過程以及學校營運的優質，不只是升學率的高低，尤其重視發掘學生的學習興趣與性向。簡而言之，「優質學校是一個能使家長及學生能安心就學的學校；也是一個令校內教師引以為傲的教學好環境。」台北市每年進行優質學校的評選，其優質學校的教育指標如圖2-9所示，可以做為高學校效能優質學校的評選標準與標竿學習。

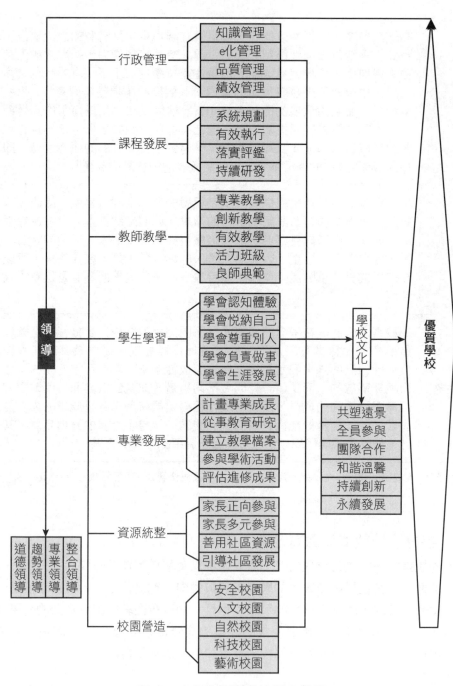

圖2-9　台北市優質學校教育指標

(一) 提升學校效能的三大策略

1. **社區家長支持與滿意**：基於全面品質管理的理念，顧客的滿意度為組織中最為重視的層面，在學校組織中，內部顧客為教師、學生，外部顧客為家長及社區人士。學校的經營運作有內外部顧客的支持才得以長久、永續發展。重視顧客的滿意度，雖是企業的理論基礎，但套用在學校經營效能的層面上，則代表學校對學校內外部的成員，能以謙虛服務的態度，重視其對學校經營的滿意程度，以作為反省改進的依據。

2. **學校行政運作和諧有效率**：王如哲等人（1999）認為維持學校正常運作，可幫助凝聚向心力，對於教育品質將有正向提昇的效果。換言之，學校的運作和諧流暢與否，將會影響學校經營的效能。良好的學校組織運作，不但可使學校行政運作順暢，同時也可提昇學校內部顧客對於學校行政品質的滿意度，對學校經營效能而言實為一大助益。

3. **教學創新成功與學習有效有趣**：因循十二年國教的教育改革理念，學校本位發展最受重視，對於教師教學有其影響，因而教師專業發展有其必要性與重要性。教師必須跳脫以往「老師怎樣教」的觀點，轉化到「學生如何學」的層次來思量教學方法，參考學習金字塔（learning pyramid）中各種教學法的學習效率（如圖2-10），以導引式的教學過程，讓每一位學生都有參與、討論、發表的機會，並滿足其成就感。

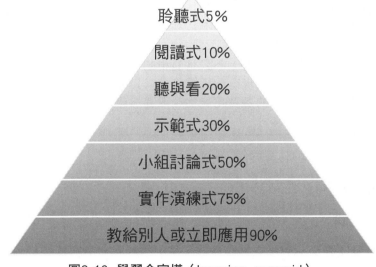

聆聽式5%
閱讀式10%
聽與看20%
示範式30%
小組討論式50%
實作演練式75%
教給別人或立即應用90%

圖2-10　學習金字塔（learning pyramid）

(二) 提升學校效能的具體作法

為了提昇教育品質，學校應擬定妥適的做法，確實執行，以達成目標，其具體作法如下表2-23：

表2-23 提升學校效能的具體作法

建立恆久願景，共同努力邁進	全體教職員工共同參與形塑學校願景，建立經營目標、訂定教育措施，朝著目標、願景共同努力邁進，使學生在優質的教育環境中，進行有效的學習。
營造和諧氣氛，實施優質領導	學校應營造一個公開、和諧的組織氣氛，開誠布公廣納雅言，共謀學校成長的對策，以造就和諧、合作的團體氣氛與文化，提升學校教育品質。
重視教學過程，實施客觀評量	教育品質不只在於總結性的評鑑與評量，應該重視在教育過程中的形成性評鑑與評量，因為學生的學習是連續的、整體的，教學是需要隨時修正的。
規劃學習活動，落實進修研究	積極規劃活潑、生動、有意義的進修活動，重視各項教學研討會及教師行動研究，鼓勵教職員工從事各種學習與進修。
建立見賢思齊的組織文化與環境	有創意、有做為的教師，往往在保守的教育團體中，會顯得較為標新立異，學校應該予以適度的支持與鼓勵。甚至協助其建立一個協同教學的團體或學群，以這些人的力量或成就，來影響其他的人，帶動成為一種風潮，建立一種新的組織文化。
重視校務評鑑，隨時檢討改進	學校經營者，不只是消極的解決某些特定問題或亂源，唯有就學校現有軟硬體條件，結合社區資源與特色，積極開拓教育的各種可能性，改善教學品質，才能符合學生學習的需求。

✏️ 考 題 集 錦 -------------------------------

學校行政概論

1.學校推動國際交流有那些具體做法？請從學校行政的角度加以分析。【105身三】

2.處在少子女化的時代，學校生源減少，而學校競爭愈來愈激烈，發展學校特色可說是重要的課題，請說明學校特色的意義，以及如何建立一所具有特色的學校，以利學校永續發展。【105高考三級】

3.「績效責任」係指組織成員為自己所承辦事務，負完全成敗之責任，「績效責任機制」已普遍流行於一般企業組織。請問教育領導人如何運用「績效責任」機制來領導教育人員？教育行政人員有那些績效責任？【105原三】

4.公民營企業組織均需要創新經營，創新組織及其產品，組織才能永續經營。教育組織的主體在學校，請以學校教育經營者（含行政領導、校長、主任、教師）的立場，說明如何創新經營學校組織？【105地三】

5.教育行政主管機關或學校在提升學校教育品質上，可採行那些策略？請列舉三種策略，並分析其優、缺點。【101身三】

6.行政是手段，教學才是目的，課程與教學是影響學校效能及促進學校革新的重要因素，教育行政或學校領導者如欲提升教育品質，促進教學效能，可從那些層面著手，具體作法有那些？【100地三】

答題範例

一、教育行政主管機關或學校在提升學校教育品質上，可採行那些策略？請列舉三種策略，並分析其優、缺點。【101身三】

【破題分析】　本題重點在於如何提升學校教育品質，必須能從整體宏觀的角度，並以三個策略涵蓋各個層面且面面俱到。因此，從「效能」、「效率」及「效益」或行政三聯制—計畫、執行、考核入手，都是不錯的切入點，切忌胡亂找三個策略寫出，如此便無法看出考生的思慮縝密之處。另外，提升學校教育品質策略的優缺點分析，最好能列表比較。

解析

「效能」、「效率」及「效益」是教育行政理論架構中的三個核心概念（吳明清，2001）。學校行政管理若能兼具效能及效率，必能提升行政效益，造福學子。然而，欲造就優質的學校效能，必須再輔以精確有效的策略與方法，確立目標、勇於執行，並確實考核，如此才能實踐正當的教育目標，並在執行過程中善用資源降低成本，並在執行後改善現狀。因此，以下提出三個提升學校教育品質的策略及方法，並分析其優缺點：

(一) 提升教育品質的策略

1. 建立願景並詳細規劃：學校經過多元參與，建立願景圖像並達成團體共識之後，必須付諸實行。在執行各項教學或學習活動之前，必須經過審慎地思考與提出計畫。

2. 有效執行並隨機調整做法：計畫提出並經相關人員審核評估，確有其可行性時，學校必須立即依預定計畫執行各項工作，並依實際情境，調整適當的做法。

3. 建立評鑑與回饋機制：依據目標實施過程及總結評鑑，並依據評鑑結果，檢討改進，作為提出新策略及新做法之依據。

(二) 優缺點分析

策略	優點分析	缺點分析
建立願景並詳細規劃	1. 容易凝聚全校共識，建立師生學校歸屬感。 2. 對外爭取經費或資源，可以依計畫而行，評估預期效益，不致天馬行空，毫無邊際。	1. 多元參與的過程，曠日廢時。 2. 學校人力的有效分配與否，影響計畫提出的品質與可行性。
有效執行並隨機調整做法	1. 有計畫便付諸實行，不致落得只有空口說白話的境地。 2. 順應主客觀條件，在執行過程中彈性調整，可尋得最佳解決策略。	1. 經費與人力的支援，常常影響計畫執行的成敗。 2. 執行過程有時牽涉法制面或政策面，確實存在執行上的困難。
建立評鑑與回饋機制	1. 評鑑機制的建立，可以提供計畫執行後的修正參考。 2. 評鑑後的回饋，可以提供執行者與團隊深刻的省思機會。	1. 評鑑指標難以建立。 2. 評鑑委員的公正與公平性不易服眾。

二、 行政是手段，教學才是目的，課程與教學是影響學校效能及促進學校革新
的重要因素，教育行政或學校領導者如欲提升教育品質，促進教學效能，
可從那些層面著手，具體作法有那些？【100地三】

【破題分析】 本題與上題不同，將提升教育品質的策略聚焦於課程與教學，尤其
是促進教學效能的層面與具體作法，回答時必須分成「層面」與「具體做法」兩
層列表敘述，最好再輔以專家學者的論述，應可輕易得高分。

解析

Sammon、Hillman 與Mortimore於1995年的研究，認為影響學校效能的關鍵因
素有：專家領導、具有分享的願景與目標、學習環境、重視教學與學習活動、
有目的且有效的教學、有高度的教師期望、積極正面的增強機制、具有督導進
步的措施、學生的權利與責任、家庭與學校的夥伴關係、屬於學習型的學校等
十一個因素（邱錦昌，2001）。其中重視教學與學習活動、有目的且有效的
教學、有高度的教師期望、積極正面的增強機制，便是促進教學效能的具體作
法，詳述並列表如下：

促進教學效能的層面	具體作法
重視教學與學習活動	1. 經常辦理教師領域教學觀摩與研習活動。 2. 建構多元多樣學習活動，提供學生展演舞台。
有目的且有效的教學	1. 建立學校本位課程短、中、長期教學計畫。 2. 建置有效教學策略與方法的共享平台，提供教師教學參考。
有高度的教師期望	1. 教師對學生在品行、能力和成就等方面抱持高度期望，並根據學生能力與特質的差異，給予不同的學習任務與挑戰。 2. 教師對自己的教學設定階段性的進修與研究，提升教學效能。
積極正面的增強機制	1. 制定「教師教學績效與指導學生比賽獲獎獎勵辦法」，激發教師榮譽感與教學熱情。 2. 建立教師專業對話平台，積極進行教學事務的討論，獎勵貢獻創意的點子。

頻出度**B**：依出題頻率分為：A頻率高、B頻率中、C頻率低

第**3**章　計畫與決定

【重要考點】計畫的程序、策略規劃、平衡計分卡、垃圾桶模式
【新近趨勢】決定的影響因素、決定執行的原則、參與模式、綜合掃描模式

 名師導讀

「計畫與決定」是教育行政實務的開端，任何行政組織都必須經歷計畫與決定的階段。第一節談行政計畫的意義、程序、相關技術、格式與內容、原則與評核；第二節介紹行政決定意義、程序、模式、合理性與影響因素。其中，你要特別注意計畫的意義與程序、策略規劃、計畫的原則、計畫執行的原則，以及決定的各種模式比較、決定合理性的意義與原則、影響決定的因素，這些都是最近的熱門考題方向。

學習架構

第一節　教育行政計畫

> 考點提示
>
> (1)計畫的意義與步驟；(2)名義團體技術；(3)策略規劃；(4)平衡計分卡；(5)計畫的原則；(6)計畫評核術；(7)計畫的執行原則，是本節重要的考試焦點。

教育行政是一種計畫、執行、考核的歷程；教育行政是政府主管教育行政機關或教育機構對於教育負起計畫、執行、考核的責任，採用經濟、有效的方法，以實現預期的教育目標。其中教育行政的計畫係指教育行政機關或個人，根據既定政策目標，衡量各項可運用的資源，透過審慎的設計與評估，擬定適切有效的程序與策略，以達成國家教育目標的歷程。

壹、計畫的基本概念

《中庸》有言「凡事豫則立，不豫則廢」，就是行事之前必先準備做好計劃。計畫被認為是教育行政工作的首要步驟，其重要性不言可喻。教育政策在執行之前，應有計畫做藍圖。因此，教育計畫是教育政策達成教育目標的必要之舉，在實際行動之前，先進行規劃，可避免在執行時無所適從的窘境。

一、計畫的意義

鄭崇趁（1995）認為，教育計畫係指教育行政當局或教育人員為達成國家教育目標，對於教育事業具體之規劃作為，包括目標之設定、策略之選擇及方法之闡明陳述。謝文全（2004）認為，計畫的意義是以審慎的態度和方法，預先籌謀如何有效達成目標，並決定做何事（what）和如何做（how）的歷程。計畫是在決定什麼應該做，並審視計畫執行時所應具有之相關條件，以使得目標之達成具有效能與效率。

因此，教育計畫係以教育相關事務為主，然其基本原理與一般行政計畫相通。教育計畫乃是對教育政策進行事前規劃，以順利在預定的時間達成教育目標的過程。行政院研發會之長中程計畫作業要領中明訂，計畫應具備下列四大要件：
(一) 計畫具有問題取向與目標取向。
(二) 計畫須經由理性思考而得。
(三) 計畫係預為行動策略的方針。
(四) 計畫必須提出具體的方法與程序。

二、計畫的種類

行政計畫可依不同的標準進行不同的分類，從不同的分類中可以對計畫進行更深入的了解。
(一) **從實施期程區分**：依計畫的實施時間範圍來區分，計畫大致可分成長期計畫（5年以上）、中期計畫（2～5年）、短期計畫（1～2年以下），以及即時計畫（1年以內）四類。
  1. **長期計畫（5年以上）**：多屬於原則性與分析性的計畫，重點置於目標與策略的選擇，以做為中短程計畫的依據。
  2. **中期計畫（2～5年）**：常屬於教育高層瞻望未來業務需要與社會經濟變遷而訂定之教育計畫。
  3. **短期計畫（1～2年以下）**：常因業務需要變更，例如設備、投資改變，或組織調整而訂定。
  4. **年度計畫（1年以內）**：即以一年為期所進行的計畫，其計畫內容必須在一年內完成。
  5. **即時計畫（幾週或幾個月）**：即對某項工作或問題應立即作處理的計畫，其訂定計畫與採取行動的時間均極倉促，少則幾週，多則幾個月。

(二) **從計劃所屬層級區分**：從計劃所屬層級來區分，可以分成中央型計畫、地方型計畫及學校型計畫三類。

1. **中央型計畫**：指中央主管教育機關，一般指教育部層級的策略性計畫。
2. **地方型計畫**：指地方教育主管機關，一般指縣市教育局或教育處的管理性計畫。
3. **學校型計畫**：指學校行政中一般作業性的計畫。

(三) **依主管部門區分**：在學校行政中，依計畫所屬主管部門來區分，可分成教務行政工作計畫、學務行政工作計畫、總務行政工作計畫，以及輔導行政工作計畫，這是中小學的行政編制，大學的行政編制尚包括研發行政工作計畫與學術行政工作計畫等。

(四) **從時效限制區分**：從時效限制來區分，可分成常備性、持續性、年度性及一次性教育計畫四類。

1. **常備性**（standing plans）**工作計畫**：用以處理一再發生的事務，屬於經常實施或反覆實施的計畫。
2. **持續性**（continuous plans）**工作計畫**：是一種長程發展計畫，並不是單獨存在的一項計畫，通常以若干分段計畫實施，它是週期性、延續性的計畫。
3. **年度性**（annual plans）**工作計畫**：一個年度內必須完成的各項計畫。
4. **一次性**（single-line plans）**工作計畫**：一次即可達成目標的計畫。

(五) **從涵蓋層面區分**：從計畫涵蓋的層面大小來區分，可以分成鉅觀工作計畫與微觀工作計畫兩類。

1. **鉅觀工作計畫**：包括整體計畫之現況概述、策訂理念、目標、架構……等主要工作內容。
2. **微觀工作計畫**：將鉅觀工作計畫分成許多的子計畫，在各項子計畫中詳細列出工作內容。

(六) **依發展步驟區分**：從計畫發展步驟區分，可分成目標計畫、政策計畫、業務計畫、程序計畫、時間計畫五類。

1. **目標計畫**：指明確決定業務目標的計畫。
2. **政策計畫**：指決定實現目標行動方案的計畫。
3. **業務計畫**：指根據目標與行動方案決定應當實施之業務計畫。
4. **程序計畫**：指決定推動業務之實際步驟與程序的計畫。
5. **時間計畫**：指決定推動業務之日程與時間計畫。

(七) **依功能性質區分**：計畫依功能性質來區分，可分成業務性計畫、擴充性計畫、改良性計畫、效用性計畫、預防性計畫五類。

1. **業務性計畫**：指在一定時間內須向上級提出報告的經常性工作計畫。

2. **擴充性計畫**：指為擴充機關或學校的業務而擬訂的計畫。

3. **改良性計畫**：指任何教育機關組織、學校或事業單位為謀求發展及檢討改進而擬訂的計畫。

4. **效用性計畫**：指為對人力、物力、財力與時間等做有效運用而擬訂的計畫。

5. **預防性計畫**：指為預防某些可能發生之事故而擬訂的計畫。

三、計畫的程序與步驟【105地三】

教育計畫是引導或進而控制教育發展使其能遵循預期途徑、達成規劃目標的作業，為了使規劃目標易於實現，就需要訂定方案、選擇方案以及評估整個的作業歷程。教育行政計畫的程序一般包括：設定目標、收集資料、提出計畫、修正計畫、決定計畫、執行與檢討等步驟，其細節尚牽涉備選方案的規劃、方案補助與預算編列，以及建立評估考核制度。以下表3-1詳細說明計畫應有的程序與步驟。

表3-1　教育計畫應有的程序與步驟

認識問題，界定計畫目標與範圍	1. 目標應兼顧社會的需要　　2. 目標應讓成員參與 3. 目標要有層次性　　　　　4. 目標要有一慣性及一致性
現況有關資料蒐集與分析	指系統的蒐集及客觀的評鑑與過去發生之事件或與現況教育問題有關的資料，以考驗其因果或趨勢，俾提出精確的描述與解釋。
設定前提或方案判斷的標準	前提或判斷標準是將來判定最佳方案的原則。設定前提或標準時，所需考慮到的情境因素，包括受計畫影響的人，或組織的法律規範、價值體系等。
研擬可行之解決方案及相關配套	廣泛蒐集學校教師、家長、學者專家及相關公正人士代表意見，審慎規劃教育實施計畫，研擬可行之解決方案及相關配套，並進行方案評估與決策。
選擇最佳方案	經過方案評估，從所有可行之解決方案中選擇最佳的方案。

研擬計畫 內容草案	1. 計畫名稱 2. 緣起和依據 3. 計畫目標 4. 實施策略 5. 執行要點與進度 6. 經費來源與預估 7. 預期效益 8. 檢討與評估
廣徵意見， 並修正計畫草案	舉辦座談會、公聽會或其他適當方法廣徵意見，作為修正計畫草案之參考。
決定計畫、執行 計畫及檢討	計畫實施及評鑑改進，最後並進行績效評估與計畫檢討修正後再執行。獨有計畫，若無確實執行與評鑑，則計畫變成空殼。

四、計畫的功能與限制

教育計畫具有目標性、規劃性、方向性、策略性，並以解決問題為導向。在計畫文本內所提出的行動方案，須有具體可行的方法與步驟。此外，在衡量教育計畫時亦須考量計畫的可行性、合理性與發展性，以決定是否為優質的計畫。

(一) 教育計畫的功能

教育計畫的功能包括：

1. **引導執行人員工作的方向**：教育計畫可以引導執行人員正確的工作方向，瞭解計畫的目標、範圍與工作重點，有助於提升組織執行計畫的效率。

2. **提供執行回饋的作用**：教育計畫可以提供執行人員思考執行過程的各項優劣點分析，提供回饋給予執行單位參考，隨時修正執行方向。

3. **結合教育理論與實際**：教育計畫是教育理論於教育現場落實的最佳媒介，透過教育計畫的執行，可以發現理論與實務間的連結情況與落差。

4. **增進有效運用教育資源**：教育計畫必須引進有形與無形的內外部資源，結合學校本身的人力、物力進行計畫推動與執行，可以將資源達到最有效的運用。

5. **反應政府的教育政策**：教育計畫的實施往往依據政府當時的教育政策或教育措施進行規劃，考量學校社區需求與學生特質彈性調整其實施內容，因此，可以充分體現政府的教育政策。

(二) 教育計畫的限制

雖然教育計畫有其功能，但其限制也不少。教育計畫的限制包括：

1. **理論上的限制**：由於教育計畫具有預測性及未來的不確定性（例如預測過程如何重視科學化與理性化，仍有不確定性存在），因此有其限制。
2. **人力上的限制**：執行一個優質的計畫必須有充足的人力進行調配，但是學校人力普遍吃緊，教育計畫基於人力上的限制，而難以達成，因此有其限制。
3. **資源上的限制**：學校不但缺乏人力，在物力財力上的資源同樣不足，教育計畫基於資源上的限制，而難以達成，因此有其限制。
4. **績效上的限制**：教育計畫受限於人力資源環境等的影響，在績效上有時無法達標，是其限制。
5. **時空上的限制**：教育計畫通常以當下之教育需求而產生，加上外在環境的不可控制性，會影響計畫的執行，故有其限制。
6. **認知上的限制**：計畫人員與執行人員可能產生認知、行為或價值觀上的差異，而產生「計畫缺口」（planning gap），是其限制。
7. **人員素養上的限制**：計畫人員專業素養或能力上的不足，影響計畫品質，有其限制。
8. **多元目標的限制**：教育計畫若有太多目標，目標與目標間就容易產生衝突，造成計畫執行的困難，是其限制。

貳、計畫研擬技術與方案

一、腦力激盪術

腦力激盪術（brain storming，BS）由　斯本（A.F.Osborn）於1938年首創，又稱為「頭腦風暴」，是參與討論者隨意提出與討論主題有關的想法與見解，最後加以分類整理的「集思廣益法」，其流程如圖3-1。此法可以激發創造力、強化思考力。其原則如下：

(一) 想法數量愈多，見解愈多樣多變愈好。
(二) 所有意見都要記錄。
(三) 過程中禁止批評任何意見。
(四) 提倡與眾不同的想法。
(五) 最後加以綜合討論，得出最優最適想法。
(六) 最好採圓桌方式進行，每組6～12人最恰當。

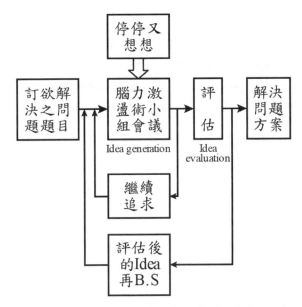

圖3-1 腦力激盪術（BS）流程圖

二、比較研究法

比較研究法（comparative method）指的是蒐集其他機關團體相同或類似問題的作法，以啟發思考的創意，發展出計畫方案的做法。它是研究法的一種，係將兩種以上的制度或現象，加以有計劃、有目的的敘述，對照、分析、探求、批判，找出其中的異同優劣，並歸納出趨勢或原則，做為解決有關問題或改進制度之參考。

比較研究法著重於跨文化、跨社會或跨國家之間的異同比較。有時著重於特殊文化或社會地位的比較，例如美國和蘇俄之教育系統的異同探討。比較研究的類型如下：

(一) **橫面式比較研究**（horizontal comparative study）：橫面式的比較研究，係比較兩個以上「地區」的教育行政制度或問題。

(二) **縱線式比較研究**（vertical comparative study）：縱線式比較研究又稱為歷史式比較研究（historical comparative study）或稱為跨時期式比較研究（cross-temporal comparative study）。係對教育行政問題進行長時間觀察或蒐集資料的研究方式，主要為探討研究對象在不同時期的演變。

三、提案制度

提案制度（suggestion system）：又稱「獎勵建議制度」（incentive-suggestion system），合理化建議制度、改善提案制度，或創造性思考制度，其目的在鼓勵提出構想建議，鼓勵成員就組織所欲計畫或解決的問題，提出意見或構想。提案者的建議若被組織採擇施行，組織便給予適當的獎勵。

因此，當組織內成員發現現行辦事手續、工作方法、工具、設備等，有改善的地方而提出建設性的改善意見或構思，稱為「提案」或「建議」。組織從中選擇優良且有效的提案加以實施，並給予提案者適當的獎勵，這種有系統地處理成員提案的方法，就被稱為「改善提案制度」。

改善提案制度存在著明顯的優越性，它是成員參與組織管理的一個重要途徑，是組織運用集體智慧的重要手段之一。

四、創意資料庫

平時發現有關且富創意的資訊，即加以記錄或剪貼儲存，等做計畫時，即可從這些資料中獲得啟示或靈感，而產生各種可行的方案。創意可以是一句slogan，一種情緒，一種感動；也可以是一個共鳴，一個微笑，也可能是一種教育新措施或新想法，是靈感的百寶箱，也是創意的資料庫。

五、名義團體技術

名義團體技術（nominal group techniques，NGT）又稱名義群體法、NGT法、名目團體技術、名義群體技術、名義小組法。其方法主要為團體構思，與傳統會議召開法一樣，團體成員必須出席，但是獨立作業。也就是說，在決策過程中對群體成員的討論或人際溝通加以限制，但群體成員是可以獨立思考的，成員少有語言溝通，只能寫下自己的意見，此法雖有團體之名，卻無團體溝通之實，故稱為名義團體技術。

Delbecq等人（1975）建議，名義小組方法主要適合於小型決策小組，成員介於5到8個人的小組，其小組的準確性是最好的。步驟如下：

(一) 成員集合成一個群體，但在進行任何討論之前，每個成員獨立地寫下他對問題的看法。

(二) 經過一段沉默後，每個成員將自己的想法提交給群體。然後一個接一個地向大家說明自己的想法，直到每個人的想法都表達完並記錄下來為止（通常記在一張活動掛圖或黑板上）。切記，所有的想法都記錄下來之前不進行討論。

(三) 群體現在開始討論，以便把每個想法搞清楚，並做出評價。

(四) 每一個群體成員獨立地把各種想法排出次序。

(五) 最後的決策是綜合所有成員後排序第一的想法。

六、人力教育需求計畫術

人力教育需求計畫術大致包括：社會需求法、成本利益分析法、人力預估法、個人抉擇法、系統分析法。詳述如下：

(一) **社會需求法**（social demand approach）：係根據社會對人力教育之需求，來擬定人力教育計畫。從社會需求觀之，教育計畫可依據民意需求，作為規劃之基礎。就人力資源管理觀點而言，教育被視為勞動市場的人力培育過程。因此，教育規劃者可依國家需求規劃調整部分教育計畫，以有效培育符合各階層需要的人才。

(二) **成本效益法**（rate of return approach）：係以成本及收益觀念來規劃人力教育計畫，亦即透過成本效益分析，以確定該培養那些人力，方能獲得最大的效益，以教育投資觀點，任何教育的興革或計劃皆必須符合國家發展的目的。例如：廣設高中大學或是延長義務教育年限，乃著眼於希望能培養國家發展人才。

(三) **人力預估法**（manpower demand approach）：係根據國家規劃的目標所預估出來的未來人力需求，來擬定人力培育計畫。因此，教育產出的結果符合國家社會所需，兩者目標一致，可以降低人力衝突。

(四) **個人抉擇法**（individual voluntary approach）：係以個人接受教育之自由意願為基礎，來擬定人力教育計畫。不論教育的結果如何，必須自我承擔後果，因為此法沒有考慮社會與國家的需求，單憑個人意願，因此容易造成教育產出無法配合國家社會發展需要的情況。

(五) **系統分析法**（system analysis approach）：依開放系統理念，教育計畫即在投入與產出間設計最有效之資源運用策略，以達成教育目標。因此，運用明確的指標或數據作為教育成效分析依據。例如：教育部曾提出「提高國小教師員額編制計畫」，每班人數51人，教師負擔太重。

七、SWOT分析

SWOT分析法，也稱TOWS分析法、道斯矩陣或態勢分析法，20世紀80年代初由美國舊金山大學的管理學教授韋里克提出，經常被用於企業戰略制定、競爭對手分析等場合。SWOT是優勢（strengths）、劣勢（weaknesses）、機會（opportunities）、威脅（threats）的縮寫。

SWOT近年應用在學校經營上頗為深廣，S為「自身優勢」（strength）（例如：學校獨有的課程），乃是指學校所具備的核心能力與競爭優勢；W為「內部缺點」（weakness）（例如：學校成員向心力薄弱），則是指學校內部不具競爭力，而且嚴重影響學校基石，必需立刻改善之缺點與不足之處；O為「外部機會」（opportunity）（例如：開設社區課程），乃是指可讓學校獲取額外服務的新興領域；T為「外在威脅」（threat）（例如：少子化現象），則是指外在環境中不利學校的發展趨勢與潮流，其分析圖如下圖3-2。

Ⓢtrength：優勢
1. 擅長什麼？
2. 學校有什麼新特色？
3. 能做什麼別人做不到的？
4. 和別人有什麼不同的？
5. 學生為什麼來？
6. 最近因何成功？

Ⓦeakness：缺點
1. 什麼做不來？
2. 缺乏什麼特色？
3. 別人有什麼比我們好？
4. 不能夠滿足何種學生？
5. 最近因何失敗？

Ⓞpportunity：機會
1. 市場中有什麼適合我們的機會？
2. 可以從外部學些什麼？
3. 可以提供什麼新的特色？
4. 可以吸引什麼新的學生？
5. 怎樣可以與眾不同？
6. 組織在5-10年內的發展？

Ⓣhreat：威脅
1. 市場最近有什麼改變？
2. 競爭者最近在做什麼？
3. 是否趕不上學生需求的改變？
4. 政經環境改變是否會傷害學校？
5. 是否有什麼事可能會威脅到學校的生存？

圖3-2 學校組織SWOT分析圖舉例

八、策略規劃【100薦升】

我們常聽到「計畫趕不上變化,變化趕不上老闆一通電話」,好像在說規劃並不重要的,其實從有經驗的實務工作者身上更可以瞭解「沒有計畫不敢面對變化,更不敢接老闆的電話」。可見,計畫與策略規劃的重要性不言可喻。

策略(strategy)一詞容易產生混淆的概念。在討論策略之前,應先談目的與方法,目的即目標,而方法即是要達到此目標的方法,亦即手段。一般來說,目標通常是被賦予的,而方法需要因應環境(environment)的不同,而採用不同的路徑(path)。

(一) 策略規劃的意義與內涵

為完成某一重要工作,高階管理人員所擬之對策與計畫,就稱為策略規畫(strategic planning)。策略即是方法,是手段,是資源投入的模式,並且與時間有關,屬於需因應外在環境變化之動態投入模式。我們常聽到「策略是一種選擇」,較精準的來說,應該是「策略研擬過程通常需要進行選擇」,包括數據分析與經驗直覺成分,兩者缺一不可。

依據美國公共技術組織的定義(public technology incorporated, PTI):「策略規劃是一種管理組織變遷的指南和創造最佳可能未來的系統方法。透過檢視內部環境優勢、劣勢與偵測外部環境機會和威脅的系統方法。策略規劃是界定並完成重大行動的創造性過程。」

(二) 策略規劃的目的

策略規劃常被視為是企業經營的萬靈丹,除了部分企業定期進行策略規劃外,許多企業在經營遇到困難時,亦會進行類似的活動,尋求突破點。這種風氣也延續到政府部門和非營利組織,經常動員上百人,花幾個月的時間舉辦一場策劃未來的會議,但常被譏為大拜拜。

一般人常覺得策略規劃很少達到預期的目標,主要是因為對這個活動的本質欠缺清楚的認識。事實上,高階主管在進行策略規劃時,心中常會有幾種不同的盤算:

1. 期望為組織找到一個新的生存利基。

   在這種情境中,高階主管會要求幕僚進行充分的資訊蒐集,理性的分析組織的優勢、劣勢、機會與威脅,進而形成一個最佳的策略定位。換言之,策略規劃是構想的算計過程,強調資訊的客觀、程序的嚴謹,以及結果表達的正式化。

2. 增加組織成員對環境的認知，創造有意義的專業對話。

高階主管理解策略的決策其實每天都在進行，但是如果能夠透過定期進行策略規劃的機會，幫助所有成員對環境趨勢都有足夠的認識，則以後各項策略性的決策都能很快的形成。這種策略規劃的活動也可以把它視為是一項組織共同學習的過程。

3. 為了凝聚組織的共識，並強化未來的執行力。

有時候，高階主管對組織未來發展的方向已有一定看法，但策略制定後最終還是需要各層級主管配合執行才能落實執行。因此，策略規劃真正的目的在於透過成員的參與，傳達策略的方向與理念，形成執行的動力。

4. 為了處理組織內部衝突，釐清各利益群體的衝突點，並尋求折衷方案。

這種規劃的過程往往是一種權力的妥協遊戲，很難看到理性的討論層面。事實上許多表面的討論議題與進行方式均是由利益群體倡議主導的，這些議題的背後可能有其他要達成的目的。

(三) **策略規劃的程序與步驟**

策略規劃其實就是一個過程，一個理性規劃策略方案的過程。高層主管負責組織的發展方向，擬定「策略規劃」供組織依循；中層主管則偏重於部門功能性規劃，屬於「中階規劃」，又稱為「戰術規劃」。規劃可以協調各部門間的活動，因此較易達成目標，規劃必須要有彈性，必須要隨著實際的狀況調整。至於，策略規劃流程至少應包括：1.現況分析，2.目標設定，3.趨勢分析，4.策略擬定，5.資源投入建議等五步驟，如圖3-3所示。

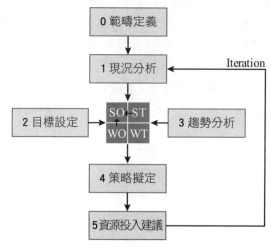

圖3-3 策略規劃架構與流程

(四) 策略規劃與中長期計畫的差異

描述組織計畫最常用的方法有：廣度、時間幅度、明確度、頻繁度。中長期計畫即是以時間幅度為計劃基礎，與策略規畫以廣度為基礎有顯著的不同。策略性規畫通常應用於整個組織，建立組織全面性目標且涵蓋的層面較廣；而中長程計畫是屬於原則性與分析性的計畫，目的在確定企業的基本目標、策略與政策。

(五) 策略規劃在教育的運用

策略規劃在教育的運用主要在校園規劃建設以及學校經營兩方面，透過學校經營策略之規劃分析與形塑應用，以整合性策略規劃模式和全方位策略抉擇模式，有效建構符應學校發展需求之最適經營策略。成功的學校經營代表有整體思考，能有效的運用資源，採取適當的經營作為。學校經營策略的內涵，以策略規劃的角度言之，可以詮釋為：

1. 評估並界定學校的生存利基。
2. 建立並維持學校不敗的競爭優勢。
3. 達成學校教育目標的系列重大活動。
4. 形成內部資源分配過程的指導原則。

茲將學校經營循環說明如下圖3-4：

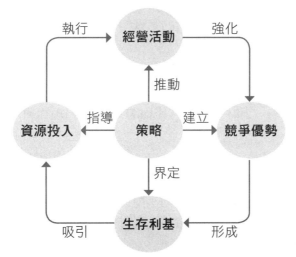

圖3-4　學校經營循環圖

資料來源：參考吳思華（2000），策略九說。

九、平衡計分卡

1992年哈佛大學教授柯普朗（R.S.Kaplan）與企管專家諾頓（D.P.Norton）於《哈佛商業評論》提出「平衡計分卡」概念，而後更進一步發展成一套企業策略管理的經營模式。平衡計分卡（balanced scorecard；BSC）是一套全方位的績效量尺，分別從「財務」、「顧客」、「企業內部流程」與「學習成長」四個構面，衡量企業內外部績效，並協助藉由衡量企業當前績效，擬定長程戰略目標方案。

(一) 平衡計分卡的意義與內涵

平衡計分卡提倡以一套更「平衡」的衡量標準，協助企業透過自我監督發掘問題，進而規劃更長遠的戰略目標。BSC具備四個構面，分別有其代表意義。首先，財務構面代表股東、資方對於企業的期望。顧客構面，則顧名思義是來自於市場與客戶對於企業的期望。企業內部流程構面，是為了達成股東與顧客期望，所應採取的業務營運方式。而學習成長構面，則是為了能勝任上述的作業流程，每1個員工應有的能力與成長態度。平衡計分卡之四個構面如下：

1. **財務構面**：為了成功獲取資金，我們應該如何面對我們的股東？
2. **顧客構面**：為了達成我們的願景，我們該如何面對我們的顧客？
3. **內部流程構面**：為了滿足我們的股東與顧客，我們應該採取何種營運程序？
4. **學習成長構面**：為了達到我們的願景與策略，我們應該如何持續保有我們的能力並時時改善與精進呢？

BSC的重點，在於達成上述四個構面的平衡。所謂的「平衡」，指的是(1)企業內部與外部的平衡：外部著重財務與顧客，內部則指企業內部流程與學習成長；(2)財務與非財務面的平衡；(3)短程績效與長程企業發展的平衡。

BSC不但是一套績效管理系統，也是一套戰略規劃工具。企業可藉由對四個關鍵構面的評測，達成其營運目標。由於不同的管理活動，對於績效數據的要求、度量方式也不盡相同，所以目前BSC已經演化至第三代，可針對不同的戰略規劃與管理需求，進行有效地績效管理。

(二) 平衡計分卡的特色

BSC是轉化策略為行動的工具，讓策略的執行與組織內所有成員的日常工作相結合，因此，BSC也是衡量組織及其成員執行策略之績效的方法。

BSC是一套系統性的整合工具，其主要特色在於「平衡」、「因果關聯」及「行動化」。

1. **平衡**：BSC可以達成下列平衡，包括：財務／非財務量度、短期／長期目標、落後／領先指標（如下表3-2）、內部／外部構面。

表3-2　落後和領先指標的績效比較

	落後指標	領先指標
定義	某時間區段最終點的結果衡量指標，一般是歷史的績效	驅動或指引落後指標的衡量指標，一般來説，是衡量中間的流程和活動
例子	• 市場佔有率 • 銷售量 • 顧客滿意度	• 品牌認知度 • 花在顧客身上的時間 • 顧客抱怨次數
優點	通常容易定義和取得	本質是可預期的，使組織能根據結果進行調整
缺點	本質是歷史性的，沒有反應現今活動，缺乏預言力量	較難去辨別和獲取

平衡計分卡應包含績效落後和領先指標的組合：領先指標驅動落後指標，落後指標為果，領先指標為因。

2. **因果關聯**：BSC四構面「學習成長→內部流程→顧客→財務」的因果驅動關聯。（員工的學習成長→內部流程，指的是員工的學習成長構面對內部程序構面有顯著影響，餘者類推）

3. **行動化**：BSC與日常工作連結，達成執行力的強化。

(三) **策略地圖**

從策略擬定完成，到實際由各單位分層執行，還有很長的路程要走，其中最困難的部分就在於如何將策略轉化成清楚、具體的語言，向每個人溝通，讓每個人都能理解。而策略地圖（strategy map）便是組織將策略的步驟和方式架構化的工具，也是了解策略的最佳方式。

策略地圖亦由提出平衡計分卡的柯普朗（R.S.Kaplan）與諾頓（D.P.Norton）兩位教授提出，是以「策略」和「地圖」為兩大核心。策略是一種假設，和平衡計分卡一樣，也有財務、顧客、內部流程、學習與成長四個構面，暗示

組織從現在的位置，朝目標前進的發展過程和行動規畫；而地圖則是將規畫方針以圖形具體化的表現方式。因此，策略地圖就是「達成特定價值主張的行動方針路徑圖」。

(四) 平衡計分卡在教育的運用

近來為提升學校教育績效，無論在理論探索或是實務運作，紛紛引進企業管理策略，如行銷策略、績效評估、組織變革、人力資源管理與平衡計分卡。平衡計分卡是一種基礎的管理系統，除了適用於商業組織，也能運用於教育制度，以釐清教育組織的願景與觀點，並透過溝通進行修正執行方式，確保教育組織策略的達成。

Wohlstetter 和Liu（2008）以平衡計分卡發展學校評估指標系統，並依所建構指標將公立學校表現成效數據定期向行政機關進行報告。Karathanos和Karathanos（2005）亦應用平衡計分卡的概念建構教育標準。Cowart（2010）則探討平衡計分卡在校務委員會確認是否達成目標時的可行方案。Kaplan 和Miyake（2010）則以平衡計分卡系統嘗試提升Atlanta 重點學區績效不佳的學校與學生的表現。

平衡計分卡在國內則運用於大學的教學績效評量，以及高中職或國中小的學校績效管理、學校行政衡量指標、學校經營管理與創新經營效能指標、校務評鑑指標建構、教師教學績效考核等。上述不論是策略探討，或為指標建構，或為實務運用，都為平衡計分卡在教育領域的應用奠定基礎，尤其在學校組織中，或是次級組織（如處室）的應用上都有顯著的正向成效。

十、PDCA循環

PDCA循環的概念最早是由美國品質管制專家戴明（W.E.Deming）提出來的，所以又稱為「戴明循環」，如下圖3-5。PDCA循環實際上是有效進行任何一項工作合乎邏輯的工作程式。在品質管制中，PDCA循環得到了廣泛的應用，並取得了很好的效果，因此有人稱PDCA循環是品質管制的基本方法。之所以稱之為PDCA循環，是因為這四個過程不是運行一次就完結，而是要周而復始地進行。一個循環結束，解決了一部分的問題，可能還有其他問題尚未解決，或者又出現了新的問題，再進行下一次循環。PDCA四個英文字母及其在PDCA循環中所代表的含義如下：

(一) ℙ（plan）：計畫，確定方針和目標，確定活動計畫。
(二) 𝔻（do）：執行，實地去執行，實現計畫中的內容。
(三) ℂ（check）：考核，總結執行計畫的結果，瞭解效果為何，及找出問題點。
(四) 𝔸（action）：行動，根據檢查的問題點進行改善，將成功的經驗加以適
　　當推廣、標準化；將產生的問題點加以解決，以免重複發生，尚未解決的
　　問題可再進行下一個PDCA循環，繼續進行改善，這就是PDCA可以做為
　　策略管理的品質管控機制。

圖3-5 PDCA戴明循環圖

十一、德懷術

德懷術（delphitechnique）是一種尋求群體共識的過程。該技術的運用，係針對
某一主題設計問卷，請一組專家（或稱德懷術小組）表達其意見，然後就專家
之意見加以蒐集、組織，以期獲得團體成員一致的看法。德懷術的步驟如下：
(一) 確定研究主題，然後據以編製問卷，採結構式問卷較佳。
(二) 選定專家，請求協助。
(三) 郵寄問卷給專家，請其表示意見。
(四) 整理收回問卷，進行綜合歸納，並將整體結果分送給原選定專家，請其參
　　酌整體結果，再次表示意見。
　　此步驟可多次重複，直到獲致結論為止，最後的結論可採眾數或中位數為
　　依據。

十二、線性規劃法

所謂「線性規劃」簡單的說，就是將決策上所面臨的問題，以線性的數學式來加以描述，在線性等式及不等式組的條件下，使用特定的方法「線性規劃」求得最優解。例如：發展財務計畫、決定動物飼料的最佳組合、決定最佳食譜計畫、決定最佳生產日程安排、指出最佳工作指派、決定成本最低化的船運計畫、指出工廠的最佳產品組合等，在教育的應用可以指出最佳的學校發展方向與組合。線性規劃的最主要目的在於有限的經濟資源下，進行最有效的調配與選用，以求發揮資源的最高效能。也就是以最低的代價，獲取最大的效益。

十三、甘特圖

甘特圖（Gantt chart）是條狀圖的一種流行類型，顯示專案、進度以及其他與時間相關的系統進展的內在關係隨著時間進展的情況，是由亨利‧甘特（H.Gantt）於1910年開發而出。以下表3-3為學校行政部分行事曆甘特圖舉例。

表3-3　〇〇大學105學年度第一學期重大行政業務甘特圖

預定進度 （執行單位）	預計辦理 時程	105/8	105/9	105/10	105/11	105/12	106/1	106/2
大學考試入學分發 （教務處）	8月	■						
暑期海外短期進修 （研發處）	8月	■						
社團幹部訓練 （學務處）	9月份		■					
100學年度第一學期 新生就學優待 （減免）申請 （學務處）	8月中旬	■						
社團幹部訓練 （學務處）	9月份		■					
教學優良教師遴選 （教務處）	8月～12月	■	■	■	■	■		
教師評鑑 （教務處）	8月～12月	■	■	■	■	■		
財產盤點 （總務處）	每學年乙次	■						

參、計畫的格式與內容

一、教育計畫的格式

計畫呈現格式至少應包括：計畫的源起或依據、計畫的目標、計畫的原則、計畫方案的項目、計畫的執行、計畫的評鑑、計畫的經費、計畫的預期效益、計畫的奉核等。計畫內容參考格式如下：

○○年度○○單位○○○○實施計畫

一、計畫緣起
    (一)依據。
    (二)未來環境預測。
    (三)問題評析。

二、計畫目標
    (一)目標說明。
    (二)達成目標之限制。
    (三)預期績效指標及評估基準。

三、現行相關政策及方案之檢討。

四、執行策略及方法
    (一)主要工作項目。
    (二)分期（年）執行策略。
    (三)執行步驟(方法)與分工。

五、資源需求
    (一)經費需求。
    (二)經費來源及計算基準。
    (三)其他資源需求說明。

六、預期效果及影響。

七、附則
    (一)備選方案之分析及評估。
    (二)有關機關配合事項。
    (三)其他有關事項。

二、教育計畫的內容舉例

○○國民中小學○○年度環境教育計畫（範例）

一、依據

　　(一)教育部補助地方政府辦理環境教育輔導小組計畫作業要點。

　　(二)環境教育法第19條（略）。

　　(三)加強學校環境教育三年實施計畫。

　　(四)○○縣（市）XXXX年度（永續）環境教育輔導小組工作重點。

　　(五)學校本位計畫、校務及課程（環境教育）發展計畫、XX學年度校
　　　　務會議。

二、目的：整合各項資源，實現環境保護、紮根環境教育、建構低碳校園為策
　　略，共同研擬行動方案，並付諸行動力，落實本校環境教育中長程計畫。

三、計畫目標

　　(一)健全學校環境保護小組運作。

　　(二)發展校本課程融入環境教育。

　　(三)全校式參與實施環境教育週。

　　(四)優選場域辦理環境教育校外教學。

　　(五)惜福愛物養成友善環境素養。

　　(六)提升教職員工生的環境教育知能與素養。

四、執行期間

　　XXX年度—XXX年度

五、計畫背景

　　(一)環境概述：案例中學位於○○縣（市）○○區，地處○○川南
　　　　側……，為周邊社區地理中心，交通便利。創校已有XX年。

　　　　1. 自然資源：本校鄰近○○山，後有○○屯，花草扶梳，蟲魚鳥獸
　　　　　 居其間，動植物相近似，校園綠地、水塘成為動物重要綠帶、藍
　　　　　 帶。相關調查，顯示校內記錄有：昆蟲類X種、魚類X種、鳥類X
　　　　　 種、蛙類X種、爬蟲類X種、植物X種，是學生常見的同居物種。
　　　　　（日照、雨量、風向等氣候特色、水文現象、土質及地質條件）

　　　　2. 人文風土：鄰近社區有老樹、古蹟、公園、遺跡等文物與建築；
　　　　　 而地方人士中，○○○○、○○○○，……。（人口結構、經濟
　　　　　 活動、聚落型態）

　　　　3. 校園環境：為使校園環境能成為有特色、健康、安全、有美感的
　　　　　 學習場域，本校經由環境稽核檢視校園空間配置、生態與自然環

　　　　境特性，規劃學校空間願景，籌措有限經費，持續進行環境改造
　　　　與經營，使教師、學生共建適宜的學習品質，符合永續發展目標。

六、辦理內容

　　1. 依校園整體環境條件及特色，發揮環境保護小組功能，訂定環境
　　　 教育計畫於XX年1月提交主管單位備查。
　　2. 鼓勵學習領域教學研究會、教師社團，進行環境教育議題的專業
　　　 成長活動。
　　3. 因應環境相關節日，舉辦文藝展演或創作徵選活動，配合環境政
　　　 策、重大議題等，辦理宣導活動；結合節能省水生活措施，獎勵
　　　 表現優異的班級、社團、志工。
　　4. 檢討校外教學內容，徵詢民間環境教育專業組織，共同規劃辦理
　　　 各學年，適合不同主題的校內、校外的環境教育場所、設施參訪
　　　 及教學方案。
　　5. 結合社區志工、學生社團參與學校環境行動，如環境稽核、資源
　　　 分類、回收、生態調查、辦理成果發表，以推廣行動經驗。
　　6. 教職員工依環境教育核心主題、專業主題辦理人員教育訓練。人
　　　 事單位製表登記訓練主題、時數；會計單位因應學校環境教育課
　　　 程與活動編列支援經費，併納入各處室業務需要辦理。

七、內容概要

(一)成立環境教育推動小組

職稱	成員	執掌
召集人	校長	綜理推動環境教育工作事宜、政策督導。
環境教育聯絡窗口	指定人員	協助環境教育計畫規劃歷程、溝通協調、會議籌備安排，及對外聯繫、辦理計畫書與年度成果彙整提報。
諮詢支援	家長會長	家長環境教育及協助相關活動之推展。
環境規劃	總務主任	規劃環境空間、校園永續及場地設施改建、更新與活化；綠色採購。
研究規劃	教務主任	規劃課程融入環境教育、教師專長增能與課程研發推動。
研究規劃	學務主任	規劃環境教育各項議題，融入學生生活公約、辦理學校特色與學生參與協調議題。

職稱	成員	執掌
研究規劃	輔導主任	推動環境倫理、志工組織因應友善校園規劃與執行。
課程教學組	教學組長	環境課程計畫執行及協助教務相關推動工作。
教學增能	研究組長	環境教育專業研習、教材研發之辦理。
學生活動組	生活、衛生組長	推動環境整潔、衛生維護及安全宣導。
教學推廣組	各班導師	環保教育課程落實執行、資源分類、環境整理、垃圾減量、生態教學設計。
	資訊老師	課程推動及環境教育網頁製作維護。
社區推廣組	科任老師	協助社區環境生活與活動教育工作。
行政支援組	幹事	協助各項活動之執行與成果資料彙整。
	工友	校園環境改善與整理花草樹木之修剪、植栽及養護合乎生態作法。

(二)課程研發：獎勵校本課程研發、提供環境教育專業輔導管道，逐步充實有學校特色的、按各學年核心的、進階的需要，增加4小時以上環境教育課程與教學的教材和輔助資源。

(三)環境教育主題週活動實施計畫：參考及配合環境政策，如自然保育、污染防治、防災、健康促進、海洋、濕地、環境倫理等環境教育議題，實施全校式的環境教育活動。

(四)擬定環境教育教學計畫：以校園為環境教育素材，落實綠色、生態、永續校園教育，結合專業夥伴共同經營學校環境教育、實施校外教學。

(五)社區參與：設定學校環境行動項目、內容與方式，鼓勵社區志工、學生志工參與行動工作坊，共同設定行動目標，檢討行動經驗及發表成果。

夥伴名稱	資源與支援
○○協會	校園環境規劃協助與後續維護管理指導。協助辦理戶外教學。
○○學會	引介專家學者進入校園，提升教師專業能力。

夥伴名稱	資源與支援
○○機構	自然、生態棲地營造及課程與教學設計協助。
○○工作室	自然、人文調查與解說。
○○○○	社區志工長期協助。

八、時程規劃

以甘特圖示之（如附表，略，可參考本書第三章第一節甘特圖的畫法）

九、預期效益

(一)教職員工分配活用校內、外研習資源，除每年至少4小時規定時數，另於計畫實施一年內30％人員達成教育時數達6小時，三年內65％人員達成教育時數8小時，5年內全員達成8小時。

(二)建立以環境教育計畫為核心推動全校經營環境教育。

(三)研發與推廣有學校特色的教材及輔助資源。

(四)年度辦理環境教育週，促成以學校為中心向社區擴大環境教育參與。

(五)引進民間活力、專業諮詢、促進夥伴參與，多元方法推動學校環境教育。

(六)落實做中學，從學校做起，培養共同計畫、執行、評估環境行動經驗。

(七)設定學校推動環境教育人員訓練達成目標，共同學習成長。

十、經費來源及運用

(一)申請環境教育基金、教育局、其他計畫、專案經費補助。

(二)學校編列經費或相關收入、捐贈等來源。

(三)經費概算表（略）。

十一、考核與獎勵

(一)定期辦理環境保護小組會議，成員自我評鑑及檢討改進。

(二)設計短期成果、效益、評量工具，就相關短、中、長期目標，邀請有經驗的夥伴、專家提供評量建議。

(三)公開接受中央與地方考核、輔導訪視並呈報相關成果。

(四)重視鼓勵與輔導，公開表揚教職員工生。

十二、本計畫經行政會議通過，呈校長核定後實施，修正時亦同。

肆、計畫的原則與評核

一、教育計畫的原則

計畫是以審慎的態度和方法，預先籌謀如何有效達成目標，並決定做何事及如何做的歷程。其原則如下：

(一) 計畫的方法要科學化　　　　(二) 讓成員及有關人員參與研擬
(三) 應兼作各種必要的計畫　　　(四) 內容要具有一致性及可行性
(五) 做好計畫應予書面化　　　　(六) 執行前要做好宣導溝通工作
(七) 採取由上而下與由下而上的規劃方式
(八) 教育計畫應具明確性及整體性
(九) 行政計畫應進行可行性評估的工作

二、計畫擬定的要領

教育行政計畫草案之撰寫，依決定的基本方針及計畫目標，草擬計畫內容，包含： 計畫項目、實施細目、實施要領、實施單位及人員、預定工作進度、需用經費、預期效益、定案程序等。其擬定的要領如下表：

(一) 計畫形成階段

1.分析：資訊彙整與情報分析　　2.構想：訂定目標創意設計
3.落實：擬定執行方案及書面說明　4.溝通：說明意圖尋求支持
5.評估：(1)計畫之必要性可行性、受益性及合理性；(2)計畫時程與經費推估之合理性；(3)計畫方案之急迫性與優先性

(二) 規畫與設計階段

1.檢視計畫涉及的必要項目及所需時程
2.完整明列具體工作項目期程與經費預算
3.妥為規畫設計期程合理化
4.落實中程計畫及先期作業相關機制運作
5.妥適調整計畫預算

(三) 計畫審議階段

1.建立內部溝通共識　　　　2.協調相關執行及配合單位
3.檢核計畫是否符合審議指標　4.落實執行資訊回饋考量年度執行能量

(四) 計畫執行階段

1. 確實擬定執行計畫預為辦理前置作業
2. 強化計畫管理機制有效監控計畫執行
3. 加強垂直與橫向的協調聯繫　　4. 建立計畫風險管理意識
5. 掌握外在環境變化的資訊　　　6. 研擬有效的執行手段與策略
7. 加強計畫的行銷與溝通　　　　8. 適時反映組織的價值與信念

(五) 計畫評核階段

1. 訂定合理的評核機制與評估指標
2. 妥適運用考核資訊發揮激勵與改進之效用
3. 加強分層考核制度落實自我管理的效用
4. 加強中央與地方的分工與合作
5. 提供回饋改善的機制

三、計畫評核術的應用

計畫評核術（program evaluation and review technique, PERT）是一種計畫管理的技術。計畫評核術非常重視「時間管理」，因此在計畫的執行採用PERT即可監督整個計劃進度，達成效果。計畫模糊程度較高者不適合採用PERT。例如：教訓輔三合一不適合PERT來執行。

(一) 計畫評核術的意義

計畫評核術是一種計畫管理的技術。它是由計畫（program）、評核（evaluation）與查核（review）等技術（technique）結合而成的。它運用網狀圖安排工作中每一作業間的相互關係，從事工作「計畫」（planning）。利用統計學原理「評估」作業的開始與完成時間、整個工作的瓶頸所在，並設法加以克服。它也告訴我們在工作進行中，如何追蹤「查核」工作進度和控制成本，以達成計畫的目標。

(二) 計畫評核術的實施步驟

1. 確定計畫名稱及目的　　　　2. 分析完成專案計畫所需的作業
3. 確定各作業間的相互依賴關係　4. 繪製網狀圖
5. 估計作業時間
　(1)**單時估計法**：適合「關鍵要徑法」估計較簡單、較有經驗的計畫作業時間。

(2) **三時估計法**：PERT是針對作業時間不確定情況之專案規劃方法，於計畫作業日程安排階段時，通常採用三時間估計法。三時估計法是以「樂觀時間」、「悲觀時間」及「最可能時間」三種時間的計算，來決定時間估計的方法。該方法求算期望時間之公式為「預期時間＝(樂觀時間＋悲觀時間＋4倍最可能時間)÷6」。

例如：98年屏東縣國小代理教師甄試的題目

「王校長負責校舍的新建工程，他以三時估計法（three times estimate）估計完工時間，其中樂觀時間是200天，悲觀時間是600天，最可能時間是250天，請問此一工程的預期時間是多少天？」

解析：預期時間＝(200+600+4×250)÷6＝300（天）

6. 計算各作業的起迄時間　　7. 確定整個計畫的關鍵路徑
8. 重新計畫　　9. 編制行事曆
10. 實施與反饋

(三) **計畫評核術的功能**

1. 能清楚顯示計畫中各作業間的關係　　2. 可迫使行政人員預做實際性的計畫
3. 方便工作計畫進度的追蹤與管制　　4. 是一種良好的檔案資料
5. 對目標管理的實施極有助益

四、研擬計畫人員應具備的修為與能力

計畫的推動除了計畫研擬人員必須有效率地完成系統清晰而且條理分明的可行計畫外，計畫研擬人員仍應具備管理及專業的核心能力，發揮責任心與榮譽感，追求組織目標的實現。

(一) 基本修為

1. 把握學校發展目標　　2. 追求學校公共利益與福祉
3. 力求成本效益精神　　4. 發揮責任心與使命感

(二) 關鍵能力

1. 敏銳的觀察力　　2. 資訊的運用力
3. 判斷的預測力　　4. 創造的加值力
5. 系統的整合力　　6. 溝通的說服力
7. 構想的企畫力　　8. 分析的表達力

第二節　教育行政決定

考點
提示　(1)倫理決定；(2)決定的模式類型；(3)決定的合理性與原則；(4)影響決定的因素；(5)決定的執行原則，是本節重要的考試焦點。

所有的組織都會經歷作決定的時刻，它包含了理性、意念、目的、行動、決定策略、執行及結果評估。即使決定的事項不同，決定的歷程是一致的。因此，作決定乃是行政工作中最重要的一環。而教育行政決定就是學校人員為了解決教育問題，達成教育目標，依其權責研擬及選擇可行方案的歷程。

壹、決定的基本概念

決定是人在面臨問題時，研擬及選擇各種可行的解決方案，以便解決問題並順利達成預定目標的歷程。行政決定是個連續不斷的過程，也是一個複雜的程序。學校行政人員面對待決的問題，通常要根據學校組織未來發展的目標，以及學校永續經營的理念，透過相關人員的審慎權衡，詳加判斷，並從多個變通的方案中，選擇最佳方案，讓問題獲得圓滿的解決。

一、決定的意義

(一) 決定與決策的差異

決定（decision making）與決策（policy making）感覺上似乎沒有太大差異，簡而言之，決策是決定一個策略，而決定就沒有限定的範圍，決策只是決定的一部分。

根據王世中（2002）指出，所謂「決定」係指個人或團體為達某一個特定目的，在各種替選方案中進行選擇的過程。決定泛指人人均能參與的行為抉擇，其範圍較廣，凡是涉及一般性的問題，與生活相關之行為抉擇，能憑個人的能力與經驗進行決定的活動，均屬於「決定」的範圍。

至於決策，朱順興（2003）認為決策必須屬於專業及高層人員方能擁有的選擇，而且涉及的問題必須是全面性、整體性的，所以決策通常被歸納為決定的一部份。王世中（2002）也主張「決策」的意涵乃政府機關單位為解決問題，達成組織任務，就各種替選方案中進行抉擇的一種過程。

(二) 教育行政決定的意義

做決定是教育行政的中心功能，賽蒙（H.A.Simon）曾說：行政管理的歷程，就是做決定的過程，決定適當與否，影響整個行政組織的運作。因此，謝文全（1999）認為，教育行政決定乃是教育行政人員在面臨教育問題時，從若干可行的變通方案中，作出最佳抉擇來解決問題的過程，以期能夠順利達成目標。黃昆輝（2002）也指出，教育行政決定乃是教育（學校）行政人員為圖教育的發展與進步，對一個待決的問題，依其權責，透過正式組織的運作，研求若干變通方案或方法，並從而作較確當合理之裁決的一種過程。

二、決定的種類

(一) **依決定的動力來源加以區分**：包括居間（承上啟下）、請求（下屬要求）及創造（自動創新，無關上下）的決定。

(二) **依決定的主體來分**：包括組織（組織意旨）的決定與個人（自我意志）的決定。

(三) **依決定的性質來分**：包括策略性（高層原則方針）、行政性（中層將策略轉為具體辦法）、運作性（實際業務推展步驟）決定。

(四) **依決定的技術來分**：包括有程式化（例行重複的）與非程式化（新生事物）決定。

(五) **依決定資訊充足與否來分**：包括確定性（資訊充足有把握）、風險性（資訊有一定掌握度但仍嫌不足）、不確定性（幾無把握）決定。

(六) **依決定是否具有合理性來分**：包括合理性決定與非合理性決定兩種。

(七) **依決定內容層次性來分**：包括決策（大方向政策）與決務（實體性措施）兩種。

三、決定的程序

教育行政決定的歷程約可分為五階段八個步驟，詳述如下並如圖3-6所示。

(一) 第一階段：情報階段

　1. **如何定義問題**：此階段必須認識問題的特性與界定方案目標，需注意問題的時效性、重要性、領域性、例行性、障礙性，並將問題分類、分解、陳述。

(二) **第二階段**：設計階段

2. **決定原則方法**：此階段必須針對方案選擇設定前提或判斷的標準，作決定前必須先對執行的情境和條件，有所考慮後，再訂出一些原則，作為選定最佳方案的根據。

3. **問題解決相互關係的資料蒐集**：此階段必須蒐集有關資料，一般包括有關事實的資料、教育研究結果的資料、教育相關人員所發表的資料、教育法令的資料，藉以預測方案並衡量結果。

(三) **第三階段**：選擇階段

4. **發展可行方案**：此階段必須研擬並發展可行的解決方案，研擬方案的方法有自行思考、舉行會議研討、腦力激盪術、名義團體技術、提案制度、創意資料庫、比較研究法等。

5. **分析解決方案**：此階段必須透過小組成員檢視問題的SWOT，配合學校願景與行政作為，進行策略分析每個可行方案的優劣。

6. **選擇最佳方案**：史密斯（M.Smith）提出七項檢核點，包括正確檢核、尊嚴檢核、系統檢核、媒體檢核、安全檢核、策略檢核、正義檢核，用以檢核每個可行方案的內容。

(四) **第四階段**：實施階段

7. **決定執行方案的合法化**：一旦決定何者為最佳方案後，此階段必須執行方案並讓決定合法化，其意義乃在教育組織所做的決定，需依照相關法令規定的程序，完成合法化的過程，然後才可以加以執行。

(五) **第五階段**：評鑑階段

8. **評鑑方案效能並加以改進**：為使決定的方案能具體落實，並且能不斷修正，必須評鑑其效能，並加以改進其缺失。

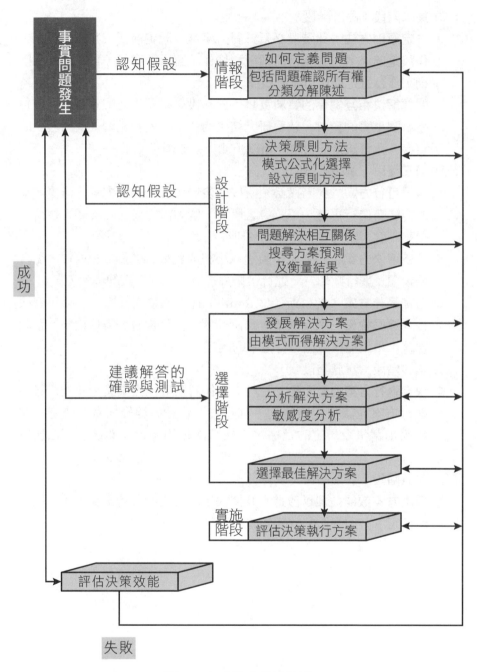

圖3-6　行政決定的流程圖

貳、決定的模式

在教育領域中，教育行政決定也是教育行政機關的中心功能，更是教育行政人員的主要任務，同時也是今日教育行政學術與問題研究的焦點所在。就教育行政決定的模式而言，類別很多，專家學者們所提出的主要決定模式有：理性模式、滿意模式、漸進模式、政治模式、垃圾桶模式、參與模式、綜合掃描模式、直覺模式及權變決定模式等九種，詳述如下，並比較整理如表3-4。

一、理性模式【94高考二級】

理性模式（rational model）主張，行政人員的決定行為應是完全理性的，因最早被提出，故又稱為古典模式（classic model），其代表人物為羅賓森（S.P.Robbins）。理性模式為古典經濟學家所倡，認為人類是理性動物，本著經濟人的態度追求最大的成果與利益，因此做決定時，會去蒐集完整的資訊，考慮所有可能的方案，並對各方案的得失進行理性周詳的分析，再選擇一個最佳的方案。當組織目標明確，又有完整的資訊時，決定者就應該作出最佳的決定。

但一般而言，決定者往往受限於智慧、知識、能力，實際上也無法完全觸及所有的資訊。理性模式作決定的步驟如下：
(1) 界定問題，且問題要明確清晰。
(2) 目標導向，決定目標與規準。
(3) 從已知的方案中，提出所有可行的方案。
(4) 以清楚穩定的偏好，預測評估方案的結果。
(5) 選定方案。
(6) 沒有時間與成本的限制。
(7) 實施與評鑑，以得最大的價值與報償。

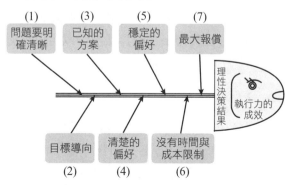

圖3-7 理性決定模式流程圖

二、滿意模式

滿意模式（satisfactory model）強調滿意策略，是由塞蒙（H.A.Simon，1947）所倡導，又稱行政模式（administrative model）。塞蒙認為，人類並不是純理性的，在做決定過程中，雖然意圖做到理性，但因受到個人能力與環境條件的限制，只能達到有限理性，因此，只能做出滿意的決定。

滿意模式強調「人只是有限的理性」，不可能完全產出所有可行的方案，因此，實際決定不可能達成價值的最大化，而只可能達成價值的「次大化」。其過程，主張將問題簡化，並訂出足夠的滿意決定規準，做出比較取捨的依據。

行政決定無法達到客觀上的合理性，總是有許多因素限制著，因此，塞蒙駁斥經濟理論上經濟人具有全理性和獲取最大效益的說法，主張行政人的有限理性和滿意利潤。運用此一方案，要特別注意可行方案排列順序，逐一評估足夠令人滿意的方案，一旦方案已達足夠令人滿意，則中斷尋求最大效益的方案，所以是達到滿意價值，而非極滿意價值。

三、漸進模式【109高考】

漸進模式（incremental model）強調逐步漸進策略，由林布隆（C. E. Lindblom，1959）所提出，是一種強調社會互動對既有決策作小幅、個別、累增的學說。同時亦強調決定過程的參與，以及對現狀偏好的維持。而其缺點是對創造性與創新性的迫切未能予以符應（墨守成規）。是一種風險性小，穩定性高的決定。

漸進模式認為，決定是透過參與決定者的社會互動來做成的。在互動過程中必會顧慮到現實的狀況，而現實的發展是漸進的，且參與者也會相互調適與妥協彼此的觀點，結果自然難以達到完全理性的境界，通常只能就幾個方案中比較其得失，採取一個較好的方案，這個方案可能只是就現實狀況做些微的調整，或者雖然做了較大的調整，但其後果在現實狀況中以可以掌握者為限。由於強調漸進調適，故稱為漸進主義或漸進調適論。

四、政治模式

政治模式（political model）也稱為「協商策略」，它是一種非理性的模式，常以個人目標為主要的考量，決定行為亦即為一種「權力遊戲」，以萊利斯（Lyles，1961）為代表人物。政治模式為一般政治人物所常用，認為決定是

一種利益爭奪的過程，大家勾心鬥角，難以依據理性、科學、客觀的方式來做出決定。因此，解決組織具有高度爭議性的問題時，採用邀請各利益團體進行談判、折衝後作出各方雖不滿意，但可接受的決定。

政治模式所關切的議題是：權力如何成為主導力量、政治取代決定的合法程序、個人目標取代組織目標等。學校組織可視為一種政治系統，存在著許多種類的利益團體，為了本身的目標及價值而彼此競爭。

五、垃圾桶模式

垃圾桶模式（garbage-can model）就是「隨機策略」，「從垃圾桶中撿起一張錦囊妙計」，決定完全憑直覺或經驗，或是「偶然的巧合」做出的決定，決定是無意義的，是一種無理性的決定行為。此一模式是由孔恩（Cohen）、馬齊（March）、歐爾遜（Olsen）所提出的，主張組織無政府狀態（organized anarchy）的概念。

垃圾桶模式認為好的決定是「參與者」認同問題與解決方法的契合。垃圾桶模式是非理性的、偶發的決定。當行政人員知覺到效果不確定時，他們亦可能會使用較多的時間去評估環境改變的威脅和機會，並且傾向採用權變的策略。甚至於當他們警覺反應的不確定性時，模仿、延宕及尋求資訊的策略就更常被運用。

由於組織所處的決定情境具有高度的不確定性，目標模糊、方法不明確、參與者流動性大，呈現出看似有組織但卻是無組織的狀態，在這種狀態下，組織就像是一個由參與者、問題、解決方案與選擇機會等四股動力交織而成的垃圾筒。在這種情境下，決定的形成，常係由某一群鬆散結合的決定參與者在某一偶然的決定機會中，發現某一行動方案恰巧適合於某一問題的解決，就做了決定。這就好像從垃圾筒隨便抽取出來，全憑機會決定，而不是理性邏輯分析的結果。因此，垃圾桶模式具有三項主要內涵：(一)目標模糊不明確；(二)手段方法不確定；(三)參與流通性。

六、參與模式【94高考二級】

參與模式（participation model）簡單的說，就是藉著成員的參與，提供專業知識，以達成共識為手段，而做的決定基本假設是基於參與者為了達成共同目標而形成共識，因此藉著成員的參與來達成共識為手段做出決定。一般用於決定

內容牽涉專業知識、成員強烈要求參與，或須共同參與以形成共識的議題。參與模式係藉著成員的參與，以達成共識為手段做出決定。

參與的模式如下：(一)不予參與；(二)諮詢參與；(三)共決參與；(四)授權參與。參與模式的功能有：(一)集思廣益及提高決定品質；(二)促進團體關係與凝聚力；(三)增進對決定結果的執行承諾；(四)促進成員成長與培養人才；(五)提昇成員的士氣與工作滿意；(六)提高組織績效。

七、綜合掃描模式

綜合掃描模式（mixed scanning）是由伊特齊尼（Etzioni，1967）所提出，主張行政決定應融合理性模式與漸進模式，主張決定者面臨決定情境時，應將問題分為高層次與低層次來處理。綜合掃描模式的主張類似以廣角相機與狹角相機看問題，兼顧整體與細微，這種決策模式，一方面從鉅觀層面掌握基本方針，也從微觀層面尋求漸進可行方案，是其重要優點。

綜合掃描模式認為，在實際決策時，基本決定的角色與數目是大於漸進模式所陳述的，而且決策者只求漸進修改時，會迷失了基本決定。為了矯正漸進模式淪為保守、重細微的缺失，伊特齊尼認為要運用理性模式來決定組織基本政策和任務，然後在既定目標方向下，做成無數小幅的、個別累增的策略，採用漸進的方式達成目的。

八、直覺模式

直覺模式（intuitive model）係靠直覺來決定，有越來越多人認為在某些狀況下，如時間緊迫、找不到相關資訊等，就須靠直覺來做決定。直覺是由知識累積與經驗磨練而產生的一種潛意識過程，它的反應是非常快速。

直覺模式常利用經驗或捷徑法則來做決定。常見的經驗法則有兩種，第一種稱為可利用性經驗法則，係利用手邊就有的資訊下決定；第二種稱為代表性經驗法則，係利用類推的方式來下決定。直覺模式也常用啟發法來做決定：包括(一)近便啟發法（availability heuristic）；(二)範例啟發法（representative heuristic）。另外，直覺模式的決定流程如圖3-7所示。

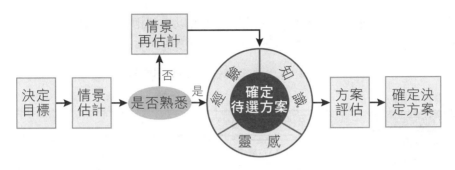

圖3-7　直覺模式的決定流程圖

九、權變決定模式

權變模式（contingency model）指的是沒有最佳的做方式決定，最有效的是依照情境設定。因此，權變的決定即是環境和最適合決定模式之配合。例如下列情況：

情況**1**	如果有完整的資訊及清晰的目標，則古典模式是較適合的決定策略。
情況**2**	如果資訊不完整，但目的清晰，則滿意模式是較適合的決定策略。
情況**3**	如果資訊不完整，目的是短暫性，則調適的滿意是較適合的模式。
情況**4**	如果資訊不完整，目的在短期內是暫時的，則漸進模式是較權宜之選擇，以避免負面結果。
情況**5**	在結構鬆散組織中，如果資訊不完整、目標模糊，則問題將持續存在。
情況**6**	在結構鬆散組織中，如果資訊不完整、目標模糊，則在偶然的機會中，會找到某一方案恰巧適合解決現存問題。
情況**7**	在結構鬆散組織中，垃圾桶模式能夠解釋作決定的非理性行為。
情況**8**	當政治主宰著組織決定時，則個人目標將取代組織目標。
情況**9**	在政治化的組織中，理性的個人決定能解釋非理性的組織反應。
情況**10**	在政治化組織中，作決定策略之不同是由個體追求自身目的時所採用的。

從上述情況分析可知，權變的決定主張沒有放諸四海而皆準之決定模式，強調環境因素和最適合決定模式之配合，才是權變的決定。換句話說，此模式以權變為經，各種模式為緯，構成權變決定模式。

綜合上述，各種決定模式各有其適用時機，可以相輔相成，最好能各種模式彈性整合運用，才能達到最好的結果。以上各種模式的整理比較表如下：

表3-4　九大決定模式的整理比較表

模式名稱	重點主張
理性模式	主張完全理性，強調決定過程。
滿意模式	主張有限理性，強調問題處理的簡化，只能做出滿意的決定。
漸進模式	強調社會互動，過程參與，考慮現實發展。漸進調適與小幅修正。
政治模式	強調協商策略，各方談判折衝找出雖不滿意但都能接受的結果。
垃圾桶模式	強調隨機策略，全憑機會決定，不是理性邏輯分析的結果。
參與模式	藉著成員的參與，以達成共識為手段做出決定。
綜合掃描模式	融合理性模式與漸進模式而成。
直覺模式	係靠直覺來做決定。
權變決定模式	依情境改變而選擇最佳決定模式。

參、決定的合理性與原則

一、決定的合理程度

教育行政的決定是否合理，其涉及的範圍有很多的層面，行政決定者也往往因其個人的主觀性與客觀性，有意識與無意識，以及個人與組織等觀點上的差異，而有不同的分類。

(一) 決定合理性的意義與分類

所謂合理性（rationality），即是較佳的選擇。決定合理性是指決定的結果合乎理法，並能達到預定目標的程度。教育行政決定的合理性有以下類別：

1. **依決定的情境分：有客觀上與主觀上的合理**。

客觀上的合理，所指的是行政人員所作的決定，在客觀環境的諸多限制下，如能確定獲得最大的目標，即符合客觀上的合理；而主觀上的合理，指的是行政決定者完全以個人對問題的認識與瞭解，以及僅於個人對解決此一問題的有關知識為衡量的依據。

2. **依決定思慮狀況分：有意識上的合理與慎思上的合理。**

   意識上的合理，視決定的調整是否能夠達到目的的程度，而且合乎意識的過程；而慎思上的合理，認為作決定的調整是決定者經過深思熟慮的過程，是認真思考之後所作的決定。

3. **依決定的目標導向分：有組織上的合理及個人上的合理。**

   組織上的合理性指的是決定結果的目標，是否可以充分表現組織目標，達成組織發展共識，若是，則為組織上的合理；若非，則頂多只能滿足少數個人的發展所需，視為個人上的合理。

   因此，我們要追求的是：客觀上的合理、慎思上的合理以及組織上的合理。但是要達到絕對合理是很困難的，因為有下列限制：沉澱成本、知識不全與預期困難。教育行政決定的合理性是有限度的，合理性不是絕對的，而是相對的。

(二) **做合理性決定的原則與影響因素**

   教育行政決定的合理性是有限度的，合理性不是絕對的，而是相對的。要做到決定合理性，必須遵守做決定的原則。另外，影響合理性決定的因素很多，可分為組織的與個人的影響因素兩種，整理如下表：

做合理性決定的原則	影響決定合理性的因素
1. 應落實基本的教育行政決定歷程。 2. 應有容許做決定的充足時間。 3. 蒐集足夠而適用的資料。 4. 給予相關人員參與決定的資料。 5. 充實相關的學識與能力。 6. 應做好可能成效的評估。 7. 歸零思考做好零基決定。	1. 組織的影響因素： 　(1)來自外界的壓力。 　(2)組織成員間的現有關係。 　(3)組織對外的正式承諾。 　(4)組織內部的傳統。 　(5)組織過去所做的決定。 　(6)組織資訊系統的靈通。 2. 個人的影響因素： 　(1)個人的價值觀念。 　(2)個人學習與經驗背景。 　(3)個人人格特質。 　(4)個人思維習慣。

二、做決定的原則【103原三；97身三】

吳清山（2002）指出，在教育行政決定的過程當中，應該把握的是政策性事項的多元參與，行政性事項專業決定的準則，才能確實掌握教育行政決定的品質。因此，決定品質的強化有賴於遵守做決定的原則與注意事項。詳述並整理如下表：

多元參與，建立共識	謝文全（2006）認為，行政人員在作決定的過程中，應讓組織成員及其它有關的人員有參與的機會，如此可以達到四項好處： 1. 可集思廣益。 2. 可使成員對計劃內容有深入的瞭解，產生認同與支援。 3. 有助於行政計劃或行政決定的客觀理性與執行的順利。 4. 可以滿足參與成員的尊榮感、成就感，並促進行政組織與他們之間的和諧關係。
時機要對，地點要選	行政決定者更應該不要等到問題擴大到複雜不可收拾的時候再去決定；同樣的，也不要在時機未臻成熟之時，便急就章地做下決定。而且溝通的地點會影響溝通的情緒與思考，對決定結果的影響甚大，要慎選。
加強行政溝通，重視專業對話	學校行政的對話，可以協助減少學校行政過程的不確定性，透過各種不同型式的專業對話，能使不確定的事情導向較為確定。
提高決定合理性，重視執行成效評估	行政參與人員應該積極充實本身的知識與能力，廣開意見溝通的管道，並能兼顧組織目標的達成與成員需求的滿足，同時，應有效提高教育行政決定的合理性，縝密規畫教育行政決定的宣導工作，與有效落實執行成效的評估。
運用科學方法，提高行政決定效能	作決定的方法應該具有科學化的理念，決定者除了應該依循理性模式的決定之外，在態度上更要能夠認真嚴謹，並且做好充分的資料蒐集與分析，才能提高行政決定的效能。
兼顧客觀、慎思、組織性的合理決定	教育行政決定要求做到應有的合理性，也就是客觀上的合理性、慎思上的合理性與組織上的合理性。換句話說，任何教育行政的一個合理性要求，它同時必須是以客觀的價值為前題，審慎思考並以教育行政組織的目標達成為矢志。
不宜冒險躁進，應重視穩定漸進	在減少行政決定的不確定性和冒險性時，較常採用的做法，除了參照決定者長年累月的經驗法則，或以請教諮詢的方式來增加決定者的縝密思考之外，也有巧放試探氣球的決定模式。例如：為預測某種方案能否被接受而實施的輿論調查。

評估組織需要，做最適宜的決定	學校行政決定應該具備適宜性，也就是在預知達成的目標與解決問題的若干變通方案中，選擇一個比較適宜的方案。

肆、決定的執行原則與技術

一、教育行政決定執行的意義

教育行政決定執行指決定做成之後，負責執行的教育機關與人員，糾合各種教育資源，採取適切有效的行動付之實施，並在實施的過程中，因應外在環境的變化，不斷進行修正，使決策執行成功，以完成決定所預期達成之目標。

二、教育行政決定執行的原則

決定做成之後，就要去執行，以落實決定的內容，達成做決定的目標。教育行政決定執行的原則如下表：

決定執行的原則	說明
透過溝通，尋求執行人員的認知與認同	對執行決定的組織成員進行溝通，讓其瞭解目的、做法、時程及可能遭遇問題，以獲取對決定的正確認知與認同，執行才不致產生偏差。
透過傳播行銷，贏取受影響對象的支持	透過不同的傳播行銷方法，針對受決定影響的對象，加以宣導進行雙向溝通獲得支持，執行才能貫徹。
必要時先做局部的實驗	為避免不可預知的負面作用出現，必要時先做局部實驗，以補充或修正決定。
在執行前能做更細部的具體規劃	執行前考量人力、物力資源的整備，做更細部的分析與具體規劃。
提供執行人員必要的教育與協助	組織適時提供在職進修，以提昇執行人員所需的知識與能力，使其戮力完成。
建立督導與考核制度	建立督導與考核制度，以便在執行中隨時監督進度，協助解決困難問題。

決定執行的原則	說明
應採取漸進及權變的執行策略	採取漸進及權變的執行策略，以留逐步、適時的調整空間和時間。
抗壓調適與堅持到底	執行人員應培養情緒管理與壓力管理的能力，以堅持到底解決遭遇的困境。

伍、影響行政決定的要素【102高考二級；91原三】

Sergiovanni 與 Carver（2012）指出四種影響行政決定、行政效能與學校成功的力量，這些深具影響的要素分別是：來自行政人員本身的力量、來自人群系統的力量、來自組織的力量與來自環境的力量。詳述如下表：

來源	要素	說明
人員本身	價值觀	楊振昇（2003）認為，行政決定的過程會受到個人價值信念的影響，一般而言，愈是高階層的政策性決定，愈常涉及個人的價值信念，而愈低階層的執行性決定，則愈常涉及事實性的層面。
	過去偏見	學校行政決定判斷的偏見，常起因於運用經驗法則來處理問題，尤其是在學校行政決定的應用，也偏重在他人或少部份人的主觀價值的瞭解。
	經驗法則	宋朝蘇洵《辨奸論》：「月暈而風，礎潤而雨」（月亮周圍出現月暈就是要颳風，柱子下面的基石潮濕就是要下雨），就是一種個人憑藉經驗意識的決定行為，以經驗法則（heuristic）來當作學校行政決定的基礎，常是造成判斷偏見的主要原因。
	問題知覺	一個決定者對該問題的知覺體認，實際上就是意味著其個人的價值和信念，對作決定的思考方向具有相當程度的影響力。
	倫理決定【99地三；98身三】	「倫理觀」意味著超越個人的價值和行事的信念。學校領導者必須具有社會正義與倫理、多元尊重，在平等與正義、個別與團體、老師權益與學生權利、學校內部與學校外部等兩難問題中取得平衡的決定，就是兼顧倫理的決定。

來源	要素	說明
人員本身	知識背景	個人的知識背景，常表現在行為選項抉擇的正確性上，知識愈豐富者，其所作的決定也就愈具合理有效的可能性。
	人格特質	過於主觀或自卑的人格特質常因決定者的獨斷、偏見或防衛心理，導致所作的決定會有所偏差，而欠缺邏輯推理能力或承受壓力的韌性，也將致使所作決定流於鬆散與短見。
人群系統	社群關係	強調統整組織中不同的個人與群體間想法的差異，是非常重要的。社群關係的建構，藉以調整情緒的表達，是解決問題衝突的基礎。
	權力分配	權力是存在於上司和部屬二者間的一種關係。這種分配關係存在組織人群系統中，會影響並導引他人行動與做決定。
組織團體	資訊的缺乏	學校行政決定的判斷，如果是只基於組織團體偏好的訊息，就常常會在無形之中排斥與該訊息顯有差異的訊息，因而造成學校行政決定的不周全。因此，組織情報與資訊的缺乏，以及組織新舊經驗的衝突，都是造成無法預測決定後果的主因。
	傳統的習慣	組織傳統習慣的作法也會影響決定的行為，他認為公共政策的執行，常常要遭受一定的原則與固定的策略支配，教育行政之決定自然亦是如此，經常必要援用過去已有的慣例或參酌原有傳統的做法，以求相互配合，避免脫節或相互矛盾。
社會環境	環境的壓力	教育行政決定也會受到組織外在壓力所影響，其來自外界的壓力，有時也會超越組織本身的承受系統，逼得組織行政決定的運作就不得不予以遷就。
	容許的時間	當時間充裕，決定者可以從容作決定；時間短促，則只能倉促行事。所以時間充裕與否，影響思索解決問題的變通方案，尤其對作決定者的心理，所造成的緊張與焦慮，可能會減低作決定的合理性。

考題集錦

教育行政計畫

1. 學校是一種雙重系統組織，一為行政系統；另一為專業系統，前者具有科層組織性質；後者屬於鬆散結合系統（loosely coupled system），臺灣近二十年來已完成二十餘所大學校院整併，請問大學校院整併之成效和產生之問題為何？並請針對問題提出改進策略。【110原三】

2. 教育行政決定漸進模式（incremental model）的主要特徵是什麼？此一模式的適用時機為何？【109高考三級】

3. 教育行政計畫對學校與行政機關相當重要，在做教育行政計畫時，有很多種技術可以運用，讓所做的行政計畫具體可行。請指出五項做計畫的技術，並說明其運用時機。【108高考三級】

4. 教育計畫擬定的步驟及其對應內容為何？假設教育部請你研擬評估建置原住民族教育長期追蹤資料庫，請說明你會如何擬定計畫以推動本案？【106原三】

5. 從事教育行政工作，須預擬計畫，才能經濟而有效地達成目標，請問計畫的意涵和程序為何?擬定教育行政計畫應把握那些原則？請加以申論。【105地三】

6. 代課教師問題被認為是影響臺灣教育品質重大問題，試由教育計畫角度，規劃提升師資培育素質，穩定師資供需之政策。【104薦升】

7. 試由教育行政決定執行的原則，說明政府在推動12年國教政策時應關注的執行重點，請至少列舉五項。【104薦升】

8. 對於十二年國民基本教育政策的推動，爭議不斷，試以教育行政計畫的角度，分析十二年國民基本教育政策之計畫，您認為有那些優點或必須改進之處？試論述之。【103地三】

9. 請診斷透過開會進行教育行政決定時，與會者都沉默不語，可能發生什麼事情？在此情形下，領導人要如何強化決定的品質？【103原三】

10. 決策（policy-making）是組織運作的核心。請分析影響決策的個人因素與組織因素，並申述教育行政人員在決策時，應如何減少冒險與抗拒程度？【102高考二級】

11. 試說明策略規劃（strategic planning）與傳統中長期計畫之差異，並闡述策略規劃之步驟與具體內涵。【100薦升】

答題範例

一、從事教育行政工作，須預擬計畫，才能經濟而有效地達成目標，請問計畫的意涵和程序為何?擬定教育行政計畫應把握那些原則?請加以申論。
【105地三】

【破題分析】 本題完全落於第三章教育計畫範圍內，對計畫的涵義與程序，以及計畫應秉持的原則，考生最好列表分點敘述，可令評分教授容易抓住您的答題重點，有加分效果。

解析：

(一) **計畫的意義**

教育計畫係指教育行政當局或教育人員為達成國家教育目標，對於教育事業具體之規劃作為，包括目標之設定、策略之選擇及方法之闡明陳述。計畫應具備下列四大要件：

1. 計畫具有問題取向與目標取向。　2. 計畫須經由理性思考而得。
3. 計畫係預為行動策略的方針。　　4. 計畫必須提出具體的方法與程序。

(二) **計畫的程序**

教育行政計畫的程序一般包括：設定目標、收集資料、提出計畫、修正計畫、決定計畫、執行與檢討等步驟，其細節尚牽涉備選方案的規劃、方案補助與預算編列，以及建立評估考核制度。

認識問題，界定計畫目標與範圍	1. 目標應兼顧社會的需要。 2. 目標應讓成員參與。 3. 目標要有層次性。 4. 目標要要有一慣性及一致性。
現況有關資料蒐集與分析	指系統的蒐集及客觀的評鑑與過去發生之事件或與現況教育問題有關的資料，以考驗其因果或趨勢，俾提出精確的描述與解釋。
設定前提或方案判斷的標準	前提或判斷標準是將來判定最佳方案的原則。設定前提或標準時，所需考慮到的情境因素，包括受計畫影響的人，或組織的法律規範、價值體系等。

研擬可行之解決方案及相關配套	廣泛蒐集學校教師、家長、學者專家及相關公正人士代表意見，審慎規劃教育實施計畫，研擬可行之解決方案及相關配套，並進行方案評估與決策。
選擇最佳方案	經過方案評估，從所有可行之解決方案中選擇最佳的方案。
研擬計畫內容草案	1. 計畫名稱　　　　　　2. 緣起和依據 3. 計畫目標　　　　　　4. 實施策略 5. 執行要點與進度　　　6. 經費來源與預估 7. 預期效益　　　　　　8. 檢討與評估
廣徵意見，並修正計畫草案	舉辦座談會、公聽會或其他適當方法廣徵意見，作為修正計畫草案之參考。
決定計畫、執行計畫及檢討	計畫實施及評鑑改進，最後並進行績效評估與計畫檢討修正後再執行。獨有計畫，若無確實執行與評鑑，則計畫變成空殼。

(三) 計畫的原則

計畫是以審慎的態度和方法，預先籌謀如何有效達成目標，並決定做何事及如何做的歷程。其原則如下：

1. 計畫的方法要科學化
2. 讓成員及有關人員參與研擬
3. 應兼作各種必要的計畫
4. 內容要具有一致性及可行性
5. 做好計畫應予書面化
6. 執行前要做好宣導溝通工作
7. 探取由上而下與由下而上的規劃方式
8. 教育計畫應具明確性及整體性
9. 行政計畫應進行可行性評估的工作

二、試由教育行政決定執行的原則，說明政府在推動12年國教政策時應關注的執行重點，請至少列舉五項。【104薦升】

【破題分析】 本題僅有一個問項，若以表格回答，會略顯單薄，因此考生必須視題目性質與答題分布，決定答題的型態，這是答題前非常重要的「佈答」階段。另外，本題應小題大作（因只有一個問項，只寫五個執行重點，必須放大深入回答），詳細作答。

解析

十二年國教於2014年倉促上路，至今第三年，仍然問題不少。從教育行政決定執行的原則觀之，政府在推動12年國教政策時應關注的執行重點，至少有以下幾項：

(一) **重要教育政策的決定，最好先做局部的實驗或試辦**

重要教育政策在作出實施的決定之前，為避免不可預知的負面作用出現，必要時先做局部實驗，以補充或修正決定，但十二年國教從馬總統2011年元旦祝詞宣布到全面實施僅僅三年，且未作任何局部的教育實驗或試辦措施，殊為可惜。

教育改革的推動可以參酌系統性改革（systemic reform）。例如：同時考量課程、教學、評量、教師培育與專業發展，以及學生升學制度，整體設計全面的教育改革措施。若覺得全國一起實施在經費上、規模上、複雜程度上負荷不了的話，可以縣市為單位實施實驗的試辦工作，未來十二年國教研究與實踐應加強縣市政府層級教育改革的功能與成效研究。

(二) **教育政策的制定，應採取漸進及權變的執行策略**

十二年國教應採取漸進及權變的執行策略，以留逐步、適時的調整空間和時間。但三年倉促上路，邊做邊改已造成學校、家長與學生皆無所適從，當然間接影響人民對政府威望的信任。

教育政策的制定應採取漸進的教育政策執行模式，建立權變執行策略的觀念，並推展以學校為中心的執行模式，把握政策執行運作的過程，提升基層執行人員的能力和意願，因為，教育政策執行本應以教育本質為依歸。

(三) **教育政策執行前，必須做好細部的具體規劃**

十二年國教被詬病的一點就是規劃不善、配套不足。教育政策訂定後在執行之前，必須考量人力、物力資源的整備，做更細部的分析與具體規劃。

十二年國教執行前的工作方案包括：高中及五專免試入學、高中及五專特色招生、高中就學區規劃、高中免學費、高中高職優質化輔助、高中適性學習社區教育資源均質化、落實國中教學正常化、適性輔導及品質提升、十二年國民基本教育財務規劃、十二年國民基本教育法制作業等。未來還需針對課綱、教師教材教法、學校轉型經營等議題，進行詳細規劃。

(四) **教育政策執行時，要提供執行人員必要的教育與協助**

十二年國教在執行的過程中，應適時提供學校教育人員在職進修，以提昇執行人員所需的知識與能力，其次，例如：學校資源分布調整、精進高中職師資人力發展、提升高中職教師教學品質、學校評鑑與輔導、高中職發展轉型及退場輔導、技職教育與產業發展、產學攜手合作、大學支持高中職社區化、擴大辦理「大學繁星推薦、技職繁星」-引導就近入學高中職、高中職身心障礙學生就學輔導、促進家長參與推動十二年國民基本教育等，都是未來十二年國教必須提供學校與執行人員的教育與協助。

(五) **教育政策執行後，必須建立督導與考核制度**

十二年國教必須建立並實施教育表現監視系統，經常蒐集各級各類學校、地方政府層級，以及中央政府層級的教育投入、過程與產出的資訊，並轉換成為與教育策略性方向一致的行動方案的系統。建立教育政策督導與考核制度，不但可以在執行中隨時監督進度，協助解決困難問題，更可以瞭解不同教育措施實施的可能結果、教育成效如何、是否公平、如何改進等，提供正確的教育訊息並據以形成未來的教育判斷與政策。

第二篇 教育行政歷程

頻出度A：依出題頻率分為：A頻率高、B頻率中、C頻率低

第4章 組織與管理

【重要考點】組織結構、組織文化與氣氛、品質管理、知識管理
【新近趨勢】組織承諾、組織生態學、組織健康、組織再造、組織行為

 名師導讀

「組織與管理」是教育行政歷程中相當重要且出題率極高的一章，尤其是有關組織類型的特色、組織文化、組織氣氛、組織再造與組織效能，以及行政管理的模式、行政管理的方法等，各位都必須詳讀。

學習架構

第一節 教育行政組織
壹、組織的基本概念
　　一、組織的涵義和原則
　　二、組織結構與組成要素
　　三、組織劃分與權力配置
　　四、組織類型與運作
　　(一) 以社會功能為分類
　　(二) 以人員進出自由度分類
　　(三) 艾桑尼的順從理論
　　(四) 按組織是否有正式分工分類
　　(五) 其他重要的組織類型
　　　1. 變形蟲組織　　2. 矩陣組織
　　　3. 雙重系統組織　4. 團隊型組織
　　　5. 網狀組織　　　6. 虛擬組織
　　　7. 酢漿草組織　　8. 學習型組織
　　　9. 教導型組織　　10. 道德型組織
　　　11. 非營利組織

貳、教育組織相關理論
　　一、重要的組織結構理論
　　(一) 韋伯的科層組織
　　(二) 不證自明理論
　　(三) 鬆散連結系統
　　二、組織文化
　　三、組織氣氛
　　四、組織再造
　　五、組織變革
　　六、組織生態學
　　七、組織健康
參、組織行為
　　一、組織效能
　　二、競值架構
　　三、策略聯盟

第一節　教育行政組織

壹、組織的基本概念

一、組織的涵義和原則

(一) 組織的意義與內涵

　　所謂組織，係指兩人以上，為實現共同目的，而結合在一起的場所。兩人以上結合而成的有機體，藉著人員及結構的適當配置與互動及對環境的調適，來完成其任務。組織的定義要點如下：

1. 組織是有目標導向的體系。
2. 組織是由人員及結構兩基本要素構成。
3. 組織是由構成要素交互作用所成的整體。
4. 組織是透過與組織交互調適來生存與發展。

對於組織的描述，吳璧如（1999）與林海清（1994）則從組織之靜態、動態、心態、與生態的觀點，闡述組織的意義，可謂言簡意賅而備極周詳，如下表4-1：

表4-1 組織意義的四種觀點

靜態	心態	動態	生態
組織是職務配置（階層體系）及權責分配的結構體系。	組織是一群有思想、情感、需求的人，為達成共同目標所組合而成的精神體系（兼重成員需求滿足與組織目標達成）。	組織是為完成共同目標之一群人的互動體系（偏重成員間的互動）。	組織是一種不斷適應環境及不斷生長的有機體，可以完成特定的目標。

(二) 教育組織的意義與內涵

就組織而言，廣義的教育並無一定的課程與教學，亦無一定的場所與時間，故不一定具有固定的組織；而狹義教育組織即是教育人員，為了達成教育目標，透過結構、功能、權責劃分、垂直的分權與水平的分工配置，依據法律規章所組成的教育性團體。

(三) 教育行政組織的意義與內涵

教育行政組織是推行教育行政活動的一種組織（其為政府行政組織的一部分），或由法律規定具有管理教育事務的權力機構。廣義的教育行政組織包括教育行政機關，學校行政組織，及其他有管理教育事務權力的機關；狹義的教育行政組織僅指教育行政機關。

二、組織結構與組成要素

(一) 組織結構

組織結構（organizational structure）是指，對於工作任務如何進行分工、分組和協調合作，是表明組織各部分排列順序、空間位置、聚散狀態、聯繫方式以及各要素之間相互關係的一種模式。因此，組織結構具有以下特徵：

1. 是由一個組織中的各個不同的部門、職位、角色和程序所構成的關係型態。
2. 具持續性，使組織的活動狀態具規律性和持久性。
3. 強調上下屬之間以及不同部門之間的關係，亦提供組織垂直控制及水平協調的一個正式架構。

一個健全的組織，必須遵循下列原則：1.目標明確；2.專業分工；3.層級節制；4.控制幅度適當；5.權責相稱；6.法規與檔案；7.協調統整；8.績效原則；9.彈性調適。

(二) 組織組成要素

組織要素（organization factor）是組成組織系統的各個部分或成分，是組織的最基本單位。組織要素決定了組織的結構、功能、屬性和特點。組織基本的要素包括：複雜化（專精化或分化）、集權化、正式化（標準化），詳述如下表4-2。

表4-2　組織基本要素

複雜化（專精化或分化）	1. 水平化的分工、垂直化的分權，空間區隔化的兩個次級系統的距離情形。 2. 組織分工越細、層級越多、次級系統間距離越遠，組織結構的複雜度越高。
集權化	1. 組織中指揮監督的權力集中於哪一點。 2. 當組織權力越是集中於同一職位上，組織結構的集權化程度越高。
正式化（標準化）	1. 組織中工作標準化的程度。 2. 當組織中所有作業程序都有一定規則可依循，一切的規則都有明文記載，組織結構的正式化程度越高。

三、組織劃分與權力配置

(一) 組織部門劃分的意義與方法

為降低組織經營成本，增強組織競爭力，組織應該定期或不定期調整自己的組織結構，進行部門的合理劃分。組織的部門劃分，主要是解決組織的橫向結構問題，故又稱為「水平分化」，係指將組織的任務劃分為若干領域，並指派適當成員負責各領域任務的過程。組織需劃分部門的主要原因有二：

1. 使成員專業分工，以發揮專長。
2. 明確組織權責，以提高績效。

在企業界，部門劃分的方法，常見的有：

功能別部門化 functional departmentalization	係依所執行的功能來組合活動。
產品別部門化 product departmentalization	依產品線或服務來組合活動。
顧客別部門化 customer departmentalization	依共同顧客來組合活動。
地區別部門化 geographic departmentalization	依地區別來組合活動。
程序別部門化 process departmentalization	依工作流程或顧客流程來組合活動。

在教育界，組織劃分部門的方法有：1.依目的別部門化，係依組織成立的任務導向來組合活動，例如：學校會以德、智、體、群、美五個教育目的劃分部門；2.依程序別部門化。依程序與目的劃分教育部門之適用時機如下表4-3。

表4-3 依程序與目的劃分教育部門之優點

依目的劃分部門的優點	依程序劃分部門的優點
1. 各部門均能獨立完成組織的某一次級目標，自主性較高。 2. 各部門的權責區分明確，容易課以績效責任。 3. 容易訓練具通才的高階主管。 4. 由於各部門主管都能獨當一面，可減輕高階層行政人員的負擔。	1. 因每一個部門只能承擔一項職務，較易達到專業化。 2. 各部門之間的工作不易重複。 3. 可訓練具專才的部門主管。 4. 各部門之間相互合作又互相制衡，不易徇私舞弊。

至於部門劃分，則必須掌握下列要點與原則：
1. 各部門主管的控制幅度要適中。
2. 各部門之間應具有相互制衡的作用。
3. 權責劃分要明確。
4. 依環境變化或組織需要機動調整部門的劃分。
5. 要建立協調機制並預防反功能的產生。

(二) 組織的水平劃分與垂直劃分

1. 組織的水平劃分

一般而言，組織結構的水平分化主要是依據工作性質來區分，將形成「各部門或單位」，將許多活動歸類到各部門單位，同一階層的各部門都是平行的，而且各部門皆有明確的工作範圍和適切的權責劃分，主要目的在於藉分工以求取更大的組織利益和工作效率。

學校的辦公室會分學務處、總務處、教務處、輔導室，就是依「工作的性質」而劃分的，也就是因為工作職掌不同，所以有必要劃分出這些處室。組織水平分化方式以行政院各部會署為例，如下圖4-1。

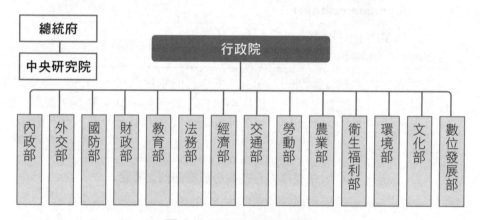

圖4-1　行政院組織架構圖

2. 組織的垂直劃分

組織垂直劃分又稱「階層劃分」，是組織在管理的分工，彼此構成主從關係，以利於對成員及部門的指揮和協調，進而達成組織的目標，其主要目的在於明權責且層級節制。

另外，組織需要做垂直劃分的原因：

1. 協調統整劃分部門後的單位。
2. 讓主管人員的控制幅度適當且指揮靈活。
3. 實施行政分工以促進專業化。

而組織垂直分化數量多寡決定於成員人數、控制幅度與指揮鏈三要素，詳述如下：

(1)**成員人數**：組織的總人數。

(2)**控制幅度**：管理者可以有效能地管理員工的數目。可以分成高架式組織和扁平式組織兩種，如下圖4-2。高架式組織和扁平式組織的特徵比較如表4-4所示。

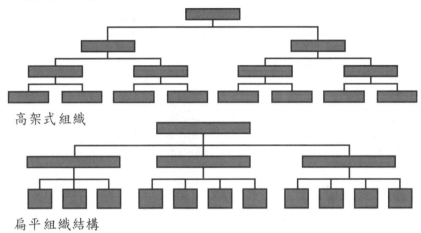

圖4-2　高架式組織和扁平式組織結構

表4-4　高架式組織和扁平式組織的特徵比較

高架式組織	扁平式組織
1. 當主管控制幅度小時，組織階層會增加而易於形成高架式組織。 2. 特徵：組織部屬少、指揮靈活，溝通協調層級過多，效率不佳。	1. 當主管控制幅度大時，組織階層會減少而易於形成扁平式組織。 2. 特徵：溝通流程短，效率高、易於協調，但容易因部屬多、而指揮不易。

(3)**指揮鏈**：指揮鏈（chain of command）又稱指揮系統（line of command），是指從組織的上層到下層的主管人員之間，依據直線職權的存在，形成一個權力線，這條權力線就被稱作指揮鏈。換句話說，從組織上一階層延伸至組織最低階層，並且釐清誰必須向誰報告的一種職權連續線，其指揮統一原則，一位部屬只對一位直屬上司負責。組織垂直分化方式以教育部組織為例，如圖4-2。

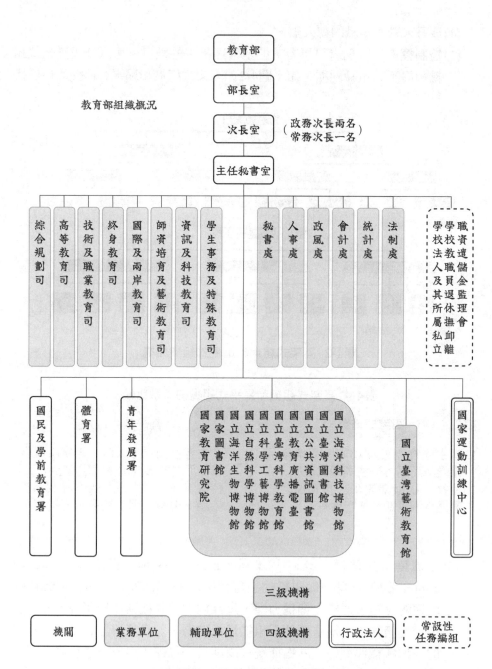

圖4-3 教育部組織架構圖

3. **組織垂直化的缺失與解決之道**

組織垂直化的結果容易將工作分割成片段，部門之間各自為政，形成官僚體系。其缺失尚包括：導致上下層級衝突、阻礙組織的溝通、易造成成員被動消極的心理、妨礙人才的升遷流動，以及引起業務人員與幕僚人員之間的衝突。為了解決組織垂直化帶來的負面影響，其解決策略有以下兩種，如表4-5所示。

表4-5 組織垂直化負面影響的解決策略

一元論	多元論
1. 拋棄只以權力及命令來領導部屬的專制方式，而能兼用專家權與參照權。 2. 適時放寬控制幅度、減少層級結構、實施分層負責，並且加強相關人員的專業訓練。 3. 業務人員與幕僚人員彼此之間要尊重。	1. 在組織中設置兩個階梯，一為管理階梯、一為專業階梯；原則上行政人員在管理階梯上升遷，專業人員在專業階梯上升遷。 2. 基於雙重系統理論，實施雙元管理制。 3. 採用矩陣組織制，以目標導向，依據每次計畫來區分不同的任務小組。強調多元參與，提供角色互換機會。

(三) 組織的權力配置

1. **集權與分權**

一個組織內決定權都集中於高層管理職位，組織內授權程度極低，這屬於集權（centralization）組織；反之，如果各級主管授權程度較大，則決定權下移至較低層管理職位，則屬於分權（decentralization）組織。

2. **集權制與分權制比較**

集權和分權主要是一個相對的概念。中國長達2000年的封建制度的主要制度為中央集權。由最高管理者決定大小事務。隨著西方民主思想的東進，分權制度逐步影響我們的政治體制。集權與分權各有其優缺點，分述列於下表4-6。

表4-6 集權與分權制度的優缺點比較

集權制	優點	1.政令統一，標準一致，便於統籌全局。2.指揮方便，命令容易貫徹執行。3.有利於形成統一的組織形象。4.容易形成排山倒海的氣勢。5.有利於集中力量應付危局。

集權制	缺點	1.不利於發展個性，顧及不到事物的特殊性。2.缺少彈性和靈活性。3.適應外部環境的應變能力差。4.下級容易產生依賴思想。5.下級不願承擔責任。
分權制	優點	1.效率加快，增加決策彈性與靈活性。2.因地制宜，易於適應環境變化。3.工作滿足高，成就感大。4.合乎民主，重視下層需求。5.可減輕高層首長的負擔，使其專致於重大之決策。6.易於實驗及創新，可激發基層人員之士氣。
	缺點	1.命令難於統一，標準不易一致，且各單位難通有無。2.統籌運作耗時費日，較難應付整體性的事務。3.溝通的層級增加，處理事務較無效率，統籌處理事務，不符合時間與經濟原則。

四、組織類型與運作

根據組織的定義，組織必是兩人以上的組合型態，尤其兩個以上的團體組合而具有共同的目標與運作型態，即形成組織。因此，了解組織的型態與運作情況，是了解組織的重要途徑。

(一) 以社會功能為分類依據的組織類型

組織可分為許多不同類型，如政治組織、軍事組織、經濟組織……等。組織類型與結構有關，因為不同的結構，組織可以劃分出不同的類型。以下係不同的學者，以不同的區分依據對組織類型的分類比較，如表4-7所示。

表4-7　以社會功能為分類依據的組織類型

學者	派深思（T. Parsons）	凱茲與卡恩（Katz & kahn）	布勞與史考特（Blau& Scott）	艾桑尼（A. Etzioni）
區分依據	組織社會功能	組織社會基本功能	組織的主要受惠者	長官運用權力及部屬順從的方式
組織種類	1. 生產組織：飯店、企業公司。 2. 政治組織：行政院、縣市政府機關。	1. 生產或經濟組織：企業機關。 2. 管理或政治組織：各級政府、政黨及壓力團體。	1. 互利組織：政黨、工會。 2. 企業組織：銀行、工廠、商店。	1. 強制性組織：監獄、集中營、不良少年拘留所。 2. 功利性組織：銀行、保險公司、工廠、農會及商會。

學者	派深思 （T. Parsons）	凱茲與卡恩 （Katz & kahn）	布勞與史考特 （Blau& Scott）	艾桑尼 （A. Etzioni）
組織 種類	3. 整合組織：法院、律師公會、政黨。 4. 維持模式組織：學校、教會、文藝機關。	3. 維持組織：學校、教會。 4. 調適組織：學術研究機構。	3. 公益組織：軍事、警政機關。 4. 服務組織：學校、醫院、監獄、法律服務處及社會工作機構。	3. 規範性組織：學校、教會、政黨。

(二) 以人員進出自由度為分類依據的組織類型

組織人員的進出必須適度地管理，作為組織人力資源管理人員，如何降低成員流動率，提高留任率，就成為人力資源管理功能的第一考量。然而，這是針對組織的進出較為自由而言，以進出都有嚴格管制的組織而言，人力資源管理人員自然不必為成員流動率而傷腦筋。因此，若從組織成員進出自由度分類，組織類型尚有下列表4-8幾種：

表4-8 以人員進出自由度為分類依據的組織類型

類型	自願性組織	半自願性組織	非自願性組織
定義	人員可以隨時申請自由參加，也可以隨時申請脫離的組織。	人員在參加組織時，並無充分自由，必須經過競爭考試過程或具備某些資格條件，才能獲准加入。	人員無論參加或脫離組織，均受到嚴格限制。
特性	1. 領導者是透過民主程序互選產生。 2. 決策事項經由民主過程制定。 3. 成員對組織認同感高，人際關係親密。 4. 成員不受權力的約束。	1. 領導者非由民主程序過程產生。 2. 成員與組織關係建立在權利與義務均衡。 3. 具層級嚴密的權威體系。 4. 成員對組織認同感低。 5. 特別重視正式法規體系。	1. 目的之矛盾。 2. 權力關係的明顯性。 3. 特別重視命令與服從關係。 4. 權利義務不均衡。
例子	政黨、協會、學會……	企業公司、行政機關	精神病院、監獄

(三) 艾桑尼的順從理論

順從理論（compliance theory）是艾桑尼（A．Etzioni）以順從的概念作為其組織分類的基礎，此種分類學又稱為順從理論。他把順從看作是在組織中上司對部屬使用各種權力與其所導致的部屬參與情況這二者的關係。

1. **權力（一個人影響他人的能力）有三種：**
   (1)**強制型權力**：運用生理壓力做為控制的工具。
   (2)**利酬型權力**：以物質資源作為控制的工具。
   (3)**規範型權力**：以象徵性工具的獎勵為控制的工具。

2. **參與（部屬面對權力所抱持的心態）有三種：**
   (1)**疏離型參與**：懷有消極或敵意的情感。
   (2)**計利型參與**：旨在獲取利益。
   (3)**道德型參與**：崇尚組織所追求之價值，自願獻心獻力。

3. **三種權力和三種參與可推演出九種組織順從類型：**
   (1)規範-疏離型　　　　　　(2)規範-計利型
   (3)規範-道德型（規範型）　(4)利酬-疏離型
   (5)利酬-計利型（功利型）　(6)利酬-道德型
   (7)強制-疏離型（強制型）　(8)強制-計利型
   (9)強制-道德型

4. **Etzioni主張的三種組織類型**
   上述九種類型中，其中(3)規範型組織(5)功利型組織(7)強制型組織三種較常見，為Etzioni所謂的「調和的順從類型」，也是Etzioni所主張的三種組織類型，其餘六種為非調和順從類型。調和類型的特徵為「權力運用的類型和部屬參與的心態吻合」。三種組織舉例如下：
   (1)**強制型組織**：如監獄與監護性精神病院。
   (2)**功利型組織**：工商機構。
   (3)**規範型組織**：教會、修道院、佛寺等，學校也是。學校是以規範型的權力為主，例如學校使用記功、嘉獎、成績考評、記過等手段使學生順從。但是學校基本上也存在著一些次優勢的權力類型。

(四) 按組織內部是否有正式分工關係分類

按組織內部是否有正式分工關係分類，可以分成正式組織和非正式組織。

1. **正式組織**

正式組織（formal organization）是指經過精心設計、計畫而建立的個人地位和權責關係，人們按照一定的規則，為完成某一共同的目標，正式組織起來的人群集合體。正式組織通常是具有一定結構、同一目標和特定功能的行為系統，一般談到的組織都是指正式組織。

正式組織有依法行事的功能，其特徵包括：(1)規範並協調成員的行為；(2)維持組織的穩定性與持續性；(3)使組織的行事公正合理；(4)提高組織行政的效能；(5)發揮公信力降低人際衝突。

2. **非正式組織**【103地三；100身三；98地三】

非正式組織（informal organization）是指在正式組織中，因志趣相投或共同需要而經常一起聚會的一群人。這群人在一起並非經過有計畫的發起，也不屬於聘僱關係，而是個人在日常生活中，日積月累凝聚而成。也就是說，在正式組織中的成員，因某些利益關係或情感關係（如同學、同鄉、同宗、同事），彼此產生互動、認同而結合而成，它是自動形成的，並非依法令規章設立。

非正式組織具有提供情緒發洩管道、與正式組織制衡、滿足無法從正式組織中得到的需求，以及協助正式組織的功能；但其缺點就是可能破壞正式組織的凝聚力、腐蝕正式組織的合理性、角色衝突，以及抵制正式組織。

(1) **非正式組織的類型**：非正式組織可分為垂直式團體、水平式團體、混合式團體三類。垂直式團體組成分子包括互有上下隸屬關係的不同層級人員；水平式團體組成分子來自職位平行的部門，彼此並無上下隸屬關係；混合式團體組成分子來自組織各層級與部門，兼具垂直式團體與水平式團體兩者之特性。

(2) **學校運用非正式組織的途徑**：學校非正式組織，猶如一把利劍，用之得當，則有助於校務革新與推展；用之不當，則將破壞學校凝聚力，降低工作效率。為了幫助學校行政工作的推動，學校主管人員必須有效運用非正式組織。其運用途徑如下表4-9所示。

表4-9　學校非正式組織的運用途徑

接納 非正式組織	1. 肯定非正式組織之存在。 2. 卸除非正式組織防禦心態。 3. 採取行動前,要先考慮對非正式組織可能產生的影響。
瞭解 非正式組織	1. 採用社交測量圖,了解成員的互動狀況,掌握領導、核心與邊緣人物。 2. 採用影響力圖,了解領袖人物及所屬成員分佈狀況。
運用 非正式組織的 正向功能	1. 敬重非正式組織之領導人物。 2. 盡量考慮讓非正式組織參與組織的決定。 3. 根據非正式組織的反應,來修正決定的內容。 4. 透過非正式組織來處理正式組織所難以處理的問題。
預防及消除 非正式組織的 負面影響	1. 行政措施能兼顧成員需要的滿足。 2. 建立建議與申訴制度。 3. 力求行政措施的公開、公平與公正。 4. 調遷或升任非正式組織的領袖。 5. 實施成員輪調制度。 6. 適時給予警告。 7. 適時以適當藉口拆散非正式組織。 8. 給予處分或迫其辭職或調職。

(五) 其他重要的組織類型

1. **變形蟲組織**:變形蟲組織(the amoeba organization)是加拿大麥吉爾大學的明茲伯格教授(H.Mintzberg)所創建,指可以配合環境變化與需求,進行組織重整或再造的一種彈性化組織設計方式,目的在提高組織對環境變化的適應與反應力。變形蟲組織的決策制定看起來雖然顯得雜亂無章,但只要杜絕了濫用職權的現象,決策制定的速度通常是極快的,效率也非常高。

2. **矩陣組織**:矩陣式組織(matrix organization)即在一個機構之機能式組織型態下,為某種特別任務,另外成立專案小組負責,此專案小組與原組織配合,在型態上有行列交叉之式,即為矩陣式組織。矩陣組織,成員可同時為兩個組織服務,但專案組織的工作優先於原有單位的工作,除了人員之外,其他像設備工具、財務等也都可能是獨立擁有的,與其他部門無關。

專案小組是完全獨立之單位,人員也專屬此小組,在任務未完成之前,成員不可能為別的單位或原有單位服務,而係專心為此小組工作。矩陣式組織的優點是人員及資源的組合可迅速改變,人力資源的善加利用;但其缺點卻是違反了指揮統一的原則。例如:專案經理與功能經理的角色衝突。

3. **雙重系統組織【**95地三**】**:雙重系統理論(dual system theory)是美國學者梅爾和羅王(J.W.Meyer & B.Rowan,1983)以及歐文斯(R.G.Owens,1991)所提出,他指出,組織內部常有兩種不同性質的次級系統,其一為行政系統,二則為專業系統,兩者合之成為了雙重系統組織,學校組織便具有「雙重系統理論」的特性。

學校組織在教學系統方面具有鬆散結合的特性,而在行政事務的非教學系統方面,則是具有緊密結合的特性,這是一種雙軌並行的組織形式,係依據雙重系統理論所建構出來的。

行政系統	教學系統
具科層組織性質(緊密結合)	屬於專業系統(鬆散結合)

在學校組織中,教師和學校行政人員間的關係,經常是微弱而且鬆散的,教師雖受聘於校長,但教學工作保有一定的專業自主權,教學視導少之又少。反觀,校長和學校行政人員間的督導關係,則較為緊密,以國內目前的情形而言,學校行政人員包括兼任行政職務的教師及職員、工友等,均需接受督導、每日固定時間上下班,其成績考核也較教師之考核為嚴格,考列甲等的人數在職員及工友部分也有人數的限制。

另外,教學系統的教師和非教學系統的職員、工友所支領的待遇差額甚多,教學人員的待遇普遍高於行政人員,也是上述雙重系統的特性,常令學校組織的領導者需面臨協調或解決教學系統和行政系統人員間衝突的情況。此種雙重系統的特性,也同時增加了領導學校組織的困難度。

4. **團隊型組織**:團隊型組織(team-based organization),是指以自我管理團隊作為基本構成單位的組織。所謂自我管理團隊,是以響應特定的顧客需求為目的,掌握必要的資源和能力,在組織平台的支持下,實施自主管理。是在組織中以「團隊」作為運作的基本單位,並透過團隊的合作和整合,達到集思廣義和團結合作的效果。

團隊型組織強調參與和授權，從形成決策到達成目標均共同承擔績效責任。團隊型組織的運用途徑包括：建立團隊並實施團隊運作訓練、確定團隊目標及工作範疇、培養團隊的良好運作態度、授予團隊適當的權力、提供充足的資源與進修機會、彈性調整組織績效考評方式。

5. **網狀組織**：網狀組織（web organization）是瑞士國際管理發展學院教授羅倫基（P.Lorange）提出，他主張為企業組織提升競爭力，除致力於組織的扁平化之外，必須將組織層級打散成為一張網，形成機動、彈性和層級少的「網狀組織」，也就是將組織層級打散為一張網，網上每一個點均能獨立運作，並能依據任務需要機動組合，以速度和彈性取代層級複雜的科層體制運作。網狀組織的特點如下：

(1)是科層組織的彈性運用，但並不能取代科層組織。

(2)破除組織各單位之間的疆界，塑造有競爭力的組織成員。

(3)成員在各團體職位中的變動，不至於影響在原組織的正式身分地位。

(4)是一種扁平化組織，可以加速組織資訊之流通。

(5)強調授權領導，原組織倫理也面臨改變的必要性。

6. **虛擬組織**：虛擬組織（virtual organization）指的是沒有真實地理位置的總部中心，而是藉由各類電信科技而存在的公司、非營利組織、教育機構或是其他有生產價值的社會組織。一般指的就是運用資訊科技創造出來的虛構組織，具備虛擬機構、虛擬工作、虛擬市場與虛擬產品等要素。

這種新組織將以目標為整合中心，透過網路科技將人們連結起來，使得組織的倫理和權力都有了全新的變化。其特點如下：

(1)結合資訊及網路科技提升組織效能。

(2)強調組織整體競爭力及顧客滿意。

(3)彈性運用專業人力資源。

(4)維持自主開放及動態的跨組織關係。

(5)採行策略聯盟，但仍保有核心競爭力。

(6)建立溝通與資源整合管理系統。

(7)領導者角色的虛擬化。

(8)領導者角色由傳統的發布命令者，轉變為跨部門的溝通與協助者。

(9)編制「運作手冊」，以利形成組織共識。

7. **酢漿草組織**：酢漿草組織（shamrock organization）由韓第（C.Handy，1998）提出，是現代流行的一種組織新形態。酢漿草組織是由專業核心人員、外包人員與臨時人員所集合而成的組織形態，如同酢漿草的三片子，如圖4-4所示。

酢漿草組織第一片葉子代表專業核心人員，其中包含專業、技術、及管理等人員，他們擁有企業經營的核心知能，並能維繫企業生存之利基，是組織最重要的人力資源；第二片葉子代表外包人員，組織可將非核心之業務分塊發包出去，以利集中心力於核心業務上，其對象可能是承包業者或是個人；第三片葉子則代表臨時人員或彈性員工，組織可依其業務需求及時增減人力，以供業務之所需，臨時人員除了提供傳統初級勞動力外，也可能提供經驗豐富並具創造能力之人力。如顧問、系統分析師、財務人員、及工程師等人員。

包括專業人員、技術勞工和管理者。
這些人掌控組織的核心技術，並負責組織的經營和工作的分配。他們的報酬也和組織的績效息息相關。

包括組織或個人，他們接受組織外包工作的委託，依成果收取報酬。

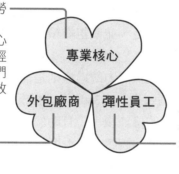

也就是臨時或兼差的工作者。這些人是由組織視實際需求，決定聘僱的期限和薪酬。

圖4-4　酢漿草組織示意圖

酢漿草理論運用在教育行政上也恰如其所，第一片葉子代表專業核心人員，諸如：學校教育人員（校長、全體教師、教務主任、學務主任、總務主任、各級主管或其底下之行政人員、教師會等）；第二片葉子，因為學校生態與一般營利組織團體不同，可以比喻作非教育工作的外包，諸如：校園的校工、輔導團隊、學生會、家長委員會、愛心志工隊等；第三片葉子則代表臨時人員，以代課教師最具代表。

當然除了專業的人力支援外，酢漿草理論亦強調校際間的策略聯盟，彼此合作，提供豐富的教學經驗和學校的永續方針。總之，組織與人的關係密不可分，一個組織的基本成員到達某個程度時，必須有個管理者來統籌，

於是這三片葉子代表的成員形成了緊密關係，看似分開的酢漿草葉片，實則片片相連。下表4-10是酢漿草組織的優缺點分析。

表4-10　酢漿草組織的優缺點分析

優點	缺點
1. 讓組織有更大的經營彈性。 2. 可彈性運用更多專業人才。 3. 減少人事成本。	1. 組織文化對員工的影響力減少。 2. 易失去成員的向心力。

8. **學習型組織**【104高考；101原三；91身三】：

學習型組織（learning organization）是美國學者彼得‧聖吉（Peter M.Senge）在《第五項修煉》（The Fifth Discipline）一書中提出的管理概念。學習型組織主張，組織必須透過「組織學習」，實現員工知識更新和保持企業創新能力的理論和實踐。組織通過組織學習，試圖使員工獲得個人價值得以體現的滿足，並使組織績效得到提高。

Senge提出學習型組織是「一群人持續不斷增強其能力，以創造他們所想要創造的」，而增強組織能力的過程則是需透過以下五項修煉，分別是：(1)系統思考、(2)自我超越、(3)改善心智模式、(4)建立共享願景、(5)團隊學習，在經過這樣的修煉後，將有助於增進組織的適應及革新的能力。至於，學習型組織特徵，魏特金與毛席克（Watkins & Mwsick，1993）曾以七個加以說明，詳如下表4-11。

表4-11　學習型組織的特徵（7個C）

持續學習 continuous	透過個人和組織不斷學習，以帶動雙方進步發展。
合作關係 collaborative	經由組織成員合作學習與共同參與，加強成員間彼此支持的能力，建立良好互動與親密合作的關係。
聯繫網路 connected	聯繫網路建立可增進成員間互動關係。
集體分享 collective	個體與團體間分享學習，以凝聚組織成長力量。

創造發展 creative	藉由不斷改良創新，以促進組織發展。
系統存取 captured & codified	善用科技知能方法，建立組織學習文化。
建立能力 capacity building	培養組織與成員不斷學習的習慣與增進解決問題能力，彼此皆能永續成長發展。

根據學習組織理念，藉由觀念建立、組織運作等方面著手，學校可以從重視改進入手，不斷的實驗以尋找最佳的答案，透過設計行動新方案，擺脫傳統的束縛，視策略性的改變為學習必經之路，鼓勵懷疑並發現矛盾，而不是除去它，過程中組織成員寧有爭論，也不保持沉默，用以上這些策略來營造學習型學校。具體而言，學習型組織在教育行政上的啟示與運用，可以整理並詳述如下表4-12。

表4-12 學習型組織在教育行政的啟示與運用

開啟組織學習風氣，建立終身學習理念	在學習社會中，教師將扮演推動終身學習的重要角色，教師自己應成為學習者，透過身教以具體行動影響學生，故教師本身需有終身學習理念，持續不斷地進修成長，實踐終身學習。
鼓勵學習研究創新，帶動組織成功變革	為提昇教師專業成長，應鼓勵教師進修研究，培養教師行動研究能力，對於實際情境中所發生的問題進行系統性思考，激發每位成員創意，甚至從錯誤中吸取教訓學習改進，將助於組織成功變革。
重新思考成員角色，重視權變轉型領導	為營造良好的學習氣氛與環境，身為學校領導的校長以及學生領導者的教師，亦應為一知識淵博、合作與教學領導及轉型領導者，激發組織成員自我超越的動機，引領學校學生和社區持續學習發展。
重視問題整體脈絡，培養系統思考能力	所謂學校組織系統，不僅只是歷程的流程圖，或是組織架構而已，還包含組織內外在環境因素間的互動形式。故學校應視為一個整體，問題應就整體脈絡、長期性的系統思考，透過自我驗證，檢視考量各環節可能造成的影響，方能避免陷入見樹不見林之泥沼。

凝聚核心價值信念，型塑學校共同願景	學校願景之建立，除一方面來自於學校組織中個人願景的拓展外，一方面則應結合學校校長、教職員工、學生、家長與社區的期望及參與，確認學校學習目標需求及形成任務，透過對話溝通將理念與實務相結合，以建立學校未來發展的目標。

9. **教導型組織【94委升】**：教導型組織（teaching organization）是由提奇（N.M.Tichy）與科漢（E.Cohen）所倡導，認為組織成功的關鍵，在於培養出更多的領導人才。他們主張，組織的領導者應扮演師傅的角色，將個人學習與經驗心得教導給組織成員，培養各階層的領導人，以激發組織強大活力，並強化組織的永續發展。

教導型組織在學校中最好的運用就是「良性領導循環」，指由校長身兼教師，提出理念，清楚界定學校的理念與價值，憑著感召力與膽識，親自教導。鼓勵同仁把所聽到的一切，驗證本身的經驗和知識，然後，搖身一變成為教師，與校長分享他們的知識和見解，所以，校長同時應向部屬學習，虛心聆聽部屬的意見。教導不是單向的，是雙向互動的，向部屬學習亦即雙向教導尤其重要，因為組織內層級愈低者，接觸學生家長或教師的機會愈多，意見層層向上反映，校長才不致與現實脫節。因此，教導型組織中領導者的教導任務，便有如下表4-13所示幾個重要的方向。

表4-13　教導型組織中領導者的教導任務

瞭解組織目標，規劃行動方案	用適當方法、認識、瞭解並評估達成組織目標所需的行動，並從過程中傳遞組織價值與文化。
傳授經營理念，教導專業技能	將可教導的論點（如：理念、價值、情緒、活力與膽識）傳授給成員，亦即傳授能在市場上成功奏效的經營理念。
活化組織動力，激勵成員成長	透過互動，建立成員的自信與決心，協助成員設計自主運作的作業流程，消弭組織中的官僚氣息、協助成員訂定具挑戰性的目標等，以激發成員的活力。
善用振奮案例，引導組織變革	透過故事激發與引導成員，故事可將前述任務融入，最好能引起共鳴與振奮人心。成員能從故事中學習變革的案例，知道為何及如何達成變革目標。
啟發創新思維，順應環境權變	除傳授外，更要啟發成員思考創新，建立自我的想法，能隨著變動的環境更新理念與想法。

10. **道德型組織**【102薦升】：道德型組織（moral organization）其組織承諾（organizational commitment）為一種內化的效果，將組織承諾內化成組織成員必須遵守的規範。部屬面對權力所抱持的心態類似艾桑尼（A. Etzioni）的順從理論（compliance theory）中的道德型參與，也就是組織成員崇尚組織所追求之價值，自願獻心獻力。

11. **非營利組織**【93高考】：非營利組織（nonprofit organization, NPO）是指不以營利為目的組織或團體，它的目標通常是支持或處理個人關心或者公眾關注的議題或事件，因此其所涉及的領域非常廣，從藝術、慈善、教育、政治、公共政策、宗教、學術、環保等。我國的非營利組織，可區分為公益社團法人、中間社團法人、財團法人與非營利性的非法人團體四類。

學校屬於以人為組成基礎的所謂社團及社團法人等組織，學校作為非營利組織，是正式合法的組織，並接受相關法規的管理，具有公益使命，不但受大眾的注目，且對社會大眾影響甚深，不以營利驅動為目的，也非利潤分配的私人結構，贊助或捐給學校的捐款亦可享受稅法上的優惠。

貳、教育組織相關理論

一、重要的組織結構理論

（一）韋伯的科層組織

科層組織（bureaucracy）的觀念是德國社會學者韋伯（M.Weber）所創導，亦稱為「官僚體制」。此種制度是指機關內分別負有專責處理事務的行政體系的一種名稱。其特點在行政機關內容各等級的單位負責人，有固定的職務，有劃分的權限，有例行公事的一定程序，有上下層級之間所負責任的範圍。換言之，是機關內刻板方式的行政組織。現代社會裡的大規模組織如政府、工廠、公司、大學、工會、教會等，幾乎普遍有此科層體制的存在。科層體制處理事務的方式，是刻板、無彈性、按部就班、專業化、一切須照規定辦理，其目的在提高機關的行政效率。

科層組織仍有其負面的影響，包括容易造成形式主義、缺乏彈性、造成訓練無用現象、形成帕金森定律、保護愚拙、造成彼得原理現象、造成溝通障礙、造成官樣文章、造成消極敷衍、造成寡頭鐵律（iron law of oligarchy）。其中，帕金森定律是時間管理中的一個概念，指的是只要還有時間，工作就

會不斷擴展，直到用完所有的時間為止；彼得原理是說，人們會因為自己的能力特質限制，升遷到一個無法勝任的位置就停住了，導致穩定組織中到處充滿不適任的人，因此，換了位置，一定要換腦袋；寡頭鐵律是指當科層體制發展越龐大時，權力有越向高層、少數人集中的傾向。

(二) 不證自明理論

不證自明理論（axiomatic theory）由海格（J.Hage）提出，認為要研究一個複雜的組織，必須同時探討組織的「結構」與組織的「功能」，組織的結構特徵，代表手段，而組織的功能，代表目的。形成組織手段的四個變因，乃是組織中人際關係的層面，分別為複雜化（complexity）、集中化（centralization）、正式化（formalization）及階層化（stratification）；而形成組織目的的四個變因，則分別為適應力（adaptiveness）、生產力（productivity）、效率（efficiency）以及工作滿意度（job satisfaction）。海格根據上述八個組織變因，提出七個結論：(1)集中化愈高，生產力愈高；(2)正式化愈高，效率愈高；(3)集中化愈高，正式化愈高；(4)階層化愈高，滿足感愈低；(5)階層化愈高，生產力愈高；(6)階層化愈高，適應力愈低；(7)複雜化愈高，集中化愈低。由於這些結論，係邏輯推論所得，看似相當明確，且理所當然，故可稱之為不證自明理論，唯此一理論是否有效，實尚待進一步的證驗。

(三) 鬆散連結系統

鬆散連結系統（loosely coupled system）的概念，是美國學者韋克（K.E.Weick）所提出，他指出學校組織成員之間，彼此的關係雖然互相聯結，但卻保持各自的獨立性。鬆散連結系統的特色包括：每一個部門鬆散結合，可針對實際需要自行調適因應，因此擁有較大的自主空間。鬆散連結系統的缺點，即是組織的中樞命令比較難以迅速地傳達到每一個組織成員。

二、組織文化【109身三】

(一) 組織文化的內涵與營造【97身三】

1. **組織文化的意義**：組織成員所共享的價值與意義體系，由信念、價值、規範、態度、期望、儀式、符號、故事和行為等組合成，界定了成員的價值觀與行為規範，讓成員自然而然地表現於日常生活與工作當中，形成有別於其他組織之組織特質。

2. **組織文化的特性：**
  (1)**獨特性**：基於各組織不同的歷史傳統、環境因素及成員特質，各自擁有不同的組織文化。
  (2)**規範性**：組織文化所包含之價值觀與行為規範，會影響成員面對內外問題時之思考、決定與行為表現的方式。
  (3)**共有性**：團體成員共同創造、維持與傳承的成果，成員共同持有、共同信奉、共同遵循。
  (4)**動態性**：為適應組織內外在環境的變化，會不斷改變調整。
3. **組織文化的類型**：Cooke和Lafferty以窮盡原則將組織文化分成十二個類別，包括：人道關懷的文化（humanistic-helpful culture）、高度歸屬的文化（affiliative culture）、贊同互惠的文化（approval culture）、傳統保守的文化（conventional culture）、因循依賴的文化（dependent culture）、規避錯誤的文化（avoidance culture）、異議對立的文化（oppositional culture）、權力取向的文化（power culture）、效率競爭的文化（competitive culture）、力求至善的文化（perfectionistic culture）、成就取向的文化（achievement culture）、自我實現的文化（self-actualizing culture）。
Cooke和Lafferty對於組織文化的分類，屬於整合性的分析方式，雖略嫌龐雜而無系統或重疊，不過，此十二種文化的分類，確實讓我們對各類文化有更周延的了解。其次，若從實際的組織現象觀之，大部分的組織往往會兼具數種類型比重不同的文化，並非只蘊含單一的文化。下表4-14中外著名學者對組織文化的不同分類方式。

表4-14　中外著名學者對組織文化的不同分類方式

安索夫 （Ansoff）	1.穩定型；2.反應型；3.預計型；4.探險型；5.創造型。
坤恩與麥哥拉 （Quinn & McGrath）	坤恩與麥哥拉（Quinn & McGrath，1985）以競值途徑法（competing value approach，CVA）將組織文化分為四型：1.發展型；2.共識型；3.層級型；4.理性型。
哥非與瓊斯 （Griffith & Jones）	以社交性與團結性為兩軸來區分，分成四型： 1.網絡型；2.疏離型；3.傭兵型；4.社區型。

謝文全	從重視工作與尊重人性兩個層面來建構。		
		重視工作的完成	尊重人性
	1. 優質型	高工作	高人性
	2. 任務型	高工作	低人性
	3. 關懷型	低工作	高人性
	4. 疏離型	低工作	低人性
謝文全	1. 開放型	重視與環境互動、彈性與創新。1.與外界互動頻繁；2.強調願景與追求卓越；3.運作均權化與彈性化；4.重視研究與創作；5.鼓勵思考與批判；6.寬容冒險與嘗試錯誤；7.鼓勵自由討論與知識分享。	
	2. 封閉型	閉關自守、重穩定不求變。	

4. **組織文化的營造**【97身三】：陳木金、吳春助（2006）將學校組織文化塑造的主要特徵論點歸納詳如下圖4-5所示，並從以下六個向度來探討塑造學校組織文化力的核心技術。

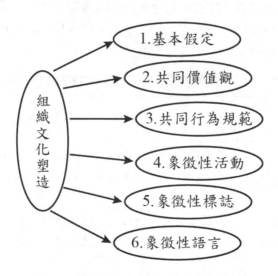

圖4-5　塑造優質學校組織文化架構圖

(1) **運用基本假定的功能，塑造優質學校組織文化**：基本假定是塑造學校組織文化的第一個核心技術，其內涵係指學校同仁在組織中所共同擁有且尊重的傳統、信念、哲學、意識與態度等。詳細而言，從基本假定來塑造優質學校組織文化，包括：瞭解與尊重學校的傳統、瞭解與尊重學校資深員工、瞭解與尊重學校的共同目標與做法、瞭解與尊重學校同仁的態度和想法、瞭解與尊重學校的內規與慣例及認識與尊重學校的退休員工。

(2) **運用共同價值觀的功能，塑造優質學校組織文化**：共同價值觀是塑造學校組織文化的第二個核心技術，其內涵係指學校同仁在組織成員共同的價值判斷與取向等。詳細而言，從共同價值觀來塑造優質學校組織文化，包括：重視學校同仁的意見與想法、重視學生的意見與想法、重視家長的意見與想法、希望同仁認同學校的辦學理念、重視同仁對學校的向心力及重視同仁與家長之間的溝通與交流。

(3) **運用共同行為規範的功能，塑造優質學校組織文化**：共同行為規範是塑造學校組織文化的第三個核心技術，其內涵係指學校同仁在組織中各種正式與非正式的規定與共同做法。詳細而言，從共同行為規範來塑造優質學校組織文化，包括：重視學校同仁的作息時間與狀況、重視學校同仁的請假情形與原因、透過民主程序來建立與修正各種制度、落實學校同仁共同的獎勵制度及落實學校同仁共同的懲罰制度。

(4) **運用象徵性活動的功能，塑造優質學校組織文化**：象徵性活動是塑造學校組織文化的第四個核心技術，其內涵係指學校同仁能參與及了解組織中的各種特殊典禮、儀式、人物與活動等。詳細而言，從象徵性活動來塑造優質學校組織文化，包括：重視並經常參加學校的典禮、重視與保留原有的儀式、重視與保留原有的校歌、重視與保留原有的傳統及重視與提倡慶生會活動。

(5) **運用象徵性標誌的功能，塑造優質學校組織文化**：象徵性標誌是塑造學校組織文化的第五個核心技術，其內涵係指學校同仁能參與及了解各種有形的服裝、口號、標語、雕像、證件、建築物、顏色等。詳細而言，從象徵性標誌來塑造優質學校組織文化，包括：希望學生有共同的服裝、希望同仁佩帶識別證、希望建立學校共同的願景、尊重學校同仁共同的手勢或動作及希望建立代表學校的標誌或建築物。

(6)**運用象徵性語言的功能，塑造優質學校組織文化**：象徵性語言是塑造學校組織文化的第六個核心技術，其內涵係指學校同仁能參與及了解組織中常用的各種習慣用語、歌曲、稱呼、代號等。詳細而言，從象徵性語言來塑造優質學校組織文化，包括：尊重學校同仁間的習慣用語、尊重學校同仁間所共同喜好的歌曲、尊重學校同仁間特殊的稱呼方式、尊重學校同仁間特殊的溝通用語及尊重學校同仁間所使用的特殊代號。

(二) **組織學習**【100高考】

組織學習（organizational learning）必須透過個人的學習，但組織的學習不等於組織成員個人的學習，必須提昇至組織的層面上。組織學習是組織發展的重要內容。學習是適應型（adaptive）組織必備的特質。組織學習理論從自1960年代興起。強調組織透過持續性且有效的個人學習、團隊學習及整體組織的學習，進而有效解決組織所面臨的問題，並提升組織創新與應變的能力。前述所介紹的學習型組織，就是組織學習理論的一種。Huber（1991）認為，組織學習有四個主要的元素：知識獲得（knowledge acquisition）、資訊分享（information distribution）、資訊解讀（information interpretation）及組織記憶（organizational memory）。Argyris和Schon（1978）將組織學習分為兩類：

1. **單環式學習**（single-loop learning）：又稱為「適應性學習」，強調在既定的組織目標、規範與政策下，尋求採取最適當的行動方式，來達成組織目標。其重點在於檢視組織的整體環境，以發現錯誤所在，使其能符合組織內部的各種規範與準則，從而提高內部的適應能力。

2. **雙環式學習**（double-loop learning）：Argyris和Schon（1974）提出，組織中的成員都帶有某種相對穩定且不易被察覺的人際互動價值觀，單向地保護自己和其他組織成員免受傷害或尷尬，令組織中的防衛性行為變成一種習慣，即是「習慣性防衛」（defensive routine）。適應型的組織基本上屬於單環式的學習。而此種雙環式的學習，彼得聖吉（1990）認為是生產力學習（generative learning），是一個產生創意及成長的過程。

(三) **專業學習社群與專業領導社群**【99高考二級】

「專業學習社群」是一群專業工作者所組成的學習與成長團體，成員基於對專業的共同信念、願景或目標，為促進服務對象的最大福祉或專業效能的極大化，而透過協同探究的方式，致力於精進本身的專業素養，以持續達成專業服務品質的提升與卓越。同理可知，組織成員貢獻自己所學，扮演領導者的角色，影響他人一同改進組織實務，進而提升組織績效的歷程，稱為專業領導，以此目的成立的社群，即是「專業領導社群」。

舉凡社會各個行業均可自發性組成「專業學習社群」與「專業領導社群」。例如：學校教師組成的專業學習社群就稱為「教師專業學習社群」。教師專業學習社群是指一群志同道合的教育工作者所組成，持有共同的信念、願景或目標，為致力於促進學生獲得更佳的學習成效，而努力不懈地以合作方式共同進行探究和問題解決。教師專業學習社群必須關注於學生學習成效的提升，不能僅止於教師專業知能的成長或個別興趣的追求而已。

三、組織氣氛

組織氣氛（organizational climate）是組織內部相當持久的特質，而能成為組織成員所體驗，並能影響組織成員的行為，同時亦能以組織特性的價值加以描述。組織氣氛是組織環境中，主管與成員交互反應所形成一種內在環境相當持久的特質，可透過成員的知覺加以描述。

(一) 組織氣氛的形成層面

以學校組織氣氛形成的層面為例，大致可分成生態層面、環境層面、社會系統層面與文化層面四個，如下詳述並如圖4-6所示。

1. **生態層面（學校實質特徵）**：組織的外顯與實質方面的特徵。
2. **環境層面（成員相關特徵）**：組織的社會層面，即成員特質。
3. **社會系統層面（行政運作特徵）**：組織的行政結構。
4. **文化層面（組織基本信仰理念）**：組織內既定的價值觀、信仰、常模等。

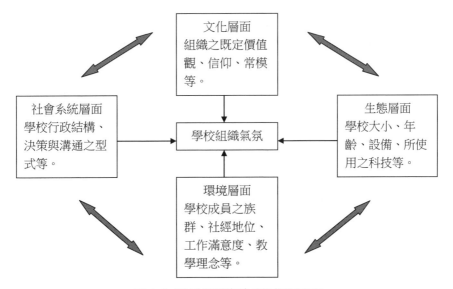

圖4-6 學校組織氣氛形成的層面

(二) 組織文化與組織氣氛之差異

	組織文化	組織氣氛
內涵	組織的基本假設、信仰與價值觀。	面對組織文化時個人的知覺。
研究重點	造成知覺的組織基本信仰與價值觀為主，傾向於對組織本質的探討。	探討成員對團體的知覺。
研究方法	質化研究為主，深入觀察。	量化方式，以量表分析。

(三) 組織氣氛之類型

1. 哈爾品與克羅夫（A.W.Halpin & D.B.Croft）以組織氣氛描述（OCDQ）問卷，分析學校組織氣候之校長與教師行為層面相互影響的結果，將組織氣氛分成開放型、自主型、控制型、親密型、管教型、封閉型六類。

2. 史騰與史丹侯（G.S.Stern & C.Steinhulf）提出「需要--壓力（need － press）理論」描述組織的氣氛，認為組織行為由內外在力量交互作用而成，內在力量（成員需要的驅力）與外在力量（環境的影響力）互動結果產生發展壓力與控制壓力。其中，發展壓力可促進人員的成長，控制壓力則阻礙人員的發展。由此將組織氣氛分成開放型（高發展低控制）、詭異型（高發展高控制）、封閉型（低發展高控制）、消極型（低發展低控制）四類。

3. 謝文全（2006）將組織氣氛以兩相對的概念分成九類
   (1)開放型—封閉型　　(2)溫馨型—冷漠型　　(3)活絡型—呆滯型
   (4)樂觀型—悲觀型　　(5)民主型—專制型　　(6)奮發型—頹廢型
   (7)發展型—壓制型　　(8)和諧型—對立型　　(9)正義型—爭利型

(四) 組織氣氛的營造—提升組織績效

1. 確定所欲營造的組織氣氛類型，作為營造的方針。
2. 建構合宜的組織文化，深植組織氣氛的根基。
3. 組織的領導者能以身作則，表現出所欲營造的組織氣氛類型之特質。
4. 建立公平的競爭與激勵制度。
5. 組織成員要做好形象管理。
6. 做好組織的空間管理與建築設備設計。
7. 舉辦具特色的活動，尤其是儀式性活動。
8. 參與大環境氣氛的營造。

四、組織再造【105身三；99高考二級；94薦升；93身三；92身三】

最早提出「組織再造」（organizational restructuring）的，首推Hammer與Champy兩人，他們將電子產品製程改造觀念用到企業界，並將「組織再造」定義為：從根本上重新思考，並徹底重新設計企業的作業流程，以求在成本、品質、服務及速度等重要的組織績效上有巨幅的改變，其中以流程再造最為重要。黃哲彬（2013）則認為，「組織再造」係指組織從即根本的、徹底的、巨大的、流程等觀念，再針對組織的重整與精簡、作業流程的改變、權力結構與觀念文化的改變、思考方式的改變等現況進行檢視，藉提昇行政的服務績效。

林俊成（2008）綜合學者意見認為「組織再造」的基本內涵可以歸納如下：

(一) **人員的再造**：人員是組織最重要的資產，惟有成員願意進行變革，組織才能啟動再造工程。透過改變組織成員的工作態度、技能及知識基礎，增進工作執行力，強化人員的生產力，藉由團隊合作，共同達成組織所要求的任務、目標。

(二) **架構的再造**：組織架構維繫組織正式的層級關係，深深影響工作效率，藉由重新檢視現行組織架構，有效重整或調整組織架構，促使組織朝向扁平化組織架構發展，簡化作業層級，透過正式組織架構及職權關係的改變，改善組織績效的管理行為。

(三) **技術的再造**：工商業界常會主動尋求產品與服務的升級，提高顧客的滿意度。藉由尋求工作技術的升級，善用現代化的工業技術，包括生產作業自動化、電腦資訊化，重新思考工作的設計與管理，並將其應用於組織產品或服務的生產製程。

(四) **策略的再造**：現代社會非常重視產品行銷，透過策略聯盟的友善關係，而非採取封閉心態、閉門造車。組織應打破傳統通路行銷，重新定位組織的行銷策略或行銷市場，採取主動積極、資訊化的策略，爭取顧客的認同與支持。

(五) **作業流程的再造**：將工作流程或創造附加價值的流程加以改變，藉由簡化作業流程，將不必要的作業流程加以剔除或改善，以降低成本及提昇組織效率。
組織再造著重是人力的「重新調配」，而不是一定要「精簡」。理想的目標是：組織成員的每個人都能像一根小螺絲釘在組織這部大機器中，正確並盡職的運轉著，使組織發揮最大效能。

五、組織變革【94委升】

教育組織的發展離不開組織變革，內外部環境的變化，教育資源的不斷整合與變動，都給教育帶來了機遇與挑戰。組織變革是指運用行為科學和相關管理方法，對組織的權利結構、組織規模、溝通渠道、角色設定、組織與其他組織之間的關係，以及對組織成員的觀念、態度和行為，成員之間的合作精神等進行有目的的、系統的調整和革新，以適應組織所處的內外環境、技術特徵和組織任務等方面的變化提高組織效能。也就是改變組織的策略、結構或是改變組織成員的態度、行為來提高組織的經營績效。

組織變革的內涵包括：(一)結構的變革：朝扁平化、甜甜圈化、專案化、泡泡龍化等方向改變；(二)管理的變革：朝績效管理制度、薪資制度、用人制度、目標管理制度、專案管理制度、日常管理制度、授權的方向改變；(三)人員的變革：朝專業化、活性化、團隊學習的方向改變。

至於組織變革的步驟，勒溫（Lewin，1947）提出一個包含解凍、變革、再凍結等三個步驟的有計劃組織變革模型，用以解釋和指導如何發動、管理和穩定變革過程。

(一) **解凍**：這一步驟的焦點在於創設變革的動機。鼓勵員工改變原有的行為模式和工作態度，採取新的適應組織戰略發展的行為與態度。

(二) **變革**：變革是一個學習過程，需要給幹部員工提供新資訊、新行為模式和新的視角，指明變革方向，實施變革，進而形成新的行為和態度。這一步驟中，應該注意為新的工作態度和行為樹立榜樣，採用角色模範、導師指導、專家演講、群體培訓等多種途徑。Lewin認為，變革是個認知的過程，它由獲得新的概念和資訊得以完成。

(三) **再凍結**：在再凍結階段，利用必要的強化手段使新的態度與行為固定下來，使組織變革處於穩定狀態。為了確保組織變革的穩定性，需要注意使幹部員工有機會嘗試和檢驗新的態度與行為，並及時給予正面的強化；同時，加強群體變革行為的穩定性，促使形成穩定持久的群體行為規範。

六、組織生態學

組織理論的發展有四個至今仍深具影響力的組織理論陸續被提出來，分別是交易費用理論（transaction cost theory）、體制理論（institutional theory）、組織生態理論（organizational ecology theory）、以及資源依賴理論（resource dependence theory）。這四個組織理論主導了二十世紀後期及二十一世紀初期組織及管理研究的取向。它們的共同點是都屬於開放系統的組織理論，著重在探討處於環境因素中的組織行為。

(一) **交易費用理論**

由英國經濟學家科斯（R.H.Coase）1937年提出，是一個經濟學概念，指完成一筆交易時，交易雙方在買賣前後所產生的各種與此交易相關的費用。認為交易費用＝有形的金錢＋隱藏費用，主要在研究企業為什麼存在，考慮的重點是生產。

(二) **體制理論**

體制理論是一個相當重要的組織理論，它認為組織除了處在一個由物質所組成的物理或有形環境以外，還有一個更重要的環境，就是由認知、觀念、文化、習俗、制度、社會價值觀等因素所構成的體制環境（institutional environments）。

(三) **組織生態理論**

組織生態理論認為，組織的存續是環境選擇的結果。組織生態理論雖然不否認組織有適應環境求延續的能力，但認為這樣的調適能力很有限，主要因為組織有抗拒改變的惰性。組織的惰性有來自內部的，也有來自外面的。內部的因素包括沉沒成本（sunk costs），指已經花出去的成本，如果做任何改變的話不就白白損失了的顧慮，因此，既得利益者不願改變，因為改變很可能損及其既有的利益，還有定型化的行為模式等。外部的因素有法規的規範及合約的限制等。這些因素都會限制組織的改變及對環境的調適能力。

(四) **資源依賴理論**

資源依賴理論的核心假設是，組織需要通過獲取環境中的資源來維持生存，沒有組織是自給的，都要與環境進行交換。組織最重要的存活目標，就是要想辦法減低對外部關鍵資源供應組織的依賴程度，並且尋求一個可以影響這些供應組織之關鍵資源能夠穩定掌握的方法。它強調組織體的生存需要從周圍環境中吸取資源，需要與周圍環境相互依存、相互作用才能達到目的。

七、組織健康

組織健康目錄（organizational health inventory, OHI），是由Wayne Hoy和John Tarter所建立的，主要用來評定學校氣氛的工具。

(一) 組織健康的三個階層

一個健康的學校主要是維持著公共團體、行政及教師三階層間的協調和融合。

1. **公共團體**：此階層所關心的是學校和他們所在的環境。
2. **行政管理**：此階層主要是掌握組織內部的管理功能。
3. **教師**：此階層是關注於其教學和學習的過程。

(二) 健康的學校

1. 高教師關係：在此氣氛中，教師喜愛他的同事、他的學校、他的工作、和他的學生，並且他們有著對追求學術卓越的力量。教師相信自己和學生，因此，他們設立了高成就目標。
2. 高學業重視：學習環境是嚴肅且有紀律的，學生們學習認真並且對於學業表現優異的其他學生給予尊重。
3. 高程度領導：校長是健康的，友善、開放、平等主義、和具支持性。他期待著最佳的表現是來自於教師。校長會給予教師在工作上的資源，並且也同樣的具備高校長影響力。此外，亦會為了教師的教學而進行充分討論。
4. 健康的學校是一個高度完整的公共團體；而教師則是被過份的保護，且對外在權力懷有敵意。

參、組織行為

一、組織效能

組織效能（organizational effectiveness）為組織預期目標達成的程度，也就是投入資源的效果。Steers（1977）曾歸納影響組織效能之因素計有組織特徵（靜態層面）、環境特徵（生態層面）、成員特徵（心態層面）、以及領導歷程與領導型態（動態層面）等四大因素。吳璧如（2009）與林海清（2006）則從組織之靜態、動態、心態、與生態的觀點，闡述「組織效能」的意義，可謂言簡意賅而備極周詳，茲引述如下：

(一) **從組織之靜態觀點而言**：組織效能是組織達成其目標的程度，認為效能是系統取向的，關係組織目標的達成，應以整個組織系統來衡量其效能始較周延。

(二) **就組織之動態觀點而言**：組織為一自然系統，是個有機體，既為有機體，就有某些需求，因此，組織效能便是在特定情境下，組織滿足這些需求的能力，有此能力，組織方能生存和維持其均衡。

(三) **從組織之心態觀點而言**：組織效能是滿足組織成員或參與者需求、利益的程度。因此，有效能的組織必須符合其組成份子的需要。

(四) **從組織之生態觀點而言**：組織效能是在考慮時間層面、組織層次、組成份子及衡量效標等因素下，組織發揮適應、目標達成、統整及潛在功能的程度。此種效能觀係從整合的觀點，結合前述三種觀點，誠然較為周延。

二、競值架構【103高考】

組織效能競值架構（competing values framework, CVF）理論是由奎恩和羅保（Quinn & Rohrbaugh，1983）提出，源起於一連串有關組織效能概念的實徵性研究。此架構依一條橫軸及一條縱軸之區分，兩相交織而形成四個象限。而每個象限各自代表著一種對組織所持的理論、哲學或觀點。在諸多組織文化的整合理論或模式中，競值架構的組織文化觀點堪稱箇中翹楚，其不僅能綜合現有理論，還能統整文化與其他組織因素。奎恩和羅保認為，支撐組織效能的型態差異，主要決定於兩個維度，詳述如下：

(一) **競值架構兩個維度**

第一個維度（即直角坐標系橫軸）與組織重視的方向有關，左方組織重視內部性，即員工福利及發展，右方組織重視外部性，即組織自身的福利和發展。第二個維度（即直角坐標系縱軸）與組織結構偏好有關，下方組織強調穩定與控制，上方組織強調變革與彈性。這兩個維度就組成了四個象限，產生四種組織模型。被稱為「競值架構」的原因，在於橫軸和縱軸兩端所強調的價值，剛好正反互相對立：「彈性」對「控制」，「內部」對「外部」，如圖4-7所示。

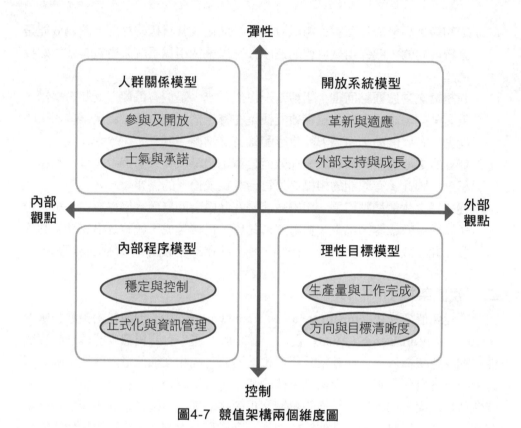

圖4-7　競值架構兩個維度圖

表4-14　競值架構四個組織文化類型比較

模型 內容	開放系統模型	人群關係模型	內部程序模型	理性目標模型
象限	第一象限	第二象限	第三象限	第四象限
維度	組織×彈性	個人×彈性	個人×控制	組織×控制
趨向	・分權化組織結構 ・組織對外競爭狀態	・分權化組織結構 ・組織對內社會技術系統之維持	・集權化組織結構 ・組織對內社會技術系統之維持	・集權化組織結構 ・組織對外競爭狀態
重視	・組織的擴張與適應	・人力資源的發展	・組織的團結、繼續 ・穩定與秩序的效能	・成果輸出的極大化

(二) 競值架構的組織文化類型

　　在競值架構下，依橫軸（從內部焦點、整合至外部焦點、分化）及縱軸（從彈性、自由至穩定、控制）之區分，可將組織文化區分成四種類型：朋黨（clan）文化、層級節制（hierarchy）文化、臨時組合（adhocracy）文化以及市場（market）文化，如圖4-8所示。具體言之，圖4-8左下象限為層級節制文化，所強調的為秩序、標準、規範、清楚的權責範圍、一致性及效率。右下象限為市場文化，所著重的為競爭、目標達成及生產力、環境之互動及顧客導向。左上象限是朋黨文化，其強調共享的價值及目標、參與、個體以及家庭的感覺。右上象限為臨時組合文化，其著重企業家精神、創造性、適應性及動態性（吳勁甫，2009；Cameron & Ettington，1988）。

　　在圖4-8中四個組織文化類型間存在如下關係：每個文化象限與對角線的文化象限所具有的為彼此對立的特徵，與相鄰象限的文化則共享某些特徵。舉例言之，層級節制文化與臨時組合文化之特徵相互對立，層級節制文化與朋黨文化共享一些內部導向的特徵，與市場文化則皆具控制及秩序的特徵。值得指出的是，因架構中每種文化都為一種理想或純粹的類型。故而，可能只有少數組織僅具一種文化特性，絕大部分組織往往不只具有單一的文化特性（吳勁甫，2009；Cameron & Ettington，1988）

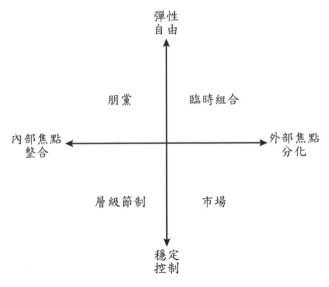

圖4-8　競值架構下之組織文化類型

資料來源：出自Cameron & Quinn（2006:35）

(三) 競值架構的組織管理類型

競值架構的四個象限分別代表了四種最主要的組織管理理論模型（Quinn，1988），如圖4-7，詳述如下並加以整理比較如表4-14：

1. **人際關係模型**（human relations model）：此模型強調組織的靈活性和內部性，非常重視組織的凝聚力、人員士氣及人力資源發展等，並以此為組織效能評估原則。
2. **開放系統模型**（open systems model）：此模型強調組織的靈活性和外部性，非常重視組織的支持成長、資源獲取以及外部支持等。
3. **理性目標模型**（rational goal model）：此模型強調控制力與外部性，認為組織會通過規劃、目標設定等理性行為達到產出與效能最大化。
4. **內部流程模型**（internal process model）：此模型強調控制力與內部性，非常重視信息管理、溝通及穩定、控制在組織中的作用。

三、策略聯盟【92身三】

策略聯盟（strategic alliance）由霍普蘭德（J.Hopland）和奈格爾（R.Nigel）提出，他們認為，策略聯盟指的是由兩個或兩個以上有著共同戰略利益的組織，為達到共同目標，通過各種合作模式，以達優勢互補或優勢相長。也就是說，兩個或兩個以上組織的聯盟合作，以一種策略性的做法來完成共同的目標，協議的關係可以是契約、合資，甚至是握手協定。而這種長期性或短期性的互動關係，最終目的就是為了提昇組織的競爭優勢。

第二節　教育行政管理

> **考點提示**　(1)行政管理模式；(2)學校品質管理；(3)學校本位管理；(4)知識管理；(5)標竿學習；(6)新公共管理；(7)創新管理，是本節重要的考試焦點。

壹、行政管理的定義

一、行政管理的意義

行政（administration）與管理（management）常混合使用，只是行政用在公共事務上，而管理用在工商企業較多。行政管理，最簡單的解釋就是公務的推

行與管理，也就是根據一定的法規，執行政府政策的過程，亦即英美等國所謂的「公共行政」（public administration），簡單譯為行政。

吳清山（2003）指出，行政就中文字義來說，即國家所行之政務；從英文字義來說，行政即管理或導引事務。因此，各行政機關依據現有法律的規定，對於該單位所屬之人、事、財、物等各種資源做合理的支配與分配，為達成有效目的而進行的各種管理與服務行為，其目的包涵重視公共利益、導入市場機制，並參與主權運作。

二、學校行政管理

學校的任務大約可分為教學和行政兩大類。教學指師生間的教學活動，是直接達成教育目標的主要活動，行政則指教學以外的活動，重點在支援教學活動，或者直接、間接來輔助學校達到教育目標的工作。學校行政錯綜複雜，經緯萬端（張清濱，1996），校長是領導學校行政的最高「行政首長」，學校行政結構如圖4-9所示。

學校行政，簡單來說，即學校所處理的一切事務，舉凡人、事、財、物等各方面都包括在內。更嚴謹來說，學校行政乃是學校機關依據教育原則，運用有效的科學方法，對於學校內人、事、財、物等業務，作最妥善而適當的處理，以促進教育進步，達成教育目標的一種歷程。

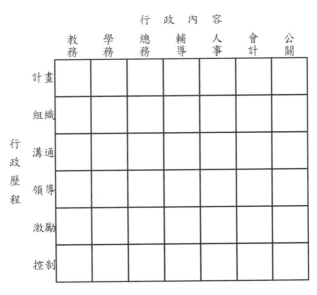

圖4-9 學校行政結構圖

資料來源：出自陳義明（2005:5）

貳、行政管理模式的類型

學校管理既要吸收和借鑑一般的管理經驗，尤其是先進的企業管理理論，又要結合自身的特性進行創新。現代學校管理在其長期的發展過程中，受不同理論的影響，已經形成了多種成熟的管理模式，稱為行政管理模式的七大類型（李玲馨，2007）。詳述如下，並簡單整理如表4-15：

(一) **正式模式**（formal model）：強調正式的組織結構、理性的決策和自上而下的領導關係。正式模式認為組織是層級節制系統，管理者使用理性工具達成目標。認為參與組織行為的每一個個體應該具體地被納入結構中的某個具體位置而承擔相應的職責和任務。

　　比如校長就是居於整個學校管理系統最頂層的權力人物，他有權決定學校生存與發展的各個方面，如行政決策、人事調動、財務掌握等，而行政人員則在校長的直接領導下，對學校規劃的活動進行組織和協調。

(二) **同僚模式**（collegial model）：又稱協同模式，注重員工的主人翁責任感、平等互利、協商一致。同僚模式認為透過討論才決定政策和下決定，且權力是分享的。同僚模式包括那些強調組織中所有或部分成員共同分享領導權和決策權的理論流派。

　　該模式充分認同協商、討論在學校管理決策中的重要性，認為管理者的任務就在於調動廣大教師參與學校管理，並通過適當的分權與權力下放加以保證。

(三) **政治模式**（political model）：組織中存在不同的利益群體，管理過程不可避免會出現利益群體之間的衝突、協商、對話與妥協。政治模式認為組織政策和決定，是經由討價還價和協商所達成的，衝突是被視為理所當然的事。

　　政治模式認為學校中，教師們的利益也是各不相同的，相同利益追求的群體為了獲得利於他們自身利益的決策，勢必結成一定的聯盟，這種聯盟的形成最終將導致領導者權利運用時利弊權衡的傾斜。

(四) **主觀模式**（subjective model）：又稱主體模式，重視對個體的認識、要求理解、尊重每一個教師與學生。主觀模式認為組織是人們所創造的，參與者以不同方式詮釋情境，組織對不同成員有不同的詮釋方式。

　　校長的職責就是在衝突激化前進行協調與平衡。此時，每個成員的「聲音」都是重要的，學校目標的達成不是為了「大多數」而犧牲「少數」，

而是儘量讓全體滿意。但遺憾的是這種折衷往往是一種美好的心願，很難用於實際操作。

(五) **模糊模式（ambiguity model）**：又稱混沌模式，使管理者看到了組織的鬆散、易變和流動的一面。模糊模式認為混亂及不可預測性是組織的主要特徵，且政策決定的參與者是流動的。該模式從現實管理實踐活動中的不可預測、突發性特點出發。

模糊模式趨向於選擇無計畫的組織活動，學校教育管理不可能存在什麼長期的管理行為，組織唯一存在的理由就是對現實的要求做出反應。認為學校管理實質就是對一些突發事件的解決與處理，而不存在什麼按計劃有序進行的目標活動。

(六) **文化模式（cultural model）**：文化模式認為信念、價值和意識型態是組織的核心，且影響成員的行為表現。文化模式強調的是一種價值觀、信仰的共有，即它所認同的價值觀、信仰附著在更大範圍的群體上，而不僅僅是單一的個體。模式中的價值觀、信仰成了組織的文化符號，通過它的傳遞、交流與認可，以此形成一種組織文化。

(七) **權變模式（contingency model）**：學校不只是單純的教育環境，由於受到不同的管理理念的影響，再加上不同學校組織所面臨的內外管理情境的不同，學校往往在自身的發展過程中形成了自己的管理模式。

不同的領導方式，適用於不同的管理情境，管理情境的考量是領導方式選擇的重要根據，領導方式的選擇必須要符合三個重要的情境變數：學校組織的任務結構、領導者的職權、領導者與被領導者的關係，只有在此基礎之上，才能實現領導的效能。

表4-15　行政管理模式之比較

管理 要素 ＼ 模式	正式 模式	同僚 模式	政治 模式	主觀 模式	模糊 模式	文化 模式	權變 模式
決定目標 的層級	機構	機構	次級 單位	個人	不清楚	機構或 次級單位	領導者
決定目標 的過程	領導者 設定	同意	衝突	具問題性	不可預測	根據集體 價值	順應情境

管理 要素＼模式	正式 模式	同僚 模式	政治 模式	主觀 模式	模糊 模式	文化 模式	權變 模式
目標和決定的關係	依據目標作決定	依據同意的目標作決定	據具主宰地位聯盟的目標作決定	個人目標決定個人行為	目標和決定無關	決定根據組織或次級單位的目標	順應情境
決定過程的本質	理性	協同	政治	個別	垃圾桶	價值規範下的理性	順應情境
結構的本質	客觀、真實性、階層性	客觀、真實性、衍生性	次級單位衝突的環境	經人性互動所建構	具不確定性	文化的自然表現	客觀、真實
和環境的聯結	可能是封閉或開放性、由主管負起責任	具績效性，會因分享式決定而不明顯	不穩定、外部人士被視為利益團體	來自個人意義	不確定來源	來自價值和信念	清晰、密切
領導類型	主管設定目標和訂定政策	主管尋求促進共識	主管是參與者和仲裁者	不確定。可能被知覺為一種控制形式	可能是隱性或不突出的	象徵性	順勢而為

資料來源：參考葉連祺（2002:94）

參、重要的行政管理方法

行政管理方法（managerial methods）是指用來實現行政管理目的而運用的手段、方式、途徑和程式等的總稱，其目的在提高組織效能，增進組織績效。重要的行政管理方法如下：

(一) **學校品質管理**【102身三；102地三；93高考】

學校品質管理概念來自全面品質管理（total quality management, TQM），而全面品質管理起始於工商業界，亦可稱為全面品質控制（total quality control）、全面品質服務（total quality service）、持續改善（continuous improvement）、策略品質管理（strategic quality）、系統化改善（systematic improvement）、品質第一（quality first）、品質領先（quality initiatives）、服務品質（service quality）等（sallis，1993），均是用來描述品質的概念。

全面品質管理的「全面」係指所有單位、所有人員均參與品質改進,且為品質負責;「品質」係指活動過程、結果與服務均能符合標準及消費者的需求;「管理」係指有效達成品質目標的手段與方法。為落實全面品質管理的學校行政領導策略可以如下表4-16的做法:

表4-16 落實全面品質管理的學校行政領導策略

扁平化組織管理與領導	在學校校務的處理上,為求成效,應秉持全面品質管理的「全面參與」理念,以扁平化領導來取代科層式管理。
重視由下而上的組織承諾	教育改革促使領導者「由上而下」的決策模式,改變為重視「由下而上」的改革模式,強調學校內部之專業分工與授權,促使成員有全面品質管理的品質共識和承諾。
推動學校本位評鑑	學校教育開始重視顧客的需求和期望,為能符合教育的市場導向,學校領導者必須建立學校本位評鑑機制,隨時檢視學校辦學,了解學校運作過程的每個環節,以便提供學校反省與改進。
建立共同願景與目標	邁向卓越的學校行政領導,必須塑建共同願景以凝聚成員的品質共識與承諾,營造全面品質校園文化,並以團隊合作,持續改進之企業精神,建構有績效、重倫理的校園品質文化。

(二) 學校本位管理

近年來,我國教育改革強調去集中化(decentralization)與分享式作決定(shared decision-making)的趨向,同時重視由下而上的改革模式。以目前正推動的學校本位管理而言,教育行政機關已授權學校許多自主項目,諸如教科書之選用與採購、教師之選聘、以及課程安排運作等,學校均可因應地區特性自行決定,未來學校行政領導如何有效溝通、協調,整合組織成員不同意見,發揮學校行政自主決定功能,實為今後努力之重要方向。

學校本位管理(school-based management)係指政府將學校的經營權下放給學校,讓學校實施自主管理及自我領導的一種管理方式。詳言之,學校本位管理是一種讓學校人員高度參與管理(high-involvement management)制度,透過學校本位管理權的下放學校,讓學校利害關係

人參與校務經營並負起績效責任，使得學校決策與措施能適應學校需要，成為高表現的教育組織。

(三) 領導與管理【101高考】

管理與領導兩個名詞容易混淆，兩者之間確有差異存在。管理（management）的層面可以包括：規劃（planning），組織（organizing），控制（controlling）及領導（leading）四大要素。領導可說是管理中最重要的要素，缺乏領導這一環，管理就只是一種初級行政而已。吳清基（2006）認為，領導與管理不同，「管理」較重視低層次的工作計劃、執行與監督考核，而「領導」則較重視工作決策與指導；此外，領導較強調機關任務與目標的達成，而管理則在求降低成本與增進效率。

管理是希望運用既有的資源與方法，在不犯錯與不浪費的情況下，去達成組織的目標（不求有功、但求無過）。領導則是希望運用既有的資源，尋找更好的方法，以達成超乎預期的目標。管理追求GOOD，領導追求GREAT，也就是從A到A+。被尊稱為「領導學之父」的華倫·班尼斯（Warren Bennis）在「領導者該做什麼」（On Becoming A Leader）一書中指出，「領導者」和「管理者」兩種角色，最大的關鍵性差異如下：

1. 管理者是執行者，領導者是改革者。
2. 管理者人云亦云，領導者獨樹一格。

綜合上述，管理與領導的差異，可以加以統整如表4-17所示。

表4-17 管理與領導的比較

管理	領導
1.規劃與預算（planning and budgeting）。 2.組織與安置（organizing and staffing）。 3.控制與解決問題（controlling and problem solving）。	1.確立方向（establishing direction）－包含發展為達成目的的遠見與策略。 2.促使人員合作（aligning people）－包含溝通努力的方向與確保成員合作。 3.激勵與鼓舞（motivating and inspiring）－經常需要訴諸非常基本的人性需求、價值意涵與感情。

今日之組織，常因管理過度而造成領導不足，亦因此而導致部分組織領導者與業務主管著重管理工作而輕忽領導功能。學校雖是一種社會組織，唯學校與其他組織性質相異，因此，學校行政之運作，應首重領導的觀點，而不宜採統御的官僚作風，亦不宜持管理的功利現實手段。

(四) **知識管理**【103身三】

知識管理一詞最早是由管理大師彼得杜拉克於1992年從「知識工作者」的觀念所延伸提出的，他說：「從現在開始，關鍵是知識，我們的時代不是勞力密集，我們將進入一個知識社會，知識是唯一有意義的資源，知識是企業優勢唯一來源」。因此，無論是傳統產業或高科技產業，都應有效地創造知識、儲存知識，結合系統及激勵制度，以促使組織成為真正以智慧能力為導向的團體。

1. **知識管理的意義**：

$K = (P + I)^S$

知識管理的意義在於（knowledge）

促動企業員工（people）

善用科技（technology）

以取得有價值的資訊（information）

有效地快速傳遞與分享（power of sharing）

2. **推動知識管理的成功要鍵**：

(1)**明確的組織願景**：如組織願景與學校教育目標。

(2)**建立團隊共識**：透過組織辦理的各項學習管道，以培養團隊的共識，進而建立團隊合作。

(3)**組織核心能力**：掌握組織核心能力，以能明確地推動組織知識管理方向。

(4)**建立學習型組織**：在面對高度競爭及快速變化的時代裡，組織必須透過不斷地學習及彈性創新，以保持競爭優勢，如定期舉辦讀書會、英文課等各項學習管道。

(5)**創新與變革**：透過組織的學習即是一種知識創造的過程，如下圖4-10
所示：

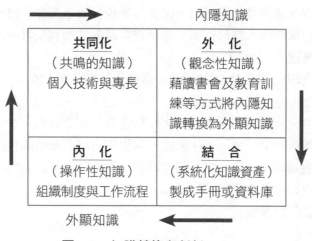

圖4-10　知識轉換與創新

(6)**激勵制度**：給予實質獎勵機制，以鼓勵組織成員願意分享的意願、動
機及習慣。

(7)**建立系統平台**：知識要能有效地存入資訊才能持久保存以做為組織的
智庫資產。

(8)**建立知識社群**：以跨部門結合組織各領域人員組成知識社群，建立專
案互動討論區，提供各領域之工作流程以及工作經驗等知識資產，以
共同推動企業知識管理。

(五) **標竿學習**【101身三；100簡升】

標竿學習（benchmarking）亦稱為「競爭基準」、「基準設定」、「標竿管
理」等，其方式係透過尋求最佳作業典範，並將其作為學習對象的方式，找
出並填補組織本身與最佳作業典範之間的差距，汲取對方的優點，使組織
績效能夠藉此過程獲得改善與提升。簡而言之，就是一個組織選定與同業中
最成功的組織相互比較其產品、服務和方法的歷程，以提高其組織績效。因
此，標竿學習的核心概念為：1.是持續的學習過程；2.是針對組織流程做改
進；3.是與標竿對象做比較的結果；4.是要改善及提高執行績效。

1. **標竿學習的功能**：標竿學習的最大功能就是能從「最佳實務」的典範經驗
取得借鏡，也創造了許多企業組織的競爭優勢，對於組織內的個人或團體

都著有貢獻，而標竿學習的最大目標是要藉由瞭解自己與學習他人，透過流程的改造讓組織更卓越，並提升公司的競爭力。Anderson和Pettersen（1996）曾指出標竿學習能對組織產生幾項不同的積極功能：

(1)透過學習最佳典範的實施流程，讓組織本身可以自我改進而持續追求卓越績效。

(2)尋求組織以外的最佳典範，可以讓新的點子進入組織。

(3)在組織內部藉著積極的學習流程，使每個人建立追求較佳表現的文化。

(4)藉由檢視組織內部及較佳組織的運作，確認了需要改善的迫切需要性。

(5)讓組織能建立有效率的策略目標以改善品質。

(6)確立了績效測量的基準點。

(7)可以藉由發現最佳典範的長處，幫助組織建立改善意識。

(8)滿足消費者的需求，提升組織競爭力。

2. **標竿學習步驟**：Anderson和Pettersen（1996）提出「標竿學習輪」（benchmarking wheel）的五步驟，做為標竿學習的循環流程，包括了規畫（plan）、探尋（search）、觀察（observe）、分析（analysis and interpretation）及適用（adapt）五項，如下圖4-11所示：

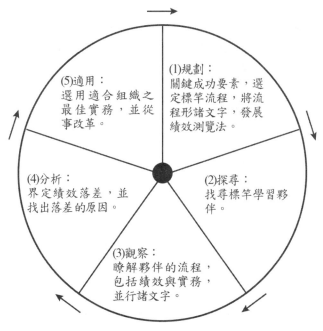

圖4-11　標竿學習輪

(六) 目標管理

目標管理（management by objectives, MBO）是1954年彼得‧杜拉克（Peter E.Drucker）在其著作〈管理實務〉（The Practice of Management）中提出的。係指企業組織內各級單位配合公司整體營運目標，訂定份內工作目標，決定方針與進度以最有效率方法達成目標，自行評核成果作為下期目標設定之參考。

1. **目標管理的優點**：目標管理是一種參與的、授權的、團隊的、自我控制的管理，它有下列的優點（功能）：

   (1)啟發員工自動自發精神。

   (2)促進溝通，增進團隊合作，改善內部人群關係。

   (3)共同協商，集思廣益。

   (4)提高達成目標可能性，更提高績效。

   (5)加速員工學習，培養員工能力。

   (6)提供良好績效評估基礎。

   (7)激發員工潛能。

   (8)掃除集權弊害，發揮分權效果。

   (9)以人為本，維護人性尊嚴。

2. **目標管理的缺點**：韋伯（R.Webber）歸諸實施目標管理容易遭遇的困難共有七項，分述如下，值得實施目標管理時引以為鑑。

   (1)員工對目標管理制度存疑。

   (2)公司強勢執行目標管理，員工心有怨懟。

   (3)對書面作業和面談的抗拒。

   (4)注意力過份狹窄。

   (5)上下級計畫不一致。

   (6)目標系統與考核系統未能相結合。

   (7)有的目標難以衡量。

(七) 新公共管理【98高考】

新公共管理（new public management, NPM）基於管理主義之立場，認為提升公共行政之績效，必須仰賴管理技術之精進，尤其是指以採用商業管理理論、方法和技術，引入市場競爭機制，以提高公共管理水平及公共服務績效。新公共管理支持者批評官僚體制之傳統思維已老朽不堪，且令人

民喪失對政府的信賴；政府龐大的財政赤字，迫使公共行政成為無能與浪費之代名詞。

(八) **向上管理**【94委升】

向上管理（managing up）指為了給公司、給上級及自己取得最好的結果而有意識地配合上級一起工作的過程，可以說，這是讓上級改變的過程。為了能掌握權力並有效的實施影響，或許去影響某個上司或者是其他處在組織更高職位的人是更重要的。「向上管理」，說穿了其實就是「管理期望」，「管理上級對你的期望」，看你是不是會站在上級想達成的目標去想事情，如此的「向上管理」可以擴展你的影響力。

(九) **團隊管理**【94身三】

團隊管理（team management）指在一個組織中，依成員工作性質、能力組成各種小組，參與組織各項決定和解決問題等事務，以提高組織生產力和達成組織目標。團隊管理是指將組織事務依性質之不同，交由各種性質的團隊來參與提供意見、決定或執行組織各種事務。透過團隊成員互動的過程，彼此集思廣益、凝聚共識、並形成休戚與共的情感，以促進組織成為高效能組織的一種管理方式。

(十) **績效管理**【93身三】

績效管理（performance management）是指管理者與員工之間就目標與如何實現目標上達成共識的基礎上，通過激勵和幫助員工取得優異績效，從而實現組織目標的管理方法。績效管理的目的，在於通過激發員工的工作熱情和提高員工的能力和素質，以達到改善公司績效的效果。績效管理是通過管理者與員工之間持續不斷地進行的業務管理迴圈過程，實現業績的改進，所採用的手段為PDCA迴圈。

(十一) **策略管理**

策略管理是指對企業策略的管理，包括策略制定和策略實施兩部分。策略管理主要關心的是高層管理人員的角色及其遇到的管理問題，主要包括以下八個方面的內容：策略制定與實施；策略計劃與決策過程；策略控制與激勵；資源分配；多角化與業務組合策略；競爭策略；總經理的遴選及其行為；高級管理階層的組成過程及狀況。

(十二) 創新管理【104地三】

創新管理（innovation management）是指組織形成一種創造性思想，並將其轉換為有用的產品、服務或作業方法的過程。擁有創新管理能力的領導人，通常具備良好的組織、企劃、協調、激勵、控制的領導與管理能力，也扮演創新過程中問題與困難解決者的角色。這樣的人物需要能凝聚創業團隊的共識與信心，適時做出關鍵的決策，提供有關的資訊與取得必要的資源，並對於組織內外部環境變化具有敏銳的觀察與掌控能力。

組織領導者除應先有其創意的理念，更應積極建置各種有助於創新的環境，進而塑造創新、優越的組織文化，才能夠提昇組織整體競爭優勢。尤其在後科層體制下，均須創造組織的價值創新，亦即透過創新，活化組織，強化組織競爭力。因此，學校行政人員可透過創新管理，不但有助於組織及成員產出創造性的知識外，也才能發揮學校經營創意，並致力於各項校務運作及革新發展。學校首先應改善學校微觀政治學，才有利於創新管理的推動，其作法如：

1. 建立有限資源的分配、申請、決定方式。
2. 整合各項委員會，建立有效且兼具全員參與的決定方式。
3. 建立創意衝突的解決機制。

此外，學校領導者須以身作則創意思考，且全力支持推動學校創新管理，同時亦可打造人際互動引擎，加速學校創新成長，其作法如：

1. 建制無宰制的溝通對話平台，讓資訊充分流通，使學校成員瞭解學校目前作為及策略。學校在推動各項創新或革新政策時，學校領導者可透過說明會或座談會等方式，說明學校政策外，同時透過這雙向溝通管道方式，瞭解學校成員之意見。
2. 建立以顧客（學生、家長、社區）為中心的理念與管理架構，才能凝聚學校成員的團隊共識。
3. 積極推動學校社區化，加入各項創新理念及作法，可以有效推動並獲得更多有利的資源。

 考題集錦 --------------------------------------

教育行政組織

1. 學校是一種雙重系統組織，一為行政系統；另一為專業系統，前者具有科層組織性質；後者屬於鬆散結合系統（loosely coupled system），臺灣近二十年來已完成二十餘所大學校院整併，請問大學校院整併之成效和產生之問題為何？並請針對問題提出改進策略。【110原三】

2. 組織文化的意涵為何？其具有那些特性？教育行政領導者或學校行政人員如欲推動組織文化領導應把握那些要點？【109身三】

3. 學校行政是教育行政重要的一環，現代管理學中「參與管理」理論有助於提升決策品質和工作績效。何謂參與管理？參與管理在學校行政上如何應用？請說明之。【109地三】

4. 20世紀後興起的教育組織結構，大都應用 Max Weber 的科層結構（hierarchical structure）理論。試述 Weber 科層組織的特徵，並就現行學校組織之運用加以評論。【108身三】

5. 教育行政去集中化（decentralization）的概念為何？其功用與問題為何？依你之見，我國教育行政在那些去集中化不夠，仍需要努力？有那些去集中化過當，需要調整？請各舉一例並妥為論證。【106原三】

6. 組織再造與活力展現的方法為何？試舉聖吉（Senge）在第五項修練書中所述的五項法則加以說明。【105身三】

7. 有關教育行政組織如何提升行政績效之相關論點，學者彼得聖吉（Peter M.Senge）強調組織應是一學習型組織才能發揮更大功能，試分析學習型組織之特徵為何？另，該理論對教育行政有何啟示？【104高考三級】

8. 非正式組織之意義、功能與限制為何？請以家長及家長組織為例，說明家長非正式組織對學校辦學之可能正向與負向影響。【103地三】

9. 針對現代組織的多元性與複雜性，競值架構提出有關組織效能概念的不同模式。此架構依一條橫軸及一條縱軸之區分，兩相交織而形成四個象限。試就每個象限各自代表著一種對組織所持的理論、哲學或觀點，闡述不同象限間的互補與對立。【103高考三級】

10. 請說明教育組織定調為道德性機構的意旨為何？並說明教育行政領導者應履行的道德義務，以及應展現的領導行動，方可深化道德組織的經營？【102薦升】

11. 社會變遷快速，組織成員須持續學習以進行必要變革。請以學校為例，說明如要塑造成為「學習型組織」，應採取何種策略與作法？【101原三】

12. 就組織的結構而言，目前中小學形成非正式團體的因素有那些？校長應如何應用非正式團體來增進校務的運作？【100身三】

13. 透過組織學習（organizational learning）可以產生何種變化？如何透過組織學習，創新經營學校？試根據您的所學說明之。【100高考三級】

教育行政管理

1. 組織運作過程的政治考量常令人忿忿不平，但政治也是組織在面對資源不足、利益分歧的環境時必須做決策或分配資源的現實，甚至可以作為達到崇高目的的媒介。請詳述三項達成組織理想的重要政治技能，以及三項檢測該等政治技能不致於走偏的倫理標準。【106高考三級】

2. 「系統思考」經由學習型組織理論倡導之後，已經成為當代教育行政措施不可或缺的「實踐要領」，請說明「系統思考」的意涵及其可行運作事項。【105地三】

3. 「本位管理」或「本位經營」強調學校的經營管理，要以在地資源為優先，開展學校的特色品牌教育，請說明本位管理的意涵（概念型定義），並論述學校教育如何經營本位管理（操作型定義）。【105原三】

4. 創新是知識社會核心的競爭力，創新管理的積極面之一在於營造創新的潛能，讓組織有能力自行創新，請問營造組織創新潛能的途徑有那些？如欲提升教育行政組織創新效能，可採行那些策略？請加以申述。【104地三】

5. 解釋名詞：知識管理（knowledge management）【103身三】

6. 何謂「學校品質管理」？試以中小學為例，敘述說明為促進學校品質管理，可採取何種策略與作為？【102身三】

7. 「品質管理」（quality management, QM）中有所謂的 PDCA 循環，此種循環如何運作？在行政運作中如何透過此理念推動教育品質的改善？請申論之。【102地三】

8. 解釋名詞：標竿學習（benchmarking）【101身三】

9. 管理學上有所謂「做對的事（do the right thing）」及「把事情做對（do the thing right）」的觀念，請說明兩者的意義為何？對教育人員的領導有何啟示？【101身三】

10.試分析領導和管理有何不同？【101高考三級】

11.何謂標竿學習（benchmarking）？並請闡述進行標竿學習之歷程與應注意事項。【100簡升】

一、組織再造與活力展現的方法為何？試舉聖吉（Senge）在第五項修練書中所述的五項法則加以說明。【105身三】

【破題分析】 本題先介紹何謂組織再造，再以五項修練的方法談如何組織再造，展現組織新活力。考生務必就五項修練分點詳述，才能得高分，切不可隨意按自己的方式敘寫。

解析：

(一) **組織再造的意義**

最早提出「組織再造」（organizational restructuring）的，首推Hammer與Champy兩人，他們將電子產品製程改造觀念用到企業界，並將「組織再造」定義為：從根本上重新思考，並徹底重新設計企業的作業流程，以求在成本、品質、服務及速度等重要的組織績效上有巨幅的改變，其中以流程再造最為重要。黃哲彬（2013）則認為，「組織再造」係指組織從即根本的、徹底的、巨大的、流程等觀念，再針對組織的重整與精簡、作業流程的改變、權力結構與觀念文化的改變、思考方式的改變等現況進行檢視，藉提昇行政的服務績效。

(二) **從五項修練談組織再造活力展現的方法**

為實現學習型組織與組織再造的願景，聖吉（Senge）提出五項修練的策略以為途徑：

1. **自我超越**（personal mastery）

組織學習乃基於團體中每個成員對學習的意願與能力，藉由建立個人願景、保持創造力、客觀面對現實、培養專注與運用潛意識，來追求自我突破與卓越精進，從此角度觀之，透過組織中每個成員對自我的期許與學習承諾，方能展開組織學習，故自我超越是學習型組織進行組織再造的基礎。

2. **改善心智模式**（improving mental models）

心智模式是人們深植心中對周遭世界運作的認知基模，並深深影響個體行為。唯有以開放心靈，隨時審視自己內心世界，藉由對話與反思（refnection），不斷澄清改善個體對世界認知圖像，及瞭解其如何影響個人行動和決定，方不致使固有的思考盲點阻礙學習。

3. **建立共同願景**（building shared vision）

成員共同參與勾勒發展理想組織的未來具體意象，建立組織目標、價值觀與使命，凝聚組織成員向心力、認同並主動為達成組織目標與願景，戮力以赴。

4. **團隊學習**（team learning）

有別於過去，現代組織的學習基本單位是團體而非個人。團隊學習乃匯集眾人智慧，透過理性的溝通與對話相互學習分享，其效益自是較個人智慧周延完善，就個人言之，學習成長亦較其他學習方式為快，學習型組織要進行組織再造，特別強調以團隊方式共同學習成長。

5. **系統思考**（systems thinking）

面對問題能觀照全貌，綜合審慎考量其間各項因素之互動關係，而非斷章取義、偏狹思考，否則將落入「見樹不見林」或頭痛醫頭、治標不治本之窘境。系統思考係五項修練的核心，整合貫穿上述各項修練的理論與實際。

學習型組織即是透過上述五項修練之整合，使組織與個人能不斷學習與創革。故要創立一學習型組織，首需激發成員學習動機、潛能以求自我卓越精進，改善固有心智模式，培養成員系統思考與創造能力，建立共同願景，藉由團體學習促進個人與組織不斷進步成長。

二、創新是知識社會核心的競爭力，創新管理的積極面之一在於營造創新的潛能，讓組織有能力自行創新，請問營造組織創新潛能的途徑有那些？如欲提升教育行政組織創新效能，可採行那些策略？請加以申述。【104地三】

【破題分析】 本題的關鍵字有知識社會、創新管理、創新潛能、教育行政創新效能等，考生可以從關鍵字的內涵範圍，以交集法找出其最大公約數，大致即可知如何下筆。

解析

知識社會是一個以創新為主要驅動力的社會，是一個社會人民的受教育水準，成為經濟和社會發展基礎的社會。因此，知識社會環境下的下一代創新，推動了創新民主化，知識社會也是一個大眾創新、共同創新、開放創新成為常態的社會。

(一) 何謂創新管理

創新管理（innovation management）是指組織形成一種創造性思想，並將其轉換為有用的產品、服務或作業方法的過程。擁有創新管理能力的領導人，通常具備良好的組織、企劃、協調、激勵、控制的領導與管理能力，也扮演創新過程中問題與困難解決者的角色。這樣的人物需要能凝聚創業團隊的共識與信心，適時做出關鍵的決策，提供有關的資訊與取得必要的資源，並對於組織內外部環境變化具有敏銳的觀察與掌控能力。

(二) 營造組織創新潛能的途徑

營造組織創新潛能，促進組織興革的可行途徑如下：

1. 任用優秀人才
2. 建立組織發展的願景
3. 設立研究單位或人員
4. 建立完善的管理資訊系統
5. 實施成員輪調制度
6. 加強成員在職教育與組織學習
7. 賦予組織與成員自主性
8. 建立完善的資遣及退休制度
9. 設置評鑑與反饋制度
10. 營造利於創新的組織文化與氣氛

(三) 提升教育行政創新效能的有效策略

教育組織為提昇其行政創新效能，可採用以下多元新興的管理技術，如創新管理、全面品質管理及績效管理。

提升行政創新效能的有效策略	具體說明
1. **實施創新管理**（innovation management），**減少科層體制的僵化**	透過創新管理可減少科層體制被動、僵化、偏執等習性，且有助於組織與成員創造其核心競爭力。
2. **落實全面品質管理**（total quality management, TQM），**重視顧客導向與全面參與**	全面品質管理強調品質保證、全員參與、顧客導向等理念，除了與後科層體制所標榜理念一致外，亦能減少科層體制過於專業分工下所帶來受過訓練的無能，且能打破本位主義，共創組織及成員雙贏的局面。
3. **建立績效管理制度，培養組織成員自主自律的態度**	績效管理強調績效、激勵、成員自律及自主學習發展等理念，亦與後科層體制理念所説主動遵守規範、培養責任心、建立人力資源管理制度等有所關連，且能更有效達成組織的願景及目標。

頻出度A：依出題頻率分為：A頻率高、B頻率中、C頻率低

第**5**章 領導與激勵

【重要考點】社會正義領導、道德領導、科技領導、協作領導、正向領導、權變領
　　　　　導、整合領導、知識領導、變革領導、授能（賦權）領導、第五級領
　　　　　導、文化領導、轉型領導、公平理論、期望理論、需求層次論
【新近趨勢】新近特質論、願景領導、自我領導、分散式領導、火線領導、加值型領
　　　　　導、服務領導、混沌領導、家長式領導、創新領導、競值領導、靈性領
　　　　　導、故事領導、空間領導、永續領導、價值領導、量子領導、詩性領導

 名師導讀

教育行政領導與激勵是每年都有考題，出題機率相當高的一章，千萬要加以詳
讀。本章的重點在介紹教育行政領導的原理原則、傳統領導理論（特質論、行
為論、情境論）與現代領導理論的比較、團體激勵的策略與原則，以及激勵理
論的運用，本章處處是考點，你一定要熟悉。

學習架構

第一節　教育行政領導
壹、教育行政領導的基本概念
　一、領導的意義與功能
　二、領導的目的與要點
　三、教育行政領導的研究取向
　四、教育行政領導的原則與權力基礎
　五、教育行政領導的層面與類型
　六、有效能的行政領導
貳、傳統的領導理論
　一、特質論時期
　二、行為論時期
　(一) 單層面領導行為

　(二) 雙層面領導行為之一：
　　　倡導與關懷
　(三) 雙層面領導行為之二：
　　　工作與人員
　(四) 倡導與關懷的統合
　(五) 領導行為論的侷限
　三、情境論時期
　(一) 費德勒（Fiedler）的權變領導理論
　(二) House的途徑-目標理論
　(三) Vroom與Yetton的規範性權變理論
　(四) Hersey與Blanchard的情境領導理論
　(五) Reddin三層面領導行為

(六) Kerr和Jemier的領導替代理論
(七) 領導情境論的啟示與應用
參、新興的領導理論
　領導歸因理論、魅力一願景型領導、轉型一交易型領導、團隊領導、社會正義領導、道德領導、科技領導、協作領導、正向領導、整合領導、知識領導、變革領導、授能領導、第五級領導、文化領導、自我領導、分散式領導、火線領導、加值型領導、服務領導（僕人領導）、向上領導、混沌領導、家長式領導、創新領導、催化領導、競值領導、靈性領導、融合領導、默默領導、空間領導、建構式領導、教學領導、課程領導、學習領導、永續領導、價值領導、關係領導、平衡領導、詩性領導、後英雄式領導、量子領導、動盪領導（亂流理論）、LMX理論（領導者--成員交換理論）、多元架構領導

第二節　教育行政激勵
壹、教育行政激勵的基本概念
　一、激勵的意義與功能
　二、激勵的策略與原則
　、激勵理論（動機理論）
　一、內容理論
　二、過程理論
參、團隊士氣與激勵

第一節　教育行政領導

考點提示　(1)領導的意義與要點；(2)領導的原則；(3)倡導與關懷；(4)有效能的領導；(5)社會正義領導、道德領導、科技領導、協作領導、正向領導、權變領導、整合領導、知識領導、變革領導、授能領導、第五級領導、文化領導，是本節重要的考試焦點。

壹、教育行政領導的基本概念
一、領導的意義與功能【98地三】
從英文的字源來說，「leadership」其字根「lead」本身有去、通過等之意，後來引伸為引導某一種方法，到某一點之方法、走在前面等多種涵義。因此，領導在英文涵義，具有帶領、引導之意，也就是引導團體成員向目標、方向邁進，達成共同目標的行政作為（吳清山，2003）。教育行政學者對行政領導的意義眾說紛紜，依時間先後將各家論說整理如表5-1所示：

表5-1 行政領導的意義分類

1997	Martin M. Chemers	領導是一種社會影響的歷程,在這歷程中某人可以獲得他人的支持與協助,以完成一般的工作任務。
1999	鄭彩鳳	領導是一種過程,個人努力地影響他人。此種影響力可被視為權力,是控制個人的過程,並可藉此來訓練他人。
1999	羅虞村	領導是一種人格或該種人格之效應;領導是一種行為或指引團體活動之行為;領導是一種倡導作用;領導是一種說服方式;領導是整個團體歷程的焦點;領導是交互作用的功能;領導是影響力的發揮;領導是角色分化的功能;領導是達成目標的手段或工具;領導是一種權力關係;領導是使人順從的一門藝術;領導是團體成員選擇的功能。
2002	蓋浙生	領導就是一種與從屬者的關係。
2003	林天佑	教育行政領導是運用領導「理論」於教育行政組織與機關或教育機構,有效達成教育目標的一種「實務」過程。
2006	謝文全	領導是在團體情境裡,透過與成員的互動來發揮影響力,以導引團體方向,並糾合群力激發士氣,使其同心協力齊赴團體目標的歷程。

MBA智庫百科(2016)認為,行政領導是指在行政組織中,經選舉或任命而享有法定權威的領導者,依法行使行政權力,為實現一定的行政目標所進行的組織、管理、決策、指揮等的社會活動。廖春文(2005)認為,學校行政領導係由學校組織的領導者(如校長),帶領學校同仁(教師、職員、工友、學生等),在學校組織情境中,朝學校教育目標邁進的歷程,如圖5-1所示。

至於領導的功能,由於現代社會的行政管理工作較為龐大且複雜,因此,行政領導便必須具有多方面的功能,方能滿足組織之所需。美

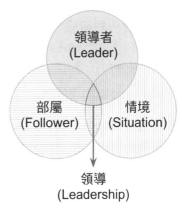

圖5-1 學校行政領導基本意涵
資料來源:廖春文(2005:5)

國行政學家懷特（L.D.White）說：「行政乃是為完成某種目的時，對許多人所作的指揮、協調與控制。」他認為，行政領導有8種功能：(一)決定重要政策；(二)發表必要命令和指示；(三)協調組織內部關係和活動；(四)授權下級處理具體事務；(五)控制財務的管理；(六)任免工作人員；(七)監督、控制並考核工作行為；(八)處理對外公共關係。

根據現代行政管理實務觀之，一般認為行政領導的主要功能有：(一)執行功能：執行國家權力機關、上級行政機關制定的法律、法規、政令和交辦的行政任務；(二)決策功能：對行政事務作出決策，並擬定計劃，組織實施；(三)協調功能：協調各部門、各方面的關係和公務人員之間的關係，創造有效的溝通形式，使他們團結一致完成任務；(四)激勵功能：採取物質和精神鼓勵的形式激勵部屬，促進工作積極性和創造性；(五)指導功能：在授權下級處理各項具體行政事務的同時，對他們實施指導與監督，以利各項行政工作順利開展；(六)檢查功能：對所屬行政機關及其公務人員實行經常的、有效的檢查和監督。

二、教育行政領導的目的與要點【98地三】

無論任何組織包括學校，如何激發成員的士氣，糾合成員心志，運用團體智慧，使所領導的成員竭盡所能，願意同心協力為共同理想與目標努力是非常重要的課題。易言之，學校行政領導的目的，在於領導者，透過組織運作的團體過程，發揮對組織成員的影響力，指引學校發展的方向、建立學校成長的共識，並糾合其意向，引導其心力，共同致力於學校發展目標的達成。在領導者帶頭的影響力，利用各種情境，來影響部屬，激勵部屬，並在三者良好的交互作用下，有效地達成教育目標。

教育行政領導是教育行政人員在教育組織的情境裡，藉著影響力來引導教育人員的努力方向，使其同心協力，齊赴教育目標所表現的一種行政行為或歷程。因此，教育行政領導的要點至少有五，整理如表5-2：

表5-2 教育行政領導的要點

教育行政領導產生於教育組織的情境裡	1. 教育情境至少由兩人（領導者、被領導者）或二人以上所構成。 2. 領導者透過團體的歷程，溝通觀念，以建立共識。 3. 唯有在領導者與被領導者的交互反應中，領導的行為方得以產生。
教育行政領導的目的乃是引導達成教育目標	任何行為者有動機存在，就是有目的存在。教育行政領導者領導一個團體或組織，採行某些領導行為，其目的在於設法達成教育目標。
教育行政領導是一種影響力發揮或作用的型式	1. 領導的作用在能影響到別人的行為，以便糾合成員意志，利用集體智慧，激發、導引組織成員的心力，以達成共同的目標。 2. 影響力：使別人服從的力量。
教育行政領導的功能乃在促使教育組織目標之達成與成員需求之滿足	1. 領導即是一種倡導行為，因而領導者宜採取主動，以誘導成員表現出所期望的行為，從而達成組織的目標。 2. 領導者亦應注意成員的動機和需求，以促使其積極參與，俾獲得成就感和心理滿足。 3. 教育組織目標之達成與成員需求之滿足兩大功能，應兼籌並顧，教育組織方能獲得穩健的發展。
教育行政領導是為達成教育目標所表現的一種行政行為或歷程	教育行政人員為了達成教育的目標，在領導過程中乃表現出種種行政行為，以激發成員團結和諧、互助合作，實現教育的理想與目標。

三、教育行政領導的研究取向

(一) 心理學研究取向【素質研究法、人格素質研究法】

相信「英雄造時勢」或「偉人論」，認為成功領導者必定具有若干異於不成功領導者之人格特質，而且這些特質可以利用科學方法測量出來，以供選拔及培訓領導人才之參據。

(二) **社會學研究取向【情境研究取向】**

抱持「時勢造英雄」、「環境論」的觀點，認為領導是由環境來做決定的，有怎樣的環境就有怎樣的領導。韓斐爾（Hemphill）研究發現：影響領導的情境因素包括團體大小、成員的同質性、團體間的親密性、團體的團結度、職位、參與情形、滿足感等。

(三) **權變研究取向【素質－情境研究法】**

兼用心理學及社會學兩種研究法來研究領導，多持「人與情境交互影響論」的觀點，認為領導兼受領導者的素質及領導的情境所交互影響。此法的研究重點是：何種領導素質或行為應在何種情境中運用，才能發揮領導的效果。研究的層面涵蓋了領導者特質、情境特性、領導者行為、領導效能四個概念。

四、教育行政領導的原則與權力基礎

教育行政的領導是運用領導「理論」於教育行政組織或教育機關，有效達成教育目標的一種歷程，從強調領導者特質研究到領導者的行為研究。

(一) **教育行政領導的原則【98地三】**

領導理論很多，但目標是一致的，皆是希望能促使領導者能有效能領導。領導必須同時考慮到人事時地物等因素，要做對的事情，要有好的責任態度與服務。瞭解了領導理論後，更重要的是應用於實務上，有效達成目標，才能達到教育行政領導的真諦。因此，教育行政領導的原則如下：

1. 有目標意識並依行政三聯制來達成目標。
2. 教育行政人員應具領導哲學並對工作價值全神投入。
3. 能知人善任，適度授權。
4. 善用轉型領導策略，以增進教師組織承諾，提升組織效能。
5. 發揮成功領導者的特質與行為。
6. 採用「中庸式動態平衡的領導」，兼顧組織目標達成及成員需求滿足。
7. 瞭解並善用非正式組織。
8. 在依法行事及尊重人性的基礎上，酌情權變。
9. 善用溝通以協調成員的看法和行動。
10. 把握道德領導的原則和做法，並採行相關配套措施。

(二) 教育行政領導的權力基礎

教育行政領導中權力的運用,是組織必要的行動能量,透過權力的運用促使組織成員分工合作、各盡其職、各竭所能,以統整組織資源促進組織目標的實現。由於權力在領導力上的關鍵作用,使得權力的運用必須謹慎小心,適度適所不逾越權力的本質,以免權力的濫用及誤用。有鑑於此,權力管理乃成為有效能領導者的首要之務。以下分析即是教育行政領導的權力內涵、來源、基礎、結構與性質,領導者的權力來源有法職權、強制權、獎賞權、專家權、參照權、資訊權六種,主要是由法蘭屈和雷文(French & Raven)於1959年提出,謝文全(2005)認為,常見的權力基礎除上述六項權力之外,尚包括情感權與關係權,詳述如下:

1. **法職權力(legitimate power)**:這是指社會或法律所賦予的權力方式,是由組織正式任命領導部屬的權力,亦即所謂的「職權」。

2. **強制權力(coercive power)**:這是以強制性的方式脅迫他人服從的一種方式,是領導者有強制部屬服從命令的權力。

3. **獎賞權力(reward power)**:這是以報酬或獎賞而贏得他人的服從方式,領導者擁有控制或管理報酬(金錢、晉升等)的權力。

4. **專家權力(expert power)**:這是指個人因具有某種特殊的知識或能力而讓他人順從的方式,是領導者本身擁有專門知識和技術,足以領導他人,而產生領導作用的權力。

5. **參照權力(referent power)**:這是指個人身分造成他人依附的權力,別人以能與個人相識或相處為榮,因而順從個人。也就是指當屬下對領導者的領導心悅誠服,願意遵從他的意見。

6. **資訊或守門人權力(information/gatekeeper power)**:個人擁有特殊的資訊消息而使他人信服的權力方式,擁有的資訊越多越重要。

7. **情感權(affection power)**:因受人喜歡而取得的權力。人們常因喜歡某人,而受其影響,被喜歡的人便因此擁有權力。情感權與參照權不同,參照權是尊敬,情感權是喜歡,尊敬與喜歡不同,不能相提並論。

8. **關係權(connection power)**:又稱關聯權(association power),是因擁有某種人際關係而取得的權力。例如:裙帶關係或是民意代表的助理。

五、教育行政領導的層面與類型

(一) 以領導者使用權力的程度分類

1. **獨裁式領導**：領導者行中央集權制，所有決策不與部屬商量，對其責任與行為願負所有的責任。

2. **參與式領導**：領導者行分權制，重大決策皆由部屬的會商或討論後決定。若有任何團體人事的變動，部屬也會立即被告知。

3. **放任式領導**：領導者完全放棄權力與責任，而任由部屬去決定團體的走向。

(二) 根據社會系統理論分類

1. **規範式領導**：注重的是團體的期待，而對個人的需求較不重視。領導者要求的是個人的社會化。

2. **個人式領導**：領導者較注重個人層面，即部屬的人格與需求。

3. **變通式領導**：此類領導者視情況之不同而對機構與個人兩種層面做適度比重的取捨。

(三) 以領導哲學（X、Y 理論）分類

1. **X理論**：認為人類基本上厭惡工作，所以領導者須用強迫、控制與懲罰的手段來對付之。

2. **Y理論**：認為人類並非天生懶惰，只要給予適當的機會與幫助，員工的潛力即可發揮，並且在工作時能夠自我控制與引導。

(四) 以倡導與關懷兩因素分類

1. **無為型（低倡導、低關懷）**：領導者對目標與員工的關懷極不注意，只要不出事，他是不會有任何行動的。

2. **任務型（高倡導、低關懷）**：領導者重視目標是否達成，對員工的感覺較少注意。

3. **中庸型**：領導者對員工與團體目標都有中等程度的關注，希望兩者能取得平衡。

4. **鄉村俱樂部型（低倡導、高關懷）**：領導者認為只要關懷部屬，他們自然會心存感謝而有好的產出。

5. **團隊型（高倡導、高關懷）**：領導者認為只要給員工適當關懷，並導之以理，必定會使其發揮潛力，進而造成最大成就。此為最理想的領導方式。

六、有效能的行政領導【95地三】

教育成效如何端賴教育行政領導者是否具有效能的領導能力。領導者如能具有策略取向力、轉化策略為行動的能力、整合人與組織的能力、決定有效策略介入點的能力、發展策略的能力、對現況不滿或奮鬥不懈的特質、適應的能力、學習的能力及領導的智慧等領導能力，將是教育組織成功的必要條件。

(一) **策略取向的能力**：即是以策略為核心的領導作為。策略取向即是以策略為核心的領導作為，故領導者要能具有宏觀視野、審慎思慮來界定組織的價值及引領方向。

(二) **轉化策略為行動的能力**：領導者必須要有能力去以前述架構來提供一個明確且讓人一致洞悉並能實行的計畫方案，此要包括喚醒大家的知覺意識並正視之，再一起討論研商激盪對話規劃，而後將之深植組織中的人心化為行動。

(三) **整合人與組織的能力**：領導者要以一種開放、彈性、活力、創意、精進的角度來營造組織氣氛環境，形塑組織成一學習型組織，確實整合人與組織及想法與行動。

(四) **決定有效策略介入點的能力**：此即所謂的「關鍵時刻」或「策略影響點」。換句話說，在組織發展還未真正走下坡之際即應選擇適當時間點介入適切策略，否則等發展過了高峰走下坡時再介入則會有延宕效果，會讓組織繼續往下跌，對組織的影響更大。因此，策略領導者要有能力去界定變革策略的內容及界定策略變革的時間點。此也可說是策略領導需要化資料為智慧的真功夫。

(五) **發展策略的能力**：所謂的策略能力即為核心能力，亦即是組織本身深層的價值與基礎。

(六) **對現況不滿或奮鬥不懈的特質**：策略是一種發展或變革，而有不滿現狀的心及熱忱才能去獻身變革行動。基本上，不滿現狀並非是要組織很快的去改變，而是維持一個不斷改善和不停滯的狀況。

(七) **學習的能力**：策略領導係在一個紊亂、多元、曖昧、複雜、資訊超載的狀況下發生，故學習很重要，透過它，策略領導者才能確認新知識並且分析它和應用它在新的產出上。

(八) **適應的能力**：變革能力即一種適應能力，策略旨在導引組織迎向新未來或變革，故在實踐執行的過程中，具有複雜的運作過程和變數，而此需要領導者有一種目的的持續感或動機的延續感，此涉及到策略變通，凡此種種皆需領導者具有不錯的適應力加以調整因應。

(九) **領導的智慧【98高考】**：智慧即為資料經轉化為資訊、知識而又意義內化並能實踐而成，亦即是一種能在對的時間做對的行動之能力。在策略形成的過程中，領導者要有創造理念的能力，要有能力來決定理念好壞，也要有能力來使別人信服您的理念，更要有能力來平衡相關理念效果在短、中、長期的運作狀況中。換句話說，領導者要具有成功的能力、利益平衡的能力、時間架構的能力、價值鼓吹的能力、對環境反應平衡的能力等的智慧。

因此，學校教育經營若要培養有效能的校長具備上述能力，則可透過職務歷練、專業成長、充分授權及反省實踐等途徑，設法培育及遴選具有效能的校長，將是辦好學校教育提升國家競爭力的最有效策略。其關鍵能力如下表5-3所示：

表5-3　校長必須培養的關鍵能力

策略管理能力 strategic management	1. 對學校組織發展進行策略分析。 2. 確定學校的優劣勢與核心競爭力。 3. 將組織人力、經費等資源作最有效的分配。 4. 重新建構學校文化與價值觀。 5. 激勵制度的建立進一步激發組織的策略雄心。 6. 具有統觀全局、創造學校競爭力的策略管理能力。
執行力 execution	導引組織從「優秀」（good）到「卓越」（great）。 1. 擁有第五級領導人：即組織的領導人具有謙遜的個性和對專業的堅持，並能建立起持久的卓越績效。 2. 善用刺蝟原則：即經由評估組織的競爭優勢，發展組織的核心業務及組織動力的來源，將複雜的事件簡單化。 3. 強調紀律文化：將組織紀律文化和企業家精神相互結合，透過建立制度及塑造文化，並堅守刺蝟原則列出組織「不做的事」之清單，則能創造卓越的績效。 4. 有效運用科技：除了建立紀律的文化、選擇適合的人才、建立核心競爭價值及擁有第五級領導人外，運用科技可加速優秀的組織成為卓越的組織。

執行力 execution	5. 掌握飛輪效應：組織成員如何朝向一致的方向，繼續向前不斷邁進，則可以累積功能、厚植實力；組織成員亦可相互激勵成長、突飛猛進，形成良性循環，完成基業長青的理想。
注意力 attention	將精神集中投注在特定的資訊項目中。 1. 學校領導者能充分掌握校務發展的優先次序。 2. 建立學校知識管理系統，篩選及剔除不必要的資訊。 3. 透過溝通尋求組織成員的共識，促進其使命感的形成。 4. 發展學校的核心競爭力，加強授權以減少其對例行事務的關注。 5. 將大部分時間專注於具有特色之學校行政或教學事務的推展。
默默領導力 leading quietly	屬於非英雄式的領導，其特質為很有耐心、小心翼翼慢慢地來，默默為組織及其成員和自己做正確的事。 1. 平時務實的做好日常、例行的工作。 2. 審慎仔細的為學校成員尋求最好的發展方向。 3. 不厭其煩地默默面對及處理學校中的各種複雜棘手問題。 4. 不斷改善組織運作設法找出或創造轉圜的空間，經過無數次的努力將學校經營得更為理想。
教育行銷能力 education marketing	1. 將學校經營特色及辦學績效，向上級機關、家長及社區人士進行行銷，使其充分瞭解學校教育內涵及成效，以爭取其認同與支持。 2. 教育行銷能力，包括透過媒體、文宣、網路及博覽會等方式，或舉辦「學校日」及學生學習成果展示會等活動，邀請家長及社區人士參與，並與上級及學校所在社區維持良好的互動關係，有效拓展學校教育行銷市場。
科技運用能力 using technology	包括使用電腦、網路科技及各項數位化事務機器的能力，以及運用通訊科技產品的能力。 1. 熟悉電腦及網路科技的使用或操作方法，便能充分掌握學校組織的相關資訊。 2. 能善用電子郵件和電腦即時通訊軟體與同仁進行線上溝通，自然能提升學校行政績效，增進學校的整體競爭力。

	學校創新管理的內涵，包括教師創意教學策略、學生創意活動展能、校園規劃及校園美化、創新社會資源運用、建構知識管理系統及學校行政管理創新等。
創新管理能力 **innovative** **management**	1. 激勵教職員工參與對話及規劃。 2. 鼓勵同仁提出創意並共同學習新的工作方法與技巧。 3. 針對學校行政運作的各層面，進一步思考創新服務的作為，以發揮創新管理的精神。

貳、傳統的領導理論

由於行政領導活動範圍廣泛，內容多樣，關於領導理論的研究很多，20世紀後的觀點，大致將領導理論分為特質論、行為論與情境論三個階段，如圖5-2所示。特質論約在1920～1940年代，也就是領導理論出現的初期，研究者主要從事的是成功領導者特質之探究；行為論約從1940～1960年代，主要的重點在探究領導者之行為；情境（權變）論約略在1960～1980年代，認為有效的領導行為視情境狀況而有不同，領導行為需依不同情境權變調整，進行有效的搭配。

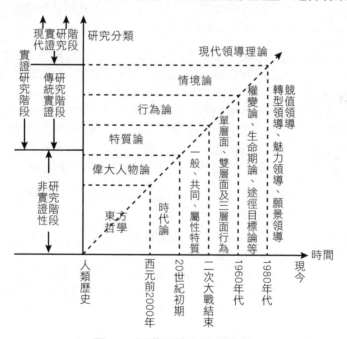

圖5-2 領導理論之發展脈絡

資料來源：蔡培村、武文瑛，2004:89

一、領導特質論時期（1940以前）

特質論（the traits theory of leadership）主要是採取心理學研究取向，試圖找出成功領導者的特質，包括生理、人格、情意、智慧等方面的特質。

(一) 特質論的意義與內涵

早期從事教育行政領導特質研究者，多屬一般特質（traits）的探討，認為領導者是一個具有某些特質的實體。例如伊爾斯布里（Willard S.Elsbree）等發現領導者的人格特質主要是：勇敢、友善、堅決、機智及自信。名教育行政學者葛瑞斐斯（Daniel E.Griffiths）等調查校長的領導特質，發現最有效能的校長大多具有：友善、負責、富有生氣、熱心、勇敢、富同情心、自發、自信、接納、及免於憂慮與焦急等特質。

(二) 特質論的歸納與影響

特質論代表學者史多基爾（Stogdill，1969）探討自1904年至1947年所完成有關領導特質的124篇研究文獻後，將與領導才能有關聯的個人因素歸納為六大類：能力、成就、責任、參與、地位與情境。

1. **能力**：包括智慧、機警、言詞靈巧及判斷；
2. **成就**：包括學識、知識及運動成就；
3. **責任**：包括可信賴、進取、堅忍、主動積極、自信及超越他人的欲望；
4. **參與**：包括活動、社交能力、合作、適應能力及幽默；
5. **地位**：包括社會經濟地位及知名度；
6. **情境**：追隨者的心智層次、技能與需求。

在這六類特質之中，除了能力之外，均可經由學習而得，也就是說，絕大部分的特性並非來自天賦。

除此之外，尤庫（Yukl，2002）整合相關研究，發現領導人特質有：

1. 具抗壓力與容忍力。　　　　　　2. 具社會權力動機。
3. 自信心。　　　　　　　　　　　4. 成就感取向。
5. 內控性格。　　　　　　　　　　6. 親密需求低。
7. 真誠。

Hoy & Miskel（2001）歸納三大類領導特質，包括人格特質、動機特質與技能特質。

由於共同特質分析和一般特質研究都無法建立領導特質與領導效能二者之間的關係，於是許多學者開始轉而認為：並非所有的領導特質（或共同特

質）皆適合於所有領導的情境。特質論對未來新領導理論的發展，較相關的有「轉型領導」、「道德領導」、「靈性領導」和「第五級領導」，這些領導理論均強調領導者要具備某些方面的特質，才能發揮其影響力，進行有效的領導。

(三) 特質論的優缺點與侷限

特質論的優點在便於將領導者個人的人格差異量化，並對領導行為有相當的預測能力，便於各種評估場合應用。然其缺點為偏重使用一種研究取向，忽略了被領導者的想法及需求，忽略情境因素的存在，無法釐清領導者不同特質的相對重要性，因此無法辨別領導特質與效能的因果關係。

另外，領導特質數量龐大、抽象，未能確定與簡化特定之成功領導者特質；特質間常產生自相矛盾的現象；先天決定論的色彩，忽視行為、情境的影響；以及主張之特質與成功領導之因果關係難以成立，都是領導特質論的侷限之處。

(四) 特質論的啟示

在實務方面，領導特質論對教育行政人員具有三點啟示：1.一位成功的教育行政人員必須了解自己在工作所需人格特質的長處和短處；2.對於自己人格特質上的缺陷，如果可以經由後天的修為而彌補，則宜及早加以彌補；3.對於無法彌補的人格特質缺陷，則應多和在這一方面具有長處的同事合作，以獲得其協助。

二、領導行為論時期（1940～1960）

從1940年代後期至1960年代中期，研究者將焦點移至領導者的行為表現而非個人特質，而形成領導的「行為論」。本時期的研究重心已從「誰是領導者？」轉移到「領導者做些什麼？」，認為領導者的核心面不是領導者的特質，而是領導者在各種情境中的作為。

領導行為論（leadership behavioral theories）的論點，從最傳統單層面領導行為研究（權威型的領導、放任式的領導、民主式的領導）；改良到雙層面領導行為研究（倡導和關懷），並形成了高倡導高關懷、高倡導低關懷、低倡導低關懷、低倡導高關懷等四個象限的四種不同領導風格，其中高關懷高倡導的領導方式，所得的效能最好，而以低關懷低倡導的領導效能最差；最後發展到三層面領導行為研究（3D管理理論）即工作層面、關係層面、效能層面等三個

層面，並構成了統合型（高工作高關係）、奉獻型（高工作、低關係）、關係型（低工作高關係）、分離型（低工作低關係）四種類型。詳述如下：

（一）單層面領導行為

愛荷華州立大學研究領導學者勒溫、里皮特與懷特（Lewin、Lippitt & White，1943）將團體領導行為依據權威的使用程度區分為權威型、民主型、放任型三種（朱敬先，1995）：

1. **權威型（authoritarian）領導**：強調權力、賞罰分明、重視團體秩序與禮節，要求嚴格遵守團體命令與規定。
2. **民主型（democratic）領導**：鼓勵發問、參與活動並主動關懷。
3. **放任型（laissez-faire）領導**：任由成員自由活動，無任何要求、約束，不重視秩序與成員較疏離。

　　另外，李克特（Likert）的管理系統（management system）的研究，將民主與專權領導區分為四種類型：

1. **懲罰權威式**：領導者集大權於一身，動輒施以懲罰之鐵腕。
2. **開明權威式**：大權依舊於領導人身上，形式上民主，但卻恩威並施。
3. **諮詢式**：領導者與部屬權責劃分，組織維持雙向溝通。
4. **參與式**：領導者充分授權部屬參與決策工作。

（二）雙層面領導行為之一：倡導與關懷【110身三】

雙層面領導的產生是由於單層面領導的研究不足而產生的，由俄亥俄州立大學企業研究中心的約翰與艾民（John & Alvin）所設計出的「領導行為描述問卷」（Leader Behavior Description Questionnaire，LBDQ），經過修正後即可分為為「倡導－關懷」兩層面：（施懿倩，2007）

1. **倡導層面**：是指領導者以實現團體目標為前提，對工作程序預先計劃，指派成員工作講求績效。
2. **關懷層面**：是說明指導者關懷成員需要，重視成員間人際關係，相互信任，相處融洽。

　　最後各層面再細分為高、低兩層次，而交織成四種類型：

1. **高倡導低關懷**：領導者關心工作績效少關懷成員。
2. **高倡導高關懷**：工作績效與成員需求兩者兼重。
3. **低倡導高關懷**：領導者關心成員需求勝過對工作的要求。
4. **低倡導低關懷**：對團體目標和成員需要均不注重。

　　如圖5-3所示，雙層面領導行為研究所形成四個象限的不同領導風格，以第一象限的高倡導高關懷，組織的工作績效或生產力最高；以第四象限的低倡導低關懷，組織的工作績效或生產力最低。

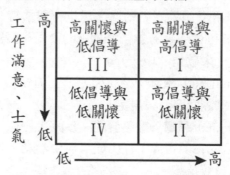

圖5-3　雙層面領導行為研究形成四象限的不同領導風格

(三) 雙層面領導行為之二：工作與人員

　　美國管理學者布萊克與莫頓（Black & Mouton，1978）提出了以「關心工作」為橫座標，以「關心人員」為縱座標的「管理方格」（managerial grid）領導理論，又稱為「管理格道理論」、「管理方陣理論」或「管理格道模式」（managerial grid model），如圖5-4所示。上述兩項變數加以配合，並區劃為9種程度上的差別，管理座標為一個9x9的矩陣，可以產生81種不同的「領導型態」。其中最基本最具代表性的型態有五種，即「五分式」的領導風格，如圖5-5，並詳述如下：

1. （1，1）型【不良型、無為型】（impoverished management）：對工作要求少，對人員亦不關心。

2. （1，9）型【懷柔型、鄉村俱樂部型】（country club management）：重視部屬需求的滿足，但忽視對工作的要求。

3. （9，1）型【工作績效型、權威服從型】（authority-obedience management）：重視組織工作的要求，而忽視成員需要之滿足。即主管對工作顯示最大關心與對員工顯示最少關心的管理方式。

4. （5，5）型【折中型、組織人型】（organization man management）：對工作及人員的要求均做中等程度的兼顧。

5. （9，9）型【統整型、團隊型】（team - management）：對組織工作成效及人員需求均能高度關心。

布萊克與莫頓研究後發現，（9，9）型的領導方式最為理想，（1，1）型的領導方式對組織最無效。以上所舉這兩種雙層面領導行為研究後均發現，都支持領導要能兼顧組織目標之達成和成員需求之滿足。

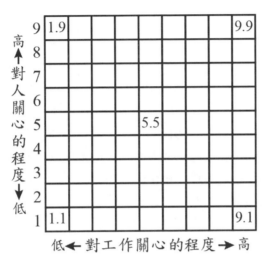

圖5-4 管理方格理論圖

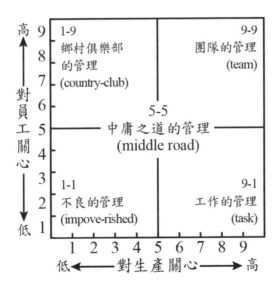

圖5-5 管理方格最具代表性的五種管理型態

(四) **倡導與關懷的統合**

在促進組織效能、成員士氣、工作滿意、領導者與成員關係、成員彼此關係及工作精神上，高倡導高關懷普遍被認為是相對較佳的領導方式。管理學者巴特雷（N.Barrett）提出統合成員需要及組織目標的方式三：

1. **交易模式**：這種方式是組織與個人之間透過交易的手段，彼此各取所需。組織提供成員某些誘因，譬如「加薪」、「非正式社會關係」以滿足個人的需求；個人亦以時間和精力回報組織，為組織工作達成組織目標，這種關係類似心理學上的制約增強原理。如「科學管理」、「誘導－貢獻理論」都是強調以交易模式來統合兩者的目標與需求。

2. **社會化模式**：是一種社會影響的方式，運用社會影響力量，使成員致力於促進組織目標的行為，可透過教育、說服及樹立行為規範，鼓勵個人將組織的目標當作自己的目標（積極的社會化）；亦可勸導個人放棄或改變其與組織目標相違背的行為（消極的社會化）。

3. **適應模式**：適應模式透過「角色的設計」與「參與」兩個途徑進行。先考慮並確定個人動機與需求之所在，然後再根據個人動機與需要安排其擔任適當的角色，同時也根據個人動機與需要來設計達到組織目標的工作程序。「角色的設計」途徑即是依據成員的需要與特性來設計組織目標與執行技術。「參與」途徑就是讓成員參與工作目標的選擇、問題的解決與決定的擬定。

交易與社會化兩種模式較強調組織目標的重要性，要個人遷就組織目標；適應模式較強調組織目標的訂定應先考慮成員的因素，比較人性化，因此應先採用適應模式。從此可知，統合倡導與關懷的要點包括以下幾個重點：

(1) 依成員需要之不同而予適當的滿足，並須兼顧生理及心理兩類需要的滿足。

(2) 決定組織政策與措施時，應考慮是否有礙成員需要的合理滿足。

(3) 指派工作應儘可能符合成員的專長與興趣。

(4) 實施分層負責制。

(5) 給予適當的獎勵。

(6) 找出成員尚未滿足的需要來加以滿足，以激發其工作動機。

(7) 促進成員社會化，將組織目標與文化內化成自己的目標。

(8)對待成員要公正、公平。

(9)明訂訴怨程序，以解決成員對組織或領導者的不滿。

(10)發現成員有不正常徵候時應主動約談，如有問題應協助其解決之。

(五) **領導行為論的侷限**

1. 對於情境因素變異性的忽視：行為論希望尋求最佳領導類型，但並非都能適用於任何情境。

2. 領導類型分類之標準不一：同樣LBDQ得分，在不同研究中分屬不同類型，產生矛盾。

3. 因果關係難以確立：領導者行為與組織影響，難以建立絕對的因果關係。

4. 理論與實務之差距：實務上，同樣的一種領導風格，未必能達成相同效果。

5. 最佳領導類型之爭議：難以斷定絕對有效用的領導形式。

6. 忽略被領導者的動機、需要和作用。

　　由於領導行為論只注重成功領導者之外顯行為的探究，但相對忽略情境因素對領導行為的影響。因此，情境領導理論乃應運而生。

三、領導情境論時期（1960～1980）【領導權變論時期】

1960年代後，情境領導論成為領導的主流，研究焦點拓展到領導者、被領導者與情境之間三種層面。情境理論（situational theory）又稱為「情勢理論」、「情遇理論」，領導的作用在於影響人們的行為，而人們的行為又受其動機和態度等因素的影響。領導情境論係結合特質論與行為論而成，認為有效的領導是受領導者特質、領導行為、被領導者特質，以及領導情境等因素的交互影響。其基本觀點是：領導效能的高低需視領導者行為與情境的配合成度而定。代表研究有以下幾個：

(一) **費德勒（Fiedler）的權變領導理論**【100原三】

　　領導情境千變萬化，領導形式應隨著領導情境之不同而變異，才能產生最佳的效果，因此，一位有效的領導者，必須是一位有適應性的人。這種因情境不同而變化領導方式的做法，通稱為權變領導。但權變領導並非毫無限制，仍應以尊重成員的人性（求生存、求舒適、求自由、求平等）為前提。也就是說領導應在尊重人性的基礎上，做適當的權變。

　　費德勒（F.Fiedler）認為，領導是否有效，端視領導型式是否與情境相配合而定，稱為「權變領導理論」（contingency theory of leadership）。Fiedler

認為人類行為係個人人格與所處情境的交互產品,因此組織有否達成目標與產生效能是取決於領導者所選擇之行為類型是否與情境有適當之配合度。因此,組織效能是領導者動機結構與情境有利度交互作用的結果。

1. **領導者動機結構**:Fiedler權變模式將領導型式分為「工作導向」和「關係導向」兩種。

2. **情境有利性**:Fiedler權變模式指出影響領導效果的情境因素有三個:

   (1)**領導者與成員的關係**:成員對領導者的友善程度,分為良好或惡劣。

   (2)**工作的結構**:工作目標、作業流程及評估績效標準的明確程度,分為高或低。

   (3)**職位權力**:領導者在職務上所擁有的權威和控制力,分為強或弱。

   而領導情境是由領導與成員關係、工作結構及職權三個因素交互作用而成,一共可以組成八個領導情境,如圖5-6所示。

領導者部屬關係	好	好	好	好	差	差	差	差
工作結構	高	高	低	低	高	高	低	低
領導者職權	強	弱	強	弱	強	弱	強	弱
情境類型	一	二	三	四	五	六	七	八
情境有利度	非常有利			中度有利				非常不利
領導型態	工作取向			關係取向				工作取向

圖5-6　Fiedler權變理論之八個領導型態統整表

研究結果:

(1)第一、二、三種情境,領導者的控制力高,形勢對他非常有利,採工作導向的領導較為有效。

(2)第八種情境,領導者的控制力低,形勢對他不利,採工作導向的領導較為有效。

(3)其餘的四個情境，領導者的控制力普通，形勢對他屬中度有利，採關係導向的領導較為有效。

3. LPC問卷：Fiedler認為，領導行為與領導形式是有所區別的，領導行為是表示領導者在指揮和控制團體成員的工作時，所表現的特殊行為；領導形式則是不同的領導情境下，領導者激勵行為的基本需求結構，是一種人格特質。

Fiedler於是發展一份衡量工具，稱為「最不受喜愛的同事問卷」（Least Preferred Co-worker, LPC），用以了解一個人的領導行為屬於工作導向或關係導向。LPC記分方式：八點量表，每一尺度最低為一分，最高為八分。依照得分高低，可分為三種導向的領導方式，得分愈高，愈屬關係導向；得分愈低，愈屬工作導向，詳述如下：

(1)**低LPC--工作導向（低於63分）**：通常將LPC解釋為個人對另一個工作完成者的態度或情緒反應，低得分者把最不喜歡的同事描述成非常消極或抗拒團體的人。認為阻礙我工作的人一無可取，否定該同事其他優點，表現出一種強烈的情緒反應，而非理性的評估，因此稱其為高度工作導向者。

(2)**高LPC--關係導向（75分以上）**：即使最不喜歡的同事，也將之歸類於比較好的人格，不因工作而影響其判斷，因此稱為關係導向。

(3)**中LPC--社會自主**：特性是甚少依賴他人，有較寬廣的獨立思考空間。

費德勒認為領導型式為領導者人格的反映，不易改變，因此用人時，最好先考慮該人的人格或領導型式，再將其派任到適合其領導型式的機關學校中；萬一領導者的領導型式與其任職的情境類型不相配合，宜先設法改變情境，使情境能配合領導型式。

(二) **豪斯（House）的途徑-目標理論**

「途徑-目標」理論（path-goal theory）係1974年由豪斯與米謝爾（House & Michell）提出，他們認為領導行為對於下列三項成員行為具有影響作用：1.工作動機；2.工作滿足；3.對於領導者接受與否。「途徑-目標」理論認為，領導者主要的工作是幫部屬達成他們的目標，並提供必要的指導和支援，以確保他們的目標可以和團體或組織的目標配合。具有效能的領導者應該幫助部屬澄清可以達成目標的途徑，減少途中的障礙與危險，使其能順利完成。

1. **領導的行為層面**：House將領導的行為層面分成指導式、支持性、參與式與成就導向四類。指導式和成就導向型領導偏重於「倡導」層面，支持型領導和參與型領導偏重於「關懷」層面。

   (1) **獨斷式、指導式（directive）領導者**：讓部屬知道上司對他的期望，完成工作的程序，並對如何完成工作任務有特別的指導。

   (2) **支援性、支持性（supportive）領導者**：平等對待及支援部屬，對部屬十分友善，並對部屬的需求表示關心。

   (3) **參與式（participative）領導者**：做決策前，諮詢部屬的意見並接受其建議，讓部屬參與決定。

   (4) **成就導向（achievement-oriented）領導者**：設定具有挑戰性與彈性的目標，並期許部屬有良好的表現，發揮最大潛能。

2. **情境因素：<u>部屬特質與環境變數</u>**：領導者領導成員設定目標與途徑時，領導方式應隨情境之不同而不同。House認為，領導情境是由「部屬特質」及「環境變數：壓力與要求」兩項交織而成。House 近年來也徹底修正這一套理論，將領導的行為層面從四個層面（指導式、支持性、參與式與成就導向）擴大為十個層面，增加的六個層面包括：部屬特質三個層面（內外控、能力、服從度），環境變數三個層面（工作難度、團體權力結構、相關單位的支持）。House將部屬特質及環境變數等情境變項的概念現代化，並將部屬的工作滿足感、對領導者感受、動機增強、生產增加等組織效能納入結果變項的範圍，於是領導行為、情境因素及效能這三個主要概念構成了圖5-7所示之途徑—目標理論模式。

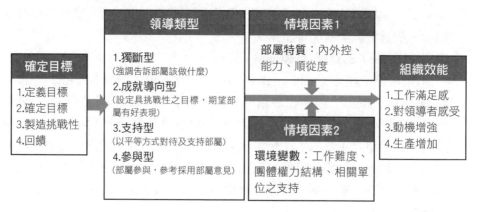

圖5-7　途徑--目標領導理論模式

House認為情境不同，領導型式就應隨之調整例如內控型的成員（命運自己創造），宜採參與型領導，讓其有所發揮；外控型的成員（命運上天註定），宜採指示型，讓其有所依循。自認為能力高的成員，宜採成就導向型領導，讓其挑戰極限；任務明確時，宜採支援型或參與型領導，共同締造成功；任務不明確時，則宜採指示型領導，讓部屬有明確的方向，不致迷失。

在領導者的任務上，House認為必須設定達成任務之獎酬，協助成員辨認達成任務與獎酬之路徑，並替成員清除可能遭遇之障礙。因此，領導者應視成員特性以及工作結構兩項情境變數而定。若工作高度結構化，由於路徑已十分清晰，則領導行為應偏重人際關係，以減少成員因工作單調引起之挫折與不快。反之，若工作富於變化與挑戰性，此時領導者應致力於工作上之協助與要求，而非人際關係上。

(三) **佛洛姆（Vroom）與耶頓（Yetton）的規範性權變理論**

佛洛姆（V.H.Vroom）和耶頓（P.W.Yetton）1973年融合七種情境和五種領導風格所組成決策樹（decision tree），提出「規範性權變理論」（normative contingency theory），如圖5-8所示。此理論認為，領導者的主要工作在做決定，而做決定的歷程宜因情境之不同而異。本理論之所以稱為「規範性」權變理論，乃因它提供了一系列的規則，作為決定領導方式的依據，並將領導型式分為專制型、諮議型與團體型三大類，再細分為五型。

1. **五種領導風格**

專制第一型 （AI）	領導者利用手邊的訊息，自行解決問題或作決定。
專制第二型 （AII）	領導者從成員處獲致訊息，再參考這些訊息獨自作成決定。
諮議第一型 （CI）	領導者與有關成員個別討論問題，聽取他們建議，然後自行作成決定
諮議第二型 （CII）	領導者與成員作團體的討論，聽取成員的建議，再自定行作決定。
團體型（GI）	領導者採團體會議方式，與成員共同討論問題，共同作成決定，共同來承擔責任。

2. 七種情境

Vroom和Yetton將情境因素分為三大類：問題的性質、領導者的條件及部屬的特質，然後把這三類因素化成七個情境問題，領導者以「是」、「否」來答覆，所得結果即可作為分析情境之依據，如圖5-8。七種情境式問題，依序由A至G詳述如下：

A.有決策品質上的要求嗎？

B.我有足夠的訊息來作一個高品質的決策嗎？

C.問題的結構清楚嗎？

D.部屬對此決策的接受程度是否會影響決策的推動？

E.如果我自己作決策的話，我的部屬會接受嗎？

F.藉著解決此問題，可以讓部屬分擔組織目標的達成嗎？

G.部屬之間對最後選擇的方案會有衝突嗎？

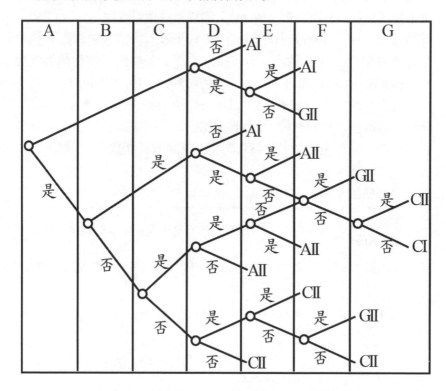

圖5-8　Vroom與Yetton的規範性權變理論決策樹

(四) **賀塞（Hersey）與布蘭恰（Blanchard）的情境領導理論**

　　賀塞（P.Hersey）與布蘭恰（K.H.Blanchard）認為，領導應考慮的因素為關係行為、任務行為和員工成熟度，領導型式須與成員的成熟度相配合，才能發揮最大效果，稱為「情境領導理論」（situational leadership theory），也稱為「壽命循環理論」或「生命週期領導理論」（life cycle theory）。此理論於1969年提出，綜合其「三層面領導效能模式」（tri-dimensional leader effectiveness model）以及「領導生命週期理論」（life cycle theory of leadership）兩者發展而成。

1. **兩個領導向度**：隨著成員對其工作之「成熟程度」（係指其願意承擔責任的意願和能力的高低）的改變，適當的領導行為所需要的「工作導向」和「關係導向」的程度亦隨之而異。Hersey與Blanchard於是將領導的向度分成「工作行為」（task behavior）與「關係行為」（relationship behavior）兩個。

2. **四種領導類型**：根據員工的成熟度、能力高低與意願有無，將領導分成四種類型，如圖5-9所示，並詳述如下：

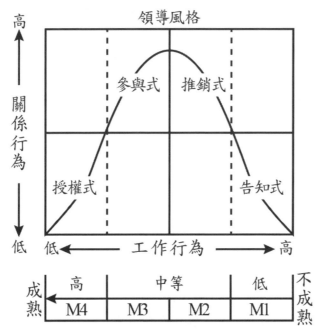

圖5-9　Hersey與Blanchard情境領導理論圖

(1)**告知式（telling）領導**：員工成熟度低（M1），既無能力也無意願（高領導行為/低支持行為），屬於高工作導向行為、低關係導向行為的「高工作低關係導向」。

(2)**支持式或推銷式（selling）領導**：員工中低成熟度（M2），能力不足但有高意願（高領導行為/高支持行為），屬於高工作導向行為、高關係導向行為的「高工作高關係導向」。

(3)**參與式（participating）領導**：員工中高成熟度（M3），能力高但意願低（低領導行為/高支持行為），屬於低工作導向行為、高關係導向行為的「低工作高關係導向」。

(4)**授權式（delegating）領導**：員工成熟度高（M4），能力高，意願也高（低領導行為/低支持行為），屬於低工作導向行為、低關係導向行為的「低工作低關係導向」。

3. **情境領導理論對學校經營領導的啟示**

(1)**對新進同仁（低成熟度者M1）宜採告知型、命令式領導**：包括實習老師、新進工友、幹事，通常其對校務推展不熟悉。

(2)**對校務有意願但無能力者（中低成熟度M2）宜用推銷式領導**：一般是指工友、資歷較淺的教師、主任，此有賴高倡導高關懷的領導；大部份教師是屬此類中低成熟度者，因此，必須強化鼓舞教師進修，提升專業素養。

(3)**對校務有能力但無意願（中高成熟度者M3）則可採參與式領導**：採民主參與式領導，是教育改革重點，大家對校務發展要有共同願景，結合教師與家長共同經營學校，自然會有意願參與學校活動，把每位學生帶上來。

(4)**對校務有能力也有意願的同仁（高成熟度M4）宜採授權式領導**：但應隨時掌握其進度，有誤差時必須予以導正。在學校中有些同仁對某些校務很專業、有經驗、專長，可採授權式目標管理，專才適用之人性化領導。

(5)**學校經營宜採富彈性的權變式領導**：因時、因地、因人、因物之不同，領導方式要權變有彈性；對同一個人因事之不同，其成熟度也會有差異，所以領導要有彈性、能權變。

(6)**提升同仁的專業素養，以提升其成熟度**：這是最積極的作法，也是教育改革的重點。

4. **情境領導理論在班級經營上的應用**

(1) 親師合作宜視社區家長的成熟度而採適宜的領導方式：有些家長願意協助但是經驗不足，此時需教導他或提供作法，鼓勵其參加親職教育活動；至於有些家長很專業、有能力者，唯無意願協助導師，必須加強溝通，建立良好關係，鼓勵參與。

(2) 了解每位學生的成熟度，而採適性教學與輔導。

(3) 讓每位學生輪流當班級幹部，可輔導提升其成熟度。

(五) **雷頓（Reddin）三層面領導行為**

雷頓（W.J.Reddin）是一位知名的管理學者，在雷頓之前的領導研究多侷限於兩個層面的研究，而雷頓認為領導者行為層面並不只限於兩種，而必須加上「效能」（effectiveness）層面，他於1967年提出領導層面應包括「工作、關係、效能」等三個因素，稱為「三層面領導效能理論」（three-dimension leadership effectiveness theory）。

根據雷頓的看法，工作導向（task orientation，簡稱TO）是領導者為達成目標，對於員工指揮程度；關係導向（relationship orientation，簡稱RO）是其為改進與員工關係的程度；效能則是根據其所定目標，經由領導行為過程後產生的效果，三個層面皆是連續而非二分的。例如：我們不能將其二分為「沒效率」或「有效率」，而必須描述其在某種情境中，達成既定目標的程度有多少。雷頓區分基本的領導形式為四，並依效能產生的高低，分成八種領導者，如圖5-10所示，八種領導者的特徵如表5-4：

1. **關注型（related，低工作高關係）**：發展者與傳教士。
2. **整合型（integrated，高工作高關係）**：執行者與妥協者。
3. **盡職型（dedicated，高工作低關係）**：開明專制者與獨裁者。
4. **疏離型（separated，低工作低關係）**：官僚與拋棄者。

四種領導類型，八種領導者（依產生效能之高低）

關係導向	**(一) 關注型領導** 發展者 / 傳教士	**(二) 整合型領導** 執行者 / 妥協者
	(四) 疏離型領導 官僚 / 拋棄者	**(三) 盡職型領導** 開明專制者 / 獨裁者

低 ➡ 高
工作導向

圖5-10 Reddin 的三層面領導理論

表5-4　三層面領導理論八種領導者之特徵

基本的領導者形式	具有效能	較無效能
關係型	發展者：對待部屬信任，對部屬具有信心。	傳教士型：重視和諧，一心想做好人。
整合型	執行者：富行政能力的主管，注意個別差異，喜用團體方式進行領導。	妥協者：不擅長做決定，容易為不相干的壓力所左右。
盡職型	開明專制者：充滿活力，做事具有效率又不致引起他人敵意。	獨裁者：不敏感、專制、傲慢，對他人缺乏信心，僅關心眼前任務。
疏離型	官僚：以公正態度及良心執行法律規章。	拋棄者、失職者：凡事不介入，放棄自己責任，不關心部屬。

資料來源：參考林麗琴（1995）。

(六) **克爾（Kerr）和傑邁爾（Jemier）的領導替代理論**

1978年克爾和傑邁爾（S.Kerr＆J.Jemier）首次提出領導替代的概念，他們認為，隨著知識經濟的興起，普通員工受教育水準提高了，他們的能力和素質也提高了，因此，在許多情景下被領導者可以「替代」領導者的部分職責，這就是有名的領導替代理論（leadership substitutes theory）。也就是說，某些情境因素（被領導者、組織、環境）會替代領導者行為的影響力，使其變得多餘；或是消弱領導者行為的效用，使其無法發揮應有的影響力。前者則稱為領導的「替代物」（substitute）；後者稱為領導的「中和物」（neutralizer）。

1. **領導替代的情境因素與條件**：Kerr與Jemier認為，除了被領導者可以替代領導者之外，組織和環境兩種情境因素也能產生領導替代。例如：組織的規章制度與計畫周密對領導的替代（在擁有詳盡書面資料、條例、工作規則、作法與政策的組織中，部屬一旦了解這些法規後，就沒有指導的必要）；民主法治環境與溝通訊息的技術對領導的替代。另外，發生領導替代的條件主要有七個（智庫百科，2016）：

(1)建立在相互信任的基礎上情感化的管理，上級的信任和下級的忠誠都是必須的。

(2)工作任務明確。

(3)完善的、規範的管理制度。

(4)被領導者自己知道應該做什麼、怎麼做，並且能自覺做、主動做和做好。

(5)被領導者具有一定的工作能力，有自主意識且善於自我激勵。

(6)企業文化鼓勵組織成員的創造性和自主性。

(7)透過通訊工具保持聯繫，對下級難以解決的突發事件及時拿出解決方案，保持對計劃的實施過程進行監督、約束，發現偏差及時調整和控制。

2. **領導替代理論的啟示與應用**

(1)領導者應檢視成員的能力與需求下工作的性質與規範、組織的結構與文化等情境因素，對於具有替代效果的情境因素宜善加引導利用，使之發揮更大的影響力；對於情境所無法提供的心理支持與工作指引，則應適時地加以補足，才能提升組織效能。

(2)領導者亦應診斷情境中有那些因素會對領導產生抑制、中和作用，據以祛除或淡化處理，免得領導者的作為和努力失去效用。

(七) **領導情境論的啟示與應用**

1. 領導者要學習各種不同的領導行為。

2. 了解與確認情境變數。

3. 必須有不斷改善提升的計畫。

4. 制度化的建立與創新的提倡。

5. 團隊願景的建議。

6. 領導型式宜隨著領導情境之不同而異。

7. 權變領導的構成要素有領導情境、領導型式及領導效能三種。要先決定組織的效能是什麼，再參考情境來決定領導型式。

8. 領導情境應考慮的因素包括成員特質、組織特性與外界情勢三者。

9. 各項情境因素互動後，可以形成無限多的領導情境：

(1)高控制情境－採民主、工作導向、低倡導低關懷。

(2)低控制情境－採專制、工作導向、高倡導低關懷。

(3)中控制情境－採半專制半民主、關係導向、高倡導高關懷、低倡導高關懷。

10. 不管採任何一種領導型式，都要在尊重成員人性的原則下實施，不可為達目的不擇手段。

11. 關注工作（倡導）或關注關係（關懷）的關注，又可分為行為的關注與內心的關注兩類：

(1)成熟度低：採行為的關注，倡導與關懷都要以行為表現出來。

(2)成熟度高：採內心的關注。

12. 當領導者的領導型式與情境不搭配時，費德勒主張應改變情境來配合自己的領導型式；豪斯則主張應改變自己的領導型式來適應情境；編者認為行為與情境雙方都應做適當的改變，彼此互相調適，較有可行性。

參、新興的領導理論

1980年代以後，新興的領導理論特別強調領導者與部屬間的關係、人格特質上的互動、組織文化及環境等因素對領導行為的影響。這些新興的領導理論研究，內容涵蓋組織轉化、自我提升、道德、價值、文化、服務、賦權、專業等各種領導觀點，目前正蓬勃發展，理論呈現百家爭鳴之態。以下臚列十六種新興領導理論共享並詳述之。

一、領導歸因理論

領導歸因理論（attribution theory of leadership）是由米契爾（Terence R.Mitchell）於1979年提出。

(一) 理論要義

1. 領導者對下級的判斷會受到領導者對其下級行為歸因的影響。但領導者對下級行為的歸因可能有偏見，這將影響領導者對待下級的方式。

2. 領導者對下級行為歸因的公正和準確也將影響下級對領導者遵從、合作和執行領導者指示的意願。

3. 領導者典型的歸因偏見是把組織中的成功歸因於自己，把失敗歸因於外部條件，把工作的失敗歸因於下級本身，把工作的成功歸因於領導者。

(二) 理論應用

1. 領導歸因理論是從被領導者和領導者的心理關係入手，觀察被領導者怎樣看上級，怎樣把團隊的業績或組織的業績和上級領導者的素質結合在一起。領導歸因理論特別強調了下屬的心理感受、心理認可對領導力獲得的

重要性，同時該理論也強調了輿論對領導人能否完成任務，以及領導人能否繼續成長至關重要。

2. 要創造使領導人物脫穎而出的文化環境，輿論有利於領導訓練，同時上級和普通員工要對領導後備人員充滿希望和期待。這就是心理學上所說的比馬龍效應（pygmalion effect）。

二、魅力—願景型領導

(一) 魅力領導

魅力領導（charismatic leadership）大致源自於House對領袖人物領導能力的研究，係指領導者對被領導者產生魅力，吸引被領導者樂於接受其領導。通常魅力領導者具有高度自信心、能建立未來願景、堅持理想、塑立改革形象、表現創新行為與敏感於環境變化等人格特質或行為表現。因為魅力領導的主要基礎來自魅力，所以，如何善用和維持魅力以遂行領導，產生領導效能並避免不當的負面影響，是領導人主要的課題。

(二) 願景領導

願景領導（visionary leadership）係指透過組織願景的建構，來領導成員完成組織任務的一種領導方式，包括發展願景與執行願景兩項步驟。願景包括組織長期的計畫與未來發展的景象，是組織現況與未來景象間的橋梁，對於領導者而言，它提供行動的目標，並幫助領導者，超越目前的情境，達到組織的改進與成長。

三、轉型—交易型領導【109高考】

(一) 轉型領導【95高考】

1. **意義**：轉型領導（transformational leadership）的概念，最先由道頓（Downton）所提出。而正式將其作為一種領導行為的研究則為政治社會學家柏恩（Burns）。Burns以Maslow的需求層次論來對轉型領導做詮釋。他認為轉型領導的領導者能瞭解成員的需求，為成員開發潛能，激發動機，培養成員成為領導者。所謂的「轉型」，指的是針對舊有的領導方式做改變。

轉型領導的意義為：領導者運用個人的魅力去影響成員，取得成員的崇敬、信任並將成員動機層次提昇，分享願景並鼓勵成員共同去完成，以激發成員對於工作及自我實現更加努力，而讓成員的表現成果超乎預期。

2. **轉型領導之層面與特徵**：Bass & Avolio（1994）在改進組織效能（Improving Organizational Effectiveness）書中提出具體的行為層面為：魅力、激勵、智力刺激、個別關懷四個層次。

(1)**魅力**：領導者透過自信、理念、態度及情緒上的，令人尊重與信任；領導者具有吸引人的個人魅力，以激發成員的忠誠及參與的意願；領導者有令追隨者心悅誠服的特質與行為。故又將魅力分為兩個層面，一為理想化特質，另一者為理想化行為。

A. **理想化特質**：理想化的領導者呈現最高轉化領導之層次，其領導者本身或其行為，成為追隨者崇拜敬仰的目標，因為成員們如此信任領導者，他們仿效領導者的行為，他們接納領導者所描述的價值觀，他們被託付去完成領導者的遠景，甚至於必要的犧牲。

B. **理想化行為**：藉由領導者特別行為的表現，能獲得成員的景仰、崇拜，領導者常展現的行為是堅持道德與理想，設定具挑戰性的目標及標準，他們鼓勵成員去分享共同遠景和目的，認同他們的領導者和發展高層次的信任。成員相信領導者能確保團體的成功。

(2)**激勵**：溝通高度的期望，用心彙集努力，以簡單的方式表達重要的目標。係指領導者藉由激勵成員的行為，凝聚共識並分享目標，發揮領導影響力，提升成員對於成功的追求，讓成員一起完成任務或目標。

(3)**個別關懷**：給予個別的注意，對每一位成員個別對待、訓練與勸告。係指領導者關心成員的個別需求亦尊重每一位成員之獨特性，協助成員成長、發揮個人的潛能。

(4)**智力刺激**：提昇智慧、理性，和謹慎解決問題的能力。領導者要求成員以問題假設、問題的重新結構方式來重新看待問題，並鼓勵成員能夠創新，但不會公開批評成員的錯誤，即使其創新想法與領導者不同，亦不會受到領導者的質疑。

(二) **交易領導**

1. **意義**：交易領導（transactional leadership）又稱「互易領導」，是依循伯勞（Blau，1974）所提出的社會交換理論（social exchange）而來。交易領導即為領導者基於工作目標的達成及角色詮釋的基礎上，適時運用協商、利益交換、獎賞處罰等方式，激勵成員努力工作完成任務目標的一種領導歷程。交易領導與轉型領導的差異比較如表5-4所示。

表5-4　轉型領導與交易領導的差異比較

領導模式 比較項目	轉型領導	互易領導
組織目標	領導者與成員建立共識，訂定目標，且成員都能知覺達成目標的重要性	組織的目標是由領導者個人所設定，成員並不一定能知覺到組織目標存在的重要性
領導行為	較為積極	較為消極
動機需求	內在動機	外在動機
成員需求	以提升成員的需求層次及預期結果為目標（成長需求）	以滿足成員的需求為目標（基本需求）
權力基礎	象徵權	利酬權

2. **交易領導層面與特徵**
   (1)**權宜獎賞**：訂有努力及獎賞的契約，對良好績效予以獎賞、讚賞成就。即領導者使成員清楚知道，有表現就有獎勵，當成員完成所交付之任務時，便給予適當的獎勵。
   (2)**積極的例外管理**：注視、找尋偏離規則和標準的活動，採取修正的措施。即領導者能注意並了解事情的執行未能達到標準時，遂進行必要的介入及修正。
   (3)**消極的例外管理**：只有在不符合標準時才介入。即領導者關心成員的錯誤行為而給予負增強及處罰的歷程，並將注意力放在成員錯誤與偏差行為的指導上。
3. 領導者在運用交易領導時，應注意到下列各點：
   (1)酬賞須對成員有吸引力
   (2)酬賞應依對組織的貢獻度來決定
   (3)給予每位成員公平酬賞的機會
   (4)善用事後酬賞與例外管理：事後酬賞指在成員完成工作後給予的酬賞方式，可分為承諾性事後酬賞與實質性事後酬賞。例外管理是對成員的不當表現所做的懲罰，可分為主動性例外管理與被動式例外管理。
   (5)平時就可多關懷成員
   (6)應妥善處理人情餽贈

四、團隊領導

團隊領導（team leadership）是指負責為團隊提供指導，作為團隊制定長遠目標的帶領者，團隊領導者主要的工作，包括確定資源有效運用，引導訓練團隊成員有效解決問題，以激勵團隊成員達成目標，讓團隊發展更成熟。Posey等人（1990）提出團隊領導者的角色可細分為：

(一) **管理者**：負責安排工作進度與會議時間、值班與休假計畫、負責團隊檔案記錄等。

(二) **促進者**：主導團隊會議的舉行，解決團隊成員之困難，協調解決團隊內的衝突。

(三) **教練或訓練者**：負責規畫團隊成員的教育訓練以及工作技能的發展。

(四) **工作協調者**：監視團隊成員的工作表現。如果目標有所變動，彈性調整團隊成員間的工作量。

(五) **外部聯絡者**：負責處理對外單位之聯絡事項。

團隊領導與跟隨者之間的互動，也就是所謂的溝通和影響是雙向流通的，也就是團隊領導者必須要發展一個良好的互動環境，促進團隊成員間的溝通與合作，以達成團隊的目標。

五、社會正義領導【103原三；100高考】

(一) 社會正義領導內涵

學校的社會正義領導（leadership for social justice）強調以道德價值、公平、關懷與尊重來對待少數種族、族群、階層等學生，使其在教育的過程中獲得公平的對待，進而促進其教育的成功。

北卡羅萊納大學的C.Marshall與德州大學的M.Oliva（2010）提出在教育環境中，社會正義領導有三個目標：

1. 社會正義的領導者必須提高校內所有學生的表現。

2. 社會正義的領導者必須培養學生成為有批判能力的公民。

3. 社會正義的領導者必須確保學生在異質性、融入性的班級正常學習。

Shield（2004）亦談到社會正義領導者應進行一種道德的對話，針對不同地區、族群階級等學生建立良好的互動關係，並進一步發展其學術成就，以促使所有學生教育成功。

由上可知，學校的社會正義領導者應具有道德、公平、關懷與尊重的理念；其實施對象主要是針對少數種族、族群、階層、文化不利地區等學生；而其目的則在進行來自不同地區、種族、族群、階層等學生的融入與關係的建立，以促使所有學生教育成功，實現公平、正義的教育理想。

(二) 社會正義領導能力

Marshall（2004）認為傳統強調管理的教育行政知識基礎窄化了領導理論的觀點，學校教育反應了社會不公平與缺乏正義的生態，教育領導者為兼顧不同學生的需求與培育計畫，推動社會正義與教育公平的教育活動，需要更多相關的知識作為學校領導的基礎。

根據Theoharis（2004）的研究發現，為落實社會正義的推動，學校領導者應具備特殊教育、語言學習能力、課程、多元教學、資料使用、表達技巧、種族、貧窮與不同家庭互動與全球觀點的知識能力。

Marshal l& Oliva（2010）認為社會正義領導的檢視應對以下議題做出適切的回應：

1. 擁有正義的良知與熱忱，缺乏實踐的技巧與知識。
2. 缺乏正義的良知與熱忱，擁有實踐的技巧與知識。
3. 缺乏正義的良知與熱忱，缺乏實踐的技巧與知識。
4. 擁有正義的良知與熱忱，擁有實踐的技巧與知識。

此外，Marshall & Oliva更進一步指出，社會正義領導者應以關心（caring）、關懷（concern）與關聯（connection），來取代創造力（creativity）、勇氣（courage）與同情心（compassion）等3C的領導新視野。

從上述學者觀點可知，社會正義領導者能力的建構，是一連串理論、研究與實務工作的反省；是致力於課程與教學工具的設計；是擁有教育正義的熱忱、良知、關心、關懷與關聯的視野，並能運用專業的實踐技巧與知識，致力於策略建構以及在真實世界中面對政策與實踐的挑戰。

統整歸納前述社會正義領導的相關理論，可歸結社會正義領導的理論架構如圖5-11所示，其中社會正義的領導策略會因各校而異，各校校長必須審酌社區需求與學生特性謹慎為之。

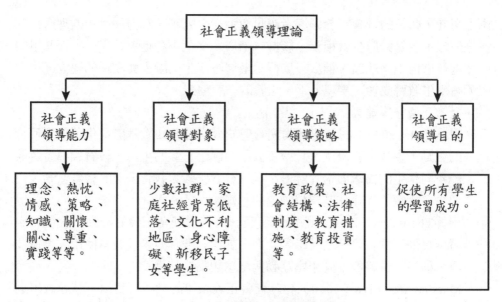

圖5-11　社會正義領導理論架構圖

參考資料：蔡金田（2012）。從社會正義領導理論探究「攜手計劃－課後扶助」政策之實施。
　　　　　教育行政論壇，4(2)，頁35-66。

六、道德領導【102地三；102薦升；94薦升；93高考；92身三】

道德領導（moral leadership）又稱「倫理領導」，係指以道德權威為基礎的領
導。領導者本著為正義與行善的義務感實施領導，冀求成員也能以為正義與行
善來辦事做回應，真心為充分完成組織目標而努力。道德領導所重視的是價值
觀與信念，是屬於領導之心，道德領導才是領導的核心精神。

(一) **道德領導的內涵**

　　道德領導是運用責任感與義務感來激勵成員，動機是道德性的，是一種「善
　　的就去做」的心態。教育是一種道德事業，學校是一個道德機構，除了教授
　　知識與技能外，也要教導道德倫理，也就是要符合教育三個規準之一的合價
　　值性，一切教育活動必須是有價值的，至少應符合道德的可欲性。

(二) **道德領導的實施**

　1. **培養道德人格並以身作則。**

　2. **建構組織的倫理環境：**舉辦正式與非正式的道德進修研習、介紹成功的道
　　　德領導個案、鼓勵成員從事道德領導的行動研究、積極獎勵公義行為等。

3. **落實正義倫理**：道德與正義是一體之兩面，領導者應確實落實正義倫理，秉持公正理性的原則來做行政處理，所秉持的是對道德法則的負責，而非功利或主觀的好惡。

4. **發揮關懷倫理**：關鍵處在於將每一位成員都視為具有獨立個性的人，有其自己存在的價值與尊嚴。因此不能把成員當工具，而是將其看得與自己完全平等，並給予人性的待遇。

5. **實踐批判倫理**：批判倫理即批判精神，是一種反省實踐的心靈活動，包括質疑、反省、解放、重建四大活動，透過這些活動逐步達到康德所說的良心道德層次。

6. **本道德正義原則做好道德選擇**：領導者做道德選擇時，應排除前成規道德選擇的層次，而進入成規道德選擇及後成規道德選擇。要做好道德選擇可從三方面入手：訓練自己成為一位有紀律的人、積極參與教育團體的種種活動、判斷獨立或秉公判斷。

7. **發揮替代領導的功能**：當情境特質能夠提供與領導作用相同的工作條件或報酬時，則部屬便不太需要仰賴領導者提供資源，領導行為便顯得多餘或效果受損。此種情境特質即為取代或減損領導作用的替代物。成員的專業道德是領導者道德領導的一種替代物，透過(1)以社區規範替代領導；(2)以專業理想替代領導；(3)培養具有被領導之道的成員等三種方法，可以讓團體成員的專業道德越高，此時領導者的道德領導就可以少些。

七、科技領導【102原三】

科技領導（technology leadership）乃是領導者（學校校長）本身將其所具備的資訊素養、資訊能力、整合資源能力，融入領導行為當中，並且激勵教職員運用科技於實際生活中，包括行政、課程與教學等，讓全體同仁的資訊技巧與素養提升，以增進行政效率與教學品質，進而達成教育目的。

(一) 科技領導的內涵與特徵

秦夢群、張奕華（2006）研究校長科技領導之層面，結果顯示出科技領導內涵層面有五：1.評鑑與研究；2.願景、計畫與管理；3.人際關係與溝通技巧；4.科技與基礎設施支持；以及5.成員發展與訓練。Aten（2002）進一步發現，教育科技領導者必備的行為特徵如下：1.良好的溝通技巧；2.幽默感；3.根據需要以優先順位排列工作；4.良好組織；5.說明科技如

何支持學校變革；6.應用科技解決學校需求；7.妥善管理時間；8.妥善處理模糊性；以及9.追求專業發展。

(二) 科技領導的有效策略與作法

綜合目前相關的研究，校長欲成為有效能的科技領導者，需要重視下列科技領導的五個向度。整理如表5-5所示：

表5-5　校長須重視的科技領導五大向度

願景、計畫和管理	1. 有效能的科技領導者必須規劃科技如何產生學校變革的願景（Cory，1990）。 2. 校長需要了解新興科技發展的動向和趨勢，以規劃學校科技願景；而清晰的科技願景，將有助於教師應用科技在教室中，以提升教學效能。
成員發展與訓練	1. Ford（2000）的研究發現，能提供成員發展與訓練的教育資源，是科技領導者最重要的責任。 2. 成員發展方面，了解教育領導上最新的議題與模式，是科技領導者須具備的角色。
科技和基礎設施支持	1. 當教師和職員們需要協助時，科技領導者需要提供技術上的支援。 2. 確保公平取得科技資源的機會和提供適當的科技設備，更是校長應具有的科技領導技巧。
評鑑與研究	1. 有效能的校長會對教師執行評鑑，以此作為評鑑教師個人成長，並引導教師發展科技專業。 2. 校長會根據教師在教學過程中使用科技的效能，作為評估教師績效的指標。 3. 校長要能依據學生的學業成績資料，規劃出鼓勵師生善用科技的策略，以改善學生的學習效能。
人際關係與溝通技巧	1. 人際關係與溝通技巧的重要性凌駕於科技專門技術之上。 2. 當校內成員們學習使用新科技時，領導者必須能夠提供支持，而良好的溝通技巧更是教育科技領導者最首要的行為特徵。 3. 校長的溝通技巧與個人的科技領導技巧緊密相連，優質的教育科技領導者，需要良好的人際與溝通能力以及適度的科技能力。

(三) 科技領導對學校經營的啟示

1. 校長應能與學校成員根據學校特性訂定學校科技發展目標。
2. 校長應能倡導教師從事課程與教材多元化,包括資訊融入教學。
3. 校長應能有效的推動校務行政工作,並將學校行政電腦化。
4. 校長應能善用科技媒體,與學生家長及社區人士有良好互動,運用社區資源,並為社區提供服務。

> *本文參考資料:張奕華、吳怡佳(2008)。校長科技領導與教師教學效能關係之研究。國民教育研究與發展期刊,4(1),頁171-194。

八、協作領導【101高考二級】

協作領導(collaborative leadership),又稱為合作式領導,領導者能夠形塑同心協力和相互合作的環境,運用有效的溝通和說服技巧,激勵所屬成員進行個人學習和相互學習,並透過不同群體的權力分享,為共享的願景而努力。協作領導者的特質如下:

(一) **堅決且動力十足**:一直在尋找機會進行合作,並在過程中感覺衝勁十足。
(二) **謹慎且謙虛**:領導者能夠適度的與成員分享成功的承諾,願意放寬控制幅度,強調多元參與。
(三) **激勵與包容**:充分利用激勵成員的方法,並且容許成員無心之過。

九、正向領導【101高考;100地三;93身三】

正向領導(positive leadership),又稱為積極領導,係指領導者運用其影響力,建立成員能力,營造組織正向氣氛與文化,鼓勵成員相互支持與關懷,並激勵成員開展其潛能,以達成組織目標的領導過程與行為。

(一) 正向領導的內涵

Hodgetts和Luthans(2001)提出,正向取向領導(positive approach to leadership, PAL)其內涵為真實的樂觀、情緒智力、信心、與希望,主張領導者若具有此四個內涵,必能產生領導效能。林新發等人(2005)研究認為,正向思考意指個人不斷地自我暗示自己原本具有智慧、愛心、勇氣的美德,而內化到下意識,以增加自信心,並將智慧、愛心、勇氣的美德發掘運用出來。

(二) 正向領導的策略

Cameron（2008）則認為正向領導的策略包括：

1. 肯定下屬長處，以利進行正向溝通。
2. 鼓勵下屬具有正向的情緒，例如：熱情、樂觀，塑造正向氣氛。
3. 建立支持關係。
4. 提供下屬工作的意義和目標。

林新發（2009）認為正向領導者應：

1. **正向解讀部屬行為**：領導者應先肯定人性本善，部屬做錯事必有其不得已之原因，然後再依組織規範進行理性處理。
2. **以身作則積極形塑組織正向氛圍**：領導者應培養樂觀、不畏困難的勇氣與毅力，並且以身作則，以培育組織成員具有感恩、樂觀等正向情緒，進而形塑組織正向氛圍。

(三) 正向領導技巧

六種正向領導的技巧：

1. **專注傾聽**：領導者需學習專注而有效地傾聽成員的聲音。
2. **能用同理心待人**：領導者不宜太主觀去對待組織中的成員，應讓自己成為一面鏡子，隨時同理成員所說的、做的和想要的。
3. **聚焦於優點**：領導者要學習發現組織成員的優點，並能激勵成員。
4. **角度觀點多元**：領導者宜由不同的角度和觀點去看事情或處理組織中的問題。
5. **激發團隊精神**：領導者應強化團隊的合作來取代成員間的對立和競爭，並激發團隊精神，讓每一個成員都能成為激勵者。
6. **增強成員信心的能力**：作為一個領導者必須隨時保持信心，並感染周圍的人，讓成員也能因為有信心而讓組織有優秀的表現。

＊本文參考資料：謝傳崇（2011）。校長正向領導對教師教學影響之研究。教育資料與研究雙月刊，101，26-38。

十、整合領導【99高考】

談到組織變革與領導,則整合型領導毋寧位居當今主流王道。因為唯有結合各類觀點與多元走向的領導模式,方得以應付日趨複雜開放的組織環境,乃至於內外兼顧以達成組織的動態平衡。

以學校為例,課程與教學是學校經營的重要內涵,當校長的領導任務已不再侷限於行政事務,且要進行課程與教學領導的情境下,校長所運用的即為「行政、教學、課程」整合的領導型態,除了應強化本身在課程與教學領域方面的專業知能之外,更須藉由組織運作、課程規劃設計、整合應用教學相關資源,提供課程實施及有效教學的支持系統,以提升學校經營效能。

十一、知識領導【110原三;98高考;97原三】

知識領導(knowledge leadership)係指組織領導者能夠提供適切的環境、文化和組織結構,以利於知識的建立、分享和創造,其重要內涵如下:(一)注重知識資產;(二)重視知識專業工作者;(三)實施品質管理、知識管理;(四)運用資訊科技協助;(五)改變組織結構和運作模式;(六)營造組織學習的氛圍。

十二、變革領導【98身三】

變革領導(change leadership)是指組織為因應外在變化而產生內部的改變,即組織因環境改變而做的調適。無論何時,組織必須關注內部改變如何與外在改變的步調配合。變革要真正有效,涉及兩種變化的結合,一種是人的價值、渴望和行為等內在因素;另一種則是過程、策略、做法與制度等外在因素。當組織進行深層變革時,重要是能養成持續變革的能力,只改變策略、結構和體系是不夠的,除非產生新的思考方式。

變革領導在變革過程要打破各種組織慣性,激發成員採取必要的行動與作為,或將變革深植於特有的組織文化中,使改變可以持之以恆,都必須靠領導,因此這些領導作為稱為變革領導。

十三、授能領導【96高考二級;91委升】

授能領導(empowerment leadership)又譯為授權增能領導或賦權領導,係指領導者將權力下授給成員,並協助成員提昇工作知能的一套領導行為,以便成員能順

利完成被委授之任務。透過授能領導,可發揮下列七項功能:提昇自主性與自律能力、激發成員潛力與創造力、提昇成員自我效能感、兼顧學校目標與個人目標的達成、留住優秀人才、提高成員組織承諾、提昇學校效能及整體競爭力。

十四、第五級領導【95身三】

Collins(2001)將領導分為五個等級,如圖5-12所示。

第一級 (level 1)	是高度才能的個人(highly capable individual)能運用個人天賦、知識、技能和良好工作習慣,產生有建設性的貢獻。
第二級 (level 2)	是有貢獻的團隊成員(contributing team member):能夠貢獻個人能力,達成組織目標,並且有效地與他人合作工作。
第三級 (level 3)	是勝任愉快的經理人(competent manager):能組織人力和資源,有效能地達成預定的目標。
第四級 (level 4)	是有效的領導者(effective leader):激勵部屬熱情追求明確、動人的願景和更高的績效標準。
第五級 (level 5)	是第五級領導人(level 5 executive):結合謙虛個性和專業意志,建立持久績效。

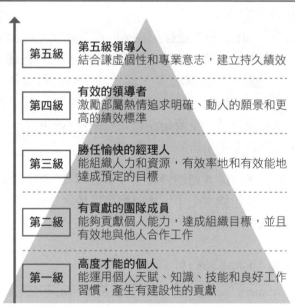

圖5-12 第五級領導的分級與內涵
資料來源:修改自黃宗顯等(2008:206)

十五、文化領導【95高考】

文化領導（cultural leadership）係指領導者透過領導影響組織成員的信念、價值觀、規範等，力求形塑優質的組織文化或不斷提升文化的過程。簡言之，文化領導就是領導組織創造、維護與更新文化的歷程。文化領導的要點如下：

(一) 領導者文化理念的建構傳播與示範。

(二) 透過人造器物的建設彰顯並形塑組織文化。

(三) 建構合理的甄選、升遷、獎勵與資源分配標準。

(四) 加強新進成員的社會化傳承組織文化：正式與非正式、個別或集體、定期或不定期、刻意或隨機、順性或改造。

(五) 慎選對組織關鍵事件及危機的因應方式：審慎決定因應方式、兼顧組織與成員目標。

(六) 瞭解並善用組織文化的類型與功能：發揮正功能、預防負功能。

(七) 用心參與營造優質的國家文化。

十六、自我領導

自我領導（self-leadership）的定義是：為求達到目標而刻意去自我操練，以影響自己的思想、感受及行為。自我領導是影響領導者自我與組織成員的理論，能提升個人與組織績效。亦即透過自我領導訓練能提升心理績效、正向熱誠、工作滿意與自我效能。

十七、分散式領導

分散式領導（distributed leadership）是一種以「培養與協調」取代「命令與控制」的領導模式，是領導及領導的影響分佈於有結構的組織關係之中，是以組織中種種聯合力量的形式表現出來的，故又稱分布式領導。

Fullan（2004）說：「領導者不是天生的，他們是培養的」（Leaders are not born; they are nurtured），尤其處在科技日新月異，知識爆炸的時代，學校領導者除了精益求精，懂得自我成長，不致被時代所淘汰外，學校成員也必須透過在職進修與工作經驗，培養出一定的領導能力，才能隨時分擔學校領導的重責大任，扮演眾多學校領導者其中一員的角色，共同為學校願景而努力。

十八、火線領導

火線領導（leadership on the line）是由具有企業與政府顧問經驗的海菲茲（Heifetz）和林斯基（Linsky）教授提出，主要是在於闡釋領導人如何有效回應危機，將領導風險降至最低的具體方法，進而能成功領導。

火線領導說明領導是危險的是困難的。每個人隨時都有領導機會，但是，如果想要改變別人的既有習慣、態度或價值觀，就會遭受無法避免的抗拒力量，也就是所謂的「積習難改」，或是「既得利益者反撲」，而這些都說明了領導的困難。

十九、加值型領導

Sergiovanni（1990）在《加值型領導：如何在學校中得到更多額外的表現》一書提到：加值型領導（value-added leadership）以道德與使命為基礎，依據組織不同發展階段，實施對應之策略及具體措施。「加值型領導」可提升成員之高層次價值與需求，並激勵成員全力以赴，達成使命，展現超越預期的績效表現，增加組織績效價值，協助學校擺脫平庸、邁向卓越。

二十、服務領導（僕人領導）

領導者若能發揮服務型領導的精神，則向上領導可以做得更好。所謂服務型領導（servant leadership），指本著服務成員與組織的精神來從事領導的一種領導方式，領導者如僕人般的服務他人，以助人成事，故又譯為「僕性領導」或「僕人領導」。要做好服務性領導可從下列途徑入手：

(一) 培養服務型領導者應具備的特質：如助人、傾聽、禮讓、同理心、自覺與說理等特質。

(二) 本著僕人的心態領導。

(三) 用愛去關懷成員。

(四) 與組織中的相關人員打好關係。

(五) 建立關係與適應對方需求是服務領導之本。

(六) 建構溝通與服務平台。

(七) 做好領導者之被領導之道。

二一、向上領導

向上領導（upward leadership）又被稱為逆向領導，是指組織成員善用其能力與優勢，來影響領導者與組織。被領導之道又譯為部屬之道，是指做部屬者或被領導者應遵循的道理，也就是扮演好部屬角色的一些原理原則。向上領導與被領導之道如下：

(一) 懷有透過組織來自我實現的理想。　(二)主動完成本分內的任務。

(三) 樂於協辦分外工作。　(四)主動提高自己對組織的價值。

(五) 與相關人員建立良好合作關係網路。　(六)既不與領導者為敵也不當應聲蟲。

(七) 善用理性說服等影響策略。

二二、混沌領導

混沌領導（chaos leadership）認為，現象中的微小干擾因素，可以隨時間的變化遞增，同時，非線性系統通常是不能解的，而且無法相加。混沌理論的主要論點蝴蝶效應（the butterfly effect）、混亂起源（onsets of turbulence）、耗散結構（dissipative structures）、隨機震盪（random shocks）、奇異吸子（strange attractors）、迴路遞移（recursive symmetries）、回饋機制（feedback mechanisms）。

自1990年代開始，陸續有學者將混沌理論的個別論點引進教育領導與管理中。當中較具參考價值的模式為陳木金教授的MASTER混沌領導模式，以MASTER培育勇於創新能力，包括(一)正確心智（mind）；(二)吸收資訊（acquiring）；(三)找出意義（searching）；(四)啟動記憶（triggering）；(五)展示所知（exhibiting）；(六)反省學習過程（reflecting）共六個步驟。

二三、家長式領導

家長式領導（paternalistic leadership）的定義為：在一種人治的氛圍下，彰顯出嚴明的紀律與權威、家長般的仁慈、及道德的廉潔性的領導方式。家長式領導主要是展現施恩、樹德及立威三種領導作風，其領導內涵包含仁慈領導（benevolent leadership）、德行領導（moral leadership）以及威權領導（authoritarian leadership）。

二四、創新領導

黃宗顯等（2008）提出創新領導（innovative leadership）的內涵：由於學校組織具有「文化傳承」及「教化」的功能，因此其創新領導內涵的分析，除了和一般組織創新同樣具備「技術創新」及「管理創新」的面向外，更須重視「文化」及「價值」層面的創新，如圖5-13所示。

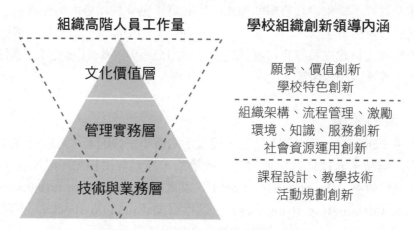

圖5-13　學校組織創新領導架構圖

資料來源：鄭明宗（2008:155）

二五、催化領導

催化領導（facilitative leadership）又稱促進型領導，Conley和Goldman（1998）指出，催化領導是一種以增進組織全體成員調適和解決問題的共同能力，使得組織成員能主動參與組織事務的推展，進而提升組織效能的領導行為。亦即組織成員在領導者的催化之下，主動積極參與組織任務的過程。實施催化領導的做法如下：

(一) 建立分享管理權之組織結構，以提昇成員自主權。

(二) 建立與成員之間相互信任感。

(三) 提供成員回饋機制，並協調及解決組織衝突與困境。

(四) 建立合理之酬賞制度。

二六、競值領導

競值領導的發展係源自競值架構，此架構可依橫軸（內部對外部）及縱軸（彈性對控制）的劃分，兩軸彼此交織而形成四個象限，每個象限各代表一種對組織所持的觀點如表5-6所示。

雖然每個象限之觀點各有所偏、大異其趣，但還是可以將它們視為是關係緊密且彼此是可交織在一起的。藉此四個不同象限的結合，便能形成一種單一架構，採取簡單和邏輯的，動態和彼此合作的，或者複雜和弔詭的觀點來審視諸多組織行為。

表5-6 競值架構中的領導行為

價值之區分（橫軸） （縱軸） 價值之區分	內部焦點	外部焦點
彈性結構	**人際關係面向** 一、鼓勵參與 二、發展部屬 三、辨認個人的需求	**領導變革面向** 一、預期顧客的需求 二、發起重大的變革 三、激勵向上超越
控制/穩定結構	**經營過程面向** 一、闡釋政策 二、期望工作精確 三、控制計畫	**注重結果面向** 一、視競爭為焦點 二、展示努力工作的倫理 三、強調速度

資料來源：K.A. Lawrence & R.E. Quinn (2002)。

二七、靈性領導

哈佛大學教授 Gardner 在提出知名的七項多元智慧之後，又考慮了三項新的智慧，其中一項就是靈性智慧（spiritual intelligence）（李心瑩譯，2000）。靈性領導（spiritual leadership）又稱心靈領導，亦稱精神領導，係指一位領導者具有明確宗教信仰和崇高道德情操，能夠以身作則，樹立典範，發揮宗教家魅力，影響所屬成員，為朝向共同目標而努力。其中較著名的有Fairholm的靈性領導模式，如圖5-14所示。

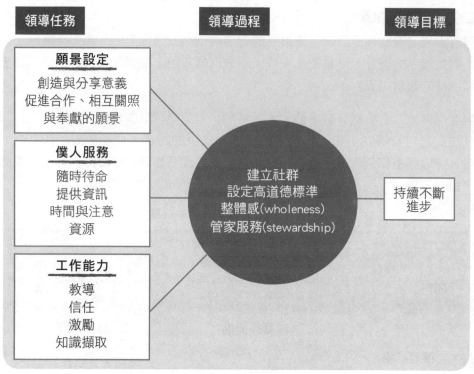

圖5-14　Fairholm(1998)靈性領導模式
資料來源：Ellis（2003:40）

二八、融合領導

融合領導（fusion leadership）是透過鼓勵對話、分享資訊、共同承擔責任等方式，將組織成員結合起來，創造出連帶與夥伴關係，猶如原子彈的原子融合一般，可以產生巨大的威力一樣。下表5-7是融合領導與分裂領導的比較。

表5-7　融合領導與分裂領導的比較

融合領導	分裂領導
強調聯合與社區精神	強調分工與個人主義
與他人共同控制	控制他人
資訊與責任的分享、重視整體與統合	部門與層級的界線分明

融合領導		分裂領導
強調願景、價值規範與成果的分享	⇄	強調組織目標、規則與標準
把身心與精神視為革新的工具	⇄	視身心是工作的執行者
強調開展個人的精緻力量	⇄	依賴組織的強大力量
強調活力、授能與組織的自我調適	⇄	強調效率、規律與組織的穩定

二九、默默領導

默默領導（quietly leadership）者多半謙遜、低調、與自持，表面上看來似乎沉靜緩慢，但卻默默中腳踏實地，默默產生巨大力量，進而推動組織改變體質而營造和諧文化。

三十、新近領導理論

(一) **空間領導**：空間領導（space leadership）係指領導者善於規劃和運用各項硬體設施，提供成員良好的工作環境，以利營造適切合宜的氣氛，進而提升組織效能和達成組織目標。

(二) **建構式領導**：建構式領導（constructivist leadership）主要內涵，是將學習理論的建構論運用在學校領導之上，因此，建構式領導定義為一種交互影響的歷程，這種歷程使得教育團體裡的參與者能夠建構意義，而導向學校教育的共同目的。

(三) **教學領導**：張德銳（2006）認為，教學領導（instructional leadership）是：校長透過直接或間接的領導行為來制定和溝通學校目標、建立學生學習期望、協調學校課程、視導與評鑑老師的教學、增進學生學習機會、提昇教師專業成長的領導作為。黃乃熒（2008）認為，教學領導是利用教育行政學的領導原理原則，引導與激勵老師致力於提昇學生學習成就與上課的意願。

(四) **課程領導**：課程領導（curriculum leadership）係指在課程發展過程中，對於教學方法、課程設計、課程實施和課程評鑑提供支持與引導、以幫助教師有效教學和提升學生學習效果。課程領導的意涵，認為校長也應該是一位很重要的課程領導者，校長本身除了對於課程應該有所了解外，也要發揮領導的功能，去塑造教師間相互溝通與對話的環境與機會，以利教師能夠進行有效的課程決定。

(五) **學習領導**【109地三】：學習領導（leadership for learning）一詞，又稱「學習導向領導」，意指學校領導者發揮其專業力和運用其影響力，以增進教師有效教學和學生有效學習的過程和行為。廣義而言，學習領導主要在強化領導與學習的連結與影響，使改善教與學成為一個持續的事實，進而讓教室及學校其他場域的教與學能臻於更為優質。

(六) **永續領導**：永續領導（sustainable leadership）強調，領導猶如一過程與系統，而非一套個人所擁有的、可訓練的能力與特質，因為當領導被當作是額外天賦時，領導的力量與潛能都將是短暫的，惟有學校教育人員能接受並且用心實踐永續領導的理念，學校才能營造永續經營的文化。

(七) **價值領導**：價值領導（value leadership）強調，尊重人的自我意識，通過把企業的利益和個人的利益連結，用來保護員工個人的利益，實現他們的自身價值。當組織的成員對領導者的願景和組織認同時，便會產生很強的凝聚力。組織成員之間會更加合作，每個人都會有強烈的集體意識，自尊心也會自然提高。

(八) **關係領導**：根據Drath（2001）認為，領導不是對人的掌控或是人際之間的影響，而是關係對話的過程，組織成員藉此增進責任心進而產生更多的投入與知識，稱為關係領導（relational leadership）。而Murrell（1997）則認為，領導是一種分享責任，也是一種社會活動，共同建構一艘船，駛向共同的目標。

(九) **平衡領導**：平衡領導（balancing leadership）係指領導者擁有內在和外在的能力，並能有效地調適及維持平衡狀態，發揮個人的魅力以及應對複雜多變的環境，進而展現個人的影響力。

(十) **詩性領導**：詩性領導（poetic leadership）源於詩性智慧（mythopoetic，poetic wisdom），這是人性特質（詩性）和天神意旨（智慧）的結合。詩性智慧讓人反璞歸真，觸動本心，提升教育哲思；詩性智慧調和理性、解構實證主義，並和後現代思維遙相呼應，建立教育研究的多元可能；詩性智慧作為對抗主流思想（＝否定教育文化）與理性典範的有力論述，提供另類思考的泉源，為學校的經營開闢另一片不那麼商業化的藍海綠地。

(十一) **後英雄式領導**：Bradford和Cohen（1998）認為，領導模式有三種不同的型態，分別是技術專家的領導型態（management-as-technician）、指揮型的領導型態（management-as-conductor）及激勵發展型的領導型態（management-as-developer），前兩者是屬於英雄式的領導模式，而後者是屬於後英雄式領導（post-heroic leadership）。激勵發展型領導方式強調，管理者需要與「英雄」型領導模式付出同樣多的精力、心血與想像力，因為部屬願意共同分擔責任與能力的增長，是需要管理者付出更多積極性的承諾與保證。

(十二) **量子領導**：量子領導（quantum leadership），係指領導者在一個變動和混沌的社會，面對各種內外在挑戰，採取彈性、靈活、互動、權變、革新及授權的領導方式，以發揮領導功能和提升組織效能。量子領導是一種重視整體互動與視情境變化而權變的領導概念，與系統理論、混沌理論及權變領導理論有異曲同工之妙。量子領導揚棄絕對觀點，改而重視多元發展，接受模糊與弔詭。

(十三) **動盪領導**：動盪領導（trubulent leadership）源自於亂流理論（turbulence theory），Gross（2002）擷取自然界的亂流強度為隱喻，依照氣象航空專業的分級標準，發展出衡量組織亂流的輕重準則，藉以增進學校從事變革時的決策品質，稱為亂流理論。其亂流理論的四級組織亂流強度定義依次如下：

1. **輕度亂流**：此階段意指變革議題持續進行，並且未明顯損及學校正常運作。
2. **中度亂流**：此階段意指被公認為重要且亟需解決的特定變革議題，特別是牽涉到組織結構的改造調整。
3. **強烈亂流**：此階段意指問題本質變得嚴重惡化、迫在眉睫，以致於一般的行政作為終究是配套不足、無以為繼。
4. **劇烈亂流**：此階段意指問題情況已是極端險峻、危在旦夕，再不積極處理恐將動搖校本，或致令變革失敗潰散收場。

*本文資料來源：陳成宏（2014）。「亂流理論」與「多元架構領導」在學校領導與變革的整合運用。教育實踐與研究，27(2)，頁167-196。

(十四) **LMX理論**：領導者--成員交換理論（Leader-member exchange theory，簡稱
LMX理論），由Graen 和Uhl-Bien（1995）提出，他們認為領導是發生在
領導者與成員間持續增加的影響力的有效夥伴關係，並且從關係的發展中
得到好處。易言之，交換理論刻劃領導者與成員間如何發展有效的領導，
並且產生領導的影響力與對組織產生利益（Gerstner & Day，1997）。

LMX理論主張，領導者與追隨者的關係要靠雙方行為來建立，這種關係從
「陌生」階段，經過「熟識」階段，最後達到「成熟」階段，而有效的領
導是領導者與部屬間良好交換關係的結果（Graen & Uhl-Bien，1995）。

(十五) **多元架構領導**：Bolman 和Deal（1999）的多元架構領導（multi-frame
leadership）途徑，堪稱整合型領導的箇中代表，其結合「結構化」、
「人力資源」、「政治化」與「象徵化」等四大架構，協助領導者面
對某一特定情境時，能從多元視角加以檢視掃描，從而描繪出一全方
位的決策圖像。

1. **結構化架構**：本架構著眼於組織流程、規則、政策、方針，以及權威
（authority）和指揮鍊（chains of command）的大小位階。此類領導者
可視為組織的「社會建築師」（social architect）。

2. **人力資源架構**：本架構聚焦於組織的個人，藉由心理學與組織行為的
基本假定，人力資源領導者致力於滿足員工的各項需求，每一成員成
為基本的主體。此類領導者可謂「關心且貼心之摯友」（concerned and
considerate friend）。

3. **政治化架構**：本架構強調組織內的衝突與競爭無可避免，談判與妥協
（bargaining and compromise）在所難免，政治化領導者面對組織的資
源搶奪和權力鬥爭，必須體認其乃正常徵候，以政治手段處理。此類
領導者是組織的「利益調停者」（interest mediator）。

4. **象徵化架構**：本架構主張對於成員的信念、價值和行為模式所構築而
成的組織文化，必須深入瞭解，生動詮釋。象徵化領導者藉助儀式
（ritual）、慶典、秘思（myth）、故事等象徵，減低組織生活中的
模糊與不確定性，賦予事件新的意義和精神。此類領導者乃是組織的
「隱喻激勵者」（metaphor motivator）。

＊本文資料來源：陳成宏（2014）。「亂流理論」與「多元架構領導」在學校領導與
變革的整合運用。教育實踐與研究，27(2)，頁167-196。

第二節 教育行政激勵

(1)激勵的策略與原則；(2)需求層次論；(3)期望理論；(4)公平理論；(5)團隊士氣與激勵，是本節重要的考試焦點。

壹、教育行政激勵的基本概念

一、激勵的意義與功能

(一) **激勵的意義**：教育行政激勵係指教育行政機關或人員透過某些手段和方法，來刺激或滿足成員的需求，使成員產生行動的動機，進而導致某種與組織目標相符的表現。此定義具有下列三個要點：

1. 激勵係透過滿足或刺激成員的需求來進行。
2. 激勵旨在使成員產生行動動機而有所表現。
3. 激勵所引起或強化的表現需符合組織目標。

(二) **激勵的功能**：就組織而言，激勵可發揮下列四項功能：

1. 激勵及提升成員的士氣。　　　　2. 增進成員的工作滿意度。
3. 預防及減輕工作的倦怠。　　　　4. 提高成員及組織的績效。

二、激勵的策略與原則

(一) **激勵的策略**

1. 啟發而不懲罰，有好表現給予酬賞。

   在施以激勵之前，必須先對人員進行啟發、教育，使他們明白要求和規則，這樣在採用激勵方法時，他們才不至於感到突然，尤其是對於處罰不會感到冤枉。如果員工有好表現，則適時給予物質性（金錢、禮物……）或社會性（讚許、升遷）酬賞。

2. 公平相待，善用獎勵結構。

   充分利用激勵制度就能極大化員工的積極性，保證企業各項工作的順利進行。要保證激勵制度的順利執行，就應當不惟親、不惟上、不惟己，只惟實，公平相待。此外，激勵時要善用獎勵結構，分成個人績效獎勵與小組獎勵兩種。

3. 注重現實表現，給予更高的目標與挑戰。

在實施激勵方法時，應該注重激勵對象的現實表現，當獎則獎，該罰就罰。對表現好的員工可給予更高的工作目標或難度，以提升其工作成熟度。

(二) **激勵的原則**

1. **目標結合原則**：在激勵機制中，設置目標是一個關鍵環節。目標設置必須同時體現組織目標和員工需要的要求。

2. **物質和精神相結合的原則**：物質激勵是基礎，精神激勵是根本。在兩者結合的基礎上，逐步過渡到以精神激勵為主。

3. **引導性原則**：引導性原則是激勵過程的內在要求。管理者應設置實現組織目標的具體要求，並確保每位員工都清楚，通過激勵將個體成員的積極性集中體現到組織目標上來，實現個體與集體的協調發展。

4. **合理性原則**：激勵的合理性原則包括兩層含義：其一，激勵的措施要適度。要根據所實現目標本身的價值大小確定適當的激勵量；其二，獎懲要公平。

5. **明確性原則**：激勵的明確性原則包括三層含義：(1)明確；(2)公開；(3)直觀。實施物質獎勵和精神獎勵時都需要直觀地表達它們的指標，總結和授予獎勵和懲罰的方式。

6. **時效性原則**：要把握激勵的時機，雪中送炭和雨後送傘的效果是不一樣的。激勵越及時，越有利於將人們的激情推向高潮，使其創造力連續有效地發揮出來。

7. **正激勵與負激勵相結合的原則**：所謂正激勵就是對員工的符合組織目標的期望行為進行獎勵。所謂負激勵就是對員工違背組織目的的非期望行為進行懲罰。

8. **按需要給予激勵原則**：領導者必須深入地進行調查研究，不斷瞭解員工需要層次和需要結構的變化趨勢，有針對性地採取激勵措施，才能收到實效（智庫百科，2016）。

貳、激勵理論（動機理論）

目前有關激勵制度理論相當的多，如早期激勵理論X、Y、Z理論，近期激勵理論的研究取向則分為兩類，一為探討激勵內容，以研究激勵因素或人類需求為主，屬於內容理論（content theory）；另一類探討激勵過程，以討論激勵的過程為重心，屬於過程理論（process theory）。兩者的特質、代表理論與運用實例，如下表5-8所示。

表5-8 內容論與過程論的比較

型態	內容理論	過程理論
特質	討論引起或產生激勵行為的因素或人類需求	討論由需求導致行為的過程
代表理論	1. 需求層次理論 2. ERG理論 3. 激勵保健理論 4. 麥克利蘭三需求理論	1. 期望理論 2. 公平理論 3. 增強理論 4. 目標設定理論
運用實例	以滿足成員金錢、地位或成就需求來激勵部屬	操縱成員對工作的投入、期望、績效與報酬的知覺來達成激勵

一、早期激勵理論

(一) X理論（theory X）：此一理論以傳統的科學管理學派為激勵理論代表，包括英國的歐文（Robert Owen）、吉文斯（William S.Jerons）、法國的費堯（Henri Fayol）、美國的泰勒（Frederick K.Taylor）等代表人物，倡導以科學管理為基礎，增進工作效率為中心，謀求組織的合理化、方法科學化、效益最大化，認為人必須經由經濟誘因來刺激才會努力學習或工作，組織必須有效的掌握經濟誘因，以誘導成員朝著高效率的組織目標邁進，此種激勵理論認為人性是厭惡工作且想逃避工作的，強調懲罰及組織的嚴密控制。人們不會主動地與管理者合作，以追求最大利益，故管理者應採用懲罰的手段，此與我國荀子的性惡思想相近似。

(二) **Y理論**（theory Y）：此一理論代表人物為梅耶（Elton Mayi）、巴納德（Chester I.Barnard）、麥克里葛（Douglas Mcgregor），其研究取向係以行為科學為基礎，以促進員工工作意願為中心，透過民主參與、需要滿足、觀念溝通、人群關係等理論與方法，提高員工的工作效率，達成組織目標。麥克里葛所倡導的Y理論內容：人並非天生厭惡工作、鼓勵比懲罰更重要、報酬並不僅限於物質、人會自動的去工作且是有想像力的。

(三) **Z理論**（theory Z）：此一時期的代表人物有卡斯特（Fremont F.Kast）、羅生威（Jamese E.Rosenzweig）及歐屈（William Ouchi），此一時期理論學說稱為Z型文化，歐屈從社會、經濟、心理的觀點認為：人存有極大的個別差異，對工作責任感的體會亦有所不同。一般人是為了追求自己需要的滿足而工作，因此主管與部屬之間必須建立在人性基礎上，創造制度化與和諧的工作環境，因應成員複雜的心理需求，施以因人而異的激勵措施，並視組織為有機體，以達成個人與組織之互相適應及融合，因此Z理論指在組織與成員相互間存在的一種高度責任、忠誠及關切的信念，它可以導致高度的產出並改善組織的福祉。

二、內容理論

(一) 馬斯洛（Maslow）的需求層次理論【95原三】

馬斯洛1970年的需求層次理論（need-hierarchy theory）認為，人類的動機係由許多性質不同的需求所組成的，在各個需求之間又有順序與高低層次之分，可以分為八個層面如下圖5-15所示。當低層次的需求得到滿足，個體就產生高一個層次需求的動機。心理需求層次由下層拾級而上不可以跳級而上，也就是說一個心理需求層次不能獲得滿足，就不能往上爬升一個需求層次。

需求層次論主張人類有基本需求和成長需求，當中含有行為動機。人類需求層次求由低而高分成生理需求、安全需求（X理論）、愛與隸屬需求、尊重需求和自我實現需求（Y理論）五類，後來又增加知識需求、審美需求，在1969年「theory Z」一文中提出超越個人與人類，並向宇宙契合以達天人合一的最高需求--「超凡需求」（transcendence need），會產生高峰經驗（peak experience）與高原經驗（plateau experience），也就是著名的Z理論，成為最完整的需求層次論，如圖5-15所示。

Z理論	8. 超凡的需求（超越性靈的需求）
	7. 審美的需求
	6. 知識的需求
Y理論	5. 自我實現的需求
	4. 受尊重的需求
	3. 愛與隸屬的需求
X理論	2. 安全的需求
	1. 生理的需求

圖5-15 需求層次論與X、Y、Z理論

(二) 阿德佛（Aldefer）的ERG理論

美國心理學家阿德佛（C.Alderfer）提出。此理論Maslow的五個需求層次理論簡化成生存需求（existence needs）、關係需求（relatedness needs）、成長需求（growth needs）等三種需求，簡稱為ERG理論。需要從低級向高級發展，在滿足了低級需求後，人們就會隨之產生更高級的需要，並且需求可以跳躍式發展，也就是說從生存的需求直接跳到成長的需求。同時「挫折─倒退」說明，較高級的需要得不到滿足時，人們就會把欲望放在較低級的需要上，如圖5-16所示。其理論要義如下：

1. ERG理論並不強調需要層次的順序，認為某種需要在一定時間內對行為起作用，而當這種需要的得到滿足後，可能去追求更高層次的需要，也可能沒有這種上升趨勢。
2. ERG理論認為，當較高級需要受到挫折時，可能會降而求其次。
3. ERG理論還認為，某種需要在得到基本滿足後，其強烈程度不僅不會減弱，還可能會增強，這就與馬斯洛的觀點不一致了（智庫百科，2016）。

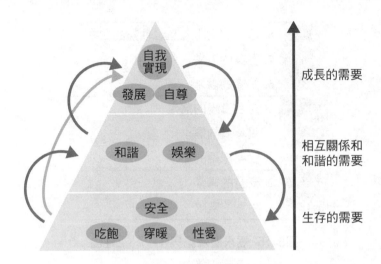

圖5-16　ERG需要理論模式圖

　　在實務界的作法上，參與管理是一種運用於某項工作、工作地區或整個公司的一種團隊管理方式，且藉由全體員工在工作過程中積極主動的投入決策，使之制定並達成。參與管理引用了許多激勵理論，例如Y理論的理念與參與管理一致，X理論則適用於傳統式的獨斷領導風格。以激勵理論來說，參與管理可以提供員工內在性激勵因子，因為從工作本身，可以提供更多成長、負起職責、以及參與決策的機會；同理，參與並執行一項決策，在檢討其成效，有助於滿足員工個人對職責、成就感、認同、成長及自尊需求。所以，參與管理和ERG理論相容，且能激發個體成就需求（潘明聰，2016）。【109地三】

(三) **赫茲伯格（Herzberg）激勵保健理論**

　　美國的行為科學家赫茲伯格（F.Herzberg）研究發現，讓員工感覺工作滿足或不滿足的因素是不相同的。他進一步將工作中的相關因素區分為「激勵因素（motivating factor）」與「保健因素（hygiene factor）」兩類，稱為激勵保健理論（motivating-hygiene theory），又稱為雙因素理論（two factor theory）。

1. **激勵（工作滿意）因素**：有會滿意，沒有不會怎樣。這些因素包括成就感、受賞識感、工作本身、責任感、升遷發展。此類因素能帶來職位上的滿足，亦稱為滿足因素。

2. **保健因素**：有不會怎樣，沒有會不滿意。這些因素包括組織政策與管理、視導技術、薪資、人際關係、工作環境。此類因素本身並沒有激勵作用，只能預防組織成員的不滿而已。

3. **對教育行政的啟示**：
 (1)要提高成員的工作滿意感，應從激勵因素改善。
 (2)要消除成員的工作不滿意感，應從保健因素改善。
 (3)同時改善激勵及保健因素，才能既有滿意感，又無不滿意感。

4. **實務界方案「彈性工作時間」**：很多人每天工作八小時，一週工作五天，他們上下班時間是固定的，但是有許多單位開始實施彈性工作時制，如壓縮工作天、彈性上班時間以及工作共同分擔等，藉以提高員工士氣，並能更充分運用人力資源。
 (1)**壓縮工作天**：指縮短工作天，但每週的工作時數維持不變，最常見者為每週工作四天，每天十個小時，這種4-40方案可以讓員工享有更多休閒及購物的時間，並允許他們業務較清淡時去旅行。
 (2)**彈性上班時間**：壓縮工作天數並無法增加員工的自由度，因為工作時間仍由公司控制，而彈性上班時間則是在某種限度下，讓員工自行選擇上下班的時間；亦即員工每週雖有固定工作時數，但在某種限制下，他們可以依自己的需求，變換上下班時間。
 (3)**工作分擔**：是新近改革的彈性工作時制，指每週四十個小時的工作時數，可由二個或二個以上的員工共同分擔（如輪班制）。

   並非所有的人都能接受朝九晚五的工作方式，例如，壓縮工作天數可以增加員工休閒的時間，這對於喜歡度假的員工而言，的確很具吸引力；至於得照顧小孩或有其他責任的員工而言，彈性上班時間及工作分擔，讓他們能更自由地分配私人與工作的時間。
   以激勵理論的觀點來說，彈性工作時制顧慮到員工各種不同的需求，例如彈性上班時間給予員工較大的自主權與責任感，這與「激勵－保健」二因理論的精神相當符合（潘明聰，2016）。

(四) **麥克利蘭（McClelland）的成就動機理論**
   成就動機理論（achievement motivation theory），是由美國著名心理學家麥克利蘭（D.McClelland）於1961年以莫瑞（H.A.murray）1938年成就需要理論（achievement need theory）為基礎所提出，又稱為「三種需要理

論」（three needs theory）。該理論認為，人類行為動機來自三種需求：(一)成就需求（need for achievement）：爭取成功希望做得最好的需求；(二)權力需求（need for power）：影響或控制他人且不受他人控制的需求；(三)親和需求（need for affiliation）：建立友好親密人際關係的需求。

三、過程理論

(一) 弗魯姆（Vroom）的期望理論

期望理論以弗魯姆（Victor H.Vroom）的理論最具代表性，其主要之概念包括：期望（expectancy）、價值（valence）、結果（outcome）、媒具（instrumentality）、選擇（choice），又稱為期望價值理論（expectancy valence theory）。

弗魯姆（Vroom）於1964年提出期望價值理論，係指預期一種特定行為會產生一種特定結果之可能性（機率）。這種可能性，係介於「完全確定（發生之機率等於1）」至「完全不可能（發生之機率等於0）」之間。員工會視結果（outcome）或獎酬（reward）間的價值（valence）強度，選擇一組特定之行為模式，以獲得某一行為結果與行為價值，因此，是管理者設計作為激勵員工之媒具，又稱為「媒具理論」（instrumentality theory）。

期望理論認為，激勵的效果取決於行動結果的價值（valence）和其對應的期望值（expectancy）的乘積：$M = V \times E$，該理論引出了調動人們工作積極性的三個條件：1.努力與績效的關係（E-P Expectancy）；2.績效與獎勵的關係（P-O Instrumentality）；3.獎勵與滿足個人需要的關係，也就是結果的吸引力（Valence）。

簡單地說，所謂激勵乃是期望值的總合乘以期望（激勵＝期望值的總合×期望），因此個人的激勵乃是在於完成某項目標，所實際獲得的報償或其自覺可能獲得報償的結果，而「價值是一種基本的信念，認為某種特定行為的表現方式或事物的最終狀態」。因此，愈努力的人其績效愈好，對報酬的結果預期愈高，受的激勵效果愈大，如圖5-17所示。

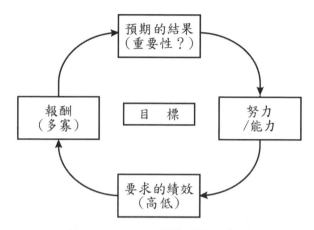

圖5-17 Vroom期望理論示意圖

在實務界的作法上，目標管理除了與前述的目標設定理論有關之外，目標管理也是一種提高員工期望值的做法。目標管理特別強調員工與上司共同參與設定具體確實又能客觀衡量成果的目標。目標管理最吸引人之處，乃在強調將組織的目標轉化為各部門的目標，以及各個員工的目標。在目標明確的條件下，人們能夠對自己負責。目標管理讓人們對自己能夠順利完成這項工作可能性的估計（期望值，即對工作目標能夠實現概率的估計）提高（潘明聰，2016）。

另外，「績效薪酬制」，按件計酬、工作獎金、利潤分享及淨額紅利等，這些付薪方式與傳統按期計薪差別在於，前者的薪資可反應出績效的差異，這裡所謂績效可能是指個人的生產力、工作團體或部門的生產力、某單位的獲利能力、或整個組織的績效。按期望理論的說法，若要使激勵作用達到最大，員工需先認同其績效表現與所得酬償間的關係是密不可分的，如果酬償分配完全依照與績效無關的因素（如年資或職位頭銜），則員工可能會減低其努力的程度（潘明聰，2016）。

(二) **公平理論**【99地三；95原三】

公平理論（equity theory）又稱「社會比較理論」，是由亞當斯（J.Stacy Adams）所提出的。他認為組織成員的工作動機，是基於與其同地位同事之間所做的比較而引起的。這種比較的步驟是：1.評估自己在工作上的付出，如教育程度、經驗、工作努力、工作難易度、對組織的忠誠等，以及自己在工作上所得到的報酬，如薪水、社會關係、社會地位、晉升機

會、成就感等,並決定兩者的比率為何;2.評估其同事在工作上的付出和報酬,並決定其比率為何;3.比較自己所獲得的比率和同事所獲得的比率是否相等;4.如果相等,則成員對其工作待遇感到公平,否則會感到不公平。

如果成員感到公平,則會努力維持現狀。只要其同事在工作上的付出和報酬保持不變,而且自己所得到的工作報酬亦保持不變,則會盡量維持目前的工作付出程度。反之,如果成員感到不公平時(很可能同事所獲得的報酬比率比自己的高,但也可能比自己的低),則會設法解決這種不公平現象,而且其設法解決的強度,會與其所感受到的不公平程度呈正比,亦即不公平現象愈大,其設法解決的強度愈強(黃昆輝、張德銳,2000)。

在實務界的做法有一種「同等價值」的概念,認為不同的工作若對組織產生同等價值意義,則不管其工作內容是否類似,組織應給予同等的待遇。同等價值將「做同樣的事,領同等薪水」的信念,擴大為價值相當的工作,也需要得到相等的對待。因為如此,我們可以說它是公平理論的實際應用(潘明聰,2016)。

(三) **增強理論**【99地三;95原三】

增強理論(reinforcement theory)源自於心理學的制約理論(conditioning theory)。領導者在安排的情況下,運用制約的原理,透過獎勵或懲罰的手段,對成員的行為進行定向控制或改變,以激發、維持或停止成員的某些行為,藉以增進組織績效。增強原則可分為:

1. **正增強(positive reinforcement)**:某一特定行為後,給予一個令人愉快的結果。例:學生上課一學期不缺課加總分五分。

2. **負增強(negative reinforcement)**:某一特定行為後,除去一個令人不愉快的結果。例:學生上課一學期不缺課就不會被當。

3. **懲罰(punishment)**:某一特定行為後,給予一個令人不愉快的結果。例:上課遲到每次扣總分1分。

4. **消滅(extinction)**:某一特定行為後,消除一個令人愉快的結果。例:無故缺課五次,本科就不會pass。

(四) **洛克(Locke)目標設定理論**

洛克(E.Locke)認為,目標可以將個人需求轉為動機,是行為的重要激勵因素。目標可以引起個體的動機,引導個體行動並努力想去達成的標

的,稱為目標設定理論(goal-setting theory)。因此,目標設定理論是社會認知取向理論中相當重要的一個理論。個體設定的目標越明確、困難度越高,達成目標的承諾越高,績效越好,如圖5-18所示。

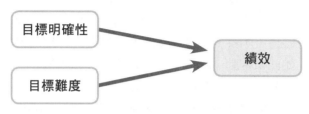

圖5-18 Locke目標設定理論圖

在實務界的作法上,目標管理即是一例。目標管理(management by objectives,簡稱MBO),特別強調員工與上司共同參與設定具體確實又能客觀衡量成果的目標。此一構想,於1954年由杜拉克(Peter F.Drucker)提出,以目標設定來激勵員工,而非控制員工。其最引人之處,乃在強調將組織的目標轉化為各部門的目標,以及各個員工的目標。至於每位員工,MBO提供其特定的個人績效目標,即是各個員工對於其工作單位績效的貢獻;如果所有員工均能達成本身的目標,那麼各單位的目標及整個組織的目標亦指日可待了(潘明聰,2016)。

參、團隊士氣與激勵【102原三;101高考】

一、團隊士氣

所謂士氣,指的是行動、承諾、活力、熱忱、戰鬥、主動、積極等心理或精神狀態綜合的衝力。謝文全(2005)指出,士氣是組織成員的團體精神,主要表現在組織認同、團體凝聚力、工作投入三個層面,士氣高昂團體會有高度組織認同、團體凝聚力強及積極投入工作。

激發士氣,好似一個彈簧所產生的衝力,能夠將團隊彈向目標。事實上,一個組織結構的建立就是用以激發員工的士氣,領導人必須要能激勵自己,才能去激勵成員。領導人不論是位居高、中或低階,如果士氣低落,怎麼可能會有雄心勃勃、士氣高昂的成員。只有在試圖或企圖達到某個目標時,才會精神振作、士氣高昂。

二、激勵士氣的方法

激發團隊士氣的具體作為如下：

(一) 不要滿足現況，要接受挑戰繼續不斷地奮鬥。

(二) 領導人要能不斷地找尋新的主題、擴大新的領域，邁進新的環境。

(三) 具體地說，領導人本身要能繼續不斷的擴展視野、提高目標、建立新的期望與渴求。如此來帶動、鼓舞、振奮組織成員的士氣。

(四) 領導人必須率先行動，要起而行，不能只是坐而言。

(五) 一個領導人越常使用地位（職務）權威來發號施令、來推動目標、來執行工作，就越暴露出他不是個稱職的領導者，更不是個領導人才。

(六) 領導者需具備多種能力：計劃、控制、組織、溝通、紀律等等，但是，最重要的仍是激發士氣。

(七) 一個領導者必須具有下列三種品質：

　1. 一致性和值得信賴。

　2. 具有問「為什麼」的能力。

　3. 使組織成員完全發揮潛力的能力。

(八) 訂立一個具吸引力的目標，目標本身便是動力、衝力的來源。

(九) 每個人都需要有目標，組織必須建立一個明確而可行的目標。

(十) 領導者必須與組織成員建立同舟共濟的關係。

(十一) 好的領導人會樹立好的榜樣。

(十二) 建立「鼓舞精神、振奮士氣」的組織文化。

考題集錦 ---

教育行政領導

1. 知識領導（knowledge leadership）的意涵為何？在教育行政機關如欲推動知識領導，可採行那些策略？請加以論述。【110原三】

2. 請說明教育領導行為論所主張的倡導（initiating structure）與關懷（consideration）兩種行為的意涵，並說明此二者如何應用於學校的課程領導。【110身三】

3. 校長素養領導（Leadership for competency）的意涵為何？在中小學實施校長素養領導有何重要性和價值？如主管教育行政機關欲推動校長素養領導，其具體的策略有那些？請加以論述。【109身三】

4. 試比較互易領導（transactional leadership）和轉型領導（transformational leadership）的差異及其對教育行政運作的影響。【109高考三級】

5. 請說明學習領導（leadership for learning）的意義和理念為何？學習領導的實施策略為何？【109地三】

6. 學校的生態特性隨著社會多元化的發展，而越趨弔詭（paradox），領導的理論不斷推陳出新，對校長領導效能之論述與期待亦隨之眾說紛紜。何謂領導效能？試以競值架構（competing values framework）為基礎，論析校長領導效能的定義及其衡量指標？【107高考三級】

7. 領導是一種影響力的發揮，透過有效的領導，有助組織目標的達成。請說明協作領導（collaborative leadership）的意義，並提出一位教育行政領導者如何運用協作領導，提升其領導效能。【107地三】

8. 彼得聖吉（Peter M. Senge）視組織為生命系統，並主張領導者的新角色應該是設計師、是教師。請分別敘述領導者這兩項新角色的內涵，及其對教育行政領導者的啟示。【106高考三級】

9. 隨著教育內外在環境的改變，加上對績效責任的重視，教育公共關係的議題值得關注，請列舉行銷理論的重要主張，以及其對教育公共關係的啟示。【105高考三級】

10. 「自我實現」是人的最高層次需求，其基本的意涵是自己的「理想抱負」與「現實成就」吻合，最近已被引用在行政領導領域，試論教育領導人如何運作「自我實現論」來增進教育行政的效能效率？【105原三】

11. 教育在教「人之所以為人」，教育事業在成就每一個人，是以教育領導有兩大趨勢：自我實現論與智慧資本論。請說明這兩大趨勢的意涵及教育人員應有的作為。【105地三】

12. 請說明教育行政領導的社會正義哲學，據以討論身為領導人應具備那些重要能力，以擴大弱勢關懷的教育服務？【103原三】

13. 道德領導的意義與內涵為何？教育行政領導如何實踐道德領導？請說明你的看法。【102地三】

14. 請說明教育組織定調為道德性機構的意旨為何？並說明教育行政領導者應履行的道德義務，以及應展現的領導行動，方可深化道德組織的經營？【102薦升】

15. 請説明教育行政領導落實組織公平與正義的重要性；並説明其如何凝聚教育人員的德行，以及其對於教育組織發展的影響。【102簡升】

16. 解釋名詞：科技領導（technology leadership）【102原三】

17. 協作領導（collaborative leadership）的意涵為何？請提出協作領導在教育上應用的價值及作法。【101高考二級】

18. 領導影響力的重要來源之一即為權力，教育行政人員的權力基礎與類型有那些？如欲運用權力以有效達成組織目標，應把握那些原則？【101地三】

19. 正向領導（Positive leadership）的意義內涵為何？如欲建構校長正向領導模式，可採行那些階段和步驟？【101高考三級】

20. 社會公義（social justice）的內涵為何？具有社會公義的教育領導有那些特徵？教育領導面對社會公義時，主要的作為為何？請申述之。【100高考三級】

21. 權變領導（contingency leadership）的內涵為何？為充分發揮其效能，運用權變領導時應注意那些事項？請綜合相關理論與研究發現申論之。【100高考二級】

22. 請闡述領導理論中的「特質論」（trait theory）、「行為論」（behavioral theory）及「權變論」（contingent theory）三者的主要觀點，並依據上述三種領導理論之觀點，提供您對教育（學校）行政領導人的建議。【100原三】

23. 正向領導（positive leadership）的意涵為何？教育行政領導者或人員如欲協助組織成員建立正向的工作表現，宜採行何種領導策略？請加以申論。【100地三】

教育行政激勵

1. 何謂團隊士氣？並舉一激勵理論為例，説明組織採行何種策略以提升團隊士氣？【102原三】

2. 教育行政激勵的方法有那些？【101高考三級】

一、請說明教育行政領導的社會正義哲學，據以討論身為領導人應具備那些重
　要能力，以擴大弱勢關懷的教育服務？【103原三】

【破題分析】　本題必須先從社會正義領導的意義與內涵切入，強調教育行政領導
人必須重視人人均等的教育價值觀，進而闡述教育現場如何實踐社會正義領導，
以擴大弱勢關懷的教育服務。

解析

(一) **社會正義領導內涵**

　　學校的社會正義領導（leadership for social justice）強調以道德價值、公
平、關懷與尊重來對待少數種族、族群、階層等學生，使其在教育的過程
中獲得公平的對待，進而促進其教育的成功。

　　北卡羅萊納大學的C.Marshall與德州大學的M.Oliva（2010）提出在教育
環境中，社會正義領導有三個目標：

1. 社會正義的領導者必須提高校內所有學生的表現。

2. 社會正義的領導者必須培養學生成為有批判能力的公民。

3. 社會正義的領導者必須確保學生在異質性、融入性的班級正常學習。

　　Shield（2004）亦談到社會正義領導者應進行一種道德的對話，針對不同
地區、族群階級等學生建立良好的互動關係，並進一步發展其學術成就，
以促使所有學生教育成功。

　　由上可知，學校的社會正義領導者應具有道德、公平、關懷與尊重的理
念；其實施對象主要是針對少數種族、族群、階層、文化不利地區等學
生；而其目的則在進行來自不同地區、種族、族群、階層等學生的融入與
關係的建立，以促使所有學生教育成功，實現公平、正義的教育理想。

(二) **社會正義領導能力**

　　Marshall（2004）認為傳統強調管理的教育行政知識基礎窄化了領導理論
的觀點，學校教育反應了社會不公平與缺乏正義的生態，教育領導者為兼
顧不同學生的需求與培育計畫，推動社會正義與教育公平的教育活動，需
要更多相關的知識作為學校領導的基礎。

根據Theoharis（2004）的研究發現，為落實社會正義的推動，學校領導者應具備特殊教育、語言學習能力、課程、多元教學、資料使用、表達技巧、種族、貧窮與不同家庭互動與全球觀點的知識能力。

(三) **教育領導面對社會正義應具備重要能力：**

1. **面對貧窮，匯集資源：**教育領導必須勇於面對貧窮挑戰，積極尋找社會資源與資產，進而開發利用，藉以降低貧窮不利影響，增強學生競爭力與素質。

2. **重視女性主義關懷倫理：**女性主義者奈兒·諾丁（Nel Noddings）提倡的倫理學說－關懷倫理學（ethics of care），提倡和平、關懷的學說主張，關注人際間互相的真情流露、重視女性和弱勢者的權益、期望從教育實踐中學習發揚關懷之德，並試圖開發各種實踐的可能途徑，重視情意教育。因此，社會正義領導必須加入女性主義思考，應以關心（caring）、關聯（connection）與關懷（concern）面對社會正義。

3. **強調積極性差別待遇：**1967年英國卜勞頓報告書（The Plowden Report）的公布，教育均等的意涵由原來入學機會及接受共同教育機會的均等，擴大至使來自社經地位不利的學生，有得到補償文化經驗不足的機會。對於個體處於不利的情況，政府應該積極地介入，給予特別優厚的待遇，透過一套完善的補償計畫或策略，以減少文化不利（culturally disadvantaged）與文化剝奪（culturally deprivation），造成弱勢者與一般者程度上的差異。因此，教育領導必須考量社會正義因素，包括語言、社會、代間、歷史、政治、經濟等因素，避免不利因素的差別待遇，不斷檢視領導新要求，成為有效領導。

4. **保持教育中立的價值觀：**教育領導積極面對、中性角色包容不同信仰系統，承諾實踐社會正義同時，需隨時檢視自己價值觀與行為，避免不必要、非自願迫害。

5. **重視教職員社會正義教育的訓練與發展：**教育領導給予教職員充分訓練與發展，形成政策共識，面對所有學生的需求，如：同性、雙性、異性、泛性等學生。

6. **以人為先，維護身心障礙學生權益：**針對身心障礙不利學生，教育領導者必須建立「人為先」（person first）概念，不要賦予學生太多特殊性標籤。

本文參考：張鈿富、張曉琪（2010）。社會正義領導：促動教育界的革命。當代教育研究季刊，18(1)，頁147-156。

二、何謂團隊士氣？並舉一激勵理論為例，說明組織採行何種策略以提升團隊士氣？【102原三】

【**破題分析**】 本題首先說明何謂團隊士氣，再從激勵理論中選擇其一（本範例以期望理論為例）說明提升團隊士氣的策略，最好以實務做法為佳。

|解析|

(一) 團隊士氣

所謂士氣，指的是行動、承諾、活力、熱忱、戰鬥、主動、積極等心理或精神狀態綜合的衝力。謝文全（2005）指出，士氣是組織成員的團體精神，主要表現在組織認同、團體凝聚力、工作投入三個層面，士氣高昂團體會有高度組織認同、團體凝聚力強及積極投入工作。

激發士氣，好似一個彈簧所產生的衝力，能夠將團隊彈向目標。事實上，一個組織結構的建立就是用以激發員工的士氣，領導人必須要能激勵自己，才能去激勵成員。領導人不論是位居高、中或低階，如果士氣低落，怎麼可能會有雄心勃勃、士氣高昂的成員。只有在試圖或企圖達到某個目標時，才會精神振作、士氣高昂。

(二) 以期望理論為本的團隊激勵策略

所謂期望理論，顧名思義，乃是指一個人的激勵力量（即從事某一行為的動機）端視其對該行為所能產生之結果的期望而定。

首先要知道的第一個情況是：一項努力（effort）（或是工作）到底有多少機會能產生所希冀的績效（performance）？這就是所謂「努力導致績效」（Effort resulting in Performance）的連結（linkage），簡寫為E→P linkage。關於這個問題的答案，通常會視個人的觀感（包括以往的經驗以及對事物的判斷等）而定。例如，有的人從小學開始便一直很幸運，只要考前加點油，開一下夜車，便經常能在考試時得到不錯的成績。由於有這種良好的經驗，所以這位員工對於「E→P」的可能性判斷便會很樂觀，或許認為是：「只要有努力，便會有績效」，此時，他賦予E→P linkage的機率可能是1（即百分之百）。相反的，如有一位員工從小到大總是運氣不佳，每次考試雖然都很努力準備，但是卻總是不能考到較好的成績，甚至是經常不及格。此時，他對於E→P linkage的可能性判斷，便趨於悲觀，可能賦予E→P的機率只有0.5（即百分之五十），甚至零（認為無論如何努力，都不能產生績效）。

由上面的敘述可知，E→P linkage是一種機率的判斷，其僅可從0到1。

第二個情況是：某種績效可能產生的結果（outcome）是什麼？且可能產生該項結果的機率有多大？這就是所謂「績效導致結果」（Performance resulting in Outcomes），寫為P→O的連結。此處必須澄清的觀念有二：一是某種績效所可能產生的結果不只一種，而可能同時會有多種的結果。二是結果不只是可欲的（即好的），例如加薪或晉升，它也可能是不好的，例如產生很大的壓力甚至生病等。至於某種績效到底會產生多少種的結果，以及產生每一種結果的機率又是多少？這同樣涉及主觀的判斷，但此種判斷常會根據組織中的某些條件或情況而定。例如，有的公司有一套很好的績效考核制度，而且認真執行，如此，任何績效良好的員工都會得到很好的加薪。在此種情況下，該公司的員工對於「績效導致結果」的連結的可能性判斷，將會很樂觀，可能是百分之百（即1）。相反的，如果一個公司雖然訂有考績辦法，但是，沒有一個主管願意加以認真執行，每次加薪總是以主管自己的好惡甚至是依據部屬日常「聽話」（或討好）的程度而定，工作績效完全不列入考慮。在此種情形下，該公司的員工對於P→O（此處的O暫指加薪一項）的連結的可能性判斷，便會很悲觀，可能給予零的判斷。

第三種情況是：個人對於因績效而產生的各種結果之看法究竟如何？也就是說，個人認為各種結果對他的重要性究竟如何？舉例而言，有的人視富貴如浮雲，因此，加不加薪對他而言並不重要；又如有的富家小姐認為，她來上班為的不是那份薪水，而是希望來交朋友，甚至打發時間，因此，職位升不升，對她而言，亦不重要。在此種情形下，加薪、晉升對他們的重要性（或是價值）可能就是零。但是，對於一位剛結婚且正在繳房屋貸款的年輕人而言，加薪與晉升便非常重要，所以，他所賦予的價值可能就是1。綜合以上所言，一個人對結果的重要性判斷（也就是這些結果對一個人的價值）便可能從-1到0到+1。當然，這種價值（valence）判斷又都是主觀的。

上述這三種情況乃是環環相扣的。又依據數學上的機率理論，上述每一種情況都屬於一種「獨立事件」（而不是「互斥事件」），所以，全部的機率便是個個獨立事件的乘積。綜合這兩種理論，我們可以獲得下面的公式：

激勵＝$\Sigma(E{\to}P){\times}(P{\to}O){\times}V$

此處之E→P指努力導致績效的期望機率

P→O指績效產生結果的機率

V指對各種結果的價值判斷

Σ指乘積的總和

從上述這個公式可知，當任何一種情況（如為E→P，P→O，或V）為零時，激勵便是零，換言之，即無任何激勵作用。當然，亦有可能發生反激勵（即非但不產生激勵作用，反而有負面激勵之效果）的情形，只要V的負數情況很嚴重的時候（潘明聰，2016）。

因此，符合期望理論的團體激勵策略如下：

1. 強調目標管理：

目標管理（management by objectives，簡稱MBO）特別強調員工與上司共同參與設定具體確實又能客觀衡量成果的目標。MBO方案有四個共通的要素：具體目標化、決策參與、限期完成、績效回饋。1954年由杜拉克（Peter F.Drucker）提出，以目標設定來激勵員工，而非控制員工。

目標管理最吸引人之處，乃在強調將組織的目標轉化為各部門的目標，以及各個員工的目標。在目標明確的條件下，人們能夠對自己負責。目標管理讓人們對自己能夠順利完成這項工作可能性的估計（期望值，即對工作目標能夠實現概率的估計）提高。

2. 實施績效薪酬制

按件計酬、工作獎金、利潤分享及淨額紅利等都是績效薪酬制的形式之一，這些付薪方式與傳統按期計薪差別在於，前者的薪資可反應出績效的差異，這裡所謂績效可能是指個人的生產力、工作團體或部門的生產力、某單位的獲利能力、或整個組織的績效。實務界最常採行的績效薪酬制，乃針對生產員工的按件計酬制，及資深主管的年底分紅制。在按件計酬制中，員工每完成一單位數量的產品，即有固定的報償，若員工的薪資中未含底薪，而純粹以生產數量來計算薪資者，則為純按件計酬制。

按期望理論的說法，若要使激勵作用達到最大，員工需先認同其績效表現與所得酬償間的關係是密不可分的，如果酬償分配完全依照與績效無關的因素（如年資或職位頭銜），則員工可能會減低其努力的程度（潘明聰，2016）。

頻出度C：依出題頻率分為：A頻率高、B頻率中、C頻率低

第6章 溝通與衝突

【重要考點】溝通類型與障礙、溝通原則與策略、溝通歷程與理論、衝突管理策略
【新近趨勢】溝通行動理論、溝通分析理論、Thomas雙向度應付衝突模式

名師導讀

這裡是教育行政歷程各章中出題率較低的一章，雖然不常出題，但各位對於溝通的基本概念，包括：溝通類型與障礙、溝通原則與策略、溝通歷程與理論，以及衝突的基本概念，諸如：衝突的原因與處理方式、衝突觀念的演進、衝突管理與策略等，都是必考重點，仍應熟悉。

學習架構

第一節 教育組織溝通
壹、溝通的基本概念
　一、教育組織溝通的意義與功能
　二、溝通的要素與程序
　三、溝通的類型與方式
　四、溝通的型式
　五、溝通的回饋與障礙
貳、溝通與協商理論
　一、溝通的帕金森定律
　二、哈伯瑪斯的溝通行動理論
　三、伯恩的溝通分析理論
參、溝通原則與策略
　一、有效溝通的原則與要領
　二、有效溝通的策略

第二節 教育組織衝突
壹、衝突的基本概念
　一、衝突的意義與根源
　二、衝突的歷程與原則
　三、衝突的功能與處理方式
貳、衝突的觀念與成因
　一、衝突觀念的演進
　二、組織衝突的成因
參、衝突管理與策略
　一、組織衝突的體認
　二、組織衝突的預防
　三、衝突管理的原則
　四、學校組織衝突管理策略

第一節 教育組織溝通

考點
提示

(1)溝通歷程；(2)溝通障礙；(3)溝通原則與策略；(4)溝通的類型；(5)哈伯瑪斯溝通行動理論，是本節重要的考試焦點。

壹、溝通的基本概念

一、教育組織溝通的意義與功能

(一) 溝通的意義

溝通乃是經語言或其他符號，將一方的訊息、意見、態度、知識、觀念乃至於情感，傳至對方的歷程。謝文全（2006）認為，溝通乃是個體或團體相互交換訊息的歷程，藉以建立共識協調行動、集思廣益或滿足需求，進而達成預定目標。秦夢群（2007）認為，行政人員重要的任務是控制與傳遞資訊的流向，其需要應用各種溝通管道獲得資訊，並利用各種技巧控制或傳遞資訊。何文榮（2008）認為，溝通是把訊息的意思傳給他人，並且讓對方瞭解訊息的意思；也就是說，使用人類語言、文字符號、行為等溝通工具，以交換資訊、意見、思想、情感及構思的過程。

綜合上述，可知溝通的意涵為組織與成員或組織之間，為交換或分享訊息、建立共識與目標，透過各種管道與符號來交換資訊或情感的過程。溝通也是一個符號象徵的過程，溝通時所使用的語言、手勢、姿勢或臉部表情，構成了我們的符號體系。組織溝通（organizational communication）就是同一組織內的成員，彼此交換意見、觀點，互相協調，以完成組織任務的一種過程。

(二) 溝通的功能（目的）【110身三】

有效的溝通管理，是組織通往成功的秘訣，溝通的目標是讓人瞭解、讓人接受，為了要得到預期的反應，要瞭解別人，要凝聚共識及向心。藉由上述溝通意涵的說明闡述，吾人可以清晰的了解溝通的目的與功能。羅賓斯（S.P.Robbins，1992）認為溝通的功能，主要有四項，即控制、激勵、情感表達與資訊流通。Scott & Mitchell（1976）的見解與Robbins相同，認為溝通的功能有下列四項：（秦夢群，2005）

1. **情感的（emotive）**：溝通的型式是以情動人，其目標則在使對方感受到更被團體接受，並因而產生工作滿足感。

2. **激勵的（motivation）**：其溝通的型式是以其影響力服人，目標在於使對方效忠於組織目標。

3. **訊息的（information）**：此種溝通目標在利用各種科技或方式得到訊息，以作為決策之依據。

4. **控制的（control）**：其溝通的目標在使對方充份了解其地位、責任與擁有的權威。

由此可見，組織溝通的目的即在建立共識、協調行動、集思廣益、滿足需求、傳遞資訊、任務控制，用以提高工作動機，達成組織目標或特定任務，並化解組織衝突或危機。

二、溝通的要素與程序【110原三；100原三】

伯洛（Berlo，1960）提出一種技術性模式以描述溝通程序，此模式包括：溝通來源／發訊者、編碼、訊息、通路、解碼、溝通接受者／收訊者六個要素。許士軍（1994）針對管理和組織的溝通情況，認為Berlo的溝通模式還要加上「溝通效果」及「回饋」兩項要素，此一架構才較完整。筆者認為，宜將編碼與解碼算入訊息的範圍，讓溝通的要素可以簡化為人（發訊者、收訊者）、訊息、媒介、管道、環境及回饋六種，如下圖6-1所示。

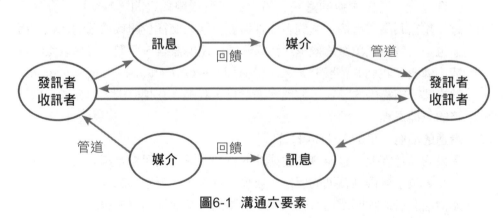

圖6-1　溝通六要素

(一) **溝通的人**：溝通是人與人之間、人與群體之間思想與感情的傳遞和反饋的過程，以求思想達成一致和感情的通暢。因此，溝通第一個要素就是發訊者與收訊者。

(二) **溝通的訊息**：溝通訊息的內容必須符合以下特性：(1)符合組織及收訊者的需要與能力；(2)合乎法理情或價值體系；(3)具體並有例證支持；(4)組織化並有邏輯性；(5)把理由包括在訊息內。其中，針對第二項的特性，費斯廷吉（Festinger，1957）提出「認知不和諧理論」，他認為一個人的兩項認知若相互矛盾（意即不和諧）時，就會感到困擾和痛苦，為消除困擾和痛苦，他會設法改變其中一個，或拋棄或修正，讓不和諧現象消失。至於訊息的陳述方式，克拉柏（Klapper，1960）和賀夫蘭（Hovland，1949）研究後，提出以下原則：

1. 雙面俱陳對知識水準較高者為有效；單面陳述對知識水準低者為有效。

2. 當收訊者原有看法與溝通訊息有歧異時，雙面俱陳較為有效；若原有看法與溝通訊息接近或一致時，則單面陳述較為有效。

3. 當收訊者日後有接觸到反面論點的機會時，雙面俱陳的效果較能維持長久；若收訊者日後沒有機會聽到反面論點的話，則單面陳述較有效。

(三) **溝通的媒介**：溝通的媒介（medium）代表傳遞訊息的工具（transmitter）或符號（symbol）。這些媒介包括語文（verbal）與非語文（nonverbal）兩部分。媒介的運用原則，必須考慮以下事項：

1. 多媒介並用以強化效果。　　　　　2. 媒介能完整呈現訊息。

3. 選用涵義明確的語文或非語文。　　4. 運用健全可靠的傳遞媒介。

5. 編碼（encoding）與解碼（decoding）要正確。

(四) **溝通的管道（類別）**：溝通管道指的是訊息傳送的線路，溝通的方式可分為口頭溝通、書面溝通和電訊溝通；溝通的管道可分為正式溝通、半正式溝通和非正式溝通；溝通的方向可分為下行溝通、上行溝通、平行溝通和斜行溝通四大流向。此外，根據溝通是否存有回饋，可分為單向溝通和雙向溝通；依影響方式來分類：以影響方式來分類，可以分成力服、理服和德服溝通三種類型；依溝通網路來分類，可以分為人際、組織和大眾溝通三大類型。

(五) **溝通的環境**：溝通環境（environment）指的是，溝通發生的空間與時間，可分為物理的及精神的環境兩種。物理指的是溝通進行的場所，精神指的是溝通時雙方的心理狀態。除此之外，溝通環境的原則必須遵守以下事項：

1. 溝通場所大小事宜【和人數呈正比】。
2. 溝通場所要無噪音及干擾物。
3. 溝通人員的座位要安排適當【依人數多寡及溝通目的】。
4. 溝通場所的光線與溫度要適宜。
5. 備有各種必要的設備。
6. 重視精神環境而慎選時機【溝通的精神環境指參與者的心境與環境的氣氛狀況】。

(六) **溝通的回饋**：回饋（feedback）是對訊息的反應，此反應映照出對原訊息意義的瞭解（或解讀）。回饋讓發出訊息者得以知道其訊息是否被聽到、看到或瞭解，或者它正以何種方式被聽到、看到或瞭解。假如傳遞者的本意未被接收或瞭解，原傳遞者可以把個人的意思再編碼，這種重新編碼的過程也是一種回饋，是對原來訊息接收者的回應。

另外，溝通的歷程乃是溝通的六大要素出現的先後順序，算入編碼與解碼，稱為溝通的八大程序：1.發訊者（sender）；2.編碼（encoding）；3.傳遞訊息（message）；4.傳遞管道（channel）；5.解碼（decoding）；6.受訊者（receiver）；7.回饋（feedback）；8.干擾（interfere）：指任何事物、對於發訊者、傳遞訊息、傳遞管道或收訊者會構成負面影響的因素。此歷程可歸納成下列的歷程模式圖6-2。

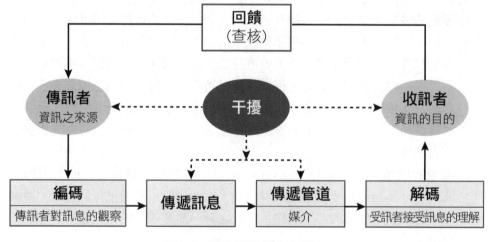

圖6-2　組織溝通的八大程序

三、溝通的類型與方式【110身三;94身三】

在前述溝通管道我們曾提及,溝通的媒介可分為口頭溝通、書面溝通和電訊溝通;溝通的方式可分為正式溝通、半正式溝通和非正式溝通;溝通的方向可分為下行溝通、上行溝通、平行溝通和斜行溝通(diagonal communication)四大方向,如圖6-3所示;根據溝通是否存有回饋,可分為單向溝通和雙向溝通;依影響方式來分類,可以分成力服(強迫或制裁)溝通、理服溝通(說理方式)和德服溝通(品德威望影響)三種類型;依溝通網路來分類,可以分為人際、組織和大眾溝通三大類型。這些都是常見的溝通類型與方式。

其中,正式溝通指依法有據的溝通管道,非正式溝通指依法無據,即私底下的溝通,半正式溝通指依法無據,但由組織以組織名義設置的溝通管道;上行溝通指下級人員向上級人員表達意見的溝通,下行溝通指上級人員將訊息向下傳遞,平行溝通指同等級單位或職級相當人員之間的溝通,斜行溝通指不同單位且職級不相等的人員間進行的溝通。

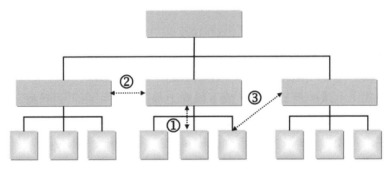

①垂直(向下與向上)　②水平溝通　③斜向溝通

圖6-3　組織溝通的四大方向

非正式溝通常是基於人們的社會關係,跨越組織層級,不需顧慮組織結構及權力路線。戴維斯(Davis,1985)發現,非正式的溝通有四種型態,分別是:單線連鎖(single-strand chain)、閒語連鎖(gossip chain)、機遇連鎖(probability chain)、集群連鎖(cluster chain),如圖6-4所示。此外,組織溝通依溝通網路型態可分為環型、輪型、鏈型、Y型、全管道型。組織通常會發展出多種的溝通網路(communication networks)。組織溝通依溝通管道分類又可分為書面(written)、口頭(oral)及肢體語言(body language)。

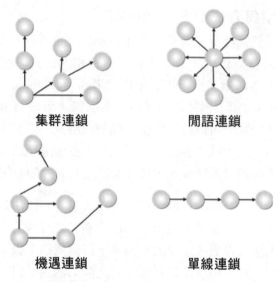

集群連鎖　　　　　　閒語連鎖

機遇連鎖　　　　　　單線連鎖

圖6-4　非正式溝通四種型態

四、溝通的型式

(一) 正式溝通的型式

1. **單線式**：命令或呈報，只有下達或上達，無商討餘地。
2. **雙線式**：上級與下級商量，或下級向上級請示，可商討到滿意為止。
3. **幅射式**：一對多式，如向所屬單位下達命令或主管向各屬員下達命令。
4. **集注式**：多對一式，如講習訓練由多位主管或專家分擔授課。
5. **搜集式**：如設置意見箱或以調查表搜集意見。
6. **圓桌會議式**：主管與部屬圍坐圓桌，自由溝通。

(二) 非正式溝通的型式

1. **單線式**：由一人轉告另一人，且每一人只轉告一人。
2. **閒聊式**：由一人告訴任何其他人。
3. **機率式**：依機率法則隨機傳送訊息，碰到什麼人就告訴他訊息。
4. **群集式**：將訊息傳送給心中所選定的一些人，非正式溝通中最常見的型式，其網路型態如圖6-5。

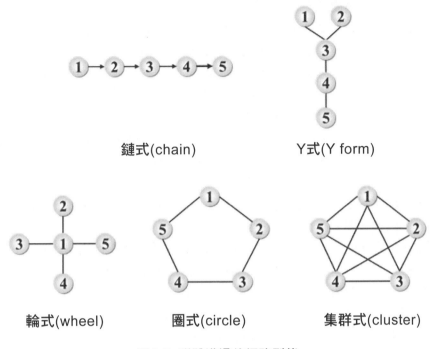

圖6-5 群體溝通的網路型態

五、溝通的回饋與障礙【100原三】

徐木蘭（2014）認為，溝通除了思想與觀念交換的過程外，它的最高目的是藉回饋（feedback）的手段，達到彼此瞭解的境界。

(一) 溝通回饋的意義與重要性

所謂回饋，就是在溝通過程中，對溝通對象所表述的觀念、想法和要求給予態度上的回應，讓對方明白自己的態度和想法。這種回饋既可以主動尋求，也可以主動給予。在溝通的過程中，發訊者必須隨時了解對方的反應，並從其反應中探知障礙的所在，以便對症下藥做適當改善，溝通才能順利進行下去，並產生預期的效果。

在組織溝通中，有些領導人總是想到要把自己的觀點、想法灌輸給對方，讓對方無條件地接收，往往不尋求對方的回饋，也不對對方的回饋進行分析，調整自己的想法和思路。其結果是溝通的時間花了不少，但卻毫無溝通效果，總是溝而不通。

(二) 回饋的方式與處理

發訊者要瞭解對方的反應，可從兩種途徑獲得，一是發訊者自行察言觀色，了解對方；二是給對方回饋的機會，聽取對方對溝通的意見。訊息的接收者在接收訊息後，必須及時地回應溝通對象，向溝通對象告知自己的理解和意見、態度，以便澄清表達和傾聽過程中可能出現的誤解和失真。

溝通回饋的處理原則如下：

1. 避免在對方情緒激動時回饋自己的意見，尤其當要作一個與對方所尋求的意見不相一致的回饋時。

2. 避免全盤否定性的評價，或者向溝通對象潑冷水，即使要批評下屬，也必須先讚揚下屬工作中積極的一面，再針對需要改進的地方提出建設性的建議，以讓下屬能心悅誠服地接受。

3. 使用描述性而不是評價性的語言進行回饋，尤其強調要對事不對人，避免把對事的分析處理變成對人的褒貶。既要使溝通對象明白自己的意見和態度，又要有助於對方行為的改變。

4. 向溝通對象明確表示你將考慮如何採取行動，讓對方感覺到這種溝通有立竿見影的效果，以增加溝通對象對你的信任。

5. 站在溝通對象的立場上，針對溝通對象所需要的信息進行回饋。

6. 回饋要表達明確、具體，若有不同意見，要提供實例說明，避免發生正面衝突。

7. 針對溝通對象可以改變的行為進行回饋。

8. 要把回饋的重點放在最重要的問題上，以確保溝通對象的接受和理解。

(三) 溝通的可能障礙與處理

所謂溝通障礙（communication barrier），是指訊息在傳遞和交換過程中，由於訊息意圖受到干擾或誤解，而導致溝通失真的現象。在人們溝通訊息的過程中，常常會受到各種因素的影響和干擾，使溝通受到阻礙。

1. 障礙的種類

溝通障礙的種類包括：語文上的障礙、知覺上的障礙【選擇性保留或反對】、心理上的障礙【參照架構的偏見及防衛抗拒的心理】、地位上的障礙【長官的「嚷叫理論」現象，要求部屬依令行事的「硬塞理論」現象】、地理上的障礙【部門過於分散，層級過多】、資訊上的障礙【資訊過少/資訊過量/來源不可信/被故意掩飾】、時間及壓力上的障礙【工作及時間壓力，匆忙溝通】、溝通管道的障礙【管道不足/管道不全】。

2. 障礙的具體表現

在組織日常的管理中，經常發生一些訊息溝通上的障礙，這些障礙的產生都源於上述因素的影響，具體表現我們可以羅列如表6-1所示：

表6-1 溝通障礙的具體表現

距離	較少的面對面的溝通可能會導致誤解或不能理解所傳遞的訊息。
曲解	有時上級和下級都傾向於根據自己的觀點、價值觀念、意見和背景來解釋訊息，造成曲解。
語義	幾乎所有的訊息溝通都利用符號來表達一定的含義。而符號通常有多種含義，人們必須從中選擇一種。有時選錯了，就會出現語義障礙。
缺乏信任	如果上級能體諒並且幫助人，組織成員就不會把壞消息或不利訊息過濾掉，且樂於提供給上級參考。
溝通缺口	溝通的正式網路存在缺陷與漏洞。
方向迷失	訊息內容缺乏導向作用，可能會導致溝通障礙。
負載過重	當人們負載的訊息過度時，他們就傾向於績效完成不佳，其績效比接受訊息不足的員工的更低。

3. 如何克服溝通障礙【103原三】

克服溝通障礙的方法如下：(1)按照溝通的預設目標，對訊息進行篩選、加工，進行必要的分類和排序；(2)對篩選和已加工的訊息進行適當的編碼；(3)選擇適當的時間和空間，調整溝通的情緒環境；(4)建立接收者認可的、正式的、公開的，並盡可能直接的溝通渠道；(5)進行必要的注意力管理；(6)表達方式符合接收者的接受習慣；(7)有良好且有效的回饋機制。

4. 減少溝通障礙的作法【103原三】

減少溝通障礙的作法包括：先談立場較一致的部份；停止討論引起爭論的論點，改談原則，等原則取得共識之後，再回頭來討論爭論的論點；在過程中讚揚對方有關的成就；改用雙面俱陳的方式；引用權威者的觀點，來

支持或說明自己的論點；拿出證據或事實來證明自己的論點；透過雙方都尊敬的第三者，代為出面溝通；請對方提出新方案，作為續談的基礎；找出共同的需要，作為續談的新切入點；適度妥協，讓溝通得以繼續進行；暫時中止溝通，等雙方情緒冷靜後，再另行擇定時間進行。

貳、溝通與協商理論

溝通就是打開心結建立共識，協調就是協助他人，調整自已，好的溝通技巧與協調能力可以創造組織無限的動力。在溝通協調理論中，較為重要者有溝通的帕金森定律與哈伯瑪斯的溝通行動理論。

一、溝通的帕金森定律

英國學者帕金森（C.N.Parkinson）提出一個著名定律--帕金森定律（Parkinson's Law），亦稱「官場病」或「組織麻痺病」，將之應用於溝通上，溝通的帕金森定律就是因為未能溝通而造成的真空，將很快充滿謠言、誤解、廢話與毒藥。也就是說，現實中許多的不愉快、不順暢，不成功，很可能與缺乏溝通或溝通不成功有關系。溝通是人與人間、群體與群體之間思想與感情的傳遞和回饋過程，更是尋求共識，消除隔閡，謀求一致的過程。溝是手段，通才是目的。

二、哈伯瑪斯的溝通行動理論

哈伯瑪斯（J.Habermas）的溝通行動理論（the theory of communicative action），即是從批判工具理性、意識型態著手，探討所謂成功的溝通究竟為何。Habermas的溝通行動理論乃是以溝通理性（rationality）為發展的基礎，以重建人類的溝通能力為根本準則，透過啟蒙、反省、批判的方法，來達到成熟、自主、解放的溝通目的，從而達致「理性的社會」的最終理想。

然而Habermas對批判理論最大的發展及貢獻在於「理想言談情境」（ideal speech situation），而此一理想言談情境即是一個未被破壞扭曲的溝通，亦也被他用來當做批判的標準，並藉此來破除阻礙溝通的障礙物（Kearney，1986）。易言之，Habermas認為要能真正達到理性，人的自主思考與批判能力是必要的。而溝通行動理論的基本內涵大致如下（廖春文，2001）：

(一) 溝通能力與溝通的言談行動

溝通能力（communicative competence）是Habermas的溝通行動理論根本基礎與目標，溝通能力包括語言使用的「文法規則」與「語用規則」，文法規則指語句結構與詞句位置；語用規則指在不同情境所採取不同語句表達（Habermas，1979）。

Habermas指出言談行動包涵著有命題要素（propositional component）和意思要素（illocutionary）。命題要素是說話者要傳達的內容，而意思要素則是隱含在說話者的語調、表情或姿勢中，如果聽者不能了解說話者的命題及意思要素，則無法作恰當的反應。因此，溝通必須同時在這兩個層次獲得了解與同意，如此才有成功的言談行動（Habermas，1979）。

(二) 言談行動的有效性聲稱

Habermas（1981/1984）即指出語言是一種彼此相互瞭解的溝通，所以必須瞭解對方並且調整他們的的行動。故要達到所謂「理解」（understanding），不只是說出合乎文法的文句而已，更重要的是要建立在雙方當事人彼此間認同的關係之上（江志正，1998）。Habermas（1979）認為，根據溝通行動中達到同意的情形分以下幾個層次，並可轉為幾種有效性聲稱（validity claim）：

1. **適切性聲稱（rightness claim）**：也就是說發言者的內容合乎共同的規範，可以建立一個互為主體性的相互關係。

2. **真理聲稱（truth claim）**：也就是發言命題內容所指涉的對象確實存在，或陳述狀態為真，使聽話者能接受或共同分享說話者的知識。

3. **真誠聲稱（truthfulness claim）**：也就是說話者真誠地表現取得聽者信任的意向，並且用這種態度、意圖、感覺和期望等的表達，來獲得聽者的信任。

4. **可理解聲稱（comprehensibility claim）**：也就是說話者所說的句子是合乎文法規則的，可以讓聽者理解。

(三) 理想的溝通情境

在四個有效性聲稱裡，可理解性和真誠性的問題，是較為容易的事；但是真理聲稱和正當性聲稱假如受質疑，則必須在理想的溝通情境下，以理性討論的方式才能謀求解決。而所謂的理想情境是指以下幾種內涵：

1. **相等的溝通機會**：在理性的論辯過程中，所有參與者都能夠有相等的機會來進行溝通的言談行動。

2. **使用陳述性的言談行動**：理性討論的參與者都必須具有相等的機會使用陳述性的言談行動，以便進行解釋、說明、質疑、反駁及辯解。換句話說，每個已討論過的概念與問題都必須經過不斷的檢驗與批判。

3. **使用表意性的言談行動**：理性討論的參與者都必須有相等的機會，使用表意性的言談行動，自由表達自己的態度、意向及情緒，讓參與者之間能夠相互了解。

4. **使用規約性的言談行動**：理性討論的參與者都必須要有相等的機會，使用規約性的言談行動，如提議、否定、同意、禁止等，以免除只有單方面的約束力與權力。

綜合上述，可見Habermas（1984）理想的溝通情境，至少具有下列四個特徵：

(1)人人均能自由表達意見。　　　(2)人人說話的機會均等。

(3)人人均敢講真話。　　　　　　(4)人人有批評與辯護的機會。

(四) 溝通行動理論對教育的啟示

范熾文（2000）則認為學校行政上的溝通要把持：理想言談情境、避免系統性扭曲、符合有效聲稱以及批判既有意識型態的四個原則。吳坤銓（1996）認為可從五個方向著手：第一、學校行政的決策要能符合理想言談情境，充分讓參與的老師表達意見。第二、班級經營必需訂定合乎法、理、情班級公約。第三、落實日常教育中的道德層面。第四、發揮良好的諮商輔導功能，協助學生。第五、強化人文學科，提供知、情、技並重的課程。

洪瑛璘（2001）則指出三點啟示：第一、教育不是意識型態的灌輸工具，應加強哲學的思辨成份來詮釋及理解教育理念，以達到互為主體的理性溝通。第二、教育行政組織應預設良好的溝通環境，以理性的溝通來增進行政的效率。第三、學校目標與課程設計應以學生為主體，並且培養學生有批判精神與能力。江志正（1998）則提出兩點看法：第一、教師在從事課程相關事務時更應透過多元參與與理性溝通方式。第二、拋棄說教式的方式，而代之以啟發、討論、辯論、溝通等方式，保持課程進行的彈性，以求讓學生能有發展自我主體性的機會。

綜而言之，溝通行動理論對教育最直接的啟示即是：在四個有效性聲稱的基礎下，透過理性對談的教育情境，來培養學生成為自主且具反思能力的行動主體，並且隨時批判與檢視系統扭曲或宰制的溝通模式，以回歸身為一個人的尊嚴與價值。

三、伯恩的溝通分析理論

溝通分析（transactional analysis, TA）理論，又稱「交互分析理論」，是由美國心理學家艾瑞克·伯恩（Eric Berne，1910～1970）創立。

(一) 理論內涵

該理論的核心是自我狀態，分為三種：（中文百科在線，2016）

1. **兒童自我狀態【C】**：一個人以自己過去（特別是幼時）的方式思考、感覺並表現的部分。

2. **成人自我狀態【A】**：針對此時此地發生的事件的反應，並能利用既有的資源來思考、記憶並應用的部分，通常是以不帶感情的方式來表現。

3. **父母自我狀態【P】**：從父母（或是其他具有父母般影響力的人）學習而來，整合到自己人格的部分。

每個人都是集這三種自我於一身的，在不同的情況表現出不同的自我。

(二) 溝通型態

1. **互補溝通**：是指雙方以平行的自我狀態溝通，如P對P，A對A，C對C。一般而言，這種交流是愉快的、正向的。

   【例】甲：A 乙：A

   甲：妳做的蛋糕真好吃。

   乙：謝謝你的讚美，我很高興且樂意為大家準備好吃的東西。

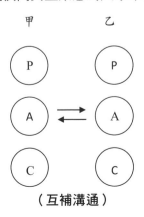

（互補溝通）

2. **交錯溝通**：是雙方以非平行（交錯）方式溝通，產生差距，可能造成溝通
受阻或中斷，使用時不可不慎。
【例】甲：ＡＡ；乙：ＣＰ
　　　甲：妳做的蛋糕真好吃。
　　　乙：那麼多年了，妳才發現我做的蛋糕好吃。

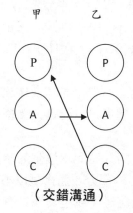

（交錯溝通）

3. **曖昧溝通（意在言外）**：是指送出的刺激（訊息）表面是一回事，內心實
際又是一回事，有弦外之音，不直接表達、不真誠。曖昧溝通通常有傷害
性，最好避免使用。
【例】甲：表面是ＡＡ；但暗地裡ＡＣ；
　　　乙：表面是ＣＡ，暗地裡ＡＣ
　　　甲：這件衣服多少錢？（故意顯現出自己高貴有錢）
　　　乙：很便宜，一件才5萬元啦！（你買的起嗎？）。

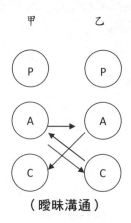

（曖昧溝通）

參、溝通原則與策略【101高考】

教育政策與運作能否成功的關鍵，在於教育行政溝通能否順暢。組織溝通，像是人的血液流動。人的血液無法順暢，以至於身體癱瘓；猶如教育行政組織無法進行溝通，將影響整個組織的運作，最後甚至造成停頓，其影響不可小覷。因此，掌握良好的溝通原則與策略，便是教育行政溝通最重要的一課。

一、有效溝通的原則與要領

溝通是一種藝術、亦是一種技巧，在溝通的歷程中並非統一或標準的制式，其常會因應組織特性與學校環境不同而有不同的技巧。然而，為促成有效的溝通，必須把握幾項重要的原則與要領：（羅清水，2004）

(一) 把握溝通的七W

所謂溝通的七W，即Why，Who，Whom，What，When，Where，How等七個要素：

Why 為什麼要溝通？	溝通的目的為何？必須先加以了解清楚，才能將溝通訊息真正傳遞。
Who 誰要進行溝通？	即發訊者本身要對自己的特性、專長、能力加以了解，才能編碼有效、選擇自己有效的溝通訊息與管道。
Whom 向誰去溝通？	即對受訊者要先行了解其文化背景、社經地位及長處、缺點為何，才能在溝通時掌握其心向或知覺。
What 溝通些什麼？	即「訊息」是什麼，所傳達的訊息、內容是什麼，須先加以探討了解。
When 何時進行溝通？	溝通的時機必先加以了解，何時對溝通是最有利的，接受訊息者最能接受、或溝通時訊息的時效性應加以掌握，才能讓溝通成為有效。
Where 何處進行溝通？	溝通的場合會影響發訊者或收訊者的心理，是以在溝通時應選擇適宜的場所進行溝通，才能提高溝通的有效性。
How 如何進行溝通？	即溝通的方法與必須選擇，選擇時應考慮配合前面6W，不同的受訊者、不同的訊息，可用不同的溝通方法與技巧，才能達到溝通的效果。

(二) 善用溝通三顆心

　　許多行為專家均強調溝通的基本態度有三心：誠心、非佔有的愛心以及同理心。誠心是指忠於自己的觀念與感情；非佔有的愛心是強調接納與尊重；同理心是以站在別人的立場來分析（Rothwell，1992；李聲吼，1999）。

1. **誠心**：指個人能誠心的體驗並表達自己的感情。能誠心表達自我，才會真誠待人，亦才能接受別人的長處及缺點，進而促進溝通成效。
2. **非佔有的愛心**：即是指同事的愛，也就是以耐心、公平、愛心去對待別人。非佔有的愛心有三項原則：(1)愛不等於喜歡；(2)適當的接受；(3)尊重別人。
3. **同理心**：同理心是一種了解別人感覺或感受的能力，能有同理心，才能主動傾聽別人、接受別人的感覺，並能控制情緒。

　　溝通三心是促進理性溝通的重要方法，理性溝通才是有效溝通的先決條件，也是減少溝通干擾非常重要的方法。

(三) 強化溝通的技巧

　　溝通技巧的利用與強化可以讓溝通的干擾降低，且增加人際關係的和諧。溝通技巧可歸納為下列各項（齊隆鯤，1998）：

1. **非語言技巧**：即身體語言或肢體語言，如面部表情、音調、姿勢等。
2. **語言技巧**：透過口語和文字來傳達。
3. **自我表達技巧**：經由自我表達技巧，能夠讓別人更了解自己。
4. **傾聽和反應技巧**：協助去了解他人所溝通的內容並分享其涵義。
5. **說服技巧**：協助說服別人或改變對方的態度和行為。
6. **暖場的技巧**：創造出有利溝通氣氛的技巧。

　　溝通技巧的應用是促進溝通成功的重要條件與方法，且溝通技巧要靈活運用，能讓溝通成為有效。

(四) 掌握溝通的方向與網絡

　　溝通的方向一般而言可分成單向溝通（one-way communication）與雙向溝通（two-way communication）。前者強調發訊者傳遞訊息給收訊者，收訊者沒有任何的回饋。此種溝通無從了解是否有效、所傳達的效果如何，均無從獲悉；後者是收訊者的訊息提供回饋，以確認發訊者的意圖。雙向溝通類型具有下列多項優點（王如哲，1999）：1.確認資訊的正確性；2.雙向溝通提昇溝通動機；3.有助於行政決策。另外，應用適當的溝

通方向與網路（communication network），包括鏈狀、輪狀、環狀、交錯狀、Y字型等各項，能提昇溝通的效率及效能。再如，溝通除正式組織可應用外，亦可透過非正式組織或次級團體的溝通路徑，更能讓溝通成為有效的溝通。

(五) **應用溝通的媒介**

溝通的媒介即是傳遞的管道。溝通要發揮其效果，即要選擇適切的溝通媒介。在多變的環境及科技的社會中，溝通的媒介已經是多樣化了，除可用語文或非語文等各種的溝通媒介外，亦可使用視訊、電子科技、社交軟體（Facebook、Line群組）等各項媒介以促進溝通的效果，且在溝通媒介的選擇並非單一的，可以多重的媒介來進行溝通，促進溝通的有效性。

(六) **控制溝通干擾因素**

溝通的干擾因素，常是溝通失敗或成為無效溝通的主要原因，如溝通訊息的不明確，溝通者的知覺差異、溝通管道的誤用、無回饋的路徑、溝通的過濾作用、溝通者的情緒影響，以及溝通者的文化差異等，皆是阻礙溝通有效性的干擾因素。要讓溝通能無障礙，必須將干擾因素的負面影響減到最低，才能讓溝通發揮其效果。

(七) **教育行政溝通的要領**

1. **預作準備**：平時奠定良好的溝通協調基礎。
2. **創造機會**：提供或創造自動溝通協調的條件。
3. **試探氣球**：妥善準備並預謀因應對策。
4. **善用技巧**：兼顧所有溝通要素的有效運作。
5. **多闢管道**：正式溝通依層級進行但可偶爾越級。
6. **因勢利導**：切合法、理、情、利與知識經驗背景。
7. **適時適地**：經營良好的溝通情境與氣氛。
8. **真誠友善**：應採取主動但態度友善，避免威脅性的暗示。
9. **公正同理**：發揮成功溝通協調者的特質。
10. **先人後事**：先處理人的問題再處理事。

二、有效溝通的策略

(一) 培養「我好－你也好」的心態

溝通分析（transactional analysis）理論依據人們對自己與別人的看法，將人在溝通過程中分為四種心態：

1. 我不好，你好（I'm not OK, You're OK）
2. 我不好，你也不好（I'm not OK, You're not OK）
3. 我好，你不好（I'm OK, You're not OK）
4. 我好，你也好（I'm OK, You're OK）

溝通的過程應培養「我好－你也好」的心態。

(二) 積極的傾聽

要瞭解別人，就要設身處地的傾聽。不僅要耳到，還要眼到和心到，用眼睛去觀察，用心靈去感受。

1. 專注的技巧（attending skills）
2. 追隨的技巧（following skills）
3. 反應的技巧（reflecting skills）

(三) 表達自我

表達自我並非自吹自擂，而是根據對別人的瞭解，來表達自己的意見，在瞭解別人的過程中也可能會產生新的想法。

1. **自我揭露**（self-disclosure）

   是指把對自己有意義、重要的個人資料、想法、感受告知別人的過程。亦即向別人開放自己，讓對方有機會了解、認識你。適當的自我揭露，能帶來親密感，增進情誼，但要循序漸進，過度揭露，可能造成不利影響：

   (1)無法對等揭露，讓對方感到壓力。

   (2)對方是否有能力守住秘密，是一大考驗。

   (3)自我揭露的內涵，常突顯雙方意見與態度上之差異，帶來衝突。

2. **自我堅定**（self-assertiveness）**的表達方式**

   堅定的態度、溫和的表達，能以平穩的方式，敘述自己的感受與意見，並徵詢討論。自我肯定型（我好，你也好）在不侵犯他人的情況下，勇於維護自己的權益，並以較直接、誠懇和合宜的方式，表達自己的感受、願望與需求。這種人經常會使用的方式：

(1)說話簡潔扼要，具體清晰。

(2)針對事實陳述，較不含評價指責。

(3)建議時不含強制意味，可協商討論。

(4)同理他人感受，表達關懷。

(5)徵詢他人想法、意見與期望。

(6)善於鼓勵退縮的人。

第二節 教育組織衝突

考點提示

(1)教育組織衝突的根源；(2)角色衝突；(3)Thomas雙向度應付衝突模式；(4)衝突功能觀念演進；(5)衝突管理與策略，是本節重要的考試焦點。

壹、衝突的基本概念

衝突乃是組織團體或個人因知覺到彼此某些不一致或對立，而產生的爭執或爭鬥等互動行為的歷程。其基本概念如下：

一、衝突的意義與根源

(一) 教育組織衝突的意義

教育組織衝突乃是教育行政人員從事行政工作，經常會碰到彼此立場或看法不一致，或教育理念的對立，而產生的爭執爭鬥等衝突事件，必須能妥善處理，才不會造成嚴重不良後果。

(二) 我國教育組織衝突的根源【103身三；88身三】

衝突是組織中兩人以上，因為目標、利益、期望、或價值觀的差異，因而產生不同意見的結果。Litterer（1970）則主張，衝突是兩人或兩人以上，有一方知覺與他方互動時會產生對己之損害，因而與之對立與鬥爭的行為。我國教育組織內的衝突，大致來自以下兩種根源：

1. **學校官僚與專業團體的對立**：教師所形成之專業團體的鬆散結合特性，與重視上下絕對權力的官僚體系，往往因理念的差異而產生衝突。學校行政者希望理性辦事，切實迅速執行上級交辦之任務；教師則強調專業與自

主權的行使。如未有適當處理，則易形成龐笛（Pondy，1967）所指出的「螺旋式惡性循環」（spiraling quality），即指行政者由於想控制教師，即採用更嚴屬的法規與措施，不料卻引起教師更大的反彈，其對抗的形式除正面衝突外，尚有私下的抵制。如此惡性循環，衝突就像螺旋狀一般節節攀高。

2. **角色扮演衝突**：上述官僚與專業團體的對力較偏向於制度面，而角色扮演則較與個人層面相關。當成員加入組織時，其一方面保有特殊的價值觀與人格，同時也須依組織要求，努力達成角色期待。由於溝通不良或職位之不適合，個人之角色衝突在所難免。當他人之期待與本身之看法有所出入時，個人即必需透過其智慧與行動加以調適。角色衝突在表面上多半雖不明顯，但其實質的殺傷力卻不可小覷。

   李伯漢（J.Libham）與荷西（J.Hoeh）根據角色關係的不同而發展出「角色衝突模式」的衝突理論。以校長角色為例，如圖6-6，三角形上的三個頂點分別代表自我角色的期待、他人對我角色的期待、我認為別人對我角色的期望。

   (1)**本質上的差距**（existential distance）：AB兩點的距離
     會因各人的教育理念或想法不同而產生不同的理想的自我角色期待，不過由於現實的考量，校長又不得不遷就現況，為改變校長本身意識型態以符合教育思潮的變化及社會、家長、老師的期待，縮短兩者之間本質上的差距，校長應該要持續充實自己的學識，跟上教育改革的思潮，同時嘗試從基本的觀念去瞭解他人對校長作為的期待。

   (2)**溝通不良的差距**（communicative distance）：BC兩點的距離
     這是因為溝通不良的原因造成的。校長應該增進自己在人際溝通上的技巧，廣開溝通管道，校長就能明白他人對自己的真正期待，進而縮短BC間的距離。由以上討論可知，校長要能覺察自我的專業角色，並能扮演好在不同情境下的角色，需要長期且持續地進行專業發展，透過不斷修正，找出自我專業角色的定位，才能符合社會、家長、老師、學生的期待。

   (3)**人我期許的差距**（interactive distance）：AC兩點的距離
     又稱判斷的差距（intraceptive distance），主要來自於校長自以為是的想法，以自我的觀念去推測他人對自己的看法，一個重視升學的校長，

　　就會以為家長、社區都希望自己重視升學率，於是就會把資源都放在升
　　學上。為消弭這樣的差距，校長應該要學習站在他人的立場來想事情，
　　學習去關心他人認為重要的事，才不會誤判事實，造成苦果。
在理論上，這三個點彼此之間的距離是越短越好，最好是三點重合成一個
點。所以作為一個成功的校長，必須在自我、他人、想像他人三種角色之
間，求取最小的差距，而坦承的溝通技巧常是達成目的的最佳法寶。

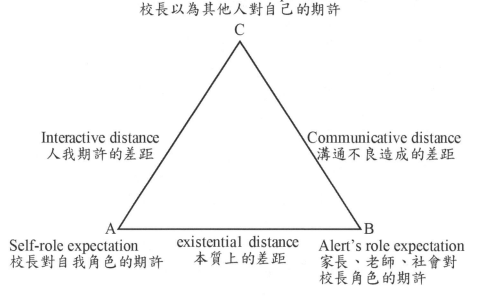

圖6-6　校長角色扮演的衝突

至於角色衝突之類型，以校長的角色衝突為例，可以分成：(1)不同角色
間的衝突（inter role conflict）：發生在校長同時扮演數種角色時，又
可稱之為「三面夏娃的痛苦」。(2)不同團體內的衝突（inter-reference-
group conflict）：發生在校長處於兩個對立的團體中間，又可稱「池魚之
殃的痛苦」。(3)團體內的衝突（intra-reference-group conflict）：發生在
校長面對團體內兩派不同的人士時，又可稱之為「兩面不是人的痛苦」。
(4)角色與人格的衝突（role-personality conflict）：發生在校長扮演的角
色與其人格不合時，又可稱為是「為五斗米折腰的悲哀」。

二、衝突的歷程與原則

(一) 衝突的歷程

衝突的發生過程大致可分為潛伏期、知覺期、調適期、外顯期與解決期等五個階段。

1. **潛伏期**：衝突具體顯現的前兆，對立的雙方由於若干衝突的原因，造成雙方在有形或無形的行為與觀念，存在著彼此敵對、不表贊同或牽制的現象。

2. **知覺期**：此一階段組織成員在認識上注意到了衝突發生的條件。有時衝突不經潛伏階段就可能出現可感覺衝突。

3. **調適期**：至此，衝突已經轉化為種種情緒。例如：憎恨、忌妒、畏縮、焦慮、自憐與對抗等。

4. **外顯期**：衝突行為的實際出現，可能表現的非常明顯；或表現的非常微弱，如競爭、合作、妥協、逃避或適應。

5. **解決期**：經過上述各階段，如果能得真正得到解決，所有參與者都得到滿意，那麼，進一步的合作關係基礎就可算奠定。另一方面，如果只是壓制衝突而不解決衝突，那麼，那些潛在的衝突條件可能還會受到刺激並爆發新衝突，除非對這些條件進行改善或消除已有的關係。

(二) 衝突管理的原則【100高考；99身三】

1. **化解衝突使之不再擴大**：化解衝突之道首在有心解決。

2. **找出衝突原因再對症下藥**：找出衝突原因除了透過自我檢討之外，也要傾聽對方的聲音。

3. **靈活運用不同的衝突處理方式**：除了上述五種方式之外，也可適時安撫、說服、談判。

4. **優先採行理性策略以彰顯正義**：所謂理性策略，是指不在意自己的輸贏，而旨在解決衝突所呈現的問題。

5. **採競爭策略則須謹慎計劃**：諸如認清自己和對方的目標和底線、預先找出有利於競爭之理由、有給自己裡子給對方面子的胸襟等等。

6. **必要時得敦請第三者協助解決**：所找的第三者最好要具備客觀性、專業性、公正性等特性。第三者可以擔任的角色包含了調解者、仲裁者、斡旋者、諮詢者、提供事實者。

7. **如需引進衝突宜優先採取正面的手段**：所謂正面手段，指合乎法理的手段，諸如引進專業素養較高之成員、提高要求水準、鼓勵競爭、重整工作團隊等。

8. **透過情境調整預防不必要衝突的產生**：調整的方式很多，包括資源的充實或重新分配、決定過程的合理化、權責分工明確化、重視溝通等。

9. **進行風險溝通，培養衝突管理知能**：組織平時應與成員進行風險溝通，對組織可能遭遇到的爭議與危險進行對話，並一起討論應如何預防，或一旦發生宜如何因應以化危機為轉機等。

三、衝突的功能與處理方式

(一) 組織衝突的功能【103身三】

組織衝突若運用或處理得宜，可能發揮正面作用，若運用或處理不當，可能產生負面作用。下表6-2是組織衝突的正負功能比較。

表6-2　組織衝突的正負功能比較

衝突的正面功能	衝突的負面功能
1. 使潛藏的問題浮現，勇敢地正視問題。 2. 增進闡明問題的可能，提高解決問題的質量。 3. 提供更多的在交往方面的自發性，並擴大組織需要。 4. 當創造性地解決衝突時，可使組織關係更加鞏固。 5. 衝突可以宣洩累積的情緒。 6. 提供自我反省改進的機會。 7. 矯正團體迷思的弊端，增加組織凝聚力。 8. 挑戰現狀激發創造力，促進組織革新。 9. 融合異見提升決定品質、增進組織績效。	1. 耗損成員的精力。 2. 摧毀組織士氣。 3. 使個人和組織產生兩極化意見。 4. 加深彼此的分歧。 5. 阻礙合作活動。 6. 產生不負責任的行為。 7. 引起懷疑和不信任。 8. 降低團體生產力。 9. 加深組織衝突：造成仇視與猜忌、激發對立、影響組織合諧、降低團體凝聚力、決定失去理性、削弱對共同目標的追求、傷害組織與成員健康、影響組織績效、導致組織的瓦解。

(二) 組織衝突的處理方式【103身三；100高考；88身三**】**

湯瑪士（K.Thomas）1992年曾提出「雙向度應付衝突模式」，用堅定程度（assertiveness）與合作程度（cooperation）兩個向度來探討應付衝突的方式。堅定程度指的是堅持自己立場來滿足自己的程度；合作程度指的是只願意與對方配合來滿足對方的程度，如圖6-7所示。

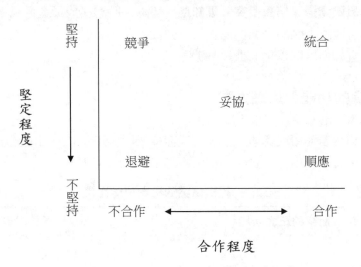

圖6-7　Thomas雙向度應付衝突模式圖

由圖6-7可知，在座標軸上，堅定程度與合作程度可以組合成五種不同的衝突處理方式，包括：「競爭」、「退避」、「順應」、「妥協」、「統合」。

1. **競爭（competing）**：高堅定、低合作型。此種方法是堅持己見強迫對方接受自己的看法。衝突處理的結果為「我贏你輸」。

2. **逃避（avoiding）**：低堅定、低合作型。此種方法是雙方不願面對衝突，一位的粉飾太平。所以表面上似乎沒有衝突，但事實上卻暗潮洶湧。衝突處理的結果為「雙方皆輸」。

3. **順應（accommodating）**：低堅定、高合作型。希望滿足對方，將對方的利益擺在自己的利益之上。衝突處理的結果為「我輸你贏」。

4. **妥協（compromising）**：中堅定、中合作型。雙方各退一步，對自己的權益做了某些讓步。雙方雖各有犧牲，但也各有所得，雖不滿意但是還可以接受。衝突處理的結果為「有輸有贏」。

5. **統合**（collaborating）：高堅定、高合作型。在統合的情況下，雙方都著眼於問題的解決，澄清彼此的異同，考慮所有的可能方案，尋求雙贏的途徑。衝突處理的結果為「雙方皆贏」。

　　這些衝突處理方式並無絕對好壞之分，各有其適用的時機。在決定採用何種方式之前，需考慮解決衝突時間的急迫性、自己與對方實力的差距、雙方主張的對與錯、衝突解決後的得失大小、是否有其他更重要的事待辦、解決的成本效益程度等因素來做綜合考量。

　　就組織衝突來說，學校內之衝突與一般營利組織或政治組織相較，應該比較少也比較單純，衝突的人比較常見的有行政人員與導師、教師與家長、教師與學生等，因為這些角色之間的工作有互依性，是衝突的根層原因，學校既然是一個服務組織，處理校園內的衝突時應該盡量以學生受教利益為考量，不可只顧及教職員個人私利。

貳、衝突觀念與成因

一、衝突觀念的演進【92原三】

衝突在組織中的功能，其觀念經歷三個階段（如下圖6-8）的演進。衝突有其負功能也可能產生正功能，行政人員應不再認為「異議歧見」只會威脅組織，而應與歧見者適時溝通從中取得有力的觀點。

(一)傳統的觀點	(二)人際關係的觀點	(三)互動的觀點
1. 1930-1940年代。 2. 所有衝突都不好，要極力避免。 3. 著重分析衝突起因。	1. 1940-1950年代。 2. 衝突不可避免，不如接受它。 3. 合理化衝突的存在。	1. 目前最盛行。 2. 衝突亦有正功能。 3. 領導者應維持最小衝突水準保持組織活力。

圖6-8　衝突功能的觀念演進圖

二、組織衝突的成因【103身三；100高考；99身三；88身三】

(一) 依衝突的來源歸類

1. **動機或心理的衝突**（mental conflict）：個人由於動機或心理的需求未能達到或不能滿足而產生挫折所引起的衝突。

2. **目標衝突**（objective conflict）：目標衝突係指個人或團體所希望達到的目標與其他的個人或團體不同時，在追求目標過程中所發生的摩擦。

3. **認知衝突**（cognitive conflict）：認知衝突是指個人或團體對某事物所持的理念或看法、意見與其他的個人或團體不同時，即產生認知上的衝突。

4. **情感衝突**（affective conflict）：情感衝突係指某一個人或團體在情感或動機、態度上與其他個人或團體不同時所產生的衝突。

5. **行為衝突**（behavioral conflict）：當某一個人或團體的行為方式不能被其他人或團體所接受時所產生的衝突，即是行為衝突。

6. **程序衝突**（procedural conflict）：對於解決某種事件所採用的方法或程序，雙方意見相左且堅持己見所引起的衝突即稱為程序衝突。

(二) **依衝突的層次或主體歸類**

1. **個人內在的衝突**：個人內在的衝突係指個人內在動機或心理衝突（mental conflict），即個體同時有多種需要與希望的目標，而實際上又只能選擇其中的一種，無法全部獲得滿足，這樣的心理失衡現象就是「心理衝突」。心理學家勒溫（K.Lewin）分析人類的心理衝突，可以分為以下四種基本類型：

   (1)**雙趨衝突**（approach-approach conflict）：又稱「趨趨衝突」，魚與熊掌難以兼得，只能選擇其一。例如：校長鼓勵教師進修與參加教師專業發展評鑑，兩者對學校發展助益甚大，但礙於時間因素，僅能從想要推動的兩者之中選擇其一。

   (2)**雙避衝突**（avoidance-avoidance conflict）：又稱「避避衝突」，又必須「兩權相害取其輕」。例如：調換行政人員恐怕有業務銜接的風險，但不調換就只能眼看業務難以推動，兩者都不願接受，但必須擇一。

   (3)**趨避衝突**（approach-avoidance conflict）：既對人有吸引力，又要付出代價的目標，可謂既「愛之又恨之」，欲趨之又避之的矛盾心理。例如：喜歡與同事愉快相處的氣氛，但又害怕過分熟悉，導致校務推動不易。

   (4)**雙趨避衝突**（double approach-avoidance conflict）**或多重趨避衝突**（double approach-avoidance conflict）：兩個或兩個以上既對人有吸引力，又要付出代價的目標出現在面前時所引起的心理衝突，稱之。例如：當校長工作職務較高、社會地位好且教育理想容易實現，但是

工作壓力大、生活忙碌品質差且必須兼顧教師、家長、學生、上級、民意代表各方意見。

2. **人際間的衝突**：人際間的衝突係指在目標、認知、情感或行為上相對立的主體均為個人。此對立者可為兩人或更多的人。例如：校長與學務主任間的衝突。

3. **團體內的衝突**：團體內成員因利益、思想、作法上產生不相容現象，而形成之對立情緒或行為的狀態。例如：學校同一處室內的衝突。

4. **團體間的衝突**：團體與團體之間因人際因素或資源分配不均所引起的衝突。例如：學務處與輔導室間的衝突。

5. **組織內的衝突**：由於組織結構、組織氣氛和正式權威所造成的矛盾衝突，可區分如下：

   (1) **垂直式衝突**：主管和部屬之間的衝突。

   (2) **水平式衝突**：組織體系中同一層次但不同部門的人之間的衝突。

   (3) **實作-幕僚的衝突**：幕僚部門（即行政部門）與實際負責生產作業部門（即教學部門）衝突。

   (4) **角色衝突**：兩個或兩個以上角色的衝突。

6. **組織間的衝突**：兩個或兩個以上的不同組織為爭取同一目標物所產生的衝突即是組織之間的衝突。

(三) 「**內容衝突**」與「**關係衝突**」

1. **內容衝突**：衝突的重心通常不在團體之外，而聚焦於衝突之中的對象、事件和人物。它包括了許多的議題，如：一部受歡迎電影的價值，要看哪一個電視頻道，考試的公平性，或是工作的升遷，儲蓄的方法等都屬內容衝突。

2. **關係衝突**：衝突的焦點主要不在兩造之間關係以外的外在因素，而在於有關初級關係和建議正確行為規則議題上的一種指示。如：弟弟不服哥哥的意見、兩個同伴對於他們假期的安排，希望能有對等的溝通方式，或者母女之間，媽媽希望能對女兒的生活方式做一番討論。

(四) **依衝突原因的深淺程度歸類**

組織衝突的原因很複雜，依衝突原因的深淺程度歸類，造成組織衝突的原因歸納起來可分為表層、深層與根層等三層的原因，詳述如下並整理如表6-3所示。

1. **表層原因**：包括目標的不一致、職責不明確、角色衝突、權力的不平衡、酬賞的不公平、溝通失敗或不良、次級文化的矛盾、價值觀的差異等。
2. **深層原因**：包括利益衝突、認知歧異、情緒干擾等三者。
3. **根層原因**：包括工作互依性與資源有限性。

表6-3　組織衝突的原因

層面		內容
↓	表層原因	目標不一致、職責不明確、角色衝突、權力不平衡、酬賞不公平、溝通失敗或不良、次級文化矛盾、價值觀差異
	深層原因	利益衝突、認知歧異、情緒干擾
	根層原因	工作互依性、資源有限性

參、衝突管理與策略【103身三；92原三】

衝突管理（conflict management）就是識別衝突，調解爭執，是領導管理最需要的能力之一。對衝突進行管理就是要堅持權變的觀點，正視高層管理團隊衝突的客觀存在，採取有效措施防止衝突發展成情感衝突，使衝突的負面作用減少，最大限度地發揮衝突的積極作用。

一、組織衝突的體認【103身三】

史迪爾（Steers，1991）將組織衝突分成目標衝突、認知衝突、情緒衝突、與行為衝突四類。並強調教育行政人員對組織衝突應有以下之體認：
(一) 衝突本身不危險，重要的是如何加以處理。
(二) 由於成員與所處環境極為複雜，衝突是自然而無可避免的。
(三) 衝突之利弊並無絕對之標準。

Steers還認為當校園衝突事件發生時，學校行政人員要注意「三不」：
(一) 不要忽視衝突的存在而不採取行動。
(二) 不要採取秘密處理的手段，企圖瞞天過海。
(三) 對引起衝突的當事人，不要給予不當標記或進行人格上的攻擊，如將之視為惹事生非或異端分子。

二、組織衝突的預防

組織衝突的預防方法包括:任用理念與價值觀接近的成員、建立共同願景與目標、權責劃分明確、擴充資源並力求公平分配、溝通暢通並隨時解決歧見、不貪求個人及單位之利益、決定前能廣納雅言、建構容忍的組織文化、加強成員的心理輔導、採用非互斥型的酬賞制度、建立申訴制度等。

三、衝突管理的原則

面對衝突,管理得好就能產生正功能,管理不當就會有後遺症,原則列述如下:(一)及早知覺並努力控制衝突範圍;(二)找出衝突原因對症下藥;(三)多元運用處理衝突管道;(四)需要時採用正面手段引進衝突;(五)調整組織情境預防衝突產生;(六)以理性策略解決衝突;(七)採競爭策略需審慎規劃;(八)成員平時加強培養衝突管理知能等。

四、學校組織衝突管理策略

林毓浤(2006)綜合歸納學者們(周春美、沈建華,1995;蔡進雄,1997;陳建光,2000;賴威岑,2002)的看法,提出下列幾項學校組織衝突的管理策略:

(一) **建立良好的溝通管道**:為了避免衝突,學校行政人員必須放下身段,耐心的與教師們溝通協調,並虛心的接受教師所提供的建設性意見;另一方面,教師亦須多多體諒行政人員的辛勞與行政立場的難處。

(二) **釐清各部門的工作職權**:在學校組織中,工作職權不明確容易產生衝突,因此,對於每一部門的工作必須明確化並建立書面化,如「分層負責明細表」將各處室、各組別的工作職掌劃分清楚,則可減少工作責任上的不必要衝突。

(三) **建構人性化的組織氣氛**:學校的領導者應該揭示學校的辦學理念,明確訂定各典章制度及作好控制工作,以求學校運作公平、公開。校長應建立人性化的組織氣氛以降低衝突的發生。

(四) **增加組織資源並且分配公平**:當雙方的衝突是由於爭取稀有資源時,設法籌措經費以擴充資源可滿足雙方的需求,解決之道包含共同分享有限的資源、訂定公平的競爭規則、雙方協調提供互換條件或抽籤決定等。

(五) **減輕組織成員的工作壓力**：過大的工作壓力常造成衝突的原因，為了減輕組織成員的工作壓力，學校可以於課間或用餐時間播放輕音樂，或辦理一些聯誼活動，或舉辦一些有關減輕壓力的成長團體等。

(六) **讓成員有參與的機會**：採取民主化及共同參與之行政管理來規劃校務，讓所有有關人員參與計畫即決定，可以減少及避免不必要的謠言與猜忌，此外，還可蒐集各方的意見，作出更客觀的決策。

(七) **靈活運用不同的衝突處理方式**：Thomas（1992）指出了五種不同的衝突處理方式：競爭、統合、順應、逃避、妥協。我們應要視不同情境及時機，採用不同的衝突處理方式，有時也必須同時採取一種以上的處理方式，靈活運用之，這樣才能達到不錯的效果。

(八) **適時的調整組織成員的配置**：衝突發生的原因有時是因為角色間無法加以相互體諒所造成的，因此校長可以適時的將各處室的主任、組長輪調或換新，使每個人對不同的工作都能有一番新的體認，可避免因不了解而產生誤會和衝突。

(九) **衝突的適時引進**：現今的學校常因結構過於穩定，以致於缺乏創造力，整個學校的作風缺乏活力，因此，校長應該適時引進衝突，以鼓勵組織成員創新求變，但也要小心衝突可能產生的負面效果。

考題集錦

教育組織溝通

1. 從事教育行政工作，須進行溝通，溝通是個人或團體相互間交換訊息的歷程，藉以建立共識、協調行動、集思廣益或滿足需求，進而達成預定目標。請問教育行政溝通應把握那些原則？為求溝通更為有效，可運用那些溝通技巧？【110原三】

2. 請說明教育行政溝通的目的，並就您所熟知的分類方式，舉出三種溝通的類型及其意涵。【110身三】

3. 教育組織創新可以從那些層面著手？要如何減少創新歷程所遇到的抗拒或阻力？【109高考三級】

4. 身為學校的領導者，校長必須與學校成員進行多層次之溝通。試以組織溝通之理念，說明校長日常應利用何種策略與管道，以促動學校成員彼此之間的有效溝通？【107身三】

5. 請闡述科層體制可能衍生的溝通問題，身為教育行政人員如何在承上啟下的架構下，減少溝通的偏見，以及如何增生溝通效果，以提升組織的效能？【103原三】

6. 教育行政人員在進行溝通時應把握那些原則和策略？【101高考】

7. 「溝通」（communication）乃行政之必要手段。請析論教育組織內的溝通歷程、可能障礙以及有效溝通的要領。【100原三】

教育行政衝突

1. 當學校行政人員從事行政工作時，經常會遇到衝突事件，請自衝突在組織的功能而言，試論學校行政人員應如何看待衝突？並舉例分析可能造成組織衝突的原因為何？衝突處理有那些方式？【103身三】

2. 教育行政組織間偶因一些因素，會產生組織衝突事件，試從組織間彼此運作之角度，分析組織產生衝突之主要原因，至少舉出五項說明；而處理組織衝突應注意什麼原則？至少寫出五項說明。【100高考】

答題範例

一、教育組織創新可以從那些層面著手？要如何減少創新歷程所遇到的抗拒或阻力？【109高考】

【破題分析】 組織創新是教育行政重要的一環，也是常考題，考生對於所提層面或策略，應該面面俱到，將自己的思考層面無限擴展。

【解析】

「組織創新」（Organizational Innovation）泛指組織對於新想法或新行為的採用，新想法或新行為可能產生自內部，也可能是自外部引進。

(一) 教育組織創新的途徑與層面

營造教育組織創新潛能，促進組織興革的可行途徑如下：

1. 任用優秀人才。　　　　　　2. 建立組織發展的願景。

3. 設立研究單位或人員。　　　4. 建立完善的管理資訊系統。

5. 實施成員輪調制度。   6. 加強成員在職教育與組織學習。

7. 賦予組織與成員自主性。   8. 建立完善的資遣及退休制度。

9. 設置評鑑與反饋制度。   10. 營造利於創新的組織文化與氣氛。

(二) 減少組織創新的抗拒與阻力

預防組織抗拒興革的方法，包括：

1. 讓成員參與改革的設計。

2. 利用團體影響力造成風潮，帶動革新。

3. 充分溝通讓成員儘速了解革新。

4. 適時使用雙面俱陳原則。

5. 改革要合理，並在成員能力所及範圍內。

6. 給予成員協助和支持。

7. 採漸進方式，以緩和成員適應之困難。

8. 平時加強成員的在職進修教育。

9. 透過談判做利益交換。

10. 控制和收編。

二、請闡述科層體制可能衍生的溝通問題，身為教育行政人員如何在承上啟下的架構下，減少溝通的偏見，以及如何增生溝通效果，以提升組織的效能？【103原三】

【破題分析】 本題首先須點出學校科層體制的溝通問題，再以行政人員的角度說明如何減少溝通的偏見，並增加有效的溝通效果。

解析

(一) 學校科層體制的溝通問題

1. 雙方成為對立者：學校行政裁量權與教師專業自主權經常對立衝突。

2. 觀念價值的差異：學校行政人員以辦學績效為先，學校教師則以教學成果為主。

3. 彼此的交互歷程：行政應支援教學，因此，教學與行政工作重疊處不高。

4. 雙方的知覺感受：行政雖了解應服務教學，但少部分存有管理階層之觀念，因此，教師若知覺行政人員的威權管理，往往感受不佳且配合度低，甚或造成衝突。

(二) 減少溝通的偏見增加有效的溝通的策略
1. 掌握學校教育本質，發揮行政服務教學的理念。
2. 推動學校組織再造，建立專業分工合作的機制。
3. 推動專業發展，發揮教學專業自主。
4. 運用團隊管理，型塑共同願景。
5. 建立對話機制，暢通溝通管道。
6. 轉化行政領導傳統角色，兼具管理與文化象徵。
7. 掌握程序與實質正義，建立行政之民主哲學。

第7章　評鑑與興革

【重要考點】教育評鑑實施原則、校務評鑑、360度評鑑、教師專業評鑑、系所認可、教育評鑑模式

【新近趨勢】準司法的評鑑模式、專家本位評鑑、學習導向評鑑、新興的評鑑典範（包括：自然式探究與評鑑、三角測量法、闡明式評鑑、感應式評鑑、教育鑑賞與教育批評）

名師導讀

此處內容介紹教育行政評鑑與組織興革，是出題機率頗高的一章，尤其考題大部分集中於第一節教育行政評鑑。考生對於教育評鑑的意義、種類、實施程序、實施原則、各種教育評鑑的模式，以及校務評鑑、大學評鑑、系所認可與教師評鑑的理論與實務，必須加以熟悉。另外，教育組織興革偶有出題，考題形式大致為抗拒組織興革的原因，以及如何預防抗拒並提升組織興革的潛能等。

學習架構

第一節　教育行政評鑑

壹、教育行政評鑑的基本概念

　　一、教育評鑑的意義、發展與功能

　　二、教育評鑑的種類與型式

　　三、教育評鑑的實施程序

　　四、教育評鑑的特徵與原則

　　五、教育評鑑計畫舉例

貳、教育評鑑模式

　　一、泰勒（Tyler）的目標本位評鑑模式

　　二、內在效標模式

　　三、外在效標模式

　　四、史鐵克（Stake）反應式評鑑

　　五、助長決定模式—CIPP模式為例

　　六、正式評鑑與非正式評鑑

　　七、追蹤評鑑與後設評鑑

　　八、普羅佛斯（Provus）的差距模式

　　九、360度回饋評鑑

　　十、方案評鑑

　　十一、評鑑研究中心（CSE）模式

　　十二、賦權增能評鑑模式

　　十三、學習導向評鑑

第一節 教育行政評鑑

考點
提示

(1)教育評鑑的種類與型式；(2)教育評鑑的實施程序；(3)教育評鑑功能；(4)系所認可評鑑；(5)教育評鑑的特徵與原則；(6)CIPP模式；(7)後設評鑑；(8)360度回饋評鑑；(9)校務評鑑；(10)教師評鑑，是本節重要的考試焦點。

壹、教育行政評鑑的基本概念

一、教育評鑑的意義、發展與功能【110高考】

泰勒（R.W.Tyler）是第一位在教育領域中使用「評鑑」（evaluation）用語的人，並將評鑑定義為「確定教育目標是否達成之過程」（目標導向的評鑑）。因此，泰勒被稱為「教育評鑑之父」。

(一) 教育評鑑的意義

教育評鑑的主要發展始於二十世紀初期，根據Stufflebeam（1971）的看法可將評鑑分為以下三種（引自秦夢群，1997）：1.評鑑即測驗：認為評鑑即是測驗分數結果的呈現，兩者並無太大差別。Thorndike即是此說的擁護者。2.評鑑是目標與表現結果的比較過程：此說又以Tyler為代表。他主張課程與教學的設計必須設定明確的行為目標，而評鑑即是在教育過程中去比較與確認目標與行為結果的一致性。換句話說，當教育課程或活動進行後，判定學習者所達到設定目標的程度極為評鑑。3.評鑑是專業的判斷：Stufflebeam即極力主張此說。

1. **從評鑑的本質而言**：黃光雄（1989）引述「教育評鑑標準聯合委員會」的定義，認為評鑑是有系統的評估某依對象的價值或優點。

2. **從評鑑的目的而言**：Stufflebeam等人（1971）認為教育評鑑是記述、獲得和提供有用的資訊，以作為決定的歷程。

   Stufflebeam 與 Shinkfield（1985）亦指出，評鑑的目的不在證明什麼，而在改進。

3. **從評鑑的功能而言**：Scriven（1984）指出，評鑑是決定優點、價值或重要性的程序。Tyler（1949）指出，評鑑基本上是決定教育目標在課程與教學方案中實際表現的情形。

   綜合上述，教育評鑑乃是檢驗學校行政、教師教學、與學生學習等向度組合而成的一套機制。Blandford（2000）指出，教育評鑑績效評估有助於學校的校務發展、教師的專業成長及學生的學習成就。有效的教育評鑑還可以促進教育機會的均等。

(二) 教育評鑑的發展歷程

Guba及Licoln（1989）以代（generation）來區隔1910年以後各成功的評鑑典範，並將建構主義之後現代認識論的評鑑典範，定義為第四代評鑑：

第一代評鑑 （1910～1930）	**將評鑑視為「測量」**。教師使用測驗評量學生的能力，並依據學生的表現，編製他們的相關位置表。
第二代評鑑 （1930～1967）	**將評鑑視為「描述」**。認為測量僅是評鑑的手段，教師為描述學生間的差異，釐清學生表現與目標間的差距，教師開始涉入許多的方案評鑑。
第三代 （1967～1987）	**將評鑑視為「判斷」**。此一發展自社會公平的課題出發，認為評鑑者即是判斷者；教師亦在學校方案評鑑中產生價值判斷的需求，而基於既定的規準，評斷方案或學生的表現。
第四代 （1987～）	**將評鑑視為「協商」工具**。強調所有利害關係人（stakeholder）的涉入，在一個易感應的建構主義觀點下運作，利害關係人在各自的方案利益中相互對待，在資訊的交流中達成共識。

至於評鑑的用語，則具有多樣的語彙及替換的詞語，如教育評鑑（educational evaluation）、課程評鑑（curriculum evaluation）、方案評鑑（program evaluation）等，方案評鑑在美國較常用，而英國的教育評鑑幾乎與課程評鑑同義。

(三) 教育評鑑的功能【100身三；98薦升】

教育評鑑應成為一項例行性的工作，用以檢視教育機構內部運作、外部服務品質，以便使服務日新又新，亦是藉此系統自省、內省，據以修正、調整運作，乃至繼續生存的不二法門，因此評鑑的功能（或目的）大致可分為六項：（陳瑞榮，1995）

1. **激勵的功能**：可促進機關團體或個人努力向上，以求最佳之績效。
2. **回饋的功能**：即檢討反省，蒐集資訊，提示希望達成之成果，提供各項計劃與決策有用之資料。
3. **品評的功能**：根據事實確定其價值，評斷其成就。
4. **改進的功能**：評鑑的目的在改進，改進的決策應由機構全體共同參與，評鑑的實行是群體而非個人可完成。

5. **品管的功能**：評鑑可使產出維持一定水準，亦即對整個計劃之執行歷程，具有品質管制的作用。
6. **診斷的功能**：評鑑透過對現存資料的蒐集和分析，可指出計劃活動或情境中之問題和困難，作為改進之依據。

二、教育評鑑的種類與型式【110高考；100身三】

(一) 依評鑑目的而分

1. **形成性評鑑**：在計畫或工作進行過程中，隨時所做的評鑑，稱為形成性評鑑（formative evaluation）。形成性評鑑發生在方案形成的過程中，包含需求評估、方案設計、方案實施和推廣計畫等項目，為使方案不斷改進，須歷經試用、評估、修正的程序。簡而言之，形成性評鑑的實施時機是在方案發展的過程中，目的在發現方案發展中的問題，以使方案趨於完美。

2. **總結性評鑑**：總結性評鑑（summative evaluation）是指一個方案或課程設計完成後，對其績效或成果所做的評鑑，用以評估該整體方案或發展過程的效果與價值。形成性評鑑主在協助發展、改善方案；總結性評鑑則在評估已發展完成之方案的價值。對方案的使用者而言，總結性評鑑所作的成果判斷，可協助進行不同方案的比較、選擇，使其決定更有充分的依據。表7-1即為兩種評鑑的簡單比較。

表7-1　形成性評鑑與總結性評鑑的比較

	形成性評鑑	總結性評鑑
目的	判定價值或品質	判定價值或品質
使用	改進方案	對方案的未來或採納做出決定
受評者	方案的執行者及人員	行政人員、決策者
評鑑者	以內部評鑑者為主，輔以外部評鑑者	通常以外部評鑑者為主，特殊方案輔以內部評鑑者
主要特性	提供回饋，方案人員得隨時改進業務	提供資訊，決策者得以決定是否繼續執行
設計限制	需要何種資訊？何時？	需要何種證據以供決定？
資料蒐集目的	診斷性	判斷性

	形成性評鑑	總結性評鑑
資料蒐集頻率	常常	不常
取樣規模	小規模	通常大規模
發問問題	何者有效？ 何者需要改進？ 如何改進？	產生何種結果？ 與何人產生？ 在何種情況產生？ 需要何種訓練？ 何種代價？

資料來源：Fitzpatrick，Sanders，& Worthen，2004，p.20.

(二) **依教育評鑑的本質而分**

1. **假評鑑**：假評鑑（pseudo-evaluation）是以政治為導向，或受政治操縱的研究；另外，公關授意的研究也是一種假評鑑。

2. **準評鑑**：準評鑑（quasi-evaluation）有一特定的需要評鑑的問題，且能在方法論上做適當的運用。例如：目標本位研究、實驗導向研究、績效研究、測驗計畫、管理資訊系統研究等。

3. **真評鑑**：真評鑑（true-evaluation）乃設計來評定某一目標的評鑑。例如：認可研究、政策研究、決策導向研究、消費者導向研究、當事者中心研究、鑑賞本位研究等。

(三) **依教育評鑑的對象而分**

1. **人員評鑑**：針對人員所進行的評鑑。例如：學生評鑑、教師評鑑、校長評鑑、行政人員評鑑等。

2. **方案評鑑**：針對教育方案或計畫所進行的評鑑。例如：課程評鑑、教材評鑑、教訓輔三合一評鑑、生命教育評鑑等。

3. **機構評鑑**：針對教育機構或學校所做的評鑑。例如：局務評鑑、學校評鑑、校務評鑑、系所評鑑等。

(四) **依評鑑方式而分**

1. **自我評鑑**：自我評鑑（self- evaluation）在屬性上應涵蓋「自評」在當中的自辦評鑑或自主評鑑。例如評鑑者須含校內委員和校外委員，評鑑階段須含內部評鑑及外部評鑑，外部評鑑程序須含受評單位簡報、資料檢閱、場地與設備檢視及相關人員晤談等。

2. **內部評鑑**：內部評鑑（internal evaluation）指的是，由機關的內部人員從事評鑑。其優點在於可掌握內部運作和實踐的詳情，較能把握機關的需要，評鑑結果也較易被接受而納入改進設計之中。但由於機關內部人員本身通常缺乏評鑑訓練，且涉入機關事務的程度過深，可能產生共存共榮的認同心態，因而易喪失客觀性。

3. **外部評鑑**：外部評鑑（external evaluation），指由機關以外的人員辦理的評鑑。外部評鑑人員一向被認為較為公正、可靠，而且常會帶來一些新的觀念及做法。當主管所要做的決定是屬於總結性的時候，外部評鑑可能優於內部評鑑。但由於組織機關越來越重視內部的績效控管，內部評鑑也就更為普遍。

(五) **依教育評鑑在教育決策上的應用而分**【110高考】
  1. **知識性**：協助決策或發揮教育作用。
  2. **社會性**：藉評鑑結果提高決策的合理性，利用評鑑結果尋求外在勢力或組織內部對既有政策的支持。
  3. **象徵性**：作為行動或不行動的藉口，提昇教育決策的專業形象，做為施展組織或個人威權的手段。

(六) **依資訊蒐集方法而分**
  1. **質性評鑑**：質性評鑑（qualitative evaluation），指的是以敘述、分析的方式，取代傳統看數字講話的評鑑方式。例如：（王文科，2005）
    (1)**感應性評鑑**（responsive evaluation）：聚焦於有關人士關注的事項（concerns）和議題（issues）之上。這種評鑑一開始，並無明確的研究設計，而使用緊接著的設計（emergent design），即研究設計係隨著評鑑者從有關人士關注事項與議題，所獲得的新見識而改變。其抽樣是合目標的，幾乎非代表性的或隨機的。
    (2)**準司法的評鑑模式**（quasi-legal models of evaluation）：
      A. **對抗評鑑**（adversary evaluation）：評鑑時有代表正反兩方的判斷，可分成四個階段。藉著調查各個有關的人士而產生與該受評方案有關的廣泛議題，將這些議題減縮成可以處理的數目，組成兩個相對立的評鑑小組，執行聽證會，讓各組陳述意見，俾供決策者參考。
      B. **法庭式評鑑**（judicial evaluation）：為了增進對某一方案的廣泛瞭解，澄清該方案所引發的教育議題的微妙性和複雜性，進而提出建

議和政策的指引，以促進制度的成長和實務的改良，可使用模擬司法的程式。

(3) **專家本位的評鑑**（expert-based evaluation）：包括教育鑑定（educational connoisseurship）與教育批判（educational criticism）。前者在於察知教育方案的品質及其意義的過程；鑑定者為了執行好此一任務，必須具備受評方案以及相關連方案的專家知識。後者係指描述和評鑑接受察知之方案的過程。

2. **量化評鑑**：量化評鑑（quantitative evaluation），指的是以調查研究等數字資料的統計分析，作為評鑑方式的評鑑。例如：Tyler的目標本位評鑑（objectives-based evaluation）模式，可說是行為目標量化評鑑模式的典範。該模式大致遵循以下的步驟運作：

(1) 以預定的行為目標開始。

(2) 確認可讓學生表現行為目標所載之行為的情境。

(3) 選擇、修正或發展可測量的合適工具。

(4) 運用上述工具，在某一定期間的先後，取得評量所得之資料，予以比較。

(5) 分析比較結果，以決定課程的優、缺點，並提出可能的解釋。

(6) 根據結果，對課程提出必要的修正（Glatthorn，1987）。

3. **質量並行評鑑**：質的與量的同時使用的評鑑模式，稱為混合的評鑑方法（mixed methods）。其類型包括：

補充型 （同時型式）	以一種方法的結果，來精密思考，提升、釐清、解說另一種方法的結果。
發展型 （順序的型式）	使用一種方法的結果，以發展或告知第二種方法可使用的抽樣或技術。
擴展型 （順序的或平行的型式）	藉著使用不同的方法以延伸結果的廣度及範圍，以迎合不同方案的要素或問題之需。

三、教育評鑑的實施程序【110高考】

教育評鑑的實施有其既定的步驟，其基本歷程如下：

(一) **確定評鑑目的**：確定評鑑目的，才能選用適當的評鑑方法。

(二) **規劃評鑑模式**：教育評鑑的途徑與模式很多，各有不同的特色，必須根據評鑑目的，選擇最適合的評鑑模式。

(三) **訂定評鑑標準**：透過文獻探討、小組研討、專家座談、問卷調查以及實地試作，並不斷修正，訂定評鑑情境專屬的評分標準。此階段也包括確定評鑑範圍與分析評鑑細目，編製評量表格與工具。

(四) **蒐集評鑑資料**：針對評鑑指標所需的佐證事件，系統化蒐集客觀評鑑有關的量化或質性資料。

(五) **分析評鑑資料**：針對評鑑指標所做的假設，做資料分析驗證工作，以證實假設（是否達到指標）的真偽。

(六) **提出評鑑報告**：評鑑報告應具可理解性和整全性，使閱聽者即使未親自體驗方案情境亦能從評鑑報告中形成一種替代性經驗。

(七) **評鑑結果的運用**：教育評鑑的結果可以提供回饋，作為了解學校困境，修正辦學方針的重要依據。

四、教育評鑑的特徵與原則【100地三】

教育評鑑是一個複雜的過程，必須符合專業的要求，且有其實施特色與原則，才能產生專業權威，建立公信力。

(一) **教育評鑑的特徵**【100地三】

歸納專業教育評鑑過程與方法的文獻，發現專業評鑑的實施大致具備以下八項特徵，如表7-2所示：（林天佑，2001）

表7-2 教育評鑑的特徵

訂有明確的專業標準	實施教育評鑑有經驗的先進國家，如英、美、澳、加等國，為建立教育評鑑的專業權威，均訂有明確的專業標準，作為評鑑規劃與實施的依據。
有具體的教育評鑑過程	各國已經發展出明確的評鑑階段以及每一階段的實施重點，尤以英國所發展出來適用於各類學校校務評鑑準則，最具代表性。

確立教育評鑑方法論	教育評鑑的重點在於處理複雜的資料,因此,需要有專業的方法作為後盾。教育評鑑專業團體提出文件查閱、焦點團體、個別訪談、直接觀察、問卷調查、個案研究等方法,作為蒐集資料的方法,以質性與量化的方法分析資料,強化方法的專業性。
評鑑時間長且視規模調整	在實用、可行、正當、準確的專業標準要求之下,教育評鑑的實施過程相當仔細也相當費時,並視評鑑對象規模的大小調整。
評鑑過程標準化	評鑑過程複雜而且時間長,因此,專業的評鑑建有標準化的配套,如:詳細的評鑑準則、具體的評鑑手冊、電子化的自評表、標準化的調查問卷、具體而微的評鑑表格、一致的資料蒐集分析與評估程序等,作為評鑑實施的專業規範,確保一定的專業水準。
重視評鑑倫理信條	倫理是專業的重要特徵之一,國際間知名的教育評鑑專業學術團體對於評鑑實施均有明確的倫理規範,強調尊重、公平、公正、客觀、迴避的原則,盡量不干擾受評者的正常運作,使其在自然的情境之下,接受公平的評鑑,並撰寫客觀的評鑑報告。
建立品質保證機制	在評鑑過程當中,維持品質是專業的最基本要求,在英國學校校務評鑑準則當中,特別訂定品質保證系統,分別從訂定評鑑倫理、評鑑品質標準,以及實施評鑑監督與申訴制度著手,從靜態面與動態面雙管齊下,管控教育評鑑品質,恪遵專業要求。
專業的訓練與練習	評鑑的內容相當繁複,使用的方法也具難度,所以評鑑人員必須熟練評鑑主題與評鑑方法,所以必須專業的訓練才能勝任愉快。教育評鑑過程相當複雜,沒有經過一定的練習,也沒有辦法順利實施,所以專業的評鑑要求所有評鑑人員必須經過一定的練習,才可以上陣。

(二) 優良評鑑的五項規準

美國教育評鑑標準聯合委員會(JCSEE)於2011年新修訂的方案評鑑標準(the program evaluation standards),認為判斷一個評鑑的品質優劣,應有以下五個層面的標準。除原有的實用性、可行性、適切性、及精確性四個層面外,又增加了「課責性」,詳述如下:

1. **實用性**（utility）：能提供有實用價值且必要的資訊。主要在增加方案使用者發現所需的評鑑過程和產品價值之廣度。

2. **可行性**（feasibility）：經過審慎思慮且實際可行。主要在增加評鑑有效及效率。此標準有四個關鍵的核心概念，包括可評鑑性、背景脈絡、價值、績效性。

3. **適切性**（propriety）：合於法律及倫理規範。與恰當的、公平的、合法的、正確的及公正的評鑑有關聯。

4. **精確性**（accuracy）：經由足夠的專業技術提供資訊。主要在提高評鑑的陳述、論點與結果之可靠性及真實性，特別支持有關於品質的解釋和判斷。

5. **課責性**（evaluation accountability）：或譯為「評鑑績效責任」。主要是在促使評鑑文件能滿足需求，且後設評鑑觀點聚焦在評鑑過程及結果的改善和績效性。評鑑績效性研究的評估可從四方面來看：評鑑如何被實施？評鑑如何被改進？評鑑對利害關係人而言其價值、重大意義或重要性為何？評鑑價值為多少，包括機會成本、比較利益？

(三) **教育評鑑實施的原則**【100地三】

謝文全（2005）提出，教育評鑑實施的七大原則如下：

1. **方法要科學化**：評鑑的方法要科學化，才能使評鑑結果客觀正確。

2. **過程要民主化**：如果評鑑不是屬於自我評鑑，而是由長官或外部人員來實施評鑑時，則長官或外部人員在進行評鑑時，應注意到民主原則。

3. **兼顧過程與評鑑結果**：任何計畫的執行，都有其過程與結果。因此在評鑑時，除要評鑑其過程外，尚應評鑑其結果是否達成預訂的目標，前者稱為「過程評鑑」，後者稱為「結果評鑑」。

4. **兼做形成性與總結性評鑑**：在計畫或工作進行過程中，隨時所做的評鑑，稱之為「形成性評鑑」。等一項計畫或工作執行完畢之後，再來做的評量，稱為「總結性評鑑」。

5. **內部與外部評鑑兼用**：評鑑若是由機關內部人員來做，稱為「內部評鑑」；如果是由機關外面的人員來做，稱為「外部評鑑」。

6. **應注意評鑑的綜合性及整體性**：為讓評鑑能更周延與更能看出整體狀況，應盡量採取「360度評鑑」（360-degree evaluation）方式，以便從不同角度來廣泛評估。

7. **重視評鑑結果的應用**：要使評鑑能發揮其效用，就必須做好評鑑後的改進工作，即依據評鑑結論，研擬改進計畫並執行之，以謀求工作的進步和發展。

五、教育評鑑計畫舉例【100原三】

以目前仍在實施中的屏東縣教育局辦理中小學校務評鑑的實施辦法為例，可瞭解教育評鑑應包含的項目有：目標、評鑑方式及組織、評鑑程序、評鑑流程、評鑑項目、評鑑結果應用、評鑑結果申覆、評鑑追蹤輔導、經費。辦法內容如下：（屏東縣中小學校務評鑑實施要點，2022）

屏東縣國民中小學校務評鑑實施要點

一、目標：
　　(一)屏東縣政府（以下簡稱本府）實施校務評鑑，以落實學校校務發展的自我改進歷程，促進團隊行動力，提升學校教育效能。
　　(二)依據校本發展目標與特性，藉由外部專業評鑑，檢視校務推展現況與方向。
　　(三)整合校務發展評鑑與分項認證機制，肯定學校自我發展特色與創新作為。

二、評鑑方式及組織：
　　(一)各校自我評鑑：各校校長、主任、教師、教師團體、家長會等代表組成，得聘學者專家參與指導，由校長擔任召集人，依照評鑑內容，辦理校內自評。必要時得邀請學生代表參與表示意見。
　　(二)本府小組評鑑：由本府聘請相關人員及學者專家擔任評鑑委員，辦理學校校務評鑑，人員由本府另聘之。
　　(三)依學校型態實驗教育實施條例規定申請設立或改制之實驗教育學校，依學校型態實驗教育評鑑辦法規定辦理評鑑，免再參加一般學校校務評鑑。如有其他法令者，另依相關規定辦理。

三、評鑑程序：
　　(一)辦理全縣校務評鑑說明會，讓學校瞭解評鑑目的，熟悉評鑑程序與方式及內容，俾妥為準備。
　　(二)各校自我評鑑：學校自評工作應落實，並於本府評鑑小組至學校進行評鑑前完成自評工作。

(三)本府小組評鑑：

    1.本縣各國中小每四年內接受一次評鑑為原則。

    2.各校接獲評鑑通知後，應事先備妥評鑑流程所需事項。

四、評鑑流程：

  (一)簡報。   (二)檢閱資料。

  (三)訪談相關人員。   (四)實地觀察。

  (五)綜合座談。

五、評鑑項目：

  (一)組織與行政效能。   (二)課程與教學。

  (三)學生事務與輔導。   (四)教師專業成長。

  (五)環境與設備。   (六)資源整合。

  (七)學校特色與創新作為。

六、評鑑結果之應用：

  (一)本府依據評鑑項目結果表現，給予學校分項認證、敘獎及追蹤輔導。

  (二)評鑑項目結果為7項列「優」者，校長及主辦人員記功二次（六人為限），教職員工記功一次（以不超過全校百分之五十為限）。

  (三)評鑑項目結果為6項列「優」者，校長及主辦人員記功一次（六人為限），教職員工嘉獎二次（以不超過全校百分之五十為限）。

  (四)評鑑項目結果為5項列「優」者，校長及主辦人員嘉獎二次（六人為限），教職員工嘉獎一次（以不超過全校百分之五十為限）。

七、評鑑結果申復：

  學校對評鑑結果若有疑義者，可提出具體明確疑義事證，檢附相關事證函文本府提出申復。申復期限以學校收到本府評鑑結果通知後二週內提出為限，逾期不予受理。申復之處理，以一次為限，本府收到申復公文，將提報國中小校務評鑑委員會討論，並將處理結果函復學校。

八、評鑑追蹤輔導：

  (一)綜合評鑑結果:未通過認證項目，列入追蹤輔導。輔導方式包含學校自提改善計畫、業務輔導、督學視導。

  (二)單項認證不符合之項目:列入追蹤輔導，請學校自提改善計畫。

九、經費：

  (一)學校自評所需經費由各校自籌。

  (二)本府評鑑所需經費由年度預算編列。

貳、教育評鑑模式

一、泰勒（Tyler）的目標本位評鑑模式

教育評鑑之父泰勒（R.W.Tyler）提出目標達成模式（goal-attainment model），極力主張目標取向的教育評鑑模式。目標取向評鑑（the Tylerian evaluation approach）的焦點在於目標具體化，並且容易判斷達成目標的程度。Tyler（1950）認為，評鑑是在判斷方案目標達成的程度，其評鑑的步驟如下：

(一) 進行組織的目標。　　　　　(二) 進行目標的分類工作。

(三) 將目標轉換成可測量的行為目標。　(四) 尋找可供達成目標的情境。

(五) 選擇或發展適當的評鑑工具。　　(六) 蒐集成員表現的資料。

(七) 評估成員行為表現與預定目標是否符合，以判定目標達成的過程。

表現與目標之間的差距可以引導缺失的改進，評鑑的步驟可以周而復始。Tyler的評鑑原理是合乎邏輯的，科學上是可以接受的，大多數的評鑑者早已採納此法，對於其後的評鑑影響甚大。

目標取向的途徑最大的優點是簡易可行，容易瞭解，也易於執行。然而，目標取向的途徑仍有下列缺失：1.缺乏真正評鑑的內涵，而非只突顯外在的結果；2.缺乏判斷目標與表現之間差距的標準；3.忽略目標本身的價值；4.忽視規劃方案可予考慮的變通計畫；5.忽略評鑑發生的情境；6.忽視重要的結果而非只看重目標；7.遺漏方案價值的證據；8.促進直線式、毫無變通的評鑑途徑（Fitzpatrick，etal.2004）。

哈蒙德（Hammond，1973）也主張目標獲得模式，其認為任何教育革新都包括教學、機構和行為三個層面，評鑑者應找出各層面的有關變項，列出行為目標，如圖7-1所示。

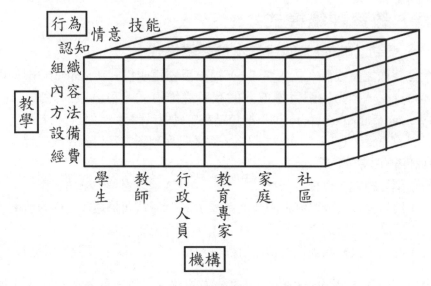

圖7-1　Hammond目標達成模式的評鑑結構圖

二、內在效標模式

內在效標模式（intrinsic criteria model）為強調內在效標的判斷模式，著重事物的內在特徵是不容易量化的，因此評鑑的判斷標準常取決於評鑑者的專業判斷。也就是說，內在校標模式著重事物不易量化的內在特徵，判斷標準取決於評鑑者的專業判斷上。

認可模式（accreditation model），或稱採用內部標準評鑑之模式，就是一種內在效標模式。認可是由被評鑑者先實施自我評鑑，再由各專業團體的認可機構派遣專業人員訪問學校，然後根據預先決定的評鑑來判定學校的教學品質與成效，是一種歷程效標。因此，內在效標模式又稱為「歷程本位評鑑」。

認可模式的主要目的有三：
(一) 瞭解和審查機關學校的工作或教學內容與水準。
(二) 辨認機關學校的優缺點，以建議需要改進之處。
(三) 刺激學校不斷經由定期的自我評鑑而進行自我改善，以達到最高的績效或教育標準。

三、外在效標模式

外在效標模式（extrinsic criteria model）強調外在效標的判斷模式。以史鐵克（R.E.Stake）1967年在《教育評鑑的全貌》書中所主張的外效模式為例，先依據某種理論建構評鑑意圖，呈現一些評鑑的標準或外在效標，透過評鑑活動蒐集現況資料，再依據外在效標對資料做一番判斷，判斷的結果稱為判斷性資料。此模式因故又稱為「全貌模式」（countenance model）。

簡而言之，外在校標模式乃依據某些理論建立「評鑑意圖」，透過評鑑活動蒐集現況資料（敘述性資料），根據「評鑑意圖」與「敘述性資料」作判斷，比較其符合性，進而作成「絕對比較」與「相關比較」的價值判斷。本模式的實施須兼顧事前、執行、成果等三個層面的評鑑：
(一) **事前層面**：指在執行工作或教學之前即已存在的條件。
(二) **執行層面**：指領導者與被領導者的互動行為與歷程。
(三) **成果層面**：指工作或教學活動的結果。

四、史鐵克（Stake）反應式評鑑

1974年史鐵克（R.E.Stake）發表「方案評鑑，特別是反應式評鑑」一文（program evaluation，particularly responsive evaluation），首度正式使用反應式評鑑一詞。自此，反應式評鑑（responsive evaluation）取代其1967年提出的全貌觀，成為他評鑑方法論主軸。

在前述質性評鑑的介紹時，我們曾提及「感應性評鑑」，其實就是反應式評鑑。Stake是採取將回應式與預定式評鑑取向相互對照的方式，來展現反應式評鑑的意義和觀念。史鐵克認為，預定式的評鑑以方案的既定目標或意圖為標準，欲以了解既定目標的達成程度，無論是資料蒐集的範圍、方法、程序都是預先設定好的。如此使評鑑變得封閉而缺乏彈性，且未必能符合評鑑當事人的需求。所以史鐵克提出反應式評鑑，使評鑑更直接地以方案活動的本身為取向，而不是方案的意圖；要更符合服務對象的要求；在方案成敗的報告中，要呈現多重的觀點。

預定式評鑑強調的是方案目標之陳述，客觀測驗之使用，方案決策人士的標準，以及研究類型之報告形式；相對地，反應式評鑑則強調評鑑的服務功能，

其寧可犧牲某些測量上的精確度，但希望增加方案內和其週遭相關人士對評鑑發現之使用，其較少依賴正式的溝通，而更重視自然性溝通。反應式評鑑採用的是自然觀察的方式，強調隨時適應情境變化或當事人的需求，不僅是反應式的，也是當事人中心的評鑑。而這正是Stake「評鑑的目的在服務當事人」觀點的延伸。

Stake提出反應式評鑑的目的，就是希望評鑑之後不要只得到一個「通過/不通過」或是「評鑑結果：93分」之類的答案，而是評鑑者可以對受評者提出一些回饋，這樣受評者才能依此改進。以此觀念來看，反應式評鑑不宜由內部人員自評，應由專業人員來評鑑，並給予專業建議會比較合適。

Stake 指出，教育評鑑要成為反應式的，必須符合三項規準：

(一) 更直接的以方案活動為取向，而不是方案意圖。

(二) 回應於評鑑報告閱聽者之資訊需求。

(三) 參照現場情境中人們不同的價值觀來報告方案之成敗。

綜合上述，反應式評鑑的核心觀念整理如下表7-3所示：

表7-3　反應式評鑑的核心觀念

服務取向	Stake（2000）認為，評鑑設計最重要的是發揮服務功能，所以在一個評鑑研究中，評鑑者需花相當多的時間來了解評鑑委託者及方案利害關係人的資訊需求，以及他們對方案所關注的重點。
議題導向	議題是評鑑委託者、方案實施者及其他重要利害關係人所關心或感受到有關方案的問題、潛在問題或爭議性議題；亦即，是他們所感受到的問題情境。
彈性化評鑑過程	回應式評鑑則會隨著評鑑之開展，關注和議題之調整，新事證之發現，以及委託者和利害關係人對評鑑初步發現之質疑和挑戰，而彈性調整評鑑之議題、資料蒐集之方法與來源、以及評鑑的工作流程。
重視方案的運作過程	反應式評鑑將心力投入於方案運作歷程及其情境脈絡知識之了解，設法去探究方案情境中相關人士如何看待他們自己的生活、目標和方案之品質。

| 由外部評鑑人員評鑑 | 回應式評鑑中係由外來評鑑人員以其評鑑專業素養與訓練，經由投入時間與心力來觀察和了解方案利害關係人所關注之事項或議題，進而形成評鑑之問題並據以進行專業的評鑑設計與實施，以之回應方案人員之參與投入。 |
| 以易理解的語言提出評鑑報告 | 主張評鑑報告應具可理解性和整全性，使閱聽者即使未親自體驗方案情境亦能從評鑑報告中形成一種替代性經驗，而非類如傳統評鑑報告使用太多的理論化語言。 |

五、助長決定模式—CIPP模式為例【101原三；95地三】

助長決定模式（decision-facilitation model），強調評鑑的目的，是在將評鑑所得的資料呈現給做決定者，以協助其做出好的決定來，因此稱為助長決定模式。以史塔佛賓（Stufflebeam）的CIPP模式為例，CIPP包括：背景評鑑（context evaluation）、輸入評鑑（input evaluation）、歷程評鑑（process evaluation）、成果評鑑（product evaluation）：

(一) **背景評鑑**：CIPP模式的第一個階段是背景評鑑。在此階段中，評鑑者進行背景或環境的分析，作一課程的研究。然後接著描述環境的條件，包括評鑑系統的需求評估及判斷未達成的學校需求，同時也要說明無法達成需求的原因。

(二) **輸入評鑑**：第二個階段是輸入評鑑，包括對程序作出決定。在此階段中，評鑑者必須選擇實現目標的可行途徑。做決定的時候，評鑑者必須切記資源的限制例如可獲得的時間及資金等。

(三) **歷程評鑑**：第三個階段是歷程評鑑，掌控課程的計畫。評鑑者找出課程系統的缺失並提出改正的意見。在執行的歷程中，評鑑者記載所發生的事項。

(四) **成果評鑑**：第四個亦即最後一個階段是成果評鑑。它兼具形成性與總結性，乃在測量兩者在課程研究過程中及結束時目標是否達成。

此模式的主要任務有四：

1. **敘述**：詳細說明做決定者所需的資料。

2. **獲得**：透過觀察、晤談等方式，蒐集分析與整理資料。

3. **提供**：綜合整理評鑑所獲得的資料，以最有利的方式提供給做決定者。

4. **決斷**：做決定者依據評鑑所提供的資料，做出最合理的決定，以利於目標之達成。

六、正式評鑑與非正式評鑑

正式評鑑（formal evaluation），係指有組織、有系統、依照既定的計畫、流程而辦理的評鑑。非正式評鑑（informal evaluation），則指缺乏組織、系統、與流程，且不定期辦理的評鑑。非正式評鑑與正式評鑑形成一個連續體（continuum）。日常的觀察與判斷即屬於非正式評鑑，而非正式評鑑的資料與證據也可能構成正式評鑑的一部分。

非正式評鑑可能會造成錯誤的或明智的判斷。但是它們都缺乏廣度與深度，因為它們欠缺有系統的評鑑程式及正式的蒐集資訊證據。非正式評鑑不能在真空中產生，經驗、本能、類化、推理，都會影響非正式評鑑的結果。

七、追蹤評鑑與後設評鑑【96高考】

評鑑完畢後，評鑑小組必須提出評鑑報告，事實上，評鑑結束是另一階段的開始。主辦單位、受評單位、及人員應就評鑑計畫及報告建議事項，逐一檢討與改進。評鑑計畫包括評鑑工具、評鑑內容、評鑑人員、評鑑方法、及其他有關事項都應加以檢討。受評單位及人員，均應針對評鑑人員所提出的建議事項，加以改進，以備主管機關進行追蹤評鑑（follow-up evaluation）。

後設評鑑（meta-evaluation），是對評鑑的評鑑。任何評鑑通常會有某種程度的偏見，評鑑人員對於評鑑的內容、方法、及對象所做的決定都會影響評鑑的結果。甚至評鑑人員的個人背景、專業訓練、學經歷也會影響評鑑的方式。評鑑人員與受評鑑人員必須關心評鑑的偏見，如果評鑑在某一方面有瑕疵，則兩者的損失就難以避免，因此，後設評鑑更顯得重要。形成性的後設評鑑可以亡羊補牢，改進評鑑的研究。總結性的後設評鑑可以增加評鑑結果的可信度（Fitzpatrick et al.，2004）。

八、普羅佛斯（Provus）的差距模式

差距模式（discrepancy model）是由普羅佛斯（M.M.Provus）所提倡之課程評鑑模式，旨在比較「標準」和「表現」，以便分析兩者之差距，做為課程方案改進的依據。距模式界定教育方案的「標準」包括三種類型：(一)預期結果，指教育方案的目標；(二)先在因素，指實現目標所需的人員、媒體與設備；(三)過程，指為達成目標，師生需要從事的活動。

差距模式的評鑑方式包括下列程序：(一)界定教育方案的標準，亦即評鑑人員詳細描述預期結果、先在因素與過程等教育方案的性質，是界定該方案的標準；(二)確定該教育方案各方面和有關標準之間是否有差距；(三)使用此差距資料，來改變表現或改變方案標準。

差距模式包括五個評鑑階段：(一)設計階段：指界定該教育方案之標準；(二)裝置階段：在了解所裝置的方案和原先計畫的符合程度，所以必須蒐集已裝置方案的資料，含目標、先在因素和過程，再與標準比較；(三)過程評鑑：評鑑人員須了解中間目標是否達成，判斷是否須調整標準或實施因素；(四)結果評鑑：旨在探討該教育方案的最終目標是否達成，找出「裝置」和「設計」及「過程」等成分實際造成的結果，和方案的最終目標比較；(五)方案的比較階段：此階段又稱為成本效益分析階段，旨在探討那一個教育方案最為經濟有效，需要比較目前完成的方案和其他的方案（教育大辭書，2000）。

九、360度回饋評鑑【104身三；102原三；94高考】

360度回饋（360-degree feedback）是一種「多元來源回饋」（multiple-source feedback）技術，其針對特定個人，包含受評者自己在內的多位評量者來進行評鑑。參與評鑑的相關人員必須對受評者的工作表現擁有相當程度的觀察機會，以及對受評者的充分瞭解，這是一種結合直屬上司、同事、部屬及管理者本身，及其周圍的人對其管理才能發展作多元之評鑑，以求得更為客觀的結果表現。

(一) 360度回饋評鑑的意義

360度回饋係由不同人員、不同角度的觀點，所提供個人表現回饋與評鑑的一種方式（丁一顧、張德銳，2004）。換言之，用此評鑑方式，是要從不同角度的觀察者對受評者進行評鑑，結果顯然應該會比單一對象、單一方式來得更為客觀，更接近事實，如圖7-2所示。

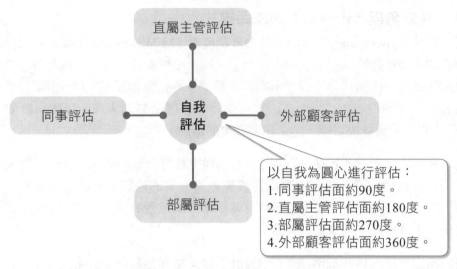

以自我為圓心進行評估：
1.同事評估面約90度。
2.直屬主管評估面約180度。
3.部屬評估面約270度。
4.外部顧客評估面約360度。

圖7-2　360度回饋評鑑模式示意圖

(二) 360度回饋評鑑的功能

表7-4　360度回饋評鑑的功能一覽表

強化主管的覺察能力	360度回饋評鑑的主要功能之一，在於透過他評者的回饋來強化自評者對自己優、缺點的覺察能力，以指引自評者生涯規劃的方向，據以擬定發展計畫。
績效評鑑	有別於傳統績效評鑑方式，360度回饋提供更多的評鑑來源，來輔助僅僅侷限於上司績效評鑑的方式，使績效評鑑結果更為客觀。
作為組織續承計畫（succession plan）選任人員之用	使用360度回饋收集資料作為續承計畫之用，評鑑者必須由未來接班人選之決策人員來擔任評鑑人員。
促進組織變革	平衡計分卡之作者Kaplan（1993）將360度回饋視為組織變革的策略之一，其認為組織經常會面臨許多挑戰，最高管理階層為有效因應這些問題，必須進行大規模的變革，因此主張優先針對高階主管施行360度回饋。同時，Kaplan也認為唯有這些高階主管親身進行改變，才能更有效且順利地完成組織變革的任務。

	在360回饋系統中，他人則可能是直屬主管、部屬、同事甚至是外部顧客等。研究發現，同時接受上司及部屬回饋的主管，相較於只接受上司或部屬回饋的主管而言，其對績效考核的過程較具有正面的感受，並且較相信評量結果的正確性，也較願意相信評量的結果可以幫助自己改善工作績效。
自評與他評的一致性	

(三) 360度回饋與傳統評鑑方式比較【103身三】

表7-5 360度回饋與傳統評鑑方式的比較表

類別	三百六十度回饋評估方式	傳統評估方式
資料來源	全方位：直接主管、部屬、同事、顧客、自評。	由上而下：直接主管。
資料的正確性	能夠清楚將員工不同水準的工作表現作明確的區分與辨識。	不同員工之間的評鑑結果區辨小。
資料的有效性	各效標之間的區辨大，效度較高。	各效標之間的區辨小，會受各種偏誤的影響而降低效度。
資料的完整性	可以兼顧全方位的觀察角度與觀察機會，所得到的結果完整性較高。	僅限於直屬主管一人之判斷，觀察機會與角度有限。
評估焦點	未來取向，重視工作過程，著重於行為、技術與能力，可評鑑員工私下的工作表現。	為過去取向，重視工作結果，著重於結果或期望，評鑑是員工公開的工作表現。
對無表現者的評鑑	可實際反應受評者的真實表現。	缺乏對表現不佳部屬的其他評鑑工具，為免不必要的麻煩，有時會給予其表現所應有的評鑑結果。

類別	三百六十度回饋評估方式	傳統評估方式
評鑑的公平性	員工有完整被認知的機會，不會因故被忽略或誤會。由受評者提供評鑑者名單，結果來自所有評鑑的總和，不會因少數一兩位有意操控而左右全局，影響公平性。	評鑑結果會受到政治因素、個人偏好以及友誼介入的影響。
評鑑系統的設定	由員工參與，與管理者及專家共同完成。	只由管理者或專家單獨完成。
評鑑結果的用途	兼顧行政與發展性。	只能單作行政性用途。
法律問題	因有來自於多元的評估資料，兼顧公平性、正確性與有效性，較無法律上的爭議。	容易因評鑑的不公平性主管的個人偏誤而有法律上的爭議。
與員工的關係	支持、鼓勵、合作關係。	監督、鬥爭，易陷入監督者與被監督者對立的關係中。
受評者的感受	包括受評者的自我評鑑，接受度高，希望多瞭解，接受來自多方面的回饋。回饋參與的過程對整個系統以及其結果，產生承諾感，進一步提高對採用該評鑑之組織與工作者本身的滿足感。	讓部屬覺得只是例行公事，為了行政上的調薪與升遷而作的評鑑。且易出現因對主管個人有意見而不接受評鑑的結果。
使用者的感受	有人分擔評鑑結果的正確性或部屬反彈的責任。	有時因工作專業化，對部分部屬的工作，主管的相關知識不足，心有餘而力不足。
評分者的訓練程度	要求對評分者完整的訓練。	無特別要求。

類別		三百六十度回饋評估方式	傳統評估方式
對使用的幫忙		可以藉回饋的資料的整理，讓評分者瞭解各個不同面向評鑑結果的差異，提昇評分者的評鑑能力。考評者也可以藉以瞭解自評與他評的差異，促使員工行為改變的動機。	只限於行政方面的功能，例如升遷、敘薪與獎勵，無法提供員工發展上的指導。
制度認知		工具性行為	年度績效成果的判定
組織型態		分享能力發展的資訊	強調層級權威
角色行為	評估者	回饋資訊的提供者	法官
	受評者	自我檢視的評估者	被動的
	直屬上司	多源資訊的彙總者與教練	監督者

十、方案評鑑【104薦升；98薦升】

方案評鑑（program evaluation）的定義是運用系統性、質性研究、定量研究等方法來分析資料、蒐集證據，以客觀判斷社區方案或其他服務之成效與影響。因此，方案評鑑兼具責信（accountability）與學習的重要功能。

方案評鑑通常由某人或某群體關切正在進行中的教育方案開始，規劃方案，執行並加以評鑑。依據前述，美國教育評鑑標準聯合委員會（JCSEE）於2011年新修訂的方案評鑑標準（the program evaluation standards），認為判斷一個評鑑的品質優劣，應有實用性、可行性、適當性、準確性、課責性等五個層面。方案評鑑可分成四個階段：

(一) **規劃評鑑**（planning evaluation）：包括事前的結果預期及實施後的效果評價。規劃的同時並對各種可能的替代方案之成本、效益、影響及可行性等進行評估。

(二) **過程評鑑**（process evaluation）：與形成性評鑑（formative evaluation）、監測評鑑（monitoring evaluation）的概念近似，其主要目的皆在透過即

時追蹤或檢視方案執行的過程與相關產出，以確保依照先前方案所設定的計畫目標與期望效益可以完成。

(三) **結果評鑑**（outcome evaluation）：與總結性評鑑（summative evaluation）、績效評鑑（performance evaluation）的概念接近，通常指在方案執行完畢之後（也可能是期程之中某個階段完成）的時間點，透過量化或質化的方法來評價方案是否已達到原先設定的計畫目標與期望效果。

(四) **影響評鑑**（impact evaluation）：是最具耗時費力與技術難度的評估工作，其指在方案結束一段時間之後，再來評估原先方案設定的最終正向結果或長期的影響程度。

十一、評鑑研究中心（CSE）模式

評鑑研究中心模式（Center for the Study of Evaluation, CSE），是由洛杉磯加州大學的阿耳金（Alkin）所提倡採用的評鑑方法，旨在「從事教育評鑑實際措施的分析與改進」。在CSE模式中，評鑑是一種過程，藉以確認決策者必須從事的決定，選擇、蒐集、分析做決定所需要的資料，向決策者提出報告，因此，CSE的評鑑是在促進決策趨於明智。CSE模式包含五項工作：系統評估、方案計畫、方案實施、方案改進、方案授證。

十二、賦權增能評鑑模式

賦權增能評鑑（empowerment evaluation）是Fetterman和Wandersman（2005）撰文提出增能模式的十項原則，分別是：

(一) **改進**（improvement）：增能評鑑是運用評鑑的方法和工具以協助人們改進其方案、過程及其生活。

(二) **社群自主**（community ownership）：相信社區有權利去決定相關的活動對他們的生活發生作用。

(三) **融入**（inclusion）：盡可能的包含直接參與決策的關鍵利害關係人。

(四) **民主參與**（democratic participation）：確認每個人在過程中都擁有表示意見的權力；強調創造有益智力和共享決策的環境。

(五) **社會正義**（social justice）：增能評鑑者相信並致力於社會正義的實現，珍視社會公平與均等環境的營造。

(六) **社群知識**（community knowledge）：以社群為本的知識具有價值性與啟發性，可做為組織變革的驚人催化劑。

(七) **以證據為本的策略**（evidence-based strategies）：運用已存在的知識可避

免重新建立已存在的實務，並提供一個具有追蹤記錄和客觀可信度的有益選擇。

(八) **能力建立**（capacity building）：增能評鑑者相信在提供組織必須的條件和適當的工具下，人們和組織將具有實行評鑑的能力。

(九) **組織學習**（organizational learning）：創造一個學習型的組織，以行動來創造知識、解決問題。

(十) **績效責任**（accountability）：由所有利害關係人藉由彼此力量共同建立的成就結果，包括社群成員、評鑑者和資金提供者，對績效責任都必須說到做到。

2007年又更進一步以此十項原則為基礎，建立出一個授能評鑑模式的理論模型（如圖7-3）。由圖中可知，在授能的理論中，若擬達成所欲求的產出，則必須檢視、應用與反思目前所擁有的能力，加上依據授能模式的十項原則來精進評鑑能力與改進評鑑實務，而這些原則的採行，需時時輔以工具（tools）、訓練（training）、技術援助（technical assistance，TA），以及品質改進/品質保證（QI/QA）等來持續檢討與改進評鑑工作，才能獲致實際產出的達成。

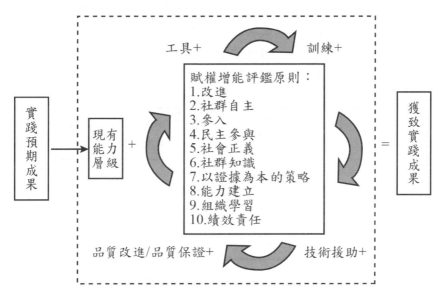

圖7-3 賦權增能評鑑模式的理論模型

資料來源：Fetterman & Wandersman，2007，193。

＊本文改編自：徐明志（2008）。授能思維的評鑑領導--
以臺北市一所高職的校務評鑑為例。

十三、學習導向評鑑

學習導向評鑑（learning-oriented evaluation）乃高等教育的評鑑從輸入轉變為學習成果輸出的評鑑模式，開始注重「以學習者為本位」，重視「學習成果」與「核心能力」的評量；因應時代環境的改變，從高等教育典範轉移的觀點思維，學習成果導向的教育與評鑑，對學習者及教育者同等重要。

十四、方案邏輯模式

方案邏輯模式（the program logic model）是一種評鑑方案表現的工具。McLaughlin及 Jordan（1999）指出，邏輯模式中所包括的要素：投入（input）或稱資源（resources）、活動（activities）、產出（output）、消費者所得（customers reached）、短中長期成果（outcomes）、方案外部關鍵性脈絡因素（key contextual factors external to the program）。其中「投入」包括人力與財力的資源、對方案支持性的投入、消費者的需求資訊等；「活動」包括產生方案成果的所有必要之行動步驟；「產出」是直接提供給方案消費者的產品、貨物或服務；「消費者」是使用方案產品或服務的族群；「成果」是從活動及產出中改變或獲益的結果，包括短期、中期及長期的成果；「外部關鍵性脈絡因素」則是來自方案外部，不能控制且對方案的正向或負向成功具有影響力者，包括外部影響力與相關方案等，如圖7-4所示。

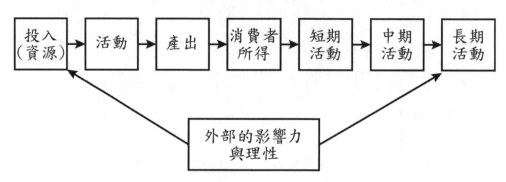

圖7-4　McLaughlin及　Jordan的邏輯模式要素

十五、「以利用為焦點的評鑑」— Patton的主張

「以實際利用為焦點的評鑑」（utilization-focused evaluation），意在讓評鑑結果成為有用處的評鑑、要避免製造沒人閱讀、沒人使用，並在書架上集滿塵埃的評鑑報告。只要有人需要負責將評鑑發現送交給適當的人或地方，評鑑就有用武之地。Patton（1997）：「藉由主動納入主要預期使用者，評鑑者訓練使用者如何應用、準備應用的基礎工作，以及增強評鑑的預期效用。」如果每個人能有意義的參與評鑑，則會更加理解、重視及利用評鑑結果。因此，Patton（2000）主張以利用為焦點的評鑑，強調意圖在一種個殊情境下，以利用為焦點，邀集相關利用評鑑的關係人共同參與評鑑，使得評鑑具有個別性。而所謂利用就是由有意使用者做有意的用途。

以實際利用為焦點的評鑑之程序如下：

(一) **界定意圖使用者**：以利害關係人（shakeholder）的分析為起點，定義意圖使用者的利益，找出主要的意圖使用者。這些意圖使用者可以任何形式參與討論。

(二) **評鑑者和意圖使用者對評鑑的用途須達成共識，並決定評鑑的焦點**：評鑑者和意圖使用者必須對評鑑的用途、方案的實施、對方案的認同度等達成共識。

(三) **研究方法、測量及設計的決定**：對於研究的設計如量化或質性的資料，研究方法的適切性、實用性、準確性、成本加以討論。

(四) **發送評鑑報告**：評鑑方送的對象，除原先的意圖使用者之外，也可以發送給一般大眾，以符合公共績效責任。

十六、美國高等教育認可制度運作模式【96蔦升】

認可模式（accreditation model），或稱採用內部標準評鑑之模式。認可制度（accreditation）是美國學校評鑑的特色，源自1787年州立大學董事會成立一個小組來檢視紐約州的高等教育、中等及初等教育、以及社教機構，慢慢演進成以高等教育機構為主要對象的認可制度（陳漢強，1985；陳樹坤，1982）。Kells（1983）對美國認可制度所下的定義是：認可制度是一種自願的過程，透過非官方的學術團體，採用同儕評鑑來檢視被認可的機構是否已達成自我評鑑（self-study）中所定義的目標，並符合評鑑的標準。

認可模式的實施，首在建立認可的最低標準，再由受評學校自評，專家前往訪視，如發現缺失，則給予學校補助改進的機會，並安排複評。例如：1871年美國密西根大學開始視察州內中學，鼓勵各校提出其學術取向課程，供該大學審核，凡經認可者，其畢業生可不經過考試，升入該大學。

美國高等教育的認可模式，基本上是採取各校自願受評（voluntary）、同儕評鑑（peer-based system）的方式，因此學校、地方認可機構、高等教育相關人士之間如何合作與溝通，在學生學習成效的意涵與評量方法上取得共識，是相當重要的一環。學生學習成效的定義與評量方式並無所謂的「絕對正統」，而應為多元的方法與觀點，如此一來，高等教育機構間可以相互學習，學生學習成果也依據不同高等教育機構的特性而有不同之意涵。然而，認可標準建立不易，自評報告缺乏正確性，訪視效果不易發揮，卻是認可模式的缺失。

十七、Kirkpatrick的四層次訓練評鑑模式

柯派翠克（Donald L.Kirkpatrick）於1959年發表（Kirkpatrick，1996）的四層次評鑑模式（four-level evaluation model），經歷了四十年，期間雖有若干學者提出批判，但因簡單易懂，且涵蓋企業訓練關心的主要事項，故逐漸成為最廣為運用的評鑑模式。

柯派翠克的四層次訓練評鑑模式，認為評鑑者應就反應（reaction）、學習（learning）、行為（behavior）及成效（results）等四個層次（levels）加以查核。反應層次為探討學員對於課程的滿意度；學習層次為探討學員於訓練中與訓練後，所習得的知識、技能的質量，以檢視訓練課程的效果與效率；行為層次為學員將學習成果轉換至行為／工作表現上；成效層次為學員應用訓練所學而創造的貢獻或價值。在一至四層次評鑑中，其評鑑的困難度、複雜度、成本、重要性和意義越來越高，柯派翠克建議不要跳過任何層次而只評鑑較後面的層次（Kirkpatrick，1994）。表7-6是Kirkpatrick模式各層級與中心議題，彙整各層級與中心議題以建立整體之架構，各層次分述如下：

表7-6　Kirkpatrick模式各層級與中心議題

評鑑層級	中心議題	評鑑項目
感受（反應）層次	參與者是否喜歡或滿意該訓練？受訓者對訓練的「喜歡」和「感覺」。	教材、講師、設施、教學方法、教學輔助工具、教學內容。
學習層次	參與者自該訓練學習哪些知識技能？受訓者所了解和吸收的原理，是屬於何種技術。	知識、技能、態度等方面的學習。
行為層次	基於訓練所學，參與者於學習結束後有否改變其行為？將「所學到的原理和技術」運用於工作中。	應用的項目、應用的熟練度、未能應用的項目、哪些工作行為是員工本身要學習的。
成效（結果）層次	參與者所改變的行為對其組織有否貢獻？達成目的、目標或「所想得到的結果」。	單位產品產出、單位投入成本、人工成本品質準時交貨率、改良率。

十八、訓練評鑑中的「投資報酬評鑑模式」

菲力蒲（Phillips）強調訓練的投資報酬，精算訓練課程所投入的各類成本與效益，並轉換為貨幣價值，以求得訓練的投資報酬率。菲力蒲以柯派翠克的四層次評鑑為基本架構，加入財務分析部分，形成五層次的投資報酬（return on investment，ROI）模式，五層次的內涵分別為（Phillips，1997）：

層級1：評量反應和確認行動計劃
層級2：評量學習
層級3：評估在工作中應用的情況
層級4：確認課程方案的商業結果
層級5：計算投資報酬（財務分析）

十九、五階層訓練評鑑

五階層訓練評鑑（five-level training evaluation）係指Kirkpatrick四層次評鑑模式與Phillips的ROI評鑑模式之結合，後經Kaufman研究後更趨於完整。Kaufman以Kirkpatrick模式為基礎提出組織元素模式，擴充為六層次的評鑑模

式，依序為投入、流程、個體收穫、個體績效、整體效益、社會貢獻，兼顧組織整體效益與社會貢獻，使評鑑模式漸趨完善。

二十、自然式探究與評鑑

自然式探究與評鑑（naturalistic inquiries）認為，人類求知方法有很多，科學方法只是其中之一種模式而已。因為社會現象並非如此單純，故有很多種求知方法。

(一) 多元實體觀：受到現象學影響主張人對實體（行動、語文、關係）常有不同觀點，實體彼此間交互關聯，相互容納，無法控制及切割研究。因此，所有的探究不應該趨於一個實體，應該朝向多元實體。

(二) 主客交融觀：自然科學中的研究對象（客體）和研究者（主體），可以彼此獨立不生交互作用，但是社會現象研究則非如此，主體和客體的交互作用顯然不可避免。

(三) 脈絡觀：人類行為和社會現象和脈絡是息息相關的，要了接它們，勢必將其置身於其所來自的脈絡中。

(四) 自然式探究判別品質的規準：確實性、遷移性、可信性、堅定性。

(五) 長期留在研究地點、持續觀察、三角測量、參與者的查核等方法，可以提高自然式探究的確實性（謝素月，2006）。

二一、三角測量法

三角測量法（triangulation）三角測量法具有確證、精緻和創新三個作用。

(一) 多層面多方法的評鑑，主旨在結合教育研究和評鑑的兩種對立典範：1.科學－實驗－控制的，2.人文－觀察－理解的。

(二) 三角測量法的評鑑，可由四個層面來結合不同典範：1.理論的、2.方法的、3.人員的、4.資料的。

(三) 三角測量法的實施程序：

　1. **順序式**：不同方法先後實施（如先用觀察法後再進行調查法）。

　2. **並行式**：各種方法並行不悖，同時實施。

　3. **融合式**：量化中運用質性的觀察分析法，或是質化研究中將觀察資料予以量化（後面的範例CIPP或教育批評方法）。

　4. **互動式**：結合兩種典範的主要特點，使其在評鑑過程中不斷交替（謝素月，2006）。

二二、闡明式評鑑

闡明式評鑑（illuminative evaluation）由帕雷特和哈米爾頓（Parlett &
Hamilton，1972）提出的評鑑方法，闡明式評鑑目的是在倡導人類學研究典
範，藉以照亮複雜的教育現象，提供決策所需的資料。闡明式評鑑提倡者認為
傳統的評鑑有五大缺點：

(一) 脫離實際教育情境。　　　　　(二) 假定課程方案具持久不變性。

(三) 獨斷地限定研究範圍。　　　　(四) 忽略特殊的教育現象。

(五) 忽略各角度的關注和問題。

闡明式評鑑的提倡者，重視教學系統（他們認為不論任何教學系統或方案都不
是片斷的存在，不可以片斷地描述）和學習環境（學習環境是多元的有文化
的、社會的、機構的和心理的變項在作用），因此要整體地評鑑課程方案。闡
明式評鑑要發現並記載師生參與的經驗，也要洞察和討論革新方案最重要的特
點，以及其中反覆出現的副作用和重要過程。

闡明式評鑑可用的方法有觀察、晤談、問卷和測驗、文件分析。實施程序有三：

(一) 探索（評鑑者的觀察）。

(二) 探究（由探索的焦點中選擇進一步觀察的焦點）。

(三) 解釋（分析各種教育現象有無共通原則？有哪些因果關係？為何會產生這
　　　些現象？為何教師對教材會有不同的態度？）（謝素月，2006）。

二三、教育鑑賞與教育批評

教育鑑賞與教育批評（educational connoisseurship）（educational criticism）
是由艾斯納（Eisner，1978，1981，1982）所倡導，他認為概念的形成，有賴
於各種感官的作用；而要表達個人私有的概念，也需要運用各種呈現方式，例
如語文、音樂、美術、舞蹈、數字。因此，學校課程應能均衡地教導學生運用
各種感官和各種呈現方式。

(一) 「教育批評」是取自Eisner的觀點，教育批評源自於藝術批評，係
　　　藝術批評在教育上的應用。教育批評以「描述、解釋、評價和主題
　　　（themics）」四個方法進行課程評鑑，兼有量化研究與質化評鑑的功能
　　　（Eisner，1994）。

(二) 教育鑑賞旨在感知課程方案的品質，鑑賞所得透過教育批評展現於外。教育鑑賞是感知的藝術，教育批評是展露的藝術（包含描述、解釋、評鑑、主題等層面）。

1. **描述**：就是將所感知的教育現象描寫出來。
2. **解釋**：指對處於教育情境中的人，具有何種意義、功能和重要性加以理解。
3. **評價**：是判別或評估教育現象的重要性和價值。
4. **主題**：是在辨識情境中反覆再三出現的訊息，此訊息主題即是情境中或個人的主要特徵與普遍的特質（謝素月，2006）。

二四、消費者取向評鑑

Scriveen提出的消費者導向的評鑑模式（consumer-oriented evaluations）主要在收集消費者的觀點進行評鑑，而消費者的觀點勢必就會有多元的聲音與看法，就如同很多臭皮匠一樣，屬於多人觀點的評鑑導向。

消費者取向評鑑興起於美國1960年代中晚期，其特色為從消費者（例如行政人員、教師、學生或家長）需求著眼，對教育產品（例如套裝課程、教材、設備）進行檢視、蒐集、提供教育產品相關資訊，以期在市場機制中，協助消費者選擇教育產品，或協助生產者產出更符合消費者需求的產品。其缺失在於須投注大量成本、效標過於嚴苛，若從批判取向來看，更存在只關心資訊透明度，而忽略資訊落差的缺失。

二五、參與取向的評鑑模式

參與者導向評鑑，又稱當事人中心評鑑，係由Stake首先於「教育評鑑的支持」（Countenance of Educational Evaluation）報告中提出，參與式評鑑中的方案參與者在評鑑歷程中擁有部份或絕大部份的自主權，與反應式、闡明式、自然探究式評鑑中由評鑑人員主導參與者被動配合的主張不同，但卻與賦權增能、民主式、合作式、溝通式、關係人本位等評鑑主張一致。參與者導向評鑑模式包括前述的賦權增能評鑑（empowerment evaluation）、利害關係人本位評鑑（stakeholder-based evaluation），以及審議民主評鑑（deliberative democratic evaluation）。以下就後兩者進行詳細說明：

(一) **利害關係人本位評鑑**：又稱為「利害關係人協商評鑑」。強調所有利害關係人(stakeholder)的涉入，在一個易感應的建構主義觀點下運作，利害關係人在各自的方案利益中相互對待，在資訊的交流中達成共識。

(二) **審議民主式評鑑**：由House及Howe在1999年提倡，部分是基於想要轉移在政治化評鑑經驗中，關係人不贊同審議民主的哲學與政治科學理論的想法，強調檢視過程的合理性，藉由審議的過程而獲致發現。因此，審議民主式評鑑是使用了民主的概念與程序，並遵循審議（deliberation）、含入（包容）（inclusion）及對話（dialogue）等三項原則。

參、學校評鑑的種類

一、中小學校務評鑑

校務評鑑（school evaluation）是教育主管當局對中小學校辦學作評鑑，評鑑的項目包含各處室行政業務、各科教學、學校與社區的互動、教師會的互動……等等。評鑑委員由縣市教育局商聘「教授、專家、家長代表等」來作評鑑，過程中有審閱資料、座談時間等，其結果包含有「對學校的建議、優缺點的評析等」，以提供修正政策之參考。

二、大學評鑑與系所認可【100簡升；96薦升；96地三】

大學評鑑是最普遍用來衡量大學績效表現和促進品質改善的方式。根據先進國家之高等教育評鑑機制，除了英國、法國及澳大利亞等大學以評鑑結果做為部分經費補助依據外，最近幾年多是以品質改善之「認可」做為評鑑之主要功能。而大學評鑑最終目的在於確保高等教育持續追求卓越與成長，進而提高國際競爭力。於此一趨勢下，我國在94年成立高等教育評鑑專責單位「財團法人高等教育評鑑中心基金會」，是我國的大學評鑑工作正式進入第三方專業評鑑的里程碑。

大學評鑑工作，其核心要素為導入品質保證之PDCA架構，引導大學校院自我定位，進而擬訂校務發展計畫，以確保教學與研究之績效外；另一個核心要素在引導大學校院擬訂學生學習之核心能力，並據此研擬學生學習成效評估機制，以確保學生學習成效和強化學生競爭力，並做為學校資源投入與功能運作之依歸，如圖7-5所示。

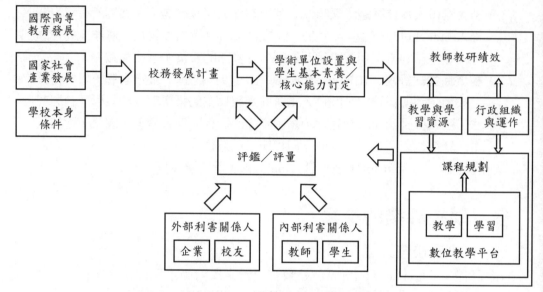

圖7-5 校務評鑑核心要素與PDCA架構關係圖

大學評鑑工作著重計畫（plan）、執行（do）、檢核（check）及行動（action）之品質保證精神，評鑑項目包含學生學習表現及和其有關的目標、課程、教學、教師、支持系統、自我改進機制以及整合七大面向，檢視受評系所在各面向之作法與成果。

具體而言，大學評鑑之評鑑目的包括：

(一) 協助政府與各大學掌握受評單位之辦學現況。

(二) 促進各大學受評單位建立品質保證與改善機制。

(三) 協助各大學受評單位改進辦學，發展特色。

(四) 提供評鑑資訊，作為政府與大學擬定相關政策之參考。

(五) 透過評鑑與評鑑結果之公布，展現大學績效責任。

系所評鑑在上述五個目的下，具有下列之特色：

(一) 強調受評單位根據教育目標與學生能力，於各評鑑項目自主舉證說明評估學生學習成效機制之落實情形。

(二) 重視受評單位性質差異，同時，不採固定量化指標進行排名。

(三) 簡化評鑑指標，給予受評單位更大空間以展現特色。

(四) 評鑑對象以「班制」或「學院」、「學門」為單位，並有學門歸屬，以利權責分明及相近受評單位形成群集與共識。

(五) 評鑑委員之組成以「專業同儕」為原則，並重視評鑑委員之專業資歷。

(六) 強調受評單位蒐集內外部互動關係人意見，建立自我改善機制並加以落實。

(七) 根據評鑑項目與指標進行檢視，不做校際或系（所）際間之相互比較。

(八) 評鑑結果採認可制，經由三級三審做出判斷，分為「通過」、「有條件通過」及「未通過」三種認可結果。

三、學校本位評鑑與內外部評鑑【103身三】

學校本位評鑑是由學校本著學校本位管理的精神所做的自我評鑑，換言之，學校擁有自我評鑑權，實施過程中，須先了解學校情境及需求，據以訂定評鑑目標，透過成員的共同參與，執行評鑑工作，並負起績效責任，落實民主自律，透過擴大參與而不斷精進。

學校本位評鑑係學校成員在專家協助之下，學習評鑑知能，且實在地執行學校層級評鑑，以建立學校內部評鑑的常駐機制，並透過內外部評鑑的連結與多元參與的真誠對話，以為學校發展改進參考。

內部評鑑（業餘者的評鑑）是由內部人員（課程發展小組成員）擔任評鑑工作。而外部評鑑（專業評鑑）則是由外部人員（小組外的評鑑專家）擔任評鑑工作。

肆、校務評鑑

一、校務評鑑的精神與目的【103身三；97地三；96高考】

校務評鑑的精神與目的乃在協助各校根據自我定位建立學校發展特色，提高學校競爭力。基本上，學校要發展其特色，首先必須先進行內在和外在環境分析，確認學校自我定位，然後根據自我定位提出學校經營方向和策略，就學校願景和任務向前邁進，發展不一樣特色的學校。

二、校務評鑑的內容與項目【97地三；94委升】

校務評鑑的項目大致涵蓋學校校務的所有範圍，謝文全（1994）認為，校務評鑑的內容包括教學與行政；藍瑞霓（1996）認為，校務評鑑的項目有組織目標、師資、課程、入學資格、教材、教學方法、圖書與設備、教學與研究成果、經費支配、人事任用、校友會和家長社區。校務範圍涵蓋：(一)學校的一切事務（教學與行政）；(二)教育輸入：發展計畫與組織目標、教學設備與經費、人力素質及學校環境；(三)教育歷程：行政管理與領導、教學品質及組織氣氛；(四)教育產出：學生表現、教師專業、組織目標的達成與社會的聲望。

綜合上述，校務評鑑的內容與項目為針對學校的一切事務，包含教育輸入，歷程及產出層面，作價值判斷的歷程。過程是依據既定的規準，透過系統和科學的方法，蒐集受評者的相關資料與訊息，經由內省或專家的診療及評估，找出組織的優勢與劣勢，並探究成因，擬定對策，促成組織的進步與健全發展。

三、校務評鑑的指標與實施【97地三】

(一) 校務評鑑的指標

Cheng（2000）認為，校務評鑑的指標包括：1.學生個人層次指標：態度，滿足感等；2.班級層次指標：氣氛，物理環境品質，班級管理等；3.教師個人層次指標：工作滿足，態度，教學效率等；4.教師群體層次指標：社會觀，教師專業等；5.組織層次指標：組織文化，組織結構，組織效能，學校物理環境品質，校長與教師關係，校長領導，學校改進需求；6.學校脈絡指標：行政，財政，人事，課程與教學，課外活動，外部關係，溝通，薪資等校務評鑑的指標。

Nevo（2000）認為，校務評鑑的指標包括：1.學校對社區及學生的服務：學校對於社區的服務，社區及家長的涉入，學生社經背景，學生能力程度，學生特殊群體；2.學校願景：學校目標與具體目標，教師遠景，權力與義務的遠景，評鑑政策，管理風格；3.學校人員：教師品質，管理者的品質，支持成員的品質，師生比，人員運用，成員發展，在職訓練；4.物質資源：學校大小，學校預算，班級大小，教學時數，教室空間，圖書館，電腦設備，運動與休閒，校園綠化美化；5.教育方案及活動：主要教育方案，課外活動，改革與實驗性計畫，國家與區域計畫，自我評鑑與計畫等；6.學校成就：學校保留的力量，學生在國家或區域測驗的成就，研究學習，國家測驗，畢業生成就，家長滿足等。

(二) 校務評鑑的實施原則【103高考】

我國各縣市實施校務評鑑指標大致依循以下六個原則：

1. 評鑑指標的重點，依然從學校行政的角度出發，注重教務，訓導，總務及輔導工作的績效。
2. 強調教育政策的執行與校長領導。
3. 鼓勵教師專業成長與關心學生學習表現。
4. 發展學校與社區公共關係。
5. 歡迎家長參與校務。
6. 尊重各校的不同背景與特色發展。

(三) 校務評鑑的實施方式【103高考；97地三；94委升】

校務評鑑之實施方式，應以公平、公正、積極為前提，各校同等對待，不因受評學校之規模或形象而有個別差異。下表7-7是綜合學者與各縣市實務做法的整理與比較。

表7-7 校務評鑑的實施方式綜合比較

2005	吳清山	1. 自我評鑑：校內成員自我蒐集資料，分析與檢討。 2. 交互觀摩評鑑：邀請他校觀摩評鑑。 3. 評鑑小組評鑑：由專家學者組成，採用觀察法、詢問法、座談法、問卷法及檢核資料等。
2007	秦夢群	1. 量化評鑑：設定指標，觀察結果，評分。 2. 質性評鑑：觀察取得共識即可。
一	各縣市做法	1. 確立校務評鑑的目的：了解辦學成效與困境，激勵士氣，整合年度評鑑。 2. 成立組織： (1) 評鑑工作指導小組及執行工作小組 (2) 自我評鑑小組：校長，主任，教師，家長 (3) 訪問評鑑小組：局長，督學，課長，專家 3. 訂定評鑑指標。 4. 舉辦說明會：受評學校以及評鑑委員行前說明會。 5. 校務評鑑的方式：自我評鑑，訪問評鑑以及交互評鑑等。 6. 校務評鑑的流程：聽取簡報，觀察學校，訪問有關人員，教職員工，家長及學生座談，檢核資料，綜合座談等。 7. 評鑑結果：評定學校辦學績效，獎勵及懲處相關人員的依據。 8. 追蹤考核及改進：後評評鑑（meta evaluation）。

四、校務評鑑報告的處理【103身三】

評鑑委員在校務評鑑的過程中，對受評單位現況之優勢與問題的提出，以及辦學特色或品質改善之建議，都必須透過評鑑報告之內容來呈現。也就是說，經由對受評單位自評報告之事先閱讀，以及實地訪評的工作，評鑑委員最後應透過評鑑報告，展現評鑑結果的公信力。因此，一份具有效度之評鑑報告，需要評鑑委員藉由文字呈現，能以公正、客觀的角色，以「專業」判斷受評單位在評鑑項目之表現，然後清晰、完整地說明受評單位之優勢與問題，最後，根據受評單位之優勢與問題，提出具體的辦學特色方向與品質改善建議，進而使評鑑報告獲得受評單位之信賴。

五、校務評鑑的結果運用【103身三；103高考】

(一) **張清濱（1991）**

評鑑報告的提出並非評鑑計畫的結果，當教育評鑑與教育視導相結合，就是另一階段改進方案的開始。

(二) **藍瑞霓（1996）**

將科學化與系統化的評鑑結果，知會所有的校務評鑑有關人員，讓相關人員了解改進的地方，並提供改進的明確方法。評鑑結果，不僅歌功頌德，提供興革意見，更要積極的給予學校支持性的協助，以提昇教育品質為目的。

六、校務評鑑的改進方向【97地三；94委升；92高考】

郭昭佑（2000）認為，校務評鑑必須朝下列七個方向改進：

(一) 評鑑規劃應重視學校內部評鑑，而非仰賴外部不定期，不持續的評鑑。

(二) 指標訂定的資訊來源應該多元，且應考量學校特色與個別差異，預留學校自訂指標的空間。

(三) 學校評鑑成員之評鑑知能，應透過研習或工作坊的方式進行，以加強其評鑑知能。

(四) 評鑑過程亦應有評鑑專家的長期協助。

(五) 評鑑應成為學校的常駐機制，做為學校改進反省的依據。

(六) 評鑑結果應善加利用，以為學校改進及教育行政機構作決策之參考。

(七) 亦須對評鑑本身進行後設評鑑，才能使評鑑更為健全。

伍、教師評鑑【96地三】

教師評鑑（teacher evaluation）主要是教師針對自己的專業能力進行評鑑，其中包含研習積極程度，教學的準備及實施程度，班級經營的技巧，教學成果的檢核等等。目前已有許多學校在試辦中。與教師評鑑有關的評鑑尚有教學評鑑與教師專業發展評鑑。

一、教學評鑑

在教育評鑑活動中，有系統蒐集教師教學過程與結果的資料，並加以客觀的分析與評估，以作為改進教學或判斷教學績效的過程，就是教學評鑑（teaching evaluation）。

教學評鑑與其他教育評鑑活動最大不同之處，在於教學評鑑是以學校教師為對象、以教學活動為內容，目的在於提升教學效果。教學評鑑與教師評鑑（teacher evaluation）也不同，教師評鑑包括教師專業背景、工作負荷、行政服務、專業成長、學術活動、教學活動的評估，目的在了解教師的整體素質，而教學評鑑僅限於教師教學部分。

一個完整的教學包括教學準備、教學進行、教學評量三大部分，因此，教學評鑑的內容也包括這三部分，藉以評估教師教學準備是否充分、教學進行是否適當、教學結果是否有效。教學準備包括：了解學生準備度、分析教材以及進行教學設計；教學進行包括布置教學情境、善用教學方法、良性師生互動；教學評量包括使用多元評量以及評量結果的回饋。

有效的教學評鑑必須兼顧理論面與實務面，因此評鑑的資料必須多樣化，如專家的指導、同儕的惕勵、學生以及家長的回饋等資料，作為客觀判斷的依據。但教學活動常因人、事、物等條件的不同而有差異，教學效果也不是依靠一、二次橫斷資料就可以充分了解，所以教學評鑑作為教學改進之用比較沒有爭議，如作為績效評量之用，也以作為「門檻」為宜。

依評鑑目的而言，教學評鑑可分為準備性評鑑（preparative evaluation）、形成性評鑑（formative evaluation）、診斷性評鑑（diagnostic evaluation）與總結性評鑑（summative evaluation）等四種。為便於了解，將上述四種評鑑類型之適用時機、主要目的及其應用整理列於表7-8：

表7-8 準備性、形成性、診斷性、總結性評鑑之適用時機、主要目的及應用

類型	適用時機	主要目的	應用
準備性評鑑	教學前	1. 擬定教學目標 2. 確定學生起點行為	1. 實施分組參考 2. 選擇教學方法 3. 擬定補救教學計劃 4. 決定是否調整原先計劃 5. 是否加入補充教材
形成性評鑑 診斷性評鑑	教學中	1. 使教師及學生了解學習進展情形 2. 診斷學習困難之所在	1. 了解教材、教法上的得失 2. 控制與檢查教學的品質 3. 考查學生的進步情形 4. 提供學習的回饋 5. 作為實施再教學、個別輔導或調整教學計劃之參考
總結性評鑑	教學後	1. 考核學生的學習效果 2. 考核教學目標的達成程度	1. 評定成績 2. 決定各科教材教法的得失 3. 用以考量學生學習方法是否正確 4. 提供學生學習增強 5. 指導學生未來努力的方向 6. 作為教師下次教學前準備性評鑑之參考

依評鑑結果解釋方式或說是參照標準而言，分為常模參照評鑑（norm-referenced evaluation），與效標參照評鑑（criterion-referenced evaluation）二類。

(一) **常模參照評鑑**：指個人表現與團體相較，係採用常模作為標準，意即將學生分數與班上或所屬團體得分之平均數相比較，以求得該生在常模上的地位。如某生之百分等級（PR）為80，則表示該生贏過該團體80%的學生。

(二) **效標參照評鑑**：指個人行為與行為效標相較，意即將學生成績與教師預先定下的標準相比較，如達到標準則通過，未達標準時，即使該生是班上成績最高者，亦不通過，通常在個別化學習及精熟學習中常用之。

為助於理解，茲將二者之比較分析表列如下表7-9：

表7-9 常模參照評鑑與效標參照評鑑一般特性之比較

比較的項目	常模參照評鑑	效標參照評鑑
功能	在確定學生在一個團體中的相對地位	評估學生是否達到特定效標或行為表現標準
主要目的	鑑別學生、學習成就的相互比較	測量事先設定的熟練程度
評鑑內容	包含廣泛的領域成就	針對界定的學習項目
量尺定準點	中間，事後決定	兩端，事前決定
參照點性質	相對的、實際的	絕對的、理想的
陳述教學目標時	詳述一般概念的結果或精確目標	詳述完整的教學目標
評鑑結果的呈現	百分等級、標準分數、甲乙丙丁	及格或不及格（滿意或不滿意）
計分制	常態等第制	傳統百分制。
主要用途	安置：分班、分組	診斷：補救教學
適用情形	教材非累進、不必達到特殊能力水準（如：社會）；或測驗結果屬比較性質的（如升學考試）。	學習結果是累進的，進度越來越複雜的學科（如：語文、數學）。

本文取自：林天佑（2006）。教學評鑑。評鑑雙月刊第3期；朱敬先，2009。

二、教師專業發展評鑑【99高考二級；95原三】

教師專業發展評鑑，係指教師專業發展導向之評鑑，目的是以協助教師專業發展為主的形成性評鑑，其有別於教師績效責任導向之評鑑。

(一) 評鑑精神

1. 以教師專業發展為主軸。
2. 鼓勵學校申請試辦，教師自願參加。
3. 鼓勵教師以自我省思及同儕專業互動為成長手段。
4. 以精進教學和班級經營為主要成長內涵。
5. 期待學生的學習表現和成效能獲得有效提升。

(二) 評鑑內容（評鑑內容得包括下列四個層面）

1. 課程設計與教學　　　　　　　2. 班級經營與輔導
3. 研究發展與進修　　　　　　　4. 敬業精神及態度

　　此規定是有彈性的，允許試辦主管機關及學校因地制宜，每年可選一個層面或數個層面。

(三) 評鑑方式

　　自願參與試辦教師專業發展評鑑之教師，原則每年接受自我評鑑及校內評鑑（他評）一次。其申辦流程圖如圖7-6所示。

1. **自我評鑑**：由受評教師根據學校自行發展之「自我評鑑檢核表」，填寫相關資料，逐項檢核，以瞭解自我教學工作表現。

2. **校內評鑑**：

　(1)由評鑑推動小組安排評鑑人員進行定期或不定期評鑑。

　(2)評鑑實施應兼重過程與結果，得採教學觀察、教學檔案、晤談教師及蒐集學生或家長教學反應等多元途徑辦理。

　(3)採教學觀察實施者，由校長或校長指定人員召集，以同領域或同學年教師為觀察者，必要時得加入評鑑推動小組所推薦之教師或學者專家。

(四) 學校的回饋

　　學校應根據評鑑結果對教師專業表現給予下列肯定及回饋：

1. 對於受評個別教師之成長需求，提供適當協助。

2. 對於受評教師之整體性成長需求，提供校內外在職進修機會。

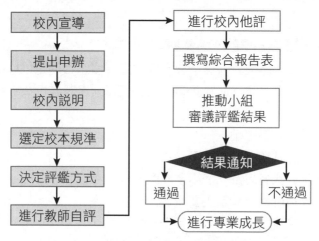

圖7-6　教師專業發展評鑑申辦流程圖

陸、教育評鑑的挑戰與實施策略

一、教育評鑑發展的挑戰

(一) 教育評鑑本土化有待努力。　　(二) 教育評鑑專業化仍待提升。

(三) 教育評鑑的後設評鑑亟待提倡。　(四) 教育評鑑倫理的重視有待倡導。

(五) 教育評鑑的種類過多有待整合。

二、教育評鑑實施的有效策略

(一) 設置教育評鑑專責機構，統籌教育評鑑事宜。

(二) 整合各類教育評鑑，減輕受評者壓力。

(三) 訂定評鑑倫理規範，增進評鑑結果公信力。

(四) 強化評鑑人員專業教育，提升教育評鑑品質。

(五) 持續研發適切評鑑工具，提供教育評鑑參考。

(六) 實施追蹤評鑑，落實教育評鑑功能。

(七) 辦理後設教育評鑑，持續改進缺失。

(八) 致力教育評鑑本土化，建構適合國情之評鑑模式。

第二節　教育行政興革

> **考點提示**
>
> (1)組織興革的因素與動力；(2)組織興革的類型；(3)抗拒興革的原因；(4)預防抗拒興革的方法；(5)提升組織興革的潛能，是本節重要的考試焦點。

壹、教育組織興革的基本概念

一、組織興革的意義與目的

組織變革係組織受到組織內外在因素影響之後，採取有計畫性或非計畫性以及整體或局部調整的過程，而組織變革亦為組織從「穩定狀態」變成「不穩定狀態」，再轉成「穩定狀態」的過程。其目的在延續或加強組織的競爭力或更新組織文化，以促進組織持續的生存與發展。

教育組織變革係指教育組織受到外在環境的衝擊，並考量內在環境的需求，有計畫地從事組織中有關個人、團體或組織層面的改變，以維持組織系統的均衡，進而達到教育組織生存與發展目的之過程。教育行政組織興革在於教育行政組織為了生存與發展，試圖改變原有狀態，以適應環境變化所做的努力；若不限於深思熟慮過後所作的興革，亦包括非預期的興革。

二、組織興革的因素與動力

(一) 組織興革的因素

1. **外部環境因素**：包括政治、經濟、文化、教育政策、教育思潮、教育法案、國外趨勢、輿論壓力等因素。
2. **內部環境因素**：包括成員壓力、領導者領導風格、組織文化、內部事件等因素。

(二) 組織興革的動力

革新的動力可以分為隨機任意、機械決定、目的追尋、自然演化等四種來源。就組織發展的觀點來看，應以目的追尋的動力為核心，興革的結果才能確保合乎組織的需要。當然在發展組織遠景或訂定追求目標時，應將其他三種的動力因素考慮進去。

三、組織興革的關鍵時機

除了平常出於先見、主動自發之外，組織在面臨：(一)當組織環境有了基礎性的改變時；(二)競爭激烈造成組織動盪不安時；(三)當組織運作績效不佳甚或衰敗時；(四)當組織在發展上面臨瓶頸時，都是組織興革的好時機。

教育行政組織亦可能面臨上述興革以外的時機。例如近來教育思潮、法令等基礎的改變，使中央教育權力下放至地方，因此地方教育組織應因地制宜而興革，而學校行政組織應發展學校本位管理、學校本位課程等，又如一般高中職或大專院校若辦理不善、難以吸引學生就讀，或面臨各校間的競爭時，其行政組織則應作組織的變革，以謀求組織效能的改善。

貳、組織興革的類型與歷程

一、組織興革的類型

(一) 根據組織興革的意圖性分類

1. **計畫性興革**（planned change）：指深謀遠慮、精心計畫以達預定目標的興革。

2. **自發性興革**（spontaneous change）：指並未經深思熟慮，而是在自然環境下短時間的改變，如教育行政組織成員面對環境壓力所做的被動因應，其主事者缺乏主動的企圖心事先進行周密的規劃。

3. **演化式興革**（evolutionary change）：指組織經一連串的改變後，長期以來所形成的累積性結果，換言之，組織是透過時間、人員、情況與事件等因素而演化。

(二) 依據興革的範圍和橫跨的時間分類

1. **漸進式興革**（incremental change）：範圍較小且時間較長的興革；其為和緩的興革，通常沒有時間限制。

2. **激進式興革**（radical change）：範圍較大且時間較長的興革；其為劇烈、全盤的興革，對組織影響很大。

3. **修補式興革**（tinkering change）：範圍較小且臨時性的興革；組織期待這樣的補救可提升工作成員的表現。

4. **快速修整式興革**（quick fix change）：範圍較大且短期的興革；無法改變組織成員長期根深柢固的行為，只能做表面的改變（海洋鐸聲，2006）。

(三) 依據組織興革的持續性與否和時間的選擇與安排分類

1. **持續性與否**：漸進的（incremental）興革以及間斷的（discontinuous）興革。

2. **時間的選擇與安排**：反應的（reactive）興革以及預先的（anticipatory）興革。

二、組織興革的歷程

Robbins（1998）認為，組織興革過程的觀點可分為靜水說（clam waters）和激流說（white-water rapids）兩種。

(一) 靜水說（clam waters）

靜水說（clam waters）將變革視為一種組織平衡狀態的中斷；現狀受干擾時，需要變革以建立新的平衡狀態。這種觀點可以Lewin所描述的變革程序為代表。勒溫（Lewin，1951）認為成功的變革，必須包括解凍、興革、復凍三個階段。Lewin，首先必須將現狀加以解凍（unfreezing），使其改變（changing）至另一種狀態，之後將新的改變加以復凍（refreezing），使之長久維持；復凍的目的是要將新的狀態穩定下來。Lewin將興革歷程分為以下六個階段，並列表7-10說明之：（謝文全，2006）

表7-10　Lewin組織興革歷程六個階段

察覺組織問題與需求	欲察覺組織問題或需求，可先檢視影響組織興革的內外因素，看看是否有變化或問題浮現；其次，可檢視組織是否出現有必要興革的徵兆，這些徵兆包括溝通不良、組織績效下降、組織發展遲滯、錯失良機等。
蒐集與分析相關資料	蒐集資料可用多種方法來進行，包括觀察組織的運作狀況與成員的行為、分析組織的資料與文件、實施問卷調查、訪談成員，或開會討論等。分析資料應兼顧質化與量化分析，並將現況資料與理想狀況相比較，探求其差異所在，以確認興革發展的方向。
研訂興革與發展方案	研訂時要透過成員的共同參與來集思廣益，並且方案的內容必須完整，至少包括興革目標、具體實施內容、實施步驟、時程、執行成員、資源運用、相關條件的配合及評量的方法。
執行興革計畫與方案	興革方案確定之後，接著就要去推動落實。為化解成員的抗拒與爭取成員的認同，首需加強宣導與溝通；執行過程中，隨時監控實際情況並做必要的調整。
評鑑成效並追蹤改進	興革方案經實施之後，宜在適當時間進行成效評鑑，了解預期目標的達成程度，並據以追蹤改進。
制度化興革與計畫方案	此階段即勒溫的復凍階段。興革方案經評鑑改進臻於完善之後，即須將興革措施予以制度化，使興革成果維持下去。制度化的方法包括將新措施納入組織法規之內、不斷訓練成員運用新措施、將執行新措施的成果列入考核項目內等。

(二) **激流說**（white-water rapids）

激流說認為，世界總是處在變動中，現狀的中斷並非偶發、暫時的，興革的挑戰與阻力隨時會發生，組織須不斷在如激流的情境中不斷作興革的努力，靜水說中的肯定性和可預測性並不存在。組織中的成員必須具有相當大的彈性與能力，以對興革作最迅速的反應。

參、組織興革的模式與策略

一、組織興革的模式

(一) R-D-D-A模式

RDDA四個英文字分別代表研究（research）、發展（development）、傳播（diffusion）、與採用（adoption）四個步驟。此種模式實施的主要目的在拉近理論與實務的距離，將好的理念或方法推廣到教育之領域。

R-D-D-A模式的優點有：1.集中專家之力研究，焦點確定而較客觀；2.模式中有傳播與採用之過程，既能很快的將新理念傳遞，又能在全面實施前，理性評鑑其效用；3.補足了學校無力研究的缺失。

(二) 撥款補助模式

撥款補助模式起於美國，以利誘方式，在各法案之中提供資本給有意願興革的學區或學校，表面上為一種獎勵制度，然而如申請經費通過，就必須照章辦理，政府亦藉此介入地方教育。其程序如下：

1. 由申請人撰寫方案，方案包括說明所須經費之原因及興革細目。
2. 政府審核方案，判斷是否給予經費。
3. 申請通過後，學區或學校成立特別小組進行興革方案之實施。
4. 計畫完成後由政府委派專人作評鑑以瞭解其成效。

我國在1986至1991年所實施的「充實偏遠地區教育設施計畫」，即以地方實際所提出的方案，作為補助的依據；此外，教育部每年對私立大學的補助也採此法。

(三) 組織發展模式

組織發展（organization development，簡稱OD），於1960年代運用於教育體系，根據自我更新（self-renewal）的理念，認為組織成員經適當的訓練與激勵後，必定有能力主動產生發展的力量，促進興革之實施。此模式假定學校有自我更新的能力，所以藉由組織成長的各種技巧，幫助學校

自我興革。其優點有：1.意識到學校由各次級系統所組成，興革必須以全盤著眼；2.幫助學校自我產生能力，並視其需要自我興革。我國各種教育人員進修計畫即屬之。

OD的技術很多，以下就教育行政組織可加以運用者舉四個例子說明，分別是敏感性訓練、調查回饋法、組織鏡像法、暫時系統訓練，茲分述列表7-11說明如下：

表7-11　組織發展興革模式的技術

技術	說明
敏感性訓練 （sensitivity training，又稱為 T-group）	1. 將眾人集合成一團體；此團體可為彼此以前互不相識的「陌生人團體」（stranger group），也可以是彼此同一組織但不在一起工作的「親戚式團體」（cousins group）或彼此同在一起工作的「家庭式團體」（family group）。 2. 在訓練的情境中，各個成員之間互相交流，在交流之後，由團體成員敘述自己對自我的印象、他人對我的印象，以及我如何看他人；藉由成員之間的交換意見，使其更能看清楚自己與別人，並提高對別人意見的敏感度。 3. 經過訓練的人在回到組織後，能增加其與人溝通的敏感性，有助於全體對興革之共識的形成。
調查回饋法 survey feedback	1. 第一個步驟在於利用面談或問卷蒐集組織成員所關心的事項，如組織氣候、領導風格、決策運作及工作滿意度等。 2. 第二個步驟是將這些蒐集到的資料在會議中公布給組織成員知曉，並探討資料結果透露何種訊息。 3. 最後一個步驟在於以溝通、決策來發展行動計畫，處理組織所遭遇的問題。
組織鏡像法 organization mirror intervention	1. 一個組織發生問題和障礙時，有計畫地邀請有關群體的代表參加本組織召開的鏡像會議。會前本單位有關人員分別與這些代表會晤，並為回答他們的問題作準備。 2. 會議開始時，本組織人員先作引言，再由來賓發表意見，本組織成員則虛心傾聽，亦可發問以澄清意見之含意。 3. 由本組織成員和來賓組成幾個小組，討論組織需要變革的主要問題，各小組充分討論後，向大會報告，並以此為基礎討論並制訂一行動計畫，對主要問題施以改革。鏡像會議就此結束，亦可隨著改革的進行，舉行一些評鑑的會議。

暫時系統訓練 tempoeary systems	1. 將組織成員暫時遠離現實上所處的組織，在另一地方與其他人結合，並於一定期限內完成某項興革任務。 2. 藉著遠離原來的團體，個人較能靜下心思考，並因眾人無持久的從屬關係，其興革理念較能全力發揮，可激發參加者為興革注入活水的能力。

二、組織興革的策略

興革的策略是興革者在推動計畫時的心態和擬想的作法，它受環境的限制和特性所影響。Chin與Benne（1967）對於興革策略的分類，最為教育行政學者所稱道，詳細說明如下：

(一) **實證理性策略**（empirical-rational strategies）：此種策略的實施是假設團體中的成員具有理性，在提供實證資料後，會因而引導其對組織不夠效率的部份進行興革。教育當局如認為興革勢在必行（如改革數學教科書內容以減少學生挫折感），必須先提出驗證之結果，如此才能得到教師之支持。

(二) **權力強制策略**（power-coercive strategies）：興革實施之初，不免遭逢抵抗，於是強制使之接受就極為重要，制裁之採用也無可避免。當然，實施此種策略必須先擁有權利。可以控制立法系統，以法律來強使學校進行改革；也可以利用職權，造成被興革者「不改則利益盡失」的印象。

(三) **規範再教育策略**（normative-reeducative strategies）：此種策略認為興革最後會成功，必須透過再教育的過程，形成組織成員共同的規範與文化，如此才能真心誠意的完成興革。基本上，它牽涉到價值系統的改變。唯有透過再教育的方法（如腦力激盪），使組織自我產生興革的動機，影響才能深遠。

(四) **權衡制宜策略**（contingency-discretionary strategies）：係根據複雜程度和衝突程度兩種因素，提出權衡組織環境的興革策略。根據組織複雜與衝突程度之高低，興革的策略可分為四種，其在不同情境可各自發揮其最佳功能，茲說明如下：

1. **精熟的計畫策略**：精熟的計畫策略（master planning strategy）適用於低衝突、低複雜度的組織。其目的是善用原有的穩定情境來進行組織興革。組織環境變化不大，所以能在調和的情境中幫助組織達成既定目標。

2. **協商的問題解決策略**：協商的問題解決策略（negotiative problem-solving strategy）適用於高衝突、低複雜度的組織。其目的是希望謀求多數人的福祉，成功關鍵在於事前的謹慎準備與訓練。

3. **分權的策略**：分權的策略（decentralization strategy）適用於低衝突、高複雜度的組織。目的是希望在複雜、令人困惑但少衝突的系統中，藉由分權的方式幫助組織達成一致的決策。

4. **團隊與主題策略**：團隊與主題策略（teams and themes strategy）適用於高衝突、高複雜度的組織。目的是降低衝突、增加凝聚力，在混亂的情況中採取謹慎的行動，運用團隊來協助組織澄清組織目標。

以上四種策略應視情境與成員的特性選用最適當的策略。惟原則上應以各種策略兼容並用的效果最佳。

肆、組織興革的抗拒與預防

一、抗拒興革的原因【94高考二級；91原三】

靜水說與激流說對組織興革過程的看法並不相同，但都點出了組織興革中會遭遇變數，在Lewin的勢力範圍分析中，興革的阻力是不容忽視的，而激流說更強烈暗示我們，組織興革中的的阻力無所不在。

(一) 個人對興革的抗拒

抗拒興革的個人因素，基本上是基於個人需求、性格與知覺上的特質。包括1.慣性的反彈；2.興革可能造成個人利益的損失（帶來不方便、經濟上的損失、增加工作量等）；3.興革對個人心理可能產生負面影響（帶來不安全感、造成習慣的改變、個人對興革的誤解等）；4.個人能力不足（興革所欲達成的目的或手段並非組織成員之能力所及）；5.改革不合理；6.因誤解而反對。如果深入追究下去，害怕興革會造成個人或組織利益的損失，應是抗拒興革的最終原因。

(二) 組織對興革的抗拒

組織對興革的抗拒因素，包括：1.組織結構的慣性（組織內既有機制的穩定性）；2.興革完成後與現有文化傳統的不一致；3.興革可能帶來資源、權力的重組，其對既有資源的分配與權力間的關係就產生了威脅，亦使組織抗拒興革。這些都可能是組織抗拒興革的原因。

二、預防抗拒興革的方法

預防抗拒興革的方法，包括：(一)讓成員參與改革的設計；(二)利用團體影響力造成風潮，帶動革新；(三)充分溝通讓成員儘速了解革新；(四)適時使用雙面俱陳原則；(五)改革要合理，並在成員能力所及範圍內；(六)給予成員協助和支持；(七)採漸進方式，以緩和成員適應之困難；(八)平時加強成員的在職進修教育；(九)透過談判做利益交換；(十)控制和收編；(十一)強制威脅。

以上各種途徑各有其優缺點，所以應視不同情況來採行。在瞭解組織成員面臨組織興革的態度後，儘量藉著充分參與、加強溝通、問題澄清、減輕恐懼等方法，來預防抗拒。

三、提升組織興革的潛能

提升組織興革的潛能的可行途徑，包括：(一)任用優秀人才；(二)建立組織發展的遠景；(三)建立研究單位或人員；(四)建立完善的管理資訊系統；(五)實施成員輪調制度；(六)加強成員在職教育與組織學習；(七)賦予組織與成員自主性；(八)建立完善資遣及退休制度；(九)設置評鑑及回饋制度；(十)營造利於創新的組織文化與氣氛，亦即組織文化與氣氛是溝通開放、成員能互相合作支持、不急於評斷的氣氛。

伍、教育行政組織興革理論之啟示

近來地方教育機關及學校行政組織擁有更多的興革權力，當然，有權、有心興革並不代表興革一定成功，如何去實行是相當重要的。以下提出促進成功的興革的幾個建議：

一、對興革者的建議

(一) 瞭解興革的背景並認清現實問題，選擇最適合的興革類型、策略或模式

興革者對所採行的興革方式如有相當程度的自知之明，則有助於因應可能發生的困難或及早發現興革中潛在的危機。

(二) 化解興革的抗拒因素

例如：對組織成員進行教育與溝通、提供支持與協助、以尊重的態度採納其意見，並對興革可能帶來的個人損失提供合理的補償。教師們的不確定

感（feeling of uncertainty）對學校組織施行的改革有負面的影響，因此如何透過確切的溝通、說明與解釋，進而解消組織成員對興革的不安，是興革者不能忽視的。

(三) 充實專業知識、時常省思興革方式

興革者在組織中是最容易發生影響力的人，因此隨時吸收新知、充實專業知能並反思當下的興革作法，除了可帶動興革與時俱進，也可防範組織興革措施盲目地跟隨時代潮流而偏離興革之目的。

(四) 使組織成員對興革有信心、逐步建立組織成員對興革的信賴感

在組織中，若先前的興革有成功的經驗，則之後的興革方案自然較易為組織成員所接受，因其在成功的例子中對組織興革已生信心，對興革者亦較具信賴感。所以興革者若欲實施大規模的興革方案，可先從小處著手，待完成後再進行主要的興革步驟，逐步建立組織成員的信心，使興革進程較為順利、可行。

二、對興革對象的建議

(一) 參與專業發展活動，例如各項能提升專業知能的研習

專業發展活動（professional development activities）是個人為了持續改善他們的服務品質，而獲得新知識、技術和價值的過程，這個過程能激發組織成員的互動與反應能力，其對達成組織興革的目標具有正面的影響。

(二) 突破不合時宜的觀念與態度

組織的興革可能造成組織成員原有生活步調的改變，若組織成員的觀念與態度並未試圖突破舊有限制，就無法真正認同組織的改革計畫，則興革的施行即流於敷衍應付，難以成功。唯有突破自我限制，真正願意投入興革的實施，才是邁向成功興革的先決條件。

考題集錦

教育行政評鑑

1. 教育評鑑的種類與形式繁多，請列舉一個相關評鑑模式，加以說明其內容與步驟。【107身三】

2. 教育評鑑越來越受到關注，而評鑑的目的之一在協助受評鑑對象能不斷的自我改善，因此自我評鑑之實施更顯重要。何謂自我評鑑？自我評鑑能為受評鑑對象帶來那些效益？試論析之。【107高考三級】

3. 英美國家實施教師評鑑已有多年歷史，請說明教師評鑑的意涵和教師評鑑的重要項目，並列點說明我國實施教師評鑑爭議之處。【107地三】

4. 目前部分縣市廢除或停辦學校評鑑，試問學校評鑑的定位與功能為何？主要問題為何？有那些做法可以改進或取代校務評鑑？【106原三】

5. 教育評鑑具有四大趨勢：評鑑專業化、評鑑標準化、評鑑理念化以及評鑑價值化。請說明教育評鑑四大趨勢的主要內容為何？【105原三】

6. 大學繁星入學政策的成效，應如何評估？試根據該政策目標，規劃其方案評鑑。【104薦升】

7. 360度評鑑（360 degree evaluation）有何功能？又，試分別從評鑑資料的來源、評鑑資料的完整性、評鑑的公平性及受評者的感受等方面，比較360度評鑑與傳統評鑑方式之差異為何？【104身三】

8. 學校本位的校務評鑑與由學校外部團體所發起的校務評鑑，在精神、目的、報告的處理方式，以及結果的運用方面，有何異同？您倡議那一種作法？理由為何？【103身三】

9. 近年來，國民教育階段經常辦理校務評鑑，試就評鑑目的、方法、過程以及結果運用等事項，說明其內涵與實施原則。【103高考三級】

10. 解釋名詞：360度評鑑（360-degree evaluation）【102原三】

11. 解釋名詞：校務評鑑（evaluating the school as a whole）【101身三】

12. 試說明CIPP模式應用在教育評鑑過程的基本步驟，並分析其重要特色。【101原三】

13. 專業教育評鑑實施的特徵為何？如欲達成評鑑的目的，並把評鑑做好，於實施評鑑時，應注意到那些原則？【100地三】

14. 教育評鑑的種類與形式繁多，請分析敘述進行教育評鑑的目的為何？並列舉一個相關之評鑑模式加以說明。【100身三】

15. 請依「教育評鑑」（educational evaluation）的原理與形式，研擬一份「○○縣原住民重點國民小學教育評鑑計畫」（可自定縣名）。【100原三】

16. 試分析當前國內大學評鑑之優點（特色）與問題（困難），並擘畫高等教育教育評鑑專業化之可行途徑。【100簡升】

教育行政興革

1. 何謂「證據為本教育」（evidence-based education）？請說明教育決策者如何運用「證據為本教育」的理論，提高教育決策的品質。【107地三】

2. 知識管理已成為行政管理上的重要工作，教育行政上如何透過知識管理以落實教育革新？【高考三級】

3. 教育組織革新的「抗拒」因素有那些？如何透過有效溝通策略來化解？【高考二級】

4. 教育行政人員為了消除對於教育行政革新的種種阻拒抗衡，可以採取那些方式或作為來提昇教育行政的效率？【原三】

答題範例 -

一、大學繁星入學政策的成效，應如何評估？試根據該政策目標，規劃其方案評鑑。【104薦升】

【破題分析】 本題須從繁星計畫的政策目標切入，簡單介紹其歷史意義，之後談大學繁星政策評鑑方案的建立，必須考慮的層面，以及政策實施公平性與準確性問題。

解析

(一) **大學繁星推薦**

大學繁星計畫於96學年度開始推動，並自100學年度起併入甄選入學成為「繁星推薦」，本招生管道係由高中向大學依學群推薦符合推薦條件且全程就讀同所高中之應屆畢業學生；大學依學系之性質分學群招生，除第八類學群（醫學系）辦理第二階段面試外，其餘第一類至第七類學群不辦理第二階段面試。

(二) **大學繁星推薦政策目標**

該政策主要是為延續學校推薦之精神以及繁星計畫「高級中等學校均質、區域均衡」之理念，由高級中等學校向大學校院推薦符合資格的學生，提供各地區學生適性揚才之均等機會。目標如下：

1. 平衡城鄉教育資源的落差，體現教育機會均等的公平正義。
2. 照顧學習起點較弱的學生，提供適性揚才成功發展的機會。
3. 深化高級中等學校社區化的功能，增加區域高級中等學校學生升學優質大學及科技校院之機會，提升推動十二年國民基本教育之成效。

(三) **建立大學繁星政策的評鑑方案**

該政策的主要實施方式為採用各高中「推薦保送」方式辦理單獨招生給予城鄉高中平等機會；因此，每一所高中可推薦一名符合大學設定之在校成績條件、且通過大學學科能力測驗檢定標準的應屆畢業生；相對地由大學以高中在校成績及學測級分分發比序後，公告錄取，不需甄試。

然而，大學繁星政策實施多年，一直沒有一個政策評鑑方案，來評鑑其績效或其實施的問題與改進之道，甚或此政策存在的必要。因此，其主要的評鑑方案可以如下規劃：

1. **重視方案評鑑過程的完整性，兼顧政策實施的公平性與準確性。**

   方案評鑑過程的完整性須包括：規劃評鑑、過程評鑑、結果評鑑與影響評鑑。繁星推薦的過程，各高中端的成績計算，其公平性與正確性實在令人質疑。因此，必須針對各高中成績處理、推薦作業及上傳報名資料等建立管理平台與評鑑機制，以免處理不當，損及大學招生之公平性外，以及影響學生升學權益。

2. **明確定義城鄉界定的標準，落實明定政策適用的對象與期間。**

   都市邊緣鄉村與鄉下中心城鎮，究竟誰是城誰是鄉，必須以量化的計算呈現的結果，對城鄉之定義進行清楚的界定，如此才能落實政策最主要目標，在於拉近城鄉之間高中學生的實質落差。另外，繁星推薦的適用對象、成績計算與處理、各系所要求的學測標準等規範如有更動，必須提前明確公告，以免因政策的改變，影響大學校院、後期中等教育機構的作業及學生的權益。

3. **設計評鑑方案的長期觀察、縱貫研究與繁星計畫評鑑的後設評鑑機制。**

   教育政策本應有其必要的延續性與穩定性，必須經過長期觀察與資料收集分析過程，才能加以驗證。另外，更必須針對繁星推薦的相同個人，進行連續性的重複研究一段長時間，驗證繁星計畫的學生，升入大學的學習表現，是否達到照顧學習起點較弱的學生，提供適性揚才成功發展機會的政策目標。

4. **以影響評鑑的概念，思考繁星計畫存在的必要與矛盾。**

   也許因為貧富差距、階級對立擴大的關係，大家的目光多關注於「頂大的繁星比例該多高」，卻沒人思考過繁星計畫的存在是否必要。繁星計畫的「目標」與「實施」是自相矛盾的。教育部一方面希望藉由繁星「照顧學習起點較弱的學生」，另一方面卻又希望透過此方案「引導高中生就近入學」、達成「高中均質化」。可是當程度好的學生都留在社區高中，原先教育當局想照顧的、「學習起點較弱的」社區高中生又要如何上好大學呢？

   其次，「社區高中進入頂大學生增加」等於「平衡城鄉差距」的想法，實出自一種「不存在的假設」，就是認為各地學生質量是相當的。但由於資源條件、社經地位的差異，縱使是「一所高中只錄取一人」的繁星計畫，也還是能看到城鄉差距的痕跡（李大任，2013）。因此，以影響評鑑的觀點，等繁星計畫結束一段時間之後，評估計畫設定的最終正向結果或長期的影響程度，來決定繁星計畫的存廢問題。

二、請依「教育評鑑」（educational evaluation）的原理與形式，研擬一份「○○縣原住民重點國民小學教育評鑑計畫」（可自定縣名）。【100原三】

【破題分析】 本題先談轉寫教育評鑑計畫的目的、原理與型式，再以此原則決定教育評鑑計畫包含的重點項目，最後依計畫轉寫格式，提出完整的教育評鑑計畫。

解析

(一) **教育評鑑的原理與型式**

教育評鑑的主要目的，在提供改進依據與評估組織績效。因此，要建立原住民重點國民小學教育評鑑計畫，就必須按照教育評鑑的原理與型式，以及教育評鑑規劃的程序，進行計畫的撰寫。

因此，為訂定「○○縣原住民重點國民小學教育評鑑計畫」，必須包含的重點項目有：計畫依據、計畫目標、辦理單位、實施對象、實施期程、評鑑指標、評鑑方式與工具、評鑑實施過程、評鑑結果與呈現、結果獎勵與改進機制。

(二) **○○縣原住民重點國民小學教育評鑑計畫**

1. **依據**

(1)教育部國民及學前教育署補助辦理十二年國民基本教育精進國民中小學教學品質要點。

(2)《原住民教育法》第四條第六款，以及《原住民教育法施行細則》第三條，有關原住民重點學校相關規定辦理。

(3)○○縣政府教育局年度施政工作計畫。

2. **目標**

(1)促進本縣內原住民重點國民小學教育品質之提升。

(2)檢視原住民教育問題，提供解決問題之有效策略。

3. **辦理單位**

(1)指導單位：教育部國民及學前教育署

(2)主辦單位：○○縣政府教育局

(3)承辦單位：○○縣○○國小

(4)執行單位：國立○○大學

4. **實施對象**

　　○○縣所屬原住民重點國小，共45所。

5. **實施期程**

　　自106年8月至106年12月31日止。

6. **評鑑指標**

　　評鑑指標共分五大面向：行政管理、課程發展、教師教學、學生學習、環境營造。

7. **評鑑方式與工具**

　　(1)採各校自我評鑑、入班觀察及實地訪視等評鑑方式。

　　(2)評鑑工具包括自評報告、入班觀察紀錄表、實地訪視紀錄表。

8. **評鑑實施過程**

　　(1)各校於實地訪視前提出自我評鑑報告，再由評鑑委員提出初評報告。

　　(2)各校依排定時程進行入班觀察、實地訪視。評鑑委員於訪視過程釐清問題。

9. **評鑑結果呈現**

　　(1)評鑑項目分為「特優」、「優等」、「通過」、「再追蹤」四等級。

　　(2)評鑑後由執行單位提出評鑑結果報告。

10. **結果獎勵與改進**

　　(1)評鑑結果獎勵，依據本縣教育評鑑學校獎勵實施計畫辦理。

　　(2)對於評鑑未通過（再追蹤）學校，請學校限時提出改進報告與策略，由評鑑委員擇期複評。

第三篇 教育行政實務

頻出度B：依出題頻率分為：A頻率高、B頻率中、C頻率低

第8章 教育行政運作

【重要考點】課程領導、教學領導、教育視導的原則與方法、教育財政的適足性、
公共關係與學校行銷

【新近趨勢】校園危機管理、教育行銷管理、校園性侵害、性騷擾與性霸凌、教育
行政理論、採購招標實務

名師導讀

「教育行政實務」包含教育行政運作相當多的議題，包括：課程與教學領導、
教育與教學視導、教育財政與總務行政、教育公共關係與行銷、校園安全與危
機管理，每個議題概念多而雜，必須耐心研讀。此處出題機率中等，每個小節
考題落點均勻，必須詳細閱讀。

學習架構

第一節 課程與教學領導
壹、行政與課程教學的關係
貳、課程領導
　一、課程領導的意義
　二、校長課程領導的實務
　三、校長課程領導的策略與作法
參、教學領導
　一、教學領導的意義
　二、校長教學領導的實務
　三、校長教學領導的策略與作法

第二節 教育與教學視導
壹、教育視導與教學視導
　一、教育視導的基本概念

　二、教學視導的基本概念
貳、教育視導的模式與方法
　一、教育視導模式分類
　二、重要的視導模式與方法
參、教育視導的原則與步驟
　一、教育視導的原則
　二、教育視導的步驟
肆、教育視導的重點與建議
　一、教育視導的重點
　二、教育視導的問題與建議

第三節 教育財政與總務行政
壹、教育財政
　一、教育財政學的意義與功能

第一節　課程與教學領導

| 考點提示 | (1)課程領導；(2)教學領導；(3)校長課程領導與教學領導策略，都是本節必考焦點。 |

壹、行政與課程教學的關係【103身三】

行政是一種領導，學校行政更應扮演領導學校課程與教學的角色。除此之外，課程與教學所需的資源，學校行政必須當其後盾，給予全力的支援。因此，「行政領導課程教學」與「行政支援課程教學」，實為一體的兩面，支援是一種領導行為，領導也必然包含行政支援。

行政與課程教學兩者實密不可分。在行政領導層面，校長必須適時以教育理念之哲學思考，架構學校經營之永續發展為鵠的，帶領團隊進行系統化的推動與

運作，俾利型塑學校為學習型組織之學習殿堂。在課程與教學領導層面，必須及時檢視學校課程發展與教學實施，積極提升教師專業素養，強化教師群組之共同精進，逐步進行學校課程發展與精進教學。

貳、課程領導

一、課程領導的意義【96高考；92高考】

課程領導（curriculum leadership）係指在課程發展過程中，對於教學方法、課程設計、課程實施和課程評鑑提供支持與引導、以幫助教師有效教學和提升學生學習效果。課程領導的意涵，認為校長也應該是一位很重要的課程領導者，校長本身除了對於課程應該有所了解外，也要發揮領導的功能，去塑造教師間相互溝通與對話的環境與機會，以利教師能夠進行有效的課程決定。

二、校長課程領導的實務

(一) 校長課程領導的角色與任務【96高考】

校長可以說是學校本位課程發展的主要推動者之一，足以影響學校課程的發展方向。就課程領導的理論層面而言，Bradley（1985）依據各種不同的領導型態，指出課程領導者可以扮演以下五種角色：

1. **教導者（instructor）**：教導成員解決問題所需要的知識或經驗。
2. **問題解決者（troubleshooter）**：解決課程發展或實施過程中出現的失望、時間不夠、衝突等問題。
3. **倡導者（advocate）**：課程領導者擁有自己的教育哲學、行政與課程組織與發展的理念，並能將最有利於課程的立場加以倡導。
4. **服務者（servitor）**：亦即透過服務來領導，讓團體成員自己作決定。
5. **激勵者（facilitator）**：試圖讓所有成員都具有課程發展的概念、課程領導的潛力。

另外，Stake、Briggs 與Rowland（2000）將課程領導角色，區分為七大類，分別為：

1. **激勵者（facilitator）**：強調成員的共同討論。
2. **創始者（initiator）**：必需瞭解新的行政命令、專業職場的更動，與其他機構的課程趨勢。

3. **議題設定者**（agenda setter）：提出問題及解決之道。

4. **協調者**（coordinator）：偵測及補救所引發的問題。

5. **倡導者**（advocate）：會尋求各種資源，提倡並設定各種優先順序。

6. **感應者**（sensor）：能感知課程問題與外部環境的發展，亦能導入新興議題。

7. **標準設定者**（standard setter）：意即進行課程品質的監控。

蔡清田（2002）提出整體課程的評鑑回饋，認為這樣對於課程領域應用的評鑑，可以判斷教學材料或教學活動的價值，所以課程評鑑回饋者的角色亦是校長課程領導時不可忽視的重要角色。

綜合上述，校長的課程領導角色，大約跳脫不出創始、教導、倡導、激勵、感應、服務、設定願景目標、領導課程發展與評鑑等角色（蘇美麗，2007）。

(二) **課發會與課程小組的功能與分工**【92薦升】

1. **課程發展委員會的功能**

課程發展委員會成立的目的，在增進教師專業發展，建構學校本位課程，促進課程發展；了解學校課程發展委員會、學習領域小組及年級課程小組運作方式，以增進課程規劃的品質，組織架構如下圖8-1所示。其功能與任務如下：

(1)研擬全校課程發展方向。

(2)規劃學校總體課程計畫，決定各年級各學習領域節數、審查自編教材及設計教學主題與教學活動。

(3)整合社會資源，建立課程與教學支援系統。

(4)協調並統整各年級及各學習領域、各處室推動之工作或學習活動。

(5)推動全校各年級及學習領域的課程計畫。

(6)推動並執行全校課程評鑑事宜。

(7)支援教師課程執行與行動研究之進行。

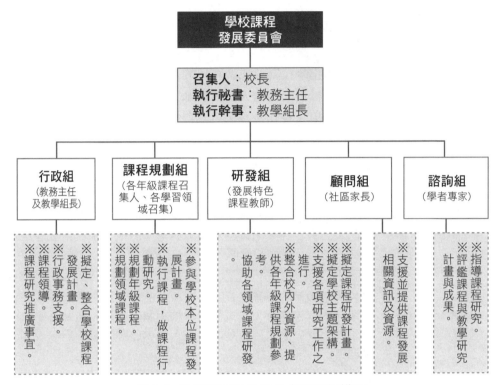

圖8-1 學校課程發展委員會組織架構圖

2. 領域課程小組的功能

由各科教學研究會轉型的各學習領域課程小組，負責研擬各學習領域之課程構想建議書，並交由學習領域課程發展召集人於課程發展委員會統整協調。其具體功能與任務如下：

(1)發現教育現場問題。　　　　(2)行動研究提升職能。

(3)編纂教材適性教學。　　　　(4)分析適性學習教材。

(5)提升教師專業能力。　　　　(6)形塑教師專業形象。

三、校長課程領導的策略與作法【102身三；100身三】

近年在學校課程層面最新的議題，就屬學校本位課程。學校本位課程（school-based curriculum，SBC）係指以「學校」為中心、以「社會」為背景、以「教師」為主體，結合中央、地方與學校資源與人力，賦予學校教育人員權力與責

任，主動進行學校的課程計畫、實施與評鑑，更是透過學校整體課程經營，達到創新課程，建立學校特色的目的。

簡而言之，學校本位課程係指學校為達成教育目的，解決學校教育問題，以學校為主體，由學校成員如：校長、行政人員、教師、學生、家長與社區人士一起進行的課程發展過程與結果。身為校長，自然負有課程領導的責任，其策略與作法如下表8-1所示。

表8-1　校長課程領導創新經營策略與作法

宏觀學校本位課程發展的目標	學校本位課程的發展，應植基於學校現狀情境的分析與學生需求的評估，並要配合學校特色與願景的發展，擬定課程發展的重點與目標。明確的目標能夠精準的指引學校本位課程發展的方向、重點和價值。
推動學校本位的教師進修	學校本位教師的專業成長，強調教師的專業進修應盡量在教師所在的學校進行，要規劃與學校相關之主題、要貼近學校之現狀、要呼應教師自發之需求，並由教師直接參與、規劃管理自己的專業進修。
改變教師的觀念與態度	除非源自教師自發內省的認知或是教育觀念的啟蒙，教師願意改變慣性的實踐、放棄自我本位的堅持，否則學校本位教育的發展難有所成。教師觀念的創新與態度的改變，源自實踐中的學習、行動中的反思、反應理性的發展與可以分享問題和洞見的友善環境之支持。
強化教師行動研究的能力	學校本位的行動研究是一種解決學校問題的過程，是以學校總體發展的相關問題為主題，並由學校成員自發的以改善學校教師教學與學生學習品質為動機在學校中所進行的研究。
發展學校成為學習型組織	學習型學校強調：重視學生的學習、強調教師要不斷的學習、鼓勵教師共同合作與相互學習、提倡學校成為學習型組織、學校領導者要作為學習的領導者。

推動學校本位管理的行政作為	學校本位管理包含兩個關鍵的重點：一是分權式的學校自主、二是參與式的決策歷程。學校本位管理是由校長、教師、學生、家長、社區等人員組成「學校管理委員會」，共同參與決定有關學校課程、人事、預算、校務、決策等方面之事務。
建立學校本位評鑑的機制	學校本位評鑑的首要步驟是選取校內評鑑的相關人員，並開始進行評鑑專業知識的訓練與討論，所以，它能提升教師在評鑑領域的專業知能。其次在進行實際評鑑的同時，藉由評鑑的回饋訊息，同時可以提供教師參照與反思的功能，建構對話、調準、進步的機制。

參、教學領導

一、教學領導的意義【102高考】

張德銳（2006）認為，教學領導（instructional leadership）是：校長透過直接或間接的領導行為來制定和溝通學校目標、建立學生學習期望、協調學校課程、視導與評鑑老師的教學、增進學生學習機會、提昇教師專業成長的領導作為。黃乃熒（2008）認為，教學領導是利用教育行政學的領導原理原則，引導與激勵老師致力於提昇學生學習成就與上課的意願。

綜上可知，教學領導可分為狹義和廣義的看法。就狹義而言，係指校長所從事與教師教學或與學生學習有直接關係的行為或活動而言；就廣義而言，則包括所有能協助教師教學與影響學生學習的相關活動或作法。

二、校長教學領導的實務

校長教學領導是指校長為了提升學校的教學效能，達到學校教學的目標，而採取主導、直接參與或授權他人的方式，用來提昇教師的教學效能、學校的學習氣氛，增進學生的學習成效等。其任務包括「凝聚願景並界定教學目標」、「確保課程與教學品質」、「促進教師專業發展」、「增進學生學習成效」及「發展支持的工作環境」等五個層面加以探討，並詳加說明如下表8-2所示。

表8-2　校長教學領導的任務

（一） **凝聚願景** **並界定教** **學任務與** **目標**	1. 校長可經由多元管道及鼓勵各方集體參與來確立學校發展的願景，藉以凝聚教師、家長、學生及社區等共識，藉由願景形塑，逐一界定各項教學任務與目標。 2. 校長並能適時倡導、溝通學校的教學理念與任務，帶領教師擬定可行的教學方案，適用的校本課程，並引導組織成員達成教學目標，以促進學校教學發展。
（二） **確保課程與** **教學品質**	1. 校長可考量學校內外因素，並與教師、家長及學生共同討論，發展學校本位課程；鼓勵教師標竿學習（benchmarking），使教師的教學更加精進；建立教師教學表現績效標準，表達較高期望值，期能提升教師教學的效能與品質。 2. 校長亦能積極參與課程與教學相關的研討活動，並鼓勵教師進行教學研究，且發揮教學領導的支援系統，以提升教師教學效能評鑑實施之成效，並於校內成立課程發展委員會與學習領域小組，藉著領域的學習，帶領組織成員發展學校本位課程。
（三） **促進教師** **專業發展**	1. 校長能尊重教師的專業自主權，協助教師成立專業學習社群，透過教師自主性的學習與專業成長，鼓勵並提供教師專業進修的活動和機會。 2. 校長應重視教師進修的需求並提供符合教師需求的研習活動，透過專業對話、臨床視導、同儕視導及自我視導等，增進教師教學實務能力，以促進教師的專業成長。
（四） **增進學生** **學習成效**	1. 校長能充分瞭解學生學習情況，對學生表現高度期望，鼓勵學生多元智慧的學習與發展，關心並重視學生的學習需求。 2. 訂定學生獎勵辦法，以鼓勵學生的學習風氣，對低成就及學習落後學生，提供相關的補救教學，善用各種資源以扶助每位學生的學習。
（五） **發展支持的** **工作環境**	1. 校長能合理而平均的分配學校的教學資源，充實學校的軟硬體設備，營造優質合作分享的教學氣氛與優美寧靜祥和的學習環境。 2. 暢通溝通的管道，爭取家長及社區人士的支持，並對教師的需求抱持支持了解的態度。

三、校長教學領導的策略與作法【102高考；100身三】

校長促進教師專業成長與學生學習成效的教學領導策略與作法如下：

(一) **連結教師學習社群與專業發展評鑑方案的目標，進行領域對話**

例如：透過教師專業評鑑自評及綜合報告結果，將主軸持續聚焦「課程設計與教學」、「班級經營與輔導」、「研究發展與進修」三個層面為目標，重視學生學習成效，強調創意教學經驗與教學策略分享，有效班級經營與學生輔導策略交流，強化教材、教法研發能力。

(二) **凸顯「教師自我導向學習」契機，優化學生學習內涵**

高頻率同儕對話，精進課堂教學，並聚焦班級經營與學生學習，提昇教育品質。

(三) **活絡領域社群運作成效，鼓勵教學行動研究風氣**

鼓勵教師精進教學及課程研發，提供教學及課程研發相關資訊，利於教學交流與分享的環境及機會，活絡領域教師專業社群的運作（其發展階段如下圖8-2），提供教師討論相關教學活動之對話的空間及時間。

(四) **邁向學習型組織，激發永續成長動能**

規劃領域活動，轉化概念為具體行動。推動學校組織持續成長，整合學習資源平台，推動學習型組織運作，帶動合作交流模式，開創永續經營的校園文化。

(五) **透過賦權增能，培養教師具有課程規劃、課程發展與課程評鑑的專業能力**

1. 培養教師具有規劃研習課程的能力，提升專業知能與教學效能。
2. 建立教師群依專長相互支援，形成資源共享機制。
3. 透過增權賦能，培養教師自我導向學習，提升專業知能與教學效能。
4. 建立學校資源共享機制，帶動正向學習氣氛，形塑學習型組織。
5. 檢視學生學習成效，確認教師專業成長的績效與未來改進方向。

建立教師專業學習社群			

專業學習社群的發展階段

	·階段① 啟始階段	·階段② 運作階段	·階段③ 制度化階段
分享和 支持性的領導	·培養教師 領導力	·分享權力、 權威和責任	·基於承諾和責任廣泛地參與學校決策
共同的 價值和願景	·價值觀和規範 已有共識	·關注學生 ·高度期望	·共同願景引導教與學
集體學習 和應用	·分享資訊 ·專業對話	·協同合作 ·問題解決	·將所學應用於 教學實務
分享個人 教學實務	·同儕觀課 ·提供知識、 技能與鼓勵	·分享新實務 成果 ·提供回饋	·客觀分析學生 學習成果 ·提供同儕教練 與教學輔導
支持性條件	·關懷彼此 ·建立關係	·信任與尊重 ·表揚和慶祝	·勇於嘗試 ·共同努力 促進改變

行政人員和教師的行動

學生學習和學校改進

資源、設備與溝通系統

外在關係和支持教育行政機關、家長、社區

圖8-2 教師專業學習社群的發展階段

資料來源：Huffman & Hipp, 2003, P.25

第二節 教育與教學視導

考點
提示　(1)教育視導的意義、功能、重點與規劃;(2)教學視導的意義、功能與策略,都是本節必考焦點。

壹、教育視導與教學視導

一、教育視導的基本概念

(一) 教育視導的意義與範圍【104薦升】

教育視導(educational supervision)是對教育的視察與輔導歷程。詳言之,教育視導是由視導人員藉著視察與輔導的過程來協助被視導者改進其行為,提高其效能,以增進受教育者的學習效果。教育視導的範圍包括下列三類:

1. 督學對學校的視導,這是最狹義的範圍。
2. 教育行政機關對學校的視導,及視導人員並不限於督學,凡教育行政機關的成員視導學校,即屬教育視導。
3. 教育行政機關對教育組織的視導。即視導的主體是教育行政機關的成員;而視導的客體則包括所有的教育組織成員,即包括學校、社教機構及教育行政機關本身的人員。例如:教育部對縣市教育局(處)的統合視導。

(二) 教育視導的目的與任務【104薦升】

視導的任務,會隨著時代的演進而有所變化,傳統的教育視導以考核教育機關是否遵行法令政策為主,其後逐漸擴及教學活動,最近的視導觀念則不但創新形式,且將範圍擴充到所有的教學活動。

1. 總目的與任務:視察並輔導被視導者改進其行為,以提高教育的效果。
2. 分目的與任務:包括宣導有關教育政策及法令、溝通教育機構與人員間的意見、評核教育的現況與成效、協助教育人員改善其工作、協助教育人員滿足其需要、自我評鑑及研究發展。

綜合言之,教育視導的目的有下列四項:

1. 發揮教育視導功能,貫徹執行教育政策。
2. 維護學生學習權益,提供安全環境。
3. 加強教學視導功能,提升教師品質。
4. 積極掌握校園脈動,適時提供學生協助。

二、教學視導的基本概念

(一) 教學視導的意義

教學視導（instructional supervision），是教育視導的一環，教育視導包含行政視導與教學視導，行政視導強調政令及行政運作的視察與輔導，教學視導重視教學計畫與教學實施的視察與輔導。教學視導，係指視導人員視察教師教學、輔導其改進教學方法的服務性工作。在過程中，幫助教師達成自我成長，實現教師專業的理想。

(二) 教學視導的原則

1. **專業化**：教學視導宜由專業化的教學視導人員為之。欲做到專業化原則，應建立教學視導的專業養成、在職進修與專業證照制度。
2. **民主化**：教學視導的過程應遵循尊重、平等、參與、公開……等民主原則。
3. **組織化**：教育視導人員應有適當的組織以發揮合作的效果。
4. **法制化**：在台灣法律中，未有任何提及教育視導或教學視導的字眼，可見教育視導幾乎無法制化可言，應儘速建立法令依據，建構穩定的制度。
5. **多樣化**：教學視導分為督學、自我與同儕視導。

(三) 教學視導的推動

1. **確立學校本位的教學視導制度**

   結合校內教學人力資源，落實同儕視導（peer supervision）的精神，透過同儕間的良性互動與誠懇的討論、聯繫，以提高教師的教學品質。

2. **兼顧教學視導與行政視導**

   為能有效提升教學視導的成效，應積極責成相關視導人員兼重教學視導與行政視導。校長為學校首席教師兼行政主管，應重視教學領導；換言之，校長角色的重新定義已普遍成為共識，校長將不再只是一如傳統的行政領導者而必須兼顧教學視導者角色之扮演。

3. **實施分科、分級與分類視導**

   為能充分發揮教學視導功能，分科、分級與分類視導的實施仍有其必要。

4. **審慎處理教學視導報告**

   教學視導報告係指教學視導人員於視導後，依據視導結果，檢討改進，並應將完整的視導報告送一份給被視導的教師，以作為教師改善之參考。

5. **定期召開教學視導會議**

教學視導會議的召開，有助於凝聚教學視導的共識，溝通教學視導的理念與作法，整合教學視導的資源，以及促進教學視導制度的有效落實。

貳、教育視導的模式與方法

一、教育視導模式分類

(一) **依視導的內容分，可分為教學視導與行政視導兩種。**

1. **教學層面的視導**：教學層面的視導專指教師專業能力的實際表現情況而言，包括教學能力、教材的運用、班級的經營、學習情境的安排、學生的反應與學業成就、以及教師專業發展等，都是須加以掌握的重點。

2. **行政層面的視導**：教育行政本身係以協助教學為主要目的。因此，若是視導的對象，係為學校行政的層次，其範圍大致包括各處室業務的了解、業務的執行狀況，建築與設備、排課、作息、經費運用、社區關係等。視導過程主要在了解這些有關的行政因素，是否發揮協助教學、促進教育目標達成的功能。

(二) **依視導人員是否劃分責任區分，可分為分區視導與不分區視導兩種。**教育視導應以採用分區視導為原則，再依視導人員之多寡與專長分配狀況，決定分區的方式及數量。

(三) **依視導人員是否有分工來分，可分為分工視導與不分工視導兩種。**因為教育視導人員的專長有限，故應採分工視導為原則。

(四) **依視導主體之不同來分，可分為外來視導、同儕視導、與自我視導三種。**這三種視導一併使用的效果最佳，因此教育視導也以三者兼用為原則。

(五) **依參加視導的人數來分，可以分為個別視導與團體視導兩種。**教育視導應以採用團體視導為原則。

(六) **依視導人員是否親臨現場分，可以分為臨床視導與非臨床視導兩種。**教育視導應以採用臨床視導為原則。

(七) **依視導是否重視被視導者的發展程度分，可分為發展性視導與非發展性視導兩類。**教育視導應以採用發展性視導為原則。

二、重要的視導模式與方法【103高考】

(一) 發展性視導：

1. **意義**：發展性視導是格里克曼（C.D.Glickman，1980）提出。此理論最大的特色是由視導人員診斷出被視導人員的「專心投入程度」與「抽象思考能力」，進而採取適當的視導策略，增進被視導者在教育工作上願意改進的承諾。換言之，視導人員會根據被視導者的專業表現及發展情況，極有彈性的使用不同的視導策略，包括指導型、合作型、及非指導型等。可見發展性視導是視情境需要，再決定視導方式的「權變視導方式」。

2. **步驟**：

   (1)**指導型視導的步驟**：包括陳述、澄清、傾聽、問題解決、指示、傾聽、指示、澄清、設定標準、增強。

   (2)**合作型視導的步驟**：包括澄清、傾聽、反映、陳述、澄清、問題解決、鼓勵、問題解決、設定標準、協商。

   (3)**非指導型視導的步驟**：包括傾聽、反映、澄清、鼓勵、反映、問題解決、問題解決、陳述、設定標準、反映。

3. **視導技術**：

   發展性視導的視導技術：根據Glickman的觀點，由非指導式到命令指揮式之間所採用的視導技術有下述10種，整理如下表8-3：

表8-3 Glickman的10種視導技術

傾聽 listening	視導人員專注看著被視導者，並聆聽其所陳述的意見或問題，視導人員在聆聽的過程中要顯示專注的神情。
澄清 clarifying	視導人員要能重述被視導者之問題，或對被視導者所說過的話加以重點式的整理後再重述之。
鼓勵 encouraging	視導人員要表現出尊重認可被視導者之態度來，以鼓勵被視導者能繼續進一步解釋說明其情形。
反映 reflecting	視導人員簡要地整理總結被視導者所發出的訊息，並使之更加清晰。
提供意見 presenting	視導人員提出他對於所討論問題的自我意見和看法。

解決問題 problem solving	通常在漫長的問題討論之後，視導人員採取主動針對所有可能的困境加以思考，然後提出一些可能解決的方案。
協商討論 negotiating	視導人員對各種可能解決途徑一一討論其可能結果的利弊得失，然後逐漸挑出較有利的方案，建議被視導者採行。
指示 directing	視導人員直接告訴被視導者，就所提的幾個方案選擇其中之一個。
設定標準 standardizing	視導人員對要完成的決定先設定預期的標準和時間。
增強方式 reinforcing	視導人員以告訴可能發生的後果方式，強調須採取其指示的方式與標準。採增強方式的行為技術可分正面與負面的增強方式行為。

總之，發展性視導是一個漸進式的過程，按教師不同的情形給予不同的視導方式，以期教師藉由反省概念增進其對於工作上、教室中實際的反省能力，進而達成教學上的改進。

(二) **同僚視導**：同僚視導指兩位以上的同僚彼此合作，透過彼此觀察、分析、評鑑工作表現，改進既有的工作問題，並學習新的工作方法，以達到提昇專業成長的目的。

1. **特點**：
   (1) **並無主從之分**：同僚視導主張加入視導的教師地位平等，完全以專業的素養為取決的標準，強調參與者的地位是同等重要的。
   (2) **認為教師足以擔當視導工作**：同僚視導強調教師是最了解教學活動的人，對於其所處的班級最具影響力，足以擔當彼此視導的工作。
   (3) **強調合作的關係**：同僚視導是以各教學主體的結合（校長、教師、學生），由教師彼此以專業判斷、互相觀摩並給予回饋的方式實施，如此更能對症下藥，增進學生的學習成效。

2. **可能的缺陷**
   (1) 同僚視導具有部分評鑑的氣息，教師間彼此觀察並相互論斷的尺度拿捏是極敏感的話題，過與不當均可能造成分裂。

(2)參與教師均須具有相當教學經驗，否則可能徒勞無功變成任意胡為的活動。

3. 補救之道

(1)事先調查教師所面臨的問題以做為視導的主要內容，免其漫無目的的打混仗。

(2)藉各種研討會讓教師們瞭解視導的目標與方法，如觀察的技巧、記錄的填寫、表格的製作等。

(3)校長應事先評估學校的情況，以決定是否實施與實施的程度。

(4)若實施同僚視導，校長與行政人員應提供必要的支援。

(5)校長應採中立的立場，任何因視導而導致過分評鑑的行為均應加以制止。

(三) **自我視導**：自我視導又稱為自我評鑑視導，是組織成員自己視導自己的一種方式，也就是透過自我觀察、分析與評鑑本身的工作表現，以達到提昇專業成長的目的。

(四) **現場本位視導（學校本位視導）**：現場本位視導係指政府將視導權下放給機關學校，讓機關學校實施自主視導的一種視導方式。詳言之，現場本位視導是一種讓機關學校人員高度參與的視導制度，透過視導權的下放到機關學校，讓機關學校利害關係人參與機關學校的視導並負起績效責任，使得機關學校的視導措施能適應機關學校的需要，成為高表現的教育組織。其定義包含四項內涵：

1. 決定權下放機關學校，有權力依本身需要，做出適合機關學校決定。

2. 學校情境需求發展機關學校決定。

3. 學校視導決定權與績效由利害關係人分享。

4. 追求學校高視導表現-學校情境需求、利害關係人決定。

(五) **分化型視導**：分化型視導又稱為「區分性視導」或「差異化視導」，是由葛拉松(Glatthorn)所提出，認為視導方式應隨著視導對象之不同而有所分化，不得一成不變，這與發展性視導有異曲同工之處。至於差異化視導的類型，主要取自發展式視導（developmental option）的理念，給予老師機會選擇符合其個別需求的專業發展方式。葛拉松於是依據被視導者各自的發展層次與需求，提出下列四種不同的視導方式以供選用，包括：臨床視導方式（初任工作者視導）、合作式專業發展方式（有經驗與有能

力、且喜愛單獨工作者)、自我指導專業發展方式(具有經驗與能力、喜愛自己單獨工作者-自我視導)、行政督導方式(非初任者,缺乏自我視導與同儕視導能力或意願)。詳述如下:

1. **臨床視導**:是一密集的過程,藉由和教師商討教學計畫、觀察教學、分析所觀察的資料、就觀察內容給予教師回饋等過程來改進教學。最需要這種視導方式的教師大多是還在取得基本教學技能的初任教師,藉由臨床視導幫助其熟練專業的技巧。有時臨床視導也會用在面臨嚴重困境的資深教師的視導。

2. **合作式專業發展**:是一同僚合作的過程,讓教師以同儕團體的方式一起合作進行專業成長。教師以團體的方式組成小組相互合作,討論對話,方式上較偏同儕視導的方式,進行的方式上較不密集也較不系統化,此一途徑對重視同僚合作的有經驗、能力佳的老師最為有用。

3. **自我導向的發展**:促進個別的教師能獨立進行其專業成長的關注。由教師發展並實施個別化專業成長計畫,行政人員或視導人員只扮演支援的角色。此一取向對喜歡獨自工作且有經驗與能力的教師較為適用,且這些教師能自我激勵,透過從視導者和學生取得相關的回饋資訊,並能透過上課的錄影帶、教室日誌及教學檔案,自主管理相關的專業成長活動。

4. **行政督導**:是一由行政人員監督成員工作的過程,並進行簡短且非事先宣佈的訪視,單純只是為了確保成員已經以專業的方法來實行任務和責任。已有一些具說服力的證據顯示,這種行政督導的方式是校長作為教學領導者的關鍵角色。且若由有敏感度且值得信任的領導者來實行這種督導,則對所有教師都有所助益,不同於上述三種視導取向,行政督導不包評鑑的要素。

參、教育視導的原則與步驟

一、教育視導的原則【103高考】

(一) **採取漸進的方式**:診療視導費時費力,每學期應訂定重點教學議題,挑選少數教室做觀察對象,視導之回饋除當事人之外,也可發給其他教師做參考,以提高其成效。

(二) **調整教師授課時數**:如要實施診療視導,必須將當事人的授課時數減免或機動性的調整,以使其能專心參與活動。

(三) **善用專業資源**：視導者在過程中必須展現其專業知識與能力，其地位舉足輕重，校內若無適當的人才，可求助於專家學者以助一臂之力。

(四) **訓練教師自我視導**：限於人力物力，診療視導推行有其限制，若能在各科中訓練部分教師成為視導者，則其助益必大，一但教師能自我動員，則同僚與診療視導兩模式即可結合，不但人力可以靈活調配，視導回饋也較能因地制宜符合其需求。

二、教育視導的步驟

(一) **視導前的準備**：包括了解被視導者的運作狀況、召開視導前會議、建立相關的視導標準與工具、被視導者自我評估、選擇最適當的視導模式。

(二) **視導中的視察**：包括視導前的溝通、以最少干擾的方式進行視察、以客觀而尊重的態度視察、建立正確的檔案紀錄。

(三) **視導後的追蹤輔導與反省**：包括召開視導後座談會進行雙向溝通、討論被視導者的優缺點、共同擬定專業成長計畫、提供或鼓勵進修、追蹤輔導及再視導、視導人員的自我反省改進。

肆、教育視導的重點與建議

一、教育視導的重點【104薦升】

教育視導的重點一般為教育部或縣市教育局當時的重要教育政策，重點視導項目除例行性教育事務之外，尚包含過去視導紀錄中學校重點改善項目的執行情形。以新北市教育局104學年度的教育視導重點為例，其內容如下：

(一) **政策性檢核項目**

　1.**優質化**：包含特色課程發展與辦理情形。

　2.**教學正常化**：包含常態編班、評量正常化（含國中升學模擬考之安排）、教師專長授課原則、命題審題機制、課後輔導等國民中小學教學正常化實施情形。

　3.**健康學校**：包含營養午餐自主檢核及食品自主管理之執行情形。

　4.**適性輔導**：包含生涯發展教育工作執行委員會之成立及工作計畫之擬訂、執行；學校指導學生填寫生涯輔導記錄手冊並落實建置學生生涯檔案與保管等辦理情形。

(二) **例行性檢核項目**

1. **技職教育**：包含高職學校建教合作教育執行情形、實用技能學程實施情形、協助推展國中技藝教育之情形與成效；職業科目教學實習工廠安全衛生、產學攜手合作及畢業生升學就業輔導等辦理情形與成效。

2. **精進教學**：包含課程（含高中職特色課程、多元選修）、教學、多元評量、公開觀課、教師專業成長、專長授課、補救教學等辦理情形與成效。

3. **友善校園**：包含學生輔導、中輟生關懷、性別平等教育、生命教育、家庭教育、人權法治及品德教育、校園安全維護、藥物濫用防制、特殊教育等辦理情形與成效。

4. **健康學校**：包含午餐衛生、校園食品安全、水域安全及防溺宣導、健康體適能、學生健康檢查等辦理情形與成效。

5. **永續環境**：包含建物安全檢查、防災演練、環境教育及實驗室等辦理情形與成效。

6. **其他**：如學校特色、社區與公共關係等。

(三) **學校自主改善項目**

1. 每校每學年度評估至少一項得自主改善項目於分區視導時主動提出報告，並說明改善之期程、策略、方式…等。

2. 駐區督學得就學校所提自主改善項目給予建議，或引介相關資源給予協助。

二、教育視導的問題與建議

目前我國中等以下學校教育的視導工作，都採取分層考核、分區視導的方式，並自各院轄市及縣市教育局，都設有督學、視察員、且成立教師研習中心。

(一) **我國教育行政視導的問題與省思**

1. 未來我國教育行政視導在目標認定方面，應考量未來的發展趨勢，更強調視導的民主化、專業化與相互尊重的原則。

2. 在教育行政視導人員問題的改善方面，則應多強化同儕視導的功能，將學校的校長、主任及有經驗的專家教師，納入視導人員的行列。

3. 在視導的實施過程上，常因時間的限制而忽略了過程性資料的掌握，因此應重視同儕視導與形成性的視導方式。

4. 教育行政視導應依目的與性質的不同，採用不同的方法。

5. 視導結果的運用方面，應去除只尋求表面績效的作法，而應整合相關人員共同協商改進的策略，作為學校改進現況的參考。

(二) 教育視導對學校行政的啟示

學校行政隸屬於教育行政，各項教育行政措施與作為，有賴各級學校密切配合與執行，始能有效落實。教育視導在學校的實施方式，為行政視導與教學視導，因此，學校校長及各處室主管，應兼顧扮演行政領導與教學領導的角色。教育視導對學校行政的啟示，如下表8-4所示。

表8-4　教育視導對學校行政的啟示

校長應發揮行政領導者的功能	依國民教育法之規定，校長職責為綜理校務，領導協調各處室分工合作，以達成校教育目標。校長必須採用權變領導，營造和諧的學校氣氛，並兼顧組織目標與個人需求，促進組織效能（effectiveness）與效率（efficiency），發揮行政領導者的功能。
校長應扮演教學領導者的角色	行政的運作乃為教學活動而存在，學校教育的目標旨在提升教學品質。職是，校長自應成為積極的教學領導者。在教學領導的表現上，校長應是首席教師，是教學的資源，能提供改進教師教學的意見，也是資源提供者，溝通者及經常可見的存在者。
學校應落實學校本位管理	學校本位管理倡行以學校為主體的教學視導與課程視導，重視學校教師具有專業自主權，基本上是一種強調權力下放的學校管理制度。就此而言，同儕視導應是一項可行的作法，透過同儕間的良性互動與誠懇的討論、聯繫，將更能提高教師的教學品質。因此，唯有落實學校本位管理，才能強化同儕視導的功能。
學校應營造民主開放的氣氛	臨床視導有效與否，首要建立視導者與被視導者良好的關係，彼此雙方站在同事對等的立場，以尊重信賴為基礎，促進專業成長，改進教學現場的問題。職是，學校領導者與管理者，宜放下身段，善用參與管理，暢通溝通的管道，營造民主開放的學校氣氛。

學校應建構學習型組織	個人、團隊與組織透過不斷的學習、行動、反省及再學習的歷程，帶動組織永續發展、促進個人專業成長。學校應推動以學校本位的在職進修，鼓勵教師不僅做單環路學習，更要提升至雙環路學習及再學習的層次；從事行動研究，找到教學現場的起點，分析情境，運用有效策略，解決問題。只有教師在教學方面專業成長，才能奠定專業自主的基石，教學視導才具有積極正面的意義。
教學視導應配合教師分級制度	目前政府正進行精簡員額，現階段想要增加教育視導人員的員額，恐怕有其實際上的困難。而我國即將實施教師分級制度，若能結合學校內優秀的教學人力資源，禮聘為中級、高級或特級教師，使其擔任教學視導工作，一則可解決教學視導人力不足的現況，一則可協助教師解決教學上的問題，全面提升教學品質。

第三節　教育財政與總務行政

考點提示 (1)教育財政的價值觀；(2)教育產出的公平性與適足性；(3)教育經費的運用策略；(4)財務工程採購實務，都是本節必考焦點。

壹、教育財政

一、教育財政學的意義與功能

教育財政學旨在研究如何公平而有效率的籌措及分配教育經費，以提昇教育服務。在經費的籌措方面，包括：國家、學生及家長、企業組織、學校生利事業、社會大眾、稅款、教育捐、學費、捐助、營利。在經費的分配方面，包括：學生、學校成員、政府、社會成員、投資者、獎補助、教育卷、物質資源、減稅。

因此，「教育財政」（educational finance）就是國家對教育經費及其他相關教育資源的管理，包括國家對教育經費及其他教育資源的籌措、分配及使用的監督等。國家通過立法、行政、司法等機關，行使教育財政的職能。

至於教育財政的功能，一般來講主要有三大基本功能：（智庫百科，2016）

(一) 籌措教育經費及其他教育資源，以保證國家教育發展的需要

籌措的手段主要有：一是制定有關法律法規，確定教育經費的籌集渠道及相應的比例，保障教育經費籌集的合法性和有效性；二是在各級政府公共財政支出中保證教育支出的逐步增長；三是通過各種行政或經濟手段吸納各種民間資金或資源投資教育事業。

(二) 分配教育經費，配置教育資源

分配教育經費，配置教育資源的基本依據是國家有關教育法律法規與政策、社會對各級各類教育的需求，以及各級各類教育自身的經費需求。教育事業的發展，一方面取決於教育經費及其他教育資源的多寡，另一方面取決於教育經費的分配是否合理，教育資源的配置是否科學。

(三) 監控教育經費的合法使用，以及其他教育資源的有效利用

在這方面，教育財政的作用乃在對各級各類教育機構的財務活動進行合法的監控，防止違法違紀使用教育經費，杜絕鋪張浪費，保障教育經費用得其所，教育資源發揮應有的效益。

二、教育財政的基本制度

教育財政制度健全與否，權威性和有效性如何，不僅對教育經費及有關資源的籌集、分配與使用有著重大影響，而且將影響到教育事業的順利健康發展。教育財政的基本制度，整理如表8-5所示。

表8-5　教育財政的四大基本制度

(一) 教育預算 制度	1. 教育預算是指各級政府及有關職能部門制定的教育財政年度收支計劃，包括教育預算收入和教育預算支出兩大部分。教育預算制度就是制定教育預算所必須遵循的各項原則、程式、規章和要求，也就是編製教育預算的準則與規範。 2. 教育預算制度有以下特點：(1)規範性，指編製教育預算的體制、程式和要求都有明文規定，預算草案的編製、審查和審議批准都有嚴格的工作程式；(2)嚴肅性，指編製教育預算過程的各個環節都有明確的責任；(3)權威性，指教育預算計劃一經批准就具有法律效力，必須依法得到執行。 3. 我國的教育預算採用的是中央政府和地方政府分工負責的體制。

（二） **教育決算** **制度**	1. 教育決算，亦稱教育財政決算，指各級政府針對教育預算執行情況依法編製的會計年度結算報告。教育決算主要包括會計年度教育經費收支情況和決算分析兩部分。教育經費收支情況應與預算項目相對應，決算分析是根據一定指標對教育經費使用情況做出說明。 2. 教育決算制度是指編製教育決算的準則與規範，包括有關的原則、規章、程式及要求等。其作用在於：一是保證教育決算工作的如期順利完成；二是規範各種教育決算活動，使其有章可循；三是預防教育決算過程中的各種違規行為，提高教育決算的可信度。 3. 我國的教育決算採用分級教育財政決算的體制，除中央教育財政總決算外，地方各級政府也進行相應的各級教育財政總決算。
（三） **教育審計** **制度**	1. 教育審計是指各級政府審計部門和教育部門審計機構，對教育部門或教育機構的教育財政收支，及其他相關經濟活動進行的考核、評價與監督。其主要內容有：教育預算審計、教育財經法紀審計、教育經濟審計和教育財務簿據審計。 2. 教育審計制度是指保障教育審計活動得以進行的各種準則與規範。教育審計制度不僅對審計機構、審計人員、審計職能、許可權範圍、工作要求等都有明確的規定，而且對審計工作的原則、依據、體制、程式、方法以及對審計結果的處理等都有明確具體的規定。 3. 我國實行雙重教育審計制度。首先，各級政府審計部門根據國家有關法律法規，對各級政府的教育財政收支和教育機構的財務收支進行審計監督。其次，教育系統內部的審計機構有依法行使教育審計監督的權力。
（四） **教育稅收** **制度**	1. 教育稅收是指國家從國民收入中徵收的用於發展教育事業的稅賦，是一種國家專項稅種。教育費附加不是國家稅法所明確規定的教育稅收，但實際上已經具有了教育稅收的性質。教育費附加的徵收為國家開徵教育稅奠定了基礎。 2. 教育稅收制度是指關於徵收教育稅的各種準則和規範。在一些直接徵收教育稅的國家，教育稅收制度一般比較完善。而目前，我國尚未建立起教育稅收制度（智庫百科，2016）。

三、教育理財的標準與價值觀【103地三】

Wirt在1987年則提出教育的主要價值是平等、公平、效率、選擇。Kahne則是1994年提出認為教育政策分析重視公平、效率以及優異的學生成就表現。King、Swanson和Sweetland在2003年提出美國學校公共政策的核心價值是自由、平等、公平、友愛、公民權、有效率和經濟成長。

教育學者Boyd、Koppich和Guthrie於1984年提出西方國家重視的教育政策價值是公平、效率、自由，這同時也是教育理財的標準與價值觀。因此，教育資源的籌措與分配，須以公平、效率、自由為原則，在完善的經費補助制度下，教育經費資源及分配將趨於合理化，也可以站在相同的立足點上相互競爭，將有於各級教育的發展。

1990年代，教育財政學者提出「適足」（adequacy）的概念，不僅明確訂定何謂「合理教育」（通常是以學生學業成就成績），並計算達到這個教育目標所需要的基準經費。教育行政機關除了要確保資源的投入達適足外，更要使學校能有效率地運用這些資源，讓學生達成既定的知識與技能（Rice，2004）。因此，綜合各家觀點，教育理財的標準與價值觀有四項，除了公平、效率、自由外，又增加了適足性。

(一) 公平性【97地三】

「公平」（equality）這項倫理價值，在教育議題上是一直被共同關注的價值。美國Alexander（1982）的「公平性理論」，是以哲學和法律兩向度，說明教育財政上的公平性概念，其認為財政政策是一條從保守到自由的連續線，從最保守的法律上的公平朝向哲學上的公平，依序可分成四種公平，分別是「可交換的公平」（commutative equity）、「分配公平」（distribution equity）、「歸還性公平」（restitution equity）以及「實證主義的公平」（postivism equity），分別敘述如下：

1. **可交換的公平**：此公平面向位在保守觀點一端，是法律上的公平，強調自由市場競爭，不贊成政府力量介入學校財政，只允許地方、學區的稅基支援，讓地方、學區藉由自己的能力和努力達到與之相稱的經費分配。

2. **分配公平亦即「財政中性」**（fiscal neutrality）：此公平面向認為不公平的原因主要是來自政府。而「財政中性」是指財政的分配不應與地區、種族、地區的財政能力、家庭所得而有所關連，政府應該要消除因地區、種族、地區的財政能力、家庭所得對教育造成不公平的影響。

3. **歸還性公平**：此公平面向認為需修正因社會和經濟環境因素所造成的不公平，重視的是系統的弱點，而非兒童個人教育的需要。此觀點認為政府需負擔學校財政，做法為贊同統一的公共稅收政策，藉以調整地方費用、經濟規模。此面向有垂直公平意涵，即「濟弱扶傾」精神，給予不同的對象積極性的差別待遇。

4. **實證主義的公平**：此公平面向位在哲學上的公平一端，亦即重視實質和知識的資源，關心的是何謂學生所需要的公平概念，認為政府的干預是為了保障學生最低限度的利益，以及重視學生個別性的補償性計畫或預防性計畫，加強親職教育以提升家庭的功能性，幫助學生離開校園後能適應社會生活（Kirst，1994）。此面向有適足性意涵，即是學生個別需要或達成特定目標所需投入的經費，在教育經費投入之時，也同時考慮教育產出之間的關係（朱麗文，2015）。

除了上述概念之外，教育財政公平原則的基本概念尚包括：均等公平（equality）、水平公平（horizontal equity）、垂直公平（vertical equity）、中性公平（neutrality）、適量性（充足性）（adequacy），其運算方式則有聯合全距比（federal range ratio）、吉尼係數（Gini coefficient）、馬克倫指數（Mcloone index）。

(二) **效率性**

教育財政使用效率（efficiency）的評估，主要是通過投入與產出的比例關係來反映，即在一定產出下成本愈低，或一定投入下產出愈多，表明效率在提高。教育經濟學者提出了幾種教育效率分析技術，包括教育成本效能分析（cost effectiveness analysis）、教育成本收益分析（cost benefit analysis）等。

教育成本效能分析方法，探討教育投入與教育直接產出（例如提高學業成績、升學率或降低輟學率）的關係，其概念為成本一定而效能高，效能一定而成本低，效能高且成本低。這方面，一個經典例子是為提高小學生數學和閱讀成績，比較CAI（電腦輔助教學）、延長教學時間、縮小班級規模和學生輔導（peer tutoring）四種策略的教育成本大小的分析（Levin，1987）。而教育成本收益分析則包含成本可行性分析（CFA）、淨現值（NPV）、本益比（BCR）、內部報酬率（IRR）；以及成本效能分析。

教育資源只是影響教育產出的必要而非充分條件，如何有效使用教育資源遠比有多少資源更為重要。所以，學校應設計合理的激勵結構，使資源

配置真正能夠配合學生學業成績的提高，這是增進教育效率的重要措施
（Hanushek，1997）。對學校層面教育效率的分析，支持了近年教育分
權（decentralization）、去管制（deregulation）和學校本位管理（school-
based management）等教育改革的呼聲（雷萬鵬、鍾宇平，2002）。

(三) 自由性

教育財政的自由性（liberty），指的是國家政治不一過多干預教育，保持
教育運作的自由度。政府對公立學校過多、過度干預，其結果限制了公立
與私立學校的有效競爭，也壓制了學校和教師的自主性，使他們不能主動
應對市場需求來調節供給行為。發展中國家的教育資源籌措和分配，通常
採用集權方式由政府統一調配。在這種機制下，家長、學生無法通過教育
選擇方式配置教育資源；學校只需對上級行政部門負責，而不必面對學
生、家長和社區的需求壓力。同時，科層體制管理對教育資源分配有統一
規範，學校本身幾乎沒有任何自由分配教育資源的空間，導致教師激勵不
夠，教育資源使用效率下降（World Bank，1994），不利於教育資源配置
效率的提高（雷萬鵬、鍾宇平，2002）。

(四) 適足性【100簡升；97地三】

教育產出的適足性（adequacy），是近年各國教育資源分配（school resources
allocation policy）首要追尋的目標。我國的國民教育財政制度中，一般教育
補助款的分配以水平公平為原則，希望學生的基礎教育品質不因其居住地區
財政狀況而影響；特定教育補助款的分配除延續原來的垂直公平理念外，近
年來發展的弱勢照顧政策亦已經逐漸融入適足性的精神。

由此可見，適足性是公平性的衍伸，而公平性卻是適足性的基礎。展望未
來政策發展方向，期許由水平公平、垂直公平，到以發展學生潛能的適足
性為目標，期能透過教育資源的適當分配，為國家培養更健全的國民。

適足的概念提供我國計算保障教育經費的標準，使得保障經費標準合理且
更符合教育目的，而適足不僅只是個概念，其更延伸出不同的估計方法，
值得我們借鏡之。其目前有四種主要方法：專家判斷法（professional
judgment approach）、實徵研究法（evidence based approach）、成功
學校範例法（successful school district approach）以及成本函數法（cost
function approach）。四種方法的共同特徵，就是將教育經費與學生學業
成就相連結，以估算出所需要的適足經費（Picus，2004）。

上述四種方法中的成本函數法，因其含括多項變數，可以因地制宜，因應各區不同學生特質、資源運用效率等來做調整，因此計算出的數值比較精確，近年來逐漸受到教育財政學者的重視（Wall，2006）。

四、教育財政理論

(一) 教育的外部效果理論

教育的提供與收益具有很大的「外部性」（externality），這是政府投資教育的第一個理由。Friedman認為，教育投資不僅使受教育者本人獲益，同時亦有利於社會文化整合、科技創新等，也就是說，教育的成效不只提升個人生活，更有利於個人以外的社會國家，接受教育後產生的效果，不僅由受教者個人所承受，也可以讓第二者或社會大眾獲得利益，此為教育的外部效果。

如果教育成本由私人承擔，私人卻只能分享部分教育收益，就會導致私人教育投資不足，因此需要政府財政投資來補充私人教育投資的不足。美國經濟發展委員會（Committee for Economic Development）在1987年的一項研究顯示，全美因為沒有教好學生所付出的社會成本平均每年達兩千四百億美元。

(二) 適足性測量的成本函數法理論【97地三】

成本函數法係透過迴歸分析方法來估計在固定投入要素價格下，生產一定的產出所需的最低成本（李建然、謝兆恩，2004）。成本（cost）在這裡指的是為達成目標所需的最小支出（minimum spending）（Duncombe，2007），成本的差異反映出資源投入與生產環境的不同，至於實際支出則代表其不只受到成本的影響，也受到資源使用效率的影響（Duncombe，2002），當資源使用效率低時，支出就會比成本高。而由於教育資料通常只提供支出金額，沒有成本資料，成本函數法因此強調資源運用效率，並利用效率值做為自變項來逼近可能的成本（Costrell，Hanushek，& Loeb，2008）。

成本函數係源自生產函數，其中最廣為人使用的生產函數為Cobb-Douglas 函數（簡稱C-D 函數），是由經濟學家Cobb 和Douglas 於1934年 The Theory of Wages一書提出（Gordon，2006），其函數式如下：（張良丞、王保進、許添明，2010）

Y = ALαKβ

Y：產出

L：投入之勞力

K：投入之資本

A、α、β：由技術所決定之常數值

此函數經過對偶（duality）理論轉換為成本函數，並廣泛用於其他領域。而做為教育適足性評估方法的成本函數法，正是將投入與產出修改成教育成本函數，在估計出教育成本函數後，代入平均投入資源、學生特質、學校（學區）規模、學校（學區）效率，最後再代入適足學生學業成就來決定適足經費。

教育成本函數基本的函數型式可以如下表示：

E = f（S，P，N，Z，D）

此式中，E代表每生支出，S代表學生學業成就，P代表投入價格（如教師薪資），N代表學區規模，Z代表學生特質，D代表無法觀察到的學校特質，此通常以學校效率為代表。成本函數法即是在控制其他重要變數（即上述的P、N、Z、D）下，估算達到特定學生學業成就所需的最小每生支出。

貳、教育經費

教育經費（educational appropriations）是指中央和地方財政部門的財政預算中實際用於教育的費用。教育經費的來源教育經費的來源是指教育經費由誰來負擔，或者說教育投資的主體是誰。一般來說，世界各國的教育經費來源都是多層次，多管道的，但最主要是由國家和地方政府負擔。

一、教育經費來源與籌措

我國教育經費的來源也是實行以國家為負擔主體的多層次、多管道的集資方式。經費來源主要有以下幾個管道，中央財政撥款，省，市，縣各級地方政府的財政撥款；企事業單位支出的教育經費；社會力量資助的教育經費；家庭負擔的教育費用。

教育經費的主要來源，大致上包括：稅收、學費收入、經營收入、借貸收入及捐助款等五項（蓋浙生，1994）。其中最大比率且較為固定來源是來自政府稅收及學校學費收入兩大部分。目前，我國的國民教育經費，以地方之直轄市

政府及縣（市）政府負責為原則，但實際上各級政府當中，以中央政府
的收入最豐，縣（市）政府的財政最為短缺，使得教育經費成為地方政
府極為沉重的負擔，在部分財政窘困的縣（市），甚至影響到地方政府
其他部分的支出。

政府對教育經費的投入與補助制度：憲法第一百六十四條規定教科文經
費不得少於預算總額的，中央：百分之十五，省：百分之二十五，縣
市：百分之三十五（民國八十六年終止）。其中主要的教育補助案例則
有1993年的校務發展計劃，以及1995年的教育優先區計劃。然而仍有部
分問題猶待解決，如：
(一) 補助反而使地方教育資本門經費減少。
(二) 補助項目有些未必是地方所需。
(三) 補助審核方式有問題。
(四) 政治因素干預。
(五) 單價標準不適用於特殊環境。
(六) 特別補助款只重硬體而忽略軟體的配合。
(七) 補助缺乏整體以及長遠的規劃。
(八) 補助公式及條款過於凌亂導致重複計算。

二、教育經費編列與分配

在大眾輿論的建議及催促下，2000年11月28日立法院通過《教育經費編
列與管理法》，2001年開始實施。此法案解決凍結憲法保障條文所引起
的爭端，也讓全國教育經費籌措在中央和地方的權限和責任劃分有法源
基礎（陳麗珠，2009），更促使教育經分編列與分配符合「公平性」與
「適足性」。

(一) 教育經費編列

《教育經費編列與管理法》第三條提到中央及直轄市、縣市政府應
於國家財政能力範圍內，充實、保障並致力推動全國教育經費之穩
定成長，且各級政府教育經費預算合計應不低於該年度預算籌編時
之前三年度決算歲入淨額平均值之百分之二十二點五。此法實施至
今已有十多年，除了建立中央政府以及地方政府教育經費分配機制

之外，更重要的是保障了教育總經費的預算下限，使得國民教育在質量上獲得確實的保障以及穩定的成長。

下表8-6是我國92~102年度全國教育經費預算分配表，從表中可看出近十年各級政府教育經費總額成長約28%，中央政府教育經費成長也成長約22%，地方政府自籌經費也成長約33%，所以整個教育經費預算總額度，不論在中央政府或地方政府上都大幅度成長，其中地方政府自籌的部分更是成長幅度最多的部分，達到3成。

然而，近年中央對地方的補助款幾乎大部分用在教育部編列的年度預算，主要是使用在重大教育政策~12年國民基本教育的推動執行上，反而對地方的一般性補助只占很小的比例，與十年前相差甚小，一般性教育經費的增加，微乎其微，不利教育的進步與發展。

表8-6　民國101～109年教育經費預算教育經費與政府經費比較表

會計年度	教育經費				政府經費		
	金額（千元）	占國民所得毛額比率（%）			金額（千元）	平均對每國民支出（元）	占政府歲出比率（%）
		計	公部門	私部門			
101	817,856,782	5.41	4.12	1.30	548,815,737	23,538	20.49
102	832,633,478	5.31	3.97	1.34	553,419,602	23,677	20.76
103	843,545,864	5.05	3.79	1.27	564,144,138	24,074	21.32
104	856,766,171	4.90	3.67	1.22	575,286,556	24,489	21.75
105	873,281,648	4.85	3.65	1.20	590,263,123	25,075	21.50
106	886,970,355	4.81	3.63	1.18	601,521,134	25,519	21.65
107	907,010,190	4.83	3.65	1.17	614,799,693	26,063	21.61
108	911,899,756	4.70	3.56	1.14	615,245,161	26,066	21.13
109	928,402,785	4.56	3.50	1.06	633,768,505	26,899	19.55

說明：國民所得毛額資料為110年2月行政院主計總處發布數，並依5年修正結果追溯修正。

(二) 建議

從這10年政府投入的教育總支出以及國民教育所佔的比例，可以看出教育經費占國家財政支出很重要的一部分。既然國家財政緊縮，教育財政理應適度反映，途徑不外二者：增加財源或是減少開支。以下是對我國教育經費運作與分配的展望：（朱麗文，2015）

1. 檢討中央對地方政府教育補助款的分配原則。
2. 確實檢討統整教育部各司處與其他部會對同一層級學校的補助計畫，避免同一計畫或項目獲得重複補助。
3. 每年應以零基的精神，亦即每年度的預算，都從「零」的基準開始，不囿於上年度或以前年度預算數字的高低，重新審視其業務活動，決定其優先順序，就下年度預算作最適當的安排，將有限的資源作妥善的配置，重新檢討每一補助計畫是否有繼續實施的必要。
4. 思考如何建立一套中央對地方政府的補助方案，方案中以分配公式計算補助款以通盤建立機制，並且能落實對各縣市績優辦學的獎賞制度。

三、教育經費的運用策略【99高考】

教育事業要發展，首要考慮的是經費問題，雖然教育經費的多寡並不一定能夠確保提昇教育品質，但是在教育經費不足的情況下，許多教育問題的改善不免受到限制，因此國家若無足夠的經費支應，則教育事務勢必難以推動。以學校而言，教育經費的多寡將直接影響到教學資源與相關的學習活動。諸如教學設備能否充分支援教師教學所需；校園規劃及相關設施、校舍建築等是否符合安全、人性及境教的功能，全都會影響到學生學習的成效。

過去教育經費集權式運用產生不少的問題，例如：(一)中央官員較難了解學生個別需求；(二)一套制度無法適合不同學校；(三)中央專責過重，行政效率不彰；(四)政治力的介入；(五)經費運用彈性不足；(六)消化預算情形嚴重；(七)浮報預算多有所聞；(八)學校成員無意開源節流；(九)學校成員間易生誤解；(十)長期計劃得不到經費支持；(十一)學校本位課程得不到應有的經費呼應。因此，近年來教育經費運用應是學校本位需求編列的呼聲四起，稱為「學校本位財政管理」。學校本位財政管理的意義，係指整批補助、學校決策、政府與地方分權、保留結餘以及社會監督。

(一) **學校本位財政管理的優勢**

學校本位管理意旨教育行政主管機關把跟學校相關的事務授權由學校層級自主作決定，學校則透過全員參與共同作決定，並負擔成敗責任。而學校本位財政管理，則是學校本位的預算以單位需求及發展編列，由學校辦學需要提出申請，因而學校應制定符合經濟和有效原則的支用方式。

1. 由最了解學生的學校成員做決定以確實反應學生需要。
2. 增加經費運用彈性以應付突發狀況。
3. 發展學校特色並輔助學校本位課程實施。
4. 提高成員經費運用知能以減少成員摩擦。
5. 納入學校成員決策參與以增加經費執行效率。
6. 公式化補助以防止政治力介入及浮報預算。
7. 允許年度結餘經費保留以改進消化預算情形。
8. 學校統籌運用資金以穩定並完成長期計畫執行。
9. 政府與學校分權以提高行政效率。

(二) **學校本位財政管理的限制**

學校本位財政管理仍有其限制與陷阱：

1. 必須有相關的資金配合。
2. 需要長時間的規劃實施。
3. 必須有學校本位課程與人事管理的配合。
4. 需要所有利害關係人的認同。
5. 需有暢通的成員教育管道。
6. 資訊透明化。

參、學費調漲議題【102地三】

學費政策中學費的制度問題主要有：一、私立學校品質低落；二、社會不公平依然存在；三、變相的鼓勵辦學不力學校；四、防弊的機能定位錯誤。但若開放學費限制後的衝擊則有兩點：一、未針對學費影響最嚴重的高中職層級進行開放；二、大學學費高漲。

大學學費調漲的原因，主要有校務基金實施，調高大學自籌經費比例，經濟不景氣，政府補助大幅縮水，政府宣稱「增加基礎教育投資產生資金排擠效應」，增加對私校的補助，使公立學校資金更形窘迫，廣設大學院校，資金分散效應嚴重。

贊成學費調漲的原因大致有：提昇品質及國際競爭力，與美日等國比較仍偏低，世界各國多有調漲的趨勢，其他經費來源未臻成熟，符合使用者付費的精神，政府干預將影響大學自主，增進學生珍惜教育資源，對教育要求日漸提高，家長保護太甚。

反對學費調漲的原因大致有：受教機會不平等、降低社會流動、大學品質有待加強、法德等國學費低廉、扼殺大學人文意涵、低學費可吸引國外學生、學生為籌錢而不能專心上課、增加收入未必用於提昇品質。

因此，大學學費政策的思考方向可為：短期增加教育投資以渡難關、提高資金使用效率、有條件的回歸市場機能、完善合理的退場機制、教育資源重分配、績效補助的實施、多管道的資金籌措、健全監督輔導機制、適度的調漲學費、健全學生貸款制度。

肆、總務行政

一、總務行政工作內容

(一) 採購營繕業務

　　國民中小學採購業務，依循採購法之精神與規定，其業務種類如下：

　1. 依性質而言：可分為工程採購、財務採購及勞務採購。

　2. 依採購金額而言：可分為巨額採購、查核金額、公告金額、公告金額十分之一以上，未達公告金額、公告金額十分之一以下。

　3. 依採購方式而言：可分為公開招標、限制性招標、選擇性招標。

(二) 整建與修繕方面　　　　　　　(三) 主計及出納業務

(四) 文書作業方面：包括公文之收發、分類、調閱、查催與歸檔。

(五) 場地外借及租用方面　　　　　(六) 兼辦家長會幹事

(七) 兼任環境教育管理人　　　　　(八) 管理教育儲蓄戶

(九) 綠色採購與優先採購

二、學校採購相關的法律規範

(一) **政府採購法**：《政府採購法》乃為建立政府採購制度，依公平、公開之採購程序，提升採購效率與功能，確保採購品質而立。學校總務單位辦理學校營繕工程或採購事務，須依照政府規定的專業採購法及採購流程辦理。

(二) **公務人員任用條例**：依據《公務人員任用條例》規定，公務人員應謹守公務人員倫理準則，不得有貪瀆、營利勾結之情形。

(三) **公務員服務法第六條**：《公務員服務法》明文規定，公務員不得假借權力，以圖本身或他人之利益。

(四) **教育部公務員廉潔倫理規範**：學校教職員工皆應遵守《公務員廉潔倫理規範》，做為執行行政事務的依據準則。

(五) **教師法、教師成績考核辦法**：學校總務單位大部分由老師兼任，因此也適用《教師法》與《教師成績考核辦法》中規定，教師應維護學生的各項權利為優先考量。

(六) **貪污治罪條例**：依公務員《貪汙治罪條例》規定，建築或經辦公用工程或購辦公用器材、物品，浮報價額、數量、收取回扣或有其他舞弊情事者，處無期徒刑或10年以上有期徒刑，得併科新臺幣1億元以下罰金。

(七) **公務員懲戒法**：依《公務員懲戒法》規定，公務員有違法、廢弛職務或其他失職行為，應受懲戒。

(八) **刑法瀆職罪**：依據《刑法》第四章瀆職罪規定，公務員對於職務上行為，要求期約或收受賄賂或其他不正利益者，處7年以下有期徒刑，得併科70萬元以下罰金。

(九) **公務人員利益迴避法**：依據《公務人員利益衝突迴避法》規定，公職人員知有利益衝突者，應即自行迴避，違者罰新台幣10萬至200萬不等之罰鍰。

三、採購招標注意原則【99地三】

學校營繕工程、各項採購常見有力人士關說，學校總務主任是「準」公務人員，「奉公守法、依法行政」是身為公務人員的天職和義務。所以，當面對利誘和壓力的時候，必須堅守崗位，謹遵各項相關法律規範，有為有守，做好本份工作，依法行事，以學生權益為中心，拒絕關說請託，發揮總務主任採購、招標之專業。

(一) 學校營繕工程招標作業流程

學校營繕工程招標作業流程大概包括：招標文件→刊登公告→廠商領標→廠商投標→開標→審標（資格標）→決標等相關事宜，如圖8-3所示。

1. 廠商報價在底價以內：

廠商報價在底價以內且達底價之80%以上者，宣佈廠商得標辦理決標等相關事宜：決標→得標者繳交履約保證金→呈核開標記錄→辦理簽訂契約事宜→結束。

2. 廠商報價超過底價（得辦理比減價惟至多三次）

減價結果高過底價→流標→發還押標金，並重新辦理第二次招標事宜。

3. 未達法定家數：流標→發還押標金，並重新辦理第二次招標事宜。

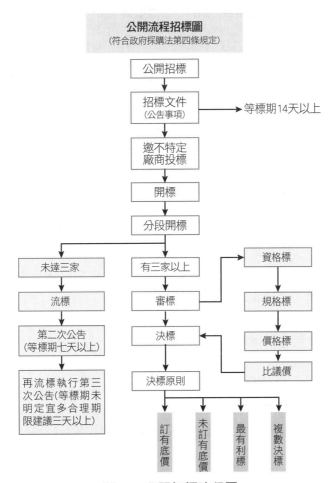

圖8-3 公開招標流程圖

(二) 開標及決標的注意事項

1. 招標公告時間至少14天以上，並上網刊登於採購公報，其他規定依政府採購法。

2. 主辦單位應於標封封面上預填工程名稱、主辦機關名稱及開標日期、時間，是否辦理公開招標、議價、估價，請依政府採購法之規定。

3. 開標時應注意證件審核。

4. 開標會場應注意開標席與廠商來賓分開，以利開標作業。

5. 得標廠商應於決標五日內繳交工程總價15%之履約保證金後簽約，其履約金不得以鋪保代之，如以定存單作為履約保證金時，應於存款單質押設定登記申請書及工程履約保證書內加註「拋棄行使抵押權」。

6. 決標金額未達發包底價80%者，得標廠商應於五日內繳足差額保證金後決標。

7. 決標必須公告。

8. 決標後二日內，繳交開標記錄表及其他文件正本，送主辦單位核對。

9. 註明截止收件時間。

(三) 學校營繕工程常見的缺失與改善之道

學校總務人員大部分均非營繕採購專業人員，因此，除法規有明定者之外，其他工程相關細節，幾乎必須請教他人或以經驗累積，此過程便容易出現缺失。學校營繕工程常見的缺失與改善之道如下：

1. 常見缺失

(1) 相關書面資料缺失。　　　　　　(2) 工地安全及環境衛生。

(3) 混凝土完成面不平整或蜂窩現象。　(4) 未按設計圖施作。

(5) 排水溝相關缺失（溝蓋底板未拆除、洩水孔未打通、溝牆側移、溝底留有雜物或有積水現象）。

(6) 鋼筋綁紮等缺失。　　　　　　　(7) 工程進度落後。

(8) 樑柱及模版留有雜物。　　　　　(9) 工程告示牌缺失。

(10) 模板組立缺失。

2. 改善之道

(1) 工程主辦單位應積極督促監造單位負起責任與義務，並要求廠商加強注意工地安全與衛生，以落實品質管理，有效提昇公共工程品質。

(2)委外設計之工程案件應要求確實規劃設計，請主辦單位要求監造廠商確實派員至現場監造，以免造成承商施工困難或施作之構造物與設計圖不符等情事發生，動輒以變更設計或修改竣工圖，作為結案。

(3)監造單位於工地執行監造工作時，將施工品質、工程進度等列入監造項目外，亦應確實監督及查核施工廠商之工地、勞工安全與衛生管理工作，以落實監造單位在營造工地所應負之勞工安全衛生監督之責。

(4)監造單位在工程施作過程中，應依法令及所核定之監造計畫之頻率，選擇適當時機，執行監造簽證、抽查或抽樣試驗，以負起監造之責任。若工程之施工檢驗停留點或隱蔽部分或其他影響結構安全部分，其相同工項數量甚多時，宜要求監造單位加派人力全程監督施作過程，以確保工程品質。

(四)「開放性招標」與「限制性招標」比較

學校營繕工程採購，經常因標案的不同屬性，必須依法選用不同的招標方式。下表8-7列出「開放性招標」與「限制性招標」在使用時機、行政程序與招標注意事項的比較。

表8-7　「開放性招標」與「限制性招標」

項目	開放性招標	限制性招標
使用時機	一、《政府採購法》第19條（公開招標）規定，機關辦理公告金額（工程、財物及勞務採購為新臺幣一百萬元）以上之採購，除採選擇性招標及限制性招標辦理者外，應公開招標。 二、招標投標法第十條第二款規定，公開招標是指招標人以招標公告的方式邀請不特定的法人或者其他組織	《政府採購法》第22條（限制性招標）規定，機關辦理公告金額以上之採購，符合下列情形之一者，得採限制性招標： 一、以公開招標、選擇性招標或依第九款至第十一款公告程序辦理結果，無廠商投標或無合格標，且以原定招標內容及條件未經重大改變者。 二、屬專屬權利、獨家製造或供應、藝術品、秘密諮詢，無其他合適之替代標的者。 三、遇有不可預見之緊急事故，致無法以公開或選擇性招標程序適時辦理，且確有必要者。 四、原有採購之後續維修、零配件供應、更換或擴充，因相容或互通性之需要，必須向原供應廠商採購者。

項目	開放性招標	限制性招標
使用時機	投標。公開招標是一種由招標人按照法定程式,在公開出版物上發佈招標公告,所有符合條件的供應商或承包商都可以平等參加投標競爭,從中擇優選擇中標者的招標方式。	五、屬原型或首次製造、供應之標的,以研究發展、實驗或開發性質辦理者。 六、在原招標目的範圍內,因未能預見之情形,必須追加契約以外之工程,如另行招標,確有產生重大不便及技術或經濟上困難之虞,非治原訂約廠商辦理,不能達契約之目的,且未逾原主契約金額百分之五十者。 七、原有採購之後續擴充,且已於原招標公告及招標文件敘明擴充之期間、金額或數量者。 八、在集中交易或公開競價市場採購財物。 九、委託專業服務、技術服務或資訊服務,經公開客觀評選為優勝者。 十、辦理設計競賽,經公開客觀評選為優勝者。 十一、因業務需要,指定地區採購房地產,經依所需條件公開徵求勘選認定適合需要者。 十二、購買身心障礙者、原住民或受刑人個人、身心障礙福利機構、政府立案之原住民團體、監獄工場、慈善機構所提供之非營利產品或勞務。 十三、委託在專業領域具領先地位之自然人或經公告審查優勝之學術或非營利機構進行科技、技術引進、行政或學術研究發展。 十四、邀請或委託具專業素養、特質或經公告審查優勝之文化、藝術專業人士、機構或團體表演或參與文藝活動。 十五、公營事業為商業性轉售或用於製造產品、提供服務以供轉售目的所為之採購,基於轉售對象、製程或供應源之特性或實際需要,不適宜以公開招標或選擇性招標方式辦理者。

項目	開放性招標	限制性招標
行政程序	公開招標作業流程大概包括：招標文件→刊登公告→邀不特定廠商投標→廠商領標→廠商投標→開標→審標（資格標）→決標等相關事宜。如上圖8-3（公開招標流程圖）所示。	一、製作投標須知與訂定底價→不經公告程序，邀請二家以上廠商比價或僅邀請一家廠商議價。 二、委託專業服務設計競賽者，採最有利標，如下圖8-4（限制性招標流程圖）所示。
注意事項	一、機關辦理公告金額以上之採購，應依功能或效益訂定招標文件。其有國際標準或國家標準者，應從其規定。 二、機關所擬定、採用或適用之技術規格，其所標示之擬採購產品或服務之特性，諸如品質、性能、安全、尺寸、符號、術語、包裝、標誌及標示或生產程序、方法及評估之程序，在目的及效果上均不得限制競爭。 三、招標文件不得要求或提及特定之商標或商名、專利、設計或型式、特定來源地、生產者或供應者。但無法以精確之方式說明招標要求，而已在招標文件內註明諸如「或同等品」字樣者，不在此限。	一、開標注意事項 (一)廠商資格審查。 (二)廠商報價與前合約報價之差異，若是差異懸殊需請廠商提出說明。 二、決標注意事項 (一)訂有底價之採購，以合於招標文件規定，且在底價以內之最低標為得標廠商。 (二)未定底價之採購，以合於招標文件規定，標價合理，且在預算金額以內之最低標為得標廠商。 (三)複數決標，保留採購項目或數量選擇之組合權利，以合於最低價格決標。 三、開標紀錄：機關辦理開標時應製作記錄，記載下列事項，由辦理開標人員會同簽證；有監辦開標人員者，亦應會同簽認： (一)有案號者其案號。 (二)招標標的之名稱及數量摘要。 (三)投標廠商名稱。 (四)有標價者各投標廠商之標價。 (五)開標日期。 (六)其他必要事項。 四、得標廠商標價低於底價百分之八十視為標價偏低，應要求廠商依政府採購法第五十八條處理總標價低於底價百分之八十案件之執行程序提出說明。 五、決標資料，應利用電腦蒐集程式傳送至主管機關指定之電腦資料庫。

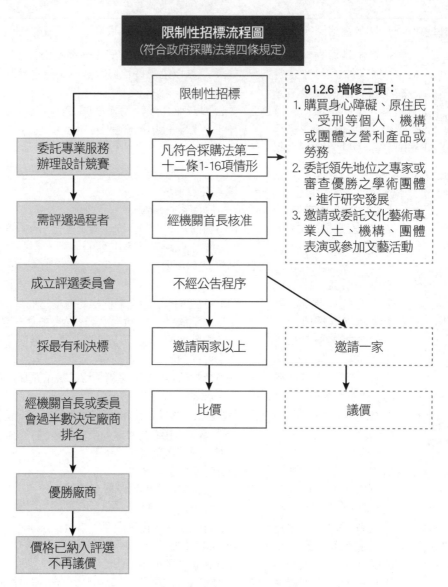

圖8-4 限制性招標流程圖

(五) 公開招標、最有利標決標、最有利標複數決標的優缺點

除了上述的招標方式之外，營繕工程採購較常用的招標方式尚有最有利標決標、最有利標複數決標。下表8-8整理出公開招標、最有利標決標、最有利標複數決標的優缺點比較。

表8-8 公開招標、最有利標決標、最有利標複數決標比較

	核心優點（至多列舉3項）	核心缺點（至多列舉3項）
公開招標	1. 能夠在最大限度內選擇投標商，競爭性更強，擇優率更高。 2. 可以在較大程度上避免招標活動中的賄標行為。 3. 招標流程較為清楚簡單，爭議少。	1. 由於投標人眾多，一般耗時較長，需花費的成本也較大。 2. 對於採購標的較小的招標來說，不宜採用公開招標的方式。 3. 專業性較強的項目，由於有資格承接的潛在投標人較少，或者需要在較短時間內完成採購任務等，最好採用邀請招標的方式。
最有利標決標	1. 由專業評審委會就廠商投標標的之技術、品質、功能、商業條款或價格等項目，作序位或計數之綜合評選，評定最有利標，故可獲得較符合機關需要、且價格合理標的物。 2. 採總評分法的最有利標，評分項目容易量化。 3. 採序位法的最有利標，由於級距固定，較不會出現不同評審給分差距不同的情況。	1. 處理最有利標並完成相關評審會議，耗費時間甚多。 2. 對學校而言，作業程序將成為機關很大的負擔。 3. 因為評審標準與『人』＝『評審委員』有絕大關係，故容易引人非議。
最有利標複數決標	1. 標的物如數量多、或很複雜狀況，無法由單一廠商完成標案，此時採用『複數決標』方式完成標案，可解決學校龐大需求狀況。 2. 保留採購項目或數量之組合權利，符合學校採購需求。 3. 所採購優良標的物，維修成本降低，經濟效益佳。	1. 複數決標最大問題在於完成標案後，會發現比較困難處理的標的物，通常還要經過二次以上開標作業流程，拉長採購時程，始能結案，不符經濟效益。 2. 分項決標，簽約時程不一，工程界面整合困難。 3. 分項決標，增加估驗與驗收作業。

(六) **招標過程有可能觸法之處**

1. **招標時**

(1) **綁資格標**：不當限制廠商資格，造成投標廠商無法公平參加投標。

(2) **綁規格標**：限制使用部分廠商才能提供之特殊規格。

(3) **綁價格標**：將預算訂定過低，造成只有部分廠商能承作。

2. **決標時**

(1)**洩漏底價**：讓行賄廠商能順利得標。

(2)**行賄評委**：影響評委決標給行賄廠商。

(七) **面對上級施壓或廠商關說之可行性策略**

1. **熟諳相關法規，強調「依法行政」。**

(1)時常研讀相關採購法律規範，熟知並熟用條文精神和內涵；依據專業採購法依法辦理，堅守採購人員倫理規範。

(2)謹守「公務人員服務法」、「公務員廉潔倫理規範」，做為執行公務之依據準則。秉持公務員必須「依法行政」之觀念，杜絕任何違法之情事。

2. **禁入聲色場所，迴避飲宴款待。**

(1)避免出入聲色場所，以免形成違法誘因。

(2)回絕一切廠商邀宴，落實「利益迴避」。

(3)廠商請託關說事項時，宜以書面、文字或錄音等方式作成紀錄，並附於採購文件一併保存，並知會呈報政風處。

3. **提升採購知能，建立專業形象。**

(1)提升採購相關知能，避免造成不公平競爭情形。

(2)建立採購專業形象，有效降低上級施壓及廠商關說之機率。

(3)進行溝通協商，讓有力人士或廠商了解學校依法執行的立場與維護學生權益之責任。

(4)建立營繕工程招標申訴制度，杜絕不法與圖利。

4. **組成專業團隊，廣邀家長參加。**

(1)組織專業採購小組，遵照專業採購流程，令其知難而退。

(2)採購小組成員邀請家長代表參與，與家長共同監督，維護學生權利。

(3)向有力人士或廠商「邀標」，請其備妥資料文件，符合學校條件，共同參與招標，或聯合地方政要及其他廠商共同抵制。

(4)營繕招標作業流程透明化、公開化，邀集校內外公正人士共同參與，以使不法廠商卻步。

第四節　教育公共關係與行銷

> **考點提示**　(1)公共關係的核心任務與重要性；(2)教育行銷的意義、項目、原則與策略，都是本節必考焦點。

壹、公共關係

學校公共關係是學校塑造良好形象非常重要的一環。學校公共關係不僅要做好校內公關，校外公關也必須妥善規劃，以協助學校因應社會變遷過程中爭取更多支持與資源。校長的領導風格影響全校教職員工，對外的公共關係以及與媒體的互動模式，也直接影響全體成員。因此，建立良好的媒體互動關係，將有助於學校的公共關係發展。

一、公共關係的意義與功能

公共關係就是組織和媒體之間的關係管理；也有人說，公關是為組織和公眾之間搭起一座友誼的橋樑，強調「和諧」（harmony）和「關係」（relationships）；更可以說，公關強調組織與公眾建立共識、分享意義的參與式傳播（participative communication）。因此，公共關係是一個組織所進行的有計畫的持續的經營管理活動，其功能在建立和維持組織與各種目標公眾之間的雙向溝通，並建立與各種策略性公眾之間的相互關係。

對教育系統而言，教育公共關係則是在教育系統（包括教育行政機關與學校）中所進行的公共關係管理。更詳細來說，學校公共關係就是學校有計畫且持續的運用各種行政管理行為、溝通媒介服務、行銷策略等訊息傳播方式；經由建立校內外公共關係，形成學校、家庭及社會民眾訊息雙向回饋、多元交流，促使相互了解、建立和諧關係，以獲得社會民眾的支持、信賴與協助；進而塑造學校良好形象，而有效達成學校教育目標的歷程（蔡東利，2004）。

二、公共關係的核心任務【101高考】

管理學派認為，公共關係是組織的有效溝通管理行為。批判學派認為，公共關係是組織的修辭，對形象與聲譽的管理，並且重視大眾傳播的說服效果。整合行銷傳播學派認為，公共關係應發揮行銷推廣的實用功能，重視訊息傳遞的一

致性與行銷組合的利益。謝文全（2006）更仔細的分析，教育公共關係的核心任務如下：

(一) 了解內外部公眾的需求與期望。

(二) 訂定教育系統的整體公共關係目標與政策。

(三) 適度引入行銷的概念與實務。

(四) 建立並落實有系統的雙向溝通機制。

(五) 營造教育特色。

(六) 做好危機處理與管理。

(七) 善用科技媒體。

(八) 激勵內部公關，提振成員士氣，辦好教育工作。

(九) 評鑑公共關係成效，隨時加以改善。

三、增進公共關係的策略與作法

鄭宏財（2001）指出學校建立公共關係應有的做法：(一)建立正確而健全的學校公關觀念；(二)敞開心胸廣納意見，建立良好互動關係；(三)成立社區公共關係推行聯絡小組；(四)做好校內公共關係，增進校內溝通，建立共識；(五)健全家長會組織，重視家長參與學校教育活動；(六)推展義工制度；(七)善用大眾傳播媒體，並保持良好關係；(八)學校行政、教師會、家長會三合一的校務運作，共創校園三贏局面，建立教育願景。

謝文全（2000）認為辦好學校公共關係的途徑，主要有以下五種：(一)了解並接觸社區；(二)讓社區了解及接觸學校；(三)為社區提供服務；(四)把學校教育辦好；(五)運用社區資源。王月汝（2002）認為，推展學校公共關係的方法有：(一)由學校透過各式的活動或提供學校資源供民眾參與分享；(二)與公眾、媒體良性的互動；(三)學校刊物的發行。蔡東利（2004）綜合各家之言，提出學校公共關係的推展策略與作法，如下表8-9所示。

表8-9 學校公共關係的推展策略與作法

溝通教職員工理念,建立全員公關觀念	暢達溝通管道,加強溝通教職員工正確理念,建立推展學校公關人人有責的觀念,使學校成員都能發揮關鍵影響力為學校做好公共關係。
舉辦公關專業能力訓練,提升成員公關專業能力	增加學校成員研習機會,強化多元進修管道,舉辦溝通或公關訓練,以充實公共關係專業知能。
結合危機處理小組,建置學校公關推行機制	學校原有危機處理小組及緊急聯絡網是學校公關功能一部份,所以將危機處理小組納入公關機制,可避免疊床架屋,浪費資源。
編列適當公關經費,擬定長期推展計畫	學校宜編列適當公關經費,擬定推展計畫,長期持續努力經營,方能有效達成推展目的。
活化領導策略,營造組織和諧校內公關	積極經營校內學校行政、教師會及家長會專業組織,共創三贏局面,有效活化領導策略,以營造組織和諧氣氛,是落實校內公共關係最佳策略。
落實行政服務機制,重視辦學績效	健全行政組織,落實行政支援服務教學的目的,並且暢通溝通管道、增進與教師互動機會,提供教師參與校務決定層面,方能有效提升教學品質。
廣納異質訊息,導引學校公關推展	學校宜善用正式組織與非正式組織正面功能,坦然接納異質的訊息,化阻力為助力,並導引其協助學校公關的推展。
善用多元公關策略,提升推展成效	用溝通行銷策略,辦理高質量、高參與度、高教育性活動,妥善處理學校與民意機構間的公關,重視平時公關及新聞發佈技巧。
重視公共行銷,善用媒體宣傳	學校應善用各種傳播媒體宣傳,如FB、Line做好公共行銷策略,讓民眾了解學校新措施;並將實施績效宣導週知,努力維護學校優質形象。

四、大眾媒體關注的學校議題

校長與媒體互動，從認識媒體開始，再到了解媒體，從而運用媒體，無論是在校園事件危機處理或學校形象包裝宣傳等，都有很大的助益。

(一) **媒體與學校的關係**：媒體是運用雙向溝通的方式，鼓勵民眾提高參與學校的興趣，以增進或刺激民眾與學校的相互了解，進而有效地合作，建立和諧互動關係。

(二) **媒體公關**：媒體公關係指機關團體為建立品牌，獲得社會信譽，運用媒體企劃或傳播新聞議題與公關活動，建立機關團體的社會形象。

(三) **學校媒體公關類型**：學校應發展學校特色，辦理特色活動與重視師生表現，以正向事件吸引媒體報導，並強化行政團隊及教師在媒體與公共關係的素養，並了解媒體公關類型。下表8-10列出媒體公關最常見的類型。

表8-10 媒體公關最常見的類型

與報紙關係	學校對報紙主要是以訊息發布為主，如學校內的活動預告，及發布具有新聞價值的訊息等。
有關專題報導	通常專題報導的來源，主要是主動發布純淨的新聞方式、學校主動找媒體合作與支援媒體或是媒體主動找學校來發布專題。其內容規劃大多以感性情節描述且較易觸動人心的報導為主，所運用的媒體方面包括報紙的社會公益版、地方新聞版、藝文版副刊、流行資訊版等與雜誌中人物專訪、每月主題等。
與廣電媒體關係	與廣電媒體聯合宣傳可以用誘因作為交換條件，且善用聯合宣傳的策略，運用公共論壇節目，學校有較長時間可以在節目中發揮其觀點，如校長參加公共論壇等。另外，善用社區電台活動預告與社區民眾較為貼近，較容易產生宣傳效果。
電子新聞與電子新聞稿	電子新聞是一項重要的新聞媒介，學校也可運用這些電子媒體發布訊息，針對新聞稿方面盡量寫好文字稿，主動積極發布新聞為主。

五、媒體公關的策略與做法

學校成員應建立媒體公關之集體意識，理解認同媒體應為學校公共關係而非危機，並強化媒體公關的策略與做法，才能不費吹灰之力進行學校行銷。下表8-11列出學校對媒體公關的策略與做法。

表8-11　學校對媒體公關的策略與做法

(一) 了解媒體，認識媒體從業人員	1. 應認識地方性版面負責人，大都市也應包含電視相關人員。 2. 了解傳媒的政治意識及對教育看法，了解專人的背景立場與對教育的態度等。 3. 認識新聞記者的需求：(1)最重要的是在截稿前寫出新聞報導；(2)取得獨家報導；(3)以事實為基礎而客觀報導，同時又要符合編輯或製作人的要求，篇幅要夠；(4)希望獲得禮遇及尊重；(5)不希望受到不需要的騷擾；(6)希望報導能引起讀者或聽眾的興趣。
(二) 主動邀請媒體參加學校活動	1. 主動邀請大眾媒體參加學校活動與學校訪問介紹學校值得介紹之處且主動積極宣傳學校重要教育訊息。 2. 編印校園刊物寄送給記者參考。
(三) 公平對待各家媒體	1. 準備清楚有關學校的資料，照片等並且公平的對待各媒體，避免獨家新聞的產生。 2. 發掘校園的好人好事、好研究、好制度。
(四) 專人專線與媒體互動	1. 發布新聞時應指定專人發布學校新聞，建立各處室發言人制度，如果主動提供新聞稿應該簡潔少用形容詞。 2. 公關人員要主動出擊，不要坐著等待傳媒，且學校應該設立公關電話專線負責人且提供媒體訊息的聯絡方式。
(五) 主動提供並詢問媒體所需協助	1.擬定發言人與可供記者採訪的主管名單（安排他們接受口語溝通與面對攝影機的發言訓練）。 2.發出新聞後應主動連絡傳媒，以確定是否了解內容並且提供正確迅速的答覆疑問。
(六) 盡量配合媒體流程與時間	若以廣播、電視為主要宣傳工具，公關活動的時間規劃，應盡量配合廣播、電視製作流程與新聞採訪時間。

(七) **注意新聞稿** **與視、聽覺** **效果的** **重要性**	1. 通常電視媒體不需要公關人員提供太多文字性資料，新聞稿要把人事時地物交代清楚，他們最需要的是畫面（視聽效果要佳）與事件過程的摘要。 2. 成功的電子新聞稿應包含有新聞價值的賣點；電視媒體新聞除了基本新聞寫作原則之外，還要注意文字與影像的配合程度。 3. 寫出見報率高的新聞稿。
(八) **內部做好** **社群準則，** **外部帶出** **第三方觀點**	學校內部要訂出和媒體溝通議題的面向，在採訪過程中，也要留意提供第三方觀點，記者在寫一個題目不會只報導單一觀點，若能適時帶出第三方的觀點，除了讓報導更全面之外，也能降低記者寫到負面觀點的風險。
(九) **了解媒體議** **題，提供專** **訪給予獨特** **的角度**	提供專訪也是一個和媒體互動方式，深入與獨家的內容對媒體是相當重要的，特別是因應新媒體時代，各家媒體都進一步追求獨特的採訪需求與角度，深入了解媒體對哪類新聞題材有興趣，甚至了解媒體在關注什麼題目，都是經營媒體議題很重要的步驟。
(十) **定期更新媒** **體名單，找** **對的媒體，** **給對的素材**	1. 每位記者有所屬的採訪線路，當你和媒體記者溝通時，很重要的是先搞清楚媒體分線，找到對的人才能投其所好給對的議題內容與素材。 2. 媒體的分類，大致可分為電視、報紙、雜誌、網路、廣播這五類。例如：與電視台記者溝通，就必須要先掌握電視媒體最重要的素材是有新聞畫面；報社記者重視的則是新聞稿的精準度；雜誌媒體由於比其他媒體類型出刊時間來的晚，因此在乎議題是否獨家或有深度專訪的需求；廣播則可以從專題節目進行操作。

貳、教育行銷

「教育行銷」是現代提升學校競爭力的重要的項目之一。辦學辦得再好，要是沒有多少人知道，還是招不到學生。一般而言，學生選擇學校是根據他對學校的印象。而外界對學校的「印象」就是學校在社會上的「形象」。因此，學校的教育行銷對學校經營至關重要。

一、教育行銷的意義與功能【98薦升；96地三】

(一) 教育行銷的意義

行銷概念可以擴大至任何機構，而教育行銷係指將行銷觀念應用在教育組織、視教育為市場，透過界定組織使命、進行優劣勢情勢分析、訂定教育行銷目標、教育行銷策略和行銷控制等步驟，以達成學校目標的完整歷程；教育行銷具有無形性、異質性、易逝性、生產與消費的不可分離、面對多樣群眾、多重目標、及受到公眾的監督等特性，其目的在於提昇學校整體的教育品質。

(二) 教育行銷的功能

教育行銷是將教育機構所建立的優良文化、形象、特色、辦學理念等訊息，透過有效的途徑傳達給家長、社會大眾，以符合家長屬性及滿足其需求，並獲得支持，以達成學校教育目標。具體而言，學校行銷的功能包括：提供學校教師及主管思索辦學方向、提昇學校效能與效率、建立學校形象、塑造學校文化、發展學校特色、提昇學校聲譽、呈現學校績效、招收優質或更多的學生、給予父母選擇資訊、爭取家長的瞭解與認同、爭取經費支援或募款等，以提昇學校的競爭力。

二、教育行銷的種類與項目【96地三】

在教育市場中必須瞭解顧客的需求，從顧客滿意度中創造雙贏，學校在整體運作過程中，必須面對變遷的事實，針對市場需求，訂定合理目標，運用有效策略，從回饋中成長，以優良形象，卓越的辦學績效來吸引學校的顧客。

黃俊英（1999）認為，行銷的類型包括：

(一) 服務行銷：為無形產品創造交易的行銷。

(二) 人物行銷：爭取人們對某一人或某些人做有利反應的行銷。

(三) **地方行銷**：爭取人們對某一特定地區做有利反應的行銷。

(四) **理念行銷**：推廣和爭取人們支持某一理念或議題的行銷。

(五) **組織行銷**：為某一特定組織吸引會員、捐款者、參與者或義工的行銷。

筆者綜合各家之言，整理出教育行銷的種類與項目如下表8-12所示。

表8-12 教育行銷的種類與項目

人員推銷	在既定的目標下，如何接觸潛在及已有的顧客，主要任務即是找尋、傳播及推銷。可採推銷人員對個人方式推銷、講習會推銷、電話行銷等方式。
廣告	學校的廣告目標群眾為學生、教師、家長及其他有影響力者，其廣告任務為建立學校在目標群眾中的知名度，傳播關鍵性資訊如學校特色、未來發展前景、師資陣容、課程、設備、發展方向、宣揚學校教學品質、價值、成果、升學成績、就業表現以及其他特質等以建立學生偏好，堅定信心並採取行動。
促銷	給予金錢或象徵的價值，有助於鼓勵行為反應強化廣告效果。
公共關係	學校公共關係指學校與社區之間的一種溝通歷程，旨在增進民眾對教育需求與實際的瞭解，並鼓勵民眾對學校教育的興趣與合作；建立與重要公眾的良好情誼，並從而塑造良好的形象，爭取最大的「互利」。
公共報導	公共報導是指學校在沒有付費的情況下，取得顧客或潛在顧客所能接觸到的各媒體之報導，以期達到增加銷售額的目標。此種推廣方式最大的優點是不用付費，降低了宣傳成本，且能有效的提升產品的形象。
建立學校共同識別系統	讓消費者看到標誌就想到產品的優秀品質，進而固化消費者傾向，成為忠實消費者。學校也是一樣的，建國中學淺綠色夾克、北一女的綠上衣黑長裙讓全國民眾輕易的將這些標誌與學校形象緊密結合，更讓家長及學生認同學校，並且相信這個學校教育產出的品質，而且校內的教職員工生都能對學校產生高度認同。

落實學生生活常規	學生每天在社區中活動，是最主要的學校形象塑造者與行銷者，而現在是顧客導向時代，學生學習結果的表現，尤其是生活常規便是展現學校績效的最佳見證。另外，在積極面，鼓勵學生參與社區服務，擔任社區志工，並定期在校內或社區舉辦學生成果發表，推派學生團體參與支援社區活動，呈現學生學習成果，以營造優質的學校形象與口碑。
展現教師專業形象	學校的核心價值是教與學，成功與否的關鍵人物便是教師。因此，利用場合事實展現教師專業，讓社區認同學校、相信教師，而教師專業形象的方式可利用班親會、家長日的教學方案，展示與班級之間之討論互動，讓社區家長參與學校各項會議，支援社區各項活動，發揮教師專業精神以及辦理教學觀摩，呈現教師專業知能。
加強校園環境之維護與佈置	校園開放、提供學校軟硬體設備與社區資源共享，是當今之趨勢。不管是進入校園運動、休閒或是使用學校設備等資源，進行各項活動如親職教育、成長課程等，社區與家長便會進入校園。因此，校園環境的整理、設備之維護、校園公佈欄佈置以及永續校園理念之推廣等等，都對社區民眾進行行銷與建立口碑。
主動出擊並支援各項社區活動	學校領導者可積極主動出席社區相關活動，如：村里民大會、社區慶典、各項表揚大會、社區運動會，並適時給予人力或物力支援，不僅在消極面可藉此了解問題，在積極面更可以利用場合，把握各種說話機會，進行學校教育行銷，建立良性之公共關係與社區互動。
轉化家長成為學校公關人員	最成功的行銷方式是藉由使用者的口碑口耳相傳，學校之學生家長與學校即是共謀孩子成長的教育夥伴，但又存在著顧客關係。因此，藉由各種場合與管道，讓家長瞭解學校推行重點決策過程與時機，以誠意取得家長信任與放心，將家長轉化成學校內部人員，協助學校進行行銷。
善用溝通媒介	關係的建立必須靠各種不同的媒介，尤其開拓公共關係，更需要透過一些傳播媒體。因此，學校除了定期出刊的校刊、通訊，主動向家長及社區報告學校進度，展現學生學習成果之外，還必須善用新聞媒體及網路。因此，學校不妨適度營造話題，為學生找舞台、為學校找空間的心態，主動和媒體聯絡發掘並報導學校特色，讓多人認識學校，可以有效協助學校建立良好公共關係。

創造有利事件轉化不利局勢	學校經營難免碰上一些危機，如一些學生傷害或是教師體罰等，學校必須建立一個處理機制，找出關鍵人物，也許是某主任或某家長，掌握處理的先機，以公開坦然、接納透明的態度處理事件，統一發言口徑，誠懇說明事件處理流程，以表達學校最大的誠意及善意，讓社會大眾把眼光從不利事件中移往學校勇於承認、積極負責的光明面，也許事件是短暫不利於學校的，但找到有利的契機及關鍵的人物，在適當的時間做最好的處置反而是對學校發展有利的事件。
擅用學校網站、FB、Line等之新興媒介	除了以發行學校刊物傳遞學校訊息，或是大眾媒體進行學校活動報導，校師或學生之人物特寫與學校優良成績介紹等傳統方式，來進行學校教育行銷與建立學校正面形象外，因應此科技與資訊時代，學校要善加利用網站、Facebook與Line等之新興媒介。
落實回饋檢核系統	成功的公共關係是一個開放的系統，其中包含輸入、轉換、輸出、回饋等過程。因此，要落實回饋檢核系統，不管是正式會議或私下場合的建議，不論是親自拜訪或是利用電話、書信、網路留言版之反應，同時不管反應者是否署名，學校皆要同等重視並掌握回應時效，以落實回饋檢核系統，回饋時反應事件若非事實或誤解，立刻澄清說明，若是事實則加以改善。

三、教育行銷策略與管理

隨著教育的發展趨勢、教育改革和發展的動態，以及社會各界對學校的評價和期待，學校如何提升競爭力、如何發展學校特色、建立學校形象及品牌、強化自我行銷能力，行銷策略的運用，都是促使學校繼續永續經營的重要方式。

(一) 教育行銷的策略【98薦升；97高考】

提升教育行銷的方法有許多，重要的是必須掌握顧客（家長與學生）的需求，經營學校成為一所具有特色的學校。表8-13列出五種重要的教育行銷策略。

表8-13 五種重要的教育行銷策略

確定學校的 使命	使命乃組織存在的目的，是一套的價值系統，代表組織長期的政策和長期承諾，是作為策略與行動的指導方針。學校的使命應具下列四個特性：永續性、可實現性、有激勵性、以及特殊性。
分析 學校情勢	組織的使命確立後，必須對組織所處的內外環境做一SWOT分析，亦即是有關組織的內部優勢（strength）、劣勢（weakness）、外部機會（opportunity）及威脅（threat）之系統且整體的評估分析。
訂定 行銷目標	當組織完成SWOT分析後，就必須制訂所欲達成的目標，並且於設定目標之後進行目標管理（manages by objectives，簡稱MBO），使組織發展出的目標能順利進行。
擬定 行銷策略	配合選定之策略，調整組織結構，落實責任分工，重視溝通協調，控制制度與各功能部門之策略，同時嘗試發展出一個能夠配合新策略，並運用多元行銷方式、採取具體可行的行動，逐一執行。
行銷執行與 控制	行銷控制是發展行銷策略的最後一個步驟，行銷控制針對人員管理考核與分項流程管理評估，目的在建立控制系統以監督執行和評鑑整體行銷效能，促使行銷策略與方案能適應動態環境，不致流於僵化，以確定行銷目標的達成。

(二) **學校行銷管理**

學校行銷管理是一種行動，也是一種觀念的倡導。學校行銷管理的理念，是建立在行銷管理的基礎，並配合學校的特性和需求所發展出來。

1. **市場分析**：基本上教育市場分析涉及到社區結構分析、學生來源分析、競爭者分析和家長需求分析，藉以了解學校現有市場和未來潛力市場，讓學校杆在激烈競爭的環境下，能夠取得競爭優勢，以確保學校的生存發展與永續經營。

2. **品牌形象**：學校行銷管理與形象管理密不可分，適當的行銷管理有助於提升學校形象，而良好的形象則是學校行銷管理最有效的武器，沒有品牌的學校行銷管理是空的，而學校品牌形象的提升是建立在學校全體成員努力打拚的基礎上。

3. **家長需求**：行銷管理相當重視顧客需求和消費者行為，有消費者才有市場。學校行銷管理，當然也不能忽略家長的需求。若是行銷內容根本不是家長所期望的或不符家長需求，就難以引起家長的重視，行銷效果也將大打折扣。

4. **多元創新**：學校未提高績效和發揮功能，不僅要求經營的創新，其中多元創新的行銷管理，亦是相當重要的一環。學校行銷管理不能停留在傳統的紙本刊物發行，應該以更主動積極結合資訊科技和網際網路的多元創新行銷模式，才能擴大其效果。

第五節 校園安全與危機管理

> **考點提示**　(1)校園安全；(2)危機處理與管理，是本節必考焦點。

壹、校園安全與霸凌

「天有不測風雲，人有旦夕禍福」，校園安全是學校經營最根本的基石，同時也是唯一一件不能重來的事，學校最應重視。

一、校園安全管理【97身三】

校園安全管理可以提供師生安全無虞的學習環境，透過有效積極的管理策略，使校園安全事件轉危為安，成為學校行政的重要職能。

(一) 影響校園安全的因子

教育部2005年將校園事件依性質區分如下：

1. **天然災害**：是指人力難以抗拒的天然災害危機，這些天災均會對校園成員與設備財產造成相當嚴重的傷害與損失。

2. **意外事件**：包括集體食物中毒、學校設備電線走火、學校設施突然倒塌、疾病傳染、做實驗時操作不當產生傷亡、上體育課時造成運動傷害與上下學發生交通事故等。

3. **學生違規**：包括學生蹺課逃學中輟、彼此互毆械鬥、偷竊別人財物、性騷擾、向師長或同學恐嚇勒索、私自濫用藥物與攻擊教師等。

4. **教師犯罪**：包括教師不當體罰學生造成嚴重傷害或是在校外從事非法事業等。

5. **校園衝突**：包括校長、教師、職員、學生、家長與社區人士之間的衝突。

6. **行政弊端**：包括在從事學校工程建設時收受廠商的賄賂、在入學編班作弊與洩漏學生資料之危機。

7. **外力影響**：包括校外人士綁架學生、校園設施遭人破壞、民意代表的介入關說、不明人士傷害上下課學生與誘騙學生從事不法活動。

(二) **校園安全問題的預防與因應**

1. 增益師生安全防護與危機處置。　　2. 落實校園安全自我檢核機制。

3. 規劃多重校園安全防護措施。　　4. 監測安全合宜的校園環境設施。

5. 建立完善效率的校安通報機制。　　6. 整合家長與社會相關資源。

二、校園性侵害、性騷擾與性霸凌

校園性騷擾、性侵害與性霸凌案件無疑是校園倫理的大劇，亦是教育界的最大恥辱。當今校園性騷擾、性侵害與性霸凌防治工作仍相當不足，頗值得大家正視，合力重建新校園倫理。

(一) **校園性侵害、性騷擾與性霸凌事件的定義**

1. **性侵害**：指性侵害犯罪防治法所稱性侵害犯罪之行為。

2. **性騷擾**：指符合下列情形之一，且未達性侵害之程度者：

    (1)以明示或暗示之方式，從事不受歡迎且具有性意味或性別歧視之言詞或行為，致影響他人之人格尊嚴、學習、或工作之機會或表現者。

    (2)以性或性別有關之行為，作為自己或他人獲得、喪失或減損其學習或工作有關權益之條件者。

3. **性霸凌**：指透過語言、肢體或其他暴力，對於他人之性別特徵、性別特質、性傾向或性別認同進行貶抑、攻擊或威脅之行為且非屬性騷擾者。

4. **校園性侵害、性騷擾或性霸凌事件**：指性侵害、性騷擾或性霸凌事件之一方為學校校長、教師、職員、工友或學生，他方為學生者。

(二) **校園性侵害、性騷擾與性霸凌之防治策略**

學校可依《校園性侵害性騷擾或性霸凌防治準則》，訂定屬於自己學校依循的相關規定，規定中可明列防治策略與具體作法，舉例如下表8-14：

表8-14　校園性侵害、性騷擾與性霸凌之防治策略與作法

成立「性別平等教育委員會」	為防治校園性侵害、性騷擾或性霸凌事件，學校應成立「性別平等教育委員會」： 1. 建立校園性侵害、性騷擾或性霸凌事件機制。 2. 協調及整合相關資源，負責事件之調查處理。
積極推動學生性侵害、性騷擾或性霸凌防治教育	1. 提升教職員工生尊重他人與自己性或身體自主之知能。教育宣導活動，並評鑑其實施成效。 2. 每年定期辦理相關之在職進修及校內外研習活動。 3. 鼓勵被害人或檢舉人儘早申請調查或檢舉。
主動蒐集並提供校園性侵害、性騷擾及性霸凌防治與救濟等資訊予相關人員	例如： 1. 校園性侵害、性騷擾及性霸凌事件之界定、類型及相關法規。 2. 被害人之權益保障及學校所提供之必要協助。 3. 申請調查、申復及救濟之機制。
提供安全、無性別偏見、性別友善之空間，以減少性侵害或性騷擾發生之機會	例如： 1. 定期檢討校園空間與設施之規劃與使用情形及檢視校園整體安全。 2. 記錄校園內曾經發生性侵害或性騷擾事件之空間，並依實際需要繪製校園危險地圖。
教職員工與學生進行校內外教學活動、執行職務及人際互動時，應尊重性別多元及個別差異	例如： 1. 教師於執行教學、指導、訓練、評鑑、管理、輔導或提供學生工作機會時，在與性或性別有關之人際互動上，不得發展有違專業倫理之關係。 2. 教師發現其與學生之關係有違反前項專業倫理之虞時，應主動迴避或陳報學校處理。

處理過程嚴守中立並重視相關程序	相關程序包括： 1. 校園性侵害、性騷擾或性霸凌之界定及樣態。 2. 校園性侵害、性騷擾或性霸凌之申請調查程序。 3. 校園性侵害、性騷擾或性霸凌之調查及處理程序。 4. 校園性侵害、性騷擾或性霸凌之申復及救濟程序。
重視通報、保密、迴避原則與追蹤輔導	1. 依規定通報並謹守保密原則。 2. 處理案件時，處理人員（委員會或調查小組成員）與關係人具有四等親內之血親、三等親內之姻親，或對案件有其他利害關係者，應自行迴避。 3. 重視被害人之心理與學習輔導。

貳、危機處理與管理

危機本身是一個「危險」，同時也是一個「機會」，校園危機如果處理得當可化險為夷，凝聚師生共識，並從危機事件中獲得重要學習，如增加對危機事件的敏感度、預防危機的再度產生；但若處理不當可能導致傷害，甚至付出更高的校園代價。

一、校園危機的類型

教育部為協助各教育行政單位及學校處理校園安全及災害事件，以減少危安事件發生，有效維護校園及學生安全，將所稱校園事件之類別與內容簡述如下：

(一) **意外事件**：車禍、溺水、中毒、運動及遊戲傷害、實驗實習傷害、疾病身亡、自傷自殺、校園建築及設施傷害、其他意外傷害。

(二) **安全維護事件**：火警、地震、颱風、水患、人為破壞、校園侵擾、失竊、其他。

(三) **暴力與偏差行為事件**：學生鬥毆、暴力犯罪、人為破壞、賭博、犯罪、性犯罪（侵害）、槍砲彈藥、刀械違規、麻醉藥品與煙毒濫用、其他妨害案件、校園破壞、飆車、其他。

(四) **管教衝突事件**：校園內發生非學生間衝突事件、師長與學生間衝突事件、師長與家長間衝突事件、不當體罰、凌虐事件、學生抗爭事件、個人事務申訴事件、校務管理申訴事件對師長行為不滿申訴事件、其他有關管教衝突事件。

(五) **兒童及少年保護事件**：在外遊蕩、出入不正當場所、離家出走三日以上、
違反兒童福利、少年福利法及少年性交易防制條例等事件、長輩凌虐、亂
倫、遺棄事件、其他兒童少年保護事件。

(六) **重大災害**：重大火災、風災、水災、震災爆炸、其他重大災害。

(七) **其他校園事務**：教職員之間的問題、人事的問題、行政的問題、其他的
問題。

二、校園危機管理的意義與流程

所謂校園危機管理乃是針對潛藏在校園內外之威脅，於事前預防、事中化解以
及事後善後所採取一連串的因應措施，並進行預測、規劃、檢討、改善與調
整，藉由長期規劃、不斷學習與回饋的動態歷程，以達有效預防危機、處理危
機以及消弭危機於無形。校園危機處理流程可如圖8-5所示。

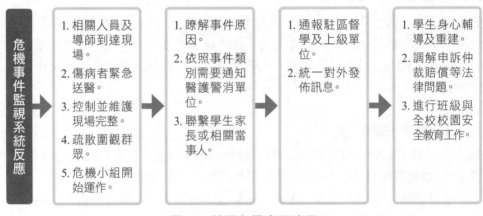

圖8-5　校園危機處理流程

三、校園危機管理的策略【97身三】

Mitroff（1986）曾提出危機管理乃是在於執行五個重點工作計畫：分別是危機
訊息的偵測、危機準備、損害的控制與處理、危機的復原工作以及不斷的學習
與修正。在學校校園危機管理上，學校必須根據事件發生前、中、後，擬定因
應的有效策略，並徹底執行。各階段因應策略與作法歸納如下表8-15：

表8-15 校園危機管理策略與作法

時間序	策略	做法
危機發生前	（一） 成立校園危機管理團隊	校園危機管理團隊包含以下成員： 1. 隊長：由校長擔任，負責現場指揮、召開會議及溝通協調團隊互動。 2. 顧問：由家長會長擔任，負責提供建議與支援學校協助處理相關事宜。 3. 執行長：由教務主任擔任，統籌並分配所有團員之任務。 4. 發言人：由訓導主任擔任，代表學校提供資訊並對外發言。 5. 財務長：由總務主任擔任，負責危機管理所需資源之購置。 6. 醫務組：由學校護士負責緊急醫療之處置。 7. 資料組：由文書組長擔任，負責危機管理資料之蒐集與彙整並向上級通報。 8. 輔導組：由輔導組長擔任，負責有關受創人員的心理輔導。 9. 小隊長：由各班級任導師擔任，負責帶領該班學生處置危機。 10. 隊員：由全校學生、職員與社區人士組成。
	（二） 建立危機管理預警系統（sensing system of crisis management）與緊急通報系統	1. 擬定危機計劃書，其是指在事前對可能發生的潛在校園危機，預先做研究討論，內容應包含模擬危機狀況、任務編組、職責分工、行政支援與溝通協調。 2. 學校可建立緊急的通報系統，在第一時間內迅速通知學校人員或上級緊急事件。
	（三） 編製危機處理手冊	危機處理手冊可提供全校師生在緊急的情況下，有明確的指導方針，並加強師生對於突發危機事件時之應變能力。
	（四） 對各種危機進行模擬演練	1. 進行危機模擬演練之真正目的在使校園成員能夠培養出危機管理能力。 2. 在每一次所進行的每一層次操練後，要在事後檢討進行演練過程中的缺失與不足之處。

時間序	策略	做法
危機 發生前	(五) 強化校園安全教育 活動	1. 學校除了加強防護設備外，應積極做好校園安全宣導，並協助教育人員相關訓練及宣導工作，以確保校園師生安全。 2. 加強學生兩性平等及校園安全教育等課程，增進校園人身安全環境，以及建立無性別偏見之友善校園。
危機 發生中	(一) 啟動校園 危機管理團隊	校長啟動校園危機管理團隊後，在臨場指揮中更應該要確實掌握五個關鍵點「5C」：分別為指揮（command）、控制（control）、合作（collaboration）、溝通（communication）與協調（coordination）。
	(二) 成立臨時指揮中心，由發言人統一對外發言	設立發言人制度。對外發言時應注意下列事項： 1. 應先查明真相並建立共識。 2. 要主動接觸媒體不可逃避。 3. 事先備妥相關書面資料。 4. 應誠實說出真相不要刻意隱瞞負面消息。
	(三) 蒐集相關資料	蒐集相關書面資料與問題解決的資料，才能了解危機發生的真相與事實情報，以求真實性。
	(四) 安撫師生情緒	當危機發生時，應做好及時處理，除了安定受傷學生家長的通知外，更要做好師生安撫工作，給予適當的協助。
危機 發生中	(五) 向上級 相關機關陳報	最迅速方法由學校循通報系統先行向上級相關機關陳報，並做必要之處理。
	(六) 進行緊急處置	接著按照平時模擬操練過之標準作業程序（standard operation procedure, SOP）進行處理發揮團隊精神同舟共濟之心去化解危機所帶來之威脅。

時間序	策略	做法
危機發生後	（一）加速復原工作的進行與相關人員的心理輔導	校長應扮演安定人心之角色，並在短時間之內撫平校園成員心理上之創傷，接著透過全員的努力加速復原工作的進行。
	（二）持續追蹤與監控危機	危機告一段落後，還得要透過追蹤方式去檢視發展情形，並監控危機以防止其再度爆發。
	（三）對協助的社會團體表達感謝	除了感謝幫助學校度過難關的社會團體表達感謝之意外，更要繼續保持聯繫，以因應危機。
	（四）建立危機處理書面檔案	紀錄詳細的書面資料可提供學校及有關單位危機處理之參考與借鏡，亦能助於評估與檢視危機處理時是否有改進之處。
	（五）成立危機調查小組	危機結束後，成立危機調查小組，負責對整個事件及危機成因的調查與處理，並協助蒐集證據。
	（六）召開危機檢討會議	調查及評估整個危機管理活動之流程，以供未來學校修正危機管理計劃時的參考。

 考 題 集 錦 --------------------------------

課程與教學領導

1. 請評析「教育行政領導課程教學」、「教育行政支援課程教學」兩種主張的內涵，並據之提出您個人的主張，以作為未來擔任公職並從事教育行政工作時之依據。【103身三】

2. 身為學校的領導者，校長必須對教師之教學績效進行把關工作。因此，其必須對相關課程之設計與活動有所瞭解。試以校長為例，說明如要進行有效之「課程領導」，應採取何種策略與作法？【102身三】

3. 近年來有關中小學校長「教學領導者」（instructional leader）角色的議題受到高度重視。請說明「教學領導」（instructional leadership）的意義，並申述教育行政機關應如何落實中小學校長的教學領導功能？【102高考二級】

4. 教育行政者除處理日常教育運作事務外，尚應對教師進行教學引導與輔助的工作。試以目前國民教育的環境為背景，說明其應如何達成上述「教學領導」的任務。【100身三】

5. 學校本位課程為教育改革的訴求之一。試分析其主要的精神何在？做為教育行政人員（如校長），應採取何種措施，才能有效發展與推動學校本位課程？【100身三】

教育與教學視導

1. 由於教育大環境的變動，學校成員從過去的單打獨鬥，日趨合作分享，因而教師專業學習社群之成立與運作機制，日益受到重視，希冀藉此提升學生學習成效及教師專業成長。試述何謂教師專業學習社群？組織教師專業學習社群之目的為何？又，教師專業學習社群之共同特徵為何？試分別論析之。【107高考三級】

2. 依據「地方制度法」之規定，直轄市與縣市政府自治事項都包括學前教育、各級學校教育及社會教育之興辦及管理。請說明我國中小學教育（k-12）的學校制度及其教育行政主管機關，並說明中央與地方政府之間的分工。【106地三】

3. 教育部對縣（市）政府的統合視導最近頗受爭議。試說明教育行政中視導之意義與功能，並就中央與地方關係，分析中央對地方視導應有之重點，以及視導設計應注意或思考之事項。【104薦升】

4. 教育行政視導要有良好的績效，需有學養俱豐的視導人員協助學校解決相關問題。試申論教育行政視導的原則與方法。【103高考三級】

教育財政與總務行政

1. 何謂地方教育發展基金？試說明地方教育發展基金設立的理由。執行迄今，地方教育發展基金有何優點或問題？試評析之。【110身三】

2. 我國自民國103年實施十二年國民基本教育，為順利推動此一改革，特修法保障執行所需經費，並另立法規範重要經費用途。請說明十二年國民基本教育經費保障與經費用途之相關規定，並對於實施情形加以評述。【108地三】

3. 「教育經費編列與管理法」為我國教育財政制度的里程碑，其主要目標為何？並說明地方政府與學校執行該法的主要問題有那些？【106高考三級】

4. 教育財政的價值觀有那些？試說明之。並以此評論十二年國民基本教育之財政規劃在這些價值觀上的表現如何？有何優缺點？【103地三】

5. 我國高等教育所採行的是高學費還是低學費政策？試就近年來的爭論說明你對採行高學費、合理學費或低學費的看法？【102地三】

6. 說明教育機會均等思潮之演變過程，以及當前思潮強調在達成教育機會均等的目標時，需由重視投入逐漸擴及產出的展現，檢視學校教育是否能夠達到適當且充足的水準，亦即所謂適足性（adequacy）。請說明適足性對學校教育經營的啟示，及對政府教育政策制訂的啟示。【100簡升】

教育公共關係與行銷

1. 隨著社會快速變遷、資訊高度發展，加上教育績效責任的要求，教育機構已感受到公共關係的重要性與必要性。請就教育機構公共關係的核心任務，加以分析之。【101高考二級】

2. 何謂教育行銷？並說明教育行給教育的機會與威脅。【薦升】

3. 教育部「高中職優質化」政策中，部分受補助高中以發放獎學金或獎金方式，吸引優秀國中畢業生到校就讀，以提升學校升學表現。就教育行銷的觀點來看，這是採用了那種行銷策略？並試由教育行政效能（effective）與效率（efficient）兩個觀點，討論這項教育行政作為的合宜性。【高考】

校園安全與危機管理

1. 社會變遷急遽，教育環境日益複雜，學校常面臨危機處理問題。學校危機處理的流程為何？請具體說明之。【108身三】

2. 一位教育行政官員想要了解臺灣各縣市教育資源分配的公平情形，除了運用吉尼指數（Gini coefficient）與麥克倫指數（McLoone index）分析之外，還有那些量數可以測量資源分配公平？請舉出五個測量公平的量數，並說明其優點與限制。【108高考三級】

3. 學校雖然較其它組織相對趨於穩定，但在學校經營中有時也會出現危機。危機（crisis）有何特性？何謂危機管理（crisis management）？學校危機管理的策略為何？試論析之。【107高考三級】

4. 改善校園治安為當前國家重要教育政策之一，請簡述維護校園安全的具體作法，並申論應注意的原則。【身三】

答題範例 -

一、「教育經費編列與管理法」為我國教育財政制度的里程碑，其主要目標為何？並說明地方政府與學校執行該法的主要問題有那些？【106高考】

【破題分析】　此題考《教育經費編列與管理法》，屬於教育財政學，是教育行政較少出題的範圍，考生要按照本書的內容仔細研讀，此為將來命題的重點。

解析

根據《教育基本法》第5條規定：「各級政府應寬列教育經費，並合理分配及運用教育資源。對偏遠及特殊地區之教育，應優先予以補助。教育經之編列應予以保障；其編列與保障之方式，另以法律定之」。為落實教育基本法中以法律保障教育經費編列之規定，2000年11月28日立法院通過《教育經費編列與管理法》，2001年開始實施。此法案解決凍結憲法保障條文所引起的爭端，也讓全國教育經費籌措在中央和地方的權限和責任劃分有法源基礎。以下針對本法的主要目標，以及地方政府與學校執法的可能問題，分別析論如下：

(一) 教育經費編列與管理法的主要目標

1. 教育經費保障合理化：政府應於國家財政能力範圍內，充實保障全國教育經費之穩定成長。規定各級政府教育經費預算合計應不低於預算籌編時之前三年度決算歲入淨額平均值之百分之二十一點五，以保障教育經費適當成長。（第3條）
   直轄市及縣（市）政府以其歲入總預算扣除上級政府補助為自有財源，並應依教育基本需求，衡量財政狀況，優先支應教育經費，除自有財源減少外，其自行負擔之教育經費應逐年成長。（第3條）
   中央政府應視國家財政狀況，衡酌地方政府教育經費基本需求及財政能力，給予教育經費補助，以保障均衡地方教育發展。（第5、10條）

2. 教育經費編列制度化：行政院應設置「教育經費基準委員會」研討教育經費計算基準及各級政府基本需求與分擔數額，並依據各地方政府財政能力及基本需求編列補助。（第9條）
   強調國民教育、偏遠及特殊地區教育經費應予優先編列，並保障原住民、身心障礙者及其他弱勢族群之教育經費。（第4、5、6條）

補助與獎助私立學校,以鼓勵私人興學,並促進公、私立教育事業之公平競爭與發展。(第7條)

3. 教育經費分配公開化:教育部成立「教育經費分配審議委員會」,規範教育經費補助方式及標準,使教育經費補助更為公開化。(第11條)

直轄市及縣(市)政府所屬各級公立學校、其他教育機構應訂定中長程教育發展計畫,報請該管主管教育行政機關審查通過後,提送縣市政府教育審議委員會審議。(第12條)

4. 教育經費運用透明化:中央及地方應進行財務監督,定期公告公私立學校經費收支情形,以增進經費使用績效。(第15條)

推動教育評鑑工作,作為評量教育經費使用績效及政府教育經費補助的依據。(第16條)

(二) **地方政府與學校機關執行本法面臨的問題**

1. 中央及地方財政收支劃分落實不足,地方財政自主權落實不易,更遑論自我負責精神。

2. 地方財政結構隨地方經濟特色而異,稅源呈現不均現象,造成城鄉發展落差,非六都地區教育經費嚴重縮水。

3. 地方政府教育經費負擔過重,地區發展不均衡,造成教育經費投入不足,學校教師素質與流動率高等問題。

4. 教育經費分配未能符合均等原則,幼兒教育經費、國民教育經費、中等教育經費、技職教育經費等,教育經費的分配未符合財政均等化原則。

📝 **觀念延伸** 與本題相關的概念尚有:教育財政學、財政均等化原則、均等邊際原則。

二、 身為學校的領導者,校長必須對教師之教學績效進行把關工作。因此,其必須對相關課程之設計與活動有所瞭解。試以校長為例,說明如要進行有效之「課程領導」,應採取何種策略與作法?【102身三】

【**破題分析**】 「學校本位特色課程」的建立有賴學校校長與全體教師的充分合作。校長進行「課程領導」,須先建立學校共同願景,塑造課程發展的有利情境,透過教師增能與專業社群組織,激勵教師參與課程發展的意願。

解析

(一) **校長課程領導的意義**

　　校長課程領導,是指校長在課程發展過程中,對於課程目標、課程設計、課程實施與課程評鑑,提供支持和引導,以幫助教師有效教學和提升學生學習成效。

(二) **校長帶領課程領導的策略與方法**

　1. **落實課程發展組織與運作:**

　　(1)成立課程發展委員會與各學習領域課程小組,建立有效的團隊領導模式。

　　(2)建立課程組織專業對話機制,協助個人或團體從事教師層級的課程設計。

　2. **分析課程目標與設計課程:**

　　(1)分析未來學生生涯發展之人力需求,形塑學校課程願景與目標。

　　(2)進行學校總體課程、各領域（學年）課程計畫、校本課程、新興議題融入各領域課程、課程銜接及學生學習與評量的規劃與設計。

　3. **提升課程專業知能與師資結構的安排:**

　　(1)提供獎勵措施,透過專業進修,大幅提昇教師課程設計的專業能力。

　　(2)依據課程需求調整師資結構,配合教師專長興趣編排課務,成立合作專業社群。

　　(3)推動學習型組織的專業發展,塑造可討論、開放的課程決定文化。

　4. **建立課程實施的校內外支持系統:**

　　(1)鼓勵教師行動研究,並提供必要的諮詢服務與行政支援。

　　(2)進行課程策略聯盟,與大學、其他中小學合作,建立跨校性學習領域研討機制。

　　(3)針對課程研發創新者,公開推薦表揚,獎勵教師參加各項課程研發成果發表。

　5. **賦權增能並協助教師專業成長:**

　　(1)激勵教師不斷進修成長,形塑教師專業形象,支持教師擁有專業自主權,成立自發性專業組織如教學研究會、讀書會、成長團體。

　　(2)提倡教師協同行動研究,由教師主導專業發展的計畫,透過以教師為中心的研習、觀摩、協同行動研究等活動,建立專業對話,進而塑造學習型學校。

(3)鼓勵教師在職進修學位、專業學分或參加學校針對教師需求辦理的各項研習活動或課程工作坊，與其他學校建立策略聯盟，以全面提升教師課程理論的素養。

6. **重視並推動課程評鑑機制：**

(1)落實學生能力檢測評量，實施課程、教學評鑑，並加強補救教學。

(2)安排校內外課程實施的觀摩，拓展視野、交換課程實施的意見與心得。

(3)身為課程領導者的校長，要引領教師共同參與，蒐集有關課程的資料，建立多元具體的評鑑指標，協助教師評鑑課程的效能。

三、何謂教育行銷？並說明教育行給教育的機會與威脅。【薦升】

【破題分析】　本題只要說明何謂教育行銷，並說明教育行銷對教育正面與負面影響即可。

解析

(一) **教育行銷的意義**

教育行銷係指將行銷觀念應用在教育組織、視教育為市場，透過界定組織使命、進行優劣勢情勢分析、訂定教育行銷目標、教育行銷策略和行銷控制等步驟，以達成學校目標的完整歷程；教育行銷具有無形性、異質性、易逝性、生產與消費的不可分離、面對多樣群眾、多重目標、及受到公眾的監督等特性，其目的在於提昇學校整體的教育品質。

(二) **教育行銷給教育的機會與威脅**

1. **教育行銷的機會**

(1)**教育行銷可以滿足多重的群眾：**學校要面對的公眾有「服務對象—家長、學生」、「資源提供者—校友、家長、社區人士」、「產品生產者、傳遞者—行政人員、教師」、「消費群眾」。

(2)**教育行銷可以達成多元目標：**教育行銷可以達成提供學生良好的課程與師資、落實教師終身學習的理念以提升教學品質、建立良好的親師關係、營造優質的學習環境、與政府機關配合、與社區民眾建立良好的關係、對外募款等多元的目標。

(3)**教育行銷具有產品的特殊性**：以學校為例，學校所提供的產品是教學，而教學近似於服務，產品的好壞與教學的老師有密不可分的關係，因為老師教學方式與性質的不同，學生所獲得的知識便有差異，又因教育產品無法儲存，故招生不足額，便容易形成教育投資的浪費。

(4)**教育行銷容易引起大眾的關注**：我國教育人口激增，人民愈來愈重視教育事務，學校要面臨多重的群眾，包括學生、家長、教師等，因此，教育事務很容易引起社會大眾的注意、關心與監督。所以，學校在進行校務時，也要考量社會大眾的利益與福祉。

(5)**教育行銷可以爭取更多資源**：學校行銷可以說是將企業界的行銷觀念應用在學校經營上，透過分析，進行行銷策略規劃，使學校的特色吸引公眾的支持與認同，以爭取更多的資源投入改善教育。

2. **教育行銷的威脅**

(1)**教育人員未能體會行銷的重要性**：國民教育學校所重視的是課程教學、學生管教輔導，加上多元多變的教改政策，行政人員工作太繁瑣，無暇兼顧策劃及推動行銷活動，而教師專注於教學，缺乏行銷觀念的認同感，亦未能體認行銷工作的重要性。

(2)**學校普遍缺乏專責行銷公關部門**：學校多未能設立行銷專責行銷單位與人員、對於設立行銷機制看法相當分歧，更遑論擬定完整的行銷計畫。

(3)**行銷工作落在少數人肩上，負擔繁重**：學校內外部的行銷工作，幾乎只有校長、行政人員和極少數的教師在推動，無法凝聚共識。一般學校缺乏組織、人力、時間、設備、經費及行銷專業知識，因此推展行銷工作增加了學校行政的困擾。

(4)**一般教師行銷專業之能與意識不足**：一般的教師缺乏行銷知能與意識，主管機關、師資培育機構也沒有舉辦此項的知能研習，以充實學校教育人員行銷的專業知識；再加上，教師的時間與精神專注於教學活動、學生輔導與班級經營，更無法有計劃的推動行銷工作。

(5)**缺乏推展行銷之經費與通路**：國民中小學向來存在著缺乏推展行銷之經費、未能建立多元行銷的通路、及行銷對象不夠明確與廣泛等問題，都使得行銷策略的執行備受阻礙。

頻出度A：依出題頻率分為：A頻率高、B頻率中、C頻率低

第9章　教育法規、制度與政策

【重要考點】法規的制定原則、行政程序與正義保障、首長制與委員制、各國教育
　　　　　　行政制度比較、12年國教、政策落差與失敗、政策評鑑、以證據為基
　　　　　　礎的教育改革

【新近趨勢】程序正義、實質正義、轉型正義、正當程序保障、105年以後重要教
　　　　　　育政策與新訂定的教育法令（如：實驗教育三法、提升青年學生全球
　　　　　　移動力計畫、大學學習生態系統創新計畫⋯⋯）

名師導讀

此處內容乃當前我國教育法規、教育行政制度與教育政策的分析與介紹，著重
的是「當前」兩字。由於教育法規與政策的更迭頻繁，因此在選擇參考書的當
下，必須首先注意此章，必須用的是目前最新最正確的資料。
由於篇幅的關係，過去的重要政策除非延續至今，否則本章以105年度以後的新
教育政策為主。另外，教育法令亦以最新修正的版本為依歸，提供最新穎正確
的考情資料，希望你能前瞻未來，掌握勝算。

學習架構

第一節　教育立法與法規
壹、教育法令的基本概念
　一、法規的制定
　二、法規的制定原則
　三、教育法規的種類
　四、行政程序與正義保障

貳、憲法
參、教育基本法
肆、國民教育法
伍、師資培育法
陸、教師法與教師組織
柒、教育經費編列與管理法

第一節　教育立法與法規

考點提示　(1)法規的制定原則；(2)大學法；(3)教育基本法；(4)特殊教育法；(5)教師法；(6)教師會與教師工會；(7)原住民族教育法，是本節必考焦點。

教育立法（educational legislation），是指國家立法機關依照法律程式，制定有關教育法律的活動。教育政策與教育立法間有著密切關聯，重要的教育政策往往是教育立法時優先考量之標的。而經過教育立法後的教育政策，便取得法律所賦予的權威，成為教育法律。

壹、教育法令的基本概念

「依法行政」為現代教育人員的重要準則之一，教育人員具備一定的教育法規知能，方足以達成教育任務。

一、法規的制定

法規（statute）是「法令規章」的簡稱，也是所有生活規範法條的泛稱，是由立法機關正式明文寫成的律例，用以管治國家、城市、地方或個人。我國法規分成憲法、法律、命令三種。

(一) **法規名稱**：依民國93年5月19日修正通過的《中央法規標準法》規定：法律的制定，須經立法院三讀通過，送請總統公布後生效（第4條）。法律可定名為法、律、條例、通則四種（第2條）。命令的性質，指行政機關基於法律授權，對多數不特定人民，就一般事項所作抽象之對外發生法律效果之規定；各機關發布之命令得依其性質，稱規程、規則、細則、辦法、綱要、標準、準則（第3條）。

(二) **法規位階**：凡憲法或法律有明文規定者；關於人民之權利、義務者；關於國家各機關之組織者；其他重要事項應以法律定之者；皆應以法律定之。而應以法律規定之事項，不得以命令定之（第5條）。法律不得牴觸憲法，命令不得牴觸憲法或法律，下級機關訂定之命令不得牴觸上級機關之命令（第11條）。

可見，法令之最高位階為憲法，其次為法律，再次為行政命令及規章，如圖9-1所示。任何行政命令及規章不得牴觸憲法或法律，任何法律不得牴觸憲法，牴觸者無效。

(三) **法規施行**：法規應規定施行日期，或授權以命令規定施行日期；法規明定自公布或發布日施行者，自公布或發布之日起算至第三日起發生效力；法規特定有施行日期，或以命令特定施行日期者，自該特定日起發生效力；法規定有施行區域或授權以命令規定施行區域者，於該特定區域內發生效力（第12～15條）。

圖9-1 法規位階圖

二、法規的制定原則

行政法之制訂與施行，共有十七個原則，包括：平等對待原則、禁止過度原則、誠實信用原則、 信賴保護原則、不溯及既往原則、從新從優原則、有利不利應予注意原則、裁量權正當行使原則、禁止不當聯結原則、行政自我約束原則、公益原則、充分衡量原則、情事變更原則、法律優位原則、法律保留原則、行政保留原則。明確清楚原則。其中，與教育行政較為相關的，有下列九個原則：

(一) **禁止過度原則**：所謂「禁止過度原則」，係指國家為達成某一特定目的或結果，而採取某一種方法或措施，必須符合合理、比例之原則，又稱「比例原則」。換言之，合法措施可能引起之損害和所欲達成之合法結果間，沒有極端不相稱之情形。即不可以「用大砲打小鳥」。

(二) **平等對待原則**：平等對待原則，又稱「禁止差別待遇原則」，係指相同事實應為相同處理，不同事件則應為不同之處理，除非有正當理由，否則不得為差別待遇或歧視待遇。

(三) **誠實信用原則**：誠實信用原則，簡稱「誠信原則」，乃斟酌事件之特別情形，衡量雙方當事人彼此之利益，使其法律關係臻於公平妥當之一種法律原則。法律諺語有云：「公平與善良，乃法律之法律」，誠信原則即為達此理想之手段。

(四) **信賴保護原則**：信賴保護原則，係指人民對行政機關之行為已產生信賴，且該信賴值得保護，則行政機關不得隨意變更其行為，致人民遭受不可預

見的負擔或喪失利益。但若有基於保護或增進公共利益之必要，而必須變
更其行為者，則必須對人民利益之損失予以補償。

(五) **法律保留原則**：所謂法律保留原則，或稱「積極的依法行政」，乃規範行
政機關所制定之命令非但不得牴觸法律，且須有法律之依據，而在另一方
面言，法律保留亦可謂為某些重要之事項應由法律加以規範，不得逕行以
命令為之。

(六) **法律優位原則**：法律優位原則，即所謂「消極的依法行政」，係指行政機
關本於法定職權，對任何行政行為或行政活動，所發布之行政命令，均不
得與法律相「牴觸」，亦即在法規位階上，行政命令與行政處分等各類
行政行為，應均低於法律，因而法律之效力高於此類行政行為。

(七) **行政裁量原則**：又稱「裁量權正當行使原則」。行政裁量，係指公務員執
行職務依據法律之授權，在適用法規時，基於行政目的，於數種可能的法
律效果選擇一個適當方式為之。裁量逾越法定範圍，或雖在法令授權範圍
內之裁量，但其裁量不當或不符公平、比例原則時，仍須依其情節，追究
行政責任。

(八) **明確清楚原則**：法律、法規或其他行政行為，內容必須明確，涉及人民權
利義務事項時，須有清楚之界線及範圍，使人民有所預見與遵循。

(九) **禁止不當聯結原則**：行政機關為追求特定之行政目的，採取對人民一定之
義務負擔或不利益等手段，必須與行政行為所欲追求之目的間，有實質之
內在關聯性或合理正當的聯結關係。其目的在防止行政機關利用其優勢地
位而濫用權利，造成人民不合理的負擔。

三、教育法規的種類

教育法規，包含「教育法律」與「行政命令」。其中，教育法律須經立法院立
法程序加以制定，而行政命令則可再分成「法規命令」與「行政規則」兩種。

(一) **教育法律**

教育法律包含法、律、條例、通則四種，目前我國尚無「律」與「通則」
的教育法律形式出現。

1. **法**：以憲法為依據。例如：《教育基本法》、《國民教育法》、《師資培
育法》等。

2. **條例**：地域性、專門性、臨時性、特殊性規定。例如：《教育人員任用條
例》、《強迫入學條例》、《學校教職員退休條例》等。

(二) **行政命令**

1. **法規命令**：係行政機關基於法律授權所制訂，對機關內外均發生法律效果之規定。各機關發布之法規命令，包含規程、規則、細則、辦法、綱要、標準、準則，整理如下表9-1所示。

表9-1 法規命令的種類、功用與例證

名稱	用途	舉例
(1) 規程	規定機關組織準則。	例如：《教育部體育署處務規程》、《高雄市政府教育局組織規程》等。
(2) 規則	規定「應為」與「不應為」事項。	例如：《教師請假規則》、《教育部樂樂棒球規則》等。
(3) 細則	訂定法規更具體周詳的施行事項與解釋。	例如：《國民教育法施行細則》、《家庭教育法施行細則》等。
(4) 辦法	規定辦理事務之權責、方法與時限。	例如：《高級中等教育階段辦理非學校型態實驗教育辦法》、《中小學兼任代課及代理教師聘任辦法》等。
(5) 綱要	訂定原則與要項。	例如：《十二年國民基本教育課程綱要》、《普通高級中學選修科目「生命教育」課程綱要》等。
(6) 標準	訂定程序、規格或條件。	例如：《入學大學同等學力認定標準》、《公教人員保險失能給付標準》等。
(7) 準則	規定行政作為之準據、範例或步驟。	例如：《全國運動會舉辦準則》、《幼兒園教保服務實施準則》等。

2. **行政規則**：係行政機關對內發布的法規，對機關以外不具法律規範效力。各機關對內發布之行政規則，包含要點、須知、注意事項、基準、規定、程序、原則、措施、方案，整理如下表9-2所示。

表9-2 行政規則的種類與例證

種類	舉例
要點	《公共工程施工品質管理作業要點》等。
須知	《臺中市政府勞務採購招標投標須知範本》、《新竹教育大學各學制學生新舊生註冊須知》等。
注意事項	《國立台北大學師資培育中心教育專業課程修習注意事項》。
基準	《新北市教育局辦理國中技藝教育開辦經費基準》。
規定	《教育儲蓄戶執行規定》、《公教人員婚、喪、生育、子女教育補助規定》。
程序	《雲林縣教育局標準作業程序》。
原則	《教育部及所屬機關（構）各項補助原則》。
措施	《教育體系個人資料安全保護基本措施及作法》。
方案	《教育部品德教育促進方案》、《教育部技職教育再造方案》。

四、行政程序與正義保障

(一) **行政程序**：所謂行政程序（process of administration），係指所有行政作用之遂行所應遵守之一定程序，包括單方面的立法、決定、措施，以及雙方面締結契約等行為之程序。行政程序所應遵守的一般原則，包括明確清楚原則、平等對待原則、比例原則、誠實信用原則、信賴保護原則、應予衡量原則、法律優位原則、法律保留原則。

(二) **程序正義**：所謂程序正義（procedural justice），又稱為「形式正義」或「訴訟正義」。也就是法學上所謂的「正當程序」（due process），又稱為「合理的法律程序」（due process of law），意思是說政府在運用憲法所賦予權力（powers）之際，必須尊重憲法所保障的人民權利（rights）。換句話說，行政程序必須合乎正義的精神，亦即行政的決定過程合理，以確保做出來的決定合理且經得起考驗，努力達到實質正義。

(三) **實質正義**：法律的正義可分為形式正義和實質正義。形式正義就是前述的程序正義，而法律真正的價值與目的卻在於實現實質正義。所謂實質正義（substantive justice），指決定的內容或行為的結果合乎法、理、公道或正義。也就是說，實質正義是指，法律必須符合自然法和人的理性，它著眼於內容和目的的正義性。

(四) **轉型正義**：所謂轉型正義（transitional justice），是指轉型中新興的民主國家，對過去政府錯誤暴行和不正義行為的彌補，通常具有司法、歷史、行政、憲法、補償等面向。簡言之，即對過去的迫害者追究其罪行，對過去取得不當的利益予以追討。但還要探討「集體不正義」的狀況與避免「選擇性的審判」。轉型正義是遲來的正義，也有可能違反信賴保護原則與法治國原則中的正當程序原則。

(五) **正當程序保障**：正當法律程序，就是依據法律所規定來進行目的的達成，這是程序法的基本原則，如：行政程序法、刑事訴訟法、民事訴訟法等。美國法院將「正當程序保障」（due process guarantee）區分為「程序上的正當程序」（procedural due process）與「實質上的正當程序」（substantive due process）兩者，程序之正當程序是政府限制人民之基本權利時，應遵循如何程序方為正當之問題，實質之正當程序則是法院審查法律之內容，並確保其為公平之問題。

貳、憲法

一、憲法中與教育相關的規定

(一) 人民有受國民教育之權利與義務，國民受教育之機會一律平等。（第21、159條）

(二) 教育文化，應發展國民之民族精神、自治精神、國民道德、健全體格、科學及生活智能。導引國民教育以德、智、體、群、美五育均衡發展為宗旨。（第158條）

(三) 六歲至十二歲之學齡兒童，一律受基本教育，免納學費。其貧苦者，由政府供給書籍。已逾學齡未受基本教育之國民，一律受補習教育，免納學費。其書籍亦由政府供給。因此，貧苦者及已逾學齡未受基本教育之國民，才由政府免費供給書籍，一般學童，政府不須免費供應教科書。（第160條）

(四) 全國公私立之教育文化機關，依法律受國家之監督。（第162條）

(五) 教育、科學、文化之經費，在中央不得少於其預算總額百分之十五，在省不得少於其預算總額百分之二十五，在市縣不得少於其預算總額百分之三十五。惟本條已於中華民國八十八年九月十五日公布之中華民國憲法增修條文第十條修正為：「………教育、科學、文化之經費，尤其國民教育之經費應優先編列，不受憲法第一百六十四條規定之限制。」目前顯然已不再規定原有之比例，僅強調應優先編列國民教育之經費。（第164條、增修條文第10條）

(六) 中華民國憲法增修條文第十條重點：

1. 國家應維護婦女之人格尊嚴，保障婦女之人身安全，消除性別歧視，促進兩性地位之實質平等。

2. 國家對於身心障礙者之保險與就醫、無障礙環境之建構、教育訓練與就業輔導及生活維護與救助，應予保障，並扶助其自力與發展。

3. 國家應重視社會救助、福利服務、國民就業、社會保險及醫療保健等社會福利工作，對於社會救助和國民就業等救濟性支出應優先編列。

4. 國家應尊重軍人對社會之貢獻，並對其退役後之就學、就業、就醫、就養予以保障。

5. 教育、科學、文化之經費，尤其國民教育之經費應優先編列，不受憲法第一百六十四條規定之限制。

6. 國家應依民族意願，保障原住民族之地位及政治參與，並對其教育文化、交通水利、衛生醫療、經濟土地及社會福利事業予以保障扶助並促其發展，其辦法另以法律定之。

二、憲法賦予的教育權

所謂教育權依通說之見解，係指凡是對教育決定一定方針，並付諸實施之一種權能。由教育權行使之主體而言，有父母之教育權，教師之教育權與國家之教育權。父母之教育權係指父母基於親權之憲法基本權利，對其子女，有教育之權利與義務之總稱。國家之教育權係指國家依據國民之付託擁有教育其子女之權能，稱為國家之教育權。教師之教育權係指教師基於憲法之講學自由等權利及教育本質之必要，具有教育之權利。由接受教育之觀點言，又有青少年之學習權（邢泰釗，2016）。

參、教育基本法

我國教育基本大法《教育基本法》（Educational Fundamental Act），經總統於民國88年6月23日公佈實施。並於102年12月11日完成第五次修正。

一、立法緣由（背景與精神）

(一) 立法背景

1. **彌補憲法有關教育條款的不足**：例如憲法並未明定中央與地方的教育權限。
2. **符應國際先進教育理念的共識**：日本國會通過教育基本法，廢除許多軍國主義下教育法規。
3. **回應教改建議**：符應四一〇教改浪潮及台灣教授協會等團體的共同訴求，消弭威權和升學主義的教育體系。
4. **體察社會需要**：例如社會期盼教育更自由、彈性、普及、均等。
5. **擴大教育決策權的參與面**：教育主權由過去的中央集權，逐步回歸全民下放地方。
6. **發揮規範性與指導性的功能**：例如規範中央與地方的教育權限，並提供延長國民基本教育年限的法源基礎與指導原則。

(二) 立法精神

1. **教育的核心理念為學習權**：保障學生的學習權及受教權，此理念即是新任教育部長潘文忠所提的教育核心理念：「以國民學習權取代國家教育權，實現以學習者為中心的教育」。
2. **教育決定民主化**：教育基本法中，展現國家教育權力的民主化，教育主權充分下放。
3. **教育方式多元化**：教育方式有正規教育、實驗教育，也鼓勵民間興學。
4. **教育權力分權化**：第九條明定中央政府之教育權限內容。
5. **教育作為中立化**：學校不得為特定政治團體或宗教信仰從事宣傳。
6. **教育發展專業化**：加強教育研究及評鑑工作，以提昇教育品質，促進教育發展。

二、基本理念

(一) **建構新的教育法體系**：重建我國教育制度與法規體系，統整教育法令的源頭。

(二) **調整國家在教育上角色**：國家擔負教育法規制度的制定者，資源的提供者、爭議的仲裁者、權利的保障者、責任的承擔者等。

(三) **教育主權回歸全民下放地方**：排除國家不當或非法的平擾，積極的促進國家社會及全民都應對教育付出力量。

(四) **事務行政與教育專業的分離**：地方教育審議委員會的設置，使得教育行政明確劃為事務行政與專業行政。

(五) **教育行政與學校關係的定位**： 教育權的歸屬於人民； 教育權力下放於地方； 興學自由、教育中立、教育實驗與弱勢保障。

三、法規內涵【101高考二級】

「教育基本法」主要法案共十七條，位階僅次於憲法，為一切教育法規的基礎依據，下表9-3分析從立法的宗旨入手：

表9-3 教育基本法的法規內涵

保障人民學習權及受教權	1. 保障學生的學習權及受教權（第8條第二項）。 2. 保障教育人員的權利（第8條）。 3. 保障家長的教育權責（第8條第三項）。 4. 提供師生受到違法傷害的救濟（第15條）。
確定教育基本方針	1. 確定教育的主體（第2條第一項）。 2. 確立教育的目的（第2條）。 3. 確立教育的責任（第2條第三項）。 4. 確立教育的實施原則（第3條）。 5. 明定教育機會的均等（第4條）及態度上的中立（第6條）。 6. 教育朝向現代化、普及化、整體化的發展（第12條）。
健全教育體制	1. 中央與地方的教育權限明確劃分（第9條） 2. 教育經費獲得保障（第5條）。 3. 鼓勵興學（第7條）。 4. 設置「地方教育審議委員會」（第10條第一項、第二項）。 5. 賦予延長國民基本教育年限的法源基礎（第11條第一項）。 6. 規劃小班小校（第11條第二項）。 7. 辦理教育實驗、研究與評鑑（第13條）。 8. 規劃學歷的鑑定（第14條）。

四、法規影響

(一) 對其他的相關教育法令的制訂、修正及廢止。

(二) 使教育作為趨於中立。

(三) 促使教育行政權的下放與鬆綁。

(四) 使家長更具有參與教育的權利。

(五) 影響私人興學及教育實驗的可行。

(六) 使教育經費可獲編列與落實。

(七) 規劃國民教育基本年限延長的方向。

(八) 喚起國人對教育研究及教育評鑑的重視。

五、地方教育審議委員會【99高考】

教育基本法第10條規定：直轄市及縣（市）政府應設立教育審議委員會，定期召開會議，負責主管教育事務之審議、諮詢、協調及評鑑等事宜。前項委員會之組成，由直轄市及縣（市）政府首長或教育局局長為召集人，成員應包含教育學者專家、家長會、教師會、教師、社區、弱勢族群、教育及學校行政人員等代表；其設置辦法由直轄市、縣（市）政府定之。

(一) **功能**

縣市成立教育委員會後，必須使其得能定期召開會議，負責主管教育事務之審議、諮詢、協調及評鑑等事宜。

(二) **改進之處**

1. 地方教育審議委員會的人員組成仍須審慎核定。

2. 地方教育審議委員會功能著力處仍有待彰顯。

3. 地方教育審議委員會成效評估仍有待完善制度。

肆、國民教育法

一、立法緣由（精神與背景）

(一) 揭示國民教育包含三種教育權的概念：1.國家教育權；2.父母教育權；3.教師教育權。

(二) 國民教育強調有教無類和機會均等的精神，具有基本教育、義務教育、強迫教育、國家教育的特性，因此接受國民教育是人民的權利。

二、法規內涵

(一) 揭示五育均衡發展之教育目標：由五育至多元智慧到適性發展。

(二) 堅持單軌學制之基調：堅持維護國民教育內涵，必須單軌學制。

(三) 規範標準化的師資、課程與設施。

(四) 規定校長任期、遴選及校務運作方式：校長任期一任四年，得連任一次。

(五) 校務重大事項由校務會議議決，校務會議由校長召集主持。

(六) 國民中小學得視實際需要另置專任專業輔導人員及義務輔導人員若干人，其班級數達55班以上者，應至少置專任專業輔導人員（如社工師、心理師）1人。

(七) 得設實驗國民中學、國民小學或幼稚園。

(八) 並為保障學生學習權及人格權，家長有參與教育事務之權利。

(九) 民國105年6月1日修正公布第8條，明定課程綱要訂定及實施規定，同時亦修正第10條，規定學校組織編制中人事及主計單位兼任人員，不包括護理人員。

三、法規影響

(一)國民教育核心概念之維護；(二)採學校本位為原則；(三)校長採任期制及公開遴選；(四)擴大校務會議之參與成員；(五)專業的教育人員與組織編制；(六)採小班制常態編班為原則；(七)大量增加輔導人力與心理師的編制；(八)確立體制外學校及實驗教育之法源；(九)家長有教育參與權。

伍、師資培育法

一、立法緣由（精神與背景）

(一)一元化培育改為多元化；(二)公費制培育改為「自費為主，公費及助學為輔」；(三)教師資格取得採「檢定制」；(四)計畫式培育改為「儲備式」。

二、法規內涵

民國83年頒布，民國108年12月11日最新修正公布。法規內涵如下：

(一) 開放一般大學設師資培育中心與師範校院共同培育師資。

(二) 規定中小學師資基本條件。

(三) 調整培育課程由統整式到累加式。

(四) 規範半年教育實習為職前養成教育範疇。

教師資格檢定，依下列規定辦理：

1. **教師資格考試**：依其類科取得修畢師資職前教育證明書或證明者，始得參加。

2. **教育實習**：通過教師資格考試者，始得向師資培育之大學申請修習包括教學實習、導師（級務）實習、行政實習、研習活動之半年全時教育實習。

(五) 規定教育部每年辦理教師資格檢定，頒發教師證書，規範取得教師資格有一定的標準。

三、法規影響

(一)中小學及幼稚園師資培育合流；(二)重申「師資培育審議委員會」之組成與職權；(三)師資培育機構由中央主管機關認定；(四)強調「教育實習」為師資培育不可或缺的一環；(五)仍維持「檢定制」、「自費為主」及「儲備式」的精神(六)大量的救濟善後條文。

陸、教師法與教師組織

一、立法緣由（精神與背景）

(一)基於教師與國家的關係，定位不明確，致使教師權益受損；(二)過去教師與公務員併列；(三)確立公教分途原則；(四)保障教師工作權益；(五)提升教師專業自主；(六)增進學校民主法治。

二、法規內涵

民國84年頒布，民國108年6月5日最新修正公布，全文53條，對於教師權利義務、工作生活保障、專業地位及進修研究、教師組織等有所規範，是教師在整個教育環境中的角色功能定位之法源依據。包括：

(一) 界定教師為廣義而專業的公務員。

(二) 明確賦予教師的權利與義務。

(三) 規範教師組織及專業發展功能。

(四) 賦予教評會不續聘不適任教師之權責。

(五) 設置申評會維護教師權益。

三、法規影響

(一)確立教師資格之取得；(二)呼應公教分途；(三)明定教師聘任、解聘、停聘、不續聘之條件；(四)訂定教師待遇、退休、撫卹、離職、資遣等人事制度；(五)明確訂定教師權利義務，並以嚴謹的「法律主義」為依據；(六)教師專業組織、任務及其層級，並賦予勞動三權之二權；(七)成立「教師專業審查會」協助學校處理不適任教師案件；(八)強化教師申訴及救濟制度。

四、我國教師組織定位的演變【102高考】

我國現行教師法將教師組織定位為專業組織兼具有產業工會之功能，在專業組織方面，例如：維護教師專業尊嚴與自主權、研究並協助解決各項教育問題、派出代表參與教師聘任、申訴及其他與教師有關之法定組織、制定教師自律公約等功能；但仍保留有若干工會組織之色彩，例如：以學校為組織之基本單位（類似工會法之同一場廠之產業工會），擁有與各級機關協議教師聘約及聘約準則，及監督離職給付儲金機構之管理、營運、給付等事宜之功能。其當初立法背景、修訂緣由，變革的趨勢，以及配合的政策制定理念與措施等，分階段說明如下：

以下綜合整理我國教師組織相關政策制定的演變，以表9-4表示之：

表9-4　我國教師組織定位相關政策制定演變

時間	背景	政策制定
1989年～1994年	教師法草案研擬時期。	朝「專業組織」的方向制定。
1994年～1999年	教師法公布之後至全國教師會成立之初。	兼顧保障教師權益、提升教師專業地位，積極輔導三級教師會發展。
1999年～2002年	全國教師會成立之後至2002年教師節遊行之前。	朝「兼顧教師專業自主與學校健全運作」方向，研修教師法全文版。
2002年～2005年	2002年教師節遊行之後至2005年審議勞動三法修正草案之前。	研修教師法第八章及教師法施行細則，賦予教師組織合理的勞動三權。

時間	背景	政策制定
2005年～2006年	2005年立法院審議勞動三法修正草案之後。	朝「教師會、教師工會分立」雙軌制制定。
2006年～2007年	勞動三法修正草案送行政院之後。	另以特別法「教師會法草案」規範教師組織。
2007年～	教師會法草案送行政院之後。	回歸教師法全文版規範教師組織。

五、教師會與教師工會【102高考；100簡升】

學校教師會經常性的任務主要是維護教師權益、制衡學校行政與團結教師力量；而教師工會則著重於勞動三權：協商權、爭議權、團結權的維護。目前教師工會尚無法完全取代學校教師會的角色，未來兩會的走向究竟分工抑或合作，還是維持現狀各自存在，相當值得教育界注意。

(一) 教師會的法律依據--《教師法》

《教師法》對教師權利與義務有具體的明文規範，也提供教師組織教師會的法律依據。教師法第八章教師組織：

第39條：教師組織分為三級：在學校為學校教師會；在直轄市及縣（市）為地方教師會；在中央為全國教師會。各級教師組織之設立，應依人民團體法規定向該管主管機關申請辦理。

第40條：各級教師組織之基本任務如下：1.維護教師專業尊嚴與專業自主權。2.與各級機關協議教師聘約及聘約準則。3.研究並協助解決各項教育問題。4.監督離職給付儲金機構之管理、營運、給付等事宜。5.派出代表參與教師聘任、申訴及其他與教師有關之法定組織。6.制定教師自律公約。

第41條：學校不得限制教師參加教師組織或擔任教師組織職務。學校不得因教師參加教師組織、擔任教師組織職務或參與活動，拒絕聘用、解聘或為其他不利之待遇。

(二) 教師工會的法律依據--《工會法》

「結社自由、工作權或生存權」是《憲法》所保障的基本人權。而教師組織工會，一方面是教師的結社自由，再者也是為了保護教師的工作權。要限制基本人權，必須符合《憲法》第23條：「為防止妨礙他人自由、避免緊急危難、維持社會秩序或增進公共利益」的要件。基於所有的受雇者，

都可稱為勞動者或是勞工，均應有權可以籌組工會的精神，教師屬於教育勞動者，其工作性質無法論「件」計酬或依「時」計費，但同樣是勞心勞力工作的受薪身分，可以依《工會法》籌組工會，只是不適用勞基法。

依據《工會法》第6條規定：工會組織類型如下，但教師僅得組織及加入第二款及第三款之工會：

1. **企業工會**：結合同一廠場、同一事業單位、依公司法所定具有控制與從屬關係之企業，或依金融控股公司法所定金融控股公司與子公司內之勞工，所組織之工會。
2. **產業工會**：結合相關產業內之勞工，所組織之工會。
3. **職業工會**：結合相關職業技能之勞工，所組織之工會。

前項第三款組織之職業工會，應以同一直轄市或縣（市）為組織區域。

(三) **教師會與一般工會的不同**

項目	教師會	工會
組織特性	半專門職業公會＋半工會	工會
單一組織／多元組織	單一教師會	單一工會（廠場、行政區皆為單一工會）※《工會法修正案》改為多元工會
入會要求	自由入會	強制入會 ※《工會法修正案》改為自由入會
研究並協助解決專業問題（公會特性）	教師法第40條	無
派出代表參與聘任、申訴及其他有關之法定組織（公會特性）	教師法第40條	無
制定自律公約（公會特性）	教師法第40條	無
違反自律公約之懲戒（公會特性）	無	無
團結權（工會特性）	教師法第39條（但缺少會務假的條文）	工會法

項目	教師會	工會
協商權 （工會特性）	事項及程序不明確 （教師法第27條第2款）	團體協約法
爭議權 （工會特性）	無	勞資爭議處理法
以學校為組織之基本單位 （工會特性）	教師法第39條	工會法第6條
與各級機關協議教師聘約及 聘約準則（工會特性）	教師法第40條	工會法第5條
監督離職給付儲金機構 （工會特性）	教師法第40條	勞動基準法第56條
不利之待遇之保護規定 （工會特性）	教師法第41條	工會法第35條

(四) 教師會與教師工會的不同

項目	教師工會	教師會
法源依據	工會法、團體協約法、 勞資爭議處理法	教師法
強制入會	✗	✗
主管機關	中央為行政院勞委會；直 轄市政府；縣（市）政府	內政部、社會局、教育 主管行政機關
法人團體	✔	✗
專業組織	✔	✔
會員受到保障	✔	✔
區分會員與非會員	✔	✗
派出代表參與各種委員會	將來未定	將來未定
可和市府協商聘約 且具有強制力	✔	✗
談約不成，可和市府 進行爭議	✔	✗

項目	教師工會	教師會
會費自主	✔	✔
理事長產生	會員或代表直選	先選理事再選理事長
學校組織	分會	學校教師會
會員權益可代為處理	✔	✗
訴訟基金	✔	✔
會員福利	✔	✔
代為處理權益問題	✔	✗
勞動三權 （團結、協商、爭議）	✔	✗
會務假	✔	✗

五、教師工會對學校教育的影響

(一) **教育政策面：**

　　1. 教師工會擁有團結權、協商權，與教育部、民間團體三足鼎立，影響教育政策的決定。

　　2. 教育政策制定可反應基層教師心聲，較為務實可行。

(二) **教育法制面：**

　　1. 教育法制愈趨健全，提供行政支援教學有利條件。

　　2. 師資培育法、校長遴選辦法、教育基本法、教師法、國民教育法…等教育法令，面臨修正調整。

(三) **行政運作面：**

　　1. 校園民主決策分享，挑戰行政領導能力。

　　2. 溝通管道更加多元，申訴制度更需完備。

(四) **課程教學面：**

　　1. 消除國家意識形態的牽制，課程多元化的充分展現。

　　2. 彰顯學校本位課程特色，激勵教師專業自主發展。

(五) **家長參與層面：**

　　1. 家長參與學校教育事務受明確規範，勢力消長彼此尊重。

　　2. 家長參與權、教師專業權與行政裁量權，相互拉鋸。

法國社會學家 Pierre Bourdieu 曾批評這個社會的「媚俗」現象，希望教師工會可以發揮教師團體的正面功能，提升教師教學效能，做個有故事的組織，因為，頭銜是別人給的，舞台卻是自己搭的，把自己做多大，舞台就有多大。

柒、教育經費編列與管理法

一、立法緣由（精神與背景）

為維護教育健全發展之需要，提升教育經費運用績效。特依教育基本法第五條第二項之規定制定本法。

二、法規內涵

民國89年頒布，民國105年1月6日最新修正公布，全文18條。重要內涵如下：
(一) 設定各縣市教育經費額度至少為前三年歲入平均23%以上。
(二) 規定行政院設教育經費基準委員會，以決定各級政府教育經費基本需求及應分擔數額。
(三) 規定中小學應訂定中長程教育發展計畫。
(四) 為促進公私立教育之均衡發展，鼓勵私人興學，給予適當之經費補助與獎勵，並對建立完善學生獎助學金機制之私立學校，優先予以補助與獎勵。
(五) 設置教育經費審議委員會，重視教育經費的審議、監督與評鑑。

三、法規影響

(一) 明定各級政府教育經費預算之編列及支付。
(二) 課稅收入專款專用。
(三) 偏遠及特殊地區教育經費優先編列。
(四) 保障原住民及特殊教育經費。
(五) 設立教育經費基準委員會、教育經費審議委員會。
(六) 重視地方教育發展基金、學校校務發展基金之設立及管理。
(七) 強調落實教育經費監督與評鑑。

第二節 我國教育行政制度及其運作

考點提示：(1)首長制與委員制；(2)教育行政權力分配；(3)教育行政體制調整；(4)中央集權與地方分權，是本節必考焦點。

壹、我國教育行政制度

一、教育行政權力結構

國家教育行政機關行使國家教育行政權力。根據國家教育行政權力在各級教育行政機關的分配狀況和結構特徵，教育行政體制主要有以下兩種分類方式：

(一) 按中央和地方的教育行政權力分配關係，可以分為中央集權制、地方分權制和中央與地方合作制。

(二) 按教育行政機關與政府之間的權力結構關係，可分為「從屬制」和「獨立制」。然而，位居中央集權與地方分權兩大權力運作類型之間的權衡方式，即為教育行政權力分配均權制。

二、教育行政權力分配【101身三；93高考；91委升】

(一) **中央集權制**

中央集權制度（centralization of authority），是教育行政制度的型態之一。凡是政治制度採中央集權的國家，其教育行政制度亦大多採用中央集權制，例如：法國、戰前的我國和日本【註：二次大戰前我國與日本皆為中央集權制，近年兩國皆公布《教育基本法》，權力逐步下放地方，向均權制靠攏】。

所謂中央集權制，是由中央教育行政機關及其所統轄之各級地方機關支配全國的一切教育設施。其優缺點如表9-7所示：（林進材，2000）

表9-7 教育行政中央集權制優缺點

中央集權制優點	中央集權制缺點
1. 國家教育政策和政治理想易於實現。 2. 可以根據國家的需要釐訂整個教育計畫，付諸實施。 3. 可使全國教育事業，用一致的步調，實現同一的目標。 4. 可以建立畫一的教育標準，使全國教育平均發展。 5. 可以調劑教育人員與經費，使全國各地教育事業能達到同一之水準，以保障國民教育機會均等。 6. 可以在非常時期迅速改變各地教育措施，以配合新的國策。	1. 地方教育事業受中央的箝制，不能自由發展。 2. 各地方之教育沒有自由伸縮與轉圜餘地，因而容易陷於呆板缺乏創造性。 3. 各地方之民眾對於國家之教育政策沒有自由發表意見的機會，因而不容易引起其對於教育的重視與關注。 4. 國家之教育事業很容易受到政潮的影響，無法穩定的成長、發展。

中央集權制的教育行政制度可以法國為例。法國的教育行政系統採取中央集權制，所有教育法令、政策、經費、課程表及教材教法等，全由中央決定，全國各地及各級學校皆奉命行事，絕少有自由伸縮餘地，因此全國的教育設施均極為整齊畫一，齊一化的教育，可說是法國教育的特色。

法國除了教育部掌管全國教育的大權外，各級教育行政機關均設有中央參議機構，以便審議各種教育方案，提出改進之意見，供中央機構參酌，因此雖屬集權，但並非不民主。法國可能是民主國家中唯一在教育行政上採取中央集權制的國家。

(二) 地方分權制

地方分權制（localization of authority），是教育行政制度的型態之一。凡是政治制度採地方分權的國家，其教育行政制度亦多採用地方分權制。例如：美國、德國、戰前的英國【註：二次大戰前的英國屬地方分權制，《一九四四年教育法案》實施後，向均權制靠攏】。

所謂地方分權制，就是由地方政府各自管理所屬區域以內的教育行政有關事宜，中央教育行政機關不負實際教育行政的責任，而以地方政府為各地方教育行政之最高機關。其優缺點如表9-8所示：（林進材，2000）

表9-8 教育行政地方分權制優缺點

地方分權制優點	地方分權制缺點
1. 權力分散,不致使全國教育設施流於呆板。 2. 教育行政權力操於地方,得以適應各地方之特殊需要。 3. 地方握有實際教育權力,足以促進各地方之自由發展。 4. 權力操之於地方,便於就地指揮監督。 5. 權力操之於地方,不致造成地方政府對於中央之依賴。 6. 權力分散至各地方,不致於因上級機關之不健全而影響及於全體。 7. 教育權力分散,可免除教育事業受政潮之干擾。	1. 國家教育政策和政治理想不易實現。 2. 無法根據國家的需要釐訂整個的教育計畫,付諸實施。 3. 全國教育事業無法有一致的步調,同一的目標。 4. 無法建立畫一的教育標準,使全國教育平均發展。 5. 教育人員與經費無法達到全國同一之水準,以保障國民教育機會均等。 6. 在非常時期,無法迅速改變各地教育措施,以配合新的國策等方面。

教育行政採地方分權制的國家,可以美國為例。美國聯邦政府原無主管全國教育行政之權,中央僅設有教育署,負責研究、統計、分配經費、國際交流,以及華盛頓特區(Washington D.C.)的教育等工作。因為根據美國憲法之規定,教育行政的權力由各州政府掌理,而各州又多將教育行政權力的大部分付託給地方,因而地方政府及人民實質上具有決定所轄區內教育政策、經費、人事、組織以及具體教育設施的權責。

(三) **中央地方均權制**【101身三】

均權制亦是教育行政制度的型態之一,相對於中央集權制與地方分權制而言,為折衷於兩種制度之間的一種制度。均權制的構想依據孫中山先生所撰《建國大綱》第十七條所述:「在憲政時期中央與省之權限,採均權制度;凡事務有全國一致之性質者,畫歸中央,有因地制宜之性質者,畫歸地方,不偏於中央集權,或地方分權。」亦即行政權的畫分,係以政務的性質為標準,而不作硬性的規定。

教育行政上均權制的主要特色,在於可以兼有中央集權制與地方分權制二者的優點,而避免其缺點。因此,均權制已有逐漸取代中央集權制與地方分權制的趨勢。

以英、日兩國的教育行政機關權責分配為例。傳統英國的教育行政權力，幾全屬於地方或私人，中央甚少干預，偏向地方分權，自《一九四四年教育法案》實施後，教育部成立，開始對地方教育行政有監督指揮之權，中央與地方的教育行政權力處於分層負責的狀態。戰前日本屬於高度的中央集權國家，戰後其教育行政改採地方分權，其後，日本不斷修正有關的教育法令，漸漸揚棄戰前的中央集權制及戰後初期的地方分權制，而轉向均權制（林進材，2000）。

三、教育行政決策層級

執行中央行政任務之中央行政機關稱為國家行政組織，分為：(一)執行一般行政事務，且是首長制的行政院體系；(二)執行特別考試行政事務，且是合議制的考試院體系。教育行政組織亦是如此，其決策層級，依頂層決策人數而分，也可分成首長制與委員制兩種：

(一) **首長制組織**【104高考；100高考二級】

首長制組織（department form or single head organization）又稱「一長制」或「獨任制」，是指行政組織的法定最高決策權，由行政首長一人執掌的行政組織體制，在我國行政組織中的部、處、局的組織皆屬首長制。我國教育行政組織及職權的特點為三級制（中央教育部、直轄市教育局及縣市教育處），各級教育行政機關均依科層體制建構其組織，偏向採首長制。

首長制的優點：1.權力集中；2.指揮靈活；3.責任明確；4.減少推諉；5.辦事果斷；6.行動迅速；7.效率較高；8.執行力強。缺點是1.易形成獨斷獨行；2.容易有盲點。首長制的運作就如同蜘蛛型組織一樣。蜘蛛型組織，顧名思義是以頭部為中心的集權式權力分配型態，如同蜘蛛全靠一個頭獨自指揮行動，蜘蛛的頭如果被切掉，就無法存活，表示集權式的組織過於依賴領導者，當缺乏好的領導者時，就難以適應環境的變化。但優點是協調容易，指揮較靈活。

(二) **委員制組織**【104高考；100高考二級】

委員制組織（commission form or board organization），是指決策階層由權限平等之成員組成，通常以多數表決方式作成決定，並同負責任之行政機關，又稱「合議制機關」，但機關名稱中有委員會者，未必皆屬合議制機關。美國地方教育行政機關、中國大陸過去的國家教育委員會，以及我國目前直轄市和縣市政府設立的「教育審議委員會」則採委員制。

以教育審議委員會為例,《教育基本法》第10條規定,直轄市及縣（市）
政府應設立教育審議委員會,定期召開會議,負責主管教育事務之審議、
諮詢、協調及評鑑等事宜。前項委員會之組成,由直轄市及縣（市）政府
首長或教育局局長為召集人,成員應包含教育學者專家、家長會、教師
會、教師工會、教師、社區、弱勢族群、教育及學校行政人員等代表。
委員制的優點:1.集思廣益;2.符合民主;3.可結合各方意見。缺點是
1.當意見紛歧時,容易組織內耗,甚至內鬥;2.缺乏執行力。委員制的運
作方式就如同海星型組織一樣。海星生命力非常強,海星型組織是一種分
權式型態,就像海星沒有頭卻有很多腳一樣,具有很多自主又相互聯繫的
小社群,彼此合作發揮團隊力量,如果被切掉一隻腳還會長出新的腳來,
能夠迅速適應環境變遷。但可能會有協調不容易或是指揮不靈活的缺點。

貳、我國教育行政組織與職權【100高考二級】

一、中央教育行政機關

依據民國102年2月3日修正通過的《教育部組織法》（Organization Act of the
Ministry of Education）第1條規定,行政院為辦理全國教育業務,特設教育部。

(一) 教育部組織

教育部（Ministry of Education）為我國中央層級的教育行政主管機關,
其組織架構依《教育部組織法》及相關法令規定,目前設部長一人,為特
任官與內閣閣員之一,綜理部務及指揮機關所有人員。部長下設政務次長
兩人、常務次長一人及主任秘書一人,輔佐部長處理部務。各單位之名稱
與業務職掌如下表9-9所示。

表9-9　教育部各單位名稱與業務職掌表

	單位名稱	業務職掌
1	綜合規劃司	學校衛生資訊、原住民族及少數族群教育、流感防疫
2	高等教育司	國家講座與學術獎、大專教師資格審查、大專碩博士概況、高教技職簡訊
3	技術及職業教育司	高等教育創新轉型、技職教育資源、學士後第二專長學士學位學程

	單位名稱	業務職掌
4	終身教育司	教育基金會、語文成果、家庭教育、樂齡學習
5	國際及兩岸教育司	兩岸事務、僑外生事務、海外留學、海外臺灣學校、華語教育、港澳文教
6	師資培育及藝術教育司	師資培育政策、教師資格檢定、教師證照管理、教師專業進修發展、藝術教育政策
7	資訊及科技教育司	偏鄉數位關懷、數位學習、網路及資通安全、人文及科技教育、環境及防災教育
8	學生事務及特殊教育司	防制校園霸凌、教育服務役、紫錐花運動、校安中心
9	秘書處	檔案應用管理、學產管理資源、國有學產土地租賃、部屬館校統一編號
10	人事處	公教人員退撫儲金專區、教育人事法規、人事資料考核、捐助及監管之財團法人
11	政風處	廉政法令、公職人員財產申報、公職人員利益衝突迴避、遊說法、廉政會報
12	會計處	本部及國立社教機構預決算公告、大專校院財務公告網址、學產基金預決算公告
13	統計處	公務與調查統計、教育統計資料查詢系統、性別統計專區、互動式教育統計圖表、應用統計分析與推估
14	法制處	法制作業、訴願作業、教師申訴作業、國家賠償作業
15	私校退撫儲金監理會	自主投資、私校退撫儲金試算、監理會會訊

　　另外，依《教育部組織法》第5條規定，教育部下設國民及學前教育署、體育署、青年發展署三個次級機關，其業務職掌如下：
1. **國民及學前教育署**：規劃、推動高級中等以下學校與學前教育政策及制度，並督導、協調、協助各地方高級中等以下學校與學前教育之發展及執行本部所轄高級中等以下學校教育事項。

2. **體育署**：規劃全國體育政策，並督導、執行學校體育、全民運動、競技運動、運動產業、國際與兩岸運動及運動設施事項。

3. **青年發展署**：規劃全國青年發展政策，推動青年生涯輔導、公共參與、國際與體驗學習及其他青年發展事項。

(二) **教育部的職權**

依據民國102年12月11日修正通過的《教育基本法》第9條規定，中央政府之教育權限的大方針如下：

1. 教育制度之規劃設計。
2. 對地方教育事務之適法監督。
3. 執行全國性教育事務，並協調或協助各地方教育之發展。
4. 中央教育經費之分配與補助。
5. 設立並監督國立學校及其他教育機構。
6. 教育統計、評鑑與政策研究。
7. 促進教育事務之國際交流。
8. 依憲法規定對教育事業、教育工作者、少數民族及弱勢群體之教育事項，提供獎勵、扶助或促其發展。

前項列舉以外之教育事項，除法律另有規定外，其權限歸屬地方。

除此之外，依據民國102年2月3日修正通過的《教育部組織法》第2條規定更為詳細，教育部掌理下列事項：

1. 高等教育、技術職業教育政策之規劃，大專校院發展、師資、招生、資源分配、品質提升、產學合作之輔導及行政監督。
2. 終身教育、社會教育、成人教育、家庭教育、藝術教育、進修補習教育、特殊教育、性別平等教育、公民素養、閱讀語文、教育基金會政策之規劃、輔導與行政監督，與所屬社會教育機構之督導、協調及推動。
3. 國際與兩岸教育學術交流、國際青年與教育活動參與、海外華語文教育推廣、留學生、外國學生、僑生、港澳生與陸生之輔導、外僑學校、大陸地區臺商學校與海外臺灣學校之輔導及行政監督。
4. 師資培育政策、師資職前教育課程、師資培育大學之獎補助與評鑑、教師專業證照與實習、教師在職進修、教師專業組織輔導、教師專業發展與教師評鑑之規劃、輔導及行政監督。
5. 學校資訊教育、環境教育政策之規劃、輔導與行政監督、人文社會、科技教育政策之規劃、協調與推動、學術網路資源與系統之規劃及管理。

6. 學生事務之輔導及行政監督、學校全民國防教育、校園安全政策之規劃、輔導與行政監督，學校軍訓教官與護理教師之管理及輔導。

7. 原住民族及少數族群教育、學校衛生教育政策之規劃、輔導及行政監督。

8. 中小學與學前教育、青年發展、學校體育、全民運動、競技運動、運動產業、國際與兩岸運動及運動設施政策之規劃、輔導及行政監督。

9. 教育人事政策之規劃、教育人事法令之訂定、解釋與私立學校教職員退休、撫卹、資遣之規劃、輔導及行政監督。

10. 其他有關教育事項。

二、直轄市政府教育行政機關

我國直轄市政府教育行政主管機關，均為該直轄市政府所屬教育局。我國直轄市共有臺北市、新北市、桃園市、臺中市、臺南市、高雄市六個。

(一) 直轄市政府教育局之組織

我國六個直轄市政府教育局的組織編制大同小異，大致包括局長、副局長、主任秘書、專門委員、科、室、處、中心等。以臺北市政府為例，下設九科六室，分別為綜合企劃科、中等教育科、國小教育科、學前教育科、特殊教育科、終身教育科、體育及衛生保健科、工程及財產科、資訊教育科、教育視導及品保科、學務校安室、人事室、會計室、秘書室、政風室、統計室。如下圖9-4所示。

而新北市政府教育局也設九科六室，但與台北市略有差異，分別為國小教育科、中等教育科、幼兒教育科、社會教育科、特殊教育科、校職教育科、體育及衛生教育科、工程及環境教育科、新住民國際文教科、教育研究及資訊發展科、督學室、秘書室、人事室、會計室、政風室及校園安全室，另有三個所屬機關分別為家庭教育中心、體育處及各級學校，其中體育處下，尚有四個體育場分別為板橋、新莊、樹林及泰山體育場。

直轄市政府教育局的組織架構，大都因應地方政府的地區特性與教育需要，因地制宜而設置，因此會有名稱與業務職掌的差異。從直轄市政府教育局所屬的科、室、處名稱，大致可以瞭解其業務範圍與負責的教育事務。

(二) 直轄市政府教育局之職權

1. 擬定全市教育政策及教育計畫，作為市教育的實施方針。

2. 負責設立並管理市立各級各類學校及社會教育機構。

3. 辦理市區內公私立中小學教師之登記或檢定之工作。

4. 遴選市立中小學校長報請市政府任用，並甄試市立國民中小學校長及主任。

5. 核派或核備市立學校教職員之任用。
6. 核定市立學校教職員敘薪、考核、退休及撫卹案。
7. 視導市立各級各類學校及私立中小學。
8. 考核市立學校校長之服務成績，並呈報市政府核定之。
9. 劃分國民中小學的學區，並分發學生入學。

另外，《教育基本法》第10條規定，直轄市及縣（市）政府應設立教育審議委員會，定期召開會議，負責主管教育事務之審議、諮詢、協調及評鑑等事宜。前項委員會之組成，由直轄市及縣（市）政府首長或教育局局長為召集人，成員應包含教育學者專家、家長會、教師會、教師工會、教師、社區、弱勢族群、教育及學校行政人員等代表；其設置辦法由直轄市、縣（市）政府定之。

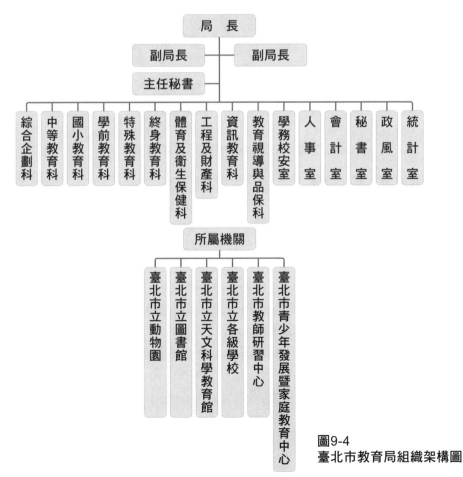

圖9-4
臺北市教育局組織架構圖

三、縣市政府教育行政機關

我國縣市政府教育行政機關，均為該縣市政府所屬教育處。

(一) 縣市政府教育處之組織

縣市政府教育處的組織職掌其實大同小異，如同直轄市政府教育局一樣，也會依地制宜調整組織架構。以新竹市政府為例，目前教育處置處長一人，副處長一人，下設督學室、國民教育科、學務管理科、社會教育科、體育保健科、特殊與學前教育科，並設課程與教學發展中心及教育網路中心。如圖9-5所示。

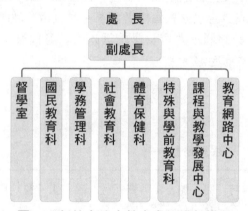

圖9-5　新竹市政府教育處組織架構圖

(二) 縣市政府教育處之職權

1. 訂定縣市教育政策與計畫。
2. 設置管理縣市立學校與社教機構。
3. 遴聘與考核縣市立高級中等以下各級學校校長。
4. 辦理教師資格檢定。
5. 核准縣市立學校教師之解聘、停聘與不續聘案。
6. 核定縣市立學校教職員敘薪、考核、退休及撫卹案。
7. 劃分國民中小學學區並分發學生入學。
8. 核辦私立國民中小學及幼稚園之設立、變更等事項。
9. 設置縣市立運動設施與場地。
10. 視導縣市立學校及社會教育機構。
11. 評議教師之申訴。
12. 辦理國民教育程度之自學進修學力鑑定考試。
13. 執行中央委辦教育事項。

參、我國教育行政制度的問題與改進

一、我國教育行政制度的問題

(一) 中央集權色彩較濃：依據憲法相關條文之精神，我國教育行政係採取均權制；但若就近五十年來之現況而言，則是中央集權色彩較濃。

(二) 普通行政過份干涉教育行政：我國地方教育行政隸屬於普通行政，容易受到政治因素的干預。

(三) 教育研究功能不彰：教育行政機關因不重視研究成果的應用，研究報告常束之高閣流於形式。

(四) 審議制度功能尚待加強與建立。

(五) 督學制度功能有待加強。

二、我國教育行政制度的改進建議

(一) 採取均權化的教育行政運作。

(二) 調和教育行政機關科層體制和專業控制的衝突。

(三) 設立教育研究機構與加強研究革新。

(四) 建立完善的教育審議諮詢制度。

(五) 加強教育行政人員專業教育。

肆、各國教育行政制度比較

一、美國教育行政制度【91高考】

美國教育行政3級制，在聯邦有聯邦教育局，州有州議會（state legislature），地方學區有學區教育委員會及學區教育局（school board），綜理教育事務。在美國，一個地方學區通常包括一個教育決策單位，一個教育行政單位，以及若干所公立學校。教育決策單位大部分是指由地區居民選舉產生代表所組成的學區教育委員會。學區教育委員會受居民的委託，依法決定學區內中小學教育稅的稅率、教育預算、學校的設置、學校課程內容、教育人事、學校學區界限，並督導教育行政單位。

(一) **教育行政制度方面**：美國實行的是地方分權制，行政制度3級制（聯邦-州-地方），其優點是能培養地方人民關心教育事業的興趣和責任感，充分調動地方辦教育的主動性和積極性。不足之處是缺乏全國統一領導，沒

有統一標準，各地區教育質量參差，若地區經濟條件不同，貧富差距大，教育事業便會發展得不平衡。

(二) **教育行政組織方面**：美國教育行政管理權不在聯邦政府，而在各州及各級地方政府或私人機構，也就是說州、地方掌握教育政策制訂的最大權力（地方教育委員會掌管學區教育政策制訂的權力）。美國聯邦政府教育部的職權是十分有限的，其主要職責是按國會意圖向各州分配教育撥款，以及向美國國內學生提供獎學金等。美國各州設有州督學或教育廳長，負責制訂全州的教育政策，並領導所屬機構在州內貫徹這些政策。

(三) **教育目的及課程設置方面**：美國沒有正式的全國統一的教育目的，但美國全國教育協會則有六條規定，對美國教育產生影響。

(四) **學校組織和管理方面**：美國學校的管理實行高度民主化，有家長及社群廣泛的參與。此外，美國學校在學校組織呈現多樣性，在同一學區可有不同的組織和管理方式。校長由校董會選聘及向校董會負責。

美國的基礎教育管理體制，要推行民主化改革，讓學生家長及社區人士廣泛參與，並授與校長適當的權限，結合教師代表的作用，努力創辦特色學校。

二、日本教育行政制度【91高考】

(一) **教育行政制度**

日本的教育行政制度採中央集權制，中央有文部省，地方則是都道府縣的教育委員會以及市町村的教育委員會。中央文部省的長官為文部大臣，其職責為「負責振興與普及學校教育、社會教育、學術與文化的任務，並負有全面完成有關上述事項及國家的宗教事務的責任」（文部省設置法第四條）。

日本地方的教育行政係以地方政府來運作，由地方政府首長（在都道府縣為知事；在市町村為市町村長）及教育委員會負責。教育委員會負決策、核准及監督之責，實際教育事務之執行則交予其下設置之教育局辦理。教育委員會採合議制，尤五名委員組成，任期四年，設教育長統籌會議召開，教育長由委員互選產生。市町村的教育行政機關亦為教育委員會，其組織與運作方式與都道府縣委員會相同（沈珊珊，2000）。

(二) **教育行政特色**

日本憲法對中央與地方的教育行政權限，並未作明確的劃分規定，因此兩者的權限都由法律及命令界定。由於日本立國以來，大部分時期都採中央集權制，戰後雖勵行民主化，但目前仍沿襲偏於中央集權的教育行政制度。綜觀日本教育行政制度，可歸納出下列特徵：（謝文全，2001）

1. 偏於中央集權制。
2. 地方行政機關採委員制。
3. 地方行政半獨立化。
4. 地方教育行政二元化。
5. 兼掌文化及宗教行政。
6. 地方教育人事費由上級負擔。
7. 重視教育研究發展。

三、德國教育行政制度

(一) **教育行政制度**

德國是一個教育地方分權制的國家，教育行政組織區分為三級：聯邦、邦與地方縣市。聯邦政府具有較形式的制定全國教育目標、原則等權責，其角色主要是諮議、顧問性質的，實際教育權力僅是有限的立法或財政權。然而為協調各邦間之教育問題，設置一些全國性教育機構來處裡。

德國教育實際運作之權利屬於16個邦。每個邦政府內均設有文化部，其主要任務在詮釋及執行前述聯邦層級會議之決議。邦文化部之主要責任在負責中小學運作，包括經費、課程內容、教學計畫、授課時數表、教師基本薪資之訂定、教師薪資稅收來源及分配、教師之培育、派任與升遷等事項。

在各邦之下、縣市之上尚有一個地方行政公署存在，做為邦政府手臂之延長。其組織內負責教育行政者為教育處，負責教師之派任與調動，同時設有督學負責定期訪視學校及督導實習教師。

縣市教育局是德國最基層的教育行政機構，主管基礎學校等，負責地方學校事務的管理。學校外的事，包括課程目標與內容的訂定及教科書、建築、設備等所需花費之經費，以及非教師人員之薪資等則須仰賴縣市政府的分配（沈珊珊，2000）。

(二) **教育行政特色**

德國是一個地方分權的國家，教育的主權掌握在各邦手裡；至1969年修正基本法時，始賦予聯邦極少數的教育權限。德國自古迄今，除納粹政權採中央集權制外，均施行聯邦制度，其分權式的教育行政制度有其深遠的

歷史背景。教育行政制度除承襲聯邦制度的精神外,也深受英美國家的民主政治,自由主義與人文主義的影響,故德國人很喜歡組織人民團體,如德國教師協會,全國家長會等。

綜觀德國教育行政制度,可歸納出如下的特徵:採地方分權制,設常設機構負責協調,兼掌文化宗教行政,重視研究與計畫,地方教育人事費由邦負擔,重視民眾的參與,地方教育局只負責教育內部事項管理等。(謝文全,2001)

四、英國教育行政制度

(一) 教育行政制度

英國的教育行政制度可分為中央與地方兩個層級。在中央層級的教育部門有4個,主要係負責教育政策的制定,經費的分配,師資的培育及供應等事項。地方層級的教育行政機構,在英格蘭及威爾斯地區有各地方教育局,在蘇格蘭則稱為蘇格蘭教育局。此地方教育行政機構係地區學校的主要經費來源單位。

自1988年教育改革法施行以來出現的中央津貼學校(grant-maintained)則由中央負責經費,學校的管理部門由教師,家長及社區人士組成,負責所有管理事項如雇用教職員及處裡校產如買賣土地等。在英格蘭津貼學校直接由中央的教育就業部獲得經費;在威爾斯及蘇格蘭則係透過其各自的教育部由中央獲取經費。

(二) 教育行政特色

英國並無成文憲法,教育行政制度主要依國會制定的法律來建構。依法律規定,中央對地方教育行政機關有監督指揮權,但亦賦予地方相當程度的權力,是近於均權制的制度。近年來英國教育行政制度改變頻繁,但其均權精神大致上仍維持著。

綜觀英國教育行政制度,可歸納出如下的特徵:(謝文全,2001)

1. 教育行政採均權制。
2. 教育行政與立法合一。
3. 視導體系嚴密而且獨立。
4. 重視研究發展及審議會。
5. 學校設校管會而有較大的自主性。
6. 透過補助委員會來補助學校。
7. 教育行政層級只有二級。
8. 教育資訊相當公開。

第三節 我國教育政策與改革

考點提示 (1)12年國教；(2)當前重要教育政策；(3)政策落差與失敗；(4)政策評鑑；(5)以證據為基礎的教育改革，是本節必考焦點。

壹、教育政策基本概念

一、教育政策的意義與分析

(一) 教育政策的意義

教育政策是在教育情境中，受教育主體或社會大眾對教育體制運作不滿或教育體制無法提供各項教育服務，因而讓受教育主體或社會大眾感到困擾、不安，或者教育運作與教育目標和價值有相對性差距時，政府及其他社會團體所必須進行作為或不作為的活動，以解決問題，達到教育目標的歷程。

(二) 教育政策的研究

就實務層面而言，教育政策以解決教育情境的問題、提供良好教育政策，滿足受教主體需求，落實教育機會均等為目的。就理論層面而言，則是了解教育政策制定過程、建立學術理論、跨國比較教育政策等。教育政策研究向度分為三大類：

1. **政策形成過程**：即政策問題、政策形成、政策分析、政策執行、政策評估。

2. **對於政策分析以及對於政策科學的描述。**

3. **落實以證據為基礎（evidence-based）的教育政策研究**：【97高考】

   教育研究與評鑑的主要精神就是透過實徵研究，針對各項教育議題，進行資料蒐集與分析，以科學研究結果做為改進教育方案的證據，及教育政策修正的參考。為達成教育研究與評鑑的有效性，首先必須建置完整的教育資料庫系統來進行以「證據為基礎」的教育研究。

(三) 教育政策分析

1. **意義**：主要在關心政策的解釋，並非是提出處方，對於政策原因及結果深入探討。試著發展及考驗政策因果的論點，從這些結果累積可信任的研究發現。

2. **歷程**：(1)分析現有社會環境；(2)對於教育政策選擇；(3)對於教育政策評估的選擇；(4)對於教育政策的決定；(5)對於教育政策執行計畫；(6)教育政策執行；(7)教育政策影響評估；(8)對於政策的後續循環。

3. **方法**：文獻分析、歷史法、田野調查法、實驗法、準實驗法、德懷術（delphi）、政策論證等方式。

二、政策的制定過程與原則【103高考】

教育政策構成要素有教育問題與標的團體、教育政策執行計畫書、教育預算、教育法規、人員及機關歸屬、社會大眾支持。另外，教育政策制定的過程、應遵守的原則，詳述如下：

(一) **政策制定的過程**

教育政策制定的過程，大致不脫教育政策的規劃、教育政策問題的確定、教育政策的擬定、教育政策法制化四個階段。

1. **教育政策的規劃**：教育政策規劃必須依據我國憲法之規定，以國家教育目標為導向，符應民意與社會的需求，兼顧學習者需要以及教育哲學的基礎。教育政策規劃的步驟為確認教育問題、教育政策議題設定、對教育方案審議、教育政策判定及定案（張芳全，2001）。

2. **確定教育政策問題**：確認教育問題：界定教育問題領域，閱讀有關研究、文獻、資料，確定問題及範圍，描述教育問題，瞭解教育問題的特性。教育政策議題設定：依據教育問題的影響範圍、受教主體的滿意程度、與未來教育產業及整體社會的關係、行政首長的指示等，排定優先順序，納入政策制定的議程。

3. **教育政策的擬定**：政策擬定的過程：確定問題的性質及內涵、訂定評估政策的指標、研擬幾種不同的解決途徑、評估所提各種解決途徑的利弊得失、討論及決定採行的途徑（Patton & Sawicki，1993）。

4. **教育政策法制化**：教育政策法制化是指受到民意機關監督及經過一定行政程序完成的教育法案、教育計畫、教育方案、教育經費預算案等過程（張芳全，2001）。

(二) **政策制定的原則**

政策制定有其原則，在這些原則下，政策方案才容易中肯而被接受，並易於妥善解決問題，Kaplan（1973）所提的7項政策制定原則可供參考。分述如下：

1. **公正無私原則（principle of impartiality）**：政策的制定人員在從事政策方案設計時，要以公正無私的態度，整體考量方案對當事人、利害關係人、

以及一般社會大眾的影響情況，針對問題的解決，做最適當的制定，不可先入為主的對某些人有利而對某些人不利，或犧牲了某些人成全另外一些人，以符合「社會正義」，此即公正無私原則（吳定，2001）。

2. **個人受益原則**（principle of individuality）：政策的制定應避免大而無當、陳義過高，或徒有空洞的口號、太過抽象，而是要注重將制定方案所產生之利益，由社會大眾分享，實際落實在有關的國民身上，此即「個人受益」原則。

3. **弱勢者利益最大化原則**（maximum principle）：在社會上處於最弱勢者（minimum）獲得最優先的考慮與最大利益（maximize），稱為弱勢者優先受益原則。亦即政策的制定，要先考慮到使社會上居於劣勢情況的弱勢團體或個人能夠獲得最大的照顧，例如殘障者、低收入戶、少數族群等。

4. **分配普遍原則**（distributive principle）：政策制定，在受益人的數目上要廣被，儘量使利益普及一般人，而非少數人，此即分配普遍原則。「分配普遍原則」與「弱勢者利益最大化原則」重點不同，後者是基於縱向觀點，強調區分社會上下不同階層之利益取捨；而前者則是基於數量觀點，亦即以民主「多數決」為重心，強調政策的制定要能廣布利益於一般人。

5. **持續進行原則**（principle of continuity）：政策的制定要有連續性，如果完全從新開始，未能延續過去理念與成效，與以往脫節太大，便形同政策中斷，進而無以瞻望未來，更不易達成原先設定之目標。因此，政策制定更應注意連續原則，方能持續穩定的推動各項政策或計畫。

6. **人民自主原則**（principle of autonomy）：政策制定人員在設計方案時，應考量該政策問題是否可交由民間團體、一般企業或社會大眾去處理。亦即政府只處理人民無法做的部分，只要民間能處理的方案，便儘量「民營化」，用不著政府來制定，此即政策制定的人民自主原則。

7. **緊急處理原則**（principle of urgency）：政策制定人員應斟酌各政策問題的輕重緩急，安排處理的優先順序，對於比較重要或緊急的問題，應即時的處理解決，此即緊急原則。

以上這些原則有時互有關聯，例如分配普遍原則與公正無私原則有關，人民自主原則與個人受益原則有關。有些原則是相互衝突的，例如：持續進行原則與緊急處理原則，持續進行原則趨向於保守；而緊急處理原則，則著眼於未來。嚴格來說，這些原則並非相互牴觸，而是隨時空環境產生不

同的比重變化，政策制定者在兼顧穩定和變遷的前提下，必須整體考量內外在環境，因應不同性質的公共問題，配合不同的情況，妥為斟酌取捨並彈性運用各種原則。

(三) **政策合法化的理論模式**

政策合法化的階段是各方勢力遊說、影響政策制定的主要階段，因此擁有決策權力的菁英行政人員，必須審慎評估政策方案對各標的團體的影響，並對外在壓力作適當反應，採取漸進方式推動政策，以達成政策合法化的目的。Lester提出在問題界定的階段，最常運用的理論模式為菁英模式、團體模式；在政策制定的階段，最常運用的理論模式則為理性模式、系統模式、漸進模式、賽局理論（陳恆鈞譯，2001），分述如下：

1. **漸進模式**（incremental model）：漸進主義認為公共政策制定是政府過去行動的延續，僅作較小幅度的修正，以利繼續推動。若採用漸進模式來做政策制定，可以現行政策為基礎，局部修正或增加部分新的政策條文，而不做大幅度之更動，如此較能維持政策的穩定性，並減少推動過程中之阻力。

2. **廣博理性模式**（rational-comprehensive model）：Dye認為個人會依據對成本利益之理性計算來作決策，強調完整資訊之蒐集，對每一方案之可能產生結果，包括：成本利益、優點及缺點之考量，與其他方案之計算比較，以及選擇能夠達成目標極大化之方案。

3. **系統模式**（systems model）：Easton（1965）認為政策制定，會受到現存政策對於新政策的需求或支持之影響。這些需求或支持又轉換成公共政策，而公共政策就是政治系統在面對外在壓力時，所作的一種反應。決策者若採用系統模式來做政策制定，對於外在壓力要有因應之方案，並考量環境中各種因素的影響，經由轉換過程後輸出，使決策更為週延可行。

4. **團體決策模式**（group theory）：團體決策模式主要論點在於公共政策的形成是各團體利益均衡的結果。在政策合法化之過程中，若採用團體決策之模式，應參酌各團體之需求，期以做出符合多數團體期待，且能平衡各不同意見之政策。

5. **菁英決策模式**（elite theory）：Lindblom（1993）認為，菁英決策模式主要論點在於菁英主導公共政策的產出，而公共政策是統治菁英的偏好與價值取捨的結果。在政策合法化之過程中，若採用菁英決策之模式，決策者應發揮智慧，廣納民眾之意見，以避免決策者之價值與偏好距社會大眾利益過遠。

6. **賽局理論（game theory）**：賽局理論（policy as rational choice in competitive situations）的使用時機是當兩個或多個參與者必須選擇某一個行動，而行動者決策的選擇取決於對方的決定時。其特點為(1)決策者的決策是相互依賴的（互相影響）；(2)適用於談判。其使用的限制為(1)資訊取得困難；(2)勝負的損失與利得難以數量估計。

三、政策的推行策略與方式

(一) Goodlad提出DDAE模式

美國教育學者Goodlad曾根據教育目的和功能，在教育改革計畫中不同的比例，提出教育改革的範式DDAE，稱為「教育革新模式」，包括：對話（dialogue）、決策（decision）、行動（action）、評鑑（evaluation）。透過教育行政機關內的成員不斷對話，發現教育問題，研擬教育對策，並落實教育行動，最後評鑑行動的結果。

(二) 政策執行力

根據史奈德（Schneider，1982）的觀點，政策執行力的評估標準有五項：理論完整性（theoretical integrity）、投入度（viability）、普及度（scope）、深化度（capacity）、副作用（unintended consequences）。

1. **理論完整性**：指政策目標與執行手段、目的必須具有一貫性。
2. **投入度**：指執行作為的投入程度，包括人員、資源、設備、經費是否充足。
3. **普及度**：政策服務的對象須界定明確，才不會造成資源浪費。
4. **深化度**：政策執行方案為達成政策目標，需要達成的程度。
5. **副作用**：政策執行時必須考慮政策執行時，會帶來的負面影響。

(三) 基層官僚如同政策制定者【97高考】

基層官僚如同政策制定者（street-level bureaucrats as policy makers）是麥可‧李普斯基（Michael Lipsky）基層官僚理論的主張。所謂基層官僚又稱為基層行政人員或第一線行政人員，係指在行政體系中與民眾接觸的第一線行政人員，如警察、消防員、教師、社會工作者等。他們的工作相當複雜且困難，並站在公務體系最前端面臨著廣泛與不確定的問題及情況，同時必須面對民眾的壓力因而常有過度負荷的情況，然而在這樣艱辛情形下，基層行政人員是被期待同時滿足組織、社群與廣泛的社會目標。因此，其執行意願、態度、作法等，均影響政策的執行成效。

1. 學校基層行政人員的運作特性

學校具有科層結構的性質,但除高等教育與少數私立學校外,義務教育體制下的教師及行政人員必須無選擇面對顧客(學生)。學校基層行政人員的運作特性:(李謙、彭傑,2008)

(1)基層官僚機構所面對的是大量的工作負荷,其運作往往與理想相差甚遠。

(2)基層官僚機構所服務的顧客,基本上沒有選擇的權力。

(3)基層官僚體系雖位居底層,但對所服務之顧客生活影響甚大。

2. 基層官僚理論對於教育行政規劃與政策制定之啟示

Lipsky認為,基層行政人員的自主性、裁量權的運用與民眾互動頻繁,基層行政人員行為的總和等於整個行政機關的行為。因此,基層行政人員無異是實質上決策的制定者。

(1)教育行政或教育政策應從基層行政人員方面著手。

(2)減少面對顧客的數量,提升顧客優質的服務。

(3)利用科技處理各項資料的蒐集與分類。

(4)上級行政人員對基層行政人員應予以信任並勇於授能(empowerment)。

(5)應提高基層行政人員對於政策執行的順服度。

四、政策的評鑑與論證

(一) 政策評鑑【100高考】

政策評估的意義,乃是有系統地利用社會科學的研究程序來評價社會問題解決方案之規劃過程、執行過程與執行結果。政策評鑑的目的在確認1.方案計畫所認定的問題是否合理;2.執行的可行性與成本效益如何;3.政策內容是否準確地送達所要服務的標的團體或區域;4.政策執行之後是否有效達成原訂目標;5.成本效益間的比例是否適當。

政策評估的類型,包括如下三類:

1. **先期評估**:包含規劃評估(planning evaluation)、可評估性評估(evaluability assessment)與修正方案評估(fine-tuning program evaluation)。

2. **執行評估**:包含過程評估與傳送系統評估。

3. **結果評估**:包含影響評估以及效益評估。

(二) 政策論證

規劃政策方案不能憑空杜撰,需有一些根據作為政策的立論基礎。形成這些根據的過程稱之為「政策論據」或「政策論證」(policy argument)。因此,政策論據也是政策規劃過程中必須掌握的技術。Dunn(1994)以政策問題為中心,發展出政策分析的程序和產生政策相關的資訊。他認為,政策規畫必須建立在強而有力的政策論證上,以作為研擬方案的參考,其要素包括:1.政策相關資訊;2.政策主張;3.立論理由;4.立論依據(用以支持依據的假設);5.駁斥理由(用以反駁依據的說明);6.可信度(評判標準)。詳述如下:

1. **政策相關資訊**(policy-relevant information):經由各種方法所蒐集的政策相關資訊。包括政策問題、政策備選方案、政策行動、政策結果以及政策績效的資訊等等。

2. **政策主張**(policy claim):政策主張是政策相關資訊邏輯推理的結果。

3. **立論理由**(warrant):政策相關資訊轉變為具體政策主張所賴以憑藉的保證。

4. **立論依據**(backing):用來證實立論理由所持的假設或論點。

5. **駁斥理由**(rebuttal):政策主張或立論理由不能被接受的原因。

6. **可信度**(qualifier):表達分析人員評斷政策主張之可信度之標準或指標。

五、政策執行的落差與失敗

政策執行(policy implementation)是政策過程的樞紐,政策的成功或失敗,端賴政策執行是否澈底。有關政策執行的研究,可以協助決策者了解影響執行成效的問題,俾作出較佳的決定,達成政策目標,但是對政策執行研究,卻遲至最近才受到重視,因此被哈果夫(Erwin C.Hargrove)稱之為「斷了的聯結」(the missing link)。

(一) 政策落差【101地三】

政策計畫目標與實際執行結果的落差,稱為政策落差(policy divide)。

(二) 政策失敗【103地三】

政策失敗的原因是多元的,從科層體制的控制、組織本身性質的分析,到個人動機均可探討,無法單獨歸責於上面或下面。一項失敗的公共政策可能導因於政策設計的失敗(design failure),例如目標設計的不正確、

方案沒有包含多元價值等,稱為政策理論的失敗(theory failure);也可能自於執行本身出現了問題,例如執行資源不夠整合、執行標準不夠清晰、執行者之意志不夠堅定、執行機制太過含糊等,稱為政策執行的失敗(implementation failure)。

在政策評鑑上,需要清楚區分:「政策理論」與「政策執行」兩者的差別,這兩者合起來稱為政策改變理論(policy's theory of change)。Weiss(1997)認為,這兩個變項對於政策成敗具影響力,不過如果政策本身所植基理論是錯誤的,照預定計畫妥善實施仍無法帶出預期的效果,如果政策的理論是正確的,但執行不當,政策一樣無法達成預期目標。表9-10說明了政策要造成預期改變,必須在政策理論與執行理論同時奏效的情況下才會發生。

表9-10　政策理論與政策執行對政策成敗的影響

	政策理論成功	政策理論失敗
政策執行成功	造成預期的改變	未能造成預期的改變
政策執行失敗	未能造成預期的改變	未能造成預期的改變

另外,有關政策執行成敗的影響因素,學者愛德華(G.C.Edwards Ⅲ)認為,以下四項因素是影響政策執行成敗的關鍵(黃昆輝、呂木琳,2000):

1. **溝通**:政策方案的內容及執行方法如果能清晰的傳達給執行人員,則較能以齊一的步伐同赴事功。但是政策執行命令常會發生傳達錯誤或溝通不良的情況。主要原因為執行命令欠缺「清晰性」與「一致性」。

2. **資源**:政策執行所需的資源是否充分具備,乃是執行是否順暢的關鍵。資源包括:人力、資訊、設施、權威。

3. **執行者意向**:一般而言,政策執行人員在執行過程中擁有相當的自由裁量權,因此他們對政策所持的態度影響政策的執行情況甚鉅,這是因為各機關常有「本位主義」傾向之故。

4. **機關結構(官僚結構)**:執行機關在結構上及運作上有兩項主要特性,這兩項特性會影響政策執行的成敗。

(1)**標準作業程序**（standard operating procedures）。

(2)**執行權責分散化（分離化）**（fragmentation）：政策執行權責如分散由不同的機關負責，會因事權不專，而導致政策協調困難及資源浪費的現象，不利政策順利推行。

貳、我國當前重大教育政策

從教育部110～111年度施政方針，不難窺見我國當前重大教育政策的全貌。110～111年度施政方針如下：

一、教育部110年度施政方針（110年1月至12月）

(一) 擴展平價教保服務，持續增加公共化幼兒園供應量及強化準公共機制；逐步提高0至6歲未滿育兒津貼額度，減輕家長育兒負擔；推動高級中等學校優質化及均質化，鼓勵學生就近入學；落實十二年國民基本教育課程綱要，成就每個孩子。

(二) 發展多元創新高等教育，持續推動育才、留才、攬才相關措施；強化產學研鏈結，優化技職校院實作環境；推動大專校院社會責任實踐，深化連結區域資源。

(三) 精進數位學習環境，推動雙語國家政策，深化新南向人才培育；擴大青年公共參與，增進政府施政創意與活力。

(四) 防制校園霸凌及毒品滲入，提升校舍耐震，加強校園食安；保障偏鄉、弱勢及身心障礙學生受教權益；培育優質師資，強化安心就學及兒少保護；尊重多元族群，鼓勵母語與文化傳承；完善樂齡學習體系，營造全民終身學習社會。

(五) 提供安全友善的運動環境，帶動全民運動風氣；完善國家運動訓練園區，支援選手競技需求；健全體育團體組織效能，扶植民間發展運動休閒產業；積極參與國際體育事務，扎根培訓運動菁英，提升國際競技實力。

二、教育部111年度施政方針（111年1月至12月）

(一) 擴展平價教保服務，持續增加公共化幼兒園供應量及強化準公共機制；逐步降低幼兒就學費用及提高2歲以上育兒津貼額度，減輕育兒負擔；落實十二年國民基本教育課程綱要，成就每個孩子；強化師資培育，增進教師教學專業知能。

(二) 完成全國高級中等以下學校冷氣裝設、提升校舍耐震能力、全面改善校園遊戲場，營造舒適安全校園環境；減輕大專校院弱勢學生校外租屋負擔，提升學生宿舍品質；落實校園食材登錄，確保學校供膳使用國產在地優良食材。

(三) 積極推動「2030雙語國家政策」，透過雙語加值專業，將我國人才與產業推向國際；深化國際交流學習，打造臺灣優質華語文教育品牌；完善原住民族與新住民子女教育，營造學習國家語言友善環境。

(四) 精進數位學習環境，厚植我國科技人力素質；優化技職校院實作環境，建置區域產業人才及技術培育基地；提升高等教育品質，培育國家重點領域人才；強化產學研鏈結，擴散大學研發能量。

(五) 擴大青年公共參與，增進政府施政創意活力；扶植運動產業發展，帶動全民運動風氣；扎根培訓運動菁英，提升國際競技實力；強化家庭與高齡教育，建構優質終身學習場域。

三、教育部美感教育中長程計畫第二期五年計畫（108～112年）

美感教育是一種多元的人文教育，來自生活的潛移默化，可透過發現、探索、體驗的歷程，從人與自己、人與社區／社會／社群、以及人與自然生態環境的互動中培養「發覺美」、「探索美」、「感受美」、「認識美」及「實踐美」的知能，進而讓學生能應用於生活之中。是以「美感的培養」應從幼扎根，以學生為主體，學校課程教學為核心，開啟美與人文的內涵，並以「生活美感」為主要範疇，包括校園空間美感的體驗與創造等，以增進學生對生活周遭的理解與審美判斷力。課程設計透過教師的專業引導，在累積、深化、拓展、永續的審美原則下，發展出整體的設計、創新與跨域合作的可能性，從點、線到面整體規劃、公私跨域合作與國際連結，共同創造美好的生活環境，進而提升國民的美感素養。

綜上，制定以「美感即生活－從幼扎根、跨域創新、國際連結」為理念之「美感教育計畫中長程計畫－第二期五年計畫（108～112年）」。

(一) **支持體系**
1. 建置美感教育資源整合平臺。
2. 推動美感教育傳播與溝通計畫。
3. 鼓勵具前瞻性美感領域研究。

(二) **人才培育**
1. 推動職前師資生美感素養提升計畫。
2. 推動中小學在職教師美感素養提升計畫。
3. 推動教育行政人員美感素養提升計畫。
4. 推動美感前瞻人才培育計畫。
5. 推動藝術與設計菁英海外培訓計畫。

(三) **課程與活動**
1. 辦理地方政府藝術與美感深耕計畫。
2. 推動美感課程教學與學習體驗計畫。
3. 推動生活美感與設計創新課程計畫。
4. 推動校園多元美感體驗活動。
5. 結合民間與跨部會資源協力推動美感教育計畫。

(四) **學習環境**
1. 設計校園生活美感實踐計畫。
2. 建構學習情境美感生活地圖。

四、海洋教育執行計畫（111～115年）

教育部為落實96年頒布之「海洋教育政策白皮書」所提各項策略及目標，制定及執行以5年為一期之「海洋教育執行計畫」，俾持續系統推動海洋教育工作。第一期（96～100年）及第二期（101～105年）及第三期（106～110年）配合106年「海洋教育政策白皮書」修訂，持續推動海洋教育，奠定國民海洋基本素養，培養優質海洋專業人才。

107年我國正式成立海洋委員會，以統合海洋相關政策規劃、協調及推動，108年公布「海洋基本法」，並於109年發布《國家海洋政策白皮書》，以「建構生態、安全、繁榮的永續海洋國家」為願景，除展示國家推動海洋政策的決心外，並結合各部會及地方政府共同推動海洋事務；另於同年制定《向海致敬—海域開放與發展計畫》（109～110年），期國人能知道海洋（知海）、親近海洋（近海）, 能勇敢進入海洋（進海）。

海洋教育自96年推動至今，已累積豐碩的成果，為持續精進海洋教育之推動，教育部以前3期海洋教育執行計畫之成果為基礎，並延續《海洋教育政策白皮書》揭櫫的願景、理念、目標及策略，另依據《國家海洋政策白皮書》、《向海致敬—海域開放與發展計畫》等國家重大海洋政策，制定第4期《111-115年海洋教育執行計畫》，以持續深耕與推廣海洋教育。

在延續過去推動成果基礎下，本期推動之重點，包含：
(一) 強化海洋教育課程與教學發展規劃小組之運作及功能，並製作數位化海洋教育教材及教師手冊。
(二) 補助地方政府推動戶外與海洋教育計畫，並推展多元海洋教育體驗路線。
(三) 擴大設置海洋教育創新課程與教學研發基地，並發展多元主題之海洋教育課程模組及教案。
(四) 協助國中成立水產相關職群之職業試探與體驗示範中心，並開設相關課程。
(五) 活絡水域運動基地之成效，並強化開放水域運動教育中心與海洋教育資源中心之連結及資源整合。
(六) 普及落實水域安全知能，並落實至學校之課程教學活動。
(七) 推動氣候變遷減緩及調適教育，並強化師生永續發展相關知能。
(八) 跨領域建置海洋新興產業與學校人才培育機制，並鼓勵學校內開辦海洋跨領域學程。

參、我國教育政策發展趨勢

臺灣自1990年代以降，教育政策隨著時代更迭與時而變，一連串教改方案的實施推動，引領臺灣的教育邁向新的里程；教育百年樹人，而教育發展趨勢，更是維繫國家人才命脈之泉源。

一、教育政策中長程計畫的目標

反映我國當前教育政策的中長程教育計畫，有下列幾個重要目標：（鄭崇趁，2012）
(一) 強化語文及資訊基本能力，培育現代國民。
(二) 推動創意及才藝教學，實踐多元智慧理念。

(三) 深化本土課程，發揚台灣特色接軌國際脈絡。

(四) 關懷弱勢族群教育，型塑多元精緻文化內涵。

(五) 加強品格教育及終身學習，營造優質校園組織文化。

二、我國教育政策發展趨勢與內涵

我國教育政策發展趨勢及主要內涵主要如下幾點：（鄭崇趁，2012）

(一) **彰顯適性發展的目標**：培育德、智、體、群、美五育適性發展之現代化國民。

(二) **延長基本教育的年限**：延長十二年國民教育策略主張以經費標準化、學校社區化、設施均等化、內涵優質化、方案法制化五大策略。

(三) **發展多軌多支的學制**：

  1. 國民教育改稱國民基本教育，淡化強迫的性質。

  2. 基本教育階段教育券的實施，補助未享公立學校教育的學童。

  3. 基本學力檢定制度的規劃，檢核多軌多支公私立教育的績效。

(四) **規範能力導向的師資**：

  1. 大學本科畢業，修畢中小學教育學程，完成教育實習之後，必須參加教師資格檢定考試，通過方取得教師資格證書。

  2. 取得教師資格證書者已供過於求，必須參加各縣市（各校）教師甄試，錄取者始得聘任為教師。

  3. 代理代課教師亦均由合格教師參與甄選後，優秀者始得擔任。

  4. 取得教師職務後，得參與教師會組織，統籌專業成長發展，擴增專業能力。

(五) **建置優質均等的設施**：以四至六年期，定期修訂基本設備標準以及充實中小學基本設施方案，以永續經營的理念，建置優質均等的設施，落實教育機會均等的國民教育理想。

(六) **推動領域統整的課程**：

  1. 因應十二年國教，適時推出108課綱，期能理念與實務充分結合。

  2. 增進國民中小學發展學校本位課程計畫能力，期使各校的本位課程設計能夠讓全校教師充分發揮所長，並能對全校學生產生最佳教育成果。

  3. 培育教師領域及主題教學能力，期能教給學生系統化、結構化之知識與經驗，協助學生面對知識經濟時代，累增其競爭力。

(七) **實施專業自主的教學**：師資培育階段增加要求其基本能力素質外，強迫規定教師在職進修，由政府編列經費，用以支持學校本位教師研習進修計畫，唯有進入學習狀態中的教師，能夠維持其教學在一定水準之上；另外規劃教師評鑑、教學評鑑以及教師分級制等措施，激勵教師在教學上不斷努力經營，追求更高的教學品質。

(八) **展現多彩繽紛的教材**：含有多元功能並存的編輯之意，依據課程綱要提示之基本能力指標的編輯為最大宗，其次以主題教學型態編輯教科書，廣受教師歡迎，再者發展知識結構為主的參考書籍亦將具有競爭潛能，教師優質的自編教材也將透過各種層次之教學觀摩而推廣，逐漸形成個殊化之系統教材。

(九) **經營精緻卓越的文化**：邁向精緻卓越化的校園文化宜持續經營五項策。

　1. 繼續推動小班小校及發展小班教學精神計畫，增進教師有效教學之環境與能力。

　2. 配合友善校園總體營造計畫，持續強化教訓輔三合一方案，經營一個具有輔導文化的學校。

　3. 推動學習型學校，引進知識管理，促使教職員工產生知識螺旋作用為邁向卓越奠基。

　4. 發展校長證照制度，加強校長經營管理之能，進而示範帶動培育優質組織文化。

　5. 早日實施中小學教師分級制，以分級的指標追求，激勵教師生涯規劃，長期奉獻有效教學及輔導學生工作。

(十) **培育具有產能的學生**：讓每一個人都成功，依據多元智慧理論以及人文主義教育的觀點，透過教育，希望每一位學生的優點均被發現，經由激勵、成長、發展，高中高職或大學畢業之後，均是一個具有產能的人，是一個優勢智慧明朗化、有用而成功的學生，國民基本教育在培育具有生產能力的學生，奠定最為紮實的基石。

以當前學制發展的三條教育國道觀之，技職教育體系受到社會大眾的青睞，就讀高職→技術學院→科技大學的學生，已逐漸接近普通教育國道系統，再加上回流進修教育的持續繁榮，象徵著教育政策的導引（或調適），培育具有生產能力的學生將優先於全能發展的知識份子。

三、我國教育政策的特色【108特三】

(一) 在學生及教師方面

我國教育制度保障情境中的主體權益。就學生而言，教育機會均等。義務教育於民國57年延長為九年；103年十二年國民基本教育上路，目前的國民中小學就學率均在99%以上，顯示我國就學機會相當高。就教師而言，教師的社會地位崇高。

(二) 各級教育政策的特色

1. 幼兒教育普及化，但未列入正規教育及義務教育中。
2. 義務教育十二年，但對學生的職業性向進行試探。
3. 國民教育課程採取十二年一貫設計方式。
4. 教育資源城鄉差距減少。
5. 綜合高中設立，減少學生分流。
6. 高等教育轉型。
7. 大學教育量擴增，但亦考量質量，具合併與退場機制。
8. 終身學習社會的建立。

 考 題 集 錦 --

教育立法與法規

1. 教育行政機關常需要透過政策立法，來規範與執行教育政策。試申述教育行政機關在那些事項，宜以法律定之；在那些情形需要對教育法規進行修正，以及在那些情況之下，則需要對教育法規條文廢止？【108高考三級】

2. 依據「特殊教育法」，政府應對身心障礙學生給予適當安置、輔導及支援性服務。試以教育行政之實務觀點，說明目前中小學針對身心障礙學生所提供之教育，所存在的問題與改進策略為何？【107身三】

3. 我國的國民教育是否為免費教育？請以「國民教育法」與「高級中等教育法」相關規定闡述之。【106地三】

4. 中小學國際教育政策白皮書所標舉的目標與策略為何？請說明之。【105身三】

5. 「高級中等以下教育階段非學校型態實驗教育實施條例」業經總統於民國103年11月19日公布施行，請說明非學校型態實驗教育的意義和類型，以及直轄市、縣（市）主管機關在非學校型態實驗教育過程中應該扮演的角色。【105高考三級】

6. 大學法第21條規定:「大學應建立教師評鑑制度,對於教師之教學、研究、輔導及服務成效進行評鑑,作為教師升等、續聘、長期聘任、停聘、不續聘及獎勵之重要參考。」然而,目前大學校園普遍受到「重研究、輕教學」之批評,請深入分析造成此現象的原因,並申述主管教育行政機關應如何加以因應?【102高考二級】

7. 特殊教育法第28條規定:「高級中等以下各教育階段學校,應以團隊合作方式對身心障礙學生訂定個別化教育計畫,訂定時應邀請身心障礙學生家長參與。」針對此項規定,請就實務觀點,分析說明目前學校對於「個別化教育計畫」應有何種策略與作為,方能貫徹特殊教育之精神?【102身三】

8. 依據教師法第26條規定,教師會分為學校、地方、全國三級。請以教育行政的觀點,說明分析目前「目前學校教師會」在運作上出現哪些問題?面對教師工會的核准成立,其改進因應之策略又為何?【102高考三級】

9. 教育基本法第8條規定:「學生之學習權、受教育權、身體自主權及人格發展權,國家應予保障,並使學生不受任何體罰及霸凌行為,造成身心之侵害。」請提出校園霸凌行為防制的有效策略。【101高考二級】

10. 原住民族教育法第21條規定:「各級政府對學前教育及國民教育階段之原住民學生,應提供學習其族語、歷史及文化之機會。」針對此項規定,請就實務觀點,說明目前相關學校已有何種作為?未來應有那些改進之策略與措施?【101原三】

我國教育行政制度及其運作

1. 我國縣(市)政府教育處組織之主要單位和職掌為何?並就縣(市)教育處組織與運作的優缺點評論之。【108身三】

2. 我國現行規定高級中等學校除單科型高級中等學校外,得設群、科、學程。除單獨設立之綜合型高級中等學校外,普通型與技術型高級中等學校亦得設立綜合高中學程。請說明綜合高中學制在我國之起源、特色、發展,以及今日面臨的問題,並評論此一學制在我國實施之成效。【108地三】

3. 教育部於民國106年7月發布《高等教育深耕計畫》,引領高等教育未來發展,請說明該計畫的目標和重要內涵,並提出您對該計畫的評析。【107地三】

4. 教育行政組織之運作,可分首長制(department form)和委員制(board form)兩類,其制度之優缺點為何?另外,試舉例說明現行行政組織中何者是首長制?何者是委員制?【104高考】

5. 解釋名詞：教育行政權力分配均權化【101身三】
6. 第八次全國教育會議及最近公布的中華民國教育報告書，均指出現有教育行政體制需做妥適調整。試申論我國教育行政體制宜如何調整，方能更有效運作。【100高考二級】
7. 我國教育行政機關採首長制，美國地方教育行政機關及中國大陸過去的國家教育委員會則採委員制。請比較這兩種制度的優缺點，並申論如何靈活運用。【100高考二級】

我國教育政策與改革

1. 競爭經常被利用作為教育政策引導與品質提升的工具，請舉一個中央政府的教育相關競爭型計畫，說明其計畫理念及策略設計，你覺得競爭作為政策工具，是否能達成原來的目標？又會有那些負面或未預期的影響？【110高考三級】
2. 國家的教育政策會隨著內外在政經社會環境與教育發展趨勢而調整，請問當前臺灣主要的教育政策方向為何？目前臺灣的教育制度有何特色？請加以申論。【106身三】
3. 臺灣近年來推動大學校院整併與轉型，請問此一政策的緣由和目的為何？請提出影響大學校院整併、轉型成功之因素有那些？並請提出具體之治理策略。【106身三】
4. 我國高教畢業生失業率偏高，試述造成的因素，以及改進的重要作法。【106高考三級】
5. 某一地方政府教育局（處）發現該市（縣）中小學校學生的閱讀能力平均分數明顯落後於全國學生，而且校際有明顯落差。為了解決此一問題，可以依序使用那些政策工具（policy tool/instrument），使政策順利推動？【106地三】
6. 我國教育政策是如何制訂的？請列舉並說明參與教育政策制訂的行動者（policy actors）。【106地三】
7. 重視偏鄉教育與縮短城鄉教育落差，為當前重要教育政策之一，請分析偏鄉教育遭遇的困境，以及改善偏鄉教育品質的重要作法。【105高考三級】
8. 十二年國民基本教育已於103學年度正式上路，依據教育部之規劃，本項重大教育政策之理念為何？實施原則為何？試分述之。【104身三】

9. 政策失敗通常可分兩大原因，一是理論失敗（theory failure），另一是執行失敗（Implementation failure），其意涵為何？根據此邏輯，政策如何能成功？試以廣設大學政策為例，說明政策評鑑者如何能區分理論失敗與執行失敗的原因？請至少各列出兩項判斷理論失敗或執行失敗的指標說明之。【103地三】

10. 何謂教育政策制定的價值標準？請以十二年國民基本教育為例，分別說明這些標準的價值內涵。【103高考】

11. 十二年國教將於2014年正式實施。其中分為免試入學和考試入學兩大部分，免試入學比例不得低於招生的75%，考試入學特色學校學生比例不得高於25%。此外，學生若第一階段免試已經錄取，還想參加特色學校招生考試，則必須先放棄免試入學錄取的學校。試就以上相關規定，分析其可能產生之問題與改進之道。【102身三】

12. 教育部於民國100年所公布的《中華民國教育報告書－黃金十年百年樹人》中，揭櫫未來的教育政策，並據之提出十項發展策略。其中一項：「尊重多元文化、關懷弱勢與特殊教育族群權益」，請說明其具體策略與行動方案，並以多元觀點評析之。【102原三】

13. 近年各國義務教育學制的改革，對於家長的學校選擇權（School choice）極為重視。我國近年來在此議題上，已有那些政策與作為？其利弊得失為何？請分別說明之。【102高考】

14. 請問因應12年國民基本教育施行，教育行政領導者如何引領學校組織致力於教育魅力的經營，以利家長、學生較適選擇，與落實高中職入學社區化。【102簡升】

15. 有關我國中小學教師分級的問題研議已久，在過去的全國教育會議中亦曾深入討論。請就所知說明主要國家實施中小學教師分級制度的概況；如果我國要實施該項制度，應思考那些配套措施？【102高考二級】

16. 當前我國教育的關鍵策略目標為何？在國民教育階段有那些實施成效？產生那些問題？請提出因應對策？【101地三】

17. 教育政策推動之「計畫目標」與「實際執行」之間常會有落差存在，請以我師資培育政策為例，說明其落差之原因，並提出未來我國師資培育和教師教育應行改進之建議。【101地三】

18. 當前我國提出十二年國民基本教育的政策意涵為何？部分措施作法產生那些爭議問題？如何加以改善？【101高考】

19. 政府計劃於103學年度實施十二年國民基本教育,請分析十二年國民基本教育與人才培育的關係,並提出十二年國民基本教育如何做好人才培育工作。【101高考二級】

20. 師資培育制度之良窳是影響教育品質的核心要項,亦攸關教育競爭力與國家未來發展,為培育我國優良的中小學師資,請分析當前我國師資培育,並提出未來因應和改進之道。【100地三】

21. 臺灣的師資培育已從一元化走向多元化,近年來因應主客觀環境的變化,政策反覆搖擺不定,也深深影響整個培育體系的發展。就政策評鑑的觀點,說明如何進行師資培育政策評鑑。【100高考】

答題範例

一、依據教師法第26條規定(目前已修改為第39條),教師會分為學校、地方、全國三級。請以教育行政的觀點,說明分析目前「目前學校教師會」在運作上出現哪些問題?面對教師工會的核准成立,其改進因應之策略又為何?【102高考三級】

【破題分析】 《教師法》第26條規定,教師會分為學校、地方、全國三級,而《工會法》第4條允許教師組工會,教師組織的運作變革對教育行政產生重大之影響。依題意,分別說明分析目前「學校教師會」在運作上出現之問題,以及面對教師工會的成立之改進因應之策略。

解析

(一) **目前「學校教師會」在運作上出現的問題**

1. **專業促進發展的角色功能不足**:學校教師會應定位為教師專業團體之角色,然而,學校教師會存在迄今,其專業團體之地位一直難以獲得社會大眾之認同,有時甚至淪為可有可無之團體,其專業地位有待提升。因此,學校教師會在「專業促進發展」的角色功能尚嫌不足,無法充分扮演專業團體之角色。

2. **造成學校行政運作之兩難**:學校教師會存在常使學校行政運作產生極大的衝突,而部分兼任行政之教師,身兼行政及教師會成員二種身分,易有角色內及角色間之衝突及兩難,影響學校行政效能。

3. **教師沒有足夠時間參與教師會活動**：教師參與教師會務活動並不踴躍，是待克服的問題，教師不踴躍參與教師會活動，會降低對教師會組織的向心力，影響教師會運作的力量。

4. **教師自律公約淪為口號**：教師團體應積極訂定教師自律公約，然而運作迄今，教師自律公約淪為口號，許多教師只願享權利而不負擔義務，造成行政運作上極大之困擾。

5. **形成不適任教師的保護傘**：當教師出現不適任教師之情事時，常因教師間之情誼而難以公允處理情事，造成學校教師會介入程序運作而使不適任教師處理上產生困擾，而形成「師師相護」之批判。

(二) **面對教師工會的成立之改進因應之策略**

1. **未來教師工會體制完備後，學校教師會應與之分工或逐漸退出**：學校教師會與教師工會應當分工，屬於校際之間的活動，由教師工會處理，屬於校內的維護教師權益、制衡學校行政與團結教師力量，則仍由學校教師會負責。

2. **檢討及增修現行相關教育法令**：針對勞動三法，檢討及增修現行相關教育法令，以因應未來處理相關教育勞動條件協商及處理爭議事項。

3. **辦理勞動三法之研討與講習**：邀請教育行政人員、學校校長及相關人員參加，以理解勞動三法之內涵，及其在教師工會之應用。

4. **建立教師工會與教育行政機關互動模式**：教師工會協商對象以教育行政機關為主，因此，應建立教師工會與教育行政機關互動模式，就雙方如何互動，以及協商程序如何進行等，都需要雙方研商，以利遵循。

5. **設置專責單位處理協商或爭議事件**：教育行政機關應增加法制人員或法律顧問，以及增加處理教師工會業務之專責人員，必要時，應增加專責處理單位，以利後續愈來愈多的勞動協商事件及爭議行為之處理。

6. **未來教師工會應多辦理活動以擴大議事討論與凝聚共識**：因為教師團結權的行使，有賴於更多教師工會會員的團結行動與協商；未來針對如何吸引更多教師成為會員，以及參與會務，仍然是一項考驗與重點。教師工會應多辦理活動以擴大議事討論，如此才能凝聚教師會員共識，提高教師會團結氣氛。

＊本文參考資料：吳清山（2011）。因應教師工會成立的配套措施。取自：http://epaper.naer.edu.tw/index.php?edm_no=17&content_no=387

二、十二年國民基本教育已於103學年度正式上路，依據教育部之規劃，本項
重大教育政策之理念為何？實施原則為何？試分述之。【104身三】

【破題分析】 本題就十二年國教的基本理念與原則闡述即可，屬於簡單題。

解析

(一) **十二年國民基本教育的基本理念**

十二年國民基本教育立基於九年國民教育，以五大基本理念推動十二年國
民基本教育：

1. **有教無類**：高級中等教育階段是以全體15歲以上的國民為對象，不分種
族、性別、階級、社經條件、地區等，教育機會一律均等。

2. **因材施教**：面對不同智能、性向及興趣的學生，設置不同性質與類型的學
校，透過不同的課程與分組教學方式施教。

3. **適性揚才**：透過適性輔導，引導學生瞭解自我的性向與興趣，以及社會職
場和就業結構的基本型態。

4. **多元進路**：發展學生的多元智能、性向及興趣，進而找到適合自己的進
路，以便繼續升學或順利就業。

5. **優質銜接**：高級中等教育一方面要與國民中學教育銜接，使其正常教學及
五育均衡發展；另一方面也藉由高中職學校的均優質化，均衡城鄉教育資
源，使全國都有優質的教育環境，使學生有能力繼續升學或進入職場就
業，並能終身學習。

(二) **十二年國民基本教育的實施原則**

十二年國民基本教育的實施最高指導原則，希望能達成下列目標：1.大幅
提升經濟弱勢學生學費補助，減輕家長經濟負擔；2.大幅擴增優質高中，
減輕升學壓力；3.大幅擴增優質高職，強化產學合作，落實高職務實致用
精神，使高職成為真正受歡迎的就學選擇；4.加強輔導未升學、未就業國
中畢業生適性學習。

除此之外為有效推動十二年國民基本教育，將本以下原則實施：

1. **分階段穩健實施**：分為啟動準備階段及全面實施階段，並訂定重要工作項
目關鍵指標值，逐年落實。

2. **中央與地方共同合作**：包括免學費、劃分免試就學區、免試入學及特色招生、政策宣導等多項措施，將由中央與地方主管教育行政機關協調合作，以竟全功。

3. **系統整合方案與計畫**：整合現階段正在實施之多項方案或先導計畫，以發揮永續發展的整體效益。

4. **家長共同參與及推動**：本計畫將鼓勵和擴大家長共同參與諮詢與推動宣導工作。

5. **學校伙伴協助與宣導**：本計畫將邀請國小、國中、高中、高職及五專學校代表、相關行政人員及教師代表，參與諮詢及推動宣導。

6. **促進教育均質化與優質化**：改善並充實高級中等學校資源，縮小城鄉差距，逐步擴增優質高中職數量，以吸引學生就近入學。

7. **重視學生學習一貫化**：透過統整與連貫之課程結構，國中小教育與高中職教育相互銜接，使學生之學習經驗與身心發展階段連結。

8. **強化學習評量，確保學習品質**：強化國中學生學習成就評量機制，審視學校教學成效，以確保國中生素質。

頻出度C：依出題頻率分為：A頻率高、B頻率中、C頻率低

第**10**章 教育人力資源管理

【**重要考點**】教育資源、人力資源管理、人力資源運用效益評估、教師的組織公民
行為、教師職級制度、不適任教師處理、教育行政倫理

【**新近趨勢**】人力資源管理系統與人員角色扮演、資料包絡分析法、師資培育素質
提升方案、中小學教師素質提升方案、校長辦學績效評鑑、教師專業
發展模式、全國教師自律公約

名師導讀

> 這裡是教育行政學出題機率較低的一章，考題集中於教育人力資源管理與策
> 略、人力資源運用效益與評估、教育行政專業與倫理，未來在師資培育素質提
> 升方案、中小學教師素質提升方案、校長辦學績效評鑑、教師專業發展模式等
> 議題，必須特別注意。

學習架構

第一節 教育資源與人力管理
壹、學校教育資源的種類
  一、財力資源
  二、物力資源
  三、人力資源
貳、學校人力資源管理
  一、學校人力資源的意義與特徵
  二、學校人力資源管理的定義與內涵
  三、學校人力資源管理的功能與目的
  四、人力資源管理系統與人員角色扮演
  五、學校人力資源管理策略
  六、人力資源運用效益評估

第二節 教育人力的養成與權責
壹、教育人員的培訓與任用
  一、教育人員的培訓
  二、教育人員的任用
貳、教育人員的待遇與福利
  一、教育人員的待遇
  二、教育人員的福利
參、教育人員的權利與義務
  一、教師的權利
  二、教師的義務
  三、教師的組織公民行為

第一節　教育資源與人力管理

> 考點提示　(1) 教育資源；(2)人力資源；(3)教育人力資源管理；(4)資源運用效益的評估，是本節必考焦點。

教育資源可視為教育所擁有的資產（assets），狹義的教育資源則可定義為「學校教育資源」。學校教育資源的來源與管理，是學校經營非常重要的課題。

壹、學校教育資源的種類【102簡升】

學校教育資源約可分成財力、物力和人力資源，詳細探討如下：

一、財力資源

教育事業要發展，首要考慮的是經費問題，雖然教育經費的多寡並不一定能夠確保提昇教育品質，但是在教育經費不足的情況下，許多教育問題的改善不免受到限制。

教育經費的主要來源，大致上包括：稅收、學費收入、經營收入、借貸收入及捐助款等五項（蓋浙生，1994）。其中最大比率且較為固定來源是來自政府稅收及學校學費收入兩大部分。目前我國的國民教育經費，以地方之直轄市政府及縣（市）政府負責為原則，但實際上各級政府當中，以中央政府的收入最豐，縣（市）政府的財政最為短缺，使得教育經費成為地方政府極為沉重的負擔，在部分財政窘困的縣（市），甚至影響到地方政府其他部分的支出。

二、物力資源

校園中物力資源涵蓋的項目甚廣，大致上可分為教學設備、衛生設備、視聽設備、一般電氣設備等。因此，從電腦及網際網路設備、各種教學用視聽器材、教具、儀器、圖書期刊、教師教學資料與軟體、飲水設施、衛生設施等，皆屬學校的物力資源（吳清山，2000）。而其中與教學最為直接相關者，當屬教學及視聽設備。

三、人力資源

人力資源可分為四種類型：(一)穩健執行者（solid performer）：這種員工能力好，工作意願高，是組織最應該重視的一群；(二)發揮不足者（underutilizer）：這種員工能力好，但工作意願欠佳〈即動機不高〉；(三)被誤導者（misdirected effort）：這類員工的工作能力低，但工作意願卻不低，所以，組織應設法增進其工作技能，例如：提供訓練或指派臨時性任務的機會；(四)朽木型（deadwood）：這是能力不足、動機亦低的員工。對於這種員工，組織必須找出適當的處理措施，例如：轉介別處或予以解僱等，以免增加組織的負擔。

在學校組織中可運用的人力資源（human resource），包含教師、行政人員、家長和社區人士等。若能善加利用，相信對學校校務發展與學生學習品質的提昇必有極大助益。茲分成教師人力資源及家長人力資源兩方面來分析：

(一) **教師人力資源**：教師主宰整個教學活動的進行，學生學習及日常生活表現受教師影響甚鉅，因此，除了重視教師職前培育之外，在職教師也要不斷進修成長，學校方面或教育主管機關更應持續加強教師在班級經營、輔導知能、教材教法等方面的能力與信心，使其成為有效能的教師。只有具效能的教師才能提昇學生的學習效能，也才能進一步發展出有效能的學校（吳清山，2000）。

(二) **家長人力資源**：家長在學校教育與學生學習的參與程度對提昇教育品質有其必要性（周新富，1998）。家長除了在金錢上對學校提供支援外，若能進入學校協助教學活動進行，對開拓學生的學習內容與校務的推展必有極大幫助。目前國內家長參與學校義工服務的項目大致有下列幾項：協助教學、作業指導、社團活動、校外參觀教學、校園安全維護、輔導工作、交通導護、社區教育與社區聯繫（邱鈺惠，2002）。

貳、學校人力資源管理

一、學校人力資源的意義與特徵【99身三】

(一) 意義

李正綱、黃金印（2001）認為，所謂人力資源係指所有與組織成員有關的一切，包括員工性別、人數年齡、素質、知識、工作技能、動機與態度等，皆可稱為人力資源。劉惠卿（2001）亦著重人力資源的素質，認為應包括員工的能力、知識、技術、態度和激勵。可見，人力資源除組織成員的數量之外，更綜合了組織成員所展現的知識、能力和工作表現。

學校人力資源的意義會隨著學校組織的定義而有所不同，廣義來看，學校人力資源包括校內的校長、教職員和學生，以及校外的社區。而教師是學校最重要的資源，也是教育最大的人力資本。狹義而言，學校人力資源則指所有教師，包括校長、主任、組長和其他兼任行政的教師、專任教師、代理代課教師、兼職教師以及支援教學工作人員等（林慧蓉，2003）。

(二) 特徵

人力資源具有下列四種特性：1.人力資源的運用與發揮可達無限的境界；2.人力資源無法儲存，若運用得當，可推升組織績效（如下圖10-1）；3.人力資源必須不斷地維持或提升，才能保持其價值；4.人力資源的投資

回收,具高度不確定性。在學校組織中的人力資源,除了上述四種特性外,尚有以下特質:

1. **多元性**:學校位處複雜的社會情境之中,受制於有限的資源,也涉及多類成員,包括教育行政機關人員、學校行政人員、教師、學生、家長、社區人士等多元性的人力資源。

2. **異質性**:學校人力資源除多元性外,各種人力之間有不同的教育背景與生活經驗,展現豐富的異質性。

3. **合作性**:學校人力資源均有共同的目標,就是希望學校辦學績效良好,因此,在不同的角色領域共同合作,達成教育目標。

4. **顯明性**:學校人力資源管理是依據學校的特徵和需求而設計,目標非常明顯。

5. **敏感性**:學校學生是國家社會未來主人翁,家長視若寶貝生命,因此,學校人力資源的運用成效對學生的影響與否,具有高度的敏感性。

◎ 自主工作團隊	◎ 員工建議的實施
◎ 工作輪調	◎ 以績效論酬
◎ 高階的技能訓練	◎ 指導與訓練
◎ 問題處理團隊	◎ 大量的資訊分享
◎ 全面品管的手續與過程	◎ 跨部門的整合
◎ 廣泛的員工參與和訓練	◎ 完善的人才招募與甄選過程

圖10-1 高績效人力資源運用的策略

二、學校人力資源管理的定義與內涵【105地三;102地三】

(一) 定義

Castetter與Young(2000)認為,學校的人力資源管理(human resource management,簡稱HRM),是學校為達學校目標下,去吸引、發展、維持、激勵人力,協助組織成員去達成其工作表現標準、去最大化每位成員的生涯發展、協調個人與組織的目標等所進行的人力資源管理活動。

吳清山與林天祐(2002)提出,學校人力資源管理重要的課題包括:建立整體性的人力資料庫、規劃系統性的進修訓練課程、建立績效本位的薪給制度、強化分工合作的組織團隊、提昇員工工作環境的品質、以及建構

滿足個人與組織需求的機制。盧中原（2006）對人力資源管理的看法是將組織內部的人視為一項資源，將組織內之所有人力資源的開發、領導、激勵、溝通、績效評估、訓練發展、及維持管理過程和活動，作最適當的確保、維持與活用，並為達此目的所做的計劃、執行、統制的過程。

(二) 內涵

范熾文（2004）學校人力資源管理的內涵可歸納如下：1.學校人力資源分析：組織外在、內在環境分析；2.學校人力資源規劃：評估現存組織人力在質與量方面之適當與否；3.學校人力資源取得：透過各種媒介，吸引及甄選優秀教師；4.學校人力資源發展：透過訓練學校機制，提昇人力素質；5.學校人力資源報酬：建立績效導向之薪資、福利制度；6.學校人力資源維護：以激勵、溝通、領導來建立和諧人際關係；7.學校人力資源的未來：學校人力資源的國際化。

陳繁信（2006）學校人力資源管理的內容，係指學校為兼顧學校與個人目標之達成，所採用之人力任用、人力維持、人力激勵、人力發展等策略，進行規劃、執行與評鑑的管理機制與活動。

綜合上述，若以教師作為學校人力資源的個體，學校人力資源管理的內涵則包括教師甄選、任用、發展、考核，詳細說明如下：（林虹君，2005）

1. **教師甄選**：學校為了人盡其才，創造學校競爭優勢，因應學校發展所需，對於學校內外環境、工作、現有人力及未來發展需求加以分析，將適任教師引進學校團隊。

2. **教師任用**：依學校發展需要，對於教師人力的配置，包括教師職務、授課節數及任教班級的規劃。

3. **教師發展**：兼顧教師個人生涯發展和學校發展目標，整體規劃長期的教師發展計畫，包含新進教師的導入、教師進修研習、增進教師專業知能等規劃。

4. **教師考核**：為提升學校組織效能，達成教育目標，對於教師工作成效的評估策略，包含形成性的教師評鑑和總結性的年終考績，又稱為「教師績效評鑑」。

三、學校人力資源管理的功能與目的

良好的人力資源管理，能夠有效地運用人員的能力與技術專才，激發組織成員潛能，使其工作士氣高昂，滿足自我實現感與增加成員的工作成就感，並能協助企業負責人做出正確決策，協助達成組織目標。范熾文（2004）學校人力資源管理目的分為：(一)績效目的與維持目的；(二)年資系統與能力系統；(三)提高成員工作滿意品質；(四)社會人力素質提昇。

李誠（2000）指出，教育組織中人力資源管理的目的如下：

(一) **求才**：組織在發展中，必須對中、長期的人力資源需求進行持續且系統的規劃，穩定組織發展的人才需求。

(二) **用才**：適才適用的運用人力，並能發揮激勵作用，滿足成員的需求，使其勇於發揮所才，克盡職責。

(三) **育才**：組織應投入更多的資源，對成員加以訓練和教育，除了外在專業訓練外，也應重視內在價值和人格的提升，使成員持續學習，時時更新自身知能。

(四) **留才**：人才的留用，並增加成員對組織的認同，吸引人才長期為組織奉獻，亦是人力資源管理的重要課題。

四、人力資源管理系統與人員角色扮演

(一) **人力資源管理系統**

1. **人力確保管理**（acquisition management）：
   (1)人力規劃；(2)工作研究；(3)任用管理。

2. **開發管理**（development management）：
   (1)教育訓練；(2)績效考核；(3)人力異動；(4)前程發展。

3. **報償管理**（compensation management）：
   (1)薪資管理；(2)福利措施；(3)勞動條件。

4. **維持管理**（maintenance management）：
   (1)人際關係；(2)勞資關係；(3)紀律管理；(4)離職管理。

(二) **人力資源管理人員扮演角色**

1. **諮詢者**（advisor）：人力資源管理人員因具備該領域的專業知識，故常成為業務部門主管的諮詢對象。

2. **服務者（steward）**：人力資源管理人員經常扮演此一角色；例如，為組織成員舉辦訓練，幫忙撰寫工作說明書、代為考選所需的人才，甚至提供某些額外的協助等。

3. **積極變革者（activist & change agent）**：人資主管常可實際影響組織的政策。

4. **調解者（mediator）**：當其他主管之間如發生意見相左或溝通困難時，人資主管可從第三者的立場從事意見整合工作。

5. **稽核者（auditor）**：人資主管對於組織中有關人力資源管理措施的執行，負有稽核的責任。

6. **問題解決者（problem solver）**：人是複雜的靈性動物，故處理人事問題並無一個最佳的方法或萬靈丹，因此，人資主管必須針對特定狀況，選擇一個合適的技術或途徑去解決所發生的問題。

7. **專家與通才（specialist vs.generalist）**：為期達到專家與通才的互補效果，現代人資主管，一方面走向專業化；另方面，又需要通才。

8. **組織策略之制定與執行的參與者**：組織擬訂出最佳的策略，然後就交由各單位去思考如何達成，從策略的制定到執行，人資人員都參與其中。

五、學校人力資源管理策略【99身三】

優質的學校人力資源管理，可以提升人力資源的素質與能量（張本文，2008），其策略整理如下表10-1：

表10-1　學校人力資源管理策略

| 擬訂管理計畫，以促進組織發展與提昇效能 | 學校人力資源管理正向功能的發揮，端賴於整體學校人力資源管理計畫的擬訂與實行。因此，在擬訂學校人力資源管理計畫時，應作全盤性的思考、做好學校SWOT分析，並與學校發展目標相結合，訂定出合宜的學校人力資源管理計畫。如此，不但可以提高學校人力資源管理的效能，促進學校組織的發展，也能提昇學校效能。 |

形塑學習型學校，以利組織變革	校長及學校所有行政人員，應轉型為學習者、探索者與溝通者的角色，努力將學校形塑成學習型學校，並鼓勵教師不斷追求專業知能的成長，依學校發展所需來設計進修課程，進修方式應更多元，規劃教師專業對話或分享平台、讀書會、鼓勵並協助成立專業團隊等。透過學習型學校之型塑，讓整個校園充滿著不斷學習的氣氛，也能奠定學校組織變革的基礎。
適才適所，鼓勵參與	學校在職務與課務編排時，要適才適所，發揮教師專長，建立行政工作輪值制，可藉由行政工作的參與，促使教師能在行政工作歷練中成長，也能以更寬廣的角度來思考教育問題。在做法上，學校應充分掌握教師專長及其他背景資料，依專長分工，勞務也應適當調配使之平均分擔。並訂定職務輪調規章，以利大家依循。
引進且善用校外之人力資源，協助學校發展	學校常面臨缺乏某領域專長的人力或經費不足等問題，所以應調查並掌握社區現有資源，平時做好公共關係與學校行銷，多利用且爭取資源來協助學校人力的管理。引進家長、社區志工、校友及各領域具有專長之人力，進入學校指導學生學習，輔助教師教學與促進專業團隊成長，幫助學校多元的學習與發展。
培育並留住優秀人才	現今學校本位管理趨勢帶動下，各校在人事上擁有其自主的權力，因此學校在人力資源管理的任用、維持、激勵與發展等規劃之優劣，將攸關學校的成敗（謝宜倩，2002）。所以學校校長應該採學校本位領導觀點，多涉獵人力資源管理知能來預先籌畫學校願景方向與長期人力發展計畫，建立自我培育優秀教師機制，形塑出其學校教師人力特色，用以吸引並留住優秀人才。
落實學校績效評估，獎勵與輔導教師成長	教育主管機關應增加教育評鑑專長人力，確實了解學校運作，共同評估學校校務與發展，落實對學校的績效評估及校長的辦學績效評鑑，進而促使各校重視學校的績效表現。學校本身也要落實績效評估工作，廣納建言，發展出有共識、合乎教學現場且具體可行之方案，獎勵服務績優教師，主動發現績效不彰者，協助輔導其改進與發展。

六、人力資源運用效益評估【102簡升】

人力規劃目的在於讓人力資源作有效運用，使組織發揮最大效益，以提升組織行政效率。因此，如何選擇出一套合理而客觀之評估方式，使人力資源配置達成最合理狀態，是建立高效率組織之前提。

(一) 高效人力資源運用的環境

為落實人力資源管理措施，並提高人力資源運用效益，組織人資部門可以藉由下述策略來協助創造一個良好的工作環境，依照人力資源管理程序（如圖10-2），進行人力資源運用，並評估組織人力資源運用效益的高低：

1. 建立和諧的勞資關係。
2. 確立合理的薪資制度與適當的福利措施。
3. 建立公平有效的考績制度。
4. 實施公平的升遷與獎懲制度。
5. 提供適時、有效的訓練與發展機會。
6. 提供必要的協助與輔導。
7. 暢通組織上下左右的溝通管道。

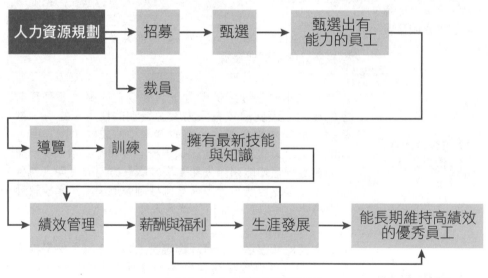

圖10-2　人力資源管理程序

(二) 教育人力資源運用效益的有效評估方式

人力資源運用效益評估大致包括建立標準、溝通標準、評估績效、討論結果、採取校正行動、以結果做決策等六個步驟。至於評估方式，以往人力評估常用「工時法」，需耗費巨額作業時間及成本，目前廣泛用於評估非營利組織績效的資料包絡分析法（data envelopment analysis），運用於人力評估作業，可以促使人力運用效率提升，達成人力資源有效運用。

資料包絡分析法是一種使用非參數的分析技術（non-parametric technique），可以同時考慮多個變數的成效評估方法。例如：學校欲瞭解人力資源運用概況，鎖定A（學習績效）與B（教師素質）兩個指標來蒐集歷年資料，然後將指標A（x軸）與指標B數值（y軸）的關係用二度座標軸的散布圖描述出來。落在圖中越右邊且越上面的代表這兩種指標的數值都越大，因此整體效率愈高。如此建立長期（如10年期）資料庫，逐年作分析，作為人力配置或其他資源投入及配置之參考，可以提升學校的整體效率。

第二節 教育人力的養成與權責

> **考點提示** (1)教育人員任用條例；(2)師資培育素質提升方案；(3)中小學教師素質提升方案；(4)教師的權利與義務，是本節必考焦點。

壹、教育人員的培訓與任用

一、教育人員的培訓

(一) 師資培育制度

過去台灣的師資培育制度是一元化的模式，依照《師範教育法》由各師範院校負責培養師資，師範生皆為公費，畢業後由政府分發到各中小學任教。1994年2月7日，總統公布《師資培育法》，改變過去師範生公費制度，師資培育改採「儲備制」，以自費為主，且一般大學均可以申請教育學程，參與師資培育的工作，確立台灣師資培育多元化的道路，往後經過幾次修正後，其重要內容主要有：設置師資培育審議委員會、規費師資培育機構、明定師資培育職前教育課程、確立半年教育實習課程、設立教師資格檢定委員會等。

然而，《師資培育法》的本意是要讓更多大學培育師資，中小學校可從中選出較優秀老師，但在教育部缺乏有效管理的情況下，設立教育學程成了不少大學「招生」的新賣點，教育學程開設浮濫，師資培育學生（簡稱師培生）大增，使教師甄試開始出現僧多粥少情況。近年少子化問題浮現，學校開始減班，校方以凍結教師缺額因應教師超額，或改聘代理代課教師，使師培生就業更加困難，出現大量流浪教師，呈現人力供需嚴重失衡的狀況，也造成教育資源的浪費。而師範院校原本可以公費吸引素質優良之學生就讀，在自費生大幅增加後，各校錄取分數皆不如以往。

(二) **教師資格檢定制度與調整**

民國91年《師資培育法》修正，將教師資格的取得由原先「形式」上的檢定，轉向實質的資格檢定，即要取得教師資格者，經修習規定的教育課程及實習後，尚須參加檢定考試，及格者始能取得教師證。考試科目，包括國語文基本能力、教育原理與制度、課程與教學、發展與輔導、數學能力測驗（國小教師）等，每年及格率約為六成。

保羅塔夫（Paul Tough）2013年在《How children Succeed ： Grit，Curiosity，and the Hidden Power of Character》一書中說到：「**過去十年，一群結合經濟學家，教育工作者，心理學家等學界發現，與孩童息息相關的，並不是我們將多少資訊塞進他們的腦袋，而是我們是否能幫助他們發展一套不一樣的特質：包含堅持，自制，好奇，認真，勇氣和自信等，這類非認知技能的人格特質與品格**」。新世代教育的翻轉，需要新世代教育能力的教師，期盼教育檢定能因應教育趨勢的快速轉變，改變考題型態與方式，培育更多具有適合新世代教育能力的教師夥伴。

(三) **教師在職進修相關方案**

有關教師在職進修教育的規定，除在前述相關法規有所規範外，為因應階段發展的需要，亦有相關方案的推出，其中較為重要的方案為《師資培育素質提升方案》和《中小學教師素質提升方案》，茲分述如下：

1. **師資培育素質提升方案**

此項方案旨在依據《師資培育法》之精義而制定，於民國95年頒布，以提升教師素質為目的。依據師培法第二條規定，師資培育應注重教學知能、專業精神、民主法治之涵義與生活品德之陶冶，進而由教育部研擬可行的策略和目標導向的行動方案，提出「師資培育政策建議書」，在第五層面「教師專業成長」中，方案八即在強化教師的專業能力，明確列出發展的重點為：

(1)規範建立教師專業能力發展的權責單位。

(2)規範建立教師專業能力發展課程架構及其內容。

(3)規劃建立教師專業發展階級及其進修時數。

(4)建立教師第二專長進修機制。

(5)建立教師在職進修認證機制。

(6)逐步建立教師進修研習與教師學術研究加給結合的教師進階制度，以促進教師的進修。

2. **中小學教師素質提升方案**

此方案於民國98年頒布，為期4年，共分為五大層面。其中層面三為「促進教師專業發展，提昇教師專業知能」，即以精進教師進修制度為出發點，擬定：

(1)建構中央、地方與學校教師進修整合體系。

(2)提升校長及教師專業能力。

(3)建立多元進修制度。

(4)研訂教師在職進修認證實施規準，以建構教師進階制度等教師在職進修相關執行策略，完備三級（中央、地方、學校）教師進修體系與多元進修制度，進而推動整體性教師專業發展。

(四) **教師在職進修制度**

教師在職進修活動的呈現方式可有多重選擇，只要內容與教育專業知能之成長有關即可。例如：參加研習、實習、觀摩、考察、研究，甚至進修學分及學位等等皆是。

公立及已立案之私立學校編制內，按月支給待遇，並依法取得教師資格之教師，得依《教師進修研究等專業發展辦法》（民國85年9

月13日頒布,民國109年6月28日最新修正)在一定期間內保留職務,並照支薪給,以帶職帶薪方式於國內、外從事專業發展,並依下列規定辦理:

1. **全時進修或研究**:學校或其主管機關基於業務需要,主動薦送或指派教師,在一定期間內進修或研究。

2. **部分辦公時間專業發展:**
   (1) **進修或研究**:學校或其主管機關基於業務需要,主動薦送、指派或同意教師,於留校服務期間,利用授課之餘進修或研究。
   (2) **其他專業發展活動**:學校或其主管機關基於業務需要,主動薦送、指派或同意教師,於辦公時間,從事其他專業發展活動。

3. **專科以上學校教師休假進修或研究**:依學校章則規定辦理。

4. **高級中等以下學校教師以公假進行提升教師專業知能之活動**:學校主管機關同意教師全時或部分辦公時間從事自主專業成長計畫之研究、參訪交流、公開授課、辦理或參與研習、工作坊、專題講座或其他提升教師專業知能之活動。

5. **公餘專業發展**:學校基於業務需要,主動薦送、指派或同意教師,利用假期、週末或夜間進修、研究或從事其他專業發展活動。
   教師除上述帶職帶薪的進修方式之外,亦得以留職停薪方式(指學校或其主管機關基於業務需要,同意教師在一定期間內保留職務及停止支薪而從事之進修或研究)。其申請程序及期限,於公立學校依教育人員留職停薪辦法之規定,於私立學校依學校章則之規定。

(五) **各國教師在職進修模式比較**

以英、法、美、日、中、德、台七個國家為例(如表10-2所示),只有台灣教師不須強制進修、沒有教師分級與評鑑制度(指的是教師評鑑,而非成績考核或教師專業發展評鑑),相較其他六國均須強制進修且教師分級而言,台灣的教師進修制度似乎仍不甚完備。綜觀台灣教師進修制度存在的問題,約有下列幾點:

1. 教師主動進修的意願不高。　　　2. 缺乏評鑑機制。
3. 進修規劃缺乏教師的參與。　　　4. 法令不夠嚴謹。
5. 教師進修的定義過於狹隘。　　　6. 教師進修體系凌亂。

表10-2 各國教師在職進修制度比較

	教師證照	教師分級	強制性	評鑑制度	薪資或學位的晉級
美	○	○	○	無法續聘	更新證書
英	○	○	○	五階段規劃	○
法	○	○	○		○
德	○	○	○	不能去職	×
日	○	○	○		×
中	○	○	○	晉級與否	○
台	○	×	×	×	○

二、教育人員的任用

我國教育人員的任用，悉依民國74年頒布，民國103年1月22日最新修正通過的《教育人員任用條例》相關規定辦理。《教育人員任用條例》第3條規定，教育人員之任用，應注意其品德及對國家之忠誠；其學識、經驗、才能、體能，應與擬任職務之種類、性質相當。各級學校校長及社會教育機構、學術研究機構主管人員之任用，並應注重其領導能力。

(一) 國民小學校長任用資格

國民小學校長應持有國民小學教師證書，並具下列資格之一：

1. 曾任國民小學教師五年以上，及各級學校法規所定一級單位主管之學校行政工作三年以上。
2. 曾任國民小學或國民中學教師三年以上或合計四年以上，及薦任第八職等以上或與其相當之教育行政相關工作二年以上。
3. 曾任各級學校教師合計七年以上，其中擔任國民小學教師至少三年，及國民小學一級單位主管之學校行政工作二年以上。

(二) 國民中學校長任用資格

國民中學校長應持有中等學校教師證書，並具下列資格之一：

1. 曾任國民中學教師五年以上，及各級學校法規所定一級單位主管之學校行政工作三年以上。
2. 曾任國民小學或中等學校教師三年以上或合計四年以上，及薦任第八職等以上或與其相當之教育行政相關工作二年以上。

3. 曾任各級學校教師合計七年以上，其中擔任國民中學教師至少三年，及國民中學一級單位主管之學校行政工作二年以上。

(三) **高級中學校長任用資格**

高級中等學校校長應持有中等學校教師證書，並具下列資格之一：

1. 曾任高級中等學校教師五年以上，及各級學校法規所定一級單位主管之學校行政工作三年以上。

2. 曾任中等學校教師三年以上，及薦任第九職等以上或與其相當之教育行政相關工作二年以上。

3. 曾任各級學校教師合計七年以上，其中擔任高級中等學校教師至少三年，及高級中等學校一級單位主管之學校行政工作二年以上。

(四) **特殊教育學校校長任用資格**

特殊教育學校校長應持有學校所設最高教育階段教師證書及具備特殊教育之專業知能，並具下列資格之一：

1. 曾任特殊教育學校（班）教師五年以上，及各級學校法規所定一級單位主管之學校行政工作三年以上。

2. 曾任特殊教育學校（班）教師三年以上，及薦任第九職等以上或與其相當之教育行政相關工作二年以上。

3. 曾任各級學校教師合計七年以上，其中擔任特殊教育學校（班）教師至少三年，及高級中等以下學校一級單位主管之學校行政工作二年以上。

(五) **專科學校校長任用資格**

專科學校校長應具下列第一款各目資格之一及第二款資格：

1. 具下列資格之一：

(1) 中央研究院院士。

(2) 教授。

(3) 曾任相當教授之教學、學術研究工作。

(4) 曾任副教授三年以上。

(5) 曾任相當副教授三年以上之教學、學術研究工作。

2. 曾任學校、政府機關（構）或其他公民營事業機構之主管職務合計三年以上。

(六) **大學校長任用資格**

大學校長應具下列第一款各目資格之一及第二款資格：

1. 具下列資格之一：

(1)中央研究院院士。

(2)教授。

(3)曾任相當教授之教學、學術研究工作。

2. 曾任學校、政府機關（構）或其他公民營事業機構之主管職務合計三年以上。

獨立學院校長資格，除依前項各款規定辦理外，得以具有博士學位，並曾任與擬任學院性質相關之專門職業，或簡任第十二職等以上或與其相當之教育行政職務合計六年以上者充任之。

大學及獨立學院校長之資格除應符合前二項規定外，各校得因校務發展及特殊專業需求，另定前二項以外之資格條件，並於組織規程中明定。

(七) **國民小學教師之任用資格**

國民小學教師應具有左列資格之一：

1. 師範專科學校畢業者。

2. 師範大學、師範學院各學系或教育學院、系畢業者。

3. 《教育人員任用條例》施行前，依規定取得國民小學教師合格證書尚在有效期間者。

(八) **中等學校教師之任用資格**

中等學校教師應具有左列資格之一：

1. 師範大學、師範學院各系、所畢業者。

2. 教育學院各系、所或大學教育學系、所畢業者。

3. 大學或獨立學院各系、所畢業，經修習規定之教育學科及學分者。

4. 《教育人員任用條例》施行前，依規定取得中等學校教師合格證書尚在有效期間者。

(九) **各級學校教師聘任程序**

各級學校教師之聘任，應本公平、公正、公開之原則辦理，其程序如左：

1. 高級中等以下學校教師除依法令分發者外，由校長就經公開甄選之合格人員中，提請教師評審委員會審查通過後聘任。

2. 專科學校教師經科務會議，由科主任提經教師評審委員會評審通過後，報請校長聘任。

3. 大學、獨立學院各學系、研究所教師，學校應於傳播媒體或學術刊物刊載徵聘資訊後，由系主任或所長就應徵人員提經系（所）、院、校教師評審委員會評審通過後，報請校長聘任。

(十) **教育人員任用限制**

具有下列情事之一者，不得為教育人員；其已任用者，應報請主管教育行政機關核准後，予以解聘或免職：

1. 曾犯內亂、外患罪，經有罪判決確定或通緝有案尚未結案。

2. 曾服公務，因貪污瀆職經有罪判決確定或通緝有案尚未結案。

3. 曾犯性侵害犯罪防治法第二條第一項所定之罪，經有罪判決確定。

4. 依法停止任用，或受休職處分尚未期滿，或因案停止職務，其原因尚未消滅。

5. 褫奪公權尚未復權。

6. 受監護或輔助宣告尚未撤銷。

7. 經合格醫師證明有精神病尚未痊癒。

8. 經學校性別平等教育委員會或依法組成之相關委員會調查確認有性侵害行為屬實。

9. 經學校性別平等教育委員會或依法組成之相關委員會調查確認有性騷擾或性霸凌行為，且情節重大。

10. 知悉服務學校發生疑似校園性侵害事件，未依《性別平等教育法》規定通報，致再度發生校園性侵害事件；或偽造、變造、湮滅或隱匿他人所犯校園性侵害事件之證據，經有關機關查證屬實。

11. 偽造、變造或湮滅他人所犯校園毒品危害事件之證據，經有關機關查證屬實。

12. 體罰或霸凌學生，造成其身心嚴重侵害。

13. 行為違反相關法令，經有關機關查證屬實。

貳、教育人員的待遇與福利

一、教育人員的待遇

我國教育人員的待遇，悉依民國84年頒布，民國111年1月19日最新修正通過的《全國軍公教員工待遇支給要點》辦理。各機關學校員工薪俸、加給，依下列規定支給之：

(一) **薪俸部分**：各級公立學校教職員薪額，照「公務人員俸額表」數額支給。

(二) **加給部分**：

1. **主管加給**：公立各級學校主管職務加給之支給，其單位之設置以經教育部、直轄市政府及縣（市）政府核准有案者為限，並依「公務人員主管職務加給表」支給。

2. **地域加給**：依「各機關學校公教員工地域加給表」支給。

3. **專業加給（教師為學術研究加給）**：依「教育人員學術研究費支給標準表」支給。

二、教育人員的福利

(一) **生活津貼**

項目	補助標準	申請期限	支給對象及限制
結婚補助費	2個月薪俸額	事實發生後3個月內申請	員工本人，惟離婚後再與原配偶結婚者，不得申請結婚補助。
生育補助費	2個月薪俸額	事實發生後3個月內申請	1. 配偶分娩或早產；未婚男性公教人員於非婚生子女出生之日起三個月內辦理認領，並與其生母完成結婚登記者，得請領生育補助。 2. 本人依公教人員保險法繳付保險費未滿280日分娩或未滿181日早產。 3. 夫妻同為公教人員者，以報領1份為限。

項目	補助標準	申請期限	支給對象及限制
喪葬補助費	父母配偶死亡（5個月薪俸額）	事實發生後3個月內申請，但大陸地區眷屬6個月內申請。	1. 父母、配偶以未擔任公職者為限。 2. 夫妻或其他親屬同為公教人員者，對同一死亡事實，以報領1份為限。 3. 子女以未滿20歲、未婚且無職業者為限。但未婚子女年滿20歲有下列情形之一，必須仰賴申請人扶養經查明屬實者，不在此限： (1) 在校肄業而確無職業。 (2) 無力謀生。 4. 前點所稱必須仰賴申請人扶養經查明屬實者，係指應繳驗前一年度所得稅申報受扶養親屬證明。至無力謀生係指子女符合下列情形之一者： (1) 受監護或輔助宣告，尚未撤銷。 (2) 領有身心障礙手冊且不能自謀生活。 (3) 符合全民健康保險法規定之重大傷病且不能自謀生活。
	子女死亡（3個月薪俸額）		
子女教育補助費	依規定標準補助	註冊日起3個月內提出申請	夫妻同為公務員者，以報領一份為限。

(二) 子女教育補助表

區分	支給數額		區分	支給數額	
大學及獨立學院	公立	13,600元	高職	公立	3,200元
	私立	35,800元		私立	18,900元
	夜間學制（含進修學士班、進修部）	14,300元		實用技能班	1,500元
五專後二年及二專	公立	10,000元	國中	公私立	500元
	私立	28,000元			
	夜間部	14,300元			

區分	支給數額		區分	支給數額	
五專前三年	公立	7,700元	國小	公私立	500元
	私立	20,800元			
高中	公立	3,800元	※資料來源:《全國軍公教員工待遇支給要點》。		
	私立	13,500元			

(三) 其它福利

項目	補助標準	申請期限	支給對象
急難貸款	傷病醫護貸款:最高60萬元 喪葬貸款:最高50萬元 災害貸款:最高60萬元 育嬰貸款:最高60萬元。雙生以上,最高20萬 長期照護貸款:最高60萬元	事故發生後3個月內	員工本人
購置住宅輔助貸款	由住福會議定,層報行政院核准實施	由住福會通知各機關學校限期申請	編制內,任有給公職滿一年,並支一般行政機關待遇之公教人員
公教人員優惠儲蓄存款	利息按2年期定存利率,每月限額教職員1萬元,工友5000元	隨時申請	員工本人
房屋貸款	新年度與往來銀行洽談中(每年度不同,依公告為準)		
結婚、生育、子女、留學及急難貸款	1. 申請資格、貸款額度、貸款期限、貸款利率及還款辦法,均依公務人員退休撫卹基金管理委員會與往來銀行合作辦理參加退撫基金人員指定用途貸款作業規定辦理。 2. 受理機關:臺灣銀行、中國農民銀行、第一商業銀行及臺灣省合作金庫(以上為公務人員退休撫卹基金合作辦理銀行)		

資料來源:《中央公教人員急難貸款實施要點》、《中央公教人員購置住宅輔助要點》、《鼓勵公教人員儲蓄要點》。

(四) 教育人員請假規則

假別		天數	假別		天數
請假	事假	7	請假	產前假	8
	生理假（併入病假）	1（每月）		娩假	42
	病假	28		陪產假	7
	家庭照顧假（併入事假）	7（每年）		捐贈骨髓或器官假	視實際需要
	婚假	14		兼任行政人員休假 服務滿1年（第2年起）	7
	流產假 懷孕20週以上流產	42		服務滿3年（第4年起）	14
	懷孕12週以上未滿20週流產	21		服務滿6年（第7年起）	21
				服務滿9年（第10年起）	28
	懷孕未滿12週流產	14		服務滿14年（第15年起）	30
喪假（相關親屬死亡）	父母	15	喪假（相關親屬死亡）	曾祖父母	5
	配偶	15		祖父母	5
	繼父母	10		配偶祖父母	5
	配偶父母	10		配偶繼父母	5
	子女	10		兄弟姊妹	5

資料來源：《教師請假規則》。

參、教育人員的權利與義務

《教師法》於民國84年頒佈，於108年6月15日最新修正，規範教師資格認定、聘任、義務與權利等。依《教師法》第16、17條規定，教師接受聘任後，依有關法令及學校章則之規定，享有下列權利與義務：

一、教師的權利（教師法第31條）

(一) 對學校教學及行政事項提供興革意見。

(二) 享有待遇、福利、退休、撫卹、資遣、保險等權益及保障。

(三) 參加在職進修、研究及學術交流活動。

(四) 參加教師組織，並參與其他依法令規定所舉辦之活動。

(五) 對主管教育行政機關或學校有關其個人之措施，認為違法或不當致損害其權益者，得依法提出申訴。

(六) 教師之教學及對學生之輔導依法令及學校章則享有專業自主。

(七) 除法令另有規定者外，教師得拒絕參與教育行政機關或學校所指派與教學無關之工作或活動。

(八) 教師依法執行職務涉訟時，其服務學校應延聘律師為其辯護及提供法律上之協助。

(九) 其他依本法或其他法律應享之權利。

二、教師的義務（教師法第32條）

教師除應遵守法令履行聘約外，並負有下列義務：

(一) 遵守聘約規定，維護校譽。

(二) 積極維護學生受教之權益。

(三) 依有關法令及學校安排之課程，實施適性教學活動。

(四) 輔導或管教學生，導引其適性發展，並培養其健全人格。

(五) 從事與教學有關之研究、進修。

(六) 嚴守職分，本於良知，發揚師道及專業精神。

(七) 依有關法令參與學校學術、行政工作及社會教育活動。

(八) 非依法律規定不得洩漏學生個人或其家庭資料。

(九) 擔任導師。

(十) 其他依本法或其他法律規定應盡之義務。

三、教師的組織公民行為【103身三】

依教師法規定，教師雖然有許多的權利與義務，但教育工作人員仍有許多不在法律規範中的工作與行為，例如：巡堂、交通導護、帶隊指導或比賽……等，對學校經營績效與學生學習有正面影響效果，此稱為教師「組織公民行為」（organizational citizenship behavior）。換句話說，組織公民行為是和工作有關的行為，此行為增加了組織的效能，但是此種行為超越了工作正式契約的認定範疇，組織成員表現出自願的、無條件的、非強迫性、工作上未明定的行為，且組織未給予此種行為獎勵或酬賞，此行為對提昇組織績效是有助益。

Organ（1988）《組織公民行為》一書中提出，組織公民行為的內涵可從組織公民行為構面予以切入，認為組織公民行為包含五個構面，包括：盡忠職守（conscientiousness）、利他主義（altruism）、公民美德（civic virtue）、耐勞負重（sportsmanship）、預先知會（courtesy）。

第三節　教育人員的績效與評量

> 考點提示　(1)教育人員的績效考核；(2)不適任教師處理機制；(3)校長辦學績效評鑑，是本節必考焦點。

壹、教育人員的績效考核【94薦升；92身三】

一、學校校長成績考核

公立學校校長的年度績效考核，悉依《公立高級中等以下學校校長成績考核辦法》，此法於民國60年頒布，民國112年9月21日最新修正通過。

(一) 校長成績考核類別及方式

1. **年終成績考核**：以等第評定之。
2. **另予成績考核**：以等第評定之。
3. **平時考核**：以獎懲功過、嘉獎、申誡方式為之。

(二) **校長年終考核成績計算**

校長之年終成績考核、另予成績考核，應就下列事項，綜合評定其
分數，並依前條規定，定其等次：

1. 執行教育政策及法令之績效占百分之二十五。
2. 領導教職員改進教學之能力占百分之二十五。
3. 辦理行政事務之效果占百分之二十。
4. 言行操守及對人處事之態度占百分之二十。
5. 其他個案應列入考慮之項目占百分之十。

(三) **校長考核程序與負責單位**

校長之考核程序如下：

1. 國立學校校長，由教育部考核定之。
2. 國立大學校院附屬（設）學校校長，由各該大學校院校長考核，報
教育部核定之。
3. 直轄市立學校校長，由直轄市政府考核定之。
4. 縣（市）立學校校長，由縣（市）政府考核定之。

二、學校教師成績考核

學校教師的年度績效考核，悉依《公立高級中等以下學校教師成績考核
辦法》，此法於民國60年頒布，民國112年9月21日最新修正通過。

(一) **教師平時考核**

教師之平時考核，應隨時根據具體事實，詳加記錄，如有合於獎懲
標準之事蹟，並應予以獎勵或懲處。獎勵分嘉獎、記功、記大功；
懲處分申誡、記過、記大過。

(二) **教師年終考核**

教師之年終成績考核，應按其教學、輔導、管教、服務、品德生活
及處理行政等情形，依下列規定辦理：

1. 在同一學年度內合於下列條件者，除晉本薪或年功薪一級外，並給
與一個月薪給總額之一次獎金，已支年功薪最高級者，給與二個月
薪給總額之一次獎金：

(1)按課表上課，教法優良，進度適宜，成績卓著。

(2)輔導管教工作得法，效果良好。

(3)服務熱誠，對校務能切實配合。

(4)事病假併計在十四日以下，並依照規定補課或請人代課。

(5)品德良好作能作為學生表率。

(6)專心服務，未違反主管教育行政機關有關兼課兼職規定。

(7)按時上下課，無曠課、曠職紀錄。

(8)未受任何刑事、懲戒處分及行政懲處。但受行政懲處而於同一學
　　年度經獎懲相抵者，不在此限。

2. 在同一學年度內合於下列條件者，除晉本薪或年功薪一級外，並給
　　與半個月薪給總額之一次獎金，已支年功薪最高級者，給與一個半
　　月薪給總額之一次獎金：

(1)教學認真，進度適宜。

(2)對輔導管教工作能負責盡職。

(3)對校務之配合尚能符合要求。

(4)事病假併計未超過十四日，未逾二十八日，或因重病住院致病
　　假連續超過二十八日而未達延長病假，並依照規定補課或請人
　　代課。

(5)品德生活考核無不良紀錄。

3. 在同一學年度內有下列情形之一者，留支原薪：

(1)教學成績平常，勉能符合要求。

(2)曠課超過二節或曠職累計超過二小時。

(3)事、病假期間，未依照規定補課或請人代課。

(4)未經學校同意，擅自在外兼課兼職。

(5)品德生活較差，情節尚非重大。

(6)因病已達延長病假。

(7)事病假超過二十八日。

貳、教育人員評鑑與分級

一、校長評鑑

校長評鑑是對於校長的表現、校長參與遴選及連任資格的取得並進而建立校長評鑑制度等目的所進行的系統化評鑑歷程，屬人事評鑑的一種。其要素如下表10-3：

表10-3　校長評鑑的要素

評鑑的內容	以校長各方面表現為主，不論是行政領導、教學領導、人際關係、經費管控、品德涵養、個人操守等皆為評鑑的內容，然校長辦學績效評鑑未包含品德涵養、個人操守等兩部份。
評鑑的本質	係對校長的表現作描述及判斷的活動，評鑑原本就是一個歷程，必須經過不斷的描述及判斷方可作出正確的決定。
評鑑的指標	需以各種研究方法及審慎的態度訂定之，因校長為學校的領導者，其評鑑的結果將對學校內部（教職員工等）及相關社會大眾（學生、學生家長及教育行政人員）造成相當大的影響，故應選用適合的研究方法及以審慎的態度來訂定評鑑指標。
評鑑的過程	須以各種研究方法來蒐集校長表現的相關資訊，校長在校表現的資訊是隨時隨地的，故須使用各種研究方法來加以蒐集（如觀察、書面審查、訪問及調查法等），以求其儘可能的客觀。
評鑑的目的	以協助校長自我成長與發展、改善服務品質及作為教育行政機關決策的依據，校長評鑑係總結性與形成性評鑑並重，而校長辦學績效評鑑則是以總結性評鑑為重點。

二、校長辦學績效評鑑

依《國民教育法施行細則》（民國71年頒布，民國105年7月1日最新修正通過）第11條明訂：「依本法第九條第三項至第六項規定組織之遴選委員會，應在校長第一任任期屆滿一個月前，視其辦學績效、連任或轉任意願及其他實際情況，決定其應否繼續遴聘。現職校長依本法第九條之三規定評鑑績效優良者，得考量優先予以遴聘。」因此，公立學校校長除了成績考核辦法之外，校長辦

學績效評鑑的結果，已為教育行政機關評鑑校長應否繼續遴聘之重要依據之一。實行校長辦學績效評鑑，不僅於法有據，且可以改進學校的缺失、促進學校的發展及提昇學校的教育品質，並補充公立學校校長成績考核辦法之不足。

校長辦學績效評鑑，係指有系統的蒐集校長為達成教育行政機關及社會大眾的期望與要求，在既有的學校資源上，透過校長辦理學校的理念與方法，在一定的時程內所達成具體辦學成果的相關資訊，並使用各種研究方法及審慎的態度，訂定評鑑指標，加以描述及判斷的活動。其要素如下表10-4：

表10-4　校長辦學績效評鑑的要素

評鑑的內容	以校長為達成教育行政機關及社會大眾的期望與要求，在既有的學校資源上，透過校長辦理學校的理念與方法，在一定的時程內所達成的具體辦學成果為主要評鑑內容。
評鑑的指標	需充份考量區域特性、學校大小等差異，選擇適當的研究方法並以審慎的態度加以訂定評鑑指標。江文雄（2001）研究指出：校長辦學績效評鑑的指標包含政策執行、教學領導、學校管理、人際關係、專業責任、學校特色6個構面，共16個項目65個細項。梁坤明（2004）研究指出：以校務發展、教學提升、領導溝通、經費管理、安全維護、校園營造、生活輔導、社區互動8大向度，34個指標100個細目進行校長辦學績效的評核。
評鑑的時程	由於屬於結果性的評鑑，故評鑑的時間須於校長辦理該校一段時間後（如半年或一年以上等），方可據此評鑑出具體的辦學績效。
評鑑的本質	係對校長在一定的時程內所達成的具體辦學成果作描述及判斷的活動。
評鑑的目的	提供教育行政機關作為應否繼續遴聘之依據，檢視校長辦學成果是否符合教育行政機關及社會大眾對該校的期望及要求，並依據評鑑的結果，就本身行政領導表現的弱點，選擇適當的在職進修課程和計畫，以促進其專業成長，並鼓勵校長自我反省，以改善辦學品質及績效。
評鑑的特性	由於校長辦學績效評鑑的目的在追求校長的辦學績效責任，且以校長之任期屆滿而是否連任為主要訴求，其重點在於結果的評鑑，故應屬於總結性評鑑。

三、教師評鑑

目前實施的是教師專業發展評鑑，係由學校校長、承辦主任、及教師會代表、家長代表、教師或行政代表等組成之專業發展評鑑推動小組，校長擔任召集人及主席，承辦主任擔任執行秘書，辦理教師自我評鑑（自評）、校內同儕評鑑（他評），以及評鑑後專業成長計畫之規劃與執行。

調查世界各主要國家實施教師評鑑目的，不外乎專業成長、績效考核與處理不適任教師，其中以專業成長占絕大部分（如下表10-5所示），目前我國教師專業發展評鑑，亦是傾向於協助教師專業發展為目的。教師專業發展評鑑詳細內容介紹，請見本書第七章。

表10-5 各國教師評鑑之評鑑目的比較表

比較項目		國別	數量
評鑑目的	專業成長	加拿大安大略、加西、澳大利亞、美國德州、奧地利、英國、德國、比利時、俄羅斯、美國加州洛杉磯、美國加州舊金山、美國馬里蘭州、法國	13
	績效考核	日本、奧地利、德國、比利時、俄羅斯、美國加州洛杉磯、美國加州舊金山、美國馬里蘭州	8
	不適任教師處理	奧地利、美國加州舊金山、比利時、德國、美國德州	5

資料來源：教育部（2016）。

四、教師職級制度

教師職級制度的構想，源自於教師生涯進階（teacher career ladder）的理念，主要在規劃一系列的教師職務進階，使教師能夠依據本身的興趣、性向、能力與表現，發展教師個人的潛能，促進教師專業知能的提昇。美國自1960年代以後，感受到教師生涯能力與專業知能的提昇，必須透過適當的績效控制與職等劃分，來激發教師在專業發展上的動機，並促動教師專業表現的良好競爭，因此，美國各州、日本、德國紛紛提出各種教師職級的改革制度以因應教師生涯發展的未來潮流。

因此，如何因應我國的教育現況，建立一套符合我國教育體系的教師專業晉升管道，不但可以強化中小學教師的專業知能與形象，以彌補因師資培育開放後所面臨專業化程度不足的缺失；同時，亦可透過教師生涯進階的規劃，激勵中小學教師的成長動機。

教育部曾於民國89年3月10日提出《高級中等以下學校及幼稚園教師分級及審定辦法草案》，將教師分成四個層級（雖然最後沒有立法實施，但已為教師分級開啟新頁）：

(一) **初級教師**：執行班級教學、班務經營等教學輔導工作，並按專業能力發展參與教材教法的改進與擔任導師工作，或擔任與專業能力相符之行政工作等。

(二) **中堅教師**：除擔任初級教師所任工作外，應積極從事教材教法的設計與開發，並得擔任組長、主任、學科主任等校務行政工作。

(三) **專家教師**：除擔任中間教師所任工作外，應積極從事課程與教學的研究並得擔任處室主任、學科主任等校務工作。

(四) **顧問教師**：除擔任專家教師所任工作外，應積極從事以教育革新相關議題的研究工作，並得擔任校長或參與學校改、教育實驗、社區資源整合等校務發展事項。

參、不適任教師處理【95高考】

不適任教師的存在，踐踏學生的受教權，挑戰教育的專業尊嚴與折損政府的威信。不適任教師不僅讓家長憂心，也是學校的燙手山芋。但因處理流程牽涉多項變因，導致曠日廢時，且引發學校動盪與人心不安，相對影響孩子受教權益。

一、教師工作權VS.學生受教權

學校的責任必須以學生最大的福祉為依歸，在兼顧教師工作權、學校專業自主權與學生學習權之下，共同為提升教育品質而努力。但是，面對不適任教師的處理，維護學生受教權的重要性絕對遠大於保障教師工作權。

不適任教師處理，必須整合校內各項資源及建立共識，設立教師輔導機制，透過輔導計畫之實施，有效輔導不適任教師問題，以保障學生受教權益，提升教師專業形象。

二、不適任教師的類型與處理程序

《教師法》將不適任教師分為「涉及性平案件」、「涉及兒少及體罰霸凌」、「教學不力或不能勝任工作」、「其他事項」四大類型，每一類型不適任教師有不同的處理機制與流程，並加上教師專業審查會（專審會）作為協助教師評審委員會（教評會）以及教評會不處置教師時的補強機制；另外，教評會教師代表比例，將依據不同類型案件，有不同組成比例。

(一) **涉及性平案件**：先由教評會依照二分之一出席、二分之一審議門檻暫時停聘後，交送性平會調查，若為性侵、重大性騷擾部分，得由性平會逕行解聘，終身不得聘任；若為非重大性騷擾、性霸凌，教評會解聘1至4年門檻，則由三分之二出席、三分之二同意，降低為二分之一出席、二分之一同意。

(二) **涉及兒少及體罰霸凌案件**：先由教評會依照二分之一出席、二分之一審議門檻暫時停聘後，教評會解聘處置門檻，則由三分之二出席、三分之二同意，降低為三分之二出席、二分之一同意。

(三) **教學不力或不能勝任工作**：原為教評會三分之二出席、三分之二同意後，原校解聘、不續聘，此次則加入另一軌機制，教評會啟動後，得由學校向主管機關申請專審會協助，由專審會進行調查、輔導後，提出報告及建議交還教評會，並經教評會二分之一出席、二分之一同意門檻，解聘或不續聘。

(四) **其他事由部分**：則由教評會先依照二分之一出席、二分之一門檻暫時停聘後，並經教評會三分之二出席、三分之二同意，做出解聘處置。

除此之外，縣市教育主管機關成立專審會作為第二線補強，若學校、教評會對於不適任教師不作為、不處置，經主管機關要求審議或復議，屆期未處理者，得由主管機關逕行提交專審會處理，並追究學校相關人員責任。

第四節　教育人員的專業與倫理

壹、教育人員的專業與發展

一、教育人員與專業的意義

(一) **教育行政人員**：在教育行政機關任職的人員；學校行政人員：在學校任職的
行政人員；教育與學校行政人員：教育行政人員與學校行政人員之合稱。

(二) **從業人員**：從事專業的人員；專業人員：受過專業培育、擁有專業知能與精
神，且能有效完成專業工作的人員；專業教師：受過師資培育、擁有教學專
業知能與精神之教師；教育行政或學校行政專業人員：受過教育行政或學校
行政專業培育、擁有專業知能與精神，並能有效完成該等工作的人。

(三) **教育與學校行政人員專業化之目的**：提昇工作效果與效率、保障師生與國
民權益、維持專業形象贏得社會尊重。

二、專業化的標準【105地三；101身三】

專業化是由有系統、專業自主、專業理論、專業倫理、社會認同、有專門性的
訓練機構及科系所組合而成的，林清江部長（1993）認為，專業化的標準是：
為公眾提供重要服務、系統而明確的知識體系、長期的專業訓練、適度的自主
權利、遵守倫理信條、組成自治團體、選擇組成份子。

美國教育協會（NEA）（2001）也認定，教育為專業工作，並為教育專業訂
定之八項標準為「為高度的心智活動」，「具特殊的知識領域」，「有專門
的職業訓練」，「不斷的在職進修」，「為終身事業」，「應自訂應有的標
準」，「以服務社會為鵠的」，以及「有健全的組織」。謝文全（2006）也提
出，教育人員專業化的七項標準：包括(一)受過長期專業教育而能運用專業知
能，(二)強調服務重於牟利，(三)應屬永久性的職業，(四)享有相當獨立的自
主性，(五)建立自律的專業團體，(六)能訂定並遵守專業倫理或公約，及(七)
不斷從事在職進修教育。

教師也是一種專業，謝寶梅（2013）研究指出，「教師專業標準及表現指標架構」包含「專業知能」、「專業實踐」及「專業投入」3大向度，共10項標準（如表10-7所示），再由10項標準發展出28個專業表現指標。

表10-7 **教師專業標準及表現指標架構」**

向度	標　準
專業知能	1. 具備教育專業知識並掌握重要教育議題
	2. 具備學科/領域知識及相關教學知能
專業實踐	3. 具備課程與教學設計能力
	4. 善用教學策略進行有效教學
專業實踐	5. 運用適切方法進行評量與診斷
	6. 發揮班級經營效能營造支持性學習環境
	7. 掌握學生差異進行相關輔導
專業投入	8. 善盡教育專業責任
	9. 致力於教師專業成長
	10. 展現協作與領導能力

三、教育行政人員的證照制度

(一) **定義**：由政府或其授權機關以公共利益的立場，根據公訂的工作規範和一定標準，對具有各種職業專業知能的人員進行測驗或檢定，對通過測驗或檢定的合格者頒給專業證照，以作為個人就業的憑證，並且依法獲得保障的一種制度。

(二) **目的**

1. 確認教育行政人員的專業能力，保護師生與國民權益。

2. 確立教育行政人員培育機構設立的必要性，並確保專業訓練課程的品質。

3. 提昇教育行政人員專業形象與地位，促進教育專業發展，爭取社會認同。

4. 為有能力者提供具體可信的証明，建立教育行政人員專業任用制度，保障合格教育行政人員的權益。

5. 激勵教育行政人員自我成長，促進教育行政專業發展。

(三) **研訂相關法令**：標準、種類、效期、檢定機關、撤照條件。

(四) **研訂換證制度**：十二年國教的來臨，教師不能再用舊思維教導新一代的學
生。有句話發人深省：「**十二年國教來臨，面對缺乏動機與目的感的年輕
世代，家長、老師、學校一定要認識的事，不是超額比序、特色招生，而
是學習動機、學習方法與自我探索。**」因此，老師要與時俱進，不斷換
證，建立淘汰機制。

四、教育行政人員的專業發展【101身三；96地三】

(一) **種類**：教育行政人員養成機構的在職進修課程、教育行政機關政府人事行
政局或其他機關、民間人力發展或企業訓練中心舉辦之進修活動。推動現
場本位進修、鼓勵自我進修。

(二) **進修內涵**：方式多樣化、兼顧長短期進修研習、兼顧學位、學分與非學位
進修、彈性進修時間、國內外皆可。

(三) **進修課程**：養成課程、學校與個人行政表現的診斷與改進之研討。

(四) **獎勵措施**：補助、實施公餘時間進修制、建立進修加薪辦法、實施強迫進
修、推動進修換證制度、進修學分得累積取得學位、進修定為升遷條件、
休假進修制度。

五、教師專業發展

親子天下（2003）有段話：「如果你進到一個典型的課堂，去聽聽老師都在囑
咐學生做些什麼，你會聽到大量的作業分派，考試的指示，以及一連串狹隘，
工具性的目的，像是在班上表現優異，以及避免失敗，但你很少聽到老師和學
生討論任何一個可能會帶他們到更寬闊視野之目的的質問和思考：為什麼人們
要讀詩？為什麼科學家要分裂基因？為什麼我要這麼努力成為老師？」**把知識
傳給學生，教會教懂，只是教師專業的最底層，「解人生之惑」、「傳生命之
道」才是教師專業的最高境界**。

教師「專業發展」（professional development）與「專業成長」（professional
growth）多數時候用語同義，在相關文獻中常交替使用。教師專業發展的一
項基本假設是：教師職業是一種專業性工作，教師是持續發展的個體，透過
持續性專業學習與探究的歷程，進而不斷提升其專業表現與水準（饒見維，
2003）。

(一) 教師專業發展模式的演變

傳統的教師專業發展模式是以專家講課為主，教師從聽講中學習新的教學觀念和實務。1990年代，美國對於教師專業發展採用的傳統方式，進行批判與省思，使得教師專業發展的概念在1990年代開始產生了典範的轉移（Sparks，1994）。今日的教師專業發展已轉向持續的、系統的、合作的、建構的、多元形式的、研究取向的、配合工作情境的、學生成果導向的方向進展。

Michigan State Board of Education（2000）認為，教師專業發展是增加社群成員終生學習能力的過程，以促進所有學生達到高標準的學業成就，以及成為負責任的公民。Guskey（2003）也主張，教師專業發展的最終目標是要改進學生的學習成果。Kariuki（2009）總結許多學者的觀點，認為教師專業發展是教師為了改進其教學知識和技能，參與校內外正式和非正式的過程和活動。教師專業發展應該是目標導向、具持續性、以及和教師日常工作情境相連結。

(二) 傳統教師專業發展模式的缺失與改進之道

Díaz-Maggioli（2004）從教師中心的觀點批評傳統教師專業發展，具有表10-8所列之缺失：

表10-8 Díaz-Maggioli（2004）傳統教師專業發展的缺失

由上而下的決策 **Top-down decision making**	傳統的教師培訓是由行政人員或顧問來進行安排，他們常忽略教師的需求，而以行政運作為優先考量，因此這些課程常常形成教師的負擔，而非有助於教師解決班級的問題。
教師需要被改正的觀念 **The idea that teachers need to be "fixed"**	傳統教師培訓常受到一個錯誤觀念的引導，亦即如果學生學不好是由於教師不會教。但當我們去仔細傾聽班級教師充滿熱情、承諾、衝突、成功、奉獻、以及愛心的故事，您還會覺得他們有任何的過錯而需要被改正嗎？

教師在專業發展過程和結果方面缺乏自主性 Lack of ownship of the professional development process and its results	由於在教師培訓的過程中，教師的聲音一般不會受到重視，教師自然而然會質疑他們為何要投注心力於這些培訓課程。
專業發展內容的技術官僚性質 The technocratic nature of professional development content	我們常見到教師並不期望將培訓時所學到技術應用到班級教學。大部分培訓所教的方法看似一體適用，但事實上僅適用於特定的情境。教師若要將這些方法應用到自己的班上，需要投入比培訓者原先預期更多的心力。
班級實務一體適用而未顧及到學科、學生年齡、認知發展水準的差異 Universal application of classroom practices regardless of subject，student age，or level of cognitive development	我們常聽到學區為所有年級的教師安排相同的培訓課程。雖然某些教學實務和學習原則可能具有廣泛的適用性，但這種廉價的一體適用取向已被證實完全沒有效果。
專業發展進行方式沒有變化 Lack of variety in the delivery modes of professional development	教師培訓常以最廉價的方式進行，經常是演講、座談或討論會。很諷刺的是我們常強調在班上對於學生個別化教學的重要性，但對於教師的教學卻毫無變化。
專業發展機會的缺乏 Inaccessibility of professional development opportunities	由於教師並未參與規劃和執行專業發展課程，這些課程常常無法滿足教師的需求，這可能是為什麼僅有少數的教師能將培訓學到的內容應用於自己班上。
將專業發展學到的觀念應用到班級時缺乏支持 Little or no support in transferring professional development ideas to the classroom	將新的觀念應用到班級教學可能是教師所面對最困難的工作。在幫助職前教師連結理論與實務差距方面已提供許多支持，但對於在職教師的支持系統卻尚未建立。

標準化的專業發展取向忽略教師在需求和經驗上的差異 Standardized approaches to professional development that disregard the varied needs and experiences of teachers	研究指出教師的生涯發展有其階段性，每一階段均有其特殊需求與需要面對的危機。標準化的傳統專業發展未顧及教師的特殊經驗與需求，假定所有的教師應該具有相同的表現水準。
專業發展缺乏系統性的評鑑 Lack of systematic evaluation of professional development	教師能力的複雜性使得教師發展評估不易進行。因此，很多專業發展課程並未接受評鑑，評鑑結果也未對外公開。一個學習的組織應該產生知識，使得教師本身社群和教育整體專業均可獲益。若我們無法探究專業發展課程的效能且對於評鑑結果加以忽略，將不利於教學專業的發展。
專業發展 忽略教師在學習特徵上的差異 Little or no acknowledgement of the learning characteristics of teachers among professional development planners	大多數的教師專業發展模式無法成功是因為忽略教師本身的學習特徵。

　　因此，他認為教師專業發展應以教師為中心，並具備下列特徵：
1. 合作的決策（collaborative decision-making）
2. 成長驅動的取向（an growth-driven approach）
3. 合作建構專業發展方案（collaborative construction of programs）
4. 探究本位的觀念（inquiry-based ideas）
5. 量身訂做的技術（tailor-made techniques）
6. 多變化且及時的專業發展進行方式（varied and timely delivery methods）
7. 適當的支持系統（adequate support systems）
8. 配合情境的專業發展方案（context-specific programs）
9. 主動進行評估（proactive assessment）
10. 成人中心的教學（andragogical instruction）

貳、教育人員的倫理與準則【95高考】

倫理是從內心裡規範人的思想與行為，凡事自我要求必須考慮到他人，個人的行為不僅不能逾矩，還應積極的建立良好的人際關係，所以倫理能發揮的影響層面是最廣的，例如，學生尊敬老師就是主動良好的倫理精神表現。

一、教育行政倫理的意義【110身三；102原三】

「倫」是指人與人之間的恰當關係，「理」是規範或準則，所以「倫理」是指人際關係中所共同遵循的規範。在教育體系中，教育行政人員在執行專業過程中待人處事所應遵守的規範，就是教育行政倫理。教育行政專業倫理應兼顧：(一)內在意向：行為的內部主觀意識；(二)外部效果：外在的客觀表現，係植基於內部的主觀意識。

二、教育行政倫理的層面【101地三】

(一) **專業倫理（最高倫理）**（ethic of professional）【94身三】：教育行政人員的所作所為，均須服膺教育專業的本質。

(二) **批判倫理**（ethic of critique）：教育制度中不合理的現象，衝突的結構，依理性的方式加以批判。

(三) **正義倫理**（ethic of justice）：將平等、共善、人權、公民權、民主參與等倫理價值作更精確的反應。正義的倫理所強調的除了私人權益的保障，並重視公益的維持。

(四) **關懷倫理**（ethic of caring）：關懷倫理的關鍵在於，不把人看成工具，而是尊重每一個人的尊嚴與價值，並給予人性化的待遇。如圖10-4所示。

圖10-4 學校工作的多向度倫理

三、教育行政專業倫理的內涵【96身三】

教育行政專業倫理的內涵應包括：（吳清山，2001）

(一) 教育行政人員的品格操守。

(二) 教育行政人員根據良善行為標準，作道德推理與價值判斷的能力。

(三) 教育行政人員的守法觀念。

(四) 教育行政人員的權威運用能力

(五) 教育行政人員對專業卓越的承諾。

(六) 教育行政人員對專業的責任。

(七) 教育行政人員的批判反省能力。

(八) 教育行政人員的追求公平正義的目標與理想。

(九) 教育行政人員與教師間的關係或關懷關係。

四、學校行政倫理的特質【96身三】

(一) 基於良善的道德規範而非效能和效率。

(二) 使用道德推理作倫理判斷，不宜用調查和表決。

(三) 權力之應用要符合公平正義之原則。

(四) 渾沌不明或兩難的情境，使用裁量權，有其道德意涵。

(五) 沒有目標價值和事實，就沒有領導。

五、教育人員倫理信條【110身三】

中國教育學會於民國六十六年訂有教育人員倫理信條（ethical code），並經全國教育學術團體聯合年會通過，供全體會員一致遵行共同信守：

(一) **對專業**

　1. 確認教育是一種高榮譽的事業，在任何場所必須保持教育工作者的尊嚴。

　2. 教育者應抱有高度工作熱忱，學不厭、教不倦，終身盡忠於教育事業。

　3. 不斷的進修與研究，促進專業成長，以提高教學效果。

　4. 參加各種有關自身的專業學術團體，相互策勵，以促進教育事業之進步，並改善教育人員之地位與權益。

(二) **對學生**

　1. 認識了解學生，重視個別差異，因材施教。

　2. 發揮教育愛心，和藹親切，潛移默化，陶冶人格。

3. 發掘學生疑難，耐心指導，啟發思想及智能。

4. 鼓勵學生研究，循循善誘，期能自動自發，日新又新。

5. 關注學生行為，探究其成因與背景，予以適當的輔導。

6. 切實指導學生，明善惡，辨是非，並以身作則，為國家培養堂堂正正的國民。

(三) **對學校**

1. 發揮親愛精誠的精神，愛護學校，維護校譽。

2. 善盡職責，切實履行職務上有關的各項任務。

3. 團結互助，接受主管之職務領導，與同仁密切配合，推展校務。

4. 增進人際關係，對新進同事予以善意指導，對遭遇不幸的同事，應予以同情，並加協助。

六、採購人員倫理準則

依據《採購人員倫理準則》第七條第一款規定，採購人員不得利用職務關係對廠商要求、期約或收受賄賂、回扣、餽贈、優惠交易或其他不正利益。第三款規定，採購人員不得不依法令規定辦理採購。第六款規定，採購人員不得未公正辦理採購。第七款規定，採購人員不得洩漏應保守秘密之採購資訊。第十六款規定，採購人員不得為廠商請託或關說。第十七條規定，採購人員不得意圖為私人不正利益而高估預算、底價或應付契約價金，或為不當之規劃、設計、招標、審標、決標、履約管理或驗收。第十八條規定，採購人員不得藉婚喪喜慶機會向廠商索取金錢或財物，以上情事皆屬於學校採購弊案違反《採購人員倫理準則》的範圍。

七、公務員廉政倫理規範

為確保所屬公務員（教育人員有部分係屬公務人員）執行職務時，能廉潔自持、公正無私、依法行政，並提升國民對於政府之信任及支持，爰參酌美、日、新加坡等國家公共服務者之行為準則及本院所訂「端正政風行動方案」有關防貪方面之內容，擬具「公務員廉政倫理規範」。例如：學校採購弊案若有請託關說之情事，則涉違反《公務員廉政倫理規範》第二條，請託關說：指其內容涉及本機關（構）或所屬機關（構）業務具體事項之決定、執行或不執行，且因該事項之決定、執行或不執行致有違法或不當而影響特定權利義務之虞。

八、我國全國教師會之「全國教師自律公約」

全國教師會於民國89年依據《教師法》第二十七條規定,及為維護教師專業尊嚴與專業自主,重塑教師形象,制定《全國教師自律公約》,包括前言、教師專業守則、教師自律守則,共13條2款,是目前最具全國代表性的教師專業倫理守則,如表10-9所示。

表10-9　全國教師自律公約內容

教師專業守則	教師自律守則
以下事項,教師應引以為念,以建立教師專業形象: 一、教師應以公義、良善為基本信念,傳授學生知識,培養其健全人格、民主素養及獨立思考能力。 二、教師應維護學生學習權益,以公正、平等的態度對待學生,盡自己的專業知能教導每一個學生。 三、教師對其授課課程內容及教材應充分準備妥當,並依教育原理及專業原則指導學生。 四、教師應主動關心學生,並與學生及家長溝通連繫。 五、教師應時常研討新的教學方法及知能,充實教學內涵。 六、教師應以身作則,遵守法令與學校章則,維護社會公平正義,倡導良善社會風氣,關心校務發展及社會公共事務。 七、教師應為學習者,時時探索新知,圓滿自己的人格,並以愛關懷他人及社會。	以下事項,教師應引以為誡,以維護教師專業之形象: 一、教師對其學校學生有教學輔導及成績評量之權責,基於教育理念不受不當因素干擾及不當利益迴避原則。除以下情形之外,教師不得向其學校學生補習。 (一)教師應聘擔任指導公立機關學校辦理之學生課外社團活動。 (二)教師應聘擔任指導非營利事業組織向主管教育行政機關報備核准之學生學習活動。 二、教師之言行對學生有重大示範指導及默化作用,基於社會良善價值的建立以及教師的教育目標之達成,除了維護公眾利益或自身安全等特殊情形下,教師不應在言語及行為上對學生有暴力之情形發生。 三、為維持教師在社會的形象,教師不得利用職權教導或要求學生支持特定政黨(候選人)或信奉特定宗教。 四、為維持校園師生倫理,教師與其學校學生不應發展違反倫理之情感愛戀關係。 五、教師不得利用職務媒介、推銷、收取不當利益。 六、教師不應收受學生或家長異常的餽贈;教師對學生或家長金錢禮物之回報,應表達婉謝之意。

九、強化教育行政人員專業倫理之可行策略【91委升】

(一) 成立並強化「教育行政人員專業組織」，制訂教育行政人員專業倫理準則，廣為宣導，以作為教育行政專業人員從事專業服務時的重要參考依據與規範。

(二) 設立教育行政人員的培育機構或大學教育系開設「教育行政人員專業倫理」課程，以建立專業倫理信念。

(三) 建立教育行政人員證照制度、進修制度，整合成為教育行政人員的生涯發展制度，以促進教育行政人員專業倫理品質的提昇。

(四) 鼓勵教育行政人員在職進修，促進自我成長，並對提昇教育行政人員專業倫理有強烈的承諾。

十、解決教育行政倫理兩難困境的策略【98薦升】

(一) **展示理解他人的行動**：尊重及接納他人，比別人多想一點，設身處地理解他人的需求。

(二) **進行對話**：從專業倫理角度，進行專業對話，可以深入理解所有相關人員的立場，尋求最佳解決方案。

(三) **進行協商**：在平等的地位上就彼此爭議的問題和焦點進行協商，以求得問題的解決。

(四) **提昇自我效力**：考量內在因素與外在因素，找出兩難困境的主因，進行不斷地自我激勵，提昇自我效率與能力。

(五) **運用轉型領導**：藉象徵性的活動或儀式，強調關鍵性的價值。藉由創造或修正組織文化，引導成員對組織的向心力。發揮規範的權威，透過人格的感召及精神的影響力，來領導組織成員展現專業倫理。

(六) **展現愛心**：學校是道德教育的組織，需要倫理的引導，行政之道在於學習，心中有愛，行動無礙。

✎ 考 題 集 錦 -

教育資源與人力管理

1. 請說明我國在穩定偏遠地區學校師資策略方面的規範，並請分析其對於地方政府、偏遠地區與師資培育制度可能帶來的長期影響。【108地三】

2. 教育領導必須做好教育人力資源管理，請問人力資源管理的意義和層面為何？師資是教育品質的關鍵因素，如欲建構我國專業化教師教育體系，請提出因應之對策。【105地三】

3. 教育人力資源管理是一項重要工作，如何擬定教育組織的人力資源管理改善方案？請依擬定計畫應遵循的原則與主要內容加以說明。【102地三】

4. 請問在教育行政歷程中，必須建置的資源為何？並說明可以確保資源運用效益的評估途徑。【102簡升】

教育人力的養成與權責

1. 教育部於109年3月發布「中華民國教師專業素養指引」，請問其發布之緣由和意旨為何？該教師專業素養指引包括那些主要的內涵？【110原三】

2. 人才培育是當前教育的重要工作，在課程與教學領導方面，未來的人才培育應注重那些關鍵能力？【105身三】

3. 教師的組織公民行為（organizational citizenship behavior）【103身三】

教育人員的績效與評量

1. 我國於 105 年發布「中華民國教師專業標準指引」，請問教師專業標準之內涵為何？其希望達到那些預期效益？【106身三】

2. 學校「不適任教師」的認定與處理一向是學校行政的難題。請從「專業」與「績效」的觀點，析論：(1)如何認定「不適任教師」？(2)學校應如何處理（含輔導）不適任教師？【高考】

3. 何謂「360度績效考核」？教育行政機關如何將其應用於人員考核？試析論之。【薦升】

4. 教育行政措施應如何兼顧程序正義與實質正義？試以教育行政人員的績效考核為例，析論之。【身三】

教育人員的專業與倫理

1. 請說明教育行政倫理的意義，並試擬一份教育行政人員的倫理信條。【110身三】

2. 何謂批判倫理？從事教育行政如何實踐批判倫理？就你對國內教育行政現況的了解，舉一例說明你當上公務人員之後，要如何透過教育行政作為進行改革，以實踐批判倫理。【106原三】

3. 解釋名詞：教育行政倫理【102原三】

4. 教育行政倫理的意義為何？其可分為那些層面？並請研擬教育與學校行政人員應遵守的倫理信條。【101地三】

答題範例 -

一、請說明我國在穩定偏遠地區學校師資策略方面的規範，並請分析其對於地方政府、偏遠地區與師資培育制度可能帶來的長期影響。【108地三】

【破題分析】 本題屬於較高難度考題。考生必須對於《偏遠地區學校教育發展條例》精確掌握，並對偏鄉師資結構的分配現況有所了解，才能寫得鞭辟入裡。

解析

偏遠地區學校長期以來有師資流動率高、師資人力不足及師資難聘問題，為穩定偏遠地區學校師資，我國教育部相關策略與作法，以及其長遠影響如下：

(一) 穩定偏遠地區學校師資策略與規範

1. **訂定正式教師留任年限**：對於透過公費生分發或專為偏遠地區學校辦理之專任教師甄選錄取者，規定服務滿六年以上（育嬰或徵服兵役之年資得採計至多二年）。

2. **保障並培育公費生名額**：為落實地培、地用之精神，各師資培育大學保留一定之師資職前教育課程名額給偏遠地區學生，並依學校需求，提供公費名額或開設師資培育專班，讓在地人回鄉服務，減緩流動率。

3. **訂定彈性之代理及專聘教師制度**：偏遠學校甄選合格專任教師確有困難時，主管機關會控留學校教師編制員額三分之一以下人事經費，公開甄選代理教師或以契約專案聘任具教師資格之教師（以下簡稱專聘教師），聘期一次最長二年。另中央主管機關也會協助專聘教師取得第二專長。

4. **確保代理教師具備教育專長**：偏遠地區學校未具教師資格之現職代理教師，可參加中央主管機關全額補助師資培育之大學辦理之高級中等以下學校及特殊教育學校（班）師資類科師資職前教育課程。

5. **規劃合聘、巡迴教師制度**：為解決偏遠地區學校部分學科授課節數少且招聘不易，學校會就特定專長領域，跨同級或不同級學校聘任合聘教師；地方政府也會將所屬學校教師部分名額，提供予特定學校聘任巡迴教師，巡迴偏遠地區學校提供教學服務。

6. **提高偏遠地區學校服務誘因**：如針對偏遠地區學校教師等，提供久任獎金及其他激勵措施；提供教職員工住宿設施及減、免收宿舍管理費等。

(二) **對於地方政府、偏遠地區與師資培育制度的影響**

1. **地方政府用人雖具彈性，但教育經費更加捉襟見肘**：偏遠地區地方政府雖得將所屬學校教師部分名額，提供予特定學校聘任巡迴教師，巡迴偏遠地區學校提供教學服務。然而，巡迴教師編制數與班級人數不成正比，部分地區甚至出現老師多於學生的窘境，造成地方政府財政負擔加重。

2. **偏遠地區師資條件放寬，對教育品質的把關堪慮**：為提升教師前往偏遠地區任教之意願、穩定偏遠地區學校師資、保障學生能就近入學或不因交通因素而造成就學困難，並彈性放寬偏遠地區學校之部分規範，但對於偏鄉教育品質的把關與評鑑機制卻相對闕如，如此一來，對偏鄉教育品質的提升助益不大。

3. **逐步採用教師輪調制度，落實師資培育規劃制**：偏鄉教師共聘制度僅解燃眉之急，最迫切的作法應是讓市區教師也有機會前往偏鄉任教，即是教師輪調制度。教師輪調制度在韓、日、澳等國已行之多年，施行目的在於改善各地區與各學校間的差距，並且適當地調整教師的員額配置，也能精確預估每年的教師缺額，落實師資培育制度的長久規畫。

二、教育行政倫理的意義為何？其可分為那些層面？並請研擬教育與學校行政人員應遵守的倫理信條。【101地三】

【破題分析】 本題論述教育行政倫理的意義與層面，並研擬學校行政人員的倫理信條，考生可就教育與學校行政人員平日的工作範圍與屬性，進行倫理信條的建立。

解析

(一) **教育行政倫理的意義**

在教育體系中，教育行政人員在執行專業過程中待人處事所應遵守的規範，就是教育行政倫理。教育行政專業倫理應兼顧：1.內在意向：行為

的內部主觀意識；2.外部效果：外在的客觀表現，係植基於內部的主觀意識。

(二) 教育行政倫理的層面

1. **專業倫理**：教育行政人員的所作所為，均須服膺教育專業的本質。
2. **批判倫理**：教育制度中不合理的現象，衝突的結構，依理性的方式加以批判。
3. **正義倫理**：將平等、共善、人權、公民權、民主參與等倫理價值作更精確的反應。正義的倫理所強調的除了私人權益的保障，並重視公益的維持。
4. **關懷倫理**：關懷倫理的關鍵在於，不把人看成工具，而是尊重每一個人的尊嚴與價值，並給予人性化的待遇。

(三) 教育與學校行政人員的倫理信條

學校行政人員除了提供學校與社區專業化的領導外，也必須擔負起促進學生成長、學校進步與社區發展的責任，並且願意遵守各種教育法令規定，以維持專業的水準與尊嚴。

1. 教育與學校行政人員的所有決定都應該以謀取學生福祉為依據。
2. 教育與學校行政人員應表現清廉、正直、誠實等特質，以贏取大眾的信賴與尊重。
3. 教育與學校行政人員應該秉持正當的程序原則，並保障所有人之權益。
4. 教育與學校行政人員應該避免利用職權謀取不當的個人私利。
5. 教育與學校行政人員在面臨利益衝突與價值選擇的情況下，仍然秉持公平正義的原則。
6. 教育與學校行政人員應努力充實個人的專業卓越能力，並鼓勵各種教育與學校行政的專業成長。
7. 教育與學校行政人員應妥善應用道德權威，並與成員發展合適的關係。
8. 教育與學校行政人員應在合理、合法、正確、公平與正義的前提下表現忠誠。
9. 教育與學校行政人員要能夠自尊自重，並保守業務上的機密。
10. 教育與學校行政人員有責任批判不合理的教育現象，並提出改進之道。
11. 教育與學校行政人員應積極創造合乎倫理的教育情境。
12. 教育與學校行政人員應主動關懷他人，並使每個人都享有內在的價值與尊嚴。

第四篇 教育行政發展

第11章 教育行政新興議題

【重要考點】校務研究、以證據為本的教育、教育資源公平性的統計量數
【新近趨勢】教師評鑑、新自由主義、社會國原則

名師導讀

這裡蒐集近三年（2018～2021）最新穎的教育資料與議題，近年出題的趨勢越來越高，因此建議考生必須仔細收集最新的資料，再與本書相互印證並融會貫通，如此方能將本章的議題充分吸收。除此之外，對任何新興的教育議題，必須建立思考的習慣，提出獨到見解與建議是準備的必須過程。

學習架構

第一節 理論層面新興議題
壹、資料導向決定
貳、新自由主義
參、社會國原則
肆、證據為本的教育
伍、教育資源公平性之統計量數

第二節 實務層面新興議題
壹、學生成績評量準則修正
貳、校務研究
參、教師評鑑
肆、高教深耕計畫
伍、教育行政之法律手段
陸、《中小學國際教育白皮書2.0》
柒、中華民國教師專業素養指引
捌、最新教育相關法令條文修正

第一節　理論層面新興議題

> **考點提示**　(1)資料導向決定；(2)證據為本的教育；(3)教育資源公平性之統計量數。

壹、資料導向決定

資料導向決定（data-driven decision making，以下簡稱 DDDM）係一種新興的決策模式，其主要強調透過資料的使用，以產生資訊、知識的連結與轉化，並做為領導與決策的依據，美國教育部於2004年提撥經費在Johns Hopkins大學設立「教育資料導向改革中心」（The Center for Data-Driven Reform in Education, CDDRE），便是基於資料導向改革之理念來建立並評估相關之可借鏡之方式（黃健翔，2015）。因此，有鑑於有效的資料導向決定影響組織成敗甚鉅，決策者應能主動蒐集適切而優質的資料，正確加以解讀並賦予資料適當的意義，使用資料幫助做成更正確的決定。資料導向決定的使用時機在於，希望在有限的時間與金錢下，要收集到足量的客觀量化資訊，並利用資料探勘（data mining）技術，將大量教育資料加以分類、推估、預測、關聯、集群以及排序，以發揮教育資料最大最有效的應用。

貳、新自由主義

新自由主義（neoliberalism）是一種經濟自由主義的復甦形式，指的是一種政治—經濟哲學，反對國家對於國內經濟的干預。新自由主義強調自由市場的機制，主張減少對於商業行為和財產權的管制。新自由主義支持私有化，反對由國家主導的直接干預和生產。在教育政策上，柴契爾夫人執政之後，採行新自由主義的教育政策。新自由主義的概念包括：選擇的自由、市場力量、競爭提昇品質。新自由主義主張要有「三化」與「三否定」：

(一) 三化

1. **自由化**：是效率的前提。
2. **私有化**：以個人身分決定要做的事。
3. **市場化**：反對任何形式的國家干預。

(二) 三否定

1. **否定公有制**：集權會使得經濟更糟。
2. **否定社會主義**：否定社會主義式自由的限制。
3. **否定國家干預**：排斥任何層次的國家干預，將國家定義為一種強迫的獨裁。

參、社會國原則

社會國原則（the principle of a social state）係指建立「符合公平、正義的社會秩序」，國家有義務消除人民經濟上及社會地位的不平等，使國家朝向社會福利原則的社會福利邁進，國家應保障個人能夠享有符合人性尊嚴的最低生存條件。社會國原則注重的面向包括社會安全及社會正義。

另外，共和國原則（rule of republic state），係國家元首並非特定人士壟斷，而有改選的機會，相對於君主國，但並不表示共和國均為民主國家，僅為判斷元首之產生方式。例如我國《憲法》第1條：「中華民國基於三民主義，為民有民治民享之民主共和國。」民主國原則（rule of democratic state），係指國家的主權歸屬於人民，相對於國家主權屬於特定人士的專制國。《憲法》第2條：「中華民國之主權屬於國民全體。」

法治國原則（rule of law），係指國家的運作皆須依照法律為之，國家的行政必須依客觀並具有民主正當性的法規為其統治權行使之基礎，所遵守的法律應符合公平、正義之法律，即實質意義的法律。而法治（rule of law）與法制（rule by law）並不相同，法制僅強調擺脫人治，而忽略法律本身可能就是侵害人權的根源。

肆、證據為本的教育【107地三】

一、證據為本教育的意涵

2002年約翰霍普金斯大學史萊文（Robert E. Slavin）教授主張，證據本位教育研究應該針對政府想要解決的實際教育問題，提供科學化、數據化、系統化的適切答案，以發展良好的教育政策，引領教育工作者提升他們的工作品質與效率。國內學者吳清山（2017）認為，證據為本的教育（evidence - base deducation），又稱「證據本位教育」或「證據導向教育」，係指在教育政策、學校行政或教學實務上，採取科學研究的可信賴數據做為支持的決定，以提升教育品質。

二、以證據為本教育提高教育決策品質的策略

證據本位政策最終要能產生並實行，主要關鍵就是必須蒐集相關證據依據。其強調嚴謹的「科學分析」與「決策改善」之間的關聯，主張政策決定應奠基於全面性與前瞻性證據的理解，來提升政府決策的效能與效率。

就實務層面而言，教育政策以解決教育情境的問題、提供良好教育政策，滿足受教主體需求，落實教育機會均等為目的。就理論層面而言，則是了解教育政策制定過程、建立學術理論、跨國比較教育政策等。為落實以證據為本的教育政策決策，其策略如下：

(一) **建置完整的教育資料庫**：教育研究與評鑑的主要精神就是透過實徵研究，針對各項教育議題，進行資料蒐集與分析，以科學研究結果做為改進教育方案的證據及教育政策修正的參考。為達成教育研究與評鑑的有效性，首先必須建置完整的教育資料庫系統來進行以「證據為基礎」的教育研究。針對欲解決的教育問題，運用國內外嚴謹的、科學研究的大數據證據蒐集與成效檢驗，提供政策發展參考。

(二) **檢視現有教育措施優劣**：除了從教育資料庫中了解教育概況之外，證據為本的教育政策研究還必須運用各種實證方法，檢視目前於教育現場實施的政策優劣，並積極介入較為優質的教育措施與手段，改善教室學習景況。

(三) **鼓勵教師同仁組織團隊**：證據為本的決策非一人所能完成，必須建立學習型的教師組織，提供科學性的專業成長，落實全校每個老師都是證據為本的教育研究人員。

三、證據為本教育的例證

(一) PISA測驗：聯合國經濟合作暨發展組織（OECD）長期鼓吹教育政策制定應以證據為本位，且透過每三年一次的國際學生學力評量（PISA）的辦理，提供跨國性的教育成效比較證據，影響到了包括我國在內的許多國家進行教育政策擬定時的走向（郭添財，2016）。

(二) **校務研究**（institutional research）：近年流行於各大專院校的「校務研究」，讓參與校務研究相關的行政人員，以及具有研究能力的專業人員，能提出事證資料、詮釋資料意涵，將行政研究融入工作中。如此一來，能有效輔助校級首長進行事證為本的決策（evidence-based decision-making），更可幫助大學體現績效責任，深植自評文化、自我改善，設定標竿並達到自我超越的校務經營。

伍、教育資源公平性之統計量數【108高考】

教育資源分配的公平與採用的統計量數（measures）具有密切關係。例如水平公平的量數約有下列各種：平均數、中數、全距、限制全距、聯合全距比例（federal range ratio）、麥克倫指數（McLoone index）、變異係數（coefficient of variation）、羅倫茲曲線（Lorenz curve）、吉尼係數（Gini coefficient）、賽爾熵（Theil entropy）指標、沃斯特根指數（Verstegen index）等，這些量數所計量的重點都不相同。

一、教育公平性重要統計量數

(一) **麥克倫指數**：就是以中數以下的觀察值為衡量焦點，重視中位數以下的分配狀態，呈現中位數以下分配不公的狀況。麥克倫指數取值範圍在0和1之間，麥克倫指數越大表示分配越公平，越小表示分配越不公平，這是與其他指標最大的不同。

(二) **羅倫茲曲線**：是美國統計學家羅倫茲（M. Lorenz）為測度所得分配不均程度，發展出來的指標。羅倫茲曲線係以縱軸表示所得累積百分比，以橫軸表示戶數累積百分比。如果所得分配完全均勻，則使戶數百分比與所得百分比之關係完全落在對角線上。

(三) **吉尼係數**：義大利的吉尼（C. Gini）用羅倫茲曲線與對角線所構成的面積，除以對角線構成的三角形面積而得之係數，用以衡量所得分配不均勻的程度。換句話說，是以低於完全均等線的觀察值所占百分比為衡量焦點，呈現各級距與理想分配之差距，如此進行兩兩互相比較，然後將差異值加總，再予以標準化後介於0與1之間。吉尼係數值越大，代表所得分配越不平均。吉尼係數的缺點就是，由於吉尼係數乃從羅倫茲曲線而來，因此可能發生兩條不同的羅倫茲曲線卻得出相同的吉尼係數的結果。

(四) **賽爾熵指標**：在物理學中，熵是衡量系統失序的標準。系統越亂，熵就越大；系統越有序，熵就越小。應用於社會科學的熵，稱為賽爾熵標準（Theil entropy measure）或者賽爾指數（Theil index），就是一種反映收入分配差距不平等的尺度。收入越平均，熵就越大。塞爾係數也是衡量變異程度的一種度量指標，用塞爾熵指數來衡量不平等的一個最大優點是，它不僅可以得知差異的大小，也能進行分解，告訴我們差異的原因。它可以衡量組內差距和組間差距對總差距的貢獻，對於同樣的分組，可以比較不同年份的差異變化，以及引起差異變化的原因所占比例的變化。泰爾熵指數和基尼係數之間具有一定的互補性。基尼係數對中等收入水準的變化特別敏感；泰爾熵對上層收入水準與底層收入水準的變化較敏感。

(五) **全距、限制全距與聯合全距比例**：全距指的是將觀察值中的最大值減去最小值，「限制全距」（restricted range）則是衡量教育財政水平公平的量數之一，其公式為：限制全距 $= X_{95} - X_5$。X_{95} 代表學生在第九十五百分位數的每生平均教育經費項目。X_5 代表學生在第五百分位數的每生平均教育經費項目。限制全距的特色在於去除極端值的影響，其值愈大，表示經費分配狀態愈不符合水平公平；反之，比例的值愈小，則愈符合水平公平。而聯合全距比即是限制性全距除以第5百分位數得到的數值，值愈大，表示經費分配狀態愈不公平。

二、其他量數優缺點分析

除了以上幾個量數外，其他量數在教育財政的研究方面也各有其優缺。全距與限制全距的優點是簡單明瞭、容易理解與計算，使用普遍；但其缺點是僅以兩個數值便決定公不公平的程度，過於武斷且不精細，無法涵蓋全體受試者的分布情形，且兩個量數都易受通貨膨脹的影響與干擾，進行跨年度研究時，容易造成不公平程度擴大的誤解。聯合全距比例的優點則是可以避免通貨膨脹的干擾，被美國聯邦政府用於調查各州教育公平性的主要指標；但其缺點仍是兩個數值決定結果，過於簡略。變異係數為標準差除以平均數，為統計基本概念，可以免去上述過於簡略的缺點，是公認較為理想的指標（許添明，2000）。

第二節　實務層面新興議題

考點
提示
(1)校務研究；(2)教師評鑑；(3)高教深耕計畫。

壹、學生成績評量準則修正

民國108年6月28日最新修正公布的《國民小學及國民中學學生成績評量準則》，係因應108課綱依照不同教育階段逐年實施，針對「彈性學習課程」納入評量範圍、技藝教育課程成績採計方式、畢業條件、會考辦理方式等進行調整。

一、全文修正要點

(一) 評量項目增訂彈性學習課程評量範圍及內涵。（修正條文第三條）

(二) 修正國民中小學學生成績評量應採多元評量，並配合國民中小學課程綱要於實作評量增訂聽力及鑑賞等評量方式。（修正條文第五條）

(三) 增訂彈性學習課程評量，應以平時評量為原則，並得視需要實施定期評量。（修正條文第六條）

(四) 增訂抽離式技藝教育課程評量結果之採計方式，以尊重修習技藝教育課程學生之完整學習歷程，並訂定施行時間。（修正條文第八條）

(五) 增訂彈性學習課程之評量結果得採量化或質性描述。（修正條文第九條）

(六) 配合國民中小學課程綱要之課程領域，修正國民中小學畢業條件。（修正條文第十二條）

(七) 增訂各直轄市、縣（市）政府應協助辦理全國試務工作；另增訂教育部得將教育會考之一部或全部工作委託大學、學術專業團體或財團法人辦理，並訂定其資格條件等事項。（修正條文第十四條）

二、新式成績評量準則對學習評量的規範

(一) **評量項目**：依第3條內容。國民中小學學生成績評量項目可分成：1.學習領域課程；2.彈性學習課程；3.日常生活表現。

(二) **評量範圍與內涵**：依第3條內容。

1. **學習領域課程與彈性學習課程**：範圍包括國民中小學課程綱要所定領域學習課程、彈性學習課程，及其所融入之議題；內涵包括核心素養、學習

重點、 學生努力程度、進步情形,並應兼顧認知、情意、技能及參與實踐等層面,且重視學習歷程及結果之分析。

2. **日常生活表現**:範圍及內涵包括學生出缺席情形、獎懲紀錄、團體活動表現、品德言行表現、公共服務及校內外特殊表現等。

(三) **評量原則**:依第4條內容。

1. **目標**:應符合教育目的之正當性。
2. **對象**:應兼顧適性化及彈性調整。
3. **時機**:應兼顧平時及定期。
4. **方法**:應符合紙筆測驗使用頻率最小化。
5. **結果解釋**:應以標準參照為主,常模參照為輔。
6. **結果功能**:形成性及總結性功能應並重;應兼顧診斷性及安置性功能。
7. **結果呈現**:應兼顧質性描述及客觀數據。
8. **結果管理**:應兼顧保密及尊重隱私。

(四) **評量方式**:依第5條內容。成績評量,應依第三條規定,並視學生身心發展、個別差異、文化差異及核心素養內涵,採取下列適當之多元評量方式:

1. **紙筆測驗及表單**:依重要知識與概念性目標,及學習興趣、動機與態度等情意目標,採用學習單、習作作業、紙筆測驗、問卷、檢核表、評定量表或其他方式。
2. **實作評量**:依問題解決、技能、參與實踐及言行表現目標,採書面報告、口頭報告、聽力與口語溝通、實際操作、作品製作、展演、 鑑賞 、行為觀察或其他方式。
3. **檔案評量**:依學習目標,指導學生本於目的導向系統性彙整之表單、測驗、表現評量與其他資料及相關紀錄,製成檔案,展現其學習歷程及成果。
   特殊教育學生之成績評量方式,由學校依特殊教育法及其相關規定,衡酌學生學習需求及優勢管道,彈性調整之。

(五) **評量時機**:依第6條內容

國民中小學學生成績評量時機,分為定期評量及平時評量二種。領域學習課程評量應兼顧平時評量及定期評量;彈性學習課程評量,應以平時評量為原則,並得視需要實施定期評量。定期評量中紙筆測驗之次數,每學期至多三次;平時評量中紙筆測驗之次數,於各學習領域皆應符合最小化原則。

(六) **評量人員與實施**：依第7條內容。

　1. 各學習領域課程與彈性學習課程：由授課教師評量，且須於每學期初向學生及家長說明評量計畫。

　2. 日常生活表現：由導師參考學校各項紀錄，以及各學習領域課程及彈性學習課程授課教師、學生同儕及家長意見反映等加以評量。

(七) **抽離式技藝班成績計算**：依據新增的第8條內容。

　學生依國民中學技藝教育實施辦法，於國民中學階段修習抽離式技藝教育課程者，其職群所對應之領域學習課程學期成績，應包括抽離式技藝教育課程總成績，並按抽離式技藝教育課程每週節數占對應之領域學習課程每週排定節數之比率計算。

(八) **評量結果呈現方式**：依第9條內容。

　1. 學習領域課程與彈性學習課程之平時及定期成績評量結果，應依評量方法之性質以等第（丙等以上為及格）、數量或質性文字描述記錄之。

　2. 學生日常生活表現紀錄，分別依行為事實記錄之，並酌予提供具體建議，不作綜合性評價及等第轉換。

(九) **補救、追蹤與輔導**：依第11條內容。

　1. **補救教學**：學生學習過程中各領域學習課程及彈性學習課程之成績評量結果，未達及格之基準者，學校應實施補救教學及相關補救措施。

　2. **追蹤輔導**：直轄市、縣市政府依前項實施補救教學之辦理成效，應併同學生之評量結果，於每學年結束後二個月內，報教育部備查。學生日常生活表現需予協助者，應施以輔導，並與其法定代理人聯繫，且提供學生改過銷過及功過相抵之機會。

三、出勤、獎懲、學習領域課程成績的畢業門檻

最新修正之《國民小學及國民中學學生成績評量準則》第12條，針對學生出勤、獎懲、學習領域成績的畢業門檻，有詳細規定，如下表11-1：

表11-1　學生出勤、獎懲、學習領域成績的畢業門檻

項目	畢業門檻
出席率及獎懲	學習期間扣除學校核可之公、喪、病假，上課總出席率至少達三分之二以上，且經獎懲抵銷後，未滿三大過。
學習領域成績	國中八大學習領域課程有四大領域學習課程以上，其各領域之畢業總平均成績，均達丙等以上。

貳、校務研究【108高考】

一、校務研究的意涵

大學「校務治理研究」（institutional research, IR），又可稱之為「校務研究」、「機構研究」、「院校研究」（中國大陸）或「機關調查」（日本），其係為一種與傳統大學治理模式不同取向的研究模式。IR的出現是為了收集大學內部相關實徵資訊（scientific evidence）並加以整理、共有化，進一步提供給各級決策者（校長等），作為改善與創新行政及教學等決策上的重要依據。我國亦於2016年成立第一個校務研究專業組織，稱為「臺灣校務研究專業協會」（Taiwan Association for Institutional Research, TAIR）（蔡景婷，2016）。

二、校務研究的發展階段與著重面向

美國密西根大學教授Peterson將校務研究發展依專業化與制度化分為三個階段：第一階段是1950至60年代，旨在因應美國高等教育的普及化，必須有效制定相關政策管理學生事務。第二階段是1960至70年代，朝向專業化發展；第三階段是1970年代中期到80年代中期，學習成效評估成為校務研究最重要的研究任務之一（黃曉波，2014）。賓州州立大學教授Volkwein（2015）指出，校務研究歷經50年的發展，著重的面向有以下幾個轉變特點：(一)從提出報告到支持決策系統；(二)從現象描述到問題分析；(三)從投入資源到結果產出；(四)從基本的統計及電子數據表到多變量統計及迴歸模型；(五)從擁有通才的小辦公室到擁有專才的大型專業化科層；(六)從多樣能力的準備到一個校務研究的核心課程（李政翰，2015）。

三、校務研究所需的三層次組織智能

Terenzini（1993）提出校務研究必須具有三層次組織智能（three organizational intelligences of IR），才能有效協助學校團隊推展、管理和改進校務。詳述如下：
(一)「技術與分析智能」（technical & analytical intelligence）：此為最基礎的校務研究工作所需智能，包括事實性知識、研究方法、熟悉電腦軟體及分析等三種知能。

(二) 「**議題智能**」（issue intelligence）：分成實質面、過程面／程序面兩種知能。「實質面知能」係指中、高階行政領導者遭遇的問題及做決策時所需知識，舉凡策略規劃、註冊率目標設定、學費調整、課程評鑑、系所規劃、學習成效評量及系所評鑑、人事及財務資源的分配、預算編製與執行、募款及維持校友關係等都包括在內。「過程面／程序面知能」係指瞭解大學校園組織如何運作，以及決策是怎麼形成的知能。

(三) 「**情境脈絡智能**」（contextual intelligence）：分成瞭解高等教育文化及尊重利害關係人兩種知能。瞭解高等教育文化，尤其是要瞭解自己服務機構的情境脈絡文化，包括歷史傳統、校園文化、改革發展方向、校園組織如何運作，以及誰是組織中的關鍵角色等。尊重利害關係人係指傾聽多元聲音，包括學生、家長、校友、教師、職員、立法者、企業主、社區、社會大眾等的意見與看法。

四、校務研究的五種角色功能面貌

國內學者李紋霞、符碧真（2017）於「全球視野在地化的校務研究：以國立臺灣大學經驗為例」文中提到，Volkwein（1999, 2008）將校務研究分成四種面貌（four faces of IR）。嗣後Serban（2002）在此基礎之上新增第五種面貌。下表11-2就是從組織角色與文化（三項）和校務研究的功能目的（兩項）交叉所得的扮演角色與工作重點，分述如下：

表11-2　校務研究的五種角色功能面貌

組織角色與文化	校務研究的功能目的	
	內部改進需求	外部績效責任
行政及機構角色	工作重點：描述機構資料 扮演角色：資訊權威者	工作重點：呈現最佳亮點 扮演角色：公關顧問者
學術及專業角色	工作重點：分析各種政策方案 扮演角色：政策分析者	工作重點：提供績效的客觀證據 扮演角色：學術研究者
知識管理	工作重點：整合資訊、創造新知、分享知識 扮演角色：知識管理者	

資料來源：李紋霞、符碧真，2017。

(一) **資訊權威者**（as information authority）：工作重點是描述服務機構的樣貌，包括招生、註冊率、教師表現、授予的學位、財務等客觀數據，以期校園內的重要關係人瞭解校務現況。因此，校務研究扮演著資訊提供權威者的角色，相當於Terenzini（2013）所稱第一層次的技術性智能。

(二) **政策分析者**（as policy analyst）：工作重點是協助行政領導者做預算分配決定、政策修訂、行政重組，或其他必要的改變及各種政策利弊得失的分析。因此，校務研究扮演高階行政團隊的分析師或諮詢者角色，需要比資訊權威者較高階的專業教育和訓練，同時需要Terenzini（2013）所稱第一層次分析性智能及第二層次議題智能。

(三) **公關顧問者**（as spin doctor）：工作重點是集結對機構有利的描述性統計資料，以對外呈現出校園最佳亮點。因此，校務研究扮演公關顧問的角色，用證據將學校最好的一面呈現，以協助招生、爭取經費與募款。

(四) **學術研究者**（as scholar & researcher）：工作重點是從事嚴謹的學術研究，提出證據以利外界判斷辦學績效、教育目標達成的程度。在學習成果導向教育的趨勢下，外界常需要學生學習成效與表現的報告。

(五) **知識管理者**（as knowledge manager）：工作重點包括蒐集資料並轉換成資訊；與他人合作創造及維護機構中的資料、資訊與知識；協助知識創造的過程、掌握知識及分享知識。

參、教師評鑑【107地三】

一、教師評鑑的意涵

教師評鑑（teacher evaluation）主要是教師針對自已的專業能力進行評鑑，其中包含研習積極程度、教學的準備及實施程度、班級經營的技巧、教學成果的檢核等，目前已有許多學校在試辦中。與教師評鑑有關的評鑑尚有「教學評鑑」與「教師專業發展評鑑」。

二、教師評鑑的重要項目

在中小學實施多年的教師專業發展評鑑，教育部已宣布停辦。我國目前僅剩大學實施真正的「教師評鑑」，《大學法》第21條規定：「(一)大學應建立教師評鑑制度，對於教師之教學、研究、輔導及服務成效進行評鑑，作為教師升

等、續聘、長期聘任、停聘、不續聘及獎勵之重要參考。(二)前項評鑑方法、程序及具體措施等規定，經校務會議審議通過後實施。」

大學教師評鑑的項目是分項評核教師的教學、研究、服務及輔導表現，內容大致如下：

(一) **教學表現**：大致包含教師的教學能力、課程組織、師生互動、課程難度、課業負擔、講義作業、評量方式、教學熱忱，以及學生學習成效／價值感等。

(二) **研究表現**：大致包含各類學術或創作成果發表；校外計畫補助或科技部專題研究計畫；學術研討會或國際性學術會議應邀演講、擔任主持人、評論人或發表論文等。

(三) **輔導與服務表現**：大致包含擔任導師工作輔導學生之學習與成長；關懷學生並參與相關輔導知能研習活動；投入時間指導學生參與全國性競賽；參與非營利組織之服務性工作等。

三、教師評鑑的爭議

(一) **大學教師評鑑實施的爭議**：自有大學教師評鑑制度以來，教師評鑑的客觀性即屢屢引發學界熱議。這些爭議包括：1.學生評量教師的問卷設計、分數取用；2.以學術論文發表作為評鑑教師主要指標的「重研究、輕教學」現象（張明華，2015）；3.以單一標準評鑑不同的老師，難以兼顧各校不同教學特色的展現；4.學校資源和支持輔助系統不夠完備，難以進行評鑑結果的回饋。

(二) **中小學教育專業發展評鑑**：原先於中小學實施的教育專業發展評鑑，已於106年停辦，並轉型為教師專業發展支援系統。可見自實施教師專業發展評鑑以來，在中小學產生不少的爭議；其中最主要的項目，包括：1.外行評鑑內行：取得初階證書的老師可以不分領域進行入班觀察，造成非領域專家評鑑領域內專家教師教學的奇特現象；2.評鑑指標僵化：評鑑指標全校統一的結果，不但忽略教師個別差異，也難以凸顯教師個別需求與教學特色；3.文書記錄繁複：教學觀察表中的文字證據書寫費時費力，造成教師裹足不前且無所適從。

肆、高教深耕計畫【107地三】

一、高教深耕計畫的意義與內涵

鑑於我國大學教育面臨了大學生平均素質降低、高等教育經費稀釋、大學院校生師比率過高，以及大學普遍存在「重研究、輕教學」的困境，教育部自107年度起推動「高等教育深耕計畫」，將過去零碎分配之獎補助整合為競爭型計畫。

高教深耕計畫中提升大學品質共分為落實教學創新、提升高教公共性、發展學校特色及善盡社會責任等四個構面，其旨趣就是在當前大學教育強調確保學生學習成效之潮流下，期望透過學校健全校務治理、課程與教學創新，並結合在地區域發展與產業需求，提供學生一個理論與實務結合的實踐場域，一方面培養學生學用合一的能力，另一方面善盡大學社會責任。依據高教深耕計畫的架構，在提升大學品質方面，其內涵包括：

(一) **一個核心概念**：確保學生自主學習之學生學習成效。
(二) **一條學習主軸**：創新實踐、學用合一。
(三) **二個品質迴圈**：內部治理與教學創新、外部社會責任。
(四) **三個發展原則**：品質改善、卓越特色、創新亮點。
(五) **四項生涯能力**：基礎力、就業力、跨域力、創新力。

二、高教深耕計畫政策評析與建議

(一) **優點**：化整為零，高教深耕計畫整合各類競爭型計畫，簡化指標並進行追蹤管考，讓學校以五年為期進行長期發展規劃，有助改善教學環境，引領學校整體發展。
(二) **缺點**：競爭型經費往往落在少數學校身上，造成學校之間爭奪經費的競爭裂痕，迫使大學商品化經營的問題更形嚴重。
(三) **建議**：1.高教深耕計畫若能完整導入「證據本位」之校務研究機制，發揮持續性品質改善之功能，未來必能在臺灣高等教育發展上引領出具體效益（王保進，2018）；2.除了高教深耕計畫持續推動之外，政府還應推動高教公共化議題，重新擬定可以實質提升高教教學品質的「經常性經費」，以減輕學生負擔。

伍、教育行政的法律手段【108高考】

教育行政機關往往利用教育行政方法處理教育相關事務。這些教育行政方式和手段包括：政治手段、行政手段、法律手段、經濟手段、學術手段、資訊服務手段等。其中的法律手段就是透過教育立法，以制定適合時宜的教育政策，引領全國教育單位奉行之。

一、教育行政機關須以「法律」訂定的事項

根據民國93年5月19日修正通過的《中央法規標準法》第5條規定，下列事項應以法律定之：1.憲法或法律有明文規定，應以法律定之者；2.關於人民之權利、義務者；3.關於國家各機關之組織者；4.其他重要事項之應以法律定之者。

因此，教育行政機關以法律規定的事項大致包括人民受教權利、教育人員相關權利與義務、各教育行政機關組織。人民受教權利相關法律，例如：《教育基本法》、《國民教育法》、《原住民教育法》、《強迫入學條例》……等；教育人員相關權利與義務的法律，例如：《師資培育法》、《教師法》、《教育人員任用條例》……等；各教育行政機關組織法律，例如《教育部組織法》。

二、教育法規條文的修正與廢止

《中央法規標準法》對於法規命令的修正與廢止有其嚴格標準，教育法規亦受此規範，臚列如下：

(一) **法規命令的修正時機**：《中央法規標準法》第20條規定，法規有下列情形之一者，修正之：

1. 基於政策或事實之需要，有增減內容之必要者。
2. 因有關法規之修正或廢止而應配合修正者。
3. 規定之主管機關或執行機關已裁併或變更者。
4. 同一事項規定於二個以上之法規，無分別存在之必要者。

(二) **法規命令的廢止時機**：《中央法規標準法》第21條規定，法規有下列情形之一者，廢止之：

1. 機關裁併，有關法規無保留之必要者。
2. 法規規定之事項已執行完畢，或因情勢變遷，無繼續施行之必要者。
3. 法規因有關法規之廢止或修正致失其依據，而無單獨施行之必要者。
4. 同一事項已定有新法規，並公布或發布施行者。

陸、《中小學國際教育白皮書2.0》

為培養中小學學生國際素養，教育部於民國109年發布《中小學國際教育白皮書2.0》，期許為學生帶來更優質的國際教育。

國際教育2.0以接軌國際，鏈結全球為願景，提升中小學教育，以達成「培育全球公民」、「促進教育國際化」、「拓展全球交流」目標。並推動「學校本位國際教育精進計畫」（School-based International Education Project，以下簡稱SIEP），各校可依據自身特色、需求等，設計以校為本的國際教育方案，透過國際教育融入國定課程、雙語課程以及國際交流推動SIEP。其目的如下：

一、協助學校培育全球公民，厚植推動國際教育能量。
二、精進課程融入教學策略，建構國際教育推動模式。
三、促進課程與教學國際化，提升教育人員專業素養。
四、拓展學校參與國際教育，強化學校國際合作面向。
五、建置學校國際教育團隊，協助學校推動國際教育。
六、強化學校國際化之建置，建構多元國際教育環境。

柒、中華民國教師專業素養指引

為達成師資培育之目標並推動教師專業發展，109年教育部以「終身學習的教師圖像」作為整體教師專業發展藍圖，並據以研訂公布「中華民國教師專業素養指引」，以導引不同職涯階段的教師有目標且持續而穩健地專業發展學習。

教育部發布「中華民國教師專業素養指引」，除了回應社會對培育終身學習的教師之期待外，並以終身學習為核心，期許教師在「教育愛」、「專業力」、「未來力」三個向度下，持續精進熱忱與關懷、倫理與責任、多元與尊重、專業與實踐、溝通與合作、探究與批判思考、創新與挑戰、文化與美感、跨域與國際視野等九項核心內涵。

師資培育的過程，涵蓋師資職前教育階段與實際進入現場任教的在職教師階段，教育部為協助不同職涯發展階段的教師，都能有目標且持續而穩健地進行專業發展學習，依據「終身學習的教師圖像」延伸訂定「中華民國教師專業素養指引」，以九項指引來導引不同職涯發展階段的教師專業發展學習，同時提

供各主管教育行政機關及師資培育之大學等相關單位，作為規劃專業發展課程與活動之方向參考。九大中華民國教師專業素養指引內容如下：

一、具備教育熱忱，關懷學生並支持學生學習與發展。

二、遵守教師專業倫理，善盡教學、研究與行政工作的責任。

三、欣賞與包容多元價值，以真誠及尊重的態度善待學生。

四、持續充實專業知能，並於教學中實踐反思，追求專業發展。

五、展現溝通與協調能力，與學生、家長及同儕等互動合作。

六、具有探究的精神與行動，及批判思考能力。

七、積極從事教學創新，具備回應環境挑戰的能力。

八、涵養文化理解與回應，豐富文化與美感體驗及審美的能力。

九、展現跨越專業領域能力，並具備宏觀國際視野。

捌、最新教育相關法令條文修正

一、增訂並修正《高級中等教育法》條文

教育部於110年05月26日修正公布《高級中等教育法》第25、37、54、55條條文；增訂第54-1條條文。條文內容下：

(一) **第25條：**

高級中等學校設校務會議，審議下列事項：

一、校務發展或校園規劃等重大事項。

二、依法令或本於職權所訂定之各種重要章則。

三、教務、學生事務、總務及其他校內重要事項。

四、其他依法令應經校務會議議決事項。

校務會議，由校長、各單位主管、全體專任教師或教師代表、職員代表、家長會代表及經選舉產生之學生代表組成；其成員之人數、比率、產生及議決方式，由各校定之，任一性別成員人數不得少於成員總數三分之一；學生代表人數不得少於成員總數百分之八，並報各該主管機關備查。

前項經選舉產生之學生代表比率計算，遇有小數點時，採無條件進位法，取整數計算。

校務會議，由校長召集並主持，每學期至少開會一次；經校務會議代表五分之一以上請求召開臨時校務會議時，校長應於十五日內召開。

(二) **第37條：**

高級中等學校辦理免試入學，應由學生向學校提出申請，免考入學測驗。申請免試入學人數未超過各該主管機關核定之名額者，全額錄取。

申請免試入學人數超過各該主管機關核定之名額者，其錄取方式，由直轄市、縣（市）主管機關會商就學區內學校各該主管機關訂定，報中央主管機關備查。但技術型及單科型高級中等學校有特殊招生需要，擬具課程計畫、招生計畫、名額及免試入學方式，報各該主管機關核定者，不在此限。

前項情形，除得以學生在校健康與體育、藝術、綜合活動、科技領域之學習領域評量成績及格與否作為比序項目外，其他在校學習領域評量成績均不得採計。

第三項免試入學超額比序之原則、程序及相關事項之規定，各直轄市、縣（市）主管機關應於各學年度開始一年前公告之。

(三) **第54條：**

學生權益之救濟，依本法所定申訴、再申訴程序行之。

學生或學生自治組織對學校之懲處、其他措施或決議，認為違法或不當致損害其權益者，得向學校提出申訴；不服學校申訴決定，得向各該主管機關提出再申訴；其提起訴願者，受理訴願機關應於十日內，將該事件移送應受理之學生申訴評議委員會或學生再申訴評議委員會，並通知學生或學生自治組織。

申訴之提起，應於收受或知悉懲處、其他措施或決議之次日起三十日內以書面為之；再申訴應於申訴評議書達到之次日起三十日內以書面為之；其期間，以學校收受申訴書或各該主管機關收受再申訴書之日期為準。

高級中等學校應設學生申訴評議委員會，委員會之組成應包括經選舉產生之學生代表或學生會代表，並應包括法律、教育、兒童及少年權利、心理或輔導專家學者至少一人；各該主管機關應設學生再申訴評議委員會，其中法律、教育、兒童及少年權利、心理或輔導專家學者人數應逾委員總數二分之一；學生申訴評議委員會及學生再申訴評議委員會，任一性別委員人數不得少於委員總數三分之一；其申訴、再申訴範圍、期限、委員會組成、調查方式、評議方式、評議結果之執行及其他相關事項之辦法，由中央主管機關定之。

學校受理第五十二條、第二項及前項之懲處或申訴事件,各該主管機關受理再申訴事件時,應秉持客觀、公正、專業之原則,給予受懲處人或申訴人、再申訴人充分陳述意見及答辯之機會。

學校應以書面或其他適當方式告知受懲處人;學校及各該主管機關應以書面告知申訴人或再申訴人,各該評議決定及不服該決定之相關救濟程序。原懲處、措施或決議性質屬行政處分者,其再申訴決定視同訴願決定;不服再申訴決定者,得依法提起行政訴訟。

(四) **第54-1條:**

中華民國一百十年五月十一日修正之前條規定,自公布後一年施行。

中華民國一百十年五月十一日修正之前條規定施行前,尚未終結之事件,其以後之程序,依修正施行後之前條規定終結之。

(五) **第55條**

高級中等學校為維護學生權益,對學生學業、生活輔導、獎懲有關規章研訂或影響其畢業條件之會議,應由經選舉產生之學生代表或學生會代表出席;其人數由各校校務會議定之。

二、修正《原住民族教育法》條文

教育部於110年01月20日修正公布《原住民族教育法》第10條條文:「各級政府得視地方原住民族文化特性及實施民族教育之必要,寬列原住民重點學校及原住民教育班員額編制。

國民教育階段之原住民重點學校,於徵得設籍於該學區成年原住民二分之一以上書面同意,始得合併或停辦學校;原住民重點學校為完全中學者,其國民教育階段亦同。」

三、修正《學校衛生法》條文

教育部於110年01月13日修正公布《學校衛生法》第13條條文:「學校發現學生或教職員工罹患傳染病或有造成校內傳染之虞時,應會同衛生、環境保護機關做好防疫及監控措施;必要時,得禁止到校。

為遏止學校傳染病蔓延,各級主管機關得命其停課。並應協助學校備置適當之防疫物資。」

考題集錦

理論層面新興議題

1. 21世紀，基於工業4.0、人工智慧（AI）、物聯網（IOT）、第五代無線通訊網（5G）的發展，學生的主動學習甚受重視，主動學習空間的研究和發展蔚為風潮，成為中小學和高等教育學習空間革新的新趨勢。請說明主動學習（active learning）的意義為何？並舉例說明主動學習空間（active learning spaces）的規劃重點。【109地三】

2. 近年來校務研究（Institutional Research, IR），是教育行政關注的重點，它在高等教育扮演角色相當多元。Volkwein（1999）認為IR有四種重要角色，而 Serban（2002）又依據 Volkwein 的分類架構，提出IR的第五項角色。試舉出這兩位學者所指的五項角色，並說明這些角色重點。【108高考三級】

3. 何謂特許學校（charter school）？請說明特許學校的起源、運作型態以及發展至今日的情況；再將特許學校與我國《公立高級中等以下學校委託私人辦理實驗教育條例》之相關規定加以比較並分析其間異同。【108地三】

實務層面新興議題

1. 請說明十二年國民基本教育課程綱要總綱的課程目標，並指出核心素養的涵義，以及學校如何將上述課程目標融入到學校的校訂課程中。實驗教育方興未艾，為我國學校教育帶來新的機會與挑戰。【110身三】

2. 請問實驗教育的精神與特色為何？與傳統學校教育有何共同或相異處？為保障學生學習權益，主管機關對於國民基本教育階段之實驗教育學生學習權益仍須負品質保證之責。請你就主管機關的角度，規劃實驗教育的評鑑重點（請以學校型態及公立學校委託私人辦理為主），並說明規劃理由與內涵。【110高考三級】

3. 雙語教育是國家重要教育政策，但各縣市政府的起步與作法不一，投入的資源也不同。如果你是中央單位，要如何規劃本政策之評鑑，以掌握各縣市政府辦理雙語教育政策的成效與問題？請說明你的評鑑目標、評鑑重點、評鑑工具、評鑑結果應用。【110高考三級】

4. 試說明教育部於2020年公布實施之《中小學國際教育白皮書2.0》的重要內容，並進一步分析此一白皮書對教育行政人才培育的啟示。【109高考三級】

5. 民國106年12月公布「偏遠地區學校教育發展條例」，以因應偏遠學校教育之特性及需求，實踐教育機會平等。請說明該條例在支持學生學習上，有何重點規定？對偏遠地區學校教育發展之助益為何？【109地三】

6. 十二年國民基本教育課程綱要總綱中提出「核心素養」之概念，此與以往九年一貫課程強調培養孩子帶著走的「基本能力」有何不同？依據總綱，學校應如何落實培養學生「核心素養」之訴求？【107身三】

7. 中小學國際教育政策白皮書所標舉的目標與策略為何？請說明之。【105身三】

8. 人才培育是當前教育的重要工作，在課程與教學領導方面，未來的人才培育應注重那些關鍵能力？【105身三】

9. 目前我國大學校院面臨轉型、整併與退場問題之可能原因為何？請針對問題提出適切之因應策略。【105地三】

10. 教育領導必須做好教育人力資源管理，請問人力資源管理的意義和層面為何？師資是教育品質的關鍵因素，如欲建構我國專業化教師教育體系，請提出因應之對策。【105地三】

11. 強化現代公民素養培育是當前教育改革之重要議題。請說明在國民教育階段，公民素養之核心精神與內涵，以及學校教育應如何落實現代公民素養之培育？【100薦升】

 答題範例 -

一、中小學國際教育政策白皮書所標舉的目標與策略為何？請說明之。【105身三】

【破題分析】 本題就中小學國際教育政策白皮書所標舉的目標與策略詳細說明即可。

解析

(一) **國際教育的目標與意義**：教育部中小學國際教育白皮書中指出，中小學國際教育（international education）的目標在讓中小學生透過教育國際化的過程，瞭解國際社會、發展國際態度，並培育具備1.國家認同、2.國際素養、3.全球競合力、4.全球責任感的國際化人才。

簡言之，國際教育之意義與內涵，來自於對全球環境的變遷以及全球化趨勢之回應。國際教育的主旨在於，透過學校教育的系統化力量，將國際意

識及關懷世界議題的素養融入教學內容之中，以培養出具備國際視野與國際競爭力之年輕學子。因此，中小學的國際教育意義如下：

1. 因應全球化經濟、科技、政治、文化的驅力。
2. 強化學校未來導向的教育歷程，擴大教育的視野。
3. 培養學生國際素養，提升學生跨文化溝通的能力。
4. 獲取多元資源，提高學生國際競合的優勢。
5. 提昇教師國際觀，促進教育文化的創新。
6. 深耕教育國際化，催化學校國際溝通平台的角色。

(二) 國際教育推動策略

項目	策略	
國際交流	1. 增進國際視野方案 3. 國際教育學生交換學習 5. 國際專題交流方案	2. 國際教育獎學金計畫 4. 學生教育旅行計畫
教師成長	1. 國際教育師資培訓 3. 國際教育議題研究	2. 國際教育人力資源發展 4. 國際教育教師交換
課程研發	1. 國際教育課程統整 3. 多語言能力培養	2. 國際教育教材研發 4. 國際教育教室對話聯結
學生學習	1. 學生世界公民素養學習 3. 學生國際服務學習 5. 學生跨文化學習	2. 學生國際議題自主學習 4. 學生國際領導力學習
學校發展	1. 國際教育夥伴關係深耕 3. 國際教育技能專題合作 5. 國際教育能力指標建構 7. 國際教育環境形塑	2. 國際教育模式建置 4. 學校教育國際化經營 6. 國際教育認證輔導
資訊平台	1. 國際教育人力資源庫建置 3. 國際教育課程及教材數位化 5. 國際教育電子期刊發行	2. 國際教育知識庫建置 4. 國際教育資訊交流平台建置
資源整合	1. 中央級國際教育中心設立 3. 經費系統建置 5. 弱勢學生支援系統建立 7. 接待家庭系統建置	2. 縣市行政支援系統建置 4. 教師支援系統成立 6. 民間團體資源網絡建置 8. 成果評估系統建置
獎助措施	1. 國際教育揚航獎	2. 學校教育國際化認證

二、人才培育是當前教育的重要工作，在課程與教學領導方面，未來的人才培育應注重那些關鍵能力？【105身三】

【破題分析】 本題可從社會生活的基礎能力、專業能力、職業態度、人際間互動的能力、整合的能力著手，培養未來人才的關鍵能力。

解析

培育未來應注重下列五種關鍵能力：

(一) **加強社會生活的基礎能力**：學校應加強學生之語文與外語能力外，邏輯思考能力訓練、電腦工具的熟練應用、基本通訊與資訊設備應用的能力……等。這些能力均是國際化進入社會與職場必要的能力需求項目。

(二) **培養不斷精進的專業能力**：培育學生具備良好的專業能力，輔導其獲有專業能力證照以肯定其專業能力，同時培育其具有繼續發展之能力與創新能力，將是學校培育人才應加強的重點。

(三) **涵養團結共好的職業態度**：企業主對人才的職業態度需求包括：工作的企圖心強；抗壓性佳；具有正確的工作價值觀；勤奮務實；高挫折容忍力；以及追求卓越的工作態度。這些基本態度，促使社會新鮮人能在工作職場上，百折不撓的完成所交付的工作，產出高的績效表現。

(四) **加強人和環境、人際間互動的能力**：知識經濟時代，競爭環境變化迅速。因此學校在人才培育上，應加強掌握環境變動之能力、機敏的反應力、人與機器間的溝通能力、人與電腦間溝通與運用、事件反應的靈敏性等。此外，也需要加強人際間的互動能力，其項目諸如：領導統御、親和力、誠懇務實、人際溝通與關係之能力等。

(五) **重視創新、同理心與整合的能力**：我們正從一個講求邏輯、循序性與計算機效能的資訊時代，轉化為一個重視創新、同理心，與整合力的感性時代。未來世界將屬於具有高感性能力的另一族群---有創造力、具同理心、能觀察趨勢，以及為事物賦予意義的人。因此，學校教育應鼓勵學生創作及價值創造，才能完備人才培育的歷程。

頻出度A：依出題頻率分為：A頻率高、B頻率中、C頻率低

第12章 教育行政的趨勢與展望

【重要考點】創新的教育行政理念與哲學觀、教育行政導向市場化與功績主義、教育M型化、第八次全國教育會議、教育弱勢、反實證主義、後現代教育行政哲學、國際政策移轉

【新近趨勢】教育行政與社會資源的運用、教育行政知識基礎三大傳統（邏輯實證、詮釋、批判）、組織創造力、教育行政理論與實踐、內隱知識、外顯知識

名師導讀

這裡是教育行政學的總結，聚焦於教育行政學的未來趨勢與展望，歷年出題機率頗高，尤其是教育行政哲學議題，以及國際化、少子化、市場化與功績主義對教育行政的影響。未來各位仍應多加注意這些考點，包括教育政策的適法性、適足性，教育行政理論如何具體實踐，以及教育行政哲學理論的最新發展。

學習架構

第一節　教育行政的前景與趨勢

考點提示　(1)創新的教育行政理念與哲學觀；(2)教育行政導向市場化與功績主義；(3)教育M型化；(4)第八次全國教育會議；(5)教育弱勢；(6)反實證主義，是本章考題焦點。

一、教育行政的發展趨勢【109身三】

(一) 教育行政哲學辯證化【93高考二級】

1974年之後，教育行政理論的發展係持反實證主義的立場，並進行辯證的過程。其中，邏輯實證論傾向工具的理性，一種操作性的，為達到目標，進行因果實踐的工具，屬於機械性的行為主義；批判理論具備檢驗差異，進行選擇，不停地正反合的辯證理性，是一種屬於檢驗主義的辨證行動。詮釋學闡述文化的理性，強調經由社會互動形成規範，是一種「理解」與「互動」的導引主義。三者都屬後現代教育行政哲學的一部分（歐東華，2009）。

(二) **教育行政理論整合化**

教育行政理論的整合趨勢，包括研究方法論上出現質與量混合操作的研究典範，以及教育行政決定模式採用綜合掃描模式（兼採各種模式優點），都係過去方法的整合結果。另外，對人管理的在教育行政領導上，1990年代以後出現的整合型領導（integrative approach leadership）強調角色取向的轉型領導、交易領導、道德領導、服務領導、分布式領導、家長式領導與文化領導七大群，其意均在兼顧組織績效（技術取向）與人性需求（藝術取向），也是另一種形式的整合。

(三) **教育行政導向市場化**【102原三；102薦升】

何金針（2003）從教育經濟學觀點，國家愈富裕、政治愈民主、社會愈多元，加上人民知識普遍提昇後，原有公立學校的教育內容，已無法滿足民眾對教育財的需求，因此必須透過自由化的教育經濟措施—市場化，才能追上民眾的教育期待。所謂自由化係透過較少的干預、較多的競爭、較大的彈性，來達到反映品質、淘汰不適與顯現特色，亦即「教育市場化」的意義。

教育市場化的進行方式，包括解除管制、消除壟斷、私有化、顧客導向、重視行銷等途徑。其缺點是，市場化的結果，容易因惡性競爭導致教育本質的喪失，甚至出現嚴重的教育M型化（M-shaped education）【101身三】與教育弱勢（educationally disadvantaged）【99身三】的結果，使教育的城鄉差距愈來愈明顯，教育政策和國家資源的分配，應該以促進社會公平和國民教育公共化為考量，而不要讓競爭和消費的市場思維，造成資源的分配不均，最後取代包容和鼓勵的教育價值。

對弱勢學生來說，儘管九〇年代的教育改革後，廣設大學提高錄取率，但台清交等名校的大門依舊狹窄。至於對弱勢生比較親和的學校，很多都有退場的疑慮。退場的原因很多，但從過去的例子來看，多半逃不開教師流動率高、課程不合理整併、學校資源不足等嚴重影響教學品質的問題。因此，在推動市場化的同時，應採取配套措施，以維持教育的核心價值。

(四) **教育行政組織彈性化**

組織彈性化即是組織權變化，指組織的型態須視情境變化隨時進行調整。例如：變形蟲組織，就是為了配合環境變化與需求，容許組織進行重整或再造的一種彈性化組織設計方式，目的在提高組織對環境變化的適應

與反應力。另外,近年來興起的許多組織型態,如跨功能團隊(cross-functional teams)、跨層級團隊、酢漿草組織、無疆界組織、虛擬組織、網狀組織、組織的策略聯盟等也是組織彈性化的最佳例證。

(五) 教育行政管理科學化

教育行政的管理歷程,包括計畫、組織、溝通、領導與評鑑。重視執行之前的計劃,以各項評估模式找出組織所需的行政策略,並組織有效的執行團隊,過程中不斷進行形成性評鑑與總結性評鑑,透過溝通協調檢討修正,確保教育行政品質。自泰勒倡導科學管理之後,行政科學化已逐漸成為趨勢,講求透過研究找出有效的行政方法,執行之後重視評鑑改進,並且運用資訊科技以提高行政的效果與效率。

教育行政管理科學化的目的在提升組織績效,此為教育行政功績化的表現。功績主義(meritocracy)【102薦升】所強調的,是建立一個依據個人功績來分配社會地位和角色的社會,而非以血統、出身背景、財富地位、政治特權為依據的不公平社會。在教育上,組織的功績就是學校經營績效,個人的功績就是指學生的成就表現。

為了使教育機會和資源能依據個人功績的高低而公平的分配,學校教育就必須強調成就導向,鼓勵公平競爭,運用量化而客觀的測驗評定學生成就,並以成就的高低來分配教育機會和社會資源(如職業、薪資、聲望)。然而,功績社會的學校教育,其結果不僅沒有消除階級的不平等,反而助長了社會階層的再製。功績主義原欲消除的社會不均等,卻巧妙地經由功績化的教育制度而不斷地延續和再製(譚光鼎,2000)。

(六) 教育行政權限均權化

中央政府教育權限若過於膨脹,則會影響地方教育功能發揮;相反地,地方政府若過於仰賴中央的指示,缺乏自創教育發展的特色中央,則容易致使政府教育權限存有模糊地帶,中央地方產生爭執。中央與地方教育行政權力的劃分有集權、分權和均權制三種方式。均權制能取集權和分權兩者之長,而補兩者之短。

目前教育部有意回歸《教育基本法》,修訂《教育部組織法》,減少教育部中央集權制的傾向,並訂定《地方教育組織法》,落實地方自治與制度,如此才能完備地方教育行政體制。因為,教育部若介入太多地方事務,將造成中央對地方自治權的不當限制,完成修法靠向均權,讓中央與地方都有空間去發揮其應有的功能,才能達到最好的行政效果與效率。

二、教育改革新方向--教育部第八次全國教育會議

第八次全國教育會議於2010年召開，擬定「現代公民素養培育」、「教育體制與教育資源」、「全民運動與健康促進」、「升學制度與十二年國民基本教育」、「高等教育類型、功能與發展」、「多元文化、弱勢關懷與特殊教育」、「師資培育與專業發展」、「知識經濟人才培育與教育產業」、「兩岸與國際教育」及「終身學習與學習社會」等十個中心議題（教育部，2010）。

第八次全國教育會議以「精緻、創新、公義、永續」四大主軸，貫穿教育革新的十大中心議題，以展現「新世紀、新教育、新承諾」的願景。其重要意涵整理如下表12-1所示：（教育部，2010）

表12-1　教育部的發次全國教育會議四大主軸

主軸	內涵
精緻—提昇教育全面品質	增進我國教育體制的行政效能，並以宏觀穩健與多元前瞻的策略，營造因材施教與有教無類的教育環境，促使教育歷程的有效學習及其成果的質量提昇，進而引導學習者自我實現，且具備現代公民素養，並涵養成德智體群美五育兼備的優質人才。
創新—激發教育多元活力	展現我國教育的特色與既有優勢，並檢討歷年教育改革成效，結合國際趨勢與當代教育新知，培養學習者具備創意思考、解決問題、批判反省，以及運用新興科技且融合美學的知能，以厚植國力，並邁向知識經濟與產業升級。
公義—彰顯教育深度關懷	秉持教育的公平正義理念與資源的合理分配原則，並兼顧個別特殊需求、尊重多元文化差異，以及關懷弱勢群體的教育政策，進而提供學習者在基礎教育與升學制度方面，享有教育機會均等與積極平權的待遇，以彰顯自由民主社會的人文關懷精神。
永續—促進教育長遠發展	強化我國教育網絡革新的動力，並培養專業精良的完備師資與行政人才，進而協助學習者形塑歷史意識與全球視野的襟懷，且建構世界公民的終身學習平臺，以促進國際間的交流合作與良性競爭，並積極致力於人類自然與文化資產的延續與發展。

三、我國教育行政的改革建議

(一) 研究方法與內容宜更多元全面【96高考二級】

過去教育行政研究方法大都集中在量的調查研究，今後應增加質性的研究，甚或質量混合的研究模式，以達到質與量的研究兼顧之原則。研究內容可以捕時目前較新穎的領域，如：教育行政國際化、全球化與市場化的趨勢，另外對於我國較弱項的教育評鑑與教育行銷，以及較具理論深度的教育行政哲學研究，都是可以考慮的方向。

(二) 加強教育行政的均權化與法制化

教育行政體制主要有以下兩種分類方式：1.按中央和地方的教育行政權力分配關係，可以分為中央集權制、地方分權制和中央與地方合作制。2.按教育行政機關與政府之間的權力結構關係，可分為從屬制和獨立制。然而，位居中央集權與地方分權兩大權力運作類型之間的權衡方式，即為教育行政權力分配均權化。教育行政均權化可以符合法治精神及世界潮流。另外，依中央法規標準法規定，凡憲法或法律有明文規定關於人民之權利義務者、關於國家各機關之組織者及其他重要事項，均應以法律定之。但目前校長與教師的成績考核、教師進修研究獎勵、教師請假規則、師生重大獎懲等應以法律規定者，現在都以行政命令方式規定，應加以改善。

(三) 強化教育視導與評鑑制度

教育視導的實施方式，概分為行政視導與教學視導二種，行政視導的目的，消極方面在確保校務的合法化與正常化，所謂防患於未然；積極面在促進校務的發展，提供優質的學習環境，保障產品的精良。教學視導則專注於教與學的面向，關心教學場域的現象，以提昇教學品質，增益學習效果。

教學視導首重學校本位課程評鑑，改進學校本位課程的規劃與實施、教學活動設計與教學評量。目前台灣教育視導功能普遍專注於行政視導層面，缺乏教學專業視導；加上客觀的教育評鑑制度尚未建立，無法發揮評鑑與視導應有的功能。今後，如何強化視導人員素質，發揮視導功能，將是教育改革的重要課題之一，亦是促進教育發展的有效動力。

(四) 重視教育行政社會資源的運用

「沒有教育導進的社會是瞎的；沒有社會涵濡的教育是空的。」學校與教育行政單位除了有效運用政府資源外，與社會資源相互流通，最能顯現教

育功能。學校可靈活運用之，使家庭、學校、社區、社會結合成一體，對孩子的成長與發展必有助益。教育經營者可以透過各種管道途徑，向各級政府機關、公司行號、學校、醫療機構、團體、民間單位、社區等，爭取社會認同、提供設備、人力、物力、財力、自然環境、文史、產業等資源，以充實學校的各種環境設施，提升經營與學習績效，豐富教育內涵，滿足教育經營之各種需求。

(五) **提升教育與學校行政人員的專業倫理**

我國今後應極力提昇教育與學校行政人員的專業倫理與道德水準，專業倫理規範可用來做為評鑑專業人員的規準，協助新進人員接納專業責任與權力，扮演專業道義的規範角色，提供專業人員自主地位。透過專業倫理守則，專業團體可以防止悖倫與舞弊行為的發生、維繫專業人員之立場，並提升專業之聲望與公共之信任。雖然專業倫理守則未必能確保專業人員之倫理行為，但一個專業若是缺乏專業倫理守則，則可以肯定該專業並不夠重視專業倫理。學校須透過教師專業發展策略，發揮教師專業倫理以建立優質學風。

(六) **發展創新的教育行政理念與哲學觀**【102原三】

許多的研究結果顯示，教育與學校的領導者常只具備行政管理的知能，卻嚴重缺乏創新的（innovative）教育行政理念與哲學觀點，故身為二十一世紀的教育與學校領導者，應具備創新的教育行政理念與哲學觀。例如：學校經營圖像與創新理念如下：

1. **維護教育主體**：學生為教育的主體，舉凡學校各項措施，以學生安全、健康、快樂的學習成長為考量，「學生第一」是首要的校務經營原則。

2. **尊重教師專業**：教師增權賦能是邁向專業自主的途徑，持續建構教師專業發展平臺，型塑學習型組織的校園氛圍。延續學校以課程為基調的文化體制、展現課程領導能力，發揮專業與行政效率，精進教師教學品質與效能。

3. **拓展多元學習**：開啟學生多元智慧，構築多元學習平臺，肯定學生多元成就。重視個別差異，兼顧適性發展。培養學生帶著走的能力，絕不放棄任何一位學生，把每個孩子帶上來。

4. **企業經營管理**：因應不同的校務發展階段，重組或建構校園文化及價值。以轉型領導、道德領導、默默領導、第五級領導的權變為體，結合企業經營理論與實務為用。在現有的優質基礎上轉動飛輪效應，持續開創多元、創新、卓越的高峰經驗。

第二節　教育行政的挑戰與展望

> **考點提示** (1)後現代教育行政哲學；(2)國際政策移轉，是本節考題焦點。

一、教育行政的挑戰

范熾文（2008）認為，教育行政未來所面臨的環境挑戰及教育改革重點，包括：(一)教育行政知識基礎過於狹隘，行政哲學尚待建立；(二)缺乏培育方案與證照制度，專業化有待加強；(三)機械隱喻的組織運作，欠缺靈活變通的能力；(四)教育首長與政策更迭快速，未能進入學校改革核心；(五)教育政策移植英美國家，忽略本土文化建構；(六)教育行政理論與實踐脫離，缺乏教育主體性。詳細說明如下：

(一) 教育行政知識基礎過於狹隘，行政哲學尚待建立

邏輯實證論、詮釋學、批判理論是教育行政知識基礎的三大傳統。1970年代以後的教育行政哲學進入重視挑戰的理念期，又稱後實證時期，教育行政理論的發展持反實證主義的立場，並進行辯證，並以詮釋學與批判理論建立教育行政知識的基礎。重視組織成員的主觀認知及詮釋。以理解的經驗及認知的實體建立知識基礎。教育行政知識基礎的三大傳統各有優缺，整理如表12-2所示。

表12-2　教育行政知識基礎三大傳統的優點與盲點

知識基礎	優點	盲點
邏輯 實證論	1. 強調功能的觀點，開發專門性知識，提昇組織效能。 2. 強調普遍的律則作為維持社會秩序的基礎。能回應民主化需求。	1. 權力不對稱，犧牲部屬成就目標，產生倫理性不足問題。 2. 難回應多元化需求。
詮釋學	1. 強調文化的觀點，經由文化動機理解歷程，提昇成員組織生活的意義感。 2. 強調他人文化動機的理解，能催化行政運作多元化。	1. 忽略文化實體常是權力操控結果，人們生活方式係錯誤意識產物。 2. 根據個體信守的文化假定進行溝通，亦產生教育行政的病態，亦無力解決文化價值間矛盾的問題。

知識基礎	優點	盲點
批判理論	1.強調反組織理論的觀點，打破社會階級的藩籬。 2.強調不合理關係的反省，能落實民主化及特色化。	1.易導致行政運作的缺乏穩定性。 2.易流於放任，產生為反對而反對的惡鬥。

隨著21世紀的到來，人類已進入後現代的時代。後現代（postmodernity）繼現代化之後（after modemity），由代表性人物Max Weber（1864-1920）的科層結構理論，標榜人力與職權徹底「分化」（differentiation）的正式化組織，發展而至以「減抑分化」（de-differentiation）為宣揚主軸的後現代化新型組織理念（黃乃熒，2003；Clegg，1990）。

范熾文（2006）認為，後現代教育行政哲學首先是打破了中央集權型態的組織，學校行政人員不再是學校中唯一的聲音。其次，班級結構型態改變，後現代組織是網狀的組織，改採自主學習、虛擬化的組織結構；第三，後現代強調溝通理解，要考慮對方之立場與想法，傾聽全體教師的聲音，強化溝通管道；第四，由於後現代主義強調多元的特質，對不同種族、性別、階級之文化，都要加以了解及尊重，多元文化教育成為重要教育政策；尤其後現代重視少數人聲音，擔任學校行政人員更要重視校內的弱勢族群。

(二) **缺乏培育方案與證照制度，專業化有待加強**

欲做到專業化原則，應建立教育視導的專業養成、在職進修與專業證照制度。可在師資培育機構設立教育行政研究所或教育視導研究所，開設有關課程，培養專業化的人才。同時透過法令的制訂規定取得教學視導人員證照的條件與程序。符合規定者才能成為合格的教學視導人員。

(三) **機械隱喻的組織運作，欠缺靈活變通的組織創造力**

不論是個人、團隊或組織都必須從學習中理解知識和創新的結合，與組織個體和整體效能的運作能力，建立組織靈活變通的應變能力，並增加「組織創造力」。組織創造力包括下列四種能力：1.組織獨創力（originality）：指能想出與眾不同的構想或很少人能想到的能力；2.組織變通力（flexibility）：指思考反應變化的程度，即在特定的時間內反應類別越多者，變通力越高；3.組織流暢力（fluency）：能想出大量構想的能力，即在特定的時間內反應數量越多者，流暢力越高；4.組織精進力（elaboration）：指思考時仔細週到或精緻化的程度。

(四) 教育首長與政策更迭快速，未能進入學校改革核心

教育政策處理，具有決策權的是教育主管機關，在中央是教育部，在地方是教育局，而教育部長及教育局長則是主要的決策者，而在社會民主化之後，民選的政府機關首長及民意代表為兌現競選政見，或為因應社會危機，展現執政成就，常會影響教育決策人員的決策方向，如此快速的政策更迭，學校改革經常朝令夕改，學校教育人員難免無所適從。

(五) 教育政策移植英美國家，忽略本土文化建構

近十年來，台灣所謂的「教育改革」，出現了不少盲點，尤其在許多主事者不了解本土文化的特色，又漠視人類智能的差異之餘，透過台灣政治解嚴、社會渴望鬆綁之際，教育政策移植英美國家，卻忽略本土文化的建構，甚而提出許多民粹主義式的口號，再借助行政資源，強行推動一系列未經試辦、評估而又相互矛盾的改革措施。如此一味移植國外制度，卻嚴重缺乏考慮國情需要，充滿「外國月亮圓」的迷思的結果，就會把原本許多優良的傳統與制度也一併改革掉。因此，教育改革實在必須考慮本土化的制度建構，回歸教育本質。

以廢除聯考為例，當初教改推行的時候，許多人的想法是聯考終於可以消失了，以後的學生終於不用一天到晚補習；但才幾年的工夫，卻發現現在的學生反而比以前更可憐，不但補習補得更凶、書包變得更重，在「課程簡單化、授課時數減少化、教學份量減輕化」的趨勢下，我們的教育素質反卻不斷下降。面對愈來愈激烈的國際競爭，我們必須堅持「因材施教」、「循序漸進」的本質，重新建構優質的教育環境，逐步整頓教改留下的後遺症。

今後教育主管機構必須「謀定而後動」，不盲動，不躁進；尤其國際政策發展轉為本國政策時，必須注意下列事項：1.對於原有的改革政策提供基層學校消化、吸收的機會，並且予以微調、修正；2.提供三到五年休養生息的沉澱、反思及解決問題機會，不再急於推陳出新；3.今後任何新的教育措施，必須經過完整的規畫、試驗或評估，才能全面推行；4.民眾、基層教師、校長甚至學生、家長都有權拒絕任何因為選票考量、不顧國家財政及社會現實考量的新教改政策（周祝瑛，2004）。

(六) **教育行政理論與實踐脫離，缺乏教育主體性**

目前有些學者認為，教育行政理論對解決目前的教育問題毫無幫助，更有一些學者甚至認為，教育行政理論可能與教育目的背道而馳。教科書內的教育行政理論常被指為過於抽象，不切合學校的實際運作情況，而學校行政人員所累積的經驗，亦往往無法提升為客觀的理論。因此，教育行政理論對教育的實踐意義作用不大。

行政理論假設組織本身的結構（例如它的制度化、集權程度、專門化等特徵），應該與組織的生產模式和員工的工作性質關係密切，亦應該符合組織目標、技術和環境的需要（Perrow，1986）。Polanyi（1966）將知識分為內隱知識（tacit knowledge）和外顯知識（explicit knowledge），兩者最大的分別，在於它們能否用文字、符號、語言表達出來，成為大眾都可以了解的內容。外顯知識是屬於事實或理論的基本知識（例如物質的原子結構、牛頓定律、行政理論等），這些知識可以用正式和有系統的語言表達，亦可以用數據、公式或文字等方式與人分享。

內隱知識（tacit knowledge）是個人信仰、觀點和價值，是個人的直覺、想像力、創意或技巧，默會知識是個人與外界接觸時所獲得的經驗，這些知識是個人的、內隱的、難以言傳的，甚至是不自覺的。它是實際的、以經驗為主的，是包含情境、體驗、感覺等元素的資訊，難以完全用語言或符號表達，因此不易向別人解釋清楚。個人的內在感覺和靈感都可以算作這類知識。在個人的活動、工作步驟、程序、個人委身、理想、價值、情緒等行為和反應裏，都隱藏大量內隱知識（Winter，1994）。

所有行動和實踐都與內隱知識有關，個人在行動和實踐之中汲取經驗，但卻不會產生理論。如此看來，行政實踐中所獲得的經驗本身就是一種知識，但對大部分行政人員來說，這些經驗卻可能一直停留在內隱層面，沒有機會提升或與別人分享，亦未必可以作為參考（譚偉明，2003）。

譚偉明（2003）參考Argyris 與 Schön（1978）所倡議的教育行政人員行動學習培訓模式，結合理論與實踐，考量學習者本身的性格及價值系統、實習過程、實習的情境，並強調實踐者的反思，建立「行動學習循環的行政實習方案」，讓接受培訓的學員能有系統地提升自己的反思能力，將有助於教育行政理論與教育實踐的緊密結合，發揮教育主體性（如圖12-1所示）。

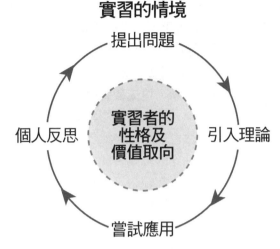

圖12-1 教育行政人員行動實習的構念圖

本文參考資料來源：譚偉明（2003）。教育行政實習：
實踐知識與理論知識的橋樑。教育學報，31(1)，頁25-47。

(七) 教育行政管理哲學，逐漸由外控走向內控

為了要有效率地達致組織的目標，傳統的管理哲學有以下的假設
（Rizvi，1993）：1.一個理性的行政管理科層結構是必須的及是技術上
的安排；2.中央集權化是在所難免的；3.機會均等是基於平均地給予組織
應有的資源。「外控」的管理形式就是基於這些假設之上。

假如教育的架構仍保持在雛型或簡單的結構上，「外控」的管理也可以
發揮監察的作用。但當此架構變得龐大及複雜時，傳統教育行政哲學意
圖管理的假設產生矛盾，因為此時「外控管理」已無法深入顧及架構內
的每一單位或細節，整個架構的運作及其成敗，就全憑各單位的互相配
合及其自主性得以發揮與否，尤其在面對教育體制日漸膨脹和學校的
應變能力下降時，其管理的模式就必須由「中央集權」轉為「權力下
放」，逐漸靠向分權與均權制【102簡升】。當傳統的管理哲學受到衝擊而
變得不適用時，管理的形態就必須趨向於以「內控」的策略來管理。

「內控」的管理哲學有以下的假設：1.學校及社區應給予更大的權利去管
理組織事務；2.學校管理的策略應注重「權力下放」（decentralization）、

「授權」（delegation）和「校本管理」（school-based management）等的概念；3.學校組織應給予員工更大的職權（authority），使他們能夠提高運用資源的效能及效率；亦應給予員工更大的職責（responsibility）去制訂目標及建立完成此等目標的策略（彭新強，1997）。

(八) 以「後現代批判」的哲學行動，達成教育組織效應【102簡升】

教育行政是科學，也是哲學。處在多元複雜的教育環境中，教育行政人員要有豐富哲學素養與紮實教育理念，才能表現卓越行政行為。哲學與其他學科的不同之處，在於其批判的方式、通常是系統化的方法，並且以理性論證為基礎。哲學所涉及的研究範疇是其它學科的總和，它給出對世界本質的解釋，在很大程度上影響著接受者的世界觀。後現代主義把哲學定義為創造概念的學術，馬克思主義哲學認為哲學還具有意識形態的性質，為個人或團體最基本的信仰、概念和態度。

後現代教育哲學理論之一的「批判教育哲學」，向來不把教育中既有的一切視為理所當然，而是不斷檢視、批判教育過程中的各種現實，以求建立更為合理的教育過程。批判教育學質問：學校的目的何在？它是未來工作職業的預備，還是民主生活的練習場？學生所學的知識是誰的知識？為什麼是這類特定知識而不是其他？因此，批判教育哲學主張學校需要用一種公共哲學來闡明如何建立學校意識形態與制度的基礎，使學生獲得解脫限制（emancipation）和自由解放（liberation），同時幫助學生增權賦能（empowering），重新釐定與建構學校教育的特徵。

批判理論的教育行政，在解構與建構的過程中，承認相關利害關係人互為主體、反省權力意識形態的合理性及透過商議來決定教育決策，讓利害關係人有分享決策的機會，透過權力感的提升，進而引導出利害關係人的自我效能感，促進教育行政的專業實踐、理論建構與問題解決，對學校行政或校務革新、組織文化經營、目標實現、決策品質的提升等教育組織效應的展現，均有幫助。

二、教育行政的展望【109身三】

中央與地方的教育權責必須釐清；地方教育行政的運作必須確保教育的中立自主；校園的民主化必須兼顧組織運作的效能……等都是教育行政未來的展望。范熾文（2008）認為，教育行政未來的展望焦點，詳述如下：

(一) 教育行政領導方面

1. 運用增權賦能領導，發揮專業自主與責任意識。
2. 採取合議溝通方式，促進雙向理解。
3. 發展權力共享機制，創造雙贏局面。
4. 重視人文思想，加強人文領導素養。

(二) 學校組織運作方面

1. 加強學習能力，建立學習型組織。
2. 注重民主歷程，擴大參與決策。
3. 形塑民主公共論壇，培育民主意識。
4. 凝聚社會動力，建立自我管理組織。
5. 善用團隊組織，營造對話氣氛。
6. 重視價值與規範，建立卓越組織文化。

(三) 教育行政人員專業化方面

1. 要加強反省實踐，進行意識型態批判。
2. 組成行政人員專業團體，提升學校行政專業形象。
3. 提升學校成員道德認知，實踐專業倫理準則。
4. 提高道德涵養，扮演倫理領導角色。
5. 轉化教師受雇角色，回應專業化的訴求。
6. 成立成長團體，創新教師文化。

(四) 教育行政學術體系方面

1. 採用多元觀點，達到視野交融。
2. 探討意識形態問題，解析其與政治、經濟與文化關係。
3. 研究範圍要跨越學科邊界，豐富學術內涵。
4. 開拓詮釋理解的途徑，以達到互為主體性。
5. 探討價值倫理議題，建立教育行政哲學。
6. 加強理論與實踐之連結，發展圓融教育智慧。

(五) 教育改革方面

1. 重視局部觀點，採取漸進的教育改革。
2. 採取深度對談方式，凝聚成員改革共識。
3. 建立教育評鑑機制，掌握教育改革目標。

(六) **教育政策方面**

　　1.針對教育政策合理性，從事批判分析。

　　2.秉持社會正義原則，妥善分配教育資源。

　　3.持續推動教育優先區政策，重視弱勢族群教育。

 考 題 集 錦 ------------------------------------

教育行政的前景與趨勢

　1.教育行政的發展趨勢為何？如欲改革教育行政，請提出對我國教育行政的展望。【109身三】

　2.教育的國際化是教育發展之重要趨勢，但若要積極爭取外國留學生，教育行政上應該建置許多基礎條件才能有助國際化，試就國內現有教育相關現況與條件下，提出五項加強推動國際化之具體做法。【104高考三級】

　3.人口少子女化對學校教育發展所帶來之衝擊為何？又，學校面對此現象可行的因應之道有那些？試析論之。【104身三】

　4.解釋名詞：教育的全球在地化（glocalization）【103身三】

　5.請問國際教育的重要性？教育行政領導人如何以此連結新的教育理路，敦促教育的品質？【103原三】

　6.許多的研究結果顯示，教育與學校的領導者常只具備行政管理的知能，卻嚴重缺乏創新的（innovative）教育行政理念與哲學觀點，故身為二十一世紀的教育與學校領導者，應具備創新的教育行政理念與哲學觀。請論述「創新的教育行政理念與哲學觀」之精神與內涵。【102原三】

　7.新興教育領導理論（如轉型領導、分布式領導）的出現，對於教育行政運行具有實質影響。相較於傳統教育領導理論（如特質論、行為論），請評析兩者之間在理論走向有何差異？新興教育領導理論對於校長領導策略上又有哪些啟示？【102高考三級】

　8.名詞解釋：教育行政導向市場化【102原三】

　9.當前教育行政主軸為功績主義與市場機制，其核心意旨為何？此意旨實踐對於學生學習產生的正、負面影響？教育人員應如何運用此兩類組織理論，方能推進它們對於學生學習的貢獻？【102薦升】

　10.解釋名詞：教育M型化（M-shaped education）。【101身三】

11. 新世紀臺灣社會變遷與教育面臨的挑戰為何？如欲推動國際教育與交流，解決有關教育問題，可採取那些策略？【101高考三級】

12. 第八次全國教育會議在「兩岸及國際教育」共有四項決議，試說明四項決議之內容，並從中央教育行政機關之角度，擬訂具體落實之策略與行動。【100薦升】

13. 在大學國際化的趨勢下，確保學生學習成效是當前各國政府共同關注之議題。試從品質保證之觀點，說明學生學習成效之內涵及落實之可能策略。【100薦升】

14. 說明教育機會均等思潮之演變過程，以及當前思潮強調在達成教育機會均等的目標時，需由重視投入逐漸擴及產出的展現，檢視學校教育是否能夠達到適當且充足的水準，亦即所謂適足性（adequacy）。請說明適足性對學校教育經營的啟示，及對政府教育政策制訂的啟示。【100簡升】

15. 近年來我國發展一流國際大學的成效如何？面臨那些問題？有何改善之道？請分別說明之。【100高考三級】

教育行政的挑戰與展望

1. 學校推動國際交流有那些具體做法？請從學校行政的角度加以分析。【105身三】

2. 當前我國正積極推動教育國際化，試說明面對教育國際化的潮流，教育人員面臨那些挑戰？並採何因應措施，方可擴大國際教育的實施成效？【102薦升】

3. 請說明教育行政哲學意圖管理的矛盾現象；並說明那些哲學行動可以有效操作意識型態，以及可以達成的教育組織效應。【102簡升】

4. 後現代教育行政已在歐美國家倡導多年，請評估它在我國實踐的可能性，並說明其實施方式。【101高考二級】

答題範例

一、教育行政的發展趨勢為何？如欲改革教育行政，請提出對我國教育行政的展望。【109身三】

【破題分析】　本題完全就是自我發揮題，考生可就自己研讀教育行政學後的心得，提出對未來發展趨勢的看法與展望，得分不難。

解析

(一) 教育行政的發展趨勢

教育行政理論的未來發展趨勢，包括教育行政理論整合化、導向市場化、資訊公開化、組織有機化、過程科學化、領導民主化、權力均衡化、人員專業化……等。在強調學校本位管理的理念與趨勢下，教育行政的發展趨勢主要在達成學校教育的本土化目標，同時回應教育的國際化與全球化趨勢。

(二) 教育行政的未來展望

1. 發揮專業自主與責任意識的教育行政領導。
2. 善用團隊組織營造對話氣氛的學校組織運作。
3. 實踐倫理準則與形象的教育行政人員專業。
4. 加強理論與實踐連結的教育行政學術。
5. 採取深度對談凝聚共識的教育行政改革。
6. 秉持社會正義妥善分配資源的教育行政政策。

二、請說明教育行政哲學意圖管理的矛盾現象；並說明那些哲學行動可以有效操作意識型態，以及可以達成的教育組織效應。【102簡升】

【破題分析】　本題要先點出教育行政科學管理時期以來的管理哲學觀與目前教育趨勢相左或矛盾的地方，其次是以後現代教育行政哲學行動操作實踐，以檢驗教育行政意識形態，達成教育組織正向的效應。

解析

(一) 教育行政管理哲學的矛盾

假如教育的架構仍保持在雛型或簡單的結構上，「外控」的管理模式可以發揮監察的作用。但當此架構變得龐大及複雜時，傳統教育行政哲學意圖管理的假設產生矛盾，因為此時「外控管理」已無法深入顧及架構內的每一單位或細節，整個架構的運作及其成敗，就全憑各單位的互相配合及其自主性得以發揮與否，尤其在面對教育體制日漸膨脹和學校的應變能力下降時，其管理的模式就必須由「中央集權」轉為「權力下放」，逐漸靠向分權與均權制。當傳統的管理哲學受到衝擊而變得不適用時，管理的形態就必須趨向於以「內控」的策略來管理。

「內控」的管理哲學有以下的假設：

1. 學校及社區應給予更大的權利去管理組織事務。
2. 學校管理的策略應注重「權力下放」（decentralization）、「授權」（delegation）和「校本管理」（school-based management）等的概念。
3. 學校組織應給予員工更大的職權（authority），使他們能夠提高運用資源的效能及效率；亦應給予員工更大的職責（responsibility）去制訂目標及建立完成此等目標的策略（彭新強，1997）。

(二) 後現代教育行政哲學行動與教育實踐

後現代教育哲學理論之一的「批判教育哲學」，向來不把教育中既有的一切視為理所當然，而是不斷檢視、批判教育過程中的各種現實，以求建立更為合理的教育過程。批判教育學質問：學校的目的何在？它是未來工作職業的預備，還是民主生活的練習場？學生所學的知識是誰的知識？為什麼是這類特定知識而不是其他？因此，批判教育哲學主張學校需要用一種公共哲學來闡明如何建立學校意識形態與制度的基礎，使學生獲得解脫限制（emancipation）和自由解放（liberation），同時幫助學生增權賦能（empowering），重新釐定與建構學校教育的特徵。

批判理論的教育行政，在解構與建構的過程中，承認相關利害關係人互為主體、反省權力意識形態的合理性及透過商議來決定教育決策，讓利害關係人有分享決策的機會，透過權力感的提昇，進而引導出利害關係人的自我效能感，促進教育行政的專業實踐、理論建構與問題解決，對學校行政或校務革新、組織文化經營、目標實現、決策品質的提升等教育組織效應的展現，均有幫助。

第五篇 近年試題及解析

110年 高考三級

一、實驗教育方興未艾,為我國學校教育帶來新的機會與挑戰。請問實驗教育的精神與特色為何?與傳統學校教育有何共同或相異處?為保障學生學習權益,主管機關對於國民基本教育階段之實驗教育學生學習權益仍須負品質保證之責。請你就主管機關的角度,規劃實驗教育的評鑑重點(請以學校型態及公立學校委託私人辦理為主),並說明規劃理由與內涵。

【破題分析】 本題答題內容涉及的層面非常廣,因此,必須掌握時間分配,並善用表格整理方式,將實驗教育的精神特色、評鑑重點理由與內涵,以及與傳統教育的比較充分展現。

解析

(一) **實驗教育的精神與特色**

實驗教育是一種新型態教育,是一種相對於傳統教育,其精神是大幅創新和翻轉、順應時代的變化、促進多元發展、實踐教育創新,目的在於保障學生學習權的教育方式。實驗教育的特色至少有以下幾點:

1. **打破現有教育框架**:實驗教育首先必須打破現有框架,走出教室外,以陸地海洋,田野鄰里為孩子們的學習區,在包羅萬象的課程中,體驗生活、探索生命。

2. **以學生為主體**:實驗教育是邁向以學生為主體的轉化教學,教師的任務是透過課堂的教與學,導引學生發展學習能力,轉化學習現場成為具有探究、實驗、轉化、辯證、推論的生活場域。

3. **有特定教育理念**:實驗教育的特定教育理念,除了以學生為中心,尊重學生的多元文化、信仰及多元智能,課程、教學、教材、教法或評量規劃外,並以引導學生適性學習及促進多元教育發展為目標。

4. **強調自主學習**：在教學強調要培養學生有帶著走的能力潮流下，實驗教育強調自主學習，因此自主學習方案（self-regulated learning program）也應運而生。根據專家的觀點，自主學習的最重要因素在於提供學生學習的環境，具有強烈的內在學習動機，並從學習中獲得成就與快樂。

(二) **實驗教育與傳統教育的比較**

實驗教育和傳統教育各有各的優缺點，列表比較如下：

	實驗教育	傳統教育
目的	重視個別化的教學設計	追求一致的教育結果
課程	多元活潑彈性	由教育主管機關訂定
教學	教學方法多元	講解式教學居多
評量	多元評量（較無標準答案）	紙筆測驗（較有標準答案）
動機	學習動機較主動也較強	學習動機較被動也較弱

(三) **實驗教育的評鑑重點、理由與內涵**

根據107年10月8日最新訂定之《學校型態實驗教育評鑑辦法》規定，實驗教育的評鑑重點，首先必須發展出評鑑指標。經由實務辦學者與學者專家討論產出，且不列量化指標。評鑑指標大致包括以下六個向度，其評鑑重點、理由與內涵列表說明如下：

評鑑重點	理由	內涵
(一) **教育計畫之執行**	照計畫執行，才不致偏廢或有遺漏。	1. 清楚的特定教育理念。 2. 具有健全的自我評鑑機制。 3. 了解學生並做回應。 4. 多樣化教師進修機會。
(二) **學生權益之維護**	在教育機會均等的原則下，維護每個學生的受教權利。	1. 學生有自由退出計畫的權利。 2. 學校相應的轉入轉出機制。 3. 合理公正的入學機制。 4. 招生或辦學不得有差別待遇。

評鑑重點	理由	內涵
(三) **學生學習之發展**	學生學習的發展，要因應身心變化給予適當的學習規劃。	1. 多元學習成果或成就評量。 2. 具完善學生事務輔導機制。 3. 鼓勵學生發展自主學習與引發動機。 4. 培養學生自我探索能力、自信、思考理解表達能力。
(四) **財務透明健全**	財務運用得當，方能精確實現實驗教育計畫，也不致變為被攻擊的標的。	1. 從初期就從嚴應對，並援引私立學校法，找合格會計師定期查核，並公開經費流向。 2. 避免財務或會計相關職務由負責人親屬擔任。 3. 出納與會計由不同人擔任，分權負責。 4. 學校財務、財產、人事各自獨立。
(五) **相關法規之遵循**	依法行政是學校辦學者的基本素養。有法依法，無法依例，無例則需透過多元協商。	1. 尊重學生的多元特質、教師的薪資福利。 2. 實驗學校計畫書中，關於排除既定條文之替代條文如何實行，以及其餘未排除條文的遵循狀況為何，需要詳加說明。
(六) **其他**	保持實驗教育辦學的彈性，並因地因時制宜且滾動修正。	主管機關會商實驗教育學校後，規定與實驗教育相關之事項。

◆ **觀念延伸** 與本題概念相近的議題尚有：實驗教育審議會、《學校型態實驗教育評鑑辦法》、混齡課程。

二、何謂地方教育發展基金？試說明地方教育發展基金設立的理由。執行迄今，地方教育發展基金有何優點或問題？試評析之。

【破題分析】　本題考地方教育發展基金，算是非常冷門的題目。雖然不熟悉，但從字面的意義，應該可以猜出一二。可以從學校層面與地方層面加以論述，較能面面俱到。

解析

(一) **地方教育發展基金設立的理由**

教育為立國之本，我國憲法對於教育目的及教育實施均有明文規定。民國105年1月6日最新修正之《教育經費編列與管理法》，其中第13條規定：「直轄市、縣（市）政府之各項教育經費收入及支出，應設立地方教育發展基金，基金應設專帳管理。」其主要目的在落實同法第1條及第3條規定，充實、保障並使各地方政府共同致力推動全國教育經費之穩定成長，提昇教育經費運用績效。

(二) **地方教育發展基金的優點與問題**

為落實各級政府維護教育健全發展需要，提升教育經費運用績效，保障教育經費專款專用之政策，地方教育發展基金以附屬單位預算成立，有其必要。

1. **成立地方教育發展基金的優點**

(1)**經費運用彈性化**：基金經費運用剩餘可滾存基金累積賸餘，供以後年度使用，不必繳回公庫，避免消化年度預算，更可作跨年度經費規劃使用，應業務實際需要時可併決算辦理，經費運用將更具彈性化。

(2)**經費收支對應合理化**：各級學校時有辦理場地使用、甄試活動等收支對列計畫，常因業務增加，致收入超收須繳庫，支出卻未能及時編列預算支應辦理等困境，依附屬單位預算執行可採併決算辦理，將得以改善解決此一困境。

(3)**經費運用透明化**：納入基金體系，所有經費收支及其資金運用情形可完整呈現，以觀其全貌，主管機關進行財務監督，及定期公告學校經費支用情形，推動教育評鑑，作為評量教育經費使用績效及政府補助之依據，使教育經費運用透明公開化。

2. **地方教育發展基金面臨的問題**

(1)**教育財政預算調控專才人員不足**：教育行政主管機關宜具有前瞻性之眼光，於各有關學校內相關專業科班中增設預算、財經課程，以培育一批教育財政調控之專業人才。因為有這種人才的加入，無論就教育資源的配置與運用或爭取民間資源的投入均得以發揮效能。

(2)**缺乏學校本位管理的人事與預算**：各教育階段的每個學校，應該推動學校本位管理的人事與預算的自主精神，授權校長在學校預算範圍內可依工作內容及性質，彈性自主決定合理待遇，以聘請具熱心教學的好老師，俾便提昇地方教育品質。

(3)**會計報表繁複且處理窗口不一**：中央主管教育行政機關宜盡速訂定簡單且統一的，以現金基礎為明確表達經常門與資本門之各項現金收支會計報表，以利各級政府及學校相關人員填報。對於其他如計畫執行進度調查等之各項相關表格，宜將財務資訊納入並制定統一窗口以簡化基層工作人員之工作負荷。

✎ 觀念延伸　與本題概念相近的議題尚有：《教育經費編列與管理法》、《預算法》、教育經費分配、教育經費統計。

三、**雙語教育是國家重要教育政策，但各縣市政府的起步與作法不一，投入的資源也不同。如果你是中央單位，要如何規劃本政策之評鑑，以掌握各縣市政府辦理雙語教育政策的成效與問題？請說明你的評鑑目標、評鑑重點、評鑑工具、評鑑結果應用。**

【破題分析】　本題考的是最新流行的2030雙語國家政策，重點不在政策的實施，而在政策評鑑的規劃，切不可偏了答題方向。本題關鍵必須以「中央單位」的角度談如何評鑑雙語政策與計畫，與平常所寫由個人、學校或教育行政主管機關的角色出發不同，必須多加練習不同的思維邏輯。

解析

配合行政院「2030雙語國家政策發展藍圖」，教育部推動各項雙語教育政策，以「普及提升」與「重點培育」為策略主軸，搭配擴增師資、創造雙語學習環

境等措施，以提升學生英語溝通及應用能力、打造國際化教學環境，並結合終身學習體系，以達成普及英語學習等目標。雙語教育政策的執行成效，必須依靠專業的評鑑協助，才能了解其實施狀況、問題與困境。雙語教育政策的評鑑規劃如下：

(一) **評鑑目標**

雙語政策的執行辦法包含公部門架設雙語網站、法規與文書雙語化、銀行設置雙語分行、營造友善雙語金融服務等。而其中，教育面的一大策略為「全面啟動教育體系的雙語活化」。因此，雙語政策的評鑑目標如下：

1. 落實政策執行，提升國家整體競爭力。
2. 不以考試為目的，也不僅針對學生，而是重視厚植國人英語力。
3. 打造全民共同學習英文的風氣。

(二) **評鑑重點**

1. **成立行政法人組織型態之雙語國家政策發展中心**：為確保各階段政策進展能依規劃執行，落實各項長期規劃，雙語國家政策發展中心可以提供輔助支持系統，並與民間機構合作，提升雙語國家政策的整體推動成效。
2. **雙語政策的設計**：各項雙語政策與做法的可行性評估。
3. **雙語政策的實施配套**：各項雙語政策配套措施的完備性評估。
4. **雙語政策的實施情形**：各項雙語政策實施情形評估。
5. **雙語政策的實施困境**：各項雙語政策計劃實施的問題與困難評估。
6. **雙語政策的成效評估**：各項雙語政策計畫的落實程度評估。

(三) **評鑑工具**

評鑑工具的選擇，包含資料蒐集方法。分為由外部評鑑人員決定或由機關學校自行決定兩極。評鑑所需使用之工具及資料蒐集方法；由機關學校以外的人員訂定評鑑工具為外加的評鑑，由機關學校內部人員訂定評鑑工具為內部評鑑，以此為判斷內部與外部評鑑之依據。

(四) **評鑑結果應用**

雙語政策評鑑結果不宜公開，機關學校亦無法參與陳述。教育部相關業務主管單位或是未來的雙語國家政策發展中心，每年應訂定雙語政策推動統合視導項目及訪視或評鑑計畫，事先函知各直轄市、縣（市）政府，並按訪視或評鑑計畫執行。經訪視或評鑑後，應計算各直轄市、縣（市）政府所得積點，依積點分配獎勵經費。

◆ **觀念延伸**　與本題概念相近的議題尚有：政策評鑑、雙語教育、雙語國家、國際教育、雙語學校、教育評鑑與設計。

四、競爭經常被利用作為教育政策引導與品質提升的工具，請舉一個中央政府的教育相關競爭型計畫，說明其計畫理念及策略設計，你覺得競爭作為政策工具，是否能達成原來的目標？又會有那些負面或未預期的影響？

【破題分析】　本題考的是情境題，要選擇一個教育部的競爭型計畫加以闡述，建議選擇自己熟悉甚至曾經親自參與過的計畫，如此才能寫得真切。

解析

競爭經常被利用作為教育政策引導與品質提升的工具，自有其正面作用，但也可能產生負面影響。在此以「教育部補助高級中等以下學校校園美感環境再造計畫」為例（以下簡稱為美感環境再造計畫），闡述此競爭型計畫理念及策略設計，並說明以競爭作為政策工具，能否達成計畫原來的目標，以及產生哪些負面或未預期的影響。

(一) **美感環境再造計畫理念與策略**

1. **計畫理念**

　　本計畫為「教育部補助高級中等以下學校校園美感環境再造計畫」，以「實踐校園空間、促成師生關係、述說校園故事、融合社區文化與自然生態」的環境美學為宗旨，由教學場域出發，藉由「境教」方式，營造兼顧自然環境、在地文化、學校需求及整體視覺美感之校園，打造一座跨越校園、社區與社群間圍牆、展現文化創意與設計美力的公共美學教育場域。

2. **推動策略**

　　美感環境再造計畫的推動，可以提供學習者「發現生活的無所不美，感受美學的無所不在」。其推動策略如下：

(1) **學習美學過程**：從美的感受到欣賞，再到美學技巧的學習與表現。

(2) **體驗美學途徑**：藉由感官體驗途徑，領略「完滿自足感受」的美感經驗。

(3) **尋找美學渴望**：渴望創造需求，引導學習者主動投入藝術學習的懷抱。

(4) **創建美學展場**：透過校園景觀建築，融入環境美學的自然對話。

(5)**拓展生態經驗**：校園美學的實驗與參與，可以拓展生態環境關懷與理解。

(6)**涵養生活樂趣**：開啟身心靈平衡藝術美學，涵養創意有趣的美感生活。

(7)**親嚐生命喜悅**：享受美的當下，抵達藝術高峰經驗，擁抱生命的感動。

(二) **競爭型計畫的目標達成與影響**

由主管機關依據學校既定條件與情況主動進行經費分配，是一般公立學校經費來源的主要方式。但目前的現況是，除了最基本的學校維持經費外，有愈來愈多的補助項目，讓中小學必須提出競爭型計畫，才能決定能否獲得補助或補助經費之多寡。如此競爭型的經費對計畫目標的達成，有以下幾點優缺與影響：

1. **優點影響**

(1)**經費來之不易，校方更加審慎運用**：經過競爭型計畫評比的各項經費均得來不易，為使經費達到最有效的運用，學校均會以急迫性與重要性為原則，審慎運用經費。

(2)**經費執行有據，計畫符合校方需求**：競爭型計畫通常經過校方邀集各方代表提出意見後，撰寫經費概算，因此不但計畫符合需求，經費執行亦按照概算表的科目與金額仔細分配，著有所據。

2. **缺點影響**

(1)**經費來之不易，審查過程曠日費時**：由於競爭型計畫需求者眾，雀屏中選者稀，因此往往經過無數審查修改、再審查與再修改的歷程，曠日廢時，勞民傷財。

(2)**計畫不斷更改，原始概念改弦更張**：競爭型經費通常聘有許多專家學者在列，若要符合每位學者的專業背景與要求，學校原始設計的提案，往往被修改得面目全非，甚至丟失原先的設計理想。

◆ **觀念延伸** 與本題概念相近的議題尚有：競爭型方案、計畫補助競賽、整合型計畫、創新型計畫、延續性計畫、深耕型計畫、桂冠型計畫。

110年 身障三等

一、請說明教育行政溝通的目的，並就您所熟知的分類方式，舉出三種溝通的類型及其意涵。

【破題分析】 本題考教育行政溝通的目的、類型與意涵，屬於簡單題。建議選擇自己最熟悉的三種溝通類型，切勿選擇較難的類型，以免因不熟悉而有所遺漏或偏誤。

解析

(一) 教育行政溝通的目的

有效的溝通管理，是組織通往成功的秘訣，溝通的目標是讓人瞭解、讓人接受，為了要得到預期的反應，要瞭解別人，要凝聚共識及向心。羅賓斯（Robbins）認為溝通的功能，主要有四項，即控制、激勵、情感表達與資訊流通。由此可見，組織溝通的目的即在建立共識、協調行動、集思廣益、滿足需求、傳遞資訊、任務控制，用以提高工作動機，達成組織目標或特定任務，並化解組織衝突或危機。

(二) 三種組織溝通的類型與意涵

1. **正式溝通**：指依法有據的溝通管道。也就是發生在正式組織中的溝通活動。亦即正式組織中的成員，依循法定權責管道，所作有計畫之訊息流通的歷程。正式溝通依據訊息流通的方向，一般可分為下行溝通、上行溝通及平行溝通三種。

2. **非正式溝通**：指依法無據，即私底下的溝通。也就是發生在非正式組織中的溝通活動。即非正式組織中的成員，透過聚餐、宴會、郊遊、閒談、聯誼、意見領袖（opinion leader）等非正式管道，所作之訊息流通的歷程。非正式溝通，常被稱為「葡萄藤式」的溝通，用以形容其枝葉蔓生，隨機隨處漫爬的網路。

3. **半正式溝通**：指依法無據，但由組織以組織名義設置的溝通管道。

🖉 觀念延伸 與本題概念相近的尚有：上行溝通、下行溝通、平行溝通、斜行溝通。

二、請說明教育領導行為論所主張的倡導（initiating structure）與關懷（consideration）兩種行為的意涵，並說明此二者如何應用於學校的課程領導。

【破題分析】 本題應從約翰與艾民（John & Alvin）所設計出的「領導行為描述問卷」經過修正後的「倡導－關懷」兩層面切入，並將重點答題內容置於兩種行為如何應用於學校的課程領導，最好列表比較。

解析

(一) 倡導與關懷的意涵

　　教育領導行為論中知名的雙層面領導理論，是由約翰與艾民（John & Alvin）所設計出的「領導行為描述問卷」（Leader Behavior Description Questionnaire, LBDQ），經過修正後即可分為「倡導－關懷」兩層面。其含義如下：

1. **倡導層面**：是指領導者以實現團體目標為前提，對工作程序預先計劃，指派成員工作講求績效。

2. **關懷層面**：是說明指導者關懷成員需要，重視成員間人際關係，相互信任，相處融洽。

(二) 倡導與關懷應用於學校課程領導

課程領導策略	具體作法
(一) 倡導變革型領導，促進學校管理方式的轉變。	1. 調整行政角色與領導作為，採取民主參與及分享的領導風格。 2. 行政領導應以效能領導，掌握教育改革趨勢、擘畫學校願景與目標，並做到高倡導、高關懷的角色。
(二) 落實課程發展組織與運作	1. 成立課程發展委員會與各學習領域課程小組，建立有效的團隊領導模式。 2. 建立課程組織專業對話機制，協助個人或團體從事教師層級的課程設計。

課程領導策略	具體作法
(三) **分析課程目標與設計課程**	1. 分析未來學生生涯發展之人力需求，形塑學校課程願景與目標。 2. 進行學校總體課程、各領域（學年）課程計畫、校本課程、新興議題融入各領域課程、課程銜接及學生學習與評量的規劃與設計。
(四) **提升課程專業知能與師資結構的安排**	1. 提供獎勵措施，透過專業進修，大幅提昇教師課程設計的專業能力。 2. 依據課程需求調整師資結構，配合教師專長興趣編排課務，成立合作專業社群。 3. 推動學習型組織的專業發展，塑造可討論、開放的課程決定文化。
(五) **建立課程實施的校內外支持系統**	1. 鼓勵教師行動研究，並提供必要的諮詢服務與行政支援。 2. 進行課程策略聯盟，與大學、其他中小學合作，建立跨校性學習領域研討機制。 3. 針對課程研發創新者，公開推薦表揚，獎勵教師參加各項課程研發成果發表。
(六) **賦權增能並協助教師專業成長**	1. 激勵教師不斷進修成長，形塑教師專業形象，支持教師擁有專業自主權，成立自發性專業組織如教學研究會、讀書會、成長團體。 2. 提倡教師協同行動研究，由教師主導專業發展的計畫，透過以教師為中心的研習、觀摩、協同行動研究等活動，建立專業對話，進而塑造學習型學校。 3. 鼓勵教師在職進修學位、專業學分或參加學校針對教師需求辦理的各項研習活動或課程工作坊，與其他學校建立策略聯盟，以全面提升教師課程理論的素養。
(七) **重視並推動課程評鑑機制**	1. 落實學生能力檢測評量，實施課程、教學評鑑，並加強補救教學。 2. 安排校內外課程實施的觀摩，拓展視野、交換課程實施的意見與心得。 3. 引領教師共同參與，蒐集有關課程的資料，建立多元具體的評鑑指標，協助教師評鑑課程的效能。

✎ **觀念延伸** 與本題概念相近的尚有：課程設計、課程發展、課程評鑑、教學領導。

三、請說明教育行政倫理的意義，並試擬一份教育行政人員的倫理信條。

【破題分析】　本題只要說明教育行政倫理的意義，並參考中國教育學會訂的「教育人員倫理信條」擬出一份你自己認為恰當可行的教育行政人員的倫理信條，分數即可掌握。

解析

(一) 教育行政倫理的意義

「倫」是指人與人之間的恰當關係，「理」是規範或準則，所以「倫理」是指人際關係中所共同遵循的規範。在教育體系中，教育行政人員在執行專業過程中待人處事所應遵守的規範，就是教育行政倫理。教育行政專業倫理應兼顧：

1. **內在意向**：行為的內部主觀意識。
2. **外部效果**：外在的客觀表現，係植基於內部的主觀意識。

(二) 教育行政人員倫理信條試擬

1. **對專業**

　(1)確認教育是至高榮譽的事業，隨時都要保持教育行政工作者的尊嚴。

　(2)教育行政人員應抱持度高度工作熱忱，終身盡忠於教育事業。

　(3)不斷的進修與研究，促進專業成長，以提高教學效果。

2. **對學生**

　(1)認識了解學生，重視個別差異，因材施教。

　(2)發揮教育愛心，和藹親切，潛移默化，陶冶人格。

　(3)發掘學生疑難，耐心指導，啟發思想及智能。

3. **對學校**

　(1)發揮親愛精誠的精神，愛護學校，維護校譽。

　(2)善盡職責，切實履行職務上有關的各項任務。

　(3)團結互助，接受主管之職務領導，與同仁密切配合，推展校務。

◆ **觀念延伸**　與本題概念相近的尚有：品德教育、道德教育、品格與道德教育、品性教育、道德發展、道德發展理論。

四、請說明十二年國民基本教育課程綱要總綱的課程目標，並指出核心素養的涵義，以及學校如何將上述課程目標融入到學校的校訂課程中。

【破題分析】 本題考108新課綱的課程目標、核心素養的涵義，以及學校如何將上述課程目標融入到學校的校訂課程中。只要將學校實施的實際狀況寫出，或是提出各科各領域的課程融入方式，分數應可不低。

解析

(一) **十二年國教總綱的課程目標**

十二年國教課程綱要總綱在「成就每一個孩子」的課程願景與「自發、互動、共好」的基本理念引導下，明訂四項總體課程目標，以協助學生學習與發展；四項總體課程目標有：1.啟發生命潛能；2.陶養生活知能；3.促進生涯發展；4.涵育公民責任。

(二) **核心素養的涵義**

1. **「核心素養」的定義**

   是指一個人為適應現在生活及面對未來挑戰，所應具備的知識、能力與態度。「核心素養」強調學習不宜以學科知識及技能為限，而應關注學習與生活的結合，透過實踐力行而彰顯學習者的全人發展。「核心素養」做為課程發展之主軸，以裨益各教育階段間的連貫以及各領域／科目間的統整。

2. **核心素養的三面九項**

   (1) **三大面向**：核心素養，強調培養以人為本的「終身學習者」，分為三大面向：「自主行動」、「溝通互動」、「社會參與」。

   (2) **九大項目**：三大面向再細分為九大項目：「身心素質與自我精進」、「系統思考與解決問題」、「規劃執行與創新應變」、「符號運用與溝通表達」、「科技資訊與媒體素養」、「藝術涵養與美感素養」、「道德實踐與公民意識」、「人際關係與團隊合作」、「多元文化與國際理解」。

3. **學校校訂課程融入總綱課程目標的策略**

   (1) 參考總綱之理念與精神，建構校本課程之願景與內涵，並且探究學生圖像。

   (2) 參考總綱三面九項核心素養具體內涵，研訂校本課程目標。

(3)參考總綱及領綱核心素養，發展學校課程地圖，發展領域、跨領域／科目的部定與校訂課程設計並實施教學與學習評量。

(4)發展學校十二年國教課綱案例，以及各領域教材教學模組與課程手冊。

(5)就教於教育部「素養導向人才資料庫」，並與學群科中心研究教師及各科領域輔導員合作，開發校本課程與教學主題教案。

(6)結合高優計畫、前導學校、學群科中心及學校輔導員系統，進行素養導向增能工作坊，協助教師增能，並發展評量工具。

觀念延伸 與本題概念相近的尚有：創客運動（maker movement）、3D建模的課程、scratch程式教育、arduino硬體的實作體驗。

111年 高考三級

一、標竿學習（benchmarking）係組織改善及提升品質的興革策略之一，許多教育組織或機構運用此一策略以解決問題及促進發展。試論述標竿學習的意涵，並以地方教育當局推動所屬中小學雙語教育政策為例，如何在政策推動方案中融入標竿學習精神。

【破題分析】　本題主要考驗對於標竿學習概念的理解，並以其為主軸將興革概念用於雙語教育推動的問題解決與促進發展即可。

解析

標竿學習（benchmarking）係組織改善及提升品質的興革策略之一，是動態的，會隨著時間而改變。至於其意涵與在雙語教育推動上的應用，詳述如下：

(一) **標竿學習的意涵**：美國生產力與品質中心（American Productivity & Quality Center）定義：所謂的標竿指的是同儕中最好（best-in-class）的成就，而這樣的成就會成為其他擁有相似作業流程的企業做為參考學習的典範。

學校中的標竿學習是在課程與教學、班級經營乃至於學校行政各方面的實踐過程，透過Anderson和Pettersen所說的標竿學習五階段，包括計畫（plan）、搜尋（search）、觀察（observe）、分析（analysis）、適應（adapt）五個階段，持續的與系統化跟標竿學校學習。

(二) **標竿學習用於雙語教育的推動策略**：就各國教育的發展軌跡而言，追求品質日卓越和公平正義皆為教育之終極目標。由上述標竿學習的理念與內涵，教育當局即可根據標竿學習的目的，提出現階段雙語教育政策的建議與方向：

1. **借鏡他國標竿，追求卓越品質**：未來雙語政策的方向，應可參考其他在發展語言教育政策表現卓越的國家作為借鑑，讓該政策透過廣泛觀摩學習來追求卓越的未來發展。

2. **參考評鑑結果，推動流程再造**：針對雙語教育相關政策或計畫辦理評鑑作業，分析現階段政策的運作流程及必要階段，並且參考現有評鑑結果，強化窒礙難行的環節。

3. **持續改善精進，提升政策績效**：強化自身資源基礎，發展教育局處本身核心能力。例如引進必要的先進科技、作業技術或管理手段，落實品質管理系統，提供符合師生需求與社區需要的教育服務並持續尋求精進機會以提升績效。

4. **建立發展優勢，創造附加價值**：在雙語教育的學習與應用兩方面建立「微笑曲線」，創造高附加價值的教育產出體系，建立特色區塊與定位，才能持續發展與永續經營。

觀念延伸　與本題概念相關的尚有：學校效能、策略規劃（strategic planning）、自我評鑑（self-study）、社會資本（social capital）等。

二、後設評鑑（meta-evaluation）係指對於某評鑑事項（原級評鑑）再施以評鑑（次級評鑑），以做為原級評鑑參考或改進依據。試以2006年至2016年間影響頗大的教師專業發展評鑑為例，依循後設評鑑觀點進行評析，並提出其轉型為教師專業發展支持系統之建議。

【**破題分析**】　本題三個主要概念，包括後設評鑑與教師專業發展評鑑，以及教師專業發展支持系統，都算是熟悉的概念，重點在如何寫出其關聯性並加以具體論述。

解析

過去教育主管機關為了解學校辦學優劣，推動辦理校務評鑑（包含教師專業發展評鑑），引發教學現場強烈反彈。其原因主要在於校務評鑑對校務沒有太大幫助且勞民傷財，造成學校極大壓力與困擾。若從後設評鑑（meta-evaluation）的觀點加以分析，教師專業發展評鑑確有其轉型的必要，分析與建議如下：

(一) **教師專業發展評鑑的後設評鑑**：臺灣教師專業發展評鑑於2006～2016年的實施情形，採後設評鑑觀點，依JCSEE人事評鑑之適切性、效用性、可行性和精確性加以分析發現：

1. 依循教師專業發展評鑑精神與流程辦理，始能契合適切性標準。
2. 善用資源、增加教師專業對話的機制，始能契合效用性標準。
3. 增加評鑑人力與共同時間，始能增進可行性標準。
4. 確實執行試辦計畫和提升教師評鑑知能，始能契合精確性標準。
   因此，教育部從106學年度起，將「中小學教師專業發展評鑑」轉型為「教師專業發展支持系統」，期盼從中央、地方、學校、教師發展共好的夥伴關係，攜手研商解決教育問題的策略。

(二) **評鑑轉型為支持系統的建議**

1. **盤整資源、窗口單一**：整合盤點同質性高的計畫、組織及資源，採系統思考與窗口單一化方向，從中央、地方到學校之間縱向系統協作。
2. **縣市規劃、學校本位**：採學校本位計畫辦理，由縣市政府彙整各校符合需求之發展方案，並請中央給予補助，提供專業支持人力。
3. **夥伴協作、專業自主**：尊重教師專業自主，強化教師專業地位，透過大學與中小學建立夥伴協作關係，讓外部專家學者引導及協助學校教師。
4. **教學領導、減少干預**：培力教師成為教師領導者，支持學校及教師提升教育品質的策略與做法，減少行政部門的干預，並適時引進教師組織參與教育決策。

◈ 觀念延伸　與本題相關的概念尚有：學校本位課程教學領導、揪團進修、學習共同體、分組合作學習、差異化教學、MAPS教學法、學思達、教師學習社群、學校策略聯盟及有效教學基地學校等。

三、教學視導是增進教師專業知能，促進有效教學活動的歷程。在教學視導模式上，有教練制（coaching）及師徒制（mentoring）的相關應用，試論述教練制及師徒制應用於教學視導上的重要意涵，並分析兩者間的同異點。

【破題分析】　教學視導是目前教育視導的顯學，尤其108課綱的教學有別於以往，解題重心在於指導與非指導性教學的發展與差異。

解析

教育視導（educational supervision）是由視導人員藉著視察與輔導的過程來協助被視導者改進其行為，提高其效能，以增進受教育者的學習效果。教學視導（instructional supervision），是教育視導的一環，教育視導包含行政視導與

教學視導，行政視導強調政令及行政運作的視察與輔導，教學視導重視教學計畫與教學實施的視察與輔導。

(一) 教練制及師徒制教學視導的意涵

　　教練制（coaching）及師徒制（mentoring）都是視情境需要，再決定視導方式的發展性教學視導，其意涵分述如下：

1. **教練制教學視導**：此一類型又稱「非指導型教學視導」，主要特色在於視導過程容許被視導者擁有相當自主性的視導方式，傾聽被視導者的意見，並由其做成決定。

2. **師徒制教學視導**：此一類型又稱「指導型教學視導」，主要是由視導人員強力主導整個視導歷程，期間較少傾聽或給予被視導者反應的機會。

(二) 教練制及師徒制教學視導的異同

1. **教練制視導有下列原則與步驟：**

   (1)教師必須承認為教練團隊的一員，並互相支持。

   (2)口頭回饋屬非必要性的回饋。

   (3)重新界定「教練」的定義：當兩位教師同組互相觀察教學時，擔任教學者是「教練」，而觀察者才是「被視導者」，由教練示範教學給學習者看。

   (4)合作在教練團隊中不只觀察及會談，也包括一起計畫、發展、思考及工作。

   (5)教練制視導的步驟：傾聽、反應、澄清、鼓勵、反應、問題解決、問題解決、陳述、設定標準、反應。

2. **師徒制視導有下列原則與步驟：**

   (1)由較具專業知識及經驗者來協助知識經驗較少的人。

   (2)通常運用在專家教師或資深教師對新進教師的協助上。

   (3)導師要提供徒弟教學、支持、激勵、諮商與像朋友般的幫助。

   (4)師徒制視導的步驟：陳述、澄清、傾聽、問題解決、指示、傾聽、指示、澄清、設定標準、增強。

◆ **觀念延伸** 與本題概念相關的尚有：外來視導、同儕視導、自我視導、臨床視導與非臨床視導、發展性視導、非發展性視導等。

四、標準化（standardization）雖具有通則、不複雜、引導性、成效具體等優點，惟在面對劇變的情境與後現代思維中，逐漸強調脈絡化、調適性的應變及尊重多元與差異，標準化也受到許多挑戰，許多學者因而提出後標準化概念（post-standardization），以因應多元價值與真實問題解決的需求。試論述後標準化的特徵，並藉以提出您對臺灣當前課程改革政策的看法。

【破題分析】 標準化與後標準化概念，可以現代主義與後現代主義哲學觀加以論述，並將其多元不單一的概念應用於課程與教學政策改革上。

解析

課程與教學運作的標準化（standardization），源自現代主義對客觀與公平特性的要求。然而，為因應後現代主義多元價值與真實問題解決的需求，原本價值單一的標準化必須適度修正成後標準化（post-standardization）。對於後標準化特徵與當前我國課程改革政策的方向，詳述如下：

(一) **後標準化的意義與特徵**

後標準化是標準化的反動，應運標準化的缺點而生。由於課程標準化具有缺乏理解尊重、導致惡性競爭、忽視多元差異、扼殺師生創意等缺點，因此，後標準化的特徵就與標準化截然不同，說明如下：

(二) **臺灣當前課程改革政策方向**

以後標準化為導向的我國未來課程改革，可朝以下幾個主要方向努力：

1. **訂定彈性、多元且具脈絡延續性的課程標準**

校本課程的發展，透過多元、彈性、適性的課程框架，引領學生展現探究創新、溝通參與能力及發揮潛能，具備積極、正向、自發學習的態度。

2. **重視廣博、跨領域且具深度思考的學習系統**

教學與學習重點在博學及有深度的學習，給與個體的個性、道德角色、創造力、知識與技能等成長的所有面向相同價值。

3. **塑造責任與信任的學校組織與教育文化**

在教育系統中，透過主管與部屬間信任氛圍的塑造，逐漸形成一個責任與信任的組織文化。如此不但能珍視教師的教學能量及對學生的專業判斷，也能針對落後的學校或學生提供資源與支援。

◆ 觀念延伸 與本題概念相關的尚有：現代主義、後現代主義、課程標準、信任領導、品牌形象、脈絡延續性等。

111年　地特三等

一、當前大數據（big data）廣受各界矚目與關心，大型資料庫也雨後春筍般的出現。教育行政當中也更加依賴數據，進行日常管理與決策，數據或資料治理（data governance）概念應運而生，請問該概念的核心意涵為何？若要進行學校改善（school improvement），數據治理又能提供何種功效？

【破題分析】　本題考的是近年相當流行的「數位教育」與大數據（big data），答題應從學校行政支援教學的角度切入，闡述如何以資料治理推動學校改善。

解析

大數據已經逐步進入我們日常生活當中，但是我們對數據的蒐集、分析與決策如何影響學校治理卻缺乏足夠關注力。更重要的是，學校領導者是否能有意識地累積、整理與應用基本關鍵數字，將是學校持續改進與效能提升的重要基礎。

(一) **大數據與學校資料治理**

智慧校園的內涵：智慧環境任我行

隨著數位科技的日新月異，學生的學習型態已不同於以往，大數據引領學校資料治理（data governance）概念的誕生，促進學校改善（school improvement），讓學校升級變成智慧校園（smart campus/iCampus）。

1. **數位資料治理**：指的是學校透過對現有資料進行標準化治理，提供學校辦學資訊、一卡通、圖書館、校園網路等資料的分析，並提供多元的辦學建議等。

2. **智慧校園**：指的是將校園全面數位化，透過大數據、物聯網、AI人工智慧及雲端等技術，活用在教學、管理、行政、社群、環境安全維護各層面，整合既有的校務系統、智慧社群及智慧管理，協助學校提供更優質的學習環境。

(二) 資料治理對學校改善功效

1. 建立學校智慧行政環境：

(1)以匯流分析的智慧校園治理服務（Campus Intelligence for School, CI-S）。

(2)校園消防安全、交通、防災、設備等監控與管理。

(3)數位無紙化，方便掌握師生資訊等。

2. 改善教師智慧教學環境：

(1)熱門課程與教學內容全程錄影，作為遠距教學內容、學生課後調閱、教學共用資源或課程評比檢討等使用。

(2)應用電子資訊科技輔助教學、記錄過程、管理教室、建立學習歷程資料庫；方便老師蒐整、預備學習資源，透過筆記與問答建立知識社群，提供分享機會等。

3. 提供學生智慧學習環境：

(1)提供完整的多元學習歷程服務，連結教學、評量、診斷、補救四個系統。

(2)透過智慧教室的建立，進行分組討論、有獎搶答、師生互動。

(3)進行學生個別學習分析，提供學習診斷系統服務與學習進路的建議。

◆ 觀念延伸 與本題概念相關的有：智慧校園治理服務（Campus Intelligence for School, CI-S）、學習領導、線上教與學、資訊素養教育、資訊安全教育、資訊倫理、數位學習、數位落差……等。

二、永續發展（sustainable development）是當前人類面臨的重大社會議題，教育體制的推動，成為促進永續性的核心支持系統之一。請問在學校教育中，永續素養（sustainability competences）應該包含那些重要能力？

【破題分析】 聯合國相關議題最近經常出現，包括SDGs與本題的永續發展，都屬於簡單程度的考題。只要掌握SDGs與千禧年發展目標（MDGs）等主要概念內涵即可，要把篇幅重點放在永續素養能力的闡述。

解析

西元2000年，全球189個國家共同簽署發布「千禧年發展目標（The Millennium Development Goals, MDGs）」，希望透過國際合作，藉以達成8項主要目標。時過境遷必須與時俱進，因此2015年再發布《翻轉我們的世界：2030年永續發展方針》，規劃出17項永續發展目標作為2030年前各成員國跨

國合作的指導原則，稱為永續發展目標（SDGs），自此「永續發展」的議題
受到全球關注。

(一) 永續發展的意涵

　　永續發展（sustainable development）最常見的定義出自布倫特蘭委員會
的《我們共同的未來》中提及，永續發展是指：「既能滿足我們現今的需
求，又不損害子孫後代，能滿足他們的需求的發展模式。因此，永續發展
就是努力實現環境保護、經濟和永續發展的目標。」簡而言之，在生存於
不超出維生生態系統承載量的情形下，盡全力改善人類的生活品質，就是
永續發展的真諦。

(二) 永續素養（sustainability competences）包含的能力

1. 體現永續的價值

(1)重視永續性：反思個人價值觀，評估他們如何與永續價值觀保持一致。

(2)支持公平性：為現今與後代人們支持公平與正義，並向前人學習永續
發展。

2. 擁抱永續的思考

(1)系統性思考：從各種面向思考永續問題，包括：時間、空間與社會脈
絡，以了解不同因素如何在系統內部及不同系統之間相互作用。

(2)批判性思考：評估不同的資訊與論點，反思個人與社會文化背景如何
影響思維及所作出的結論。

3. 展望永續的未來

(1)未來素養：透過想像與發展可替代的永續情景，找出理想永續未來的
所需步驟。

(2)決策適應：在不確定、模糊且具有風險的複雜永續發展挑戰下，作出
與未來相關的決策。

4. 堅守永續的行動

(1)個人主動：了解自身永續發展潛力，積極為改善社區與地球的前景作
出貢獻。

(2)群體行動：與他人合作，為著永續發展而作出行動並堅守此信念。

◆ 觀念延伸　與本題概念相關的有：MDGs的8項目標、SDGs的17項目
標、環境素養、永續素養指標、環境永續教育等。

三、教育品質保證（quality assurance in education）是過去10餘年來國際上的主要趨勢，但是近年來「品質提升」（quality enhancement）更受到推崇與提倡，請問品質保證與品質提升的差異為何？在行政面如何進行品質提升？

【破題分析】　本題較少出現，故有些難度，雖不熟悉，但可以從全面品質管理的相關層面與關鍵線索切入，並掌握品質提升係源自品質保障的論述背景即可。

解析

教育品質保證（quality assurance，以下簡稱QA）是持續不斷的評估、監控和提升教育機構運作績效及其教育品質的過程。教育品質提升（quality enhancement，以下簡稱QE）則是教育工作者依循品質保證指標，經由溝通討論並以實際行動共同致力於尋求問題解決，使教育品質更加進步的過程。對於教育品質的訴求，目前全世界的趨勢都正由QA邁向QE。

(一) 品質保證與品質提升的差異

1. QA是手段，QE是過程：QA是確認學生所處條件符合預定標準與否的手段；QE則是改善學生學習機會品質的過程。

2. QA重施教，QE重學習：QA重視教師教學，包括獎勵教學表現、維持課程品質、鼓勵師生互動等；QE重視學生學習，包括招生條件、課程規劃、學習成效及畢業能力。

3. QA重監督，QE重改善：QA重視辨識、評估、監督及控管教育績效與風險的能力；QE則是強調學校內部與外部品保機制的落實與改善，或是教育品質的創新策略與運用。

(二) 行政面品質提升的策略

1. 建立品質管理與提升委員會，對教育品質層層把關：建立由教師主導、行政人員支援的系統，讓每一位教師都能擁有品質保證的參與權與決策權，形成注重品保的社群文化，增進教師對學校的認同忠誠感（loyalty）。

2. 連結QA和QE，讓品管結果成為品質提升的契機：藉由知識管理系統來進行QA，用最有限的人力來控制教育品質並達到最嚴謹的結果，以求在競爭激烈的教育產業中脫穎而出並創造學生最大的學習利益。

3. 界定學校有關品質保證的最低標準（minimum standards）：從各個層面制訂各級教育機構在課程教學或是設備資源的最起碼要求，以滿足各教育階段學生的學習所需。

4. **兼顧效率（efficiency）與有效性（effectiveness）**：有些措施雖然會提升效率，但可能降低效果，因此不宜過度為了效率而犧牲效果。

5. **加強各單位間的統整、減少重疊與浪費**：資源盤點與統整並要求工作負擔須與獲致的成效成比例，不宜花費過多資源在美化粉飾的表面功夫上。

✎ 觀念延伸　與本題概念相關的有：全面品質管理（total quality management, TQM）、PDCA循環圖、知識管理（knowledge management, KM）、隱性與顯性知識等。

四、國際教育與雙語教育為當前各級教育階段之重要任務與目標，請分析兩者之異同為何？學校推行兩者時能否有效整合，可以有怎樣的整合方式與作法？

【破題分析】　本題是近年各大教育類科試題的常考題，不算太難，只要掌握國際教育與雙語教育的異同與競合關係，即可輕鬆得分。

解析

雙語教育，被認為是推動教育國際化與孕育世界公民素養的起點。近年政府推動「2030雙語國家發展藍圖」，希望外語學習不只存在學校教育，也反映在國際議題與日常生活中。因此，如何推動雙語學習，以語言作為國際教育的重要工具，才是增進學生雙語能力，建立學生宏觀國際視野的重要關鍵。

(一) **國際教育與雙語教育的異同**

1. **雙語教育促進國際素養**：臺灣自2019年起，正式深入教育各階層推動雙語教育，希望藉由「雙語國家」政策，讓學生更具國際素養，國家更有國際競爭力。

2. **國際教育需要雙語人才**：2030雙語國家政策發展藍圖，更以「全面啟動教育體系的雙語活化、培養臺灣走向世界的雙語人才」為目標，並致力於「擴增英語人力資源，連結在地需求，讓世界走進來」以強化學生在生活中對於雙語能力的應用。

3. **雙語國際互為表裡經緯**：雙語教育與國際教育兩政策關係密切且互為表裡。學校若能以雙語課程為教學目標，融入國際教育議題方式，從事教學活動，就可以實現「雙語教育」與「國際教育」相互接軌的理想。

(二) **兩政策推動的重點與整合策略**

1. **以身作則，帶領全體教師增強外語能力**：國際教育不等於英語教育，但語言能力仍是國際教育的基礎與工具。整合策略如下：

   (1)聽ICRT廣播，電子有聲書或演講，或看DVD時不開字幕或用英文字幕。

   (2)每週找固定的一天與全校師生用英文溝通……等。

2. **建構交流系統，培養國際視野與國際觀**：建構國內外學校交流系統，將國際交流與學校雙語教學活動融為一體。整合策略如下：

   (1)規劃學校活動時掌握「全球思考、在地行動」原則，定期閱讀報刊、雜誌、書籍及上網，掌握世界脈動以人文素養展現國際關懷。

   (2)定期辦理校際或國際交流活動，例如青少年訪問團、姊妹校簽訂、合辦展覽或跨國性青少年活動。

3. **透過在地在校課程設計，提升在地文化價值**：國際教育是了解國際文化，並非以外國文化為尊。因此，出國交流固然是國際教育很重要的一環，但規劃在地在校的國際教育課程也很重要。整合策略如下：

   (1)國際教育活動中保留在地文化的核心價值，並融合國際文化精髓而兼容並蓄。

   (2)鼓勵教師將國際教育議題融入各領域學科，從在地生活經驗出發，納入各國多元文化。

4. **強化雙語環境與設施，深化國際活動參與**：學校雙語情境的改善與國際活動的參與息息相關。整合策略如下：

   (1)國際教育的教學活動中安排參與國際社會行動。例如：人道救援、醫療衛生、災害防治、教學合作……等，深化臺灣教育在國際社會的實質貢獻。

   (2)透過行政文書與學校識別系統雙語化、校園環境雙語標示、學校網頁雙語化、發展情境教室（英語村體驗學習或視訊英語村）等，加強辦理「外語月」或「外語週」活動，參加各項跨國青年會議（例如亞太城市臺灣青年高峰會）。

✎ **觀念延伸**　與本題相關的議題尚有：雙語教育、CLIL、沉浸式學科英語教學、鄉土教育、國家認同、國際視野、國際教育能力指標、國際教育白皮書……等。

112年　高考三級

一、領導是發揮影響力的歷程，請說明僕人領導（servant leadership）的意涵，並提出實踐僕人領導的重要策略。

【破題分析】　本題考領導學老掉牙的僕人領導，只要寫出中心意涵並提出個人觀點的實踐領導策略，得高分不難。

解析

格林利夫（Robert K. Greenleaf）在1970年於其所發表的〈僕人是領導者〉一文中提出「領導者的服務意識」，認為領導地位是透過服務被領導者而來，而非將自己視為高高在上，處處需要下屬服事。

(一) 僕人領導的意涵

領導者若能發揮服務型領導的精神，則向上領導可以做得更好。也就是領導者如僕人般的服務他人，以助人成事，稱為「僕性領導」或「僕人領導」。由於此領導方式是本著服務成員與組織的精神來從事領導的一種領導方式，又稱為服務型領導（servant leadership）。

(二) 僕人領導的實踐策略

要做好僕人領導可從下列途徑入手：

1. **培養服務型領導者應具備的特質**：如助人、傾聽、禮讓、同理心、自覺與說理等特質。

2. **本著僕人的心態領導**：僕人式領導的心態，是把重點完全放在他人身上，而非放在自己身上。

3. **用愛去關懷成員**：希望團隊成員能付出愛，就先愛他們；要團隊去服務，請先服務他們；希望他們去關懷，你得先關懷他們。

4. **與組織人員打好關係**：要建立好關係則必須透過有效的人際技巧，與他人培養好的合作默契，能夠主動融入組織，完成大小任務。

5. **適應對方需求**：在時空環境不斷改變之下，隨時回應對方的需求，了解對方目前的價值觀，並且互相陪伴是服務領導之本。

6. **建構溝通與服務平台**：透過正式或非正式的連繫活動，建構另一「意見溝通與服務平台」，以增加成員溝通協調的機會，凝聚共識及默契，提升績效。

7. **做好領導者之被領導之道**：領導別人固然很難做好，但能夠擅於被人領導，亦非易事。其方法如下：

(1)懷有透過組織來自我實現的理想。

(2)主動完成分內工作。

(3)樂於協助分外工作。

(4)主動提高自己對組織的價值。

(5)與相關人員建立良好合作關係網絡。

(6)既不與領導者為敵也不當應聲蟲。

(7)善用理性說服、影響領導者。

📝 **觀念延伸** 與本題相關的概念尚有：魅力領導、道德領導、轉型領導、交易領導、社會正義領導、科技領導等。

二、溝通為教育行政組織不可或缺的要素，請列舉教育行政組織溝通障礙的因素，以及化解教育行政組織溝通障礙的做法。

【破題分析】 本題考行政組織的溝通與障礙，以及遇到障礙時的解決之道。屬於教育行政考試的基本題，只要按照課本內容穩定答題，難度不高。

解析

「求全未必要委屈，溝通必能展誠意。」溝通能力是一種技術，也是一種藝術，更是教育行政組織不可或缺的能力。技術需要不斷學習取經，累積個人經驗，溝通技術始能純熟精練。而藝術的本質是需要個人在本身日常生活中去修行和經營的。既然需要學習與精進，當溝通出現障礙或誤解時，便必須設法化解，其原則與策略說明如下：

(一) **溝通障礙形成的原因**

所謂溝通障礙（Communication Barrier），是指訊息在傳遞和交換過程中，由於訊息意圖受到干擾或誤解，而導致溝通失真的現象。溝通障礙形成的因素如下：

障礙因素	說明
1.距離	較少的面對面的溝通可能會導致誤解或不能理解所傳遞的訊息。
2.曲解	有時上級和下級都傾向於根據自己的觀點、價值觀念，意見和背景來解釋訊息，造成曲解。
3.語義	幾乎所有的訊息溝通都利用符號來表達一定的含義。而符號通常有多種含義，人們必須從中選擇一種。有時選錯了，就會出現語義障礙。
4.缺乏信任	如果上級能體諒並且幫助人，組織成員就不會把壞消息或不利訊息過濾掉，且樂於提供給上級參考。
5.溝通缺口	溝通的正式網路存在缺陷與漏洞。
6.方向迷失	訊息內容缺乏導向作用，可能會導致溝通障礙。
7.負載過重	當人們負載的訊息過度時，他們就傾向於績效完成不佳，其績效比接受訊息不足的員工更低。

(二) **化解溝通障礙的策略**

教育行政組織屬科層組織之一，容易造成形式主義、缺乏彈性，於是產生溝通障礙。可以試著把握以下的方法進行化解：

1. 先談立場較一致的部份。
2. 停止討論引起爭論的論點，改談原則，等原則取得共識之後，再回頭來討論爭論的論點。
3. 在過程中讚揚對方有關的成就。
4. 改用雙面俱陳的方式。
5. 引用權威者的觀點，來支持或說明自己的論點。
6. 拿出證據或事實來證明自己的論點。
7. 透過雙方都尊敬的第三者，代為出面溝通。
8. 請對方提出新方案，作為續談的基礎。

9. 找出共同的需要，作為續談的新切入點。
10.適度妥協，讓溝通得以繼續進行，或者暫時中止溝通，等雙方情緒冷靜後，再另行擇定時間進行。

◆ **觀念延伸**　與本題相關的概念尚有：帕金森定律、保護愚拙、彼得原理、官樣文章、寡頭鐵律（Iron law of oligarchy）等。

三、聯合國於2015年宣布「2030永續發展目標」（Sustainable Development Goals, SDGs），其中優質教育為其重要目標之一，請分析優質教育的意涵，並說明「實施優質教育，以實現永續發展目標」的重要途徑。

【**破題分析**】　本題考SDGs永續發展的優質教育，近年出現不少次，相信就大方向答題並掌握永續教育發展的意義與精神，拿分不難。

解析

2015年聯合國發布17項「永續發展目標（Sustainable Development Goals, SDGs）」，擘劃西元2030年重要的永續發展藍圖。透過設立全球共同的永續發展目標，讓每一位的地球公民一同參與形塑我們理想中的未來。對教育而言，優質教育是朝向永續發展最主要的方法，其意涵與達成途徑，詳述如下：

(一) **優質教育的意涵**

SDGs所談的優質教育是指確保有教無類、公平以及高品質的教育，及提倡終身學習。因此，優質教育是一種紮根的教育，目的是要讓學生都能就其資質，盡其潛能的發展，把學生的「潛能性」化為「實在性」。越來越多人把他們對社會的理想願景轉化成實際行動。永續發展優質教育教導人如何做決定，並以長遠的眼光考量未來社會的經濟、生態、公平問題。

(二) **優質教育的達成途徑**

1. **承認多樣性的存在**：就像多數民眾認知生物多樣性的存在一樣，永續發展優質教育也要了解並承認教育的多樣性，包括學校形態、辦學特色、組織文化、課程規劃、教學安排、評量方式等。
2. **包容差異性的胸懷**：學校教師來自文化、生活、習慣差異的不同地區，這樣的差異性，豐富了教師教學與生活的體驗，也可以見識到多元的趣味性與不同。

3. **尊重多元性的聲音**：人類的唯一共同性，在於每個人都是史無前例且與眾不同。我們的教育尤其必須尊重教師、學生、家長多元的理念與聲音。

◆ 觀念延伸　與本題相關的概念尚有：永續發展、MDGs、優質教學、優質學校、學校本位特色課程等。

四、請說明《私立高級中等以上學校退場條例》對私立學校解散清算後財產歸屬之處理方式，並提出未來私立學校應如何有效經營，以避免遭到退場的處境。

【破題分析】　本題考的是民國111年5月11日公布的《私立高級中等以上學校退場條例》，一般人較少接觸，難度較高，必須加以熟悉。

解析

為因應少子女化衝擊，維護學生受教及教職員工權益，建立私立高級中等以上學校（以下簡稱私立學校）退場機制，特制定《私立高級中等以上學校退場條例》。

(一) 私立學校清算後財產歸屬方式

民國111年5月11日公布的《私立高級中等以上學校退場條例》第21條第3款規定，學校法人解散清算後，除合併之情形外，其賸餘財產之歸屬，依下列各款規定之一辦理：

1. 依董事會決議，並報經學校法人主管機關核定，捐贈予本基金、中央機關或公立學校。

2. 歸屬學校法人所在地之直轄市、縣（市）。但不動產，歸屬於不動產所在地之直轄市、縣（市）。

(二) 私立學校有效經營策略

1. **校園環境得天獨厚軟硬體設備充實完善**

優雅自然的校園環境不僅對學生的身心有益，更能提供教師良好的教學場所。學校應妥善營造此一優勢，規劃校園內的田園活動或是體能闖關等教室外課程，不僅讓學生身心獲得擴展機會，更可以從中進行學習。

2. **課程教學的設計與發展必須緊扣學生需求**

透過市場調查確實了解學生、家長和社會大眾的需求，並以「需求」為主

進行課程教學設計，藉由教育理念的展現並說明價值、目標和實質助益，主動且積極開發學生、家長和社會大眾的認同。

3. **校務經營在整體策略必須兼顧品質與特色**

學校辦學除了力求品質之外，還須思考如何發揮學校特色，強調出這是僅此一家、別無分店的產品特色。因此，學校經營必須將重心置於型塑學校課程特色，強調與其他學校的特色差異並加以比較。

4. **善用社會行銷理念積極宣傳學校理念遠景**

學校在積極層面上更要以社會行銷的理念宣傳且推銷學校的理念及遠景。例如透過各種大眾媒體或招生說明會宣傳，或是透過學校優良辦學績效的建立，重拾家長信心並對外進行口碑行銷。

觀念延伸 與本題相關的概念尚有：教育行銷、學校公共關係、學校特色、特許學校、磁石學校、藍帶學校、優質學校、標竿學校等。

高普｜地方｜各類特考

名師精編課本・題題精采・上榜高分必備寶典

教育行政

1N021121	心理學概要(包括諮商與輔導)嚴選題庫	李振濤、陳培林	550元
1N321131	國考類教育行政類專業科目重點精析 (含教概、教哲、教行、比較教育、教測統)	艾育	690元
1N381131	名師壓箱秘笈－教育心理學 👑 榮登金石堂暢銷榜	舒懷	590元
1N401131	名師壓箱秘笈－教育測驗與統計(含概要)	舒懷	550元
1N411131	名師壓箱秘笈－教育行政學精析	舒懷	720元
1N421121	名師壓箱秘笈－教育哲學與比較教育 👑 榮登金石堂暢銷榜	舒懷	790元

勞工行政

1E251101	行政法(含概要)獨家高分秘方版	林志忠	590元
2B031131	經濟學	王志成	620元
1F091131	勞工行政與勞工立法(含概要)	陳月娥	近期出版
1F101131	勞資關係(含概要)	陳月娥	近期出版
1F111131	就業安全制度(含概要)	陳月娥	近期出版
1N251101	社會學	陳月娥	750元

以上定價，以正式出版書籍封底之標價為準

千華數位文化股份有限公司

■新北市中和區中山路三段136巷10弄17號　■千華公職資訊網 http://www.chienhua.com.tw
■TEL: 02-22289070　FAX: 02-22289076　　■服務專線：(02)2392-3558・2392-3559

學習方法 系列

如何有效率地準備並順利上榜，學習方法正是關鍵！

榮登金石堂暢銷排行榜

連三金榜 黃禕

翻轉思考 破解道聽塗說	適合的最好 調整習慣來應考	一定學得會 萬用邏輯訓練

三次上榜的國考達人經驗分享！
運用邏輯記憶訓練，教你背得有效率！
記得快也記得牢，從方法變成心法！

作者線上分享

網路書店

作者在投入國考的初期也曾遭遇過書中所提到類似的問題，因此在第一次上榜後積極投入記憶術的研究，並自創一套完整且適用於國考的記憶術架構，此後憑藉這套記憶術架構，在不被看好的情況下先後考取司法特考監所管理員及移民特考三等，印證這套記憶術的實用性。期待透過此書，能幫助同樣面臨記憶困擾的國考生早日金榜題名。

最強校長 謝龍卿

榮登博客來暢銷榜

作者線上分享

經驗分享＋考題破解
帶你讀懂考題的know-how！

open your mind！
讓大腦全面啟動，做你的防彈少年！

108課綱是什麼？考題怎麼出？試要怎麼考？書中針對學測、統測、分科測驗做統整與歸納。並包括大學入學管道介紹、課內外學習資源應用、專題研究技巧、自主學習方法，以及學習歷程檔案製作等。書籍內容編寫的目的主要是幫助中學階段後期的學生與家長，涵蓋普高、技高、綜高與單高。也非常適合國中學生超前學習、五專學生自修之用，或是學校老師與社會賢達了解中學階段學習內容與政策變化的參考。

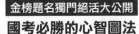

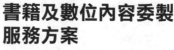

千華影音函授

打破傳統學習模式，結合多元媒體元素，利用影片、聲音、動畫及文字，
達到更有效的影音學習模式。

立即體驗

- 自我安排學習時段
- 循序漸進厚植實力
- 節省通勤時間
- 提升準備效率

課程品質
業界No.1

2014、2017 獲頒學習科技金質獎

自主學習彈性佳
- 時間、地點可依個人需求好選擇
- 個人化需求選取進修課程

嶄新的影片設計
- 名師講解重點　　・簡單操作模式
- 趣味生動教學動畫　・圖像式重點學習

補強教學效果好
- 獨立學習主題　　・區塊化補強學習
- 一對一教師親臨教學

優質的售後服務
- FB粉絲團、 Line@生活圈
- 專業客服專線

系統化
學習流程
四大關鍵階段
學習安排，
突破國考重重難關！

- 04 STEP 考前衝刺期
- 實力養成期 01 STEP
- 02 STEP 專業強化期
- 03 STEP 能力檢驗期

超越傳統教材限制，
系統化學習進度安排。

推薦課程

- 公職考試
- 特種考試
- 國民營考試
- 教甄考試
- 證照考試
- 金融證照
- 學習方法
- 升學考試

影音函授包含：
- 名師指定用書+板書筆記
- 授課光碟・學習診斷測驗

千華會員享有最值優惠!

立即加入會員

會員等級	一般會員	VIP 會員	上榜考生
條件	免費加入	1. 直接付費 1500 元 2. 單筆購物滿 5000 元	提供國考、證照相關考試上榜及教材使用證明
折價券	200 元	500 元	
購物折扣	·平時購書 9 折 ·新書 79 折 (兩周)	·書籍 75 折	·函授 5 折
生日驚喜		●	●
任選書籍三本		●	●
學習診斷測驗(5科)		●	●
電子書(1本)		●	●
名師面對面			

facebook

公職 · 證照考試資訊

專業考用書籍 | 數位學習課程 | 考試經驗分享

f 千華公職證照粉絲團

按讚送E-coupon

Step1. 於FB「千華公職證照粉絲團」按讚
Step2. 請在粉絲團的訊息，留下您的千華會員帳號
Step3. 粉絲團管理者核對您的會員帳號後，將立即回贈e-coupon 200元。

千華 Line@ 專人諮詢服務

☑ 有疑問想要諮詢嗎？歡迎加入千華LINE@！

☑ 無論是考試日期、教材推薦、勘誤問題等，都能得到滿意的服務。

☑ 我們提供專人諮詢互動，更能時時掌握考訊及優惠活動！

國家圖書館出版品預行編目(CIP)資料

(高普考)名師壓箱秘笈：教育行政學精析 / 舒懷編著. --
　第五版. -- 新北市 ：千華數位文化股份有限公司,
　2023.12
　　面 ； 公分
　ISBN 978-626-380-212-4 (平裝)

　1.CST: 教育行政

　526　　　　　　　　　112021553

[高普考] 名師壓箱秘笈--教育行政學精析

編 著 者：舒 懷

發 行 人：廖 雪 鳳
登 記 證：行政院新聞局局版台業字第 3388 號
出 版 者：千華數位文化股份有限公司
　　　　　地址／新北市中和區中山路三段 136 巷 10 弄 17 號
　　　　　電話／ (02)2228-9070　　傳真／ (02)2228-9076
　　　　　郵撥／第 19924628 號　千華數位文化公司帳戶
　　　　　千華公職資訊網：http://www.chienhua.com.tw
　　　　　千華網路書店：http://www.chienhua.com.tw/bookstore
　　　　　網路客服信箱：chienhua@chienhua.com.tw

法律顧問：永然聯合法律事務所
編輯經理：甯開遠
主　　編：甯開遠
執行編輯：陳資穎
校　　對：千華資深編輯群
排版主任：陳春花
排　　版：陳春花

出版日期：2023 年 12 月 25 日　　　第五版／第一刷

本書如有勘誤或其他補充資料，
將刊於千華公職資訊網　http://www.chienhua.com.tw
歡迎上網下載。